IP 실크로드 1

심영택

발명가

공학박사(의공학)

법학박사(J.D.)

미국 특허변호사

JN444275

수많은 고난, 숱한 역경을 모두 극복하고,
"하면 된다"는 신념에 가득찬 배달의 후예,

승리하는 대한민국 발명가와 발명+ 기업의
글로벌 특허 정석(이론, 판례, 응용, 전략)

IP SILK ROAD 1

2016년 3월 14일 초판 1쇄 인쇄
2016년 3월 14일 초판 1쇄 발행

저자 심영택
펴낸이 이경란
펴낸곳 (주)이지펙스
주소 서울시 금천구 가산디지털1로205 (가산동 KCC웰츠밸리 304호~306호)
전화 02-565-9930
팩스 02-565-9940
등록 2006. 06. 16. 제2011-78호
출판사 홈페이지 www.ezpex.com

ISBN 979-11-5961-003-5 04020
정가 28,000원

이 책을 만든 사람들
기획 이경란
본문디자인 (주)이지펙스
제작 지식과감성

Copyright © 2016 심영택
First edition Printed 2016. Printed in Korea.

이 책의 어느 부분도 저작권자인 심영택 및 출판권자인 (주)이지펙스의 승인 문서 없이 일부 또는 전부를 사진 복사나 디스크 복사 및 기타 정보 재생 시스템을 비롯하여 현재 알려지거나 향후 발명될 어떤 전기적, 기계적 또는 다른 수단을 통해 복사, 재생하거나 이용할 수 없음.

이 도서의 국립중앙도서관 출판예정도서목록(CIP)은 서지정보유통지원시스템 홈페이지 (http://seoji.nl.go.kr)와 국가자료공동목록시스템(http://www.nl.go.kr/kolisnet)에서 이용하실 수 있습니다. (CIP제어번호 : CIP2016003269)

IP SILK ROAD 1

글로벌 특허전쟁의 승자만을 위한
수익 창출용 글로벌 특허 정석

범위, 또 범위, 그리고 범위

EZPEX

심영택

Baby-boom 세대의 절정인 1957년 서울에서 태어난 저자는 유명한 발명가가 되기 위하여 서울대학교 공과대학과 한국과학원(현 KAIST의 전신)에서 화학공학을 공부하였고, 미국 Johns Hopkins 대학교와 Duke 대학교에서 의공학을 공부하였다. 박사학위 취득 후 모교인 Duke 대학교 공과대학에서 연구교수로 근무하던 저자는 특허 2건을 출원하며 '바가지'를 톡톡히 쓰고 말았다. 이에 저자는 자신이 직접 특허를 쓰기 위하여 만 38세에 다시 Duke 대학교 Law School에 진학하여 법학을 공부하였으며, 미국 변호사 자격증 취득 후에는 미국 Boston, Silicon Valley의 유수 특허 law firm에서 특허변호사로 근무하였다.

2006년 10월 저자는 21년 반의 미국 생활을 접고 영구 귀국하였으며, 저자의 40년 지기이자 지금은 고인이 된 홍국선 교수의 권유로 서울대학교 산학협력재단 본부장으로 근무하게 되었다. 2008년 4월 저자는 자본금 5조 원의 세계 최대의 특허관리업체(특허괴물?)인 Intellectual Ventures가 서울에 설립한 "Intellectual Ventures Korea"의 초대사장으로 근무하였으며, 2009년 10월부터 서울대학교 법학전문대학원에서 초빙교수로 근무하며 미국특허제도 및 특허 사업화 등을 강의하였다.

2015년 9월 저자는 software 전문 startup인 'Firstface'에 공동대표로 합류하였으며, 2016년부터는 인천 송도의 한국뉴욕주립대학교(SUNY Korea)에서 정교수로 근무하며 발명, 창업 및 기술 사업화 등에 대한 강의는 물론 이의 실질적 구현에도 계속 정진할 계획이다.

이지펙스

- 산업통상자원부 지정 기술거래기관
- 지식재산 경영 컨설팅 서비스 전문기관

(주)이지펙스는 특허·기술의 동향조사(Patent Map)를 통해 고객이 원하는 전문적인 특허의 분석 및 평가 서비스를 제공하고 있으며, 시장성이 있고 사업화 가능한 특허·기술을 발굴하는 한편 이를 이용한 새로운 사업 모델을 고객에게 제시함으로써 우수한 특허·기술이 고객에게 이전될 수 있도록 기술거래 서비스를 제공하고 있습니다. 또한 (주)이지펙스는 고객이 경쟁력 있는 지식재산을 창출할 수 있는 방법을 제시할 뿐만 아니라, 창출 또는 획득한 지식재산을 안정적으로 보호 및 관리하고, 분쟁대응, 마케팅 등 다방면에 활용할 수 있도록 컨설팅 서비스를 제공하는 한편 관련 서적을 출판하고 있습니다.

머리말

대한민국의 "발명가"와 "발명+ 제조업체"를 위하여!

중국제국보다 광활하고 강대하였던 고구려, 해동성국으로 알려진 발해, 해상강국이었던 신라와 백제에서 살아본 적은 없지만, 저자는 단군 이래 한민족이 지금처럼 잘 살아본 적은 없었으리라 확신한다. 이는 북한의 남침에 의한 6.25 한국전쟁 후 세계 최빈국 중 하나로 전락한 대한민국에서 태어난 baby-boom 세대가 박정희 전 대통령의 중화학공업 육성 정책과 수출입국 정책의 기조였던 "**하면 된다**"라는 맹목적 믿음만으로 근면하게 일하고 각자 자신의 재주를 살린 결과라고 생각한다.

하지만 21세기는 지식기반시대이다. 지식기반시대의 특징은 제조 능력의 global 평준화와, 이에 의한 제조업의 가치 하락과 지식재산의 가치 상승이다. 그 결과 변변한 제조 시설도 없이 특허, 저작권, 상표 등의 지식재산으로 단단히 무장한 Apple은 smart-phone 및 computer 부분에서 세계 시장을 제패하고 있다. 21세기 지식기반시대를 살고 있는 대한민국 역시 제조업만으로는 더 이상의 발전을 이룰 수 없음은 자명하다. 따라서 대한민국이 자랑스러운 과거에만 집착하며 제조업만을 추구할 경우, 많은 전문가들은 대한민국이 세계 제1의 제조국인 중국과의 경쟁에서 패할 수밖에 없으며, 궁극적으로 중국에 종속되지 않을까 우려하고 있다.

따라서 이제는 대한민국도 "제조하면 된다"는 20세기의 paradigm을 버리고 "발명하면 된다"는 21세기의 paradigm으로 전환할 때이다. 즉 대한민국 특허생태계의 선순환적 초석을 세울 우량 발명가를 대량 육성할 시점이다. 그렇다고 대한민국이 제조업을 포기해야 한다는 말은 절대 아니다. 오히려 대한민국이 일군 자랑스러운 제조업에 우량 발명·우량특허를 전향적으로 융합하자는 말이다. 바꾸어 말하자면 대한민국도 이제는 더 이상 맹목적으로 제조업체를 키울 것이 아니라, "**침해⁺ 제조업체**"는 지양하고 "**발명⁺ 제조업체**"를 전략적으로, 집중적으로 육성하자는 말이다.

저자는 누구이기에?

저자는 baby-boom 세대의 절정인 1957년 서울에서 태어나 서울대학교 공과대학과 한국과학원(현 KAIST의 전신)에서 화학공학을 공부하고, 미국 Johns Hopkins 대학교와 Duke 대학교에서 의공학을 공부하였다. 박사학위 취득 후 모교인 Duke 대학교에서 연구교수로 근무하던 저자는 다시 Duke 대학교 Law School에 진학하여 법학을 공부하였으며, 미국 변호사 자격증 취득 후 미국 Boston, Silicon Valley의 유수 특허 law firm에서 특허변호사로 근무하였다.

2006년 10월 저자는 21년 반의 미국 생활을 접고 영구 귀국하였으며, 저자의 40년 지기이자 지금은 고인이 된 홍국선 교수의 권유로 서울대학교 산학협력재단 본부장으로 근무하게 되었다. 그 후 저자는 자본금 5조 원으로 설립된 세계 최대의 특허관리업체(혹자는 '특허괴물'이라고 지칭)인 Intellectual Ventures가 서울에 설립한 "Intellectual Ventures Korea"의 대표로 근무하였으며, 2009년 10월부터 서울대학교 법학전문대학원에서, 2015년부터는 성균관대학교 창업대학원에서 초빙교수로 근무하며 미국특허제도 및 특허 사업화 등을 강의하였다. 2015년 9월 저자는 mobile platform의 global 강자로 부상할 software 전문 startup인 'Firstface'의 설립자인 정재락 대표와 의기투합하여 'Firstface'에 공동대표로 합류하였으며, 2016년부터는 인천 송도 소재 한국뉴욕주립대학교(SUNY Korea)의 기술경영학과 교수로 발명, 창업 및 기술 사업화 등에 대한 강의는 물론 이의 실질적 구현에 계속 정진할 계획이다.

공학박사와 법학박사를 취득하고, 미국 특허변호사 및 특허활용 전문가로 활동하면서도 저자가 항상 추구해온 꿈이 하나 있다. 즉 "인류에 공헌하는 발명가로서 이름을 날리며, 여건이 허락하건 안하건 발명으로 무조건 큰 수익을 창출해보겠다"라는 어린 시절부터의 꿈이다. 공학도 어느 정도는 깊이 있게 이해하고 미국 특허법도 웬만큼 꿰고 있고 혼자 미국 특허도 쓸 수 있는 특허 전문가인 저자에게도 특허로 수익을 창출하기는 쉽지 않은 일이다. 하지만 저자는 지금도 시간이 허락하는 한 발명 활동을 계속하고 있다. 왜냐하면 공학박사, 법학박사, 미국 특허변호사, 특허활용 전문가라고 우겨온 저자가 정작 자기 자신의 발명·특허로 수익을 창출하지 못한 채 은퇴하게 된다면, 그야말로 천추의 한이 될 것이 자명하기 때문이다. 물론 "중도 제 머리는 못 깎는다"고 자위할 수 있겠지만, 자신의 머리를 매일 직접 깎는 저자는 이렇게 자위할 수도 없기에 저자의 상황은 더더욱 처절하다.

저자가 본 저서를 집필하게 된 계기도 이와 관련이 있다. 즉 대한민국이 명실상부하게 21세기 지식기반시대의 선진국으로 안착하기 위해서는 수많은 우량 발명가가 필요하며, 또 이들이 착상한 우량 발명을 미국·유럽·중국 등 전략적 주요 국가에서 우량특허로 재창출할 수 있는 특허전문가가 필요하기 때문이다. 이에 저자는 나름대로 다양한 학문을 공부하고 다양한 직종에서 활동하며 얻은 발명·특허 관련 지식과 knowhow를 정리하여 추후 대한민국의 발명가, 발명+ 제조업체는 물론 특허전문가가 이를 활용하기를 기대하며 본 저서를 출간하기로 결정하였다.

저자의 당부!

저자는 본 저서가 대한민국의 모든 발명가들(즉 개인발명가, 대학교·연구소의 발명가 및 발명+ 제조업체의 발명가 포함), 변리사들은 물론 특허활용 전문가들에게 "**오직 범위 뿐**"이라는 특허의 속성을 간과할 경우 절대로 수익을 창출할 수 없다는 엄연한 진리를 다시 한 번 각인시킬 수 있는 기회가 되기를 바란다. 물론 그 옛날 막대한 수익 창출을 위하여 수많은 고난, 숱한 역경을 모두 극복하며 아무도 가본 적 없는 Silk Road를 개척하던 caravan들과 같이, 아무도 가본 적 없는 길을 따라 기약없는 여행을 떠나는 발명가들은 항상 외로우며 불안하다. 하지만 한 번 개척한 Silk Road는 발명가 자신만을 위함이 아니라 배달의 후예 발명가들이 따라갈 수 있는 훌륭한 귀감이다. 이를 위하여 저자는 본 저서의 제목을 "**IP Silk Road**"로, 부제목을 "**범위**, **또 범위**, **그리고 범위**"로 정하였다. 단 저자가 특허의 속성을 파헤치고 이에 대한 근거를 설명하다 보니 본의 아니게 본 저서의 분량도 많아지게 되었고, 이에 따라 발명가이건 변리사이건 특허활용 전문가이건 본 저서를 한 번에 통독하기는 어려울 것으로 생각된다. 따라서 저자는 본 저서의 각 장에서 앞서 설명한 관련 부분을 간략히 정리함으로써, 독자가 각 장을 이해하기 위하여 앞 장들을 읽을 필요가 없도록 최선을 다하였다.

하지만 저자가 무모할 만큼 넓은 범위를 혼자 다루다보니 분명 본 저서에는 본의 아니게 왜곡된 사실이나 부정확한 설명이 포함되었으리라 우려된다. 또한 저자 역시 발명가이기에 본 저서에는 분명 발명가의 입장이 약간 (a.k.a., very very little) 과장된 부분도 포함되었으리라 생각된다. 이에 저자는 선후배는 물론 동료 특허 전문가들에게 이에 대한 날카로운 지적을 개인적으로 또는 공개적으로 개진해 주도록 간곡히 부탁하는 바이다. 저자는 물론 국내 특허 전문가들이 새로운 쟁점을 인지하고 이를 토론함에 따라 대한민국에 선순환적 특허생태계가 구축되는 날 역시 앞당겨지고, 이에 따라 대한민국이 21세기 지식기반시대의 강자로 부상하여 안착하는 날도 더 일찍 도래할 수 있기 때문이다.

저자의 감사!

저자는 우선 오늘의 저자가 있게 해주신 저자의 부친(심의환 전 총무처 장관, 작고)과 모친(권효순)께 감사드린다. 특히 고등고시에 합격한 후 거의 일평생을 상공부의 상역계장, 상역과장, 상역국장, 상공차관보, 상공차관 등의 요직을 거치며 수출입국에 헌신하였고, 3남 1녀 자식들에게 항상 국가에 봉사하라고 말씀하시던 부친과[1] 이를 잊을만하면 다시 자식들

---

1) 자세한 내용은 아래의 URL 참고 (2014.08.31 최종 확인): http://m.blog.daum.net/camcos/6532097

에게 당부하셔온 모친께, 저자는 본 저서로 저자 역시 국가에 헌신하기 위하여 최소한의 노력은 기울였다고 답할 수 있기를 바란다.

개인적으로 저자는 40년 지기이자 대한민국 산학협력의 선구자인 홍국선 교수(작고)에게 깊은 감사를 표한다. 아울러 저자는 연구·강의 경력이 미천하였던 저자를 맹목적일 정도로 신뢰하여 서울대학교 법학전문대학원에서 연구하며 열정적 지식재산 전문가들을 대상으로 황금 시간인 매주 토요일 오후 강의할 수 있는 기회를 흔쾌히 맡겨주신 김건식 (전)학장님, 정상조 (전)학장님, 이원우 학장님은 물론 오연천 (전)총장님(현 울산대학교 총장), 성낙인 총장님과, 이 분들께 저자를 적극적으로 추천해주신 김도연 (전)공대학장님(현 포항공과대학교 총장)께도 깊이 감사드린다.

저자는 저자의 고등학교·대학교 선배이자 화학공학과 선배이기도 하신 김창세 대표님(화학공학 박사 및 제일국제법률사무소 대표변리사)께도 심심한 감사를 표한다. 물론 김 대표님께서는 또렷이 기억하지 못하시겠지만, 저자는 Duke 대학교에서 연구교수로 근무하던 중 Law School로부터 입학 허가를 받고 1995년 여름 잠시 귀국하여 김 대표님께 구직을 요청한 적이 있었다. 물론 그 이유는 바로 만38세에 다시 Law School에서 공부를 시작하기가 무척이나 싫었기 때문이었다. 하지만 김 대표님께서는 미국에서 J.D.를 마치고 오라하시며 저자의 구직 요청을 매몰차게 거절하셨고, 이에 저자는 몹시 낙담하며 Duke 대학교 J.D. 과정에 입학하게 되었다. 만일 그 당시 김 대표님께서 저자의 구직 요청을 받아주셨다면 저자가 미국특허제도를 익히고, 미국 유수 특허 law firm에서 실무 경험을 쌓은 후, 추후 global 특허 business를 접할 기회도 놓쳤을 가능성이 매우 컸으리라 추측하며, 이에 저자는 김창세 대표님께 항상 감사하고 있다. 하지만 약간 생뚱맞기도 하고 게으른 탓에 저자는 김 대표님께 개인적으로 직접 감사를 표하지는 못하였다. 따라서 이렇게 지면을 빌려 김창세 대표님께 다시 한 번 깊이 감사드린다.

Intellectual Ventures Korea에서 18개월 동안 대표로 근무하며 저자는 그 동안 알아왔던 특허를 finance와 business라는 측면에서 새로이 볼 수 있는 '눈'을 계발할 수 있었다. 이에 저자는 당시에는 저자의 상관, 현재는 막역한 동료인 Mr. Andre Lee(현 Technology Reserve 창업자, 대표)에게도 깊은 감사를 표한다. 만일 저자가 그 때 Andre를 만나지 못했더라면 발명가, 미국 특허변호사였던 저자가 global patent business는 물론 IP finance라는 새로운 세계를 접하고 이에 대한 새로운 '눈'을 뜰 수 있는 시기는 더 늦어졌으리라 생각한다.

저자는 본 저서의 초고를 읽고 수많은 오류를 지적하는 동시에 다양한 조언을 아끼지 않은 많은 동료, 선후배님들께도 깊이 감사드린다. 특히 박원미 변리사님(두리암 특허법률사무소, 이학박사)께서는 머리말부터 결론까지 꼼꼼히 읽고 수많은 오타와 오류를 지적하며 새로운 내용을 제안해 주셨으며, 동 사무소의 문환구 변리사님 역시 문맥과 내용은 물론 사자성어에 대해서도 수많은 조언을 주셨다. 홍석경 변리사님(특허법인 충현)과 김두규 변리사님(특허법인 우인, 미국 특허변호사) 역시 저자의 초고에 대한 많은 조언을 제공해 주신 한편 백만기 변리사님(김앤장 법률사무소), 황우택 변리사님(특허법인 C&S, 전 특허심판원장), 고충곤 대표님(Intellectual Stone, 미국 특허변호사), 김광준 대표님(Intellectual Discovery, 미국 특허변호사), 조정욱 변호사님(법무법인 강호, 대표변호사), 조서용 박사님(공학박사, 서울대학교 기술지주회사, 실장), 김동리 변리사님(ETRI, 책임), 김수연 변리사님(삼성디스플레이, 책임), 박지영 변리사님(서울대학교 기술지주회사, 전문위원) 등 많은 분들께서 아낌없는 조언을 제공해 주셨다. 이에 더 좋은 저서를 집필하지 못한 송구함을 접은 채 모든 분들의 노력과 애정에 깊이 감사드린다.

또한 저자는 저자의 저서를 과감하게 출판하기로 결정하고 끊임없는 성원으로 격려해주신 (주)이지팩스의 이경란 대표님은 물론 무려 17개월 동안 지치지 않고 오타 투성이의 초고를 매끄럽게 닦아주신 이영란 선생님의 끈기에도 감사드린다.

마지막으로 저자는 대한민국의 동료 및 선후배 특허전문가들에게 본 저서를 이용하여 이보다 수십 배의 전문성과 통찰력을 제공할 수 있는 새로운 교재를 집필하도록 요청하는 바이다. 이를 통하여 저자가 미처 인지하지 못한 새로운 이론과 응용은 물론 인지는 하였으나 이해할 수 없었던 이론과 실체를 이해할 수 있기를 열망한다.

2016년 2월 글쓴이 심영택

"IP SILK ROAD"를 마무리하며

"IP Silk Road"는 2011년 저자가 서울대학교 법학전문대학원 재직 시절 떠올린 idea이다. Intellectual Ventures Korea 대표로 근무하였던 저자는 국내 대학교와 연구소에 근무하는 수많은 우량 발명가들이 착상한 수많은 우량 발명들이 제대로 우량특허로 재창출되지 못하고, 그 결과 대한민국의 발명가들은 한 푼의 수익도 창출하지 못한 채 해외 유수기업들이 이를 공짜로 활용하고 있는 답답한 상황을 종종 목도하였다. 이에 저자는 국내 대학교나 연구소가 보유한 특허의 해외 기술이전을 도모하는 전문가를 양성하기 위한 IP 비즈니스 전문 인력 양성 프로그램을 구상하게 되었으며, 저자는 이 프로그램을 "IP Silk Road"라고 부르기로 결정하였다.

저자가 IP 비즈니스 전문 인력 양성 프로그램을 "IP Silk Road"라고 부르기로 결정하게 된 이유는 간단하다. 그 옛날 막대한 수익을 창출하기 위하여 아무도 가지 않았던 벌판과 사막을 가로지르고 수많은 고난, 숱한 역경을 모두 극복하며 Silk Road를 개척하던 caravan들과 마찬가지로, 아무도 가본적 없는 여행을 떠나는 발명가들 역시 수많은 고난과 숱한 역경을 겪지 않고는 발명과 특허를 이용하여 수익을 창출하기 어렵다는 사실을 여러 경로를 통하여 확인하였기 때문이다. 하지만 caravan들이 목숨을 걸고 닦은 Silk Road는 이들의 자손들이 대대로 삶을 영위하는 젖줄이 된다. 마찬가지로 대한민국 발명가들이 합심하여 지금 "IP Silk Road"를 제대로 닦을 수만 있다면, 이는 자신의 수익 창출의 근원이 될 수 있음은 물론 우리의 후배 발명가들이 자랑스럽게 따라올 수 있는 왕도(王道)가 되리라고 저자는 확신하였다.

2011년 여름 저자는 저자의 40년 지기이자 지금은 고인이 된 서울대학교 공과대학 홍국선 교수와 함께 정부 산하 K1 기관에 "IP Silk Road" 사업을 제안하였다. 하지만 저자와 홍교수는 K1 기관을 통한 예산 확보에는 성공하지 못하였다. 이에 저자와 홍교수는 다시 지식경제부(현 산업통상자원부) 산하 한국산업기술진흥원(KIAT)에 "IP Silk Road" 사업을 제안하였고, KIAT의 곽용원 책임님, 장승태 팀장님 (현재 정보통신기술진흥센터 재직) 및 조영희 단장님의 전향적, 열정적, 적극적인 지원에 힘입어 2012년 초 마침내 이에 대한 예산을 확보할 수 있었다.

저자는 "IP Silk Road" 사업의 책임자로서 서울대학교 기술지주회사 2대 사장으로 취임한 홍국선 교수와 함께 2012년 3월부터 7월까지 "제1기 IP Silk Road"(IP 비즈니스 전문 인력 양성 프로그램) 사업을 수행하였으며, 약 30여명의 국내 IP 전문가들과 함께 미국 Silicon Valley는 물론 기타 지역의 미국 IP 전문가들과 현지에서 이들의 knowhow를 전수받음은 물론 이들과의 실무적 network도 구축할 수 있었다. 또한 "제1기 IP Silk Road" 사업의 결과에 대한 성공 평가에 따라 저자와 홍교수는 2012년 12월부터 2013년 4월까지 "제2기 IP Silk Road" 사업을[2] 수행할 수 있었다.

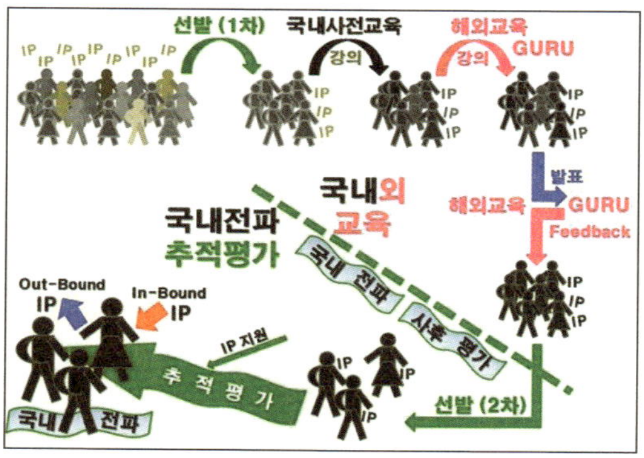

그림 1. "IP Silk Road" 사업의 개념도

2) 이에 대한 자세한 내용은 아래의 url 참고: http://blog.naver.com/shuaitian/50173179317

제1기, 제2기 "IP Silk Road" 사업 결과는 여러 가지 측면에서 목표를 초과달성하였다. 우선 제1기, 제2기 "IP Silk Road" 사업을 통하여 변리사 23명, 변호사 2명, 중견기업 및 대기업의 IP 관리자 13명, 벤처기업 창업가 3명, 대학 및 출연연의 IP 관리자 또는 연구자 13명, 특허거래기관 실무자 4명 등 총 58명이 5주간의 국내교육을 수료하였다. 또한 변리사 18명, 변호사 2명, 중견기업 및 대기업의 IP 관리자 11명, 벤처기업 창업가 3명, 대학 및 출연연 IP 관리자 또는 연구자 10명, 특허거래기관 실무자 3명 등 총 47명이 모두 자비로 2주간의 Silicon Valley 현지 실무교육을 참여하였다. 이들은 저자와 서울대학교 기술지주회사가 엄선한 Silicon Valley의 특허 broker 12명, VC 6명을 포함하는 많은 Silicon Valley IP 전문가들과 함께 이들의 실무 knowhow를 익히며, 이들과 network를 구축할 수 있었다.

이와 같이 국내의 수많은 IP 전문가들과 국내기업의 IP 관리 실무자들이 "IP Silk Road" 사업에 흔쾌히 참여한 이유는 간단하다. 즉 정량적 지표들로 포장되며 정성적 측면은 도외시되는 국내 IP 시장은 인위적 구조에 따르는 여러 가지 제한이 존재할 뿐만 아니라 IP에 대한 합당한 대가도 보장되어 있지 않기 때문이다. 따라서 국내 변리사, 변호사는 물론 다수의 국내 유수 대기업(삼성, LG, 현대, KT, SK 등) IP 부서의 실무자들도 상기 "IP Silk Road" 사업에 적극적으로 동참하며, out-bound 특허 이전 및 특허 사업화 실무교육에 참여하였다.

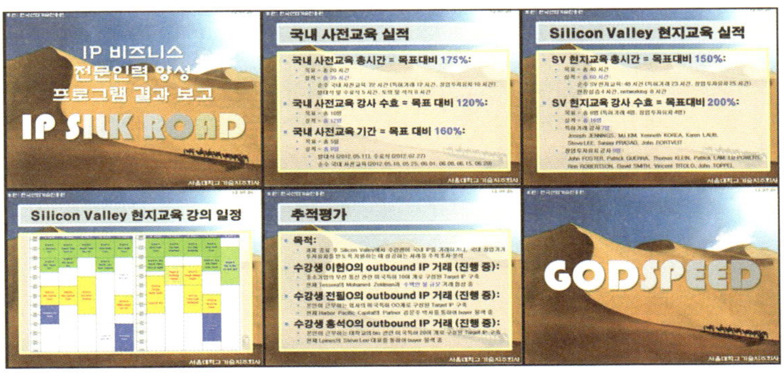

그림 2. "IP Silk Road" 사업 결과 보고 자료 발췌

하지만 2012년 신정부가 출범하며 지식경제부는 산업통상자원부로 명칭을 바꾸었고, IP 관련 업무는 산업통상자원부 산하 KIAT로부터 타기관으로 이관되었으며, 이에 따라 "IP Silk Road" 사업 역시 제2기를 끝으로 종료되었다. 수많은 국내 IP 전문가들이 적극적으로 호응하였고, Silicon Valley의 IP broker들 및 IP 기반 start-up 투자 전문 VC들과의 실무적 network 구축을 통한 IP 비즈니스 전문 인력을 양성할 수 있었던 "IP Silk Road" 사업이 시작되자마자 종료되어 안타까울 따름이다.

저자는 2014년 봄 집필을 시작하며 본 저서의 제목을 골똘히 생각하였다. 하지만 문학적 소질이 미진한 저자가 생각한 제목은 "수익 창출용 특허" 또는 "돈 되는 특허" 정도였다. 탈고가 끝나가던 2015년 여름 EZ Pex 대표인 이경란 변리사님께서는 친히 여러 가지 흥미로운 제목들을 제안해 주셨고, 이에 저자는 본 저서의 제목을 "특허 전쟁의 승자의 정석"으로 거의 마음을 굳혔다.

그 다음 작업은 본 저서의 표지 도안이었고, 이경란 변리사님께서는 역시 참신한 표지 도안을 제안하셨다. 하지만 이 때 갑자기 저자의 마음을 스쳐간 생각이 바로 특허를 이용한 수익 창출의 어려움과 이에 대한 국내 발명가, 언론 및 정부의 오해에 대한 우려였다. 그리고 저자와 함께 제목을 고민하시던 IP Frontiers의 김영재 대표님께서는 저자의 마음 속 깊이 숨겨져 있던 "IP Silk Road" 사업과 사막을 헤치는 caravan들의 강인한 모습을 파헤쳐 주셨다. 저자는 차녀(심지민, graphic designer)에게 도안 작업을 부탁하였고, 저자의 차녀는 illustrator인 저자의 장녀(심지연)와 상의하여 본 저서의 겉표지와 속표지 도안을 준비하였으며, 이에 따라 저자는 본 저서의 제목 역시 "IP Silk Road"로 결정하게 되었다.

문뜩 작년 이맘때 개봉하여 저자를 포함한 1,400만 이상의 관객들을 감동시켰던 영화 '국제시장'의 마지막 부분 대사가 떠오른다. "IP Silk Road! 우리가 이 험난한 길을 닦는 데 실패하였다면 그 짐을 고스란히 물려받았을 우리 자식들이 얼마나 힘들었을까? 우리 자식들이 고생안하고 우리가 고생하여 IP Silk Road를 개척한 것이 얼마나 다행이냐?"

많은 국민들이 인정하듯, 그리고 저자도 흔쾌히 동의하듯, 지금 대한민국의 20대, 30대는 단군 이래 가장 높은 global 경쟁력을 보유한 세대이다. 예술, sport 등에서 두각을 나타내는 젊은이들만 보더라도 금방 알 수 있으며, 그들의 늠름함과 지적 아름다움을 느껴보면 금방 공감할 수 있다. 하지만 몹시 안타깝게도 이들 대부분은 선천적으로 타고난 재능은 물론 후천적으로 계발한 능력조차 제대로 발휘하지 못하며 청춘을 보내고 있다.

누가 이렇게 만들었을까? 저자는 이에 대한 가장 큰 책임은 바로 지금의 50대에 있다고 생각하며, 지금의 40대 역시 이를 용인하였다는 책임을 피하기는 어려울 것으로 생각한다.

사실 baby-boom 세대의 끝물인 50대나 그 후배들인 40대가 대학을 졸업하자마자 직장을 골라가며 취업할 수 있었던 이유는 우리들이 잘나서만은 아니었다. 이는 "**하면 된다**"는 신념으로 앞만 보고 열심히 달려온 지금의 60대, 70대, 80대 선배들의 노력의 결과였다.

하지만 지금의 20대, 30대는 어떤가? 많은 젊은이들이 꿈 없는, 희망 없는 청춘을 그냥 보내고 있다. 그렇다고 취업 연령의 젊은이들의 global 경쟁력이 부족한 탓에, 이들의 수가 폭발적으로 증가한 탓에 이들이 취업난에 시달리는 것도 아니다. 보통 3~4명, 많으면 6~7명 이상의 형제, 자매들과 자라난 baby-boom 세대에 비하여, 지금의 20대, 30대는 핵가족에서 자라났다. 또한 형이 동생들을 키우고 누나가 동생들을 뒷바라지하던 baby-boom 세대에 비하여 지금의 부모들은 외동아들, 외동딸의 global 경쟁력 개발에 혼신의 힘을 기울였다. 이와 같이 global 경쟁력도 하늘을 찌르고 머릿수도 줄어든 젊은 세대의 일자리조차 만들어주지 못한 책임은 당연히, 전적으로 지금의 기성세대가 질 수밖에 없다. 즉 입법부, 사법부, 행정부는 물론 사회 전반을 주도하며 강력한 영향력을 행사하고 있는 지금의 50대야말로 이에 대한 책임을 절대로 피할 수 없는 세대이며, 이들의 뒤를 차근차근 밟고 있는 40대 역시 일말의 책임을 질 수밖에 없다.

왜 이렇게 되었을까? 저자는 지금의 60~80대 선배들이 노력한 결과를 향유하여온 지금의 50대와 40대가 너무 안이하게 지내왔기 때문이라고 생각한다. 우선 그 사이 대부분의 개인과 기업들은 불법적, 비도덕적으로 돈을 벌었으니 이런 불결한 돈은 당연히 공짜로 나누어 써야만 한다는 populist들이 대거 등장하였다. 이에 일부 50대, 40대는 자신의 이익을 위하여 이들에 동조하였고, 이에 동의하지 않는 대다수의 50대, 40대는 강 건너 불구경하듯 이에 침묵하며 오히려 이를 방조하였다. 그러다보니 합법적, 도덕적으로 돈 버는 일은 제쳐놓은 채, 세금 나눠주는 선심쓰며 말로만 일하는 populist들이 사회 각계각층에 침투하였지만, 대다수의 50대, 40대는 이를 방조하고, 심지어 일부는 이들 populist들에 편승하며 그들이 나눠주는 돈을 전향적으로, 열정적으로 받아썼다. 그러니 사필귀정이라 할 수 있을까?

결국 지금이야말로 그 동안 침묵하며 자신의 길을 묵묵히 걸어온 50대, 40대들이 아직 우리의 기억 속에 어렴풋이 남아있는 "**하면 된다**"는 신념을 기억해내고, 대한민국의 자랑인 우리 20대, 30대 젊은이들과 함께 다시 한 번 "**해보니 진짜 되더라**"를 실천할 때이다. 철지나도 한참 지난 독선적 선민의식의 "**염병**과 **빠이**"가 우리의 자랑인 대한민국 20대, 30대 젊은이들의 "global mind"를 송두리째 불태워버리고 파괴하기 전, 자신들만 편하게 먹고 살면 만사형통인 populist들의 "**공짜 나눠주기**"가 이들의 "창조적 정신"을 피동적 패배주의로 흥건하게 적시어버리기 전, 우리는 대한민국 젊은이들의 창조성과 열정이 결실을 맺을 수 있는 선순환적 IP 생태계를 조국에 구축해야 한다. 그리고 이를 발판으로 우리 대한민국의 젊고 창의적인 20대와 30대가 global 무대에서 신명나게 활동할 수 있도록 선순환적 IP infra를 갖추고 global 경쟁력을 지닌 IP 전문 인력을 양성하여 IP Silk Road를 구축해야만 한다.

이는 물론 우리만을 위해서가 아니다. 우리와 함께 "**해보니 역시 되더라**"는 자신감을 찾은 대한민국의 젊은이들이 global 무대에서 맘껏 끼를 부리며 자신의 인생을 진짜 신나게 살아 볼 수 있도록 하기 위해서이다!

차례

1장 지식재산 개요 1

1. 서론 3
가. 제조업과 지식재산의 융합을 통한 선진국 안착의 당위성 3
나. 전략적 주요 국가 특허 확보를 통한 선진국 안착의 당위성 6
다. '범위'에 의한 수익 창출을 통한 선진국 안착의 당위성 7
라. '범위'를 위한 특허의 해부·재결합과 발명전략·특허전략 9

2. 지식재산의 종류 및 성격 14
가. 지식재산권의 필요성 16
나. 지식재산권의 종류 17

3. 지식기반시대와 특허의 중요성 18
가. 산업자본시대로부터 지식기반시대로의 이행 19
나. 지식기반시대의 원리 22
다. 지식기반시대와 기존의 선진국 전략 25
라. 지식기반시대의 시사점 27

4. 국내 특허 현황 30
가. 국내특허의 선천적 한계 [속지법] 31
(1) 국내에만 출원·등록한 특허와 좁은 국토·적은 인구의 선천적 한계 31
(2) 국내에만 출원·등록한 특허와 합법적 기술유출 32
나. 국내특허의 후천적 한계 1 [등록특허의 높은 무효율] 33
다. 국내특허의 후천적 한계 2 [낮은 손해배상금] 36
라. 사유재산인 특허에 대한 공익성 오해 40
마. 총체적 난국의 원인 44
(1) 발명가를 불량化하는 국가 연구과제 평가제도 45
(2) 불량특허를 유인하는 덤핑 수준의 국내 변리사 수임료 49
(3) 특허청의 피로 누적과 단축된 심사기간의 추가 단축 53
(4) 특허법원의 피로 누적 58

(5) 특허법원의 전문성 배양 원천금지 63
(6) 제조업체의 오도 및 언론의 방관·동조 65
(7) 다시 발명가로 ... 70
바. 국내특허의 현실적 의미 71

5. 개인·기업·국가 차원의 목표 76
가. 사유재산 보장 및 비용편익분석의 결과인 특허 76
나. 지식기반시대의 개인·기업·국가 차원의 목표 78

6. "지식재산 개요"의 요약 79

2장 청구항 및 공수전략 81

1. 범위의 중요성 84
가. 특허의 목적은 수익 창출 뿐 87
나. 발명가의 희망과 고민 89
다. 말뚝과 영토, 청구항과 특허의 범위 93

2. 청구항과 공격전략 96
가. 청구항 요소 최소화를 통한 범위의 극대화 96
나. 청구항 제한조건 최소화를 통한 범위의 극대화 98
다. 범위의 극대화를 추구하는 공격적 청구항 전략 102
(1) 특허와 지뢰 102
(2) 공터와 지뢰 103
(3) 공터 제거를 위한 "전향적 과장전략"의 당위성 105
(4) "전향적 과장전략"과 특허의 범위 및 실시예 106

3. 청구항과 수비전략 110
가. 선행기술과 청구항의 유효성 110
나. 선행기술 검색의 한계 113
(1) 선출원권 상실의 위험성 113
(2) 선행기술 검색의 제도적 한계 114
(3) 선행기술 분석의 현실적 한계 116
(4) 선행기술 분석의 법적 한계 118
(5) 현실적 선행기술 검색 및 분석 118
다. 종속항을 활용하는 수비전략인 "청구항 전략" 120
라. 종속항 작성 방법 122
마. 종속항의 종속항 작성 방법 125

4. 貧益貧 특허, 富益富 특허 129

가. 선행기술 유무에 따른 청구항 공수전략 129
나. Not Every Invention is Equal! 133

5. "청구항 및 공수전략"의 요약 135

가. 공격전략의 핵심은 범위, 또 범위, 그리고 범위 136
나. 공격뿐인 공수전략 137
다. "선택과 집중"의 당위성 137

3장 오로지 특허 쓰듯 쓴 특허 139

1. "구성요소 완비의 법칙" 및 특허의 공수전략 142

가. "구성요소 완비의 법칙"과 특허침해 판단 149
(1) 문언침해 (Literal Infringement) 150
(2) 균등론에 의한 침해 (Infringement under the Doctrine of Equivalents) 155
나. "구성요소 완비의 법칙"과 특허성 판단 160
(1) 신규성 요건 (Novelty Requirement) 161
(2) 진보성 요건 (Non-Obviousness Requirement) 166
다. "구성요소 완비의 법칙"의 요약 172
(1) "구성요소 완비의 법칙"과 침해 여부 vs. 특허성 172
(2) "구성요소 완비의 법칙"과 특허 공수전략 175

2. "구성요소 완비의 법칙"의 응용 182

가. 원천특허를 항상 침해하는 개량특허 182
나. 허구의 배타적 독점권 vs. 실질적 금지권 186
(1) 선발명가의 원천특허와 발명가의 개량특허 186
(2) 발명가의 개량특허와 후발명가의 심화 개량특허 192

3. 논문 쓰듯 쓴 특허 vs. 특허 쓰듯 쓴 논문 194

가. 우주의 진리를 규명하는 연구의 속성 195
나. 논문을 위한 논문용 발명 199
다. 논문과 실시예 202

4. "오로지 특허 쓰듯 쓴 특허"의 요약 203

가. 넓은 범위의 청구항의 당위성 203
(1) 공격뿐인 공수전략 204
(2) 희박한 가능성의 길목특허 206
나. 다양한 종류의 청구항의 당위성 209
다. 명약관화한 특허 vs. 끈끈한 특허 214
(1) 명약관화한 특허의 장단점 214
(2) 거시기하게 끈끈한 특허의 장단점 215

4장 발명은 신(神)내림 vs. 특허는 인간이 제조 219

1. 역사의 반복: 발명가 (특허권자) vs. 경쟁자 224

가. 발명가의 Action 226
(1) 특허 출원 226
(2) 특허청 심사관의 거절 230
(ㄱ) 특허 파수꾼인 특허청 심사관의 임무 230
(ㄴ) 거절 없이 등록되는 특허의 虛와 實 231
(3) 거절에 대한 대응 전략 233
(4) 거절에 대한 대응 방법 235
(ㄱ) 거절 이유 극복 방법 236
(ㄴ) 신규 요소, 신규 제한조건 선정 방법 241
(ㄷ) 변리사에 대한 성공보수제도의 함정 243
(5) 특허 등록 245
(6) 특허 공개 247

나. 발명가의 Action에 대한 경쟁자의 Counter-Action 250
(1) 특허 초보 경쟁자의 침해 250
(2) 특허 고수 경쟁자의 우회·회피 252
(ㄱ) 우회·회피의 정도와 영향 253
(ㄴ) 권리범위 우회·회피의 불확실성 254
(3) 특허 최고수 경쟁자의 침해 255

다. 경쟁자의 Counter-Action에 대한 발명가의 Reaction 257
(1) 오로지 공격뿐인 응징 258
(2) 청구항 재해석을 통한 권리범위의 확장 259
(3) 권리범위 확장의 한계 261
(4) "과도한 권리범위 때문에 특허가 죽었다"는 주장의 모순 262
(5) 경쟁자의 침해에만 대비한다는 "방어용 특허"의 모순 264
(6) 면피용 청구항인 "Picture Claim" 266

라. 발명가의 Reaction에 대한 경쟁자의 Counter-Reaction 267
(1) 인용 선행기술의 재해석을 통한 무효화 전략 268
(2) 신규 선행기술 발굴을 통한 무효화 전략 270
(3) 기재불비를 이용한 무효화 전략 270
(4) 특허권자의 권리범위 확장을 역이용한 양자택일 강요 전략 272
(5) 금반언의 원칙을 이용한 비침해 전략 273

마. 청구항 해석에 "All-In" 하는 이유 275

2. 강한 특허로도 수익을 창출하기 어려운 이유 277

가. 권리성 측면에서 불리한 발명가 277
나. 비용편익 측면에서 불리한 발명가 279
다. 책임회피 측면에서 불리한 발명가 282
(1) 가격 산정의 어려움에 따른 수익 창출의 어려움 282
(2) 미래의 특허침해소송에 따른 수익 창출의 어려움 284

3. 특허 실패 사례 285
가. In re Barker 286
나. Unique Concept vs. Brown 293
다. 디지털 청진기 302

4. 특허 성공 사례 309
가. 곰국특허 310
나. 꼬리곰탕의 곰국특허 침해 여부 313
다. 닭곰탕의 곰국특허 침해 여부 316
라. 곰국에 대한 올바른 특허 317
(1) 명약관화한 "발명의 설명" 318
(2) 올바른 "발명의 설명" 321
마. 척추동물국 특허와 곰국 Business 328
바. 척추동물국 특허의 치명적 약점 및 극복 330

5. 유능한 변리사 334
가. 유능한 변리사 요건 337
(1) 청구항 '범위'의 최대화 338
(2) 다양한 종류의 청구항 '범위' 확보 340
(3) 유능에 상응해야 하는 대우 344
(4) 잘 "아는" 변리사와 잘 "하는" 변리사 344
나. 발명 상담의 중요성 346
(1) Brain-Storming의 당위성 346
(2) R&D-IP 연계의 중요성 349

6. "발명은 신(神)내림 vs. 특허는 인간이 제조"의 요약 349
가. 청구항 범위 확충과 다양성 확보의 중요성 350
나. 유능한 변리사 요건 및 발명 상담의 중요성 351

5장 특허제도 353

1. 국내 특허제도 357
가. "산업발전에 이바지"하지 않는 오해 357
나. "산업발전에 이바지"하는 특허출원 358

2. 미국 특허제도 359
가. 공공영역(Public Domain)의 보존과 확충을 위한 특허제도 360
(1) 공공영역(Public Domain)에 축적된 지식과 기술의 중요성 361
(2) 시장 실패 (Market Failure) 362

(3) 유인책으로서의 특허제도 364
(4) 공공영역(Public Domain)의 보존(Preservation)과 확충(Expansion) 365
나. 우회 (Patenting Around) 장려에 의한 특허간의 경쟁 유도 369
다. Abraham Lincoln의 불을 지피는 연료로서의 특허 371
(1) Abraham Lincoln의 U.S. Patent No. 6,469 372
(2) Patent System Adds the Fuel of Interest to the Fire of Genius 373
라. 미국 FTC(연방통상위원회)와 특허 375
(1) 혁신의 중요성 376
(2) 혁신을 위한 '특허제도'와 '경쟁'의 중요성 376
(3) 특허제도와 독점금지제도의 합치 (Alignment) 377
(4) 특허들 사이의 경쟁으로 인하여 시장 지배력 없는 특허 378
(5) FTC 보고서 요약 및 검토 378

3. 특허제도의 종류 379
가. 선발명주의 381
나. 선출원주의 383

4. 특허권의 제한 385
가. 선천적 제한 385
(1) 특허권 ≈ 배타적 독점권이 절대 아닌 금지권 386
(2) 영토의 제한 ≡ 속지법 389
(3) 기간의 제한 ≡ 존속기간 390
나. 후천적 제한 392
(1) 금지권을 제한하는 특허소진론 (Patent Exhaustion) 392
(2) 일(1)발명 일(1)특허 원칙 398
(3) 부활 금지 원칙 399
(4) 이중특허 (Double Patenting) 금지 원칙 400
(5) 불공정 행위 (Inequitable Conduct) 금지 원칙 405
(6) 금반언의 원칙 (Estoppel) 408
(7) 재탈환 규칙 (Recapture Rule) 411
다. 제도적 제한 413
(1) 일실이익 (Lost Profit) 414
(2) 합리적 실시료 (Reasonable Royalty) 416
(3) 침해 제조업체의 이익도 보장하는 특허제도 418

5. "특허제도"의 요약 419

6장 청구항 기본 법칙 423

1. 특허의 구성 427

2. 청구항 구성 430

가. 청구항 서문 (Preamble) 433

(1) 청구항 서문과 청구항 범위 434

(2) 청구항 서문과 범위 관련 미국 판례 (Marrin vs. Griffin) 437

(3) 청구항 서문과 특허전략 442

나. 청구항 전환구 (Transition Phrase) 446

(1) 개방형 전환구 447

(2) 폐쇄형 전환구 453

(3) 부분 폐쇄형 전환구 461

(4) 청구항 전환구와 특허전략 464

다. 청구항 본문 (Body) 466

(1) 청구항 기본 문법 466

(2) 선행 근거 (Antecedent Basis) 467

(3) 명시적 청구방법 vs. 추론적 청구방법 470

(4) 조합 (Combination) vs. 집합 (Aggregation) 473

(5) 청구항 요소의 순서 475

(6) 기타 청구항 문법 478

3. 청구항 종류 481

가. 청구항 요소 (Claim Element) 및 제한조건 (Claim Limitation) 483

(1) 청구항 요소 (Claim Element) 483

(2) 청구항 제한조건 (Claim Limitation) 485

나. 물건청구항 (Apparatus Claim) 487

(1) 장치청구항 (Machine Claim) 488

(2) 물품청구항 (Article of Manufacture Claim) 491

다. 방법청구항 (Process 또는 Method Claim) 493

(1) 방법청구항의 특성 493

(2) 방법청구항의 단점 494

(3) 방법청구항 작성 방법 495

라. 방법특정 물건청구항 (Product-by-Process Claim) 498

마. 조성물청구항 (Composition of Matter Claim) 501

바. 기능청구항 (Functional Claim) 및 기능 제한조건 506

(1) Means-Plus-Function Claim 506

(2) 기능청구항 및 기능 제한조건 508

사. 특수 청구항 509

(1) Jepson Claim 509

(2) Markush Claim 512

아. 혼합 청구항 (Mixed Claim) 금지 원칙 514

(1) 청구항 요소 혼합 (Mixed Claim Elements) 금지 원칙 514

(ㄱ) 미국 판례 1 - IPXI vs. Amazon (Fed. Cir. 2005) 515

(ㄴ) 미국 판례 2 - HTC vs. IPCom (Fed. Cir. 2012) 517
(2) 청구항 제한조건 혼합 (Mixed Claim Limitations) 허용 519
자. 신종 청구항 520
(1) 신종 청구항 정의 521
(2) Swiss Claim 522
(3) Beauregard Claim 525
(4) 양날의 칼인 신종 청구항 527

4. "청구항 기본 법칙"의 요약 529

7장 | 청구항 해석 533

1. 청구항 해석의 중요성 541
가. 청구항 해석과 침해 판단 542
나. 청구항 해석과 특허성 판단 545
다. 청구항 해석의 승패 ≈ 특허소송의 승패 548

2. 청구항 해석의 원칙 551
가. 청구항 해석의 근거 자료 552
(1) 특허내적 증거 (Intrinsic Evidence) 552
(2) 특허외적 증거 (Extrinsic Evidence) 555
나. 사전편찬자 (Lexicographer) 원칙 556
(1) 사전편찬자(Lexicographer)로서의 발명가의 권리 556
(2) 사전의 종류 557
(3) 고백과 뼈아픈 후회 559
다. 일상적·관습적 의미 (Ordinary·Customary Meaning) 원칙 562
라. 의미의 일관성 (Consistent Meaning) 원칙 563
마. 최선의 실시예 포함 (Include Preferred Embodiment) 원칙 565
바. "발명의 설명" 참고 원칙 vs. 청구항 편입 불가 원칙 571
사. 청구항 차별 규칙 (Doctrine of Claim Differentiation) 573
(1) 청구항 차별 규칙의 승리 574
(2) 청구항 차별 규칙의 패배 577
아. 다양한 원칙들의 갈등과 조화? 582

3. "발명의 설명 (Specification)"의 중요성 583
가. 출원 후 보정 불가의 "발명의 설명 (Specification)" 585
나. 제대로 쓴 "발명의 설명"에 대한 판례 - "한 줄"의 중요성 592
다. 잘못 쓴 "발명의 설명"에 대한 판례 - "본 발명"의 저주 597
라. 제대로 쓴 "발명의 설명 (Specification)"의 역할에 대한 증거 605

4. "청구항 해석"의 요약 608

8장 신규성 요건 및 진보성 요건 611

1. 청구항의 신규성 (Novelty) 요건 618

가. 신규성 판단 요건 620

나. 엄격한 동일성 (Strict Identity) 623

(1) 생활 발명 - In re Runion (Fed. Cir. 1993) 625

(2) BM 발명 - Net MoneyIn vs. VeriSign (Fed. Cir. 2008) 629

(3) Bio 발명 - Enzo Biochem vs. Applera (Fed. Cir. 2010) 634

다. 내재성 원칙 (Doctrine of Inherency) 638

(1) 화학 발명 - Tilghman vs. Proctor (S.Ct. 1880) 639

(2) 물리 발명 - In re Seaborg (CCPA 1964) 641

(3) 내재성 원칙 (Doctrine of Inherency) 정리 642

라. 신규성 판단을 위한 선행기술의 요건 645

(1) 분야 무관 646

(2) 출처 무관 646

(3) 부주의한 발명가를 구제하기 위한 신규성 의제 647

(4) 선행기술의 실시가능성 (Enabling Prior Art) 648

마. 속발명과 종발명 (Genus and Species) 원칙 650

2. 청구항의 진보성 (Non-Obviousness) 요건 654

가. 진보성 관련 법제도 656

나. 진보성 판단 기준 658

(1) 진보성 판단과 신규성 판단의 차이점 658

(2) 진보성 판단과 신규성 판단의 공통점 661

(3) 진보성 판단과 “구성요소 완비의 법칙”의 적용 여부 662

(4) 근사치 ≈ 발명 전체의 비교 vs. 청구항 요소·제한조건의 개별적 비교 666

(5) 기타 진보성 판단 기준 668

다. 관련 분야 670

(1) IT 발명 - Innovention Toys vs. MGA (Fed. Cir. 2011) 671

(2) 생활 발명 - In re Klein (Fed. Cir. 2011) 675

(3) “관련 분야”가 발명가에게 미치는 영향 680

라. 당업자 또는 “POSITA” 681

(1) 생활 발명 - Media Tech. vs. Upper Deck (Fed. Cir. 2010) 682

(2) “당업자”가 발명가에 미치는 영향 686

마. 미국 판례의 TSM Test 및 KSR Case의 상식 Test 687

(1) 사후재구성 (Hindsight Reconstruction) 금지 원칙과 TSM Test 687

(2) 생활 발명 - In re Dembiczak (Fed. Cir. 1999) 688

(3) 기계 발명 - KSR vs. Teleflex (S.Ct. 2007) 691

(4) KSR Case 이후 692

바. 시장반응 고려사항 (Secondary Consideration) 694

(1) 상업적 성공 695

(2) 경쟁자의 모방 또는 License 696

(3) 장기간의 비충족 수요 (Long-Felt Need) 696

(4) 업계의 비관적 견해 (Teaching Away) 또는 칭송 697
(5) 발명가의 비관적 견해? 697

3. "신규성 요건 및 진보성 요건"의 요약 698
가. 발명이 아닌 청구발명에 대한 신규성과 진보성 698
나. 신규성, 진보성과 청구항 전략 699

9장 기재요건 701

1. 권리범위 ≡ 청구항 + "발명의 설명" 706
가. 빈약한 "발명의 설명"에 의한 협소한 권리범위 707
나. 풍부한 "발명의 설명"에 의한 광활한 권리범위 710
다. 권리범위 확보 vs. 권리범위 포기 713

2. 명확성 요건 (Definiteness Requirement) 714
가. 명확성 요건 개요 715
나. 명확성 요건 관련 미국 연방항소법원 판례 716
(1) 기계 발명 - Orthokinetics vs. Safety Travel (Fed. Cir. 1986) 716
(2) Bio 발명 - Enzo Biochem vs. Applera (Fed. Cir. 2010) 720
(3) 화학공학 발명 - Star Scientific vs. RJ Reynolds (Fed. Cir. 2011) 721

3. 서면기재 요건 (Written Description Requirement) 724
가. 서면기재 요건 개요 725
(1) 원출원특허가 서면기재 요건을 만족하지 못하는 경우 726
(2) 보정 청구항이 서면기재 요건을 만족하지 못하는 경우 729
나. 원출원특허 관련 미국 연방항소법원 판례 730
(1) 의료기기 발명 - Boston Scientific vs. J&J (Fed. Cir. 2011) 731
(2) Biotech 발명 - Billups vs. Associated Regional (Fed. Cir. 2011) 737
(3) 원출원특허 관련 서면기재 요건 판례 정리 739
다. 청구항 보정 관련 미국 연방항소법원 판례 740
(1) 기계 발명 - In re Barker (CCPA 1977) 741
(2) 의료기기 발명 - Vas-Cath vs. Mahurkar (Fed. Cir. 1991) 745
라. 미국의 계속출원, 일부계속출원 및 서면기재 요건 748
(1) 계속출원 (Continuation Application) 748
(2) 일부계속출원 (Continuation-In-Part Application) 752

4. 실시가능 요건 (Enablement Requirement) 758
가. 실시가능 요건 개요 759
나. 미국 연방항소법원의 Wands Factor 761
(1) 의학 발명 - In re Fisher (CCPA 1970) 763
(2) 전기전자 발명 - NRT vs. Magnetic Separation (Fed. Cir. 1999) 766

다. 권리범위 전체에 대한 실시가능 요건 770
(1) 기계 발명 - Automotive Tech. Int'l vs. BMW (Fed. Cir. 2007) 770
(2) 전기전자 발명 - Sitrick vs. Dreamworks (Fed. Cir. 2008) 777
라. 실시예 ≡ 실제 실시예 + 가상 실시예 780
(1) 청구발명의 분야 및 가상 실시예 782
(2) 미국 가상 실시예의 한계 784
(3) 대한민국 가상 실시예의 한계 784
(4) 화학 발명 - Atlas Powder vs. E.I. Du Pont (Fed. Cir. 1984) 786
(5) 의학 발명 - Novo Nordisk vs. BT General (Fed. Cir. 2005) 789

5. 최적 실시예 기재요건 (Best Mode Requirement) 791
6. "기재요건"의 요약 792

10장 소유권, 직무발명 및 IP 관리 795

1. 발명가 요건 800
가. 발명가 요건이 중요한 이유 801
(1) 잘못된 만남 - Dr. 윤과 Mr. 최 802
(2) 잘못된 발명가 요건 - Dr. 윤 803
(3) 올바른 발명가 요건 - Dr. 윤과 Mr. 최 806
(4) Dr. 윤의 실수 및 해법? 809
나. 발명 ≡ 착상 + 구체화 811
(1) 발명의 착상 812
(2) 발명의 구체화 814
다. 발명가 요건 ≡ 착상 816
라. 발명가 기재 오류에 의한 무효화 816
마. 발명의 소유권 817
(1) 단독발명의 착상 및 소유권 817
(2) 공동발명의 착상 및 소유권 818
(3) 독립적 공동발명가는 불가능 827
(4) 공동발명가 조절의 유일한 방법은 청구항 조절 828
바. 알면서도 빼앗기는 (알더라도 빼앗아오는) 발명 830
(1) 제약 발명 - Vanderbilt University v. ICOS (Fed. Cir. 2010) 831
(2) 빼앗기지 않으려 해도 빼앗기(기) 쉬운 산학협력 838

2. 특허 소유권 841
가. 특허의 단독소유권 842
나. 특허의 공동소유권과 독자 실시 843
다. 금지권 발동을 위한 공동소유권자의 사전 동의 844
라. 특허의 공동소유권과 지분 양도 845

(1) 공동소유권자의 성격, 목적 및 결과 845
(2) 국내의 경우 지분의 크기보다는 지분의 유무가 중요 846
(3) 국내 산학협력과 공동소유권 848
(4) 미국의 경우에도 지분의 크기보다는 지분의 유무가 중요 849
(5) 0.0001% 지분과 99.9999% 지분의 차이? 852
(6) 특허 소유권의 지분과 의의 853

3. 직무발명 853
가. 직무발명의 정의 및 요건 854
나. 종업원, 사용자의 의무 및 권리 857
(1) 종업원의 의무 = 사용자의 권리 857
(2) 종업원의 권리 = 사용자의 의무 859
다. Fortune Favors the Prepared Mind 861
(1) 의학 발명 - Applera v. Illumina (Fed. Cir. 2010) 861
(2) Applera case의 교훈 867
라. 직무발명 보상제도 870
(1) 국내 직무발명 보상제도 870
(2) 미국 직무발명 보상제도 873
마. 직무발명 제도의 효과 876
(1) 종업원 발명가 vs. 사용자 제조업체 876
(2) 직무발명 제도 vs. 종업원 이직 878

4. "소유권, 직무발명 및 IP 관리"의 요약 879

11장 특허입국(特許立國) 전략 ≡ 특허와 제조의 융합 881

1. 특허생태계 (Patent Ecosystem) 887
가. 특허생태계 이론 887
(1) 특허생태계 상류 (上流) ≡ 발명가의 발명 창출 888
(2) 특허생태계 중류 (中流) ≡ 대리인의 특허 창출 (발명의 재창출, 즉 권리화) 889
(3) 특허생태계 하류 (下流) ≡ 다양한 혁신가·전문가의 특허 활용 890
(4) 특허생태계 요약 893
나. 특허생태계 종류 895
(1) 선순환적 특허생태계 (Virtuous Patent Ecosystem) 895
(2) 악순환적 특허생태계 (Vicious Patent Ecosystem) 897
다. 선순환적 특허생태계를 위한 법률 외적 Infra 구축의 당위성 899

2. 경쟁으로 구축하는 선순환적 특허생태계 900

가. 선순환적 특허생태계 구축을 위한 경쟁의 당위성 901

(1) 경쟁자 A - 발명가 영토의 알짜배기 땅을 침해 902

(2) 경쟁자 B - 발명가 영토의 변두리만 침해 904

(3) 경쟁자 C - 발명가 영토의 우회·회피 905

(4) 발명가와 경쟁자 사이의 경쟁의 결과 907

나. 유일한 해답은 실전을 통한 "경쟁력 제고" 907

(1) 국내 실전 경험의 중요성 908

(2) 세부 실전 전략의 중요성 911

3. 발명가의 전략 914

가. 청구항의 범위, 또 범위, 그리고 범위 914

(1) 공격전략과 청구항의 범위, 또 범위, 그리고 범위 914

(2) 수비전략과 청구항의 범위, 또 범위, 그리고 범위 916

나. "발명의 설명 (Specification)"의 중요성 918

다. 유능한 대리인 확보를 통한 R&D-IP 연계 및 선결조건 925

(1) 광활하면서도 다양한 권리범위를 창출하는 유능한 대리인 926

(2) 발명가가 유능한 대리인에게 반드시 지불해야할 합당한 보수 927

라. 전략적 출원 ≡ 미국, Then Europe (and/or China)? 931

마. 국내특허의 역할 ≡ 중요한 징검다리 933

바. 국내 발명가의 중추적 역할 934

4. 국내 대학교 교수 및 국내 연구소 연구원의 전략 935

가. 특허 관련 정량적 평가지표의 부작용 938

(1) "특허 건수"라는 정량적 평가지표의 허상 938

(2) "특허 건당 Royalty"라는 정량적 평가지표의 문제점 941

나. "선택과 집중"의 당위성 943

다. 국내 대학교·연구소의 특허관리·활용 조직인 TLO의 한계 944

(1) 서울대학교 공과대학 홍국선 교수와 "재단법인 서울대학교 산학협력재단" 945

(2) 교육부의 「산업교육진흥 및 산학연협력촉진에 관한 법률」 및 산학협력단 948

(3) 국내 대학교의 (전)연구처 ≡ 국내 대학교의 (현)산학협력단 949

(4) 국내 대학교 '산학협력단'의 하부조직인 TLO(기술이전 조직)의 현황 952

(ㄱ) TLO 정규직원의 전문성 결여 953

(ㄴ) TLO 정규직원의 "Business Mind" 결여 954

(ㄷ) 국내 대학교의 악순환적 특허생태계 955

(ㄹ) 악순환을 심화하는 특허관리전략 957

(ㅁ) TLO의 자기방어적 특허전문가 영입전략 960

(5) 청담동 유치원 ≪ 공립 유치원 ≪ 고아원? 962

(6) If 범법행위 ≡ 애국행위, Then 문제 ≡ 범법자? or 문제 ≡ 법? 965

(ㄱ) Z대학교 A교수의 적법 행위 966

(ㄴ) Z대학교 V교수의 범법 행위 966

(ㄷ) 교육부 규정에만 부합하는 적법 행위 vs. 국가 이익에 부합하는 범법 행위 970

(ㄹ) 범법 행위를 적법 행위로 전환하는 해결책 971

(7) 국내 대학교·연구소 TLO 개선 방향 ≡ 폐쇄성 극복을 통한 개방 및 경쟁 도입 976
(ㄱ) '개방'의 당위성 977
(ㄴ) 파괴적 혁신의 당위성 978
(8) 연구처의 중요성 vs. 국내 대학교·연구소 TLO 개선의 당위성 979
라. 국내 대학교·연구소의 교수·연구원의 전략 980
(1) 소통을 통한 전략 983
(2) 유동성 확보를 위한 "폭풍신고 (暴風申告) 전략" 984
(3) 국가 이익과도 합치하는 "유동성 확보" 985
마. 수익 창출을 추구하는 "독립 TLO"의 구축 989
바. 단지 참고사항일 뿐인 미국 유수 대학교의 "독립 TLO" 992
(1) 미국 유수 대학교의 기술이전·사업화 현황 992
(2) 미국 유수 대학교 TLO의 인적 구성 994
(3) 미국 유수 대학교 TLO의 "선택과 집중" 전략 995

5. 유능한 국내 대리인의 전략 996
가. Global Market을 호령할 권리범위 창출 및 응용 능력 확보 998
(1) 범위, 또 범위, 그리고 범위뿐인 권리범위 창출 및 해석 능력 998
(2) 국내특허와 대한민국 특허청의 의의 999
나. 국내 의뢰인 계몽을 통한 국내 특허출원업계의 차별화 1,000
(1) 수임료 현실화를 위한 국내 의뢰인 계몽 1,001
(2) 범위, 또 범위, 그리고 범위뿐인 국내 의뢰인 계몽 1,003
(3) 유능한 국내 대리인 자신은 물론 국가 이익과도 합치되는 국내 의뢰인 계몽 1,004
다. Global Patent Prosecution Market으로의 진출 1,007

6. 국내 제조업체의 전략 1,011
가. "방어용 특허"의 자가당착 1,014
(1) 메가톤급 권리범위가 필요한 "방어용 특허" 1,015
(2) 방어를 위한 핵공격이 목적인 "방어용 특허" 1,016
나. 후발 제조업체의 전략 1,017
(1) 동대문 특허 vs. 남대문 특허 1,018
(2) 동대문 특허 ≡ 동대문에서 남에게 당할 Damage 극소화 1,021
(3) 남대문 특허 ≡ 남대문에서 남에게 가할 Damage 극대화 1,022
다. 창출에 꽂혀야할 특허관리 1,023
(1) 특허침해소송 및 특허소송부서의 속성 1,025
(ㄱ) 수비가 뚫린 특허소송부서 1,026
(ㄴ) 공격이 막힌 특허소송부서 1,027
(ㄷ) 특허소송부서의 속성 및 전향적 관리 1,028
(2) 특허 Licensing 및 특허 Licensing 부서의 속성 1,030
(3) 특허 창출 및 특허창출부서의 속성 1,032
(ㄱ) 항상 적자인 특허창출부서 1,032
(ㄴ) 자주 비난받는 특허창출부서 1,033
(ㄷ) 여전히 비인기 부서인 특허창출부서 1,035
(4) Time Lag을 감안한 특허창출부서 관리 ≡ 은근과 끈기 1,036
(ㄱ) 특허창출부서 부진의 결과 1,037
(ㄴ) "은근과 끈기"의 특허창출부서 관리 전략 1,038

라. Chief IP Officer(CIPO)의 위상 및 의의 1,039
(1) 특허부서 vs. 법무부서? 1,039
(2) 부서 간 이익 불합치에 의한 국내 제조업체의 참사 1,040
(3) 독립된 특허부서 [O] vs. 총괄 법무부서 [X] 1,043
(4) Chief IP Officer(CIPO)의 역할 및 위상에 대한 선진기업의 예 1,044

7. 국가적 전략 1,046
가. 10만 발명가 양병설 1,047
나. 1천 교관 양병설 1,049
(1) 변리사·특허변호사 등 특허전문가를 교관으로 양성 1,050
(2) 연구소·기업의 연구자를 교관으로 양성 1,051
(ㄱ) 한국발명진흥회와 특허청의 "특허관리 Advisor 제도" 1,052
(ㄴ) 한국지식재산전략원과 특허청의 "Lab 맞춤형 지재권 전략지원 사업" 1,053
(3) 대학교수를 교관으로 양성 1,055
(4) 1천 교관의 10만 발명가 양병 시 전략 교육의 당위성 1,056
다. 輸出입국, 特許입국, 特許輸出입국 1,058

8. 정부의 전략 ≡ 제조업과 특허산업의 융합 1,060
가. 정책 목표 ≡ 우량 발명가 육성 (발명+ 제조업체 포함) 1,061
(1) 선순환적 특허생태계 구축을 통한 특허산업 육성 및 제조업과의 융합 1,062
(2) "침해 제조업체"의 이익과는 상충 vs. "발명 제조업체"의 이익과는 합치 1,064
(3) 정부 정책의 거시적 목표 ≡ "치열하지만 공정한 경쟁"을 위한 환경 제공 1,067
나. 행정부의 전략 1,068
(1) 행정부의 전략 ≡ 선순환적 Infra 구축 및 국제 경쟁력 갖춘 전문인력 양성 1,068
(2) 특허생태계 중류의 주체인 특허청의 전략 ≡ Global 우량특허 창출 1,069
(ㄱ) 국내특허 ≡ 해외 우량특허로 태어나기 위한 징검다리로서의 모태특허 1,070
(ㄴ) 최소공배수 전략 ≡ 미국특허·유럽특허와 국내특허의 "합치(合致) 전략" 1,073
(ㄷ) 지향(志向) [1] ≡ "존재가치 배가(倍加) 전략"으로서의 "합치(合致) 전략" 1,078
(ㄹ) 지향(志向) [2] ≡ 국제 경쟁력을 지닌 발명창출 전문가 양성 1,082
(ㅁ) 지향(志向) [3] ≡ 효율적 보호를 위한 전략적 주요 국가의 특허 판례 분석 1,084
(ㅂ) 국내 개인발명가, 대학교·연구소, 국내 발명기업의 선봉장인 대한민국 특허청 1,086
(3) 특허생태계 하류의 주체인 산업부의 전략 ≡ 우량특허의 Global 활용 1,088
(ㄱ) 유(有)한한 유(有)형자산 vs. 무(無)한한 무(無)형자산 1,090
(ㄴ) 특허활용 ≡ 아낌없는 Global 활용 1,092
(ㄷ) 지향(志向) [1] ≡ "침해+ 제조업체" 대신 "발명+ 제조업체"의 육성·지원 1,094
(ㄹ) 지향(志向) [2] ≡ 국제 경쟁력, 실무 능력을 지닌 특허활용 전문가 양성 1,098
(ㅁ) 지향(志向) [3] ≡ 대학교·연구소 TLO 및 기술지주회사와의 협업 1,104
(ㅂ) 지양(止揚) [1] ≠ 전문가의 "머릿수 (頭數)" vs. 전문가의 "머릿속 (頭腦)" 1,106
(ㅅ) 지양(止揚) [2] ≠ "신토불이(身土不二) 국내특허"인 휴면특허 활용 사업 1,111
(4) 특허생태계 상류의 주체인 미래부·산업부의 전략 ≡ 우량 발명 창출 1,116
(5) 특허생태계 Infra의 주체인 안행부·기재부의 전략 ≡ 인력·재원 지원 1,118
(6) 교육부의 전략 ≡ 특허생태계로부터 "완전 철수" 1,121
다. 사법부의 전략 1,122
(1) 선순환적 특허생태계 구축의 당위성 및 사법부의 임무 1,122
(2) Dynamic Korea, Dynamic 서울중앙지방법원 1,125
(3) Dynamic Korea, 대한민국의 Dynamic 특허법원 1,128

라. 특허 Hub와 대한민국 1,129
(1) 필연적으로 출현할 "동북아시아 특허 Hub" 1,131
(2) "동북아시아 특허 Hub"의 최대 수혜자 ≡ 대한민국 특허업계 1,133
(3) "동북아시아 특허 Hub" 부상 전략 1,136
(ㄱ) 예측성 및 일관성 홍보를 위한 판결문 번역 및 보급 1,137
(ㄴ) 동북아시아 각국의 특허제도 비교에 대한 영문 학술논문 보급 1,139
(ㄷ) 대한민국 특허업계의 분발 및 정진 1,140

9. 결론 1,141

가. 대한민국 정부 정책의 중요성 1,142
나. 대한민국 행정 정책의 중요성 1,144
다. 발명가 의병의 선도적 역할의 당위성 1,145
라. 더 급박해진 현실 1,147
마. 다시 시작하며 1,153

그림 차례

제1장

그림 1-1. 우리나라의 좁은 국토 및 적은 인구로 인한 선천적 한계 3
그림 1-2. 주요 국가 특허의 상대적 가치 7
그림 1-3. 산업자본시대의 꽃인 '생산자'로서의 제조업 19
그림 1-4. 미국 S&P 500 기업의 자산 변동 추이 21
그림 1-5. 지식기반시대의 도래에 따른 지식재산의 가치 제고 22
그림 1-6. 지식기반시대의 '소비자'로서의 제조업 22
그림 1-7. 지식기반시대의 '생산자'로서의 발명가 23
그림 1-8. 변변한 제조수단을 보유하지 않은 Apple의 수익률 24
그림 1-9. 지식재산을 보유한 선진 발명 제조업체의 새로운 수익 창출원으로서의 지식재산 25
그림 1-10. 지식재산 경쟁력에 근거한 세계지도 26
그림 1-11. 우리나라의 기술무역적자 추이 27
그림 1-12. 속지법인 특허법의 속성에 따른 국내 특허의 선천적 한계 31
그림 1-13. 특허 무효심판 및 무효소송 관련 현황 요약 (2009년) 34
그림 1-14. 특허의 속성에 대한 대표적 오해인 특허의 공익성 40
그림 1-15. 사유재산으로서의 특허와 특허의 목적 43
그림 1-16. 등록특허의 무효율과 주요 국가 대리인의 특허출원 수임료 51
그림 1-17. 등록특허의 무효율과 주요 국가 특허청 심사관의 업무량 55
그림 1-18(a). 미국 연방항소법원의 특허소송 처리 건수 60
그림 1-18(b). 등록특허의 무효율과 주요 국가 특허법원 판사의 업무량 61
그림 1-19. 등록특허의 무효율과 주요 국가 특허법원 판사의 재임기간 64
그림 1-20. 국내제조업체의 해외 특허침해소송 추이 66
그림 1-21. 전략적 주요 국가에서의 우량특허 확보의 중요성 71
그림 1-22. 미국특허, 유럽특허를 위한 징검다리로서의 국내특허 73
그림 1-23. 우량 해외특허를 위한 국내 특허명세서의 중요성 74
그림 1-24. 우량 미국·유럽특허를 위한 국내 특허명세서의 중요성 75

제2장

그림 2-1. 발명·특허의 목적은 수익 창출 87
그림 2-2(a). 발명가의 희망과 고민 및 해결책 90
그림 2-2(b)~(d). 발명가의 희망과 고민 및 해결책 91
그림 2-3(a). 말뚝(특허의 청구항)의 첫 번째 요소인 "산" 남쪽 (S) 93
그림 2-3(b). 말뚝(특허의 청구항)의 두 번째 요소인 "한강" 동쪽 (E) 94
그림 2-3(c). 말뚝(특허의 청구항)의 세 번째 요소인 "두강" 서쪽 (W) 94
그림 2-4. 말뚝(특허의 청구항)에 의하여 정의된 발명가의 영토(특허의 범위) 94
그림 2-5(a). 발명가의 무리한 영토 확장 95
그림 2-5(b). 말뚝 박기를 지연할 경우의 영토 상실 가능성 95
그림 2-6. 발명가의 영토에 대한 청구항 요소 개수의 영향 97
그림 2-7(a)~(b). 발명가의 영토에 대한 청구항 제한조건 개수의 영향 98
그림 2-7(c)~(f). 발명가의 영토에 대한 청구항 제한조건 개수의 영향 99
그림 2-7(g)~(h). 발명가의 영토에 대한 청구항 제한조건 개수의 영향 100
그림 2-8. 청구항 제한조건의 중요성 101
그림 2-9. 지뢰로 묘사한 특허 103
그림 2-10. 지뢰로 묘사한 특허와 공터 104
그림 2-11. 전향적 과장전략의 당위성 및 정도 105
그림 2-12. 전향적 과장전략의 한계 108
그림 2-13. 선거주자, 선행기술과 특허의 유효성 111
그림 2-14. 무효 특허와 금지권 결여 112

그림 2-15. 출원특허 및 등록특허 공개 시점 115
그림 2-16. 선행기술 검색 비용과 결과의 상관관계 117
그림 2-17. 청구항 전략에 의한 대형지뢰 (독립항의 범위)와 중형지뢰(종속항의 범위) 121
그림 2-18. 대형지뢰(독립항의 범위)와 중형지뢰(종속항의 범위)의 상호관계 121
그림 2-19. 청구항 전략에 의한 독립항과 단일의 종속항 123
그림 2-20. 청구항 전략에 의한 독립항과 복수의 종속항 124
그림 2-21. 대형지뢰(독립항의 범위)와 중·소형지뢰(종속항의 범위)의 상호관계 126
그림 2-22. 청구항 전략에 의한 독립항과 다양한 범위의 종속항 127
그림 2-23. 차선책으로서의 청구항 전략 128
그림 2-24. 선행기술이 드문 경우의 청구항 공수전략 130
그림 2-25. 선행기술 유무에 따른 청구항 공수전략 132
그림 2-26. Not every invention is equal! 134

제3장

그림 3-1. "구성요소 완비의 법칙"과 "Read On" 144
그림 3-2. 특허 청구항에 대한 침해의심 제품의 문언침해 여부 150
그림 3-3. 문언침해를 통한 금지권 행사의 한계 156
그림 3-4. 균등론에 의한 추가 금지권 157
그림 3-5. 특허 청구항의 신규성 요건과 선행기술 162
그림 3-6. 진보성 요건에 의한 선행기술 확장 166
그림 3-7. 특허 청구항의 신규성 요건과 선행기술 168
그림 3-8. 다수의 선행기술의 조합과 진보성 요건 169
그림 3-9. 문언침해 요건과 신규성 요건의 유사성 173
그림 3-10(a). 청구항 범위가 넓은 특허(대형지뢰)를 이용한 막강한 공격 176
그림 3-10(b). 청구항 범위가 넓은 특허(대형지뢰)의 빈약한 수비 177
그림 3-11(a). 청구항 범위가 좁은 특허(소형지뢰)의 빈약한 공격 178
그림 3-11(b). 청구항 범위가 좁은 특허(소형지뢰)를 이용한 막강한 수비 179
그림 3-12. 독립항(대형지뢰)과 종속항 1(중형지뢰)의 종속관계 182
그림 3-13. 종속항 1(중형지뢰)과 종속항 2(소형지뢰)의 종속관계 183
그림 3-14(a). 청구항 전략을 이용한 발명가의 특허 187
그림 3-14(b). 발명가의 특허(대형지뢰)에 대한 선발명가의 원천특허(초대형지뢰) 188
그림 3-14(c). 발명가의 영토(대형지뢰)를 포괄하는 선발명가 영토(초대형지뢰) 189
그림 3-15. 선발명가 영토(초대형지뢰) 위의 발명가의 영토(대형지뢰) 190
그림 3-16(a). 발명가의 영토(대형지뢰) 위의 후발명가의 영토(중형·소형지뢰) 192
그림 3-16(b). 원주민의 영토(메가톤 시조 지뢰) 위의 선발명가 영토 (초대형지뢰) 193
그림 3-17. 발명·특허의 '범위' vs. 연구·논문의 '깊이' 194
그림 3-18(a). 연구자의 눈으로 본 신대륙 195
그림 3-18(b). 연구자의 눈으로 본 신대륙 196
그림 3-19. 발명가의 대형지뢰 vs. 연구자의 마이크로지뢰 196
그림 3-20. 연구자의 마이크로지뢰와 드넓은 공터 197
그림 3-21. 마이크로지뢰 주변의 공터 198
그림 3-22. 다수의 순차적 마이크로지뢰와 사이사이의 공터 199
그림 3-23. 연구·논문의 '깊이' vs. 발명·특허의 '범위' 203
그림 3-24. 원천특허와 일반적 개량특허 206
그림 3-25. 원천특허보다 경제적 가치가 높은 개량특허인 길목특허 208
그림 3-26. 대형 Claymore를 이용한 지표면 상부의 금지권 확보 210
그림 3-27. 대형 Missile을 이용한 대공 금지권 확보 211
그림 3-28. 다수의 무기 체계를 이용한 금지권 확보 212, 482
그림 3-29. 명약관화하지 않고 끈끈한 특허전략의 예시 216

제4장

그림 4-1. 발명가의 출원특허 및 청구항의 청구범위 227

그림 4-2. 그림 2-22(a)에서 예시한 청구항 전략 229
그림 4-3. 선행기술 등을 인용한 특허청 심사관의 거절 230
그림 4-4. 특허청 심사관의 청구항 거절 결과 234
그림 4-5. 반박을 통한 선행기술 일부 극복 237
그림 4-6. 청구항 또는 청구범위 보정의 필요성 237
그림 4-7. 심사관의 거절을 극복하는 이론적·이상적 청구범위 238
그림 4-8. 심사관의 거절을 극복하는 실질적·현실적 독립항 239
그림 4-9. 심사관의 거절을 극복하는 실질적·현실적 종속항 240
그림 4-10. 심사관의 거절을 극복하는 데 실패한 청구항 보정 242
그림 4-11. 심사관의 거절은 극복하였지만 범위가 너무 협소한 청구항 보정 243
그림 4-12. 청구범위와 권리범위의 비교 246
그림 4-13. 출원특허 및 등록특허 공개의 효과 248, 541
그림 4-14. 특허 초보 경쟁자의 특허침해 251
그림 4-15. 특허 고수 경쟁자의 효과적 우회·회피에 의한 비침해 252
그림 4-16. 우회·회피의 정도에 따르는 장점·단점 253
그림 4-17. 경쟁자의 우회·회피에 의한 청구항의 무력화 257
그림 4-18. 경쟁자의 우회·회피에 의한 청구항의 무력화 258
그림 4-19. 타인의 우회·회피에 의한 청구항의 무력화 258
그림 4-20. 우회·회피제품을 포획하기 위한 발명가의 청구항 재해석 259
그림 4-21(a). 발명가의 미흡한 권리범위 (C_2) 확대 (1) 260
그림 4-21(b). 발명가의 미흡한 권리범위 (C_3) 확대 (2) 260
그림 4-21(c). 침해 주장을 위한 발명가의 권리범위 (C_4) 확대 260, 728
그림 4-22. 침해 주장을 위한 청구항의 권리범위 확장 폭 263
그림 4-23. 인용 선행기술의 재해석을 이용한 특허 무효화 전략 268
그림 4-24. 신규 선행기술 발굴을 통한 특허 무효화 전략 270
그림 4-25. 기재불비를 이용한 특허 무효화 전략 271
그림 4-26(a). 권리범위 확장의 당위성 272
그림 4-26(b). 발명가의 권리범위 확장을 역이용한 특허 무효화 또는 비침해 전략 273
그림 4-27. 금반언의 원칙을 이용한 비침해 전략 275
그림 4-28. 청구항 해석에 의한 승패 판결 276
그림 4-29. 동일한 신대륙, 상이한 Paradigm 285
그림 4-30. 주택의 목조 격자와 Shingle 287
그림 4-31. Barker의 4-by-4 및 4-by-2 Shingle 결합물 288
그림 4-32. Barker가 특허 출원한 Shingle 결합물에 대한 침해의심 제품 289
그림 4-33. Free-Rider의 가격 경쟁력 292
그림 4-34. Unique Concept의 특허 제품 294
그림 4-35. Unique Concept의 제품과 경쟁자의 유사제품 295
그림 4-36. 발명가를 타인으로부터 보호하는 진보성 요건 298
그림 4-37. 발명가를 타인으로부터 보호하는 권리범위 300
그림 4-38. Unique Concept case의 발명가의 실수 300
그림 4-39. 바람직한 독립항 범위 301
그림 4-40. 기존의 Analog 청진기와 발명가의 Digital 청진기 303
그림 4-41. 경쟁자들이 특허 License 없이 제조·판매하고 있는 Digital 청진기 303
그림 4-42. 경쟁자의 Digital 청진기의 예 306
그림 4-43. 특허 청구항의 권리범위 확보 309
그림 4-44. 곰국 및 곰국특허 310
그림 4-45. 곰국 vs. 꼬리곰탕 313
그림 4-46. 경쟁자 A의 꼬리곰탕에 대응하는 발명가의 권리범위 확장 전략 314
그림 4-47. 곰국 vs. 닭곰탕 316
그림 4-48. 경쟁자 B의 닭곰탕에 대응하는 발명가의 권리범위 확장 전략 317
그림 4-49. 서로 상이한 지점에 위치한 곰국, 꼬리곰탕 및 닭곰탕 318
그림 4-50(a). 35만 원짜리 "발명의 설명"의 예시 318
그림 4-50(b). 100만 원짜리 "발명의 설명"의 예시 319

그림 4-50(c). 150만 원짜리 "발명의 설명"의 예시 320
그림 4-50(d). 250만 원짜리 "발명의 설명"의 예시 320
그림 4-51. 발명가 요리사의 곰국특허 321
그림 4-52. 곰국으로부터 포유류국으로 확충하는 "전향적 과장전략" 323
그림 4-53. 곰국으로부터 척추동물국으로 확충하는 "전향적 과장전략" 324
그림 4-54. 척추동물국 독립항과 어류국·양서류국·파충류국·조류국·포유류국 종속항 325
그림 4-55. 거금 천만 원짜리 "발명의 설명" 326
그림 4-56. 특허청 심사관이 발굴한 B.C. 1 세기의 식인종 선행기술 327
그림 4-57. 식인종 선행기술을 극복한 요리사의 청구항 328
그림 4-58. 선택적 요소를 포함한 청구항과 공터 332
그림 4-59. 필수불가결한 요소로만 이루어진 청구항과 권리범위 333
그림 4-60. 범위 확충에 대한 예시도 339
그림 4-61(a). 방법청구항을 이용한 범위의 다양성 확보 341
그림 4-61(b). 육수청구항을 이용한 범위의 다양성 확보 342
그림 4-61(c). 범위의 다양성에 대한 예시도 343
그림 4-62. 발명 상담의 필요성 347

제5장

그림 5-1(a). 특허의 속성에 대한 대표적 오해인 특허의 공익성 358
그림 5-1(b). 근거 없는 특허의 공익성 주장 359
그림 5-2. U.S. Constitution Article 1, Section 8, Clause 8 360
그림 5-3. 공공영역에 축적된 지식과 기술의 상호 작용 361
그림 5-4. 무임승차(Free Rider) 문제의 예시 363
그림 5-5. 발명에 대한 금지권의 부여 365
그림 5-6. 특허 존속기간 만료에 의한 금지권 소멸 및 공공영역으로의 귀속 366
그림 5-7. 원천특허 만료에 의한 귀속 범위 368
그림 5-8. 개량특허 만료에 의한 귀속 범위 368
그림 5-9. 경쟁자의 발명가 특허의 권리범위 우회·회피 369
그림 5-10. 발명가의 계속출원 특허 또는 신규 출원특허 370
그림 5-11. Lincoln의 U.S. Patent No. 6,469에 대한 모형 372
그림 5-12. Lincoln의 U.S. Patent No. 6,469 "Manner of Buoying Vessels" 372
그림 5-13. 미국 연방정부 Department of Commerce의 측문 위의 현판 374
그림 5-14. FTC의 특허와 경쟁 관련 보고서 375
그림 5-15. 다수의 특허들의 경쟁 379
그림 5-16. 선발명주의와 선출원주의 380
그림 5-17. 배타적 독점권이 아니라 금지권인 특허권의 선천적 한계 386
그림 5-18. 속지법에 의한 특허권의 선천적 한계 390
그림 5-19. 유한한 존속기간 및 순장(殉葬)에 의한 특허권의 선천적 한계 391
그림 5-20(a). 제조에서 소비까지의 Cycle 393
그림 5-20(b). 특허소진론이 없을 경우의 침해 가능성 395
그림 5-20(c). 특허소진론을 적용할 경우의 침해 가능성 396
그림 5-21(a). 일(1)발명가 삼(3)특허와 공중의 피해 398
그림 5-21(b). 삼(3)발명가 삼(3)특허와 공중의 피해 399
그림 5-22. 소멸 특허의 부활에 의한 공중의 피해 400
그림 5-23. 동일발명 이중특허인 후속특허의 예시 401
그림 5-24. 동일발명 이중특허인 후속특허에 의한 특허 존속기간 연장 402
그림 5-25. Terminal Disclaimer의 효과 403
그림 5-26. 동일발명 이중특허는 아닌 후속특허의 예시 403
그림 5-27. 등록특허와 진보성 결여 범위 404
그림 5-28. 자명성 이중특허의 예시 404
그림 5-29. 불공정 행위(Inequitable Conduct)의 예시 406
그림 5-30. 불공정 행위(Inequitable Conduct)의 결과 408

그림 5-31. 특허 출원 시의 청구범위와 등록 후 권리범위 409
그림 5-32. 경쟁자의 우회·회피 409
그림 5-33. Recapture를 통한 권리범위의 확대 412
그림 5-34. Recapture를 통한 권리범위의 확대 여부 413
그림 5-35. 일실이익에 근거한 손해배상금의 예시 414
그림 5-36. 대규모 침해업체의 침해와 일실 이익의 한계 415
그림 5-37. 합리적 실시료에 근거한 손해배상금의 예시 417

제6장

그림 6-1. 특허 청구항 및 청구범위 또는 권리범위 425
그림 6-2. 청구발명의 해석에 대한 예시 425
그림 6-3. 청구발명의 해석에 대한 예시 427
그림 6-4. 청구항 서문과 청구항 범위 434
그림 6-5. 선행기술 대비 청구항 서문과 청구항 범위 435
그림 6-6. 침해의심 제품 대비 청구항 서문과 청구항 범위 436
그림 6-7. Griffin의 U.S. Pat. No. 5,154,448의 발명 438
그림 6-8. 본문에 많은 요소를 포함한 청구항의 권리 범위 443
그림 6-9. 본문의 단어 및 문구 일부를 서문으로 편입한 청구항의 권리 범위 443
그림 6-10. 종속항을 이용하는 청구항 전략 444
그림 6-11. “개방형 전환구”를 사용한 청구항의 일반적 특성 448
그림 6-12(a). “개방형 전환구”를 사용한 대형지뢰와 침해 448
그림 6-12(b). “개방형 전환구”를 사용한 대형지뢰와 신규성 449
그림 6-13. “개방형 전환구”를 사용한 청구항의 장점 449
그림 6-14(a). “개방형 전환구”를 사용한 대형지뢰의 장점 451
그림 6-14(b). “개방형 전환구”를 사용한 대형지뢰의 단점 452
그림 6-15. “폐쇄형 전환구”를 사용한 청구항의 일반적 특성 454
그림 6-16. “폐쇄형 전환구”를 사용한 청구항의 단점 455
그림 6-17. “폐쇄형 전환구”를 사용한 대형지뢰의 단점 455
그림 6-18. “폐쇄형 전환구”를 사용한 청구항의 장점 457
그림 6-19(a). “폐쇄형 전환구”를 사용한 대형지뢰의 장점 458
그림 6-19(b)~(c). “폐쇄형 전환구”를 사용한 대형지뢰의 장점 460
그림 6-20. “부분 폐쇄형 전환구”를 사용한 청구항의 장점 462
그림 6-21. “부분 폐쇄형 전환구”를 사용한 대형지뢰의 장점 463
그림 6-22. “부분 폐쇄형 전환구”를 사용한 청구항의 단점 464
그림 6-23. 청구항 요소들 사이의 조합 (Combination) 473
그림 6-24. 청구항 요소들의 집합 (Aggregation) 474
그림 6-25. 청구항 요소의 내재적 부분 478
그림 6-26. 미국 특허청의 “집게손가락 법칙” 479
그림 3-28. 다수의 무기 체계를 이용한 금지권 확보 482
그림 6-27. 청구항 제한조건의 속성 및 청구항 범위 485
그림 6-28. 청구항 제한조건의 개수 및 청구항 범위 487
그림 6-29. U.S. Pat. No. 5,289,978의 대표 도면 489
그림 6-30. U.S. Pat. No. 4,000,003의 대표 도면 491
그림 6-31. Means-Plus-Function 청구항의 사용 빈도 508
그림 6-32. 특허 권리범위를 결정하는 청구항과 “발명의 설명 (Specification)” 530

제7장

그림 7-1. 청구항의 청구범위와 권리범위 537
그림 7-2. 경쟁자의 우회·회피에 따르는 권리범위 확장 538
그림 4-13. 출원특허 및 등록특허 공개의 효과 541
그림 7-3. 미국특허청의 출원특허 관련 정보 Database인 PAIR 541
그림 7-4. 발명가의 권리범위 및 경쟁자의 우회·회피 542

그림 7-5. 청구항 해석 이후 침해 여부에 대한 승패 545
그림 7-6. 발명가의 권리범위 및 선행기술 546
그림 7-7. 청구항 해석 이후 신규성·진보성에 대한 승패 548
그림 7-8. 청구항 해석의 중요성 549
그림 7-9. 미국 특허침해소송의 통계 549
그림 7-10. 특허내적 증거로서의 특허명세서 및 특허 출원기록 554
그림 7-11. 특허외적 증거의 예 555
그림 7-12. 발명의 선행기술에 대한 고백 560
그림 7-13. 발명의 진보성에 대한 고백 561
그림 7-14. 공격과 수비에 있어서의 의미의 일관성 564
그림 7-15. 최선의 실시예를 고려한 청구항 권리범위 567
그림 7-16. 불특정 다수의 최적 실시예 569
그림 7-17. "발명의 설명" 참고 vs. "발명의 설명" 편입 불가 572
그림 7-18. Transmatic이 보유한 '415 특허의 대표 도면 574
그림 7-19. Retractable Technologies가 보유한 '224 특허의 대표 도면 578
그림 7-20. 청구항과 "발명의 설명" 583
그림 7-21. 특허외적 증거의 특허내적 증거화 586
그림 7-22. 청구항과 "발명의 설명"의 역할 588
그림 7-23. 출원 후 "발명의 설명" 보정 불가의 이유 589
그림 7-24. AFT의 U.S. Pat. No. 5,200,072의 대표 도면 592
그림 7-25. Wedgewire (쐐기 모양의 선) 형태의 예시 594
그림 7-26. AFT의 '940 특허의 "발명의 설명" Column 11의 개시 내용 595
그림 7-27. Trading Tech. International의 "Static Price Level" System 598
그림 7-28. 미국특허의 "발명의 설명"의 길이와 특허 등록률 605

제8장

그림 8-1. 공공영역, 사유지 및 공터로 이루어진 신대륙 613
그림 8-2(a). 신규성 요건 예시도 613
그림 8-2(b). 신규성 요건 예시도 614
그림 8-3. 공공영역과 사유지 사이의 근접지역 615
그림 8-4. 진보성 요건 예시도 616
그림 8-5. 개방형 전환구를 지닌 청구항과 신규성 622
그림 8-6. 폐쇄형 전환구를 지닌 청구항과 신규성 623
그림 8-7. 엄격한 동일성 불만족에 의한 신규성 만족 623
그림 8-8. 엄격한 동일성 및 신규성 만족 624
그림 8-9. 신규성 vs. 진보성 625
그림 8-10. Runion의 발명 626
그림 8-11. Runion의 발명에 대하여 심사관이 인용한 선행기술 626
그림 8-12. Ogram의 U.S. Pat. No. 5,822,737의 대표 도면 630
그림 8-13. Richard A. Tilghman의 U.S. Pat. No. 11,766 639
그림 8-14. 신규성 판단에 사용될 수 있는 선행기술의 종류 646
그림 8-15. 속발명과 종발명의 예시 651
그림 8-16. 종(Species)특허의 속성 및 단점 651, 740
그림 8-17. 속(Genus)특허의 속성 및 장점 652
그림 8-18. 종(Species)특허 출원 후 속 (Genus)특허 제한 653
그림 8-19. 속발명과 종발명에 대한 발명가의 전략 654
그림 8-20(a). 신규성 요건 655
그림 8-20(b). 진보성 요건의 효과 655
그림 8-21. 진보성 및 신규성 판단에 사용되는 선행기술의 범위 659
그림 8-22. 폐쇄형 전환구를 가진 청구항의 신규성과 진보성 661
그림 8-23(a). 단일의 선행기술에 의한 진보성 결여 664
그림 8-23(b). 다수의 선행기술의 조합에 의한 진보성 결여 665
그림 8-24. 진보성 판단과 선행기술의 개시 내용과의 관계 666

그림 8-25. “구성요소 완비의 법칙”을 이용한 진보성 판단의 이론적 근사치 667
그림 8-26. 다수의 선행기술의 조합에 의한 진보성 결여 668
그림 8-27. 선행기술 조합에 의한 진보성 부정의 한계 669
그림 8-28. 진보성 판단을 위한 관련 분야 670
그림 8-29. Innovention의 U.S. Pat. No. 7,264,242의 대표 도면 671
그림 8-30. Klein의 U.S. Pat. Serial No. 10/200,747 출원의 대표 도면 675
그림 8-31. Klein의 출원특허에 대한 선행기술의 대표 도면 677
그림 8-32. Media Tech의 '501 특허의 대표 도면 684
그림 8-33(a). 낙엽을 담은 쓰레기 Bag 688
그림 8-33(b). Halloween 장식품인 Jack-o'-Lantern 689
그림 8-34. Jack-o'-Lantern을 인쇄한 Dembiczak의 쓰레기 Bag 689
그림 8-35. Teleflex 특허와 선행기술들 691

제9장

그림 9-1. 청구항의 역할 706
그림 9-2. “발명의 설명”의 역할 707
그림 9-3. 청구항과 “발명의 설명”의 범위 708
그림 9-4. 협소한 권리범위의 원천적 문제점 709
그림 9-5. 청구항과 “발명의 설명” 및 권리범위 710
그림 9-6. 균등론에 의한 “발명의 설명”의 범위와 청구항의 권리범위의 확충 711
그림 9-7. 청구항, “발명의 설명” 및 권리범위 712
그림 9-8. 공터와 경쟁자의 우회·회피 713
그림 9-9. 경쟁자의 우회·회피를 위한 발명가의 특허 714
그림 9-10. Orthokinetics의 차량 탈착용 휠체어 717
그림 9-11. Star Scientific의 직접 건조방식 공정 723
그림 9-12. 원출원특허가 서면기재 요건을 만족하지 못하는 경우의 예시 727
그림 4-21(c). 침해 주장을 위한 발명가의 권리범위 (C_4) 확대 728
그림 9-13. 원출원특허가 서면기재 요건을 만족하지 못하는 경우의 예시 729
그림 9-14. 관상동맥질환 및 관상동맥 Stent 731
그림 8-16. 종(Species)특허의 속성 및 단점 740
그림 9-15. Barker의 Shingle 결합물과 경쟁자의 우회·회피 제품 741
그림 9-16. Double-Lumen Catheter의 변천 과정 745
그림 9-17. Mahurkar의 Double-Lumen Catheter 746
그림 9-18. 원출원특허와 계속출원 특허의 존속기간 749
그림 9-19. 원출원특허의 등록 후 경쟁자의 우회·회피 750
그림 9-20. 경쟁자를 지속적으로 포획할 수 있는 계속출원 특허 751
그림 9-21. 원출원특허, 계속출원 특허 및 일부계속출원 특허의 존속기간 753
그림 9-22. 일부계속출원 특허의 신규 기재 사항 755
그림 9-23. 일부계속출원 특허 및 은닉전략 756
그림 9-24. 일부계속출원 특허 및 유인전략 757
그림 9-25. 실시가능 요건을 만족하지 못하는 특허 759
그림 9-26. Fisher의 청구범위 vs. “발명의 설명”에서 설명한 기재범위 764
그림 9-27. Fisher의 청구범위 vs. “발명의 설명”에서 설명한 기재범위 765
그림 9-28. NRT의 Plastic 용기 분류 장치 768
그림 9-29. ATI의 충돌 감지 Sensor에 대한 다양한 도면 772
그림 9-30. 실시가능 요건을 만족하기 위한 ATI의 기재사항 775
그림 9-31. 당업자의 수준과 실시가능 요건을 만족하기 위한 ATI의 기재사항 776
그림 9-32. Sitrick의 음성과 Image 통합장치의 대표 도면 778
그림 9-33. 권리범위의 무리한 확대에 의한 실시가능 요건 불만족 780
그림 9-34. Atlas Powder의 “발명의 설명”의 실제 실시예 예시 788

제10장

그림 10-1. 외과용 의료기구인 Trocar의 구조 802
그림 10-2. Dr. 윤의 U.S. Pat. No. 4,535,773의 도면 805
그림 10-3. 미국특허청이 보관 중인 청구발명의 시제품, 모형 815
그림 10-4. Vanderbilt University와 Glaxo의 Logo 831
그림 10-5. Glaxo의 U.S. Pat. No. 5,859,006('006 특허)의 청구항 1 833
그림 10-6. Dr. Macevicz의 U.S. Pat. No. 5,750,341의 도면 863
그림 10-7. 직무발명 보상금 vs. 특허침해 손해배상금 871

제11장

그림 11-1. 특허생태계 (Patent Ecosystem) 887
그림 11-2(a). 부실한 특허생태계 상류에 의한 특허생태계 전체의 오작동 888
그림 11-2(b). 부실한 특허생태계 중류에 의한 특허생태계 전체의 오작동 890
그림 11-2(c). 부실한 특허생태계 하류에 의한 특허생태계 전체의 오작동 893
그림 11-3. 선순환적 (Virtuous) 특허생태계 896
그림 11-4. 악순환적 (Vicious) 특허생태계 898
그림 11-5. 오성(★☆★☆★)급 Hotel을 이용한 발명가의 수익 창출 Model 902
그림 11-6(a). 경쟁자 A의 Motel 902
그림 11-6(b). 경쟁자 B의 Motel 904
그림 11-6(c). 경쟁자 C의 Motel 906
그림 11-7. '범위'에 입각한 발명가의 공격전략 915
그림 11-8. 종속항을 이용한 발명가의 수비전략 916
그림 11-9. 선행기술과 청구항의 범위 917
그림 11-10. "최선의 실시예"만 기재한 특허의 협소한 권리범위 918
그림 11-11. 협소한 권리범위를 가진 특허의 현실적 한계 920
그림 11-12. 협소한 권리범위를 가진 특허의 법적 한계 920
그림 11-13. 다양한 실시예를 이용한 권리범위의 확충 921
그림 11-14. 확충된 권리범위에도 불구하고 상존하는 공터 922
그림 11-15. 추가 실시예를 통한 권리범위 확충 923
그림 11-16. 상존하는 공터의 위협 923
그림 11-17. 상존하는 경쟁자의 개량 발명의 위협 924
그림 11-18. 촘촘한 실시예 기재를 통한 경쟁자의 개량 발명의 방지 925
그림 11-19(a) 연구비 U.S. $1 Million 대비 특허 생산성 939
그림 11-19(b) GDP 대비 특허 생산성 940
그림 11-20. 국내 산학협력의 거두이자 저자의 40년 지기인 (故) 홍국선 교수 945
그림 11-21. 저자와 암 투병 중의 (故)홍국선 교수 (2013년 7월) 947
그림 11-22. 80/20 법칙에 의한 국내 특허 출원업계의 서열화 (예상) 1,006
그림 11-23. 미국·유럽 특허의 출원 Hub로서의 국내 특허출원업계 1,008
그림 11-24. 미국·유럽 특허의 출원 Hub로서 미국·유럽 의뢰인 확보 1,009
그림 11-25. 다양한 방법으로 특허생태계에 참여하는 제조업체 1,012
그림 11-26. 특허생태계의 Dual Player인 제조업체 1,013
그림 11-27. Chief IP Officer(CIPO)의 지위 및 역할 1,045
그림 11-28. 전략적 주요 국가의 우량특허 확보의 당위성 1,063
그림 11-29. "발명의 설명"에 기재한 실시예와 권리범위 1,075
그림 11-30. 유(有)형자산의 유(有)한성 1,091
그림 11-31. 무(無)형자산의 무(無)한성 1,091
그림 11-32. 꿈이며, 이상이며, 현실이 아닌, 국내 기술사업화 전문가의 조건 1,107
그림 11-33. 미국 법원의 연도별 손해배상금 추이 (중앙값) 1,126
그림 11-34. "특허법원 2014년호" 및 특허법원의 2014년 IP 영문 판례 및 학술지 1,128
그림 11-35. 미국 연방지방법원의 특허침해소송 건수 분포 (2013년) 1,130
그림 11-36. 동북아시아 특허 Hub로서의 대한민국 사법부 1,133
그림 11-37. 중국 특허침해소송에서의 승률 및 손해배상금 1,148

그림 11-38(a). 중국특허 출원 현황 (2014년) 1,150
그림 11-38(b). Asia 각국의 특허 출원 현황 (2014년) 1,151

표 차례

제1장

표 1-1. 국내 지식재산권의 분류표 18
표 1-2. 특허소송기업이 제조업체를 상대로 제기한 미국 특허침해소송 건수 추이 28
표 1-3. 2009~2011년 사이에 선고된 총 22건의 제1심 손해배상금 통계 37
표 1-4. 국가별 특허청 심사관 1인당 특허 처리 건수 54

제2장

표 2-1. 미국 특허법 상의 발명의 정의 85
표 2-2. 국내 특허법 상의 발명의 정의 86

제3장

표 3-1(a). '동물'에 대한 청구항 예시 147
표 3-1(b). '동물'에 대한 청구항의 특허성에 대한 Claim Chart 147
표 3-1(c). '동물'에 대한 청구항의 침해 여부에 대한 Claim Chart 148
표 3-2(a). 문언침해 여부 판단을 위한 Claim Chart 151
표 3-2(b). 문언침해 여부 판단을 위한 Claim Chart 152
표 3-3. 문언침해 판단을 위한 Claim Chart 및 판단 요령 154
표 3-4. 문언침해 및 균등론에 의한 침해 여부 판단을 위한 Claim Chart 158
표 3-5(a). 신규성 요건 판단을 위한 Claim Chart 162
표 3-5(b). 신규성 요건 판단을 위한 Claim Chart 163
표 3-6. 신규성 요건 판단을 위한 Claim Chart 및 판단 요령 165
표 3-7. 진보성 요건 판단을 위한 Claim Chart 168
표 3-8. 진보성 요건 판단을 위한 Claim Chart 170
표 3-9. 침해 여부 및 특허성 판단을 위한 Claim Chart 173
표 3-10(a). 청구항 범위가 넓은 특허의 침해 관련 Claim Chart 176
표 3-10(b). 청구항 범위가 넓은 특허의 특허성 관련 Claim Chart 177
표 3-11(a). 청구항 범위가 좁은 특허의 침해 관련 Claim Chart 178
표 3-11(b). 청구항 범위가 좁은 특허의 특허성 관련 Claim Chart 179
표 3-12. 청구항 범위 및 특허 공수전략 요약 180~181
표 3-13. 독립항(대형지뢰)에 대한 종속항 1(중형지뢰)의 종속 관련 Claim Chart 183
표 3-14. 종속항 1(중형지뢰)에 대한 종속항 2(소형지뢰)의 종속 관련 Claim Chart 184
표 3-15. 선발명가의 원천특허(초대형지뢰)에 대한 발명가의 개량특허(대형지뢰)의 종속 관련 Claim Chart 188
표 3-16. 선발명가의 원천특허(초대형지뢰)에 대한 발명가의 개량특허(대형지뢰)의 신규성 관련 Claim Chart 191
표 3-17(a). 논문을 위한 논문용 발명의 특허성 관련 Claim Chart 200
표 3-17(b). 논문을 위한 논문용 발명의 침해 관련 Claim Chart 201

제4장

표 4-1. 신규성 및 진보성 요건에 대한 Claim Chart 241
표 4-2. 침해 판단을 위한 Claim Chart 295
표 4-3. 문언침해 입증을 위한 Unique Concept의 Claim Chart 296
표 4-4. 국내 실용신안의 청구항 304
표 4-5. Digital 청진기 실용신안의 단일 청구항에 대한 Claim Chart 305
표 4-6. Digital 청진기 미국특허의 단일 독립항 307
표 4-7. 곰국특허의 독립항 (청구항 1) 310
표 4-8(a). 소금곰국특허에 대한 Claim Chart 311
표 4-8(b). 곰국특허와 깍두기 곰국에 대한 Claim Chart 312
표 4-9. 곰국특허와 꼬리곰탕에 대한 Claim Chart 313
표 4-10. 곰국특허와 닭곰탕에 대한 Claim Chart 316

표 4-11. 척추동물국 특허의 독립항 (그림 4-54의 청구항 11) 325
표 4-12(a). 척추동물국 특허와 설렁탕에 대한 Claim Chart 330
표 4-12(b). 척추동물국 특허와 내장탕에 대한 Claim Chart 330
표 4-13(a). 척추동물국 특허의 수정 (청구항 101) 332
표 4-13(b). 척추동물국 특허의 수정 (청구항 111) 333
표 4-7. 곰국특허의 독립항 (청구항 1) 338
표 4-13(a). 척추동물국 특허의 수정 (청구항 101) 339
표 4-13(b). 척추동물국 특허의 수정 (청구항 111) 339

제5장

표 5-1. 특허제도의 필요성에 대한 Lincoln의 강연 원고 373
표 5-2. 국내 특허법 제2조 393

제6장

표 6-1(a). 국내 특허출원서의 구성 428
표 6-1(b). 미국 특허출원서의 구성 428
표 6-2. 상이한 국가·제도의 특허출원서의 구성 429
표 6-3. 국내특허 물건청구항 예시 (청구항 1) 430, 557
표 6-4. 미국특허 물건청구항 (Apparatus Claim) 예시 (청구항 2) 431
표 6-5. 국내특허 방법청구항 예시 (청구항 3) 432
표 6-6. 미국특허 방법청구항 (Process claim 또는 Method claim) 예시 (청구항 4) 433
표 6-7(a). 청구항 서문과 신규성에 대한 Claim Chart (1) 435
표 6-7(b). 청구항 서문과 신규성에 대한 Claim Chart (2) 436
표 6-8(a). 청구항 서문과 침해 여부에 대한 Claim Chart (1) 437
표 6-8(b). 청구항 서문과 침해 여부에 대한 Claim Chart (2) 437
표 6-9(a). Griffin의 미국 출원특허 U.S. Serial No. 07/685,190의 청구항 1 (독립항) 439
표 6-9(b). Griffin의 미국 등록특허 5,154,448의 청구항 1 (독립항) 439
표 6-10. Malinovitz 선행특허 대비 '448 특허의 신규성에 대한 Claim Chart 440
표 6-11(a). "개방형 전환구"를 사용한 청구항과 침해 여부에 대한 Claim Chart 447
표 6-11(b). "개방형 전환구"를 사용한 청구항과 신규성에 대한 Claim Chart 448
표 6-12(a). "개방형 전환구"를 사용한 청구항과 침해 여부에 대한 Claim Chart 450
표 6-12(b). "개방형 전환구"를 사용한 청구항과 신규성에 대한 Claim Chart 451
표 6-13(a). "폐쇄형 전환구"를 사용한 청구항과 침해 여부에 대한 Claim Chart 456
표 6-13(b). "폐쇄형 전환구"를 사용한 청구항과 신규성에 대한 Claim Chart 459
표 6-14(a). 선행 근거를 사용하지 않는 경우의 청구항 467
표 6-14(b). 선행 근거를 사용하지 않는 경우의 Claim Chart 468
표 6-14(c). 선행 근거를 사용하는 경우의 청구항 469
표 6-15. 선행 근거를 사용하는 경우의 국내특허 청구항 469
표 6-16(a). 미국특허 청구항의 명시적 청구방법과 추론적 청구방법의 차이 471
표 6-16(b). 국내특허 청구항의 명시적 청구방법과 추론적 청구방법의 차이 473
표 6-17. 세 개의 Step들로 이루어진 방법청구항의 범위 476
표 6-18. "집게손가락 법칙"을 극복하는 청구항 480
표 6-19. 청구항 요소와 제한조건 486
표 6-20. U.S. Pat. No. 5,289,978의 장치 발명의 독립항 490, 558
표 6-21. U.S. Pat. No. 4,000,003의 물품 발명의 독립항 492
표 6-22. 미국특허 방법청구항 예시 (표 6-6 참고) 494
표 6-23(a). U.S. Pat. No. 4,000,003의 물품청구항의 왕초보 변환 496
표 6-23(b). U.S. Pat. No. 4,000,003의 물품청구항의 정상적 변환 496
표 6-24. 국내특허 물건청구항의 정상적 변환 497
표 6-25. U.S. Pat. No. 4,674,204의 "방법특정 물건청구항" 예시 500, 510
표 6-26. U.S. Pat. No. 4,000,016의 조성물청구항 예시 503
표 6-27. 신규 화합물에 대한 조성물청구항 예시 505

표 6-28. U.S. Pat. No. 2,156,519의 기능청구항 507
표 6-29. U.S. Pat. No. 4,000,016의 기능 제한조건 예시 509
표 6-30. Jepson Claim의 예시 510
표 6-25. U.S. Pat. No. 4,674,204의 "방법특정 물건청구항" 예시 510
표 6-31(a). 결합성(Conjunctive) Markush Claim 예시 513
표 6-31(b). 분리성(Disjunctive) Markush Claim 예시 513
표 6-32. 혼합 청구항인 U.S. Pat. No. 6,149,055의 Claim 25 516
표 6-33(a). U.S. Pat. No. 6,879,830의 Claim 1 (1) 518
표 6-33(b). U.S. Pat. No. 6,879,830의 Claim 1 (2) 519
표 6-34(a). 미국 연방대법원의 Warren E. Burger 대법관의 특허보호대상 발명 (Before) 520
표 6-34(b). 미국 연방대법원의 Warren E. Burger 대법관의 특허보호대상 발명 (After) 521
표 6-35. Swiss Claim의 기본 Format 523
표 6-36. Beauregard Claim의 기본 Format 526
표 6-37. 신종 청구항에 대한 Randall Rader 미국연방항소법원 판사장의 견해 528

제7장

표 7-1. 침해 판단을 위한 Claim Chart 544
표 7-2. 신규성·진보성 판단을 위한 Claim Chart 547
표 7-3. 사전편찬자(Lexicographer)로서의 발명가 556
표 6-3. 국내특허 물건청구항 예시 (청구항 1) 557
표 6-20. U.S. Pat. No. 5,289,978의 장치 발명의 독립항 558
표 7-4. 특허명세서의 최적 실시예 566
표 7-5. 청구항 해석과 "발명의 설명" 참고 원칙 571
표 7-6. "청구항 차별 규칙"의 예 575
표 7-7. "청구항 차별 규칙"의 예 579
표 7-8. 국내특허와 미국특허의 전형적 목차 584
표 7-9. AFT의 '940 특허의 청구항 594
표 7-10. 한 줄의 위력 596
표 7-11(a). Trading Tech. International의 '304 특허의 청구항 599
표 7-11(b). Trading Tech. International의 '132 특허의 청구항 599, 600
표 7-11(c). Trading Tech. International의 "발명의 설명" 발췌 601
표 7-11(d). Trading Tech. International의 '132 특허의 청구항 602

제8장

표 8-1(a). 신규성 판단을 위한 Claim Chart 620
표 8-1(b). 신규성 판단을 위한 Claim Chart 621
표 8-2. Runion의 청구항 626
표 8-3(a). Runion의 청구항의 신규성에 대한 미국특허청의 Claim Chart 627
표 8-3(b). Runion의 청구항의 신규성에 대한 미국연방항소법원의 Claim Chart 627
표 8-4. IKP의 1st 및 2nd Protocol 629, 630
표 8-5. Ogram의 '737 특허의 청구항 22 및 23 631
표 8-6. Enzo의 '767 특허의 독립항 1 635
표 8-7. Linkage Group에 대한 명세서의 개시 사항 636
표 8-8. Tilghman의 '766 특허의 독립항 1 639
표 8-9. Seaborg의 청구항 641
표 8-10. 내재성 원칙(Doctrine of Inherency)의 고려 변수 및 판결 요약 643
표 8-11(a). 국내 특허법의 진보성 관련 조항 656
표 8-11(b). 미국 특허법의 진보성 관련 조항 657
표 8-12(a). 진보성 요건 판단을 위한 Claim Chart 664
표 8-12(b). 진보성 요건 판단을 위한 Claim Chart 665
표 8-13. Innovention의 '242 특허의 대표 청구항 672
표 8-14. Klein의 '747 출원의 대표 청구항 676
표 8-15. Media Tech의 '501특허의 대표 청구항 683

제9장

표 9-1(a). 기재요건에 대한 특허법 제42조 제3항 703, 1,076
표 9-1(b). 기재요건에 대한 35 U.S.C. § 112 703
표 9-2. Orthokinetics의 '867 특허의 독립항 1 718
표 9-3. Orthokinetics의 '867 특허의 Specification 719
표 9-4. Star Scientific의 '649 특허의 독립항 4 및 종속항 12 722
표 9-5(a). Cordis의 약물방출 Stent 관련 1997 특허 및 대표 청구항 733, 734
표 9-5(b). Cordis의 약물방출 Stent 관련 '662 특허 및 대표 청구항 734
표 9-6. Billups의 혈색소침착증 진단 특허 및 대표 청구항 738
표 9-7. Barker의 보정 청구항 742
표 9-8(a). Mahurkar가 미국특허청에 출원한 의장특허의 청구항 746
표 9-8(b). Mahurkar 특허의 청구항 747
표 9-9. 실시가능 요건(Enablement Requirement)에 대한 법적 근거 760
표 9-10. Fisher의 ACTH 함유 약물에 대한 특허 및 대표 청구항 764
표 9-11. NRT의 '576 특허의 대표 청구항 768
표 9-12. ATI의 '253 특허의 유일한 독립항 771
표 9-13. Sitrick의 특허 및 대표 청구항 777
표 9-14. Atlas Powder의 '978 특허의 유일한 독립항 787
표 9-15. 최적 실시예 기재요건에 대한 35 U.S.C. §§ 112 및 282 791, 792

제10장

표 10-1. Dr. 윤의 '833 특허의 독립항 34 및 50 804, 805
표 10-2. Dr. 윤의 '833 특허의 독립항 33 및 47 807
표 10-3. 미국의 공동발명가 요건에 대한 35 U.S.C. § 116 (1988) 837
표 10-4. 국내 특허법상의 공동소유권자의 지분 양도 조건 847
표 10-5. 미국 특허법상의 공동소유권자의 지분 양도 조건 850
표 10-6. 발명진흥법상의 직무발명 정의 및 요건 854
표 10-7. 미국 California주 Labor Code(노동법)상의 직무발명 정의 및 요건 856
표 10-8. 종업원의 직무발명 완성 통지 의무 858
표 10-9. 사용자의 직무발명 승계 여부 통지 의무 860
표 10-10. 사용자의 권리남용 방지 조항 860
표 10-11. 미국 California주 Labor Code(노동법)의 아전인수격 해석 866
표 10-12. 미국 고용계약서의 직무발명 조항 예시 874

제11장

표 11-1(a). 미국 중소형 Law Firm의 특허출원 비용 930
표 11-1(b). 미국 소형 Law Firm의 특허출원 비용 930
표 11-2. 연구수행 주체별 국가 R&D 사업 투자액 936
표 11-3. 국내 대학교 산학협력단의 설립 근거인 교육부 '산학연협력촉진법' 관련 조항 949
표 11-4. 대학별 기술이전·사업화 실적 현황 968
표 11-5. 미국 유수대학교 Royalty 수익 992
표 11-6. 국내 유수대학교 기술료 수익 993
표 11-7. 미국 Wisconsin 주립대학교의 TLO인 'WARF'의 인적 구성 994
표 11-8. 동대문 특허 vs. 남대문 특허 1,019, 1,020
표 11-9. 10만 발명가 양병의 당위성 1,047, 1.048
표 11-10. 2014년 미국 Smart-Phone 시장 점유율 1,063
표 9-1(a). 기재요건에 대한 특허법 제42조 제3항 1,076

제1장 지식재산 개요

1. 서론

대한민국은 위로는 Asia 대륙, 아래의 삼면은 동해, 서해, 남해로 둘러싸인 반도 국가이다. 그렇다고 한반도가 유럽의 Iberia 반도처럼 광활한 것도 아니다. 현재로서는 한반도의 절반만을 차지하는 대한민국의 국토는 미국이나 중국의 1/100에 불과하며, 인구도 5,000만 명, 남북을 합치더라도 7,500만 명에 불과하다.

그림1-1. 우리나라의 좁은 국토 및 적은 인구로 인한 선천적 한계

좁은 영토에 좁은 시장이라는 선천적 한계를 지닌 만큼 우리는 항상 세계를 상대로 생존해 나갈 수밖에 없다. 이 같은 사실을 직시했던 영민한 우리 선조들은 때로는 용맹하게, 때로는 슬기롭게 역사를 헤쳐 나갔다. 그 옛날 고구려는 한반도를 기점으로 Asia 대륙 깊숙이까지 진출하여 중국제국과 엇비슷한 크기의 영토를 차지하였었고, 백제는 해양으로 진출하여 해상대국을 구축하였다고 한다. 21세기 용어로 표현하자면 우리 선조들은 이미 그 옛날부터 세계화(globalization)의 필요성을 절감하고 이를 성공적으로 실현하였다.

20세기의 대한민국 역시 제조업을 앞세운 수출입국(輸出立國) 정책으로 좁은 영토에 좁은 시장이라는 태생적 한계를 극복하며 세계 최빈국에서 개발도상국으로, 다시 개발도상국에서 G20 국가로 발돋움하였다. 20세기 후반부 극도로 짧은 기간에 어느 정도 성공적으로 세계화를 달성한 대한민국에 대하여, 혹자는 20세기 이후 도움을 받던 나라에서 도움을 주는 나라로 발전한 유일한 국가라고도 한다.

돌이켜보면 가진 것도 없고 해본 적도 없던 우리 국민과 정부가 “하면 된다”는 신념으로 똘똘 뭉쳐 노력한 끝에 이제 반 이상의 기적은 이룬 셈이다.

가. 제조업과 지식재산의 융합을 통한 선진국 안착의 당위성

하지만 시대는 변하기 마련이다. 우리가 제조 능력을 키우고 수출을 앞세워 국력을 신장해온 20세기가 제조업 위주의 '산업자본시대'였다면, 우리가 진정한 선진국 대열로 안착해야 하는 작금의 21세기는 지식 위주의 "지식기반시대 (knowledge-based age)"이다. 산업자본과 숙련된 노동력이 귀하였기 때문에 일부 소수의 선진국만이 보유하였던 제조 능력이 20세기 산업자본시대의 기축통화였다면, 작금의 21세기 지식기반시대의 기축통화는 지식재산인 셈이다.

종류가 다양한 지식재산 중 기술과 관련된 지식재산이 바로 특허이다. 특허 자체가 지식재산의 한 종류이며, 지식재산 역시 재산의 한 종류이기 때문에, 특허 소유권자의 목적은 재산권자의 목적과 동일하다. 즉 "수익 창출"이다. 특허를 이용하여 수익을 창출하는 방법도 재산권과 유사하다. 재산권자가 사용권과 금지권을 이용하여 수익을 창출한다면, 특허권자는 확실치 않은 실시권 대신 금지권을 주로 활용하여 수익을 창출할 수 있다.

국내외 발명가와 연구자가 새로운 발명을 착상하고 특허를 출원하는 이유도 수익 창출이며, 최근까지 지속적으로 온 국민의 관심 속에 진행되어온 Apple과 삼성전자의 특허소송도 수익 창출이 목적이다.[1] 즉 개인발명가, 대학교·연구소의 연구자 및 이

1) 혹자는 특허의 목적은 발명의 보호이므로 수익 창출만이 특허의 목적은 아니라고 주장한다. 또한 어떤 발명가는 수익 창출 대신 인류의 복지와 번영을 위하여 특허를 출원한다고 주장하기도 한다. 물론 저자는 이러한 이율배반적인 주장에는 동의하지 않는다.

만일 발명가가 자신의 발명을 이용한 수익 창출에는 관심이 없는 대신 인류의 복지를 위하여 자신의 발명을 헌납하고 싶다면, 이러한 발명가는 부득이 비용을 지불하며 특허를 출원할 필요 자체가 없다. 이러한 발명가는 자신의 발명을 개인 blog에 올리거나 다른 방법을 통하여 세상에 공지만 하면 된다. 왜냐하면 발명가가 특허를 출원하지 않은 채 자신의 발명을 공지할 경우 추후 그 누구도 동일한 발명에 대한 특허를 받을 수 없으며, 그 결과 온 인류가 상기 발명을 무료로 실시할 수 있기 때문이다. 따라서 특허를 출원하는 발명가는 수익 창출에 관심이 있는 발명가라고 간주할 수 있다.

결국 수익 창출에는 관심이 없지만 특허를 출원한다는 발명가는 (1) 특허의 목적을 제대로 이해하지 못한 발명가이거나 (2) 특허로 수익을 창출할 수 없음을 뻔히 알면서도 승진을 위하여 또는 자신의 업적을 정량적으로 입증하기 위하여 특허를 출원·등록하는 발명가이거나, (3) 거창한 박애주의 slogan 뒤에 숨어 수익 창출이라는 자신의 의도를 숨기려는 발명가 중 하나이다.

러한 발명가나 연구자를 보유한 제조업체는 특허의 금지권을 이용하여 경쟁 제조업체를 시장에서 원천적으로 축출하여 수익을 창출하거나, 경쟁 제조업체를 막다른 골목 끝까지 몰아붙이고 소송으로 압박하여 특허 license 계약을 종용함으로써 royalty 수익을 창출할 수 있다.

20세기의 대한민국은 "하면 된다"는 신념으로 선진기술을 가능한 한 빨리 모방하여 선진국을 따라잡는 "fast follower" 전략을 추구하여 상당한 성공을 거두었다. 그 결과 우리 국민과 기업은 상당한 제조 능력을 갖추게 되었고, 몇몇 국내기업은 자신의 분야에서 세계 제일 또는 top 10이라는 자랑스러운 위치를 점하게 되었다.

하지만 앞서 설명한 바와 같이 21세기는 지식기반시대이다. 즉 제조와 관련된 대부분의 기술이 평준화된 21세기에는 제조 능력보다는 지식재산이 더 높은 가치를 갖게 된 것이다. 또한 대한민국의 핵심기술 분야 전반에 걸쳐 이미 우리를 추월하였으며 몇몇 남은 분야에서도 우리를 급격히 추격해 오고 있는 중국의 인해전술을 제조 능력만으로 극복할 수 없음은 자명하다.

결국 21세기 지식기반시대에 우리나라가 명실상부한 선진국 반열에 안착하는 길은 딱 한 가지뿐이다. 20세기를 거치며 우리가 힘들게 축적한 제조 능력에 역사적으로 입증된 우리 민족의 창의력을 창조적으로 융합하여 지식재산 대국의 기반을 구축하는 전략이다.

물론 우리가 아무리 창의성을 발휘하더라도 경쟁자가 우리의 창의성의 결과물을 무료로 사용할 수 있다면 우리는 경쟁자에 대한 상대적 경쟁 우위를 확보할 수 없다. 따라서 우리는 창의성의 결과물을 특허로 출원·등록하여 금지권을 확보하고 이를 이용하여 제조 기술도 보호해야만 한다. 즉 전략적 주요 국가에 출원·등록된 특허의 금지권을 이용하여 경쟁 제조업체를 세계 시장에서 원천적으로 축출하여 수익을 창출하거나, 막다른 골목 끝까지 몰아붙이고 특허 license 계약을 종용함으로써 royalty 수익을 창출하는 전략이다.

나. 전략적 주요 국가 특허 확보를 통한 선진국 안착의 당위성

하지만 특허법은 속지법이다. 즉 발명가가 자신의 발명을 특허제도를 이용하여 보호받으려면 자신이 보호받고자하는 국가마다 반드시 특허를 출원·등록해야 한다. 그 결과 특허로 수익을 창출하고픈 우리나라 발명가에게[2] 가장 먼저 닥치는 문제가 바로 좁은 영토에 좁은 시장이라는 국내특허의 선천적 한계이다.

일예로 국내 발명가가 우량 발명을 착상하고 이를 국내특허로 출원·등록하였지만, 특허출원 비용 문제 등으로 해외에는 전혀 특허를 출원하지 못한 경우를 가정하자. 상기 발명은 좁은 영토와 좁은 시장으로 한정된 국내에서는 특허로 보호받을 수 있을지 모른다. 하지만 이 특허는 우리나라를 제외한 세계 어떤 국가에도 특허로 출원·등록되지 않았으므로 전 세계 인류는 국내 발명가의 발명을 무료로 사용할 수 있다. 바꾸어 말하면 국내에만 출원·등록한 국내 발명가의 국내특허는 5대양 6대주에서 인류가 무료로 실시할 수 있는 기술로 전락하게 된다. 결국 이는 발명가 개인, 대학교, 연구소, 제조업체는 물론 국가 차원에서도 창출할 수 있었던 수익을 원천적으로 포기하는 결과를 초래한다.

전 세계 특허업계 역시 이러한 사실을 인지하고 있다. 따라서 그림 1-2와 같이 특허업계는 동일한 발명에 대한 미국특허의 가치를 100이라 할 경우, 유럽특허의 가치는 10, 국내특허의 가치는 1 정도에 불과하다고 평가한다. 따라서 우리는 좁은 영토와 좁은 시장으로 한정된 국내가 아니라 전략적으로 중요한 100점짜리 미국특허는 반드시 확보해야 하며, 여유가 있다면 10점짜리 유럽 특허도 확보하여야 한다.[3] 그래야만 세

---

2) 발명가란 개인발명가, 대학교 교수, 연구소의 연구원, 제조업체에서 근무하는 연구원 등을 모두 포함하는 바, 본문에서는 이들을 '발명가'로 통칭한다.

3) 그러면 다른 국가에는 특허를 출원·등록할 필요가 없을까? 일본 특허는? 업계는 일본 특허의 가치를 대충 2~3점 정도로 평가한다. 하지만 심심풀이로 일본에 특허를 출원하였다가 예상치 못한 일본 선행기술로 인하여 미국특허를 등록시킬 수 없는 상황도 종종 발생한다. 중국 특허는? 중국 특허전문가가 비공식적으로 전한 중국 특허의 가치는 2011년 기준 대충 0.2점 정도에 불과했지만, 중국특허의 가치는 제11장 9-라절에서와 같이 급격히 평가절상되고 있다. 그렇다면 중국만큼 인구가 많은 India 특허나 영토가 광활한 Russia 특허는? 아직 계산해본 전문가가 별로 없다. Singapore 특허는? Brazil 특허는?

계시장에서 가장 효율적으로 우리의 창의성의 결과물에 대한 금지권을 확보할 수 있으며, 우리나라의 국민, 기업, 국가가 전 세계를 상대로 수익을 창출하며 세계화를 달성할 수 있다.

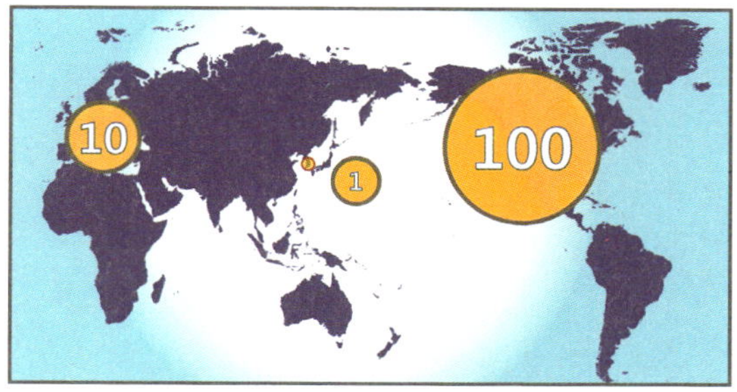

그림1-2. 주요 국가 특허의 상대적 가치

다. '범위'에 의한 수익 창출을 통한 선진국 안착의 당위성

결국 특허의 핵심은 '범위'이다. 왜냐하면 특허가 충분한 범위를 지니지 못할 경우, 발명가가 아무리 경쟁 제조업체를 시장에서 축출하려해도 경쟁자는 공터에 난 샛길을 통하여 다시 시장으로 진입할 수 있기 때문이다. 또한 발명가가 범위가 좁은 특허로 경쟁 제조업체를 아무리 압박하고 license 계약을 종용하더라도 경쟁자는 license 계약을 체결하지 않고도 공터의 샛길을 통해 발명가 특허의 권리범위를 우회·회피할 수 있기 때문이다.

따라서 '범위'가 없는 특허는 가치가 없으며, 이러한 특허는 출원할 필요 자체가 전무하다. 발명도 마찬가지이다. 발명가가 아무리 우수한 원천 발명을 착상하더라도, 이를 광활한 '범위'를 지닌 청구항을 포함한 특허로 변환하여 미국·유럽 등의 전략적 주요 국가에 특허를 출원·등록하지 않는 한 상기 특허의 가치는 몹시 적다. 오히려 이러한 특허는 발명가로 하여금 경쟁자에게 자신의 발명을 친절하게 설명해 주는 역할 이상은 기대할 수 없는 무용지물이다.

결국 특허는 금지권에 대한 '범위'를 확보하는 법적 도구이다. 특허로 이러한 '범위'를 확보하기 위해서는 청구항은 물론 "발명의 설명" 등 특허명세서 자체를 전략적으로 작성해야만 한다. 즉 발명은 '신내림'으로 착상하지만, 특허는 "철저히 인간이 제조하는 문서"이기 때문이다. 결국 특허의 청구항과 "발명의 설명"은 특허의 '범위'를 설정하는 도구이므로, 이를 제대로 작성하기 위해서는 반드시 유능한 변리사를 확보하여야 한다.

단 여기서 반드시 주의할 점이 있다. 발명가는 자신이 확보한 유능한 변리사에게 반드시 합당한 '대가'를 지불해야만 한다. 특허산업은 service 산업이다. 따라서 아무리 유능한 변리사라도 발명가로부터 합당한 대가를 받지 못하면 발명가를 대리하여 제대로 특허를 작성할 이유가 없다. 받은 만큼만 작성해 주는 것이 service의 기본 정신이기 때문이다.

발명가가 우량 발명을 착상하고 유능한 변리사에게 합당한 수임료를 지불하여 우량 특허를 출원·등록했다고 해서 이것이 발명·특허를 이용한 수익 창출의 '끝'은 절대 아니다. 왜냐하면 발명가가 시장에서 축출하고픈 경쟁자나, 발명가가 license 계약을 종용함으로써 royalty를 받고픈 경쟁자 역시 유능한 변리사를 고용할 것이기 때문이다. 물론 경쟁자의 변리사는 후한 대가를 지불한 경쟁자를 위하여 발명가의 특허를 무효시킬 수 있는 허점을 발굴하거나, 특허 청구항의 '범위'를 우회·회피할 수 있는 방법을 강구할 것이다. 또한 경쟁자는 고의로 발명가의 특허를 침해한 후 법원이 특허를 무효로 판결하기를 바랄 수도 있다. 설령 특허침해소송에서 경쟁자가 패소하더라도, 경쟁자는 자신이 창출한 수익의 일부만을 발명가에게 손해배상금으로 지불하며 수익을 챙길 수도 있다.

요약하면 발명·특허는 취미 활동이 아니라 막대한 수익 창출을 목표로 하는 "serious business"이다. 따라서 발명가이건 경쟁자이건 모두 비용(cost)과 이익(benefit)을 고려한 후 자신에게 경제적으로 가장 유리한 방법을 선택하게 된다. 따라서 수익 창출을 위하여 발명을 착상하고 특허를 출원·등록하는 발명가나, 수익 창출을 위하여 발명가의 특허를 우회·침해하는 경쟁자 역시 특허권이라는 금지권을 이용하는 business의 player에 해당할 뿐 그 이상도 이하도 아니다.

따라서 발명가가 특허로 수익을 창출하려면 광활한 '범위'를 확보하는 동시에 특허의 '범위' 주변에 공터가 형성되지 않도록 최선을 기울여야 하며, 경쟁자 역시 발명가의 '범위'를 확인하고 이를 우회·회피하기 위하여 최선을 다해야 한다. 왜냐하면 발명가이건 경쟁자이건 특허와 관련된 모든 행동은 수익과 직결되기 때문이다. 이러한 측면에서 보면 seminar에 몇 번 참석하거나 특허 관련 수업을 몇 학기에 걸쳐 수강한 발명가가 자신이 직접 청구항이나 "발명의 설명"을 작성하는 전략은 전형적인 amateur적 사고방식이다. 바꾸어 말하면 특허출원 비용을 아끼기 위하여 이러한 전략에 의존하는 발명가는 특허로 수익을 창출하기를 원천적으로 포기한 발명가라 할 수 있다.

라. '범위'를 위한 특허의 해부·재결합과 발명전략·특허전략

앞서 설명한 바와 같이 대한민국이 21세기 지식기반시대에 선진국 대열에 안착하기 위해서는 우리가 보유한, 그리고 추후 우리가 개발할 제조 기술을 효과적으로 보호할 수 있는 광활한 '범위'를 지닌 특허를 다량 창출할 수밖에 없다. 이를 위하여 저자는 본 저서를 통하여 광활한 '범위'를 지닌 우량특허와 다양한 종류의 '범위'를 지닌 우량특허를 창출하는 발명전략·특허전략을 설명하고자 한다.

하지만 앞서 설명한 바와 같이 현재 전 세계에서 가장 특허 가치가 높은 국가는 미국이다. 물론 중국이 다양한 분야에서 급격히 부상하고 있지만, 특허에 관한 한 미국을 따라오려면 최소한 10년 이상은 걸리지 않을까 생각된다. 따라서 저자는 가능하면 미국 시장에서 다국적 경쟁업체들을 상대로 유효적절한 금지권을 발휘할 수 있는 미국특허를 창출할 수 있는 발명전략·특허전략을 설명하는 데 초점을 두었다.[4)]

우선 제1장에서는 지식재산에 대한 개요를 설명한다. 일예로 제1장의 2절에서는 특허, 저작권, 상표 등과 같은 다양한 지식재산의 종류와 성격을 간단히 소개하고, 제1장의 3절에서는 지식기반시대에서의 특허의 중요성을 설명한다. 제1장의 4절에서는 아직도 20세기를 풍미한 산업자본시대 paradigm에 젖어있는 국내 특허산업의 현황을 소개하며, 국내특허의 선천적 한계, 후천적 한계 및 이에 대한 원인을 설명한다. 이를 근거로 제1장의 5절에서는 지식기반시대의 선진국 국민으로서의 개인의 목표, 지

---

4) 저자는 서울대학교 공과대학 및 KAIST의 전신인 KAIS에서 화학공학 학사·석사학위를 취득하고, 도미하여 Duke University에서 의공학(biomedical engineering) 박사학위를 취득한 후 Duke University 의공학과에서 잠시 교수로 재직하다가 Duke University Law School에서 법학 박사학위를 취득하였다. 이후 저자는 미국 유수 특허 law firm인 Fish & Richardson의 Boston 본사, Pennie & Edmonds의 Silicon Valley 지사에서 특허변호사로 근무하였다.

이와 같이 특허법 및 특허제도에 대한 저자의 전문 분야는 미국 특허법과 미국 특허제도에 국한되므로, 아래에서 설명하는 발명전략·특허전략은 별도의 언급이 없는 한 전 세계에서 가장 규모가 큰 시장인 동시에 전 세계에서 가장 강력하게 특허를 보호하는 미국 특허법과 미국 특허제도하에서의 발명전략·특허전략에 해당한다는 점을 밝힌다.

식기반시대의 선진기업의 목표, 지식기반시대의 강대국으로서의 국가 차원의 목표를 제안한다.

제2장에서는 특허의 꽃이라 할 수 있는 청구항 및 청구항 공수전략을 소개한다. 제2장의 1절에서는 특허 청구항의 '범위'의 중요성을 다양한 각도에서 설명하고, 제2장의 2절에서는 청구항을 이용한 공격전략, 제2장의 3절에서는 청구항을 이용한 수비전략을 거시적 관점에서 조명한다. 그리고 제2장의 4절에서는 모든 발명·특허가 동일하지 않다는 당연한 사실을 강조한 후, 양화(良貨)특허와 악화(惡貨)특허에 대해서도 설명한다.

제3장에서는 대한민국 발명가는 물론 연구자도 가장 잘못 이해하고 있는 부분인 '깊이' 뿐인 연구·논문과 '범위' 뿐인 발명·특허의 상반성에 대하여 설명한다. 이를 위하여 제3장의 1절에서는 특허의 기본 원칙인 "구성요소 완비의 법칙"과 이를 이용한 특허의 공격전략(문언침해와 균등론에 의한 침해) 및 특허의 수비전략(신규성 요건 및 진보성 요건)을 소개한다. 제3장의 2절에서는 구성요소 완비의 법칙을 응용하여 원천특허와 개량특허 사이의 관계를 살펴본 후 개량특허가 항상 원천특허를 침해하는 이유를 설명하며, 특허권의 속성이 "배타적 독점권"이 아니라 '금지권'에 불과한 이유를 설명한다. 제3장의 3절에서는 '범위'보다 '깊이'를 중시하는 연구와 상기 연구의 결과를 집대성한 논문의 속성을 발명·특허와 비교한다. 제3장의 4절에서는 위의 설명을 종합하여 "광활한 범위"의 청구항의 당위성 및 "다양한 종류"의 청구항의 당위성을 소개하며 "특허 쓰듯 논문을 쓴" 연구자가 학계에서 매장당하는 이유, "논문 쓰듯 특허를 쓴" 발명가가 수익을 창출할 수 없는 이유를 설명함으로써 왜 "오로지 특허는 특허 쓰듯" 써야 하는 지에 대한 당위성을 설명한다.

제4장은 제3장의 연장으로서, "발명은 신(神)내림이 있어야 가능"할 수도 있지만 "특허는 철저히 인간이 제조하는 문서"라는 점을 강조함으로써 특허의 청구항과 "발명의 설명"의 중요성을 소개한다. 우선 제4장의 1절에서는 발명가와 경쟁자 사이의 반복되는 갈등을 소개함으로써, 특허로 수익을 창출하려는 발명가와 이를 우회·회피함으로써 수익을 창출하려는 경쟁자의 전략과 대응 방법을 개괄적으로 설명하며, 제4장의 2절에서는 강한 특허로도 수익을 창출하기 어려운 이유를 권리성 측면, 비용편익 측면, 책임회피 측면에서 설명한다. 제4장의 3절에서는 청구항이나 "발명의 설명"을 제대로 작성하지 못함으로써 수익 창출에 실패한 사례를 소개하고, 제4장의 4절에서는 가상

의 '곰국특허'를 이용하여 우량특허 창출 전략을 설명한다. 그리고 제4장의 5절에서는 특허를 이용한 수익 창출의 필수 요소인 유능한 변리사의 요건 및 유능한 변리사와 발명가의 초기 발명 상담의 중요성을 설명한다.

제5장에서는 특허제도를 권리성에 초점을 맞추어 설명한다. 우선 제5장의 1절에서는 국내 특허제도를 설명하고, 제5장의 2절에서는 미국 특허제도를 설명하며, 특히 미국 특허제도의 목적인 공공영역의 보존과 확충을 위한 특허제도 및 우회를 장려하는 특허들 사이의 경쟁을 소개하며, Abraham Lincoln이라는 불에 수익이라는 기름을 끼얹는 미국 특허제도를 소개한다. 제5장의 3절에서는 선발명주의와 선출원주의를 소개하고, 제5장의 4절에서는 발명가의 특허권을 제한하는 특허제도의 다양한 원칙들을 설명한다. 특히 금지권으로서의 특허권, 속지법 및 존속기간에 의한 선천적 제한은 물론 특허소진론, 일(1)발명 일(1)특허 원칙, 부활 금지 원칙, 이중특허 금지 원칙, 불공정 행위 금지 원칙, 금반언의 원칙, 재탈환 규칙 등의 후천적 제한을 설명한다. 이 외에도 일실이익, 합리적 실시료에 의한 손해배상금 산정 기준은 물론 침해 제조업체의 이익도 어느 정도 보장해주는 특허제도의 숨은 특성을 설명한다.

앞서 설명한 금지권의 속성에 이어 제6장에서는 특허 금지권의 범위를 설정하는 청구항에 대한 다양한 기본 법칙들을 설명한다. 우선 제6장의 1절에서는 특허의 구성을 간략히 소개하며, 제6장의 2절에서는 청구항을 구성하는 청구항 서문, 청구항 전환구 및 청구항 본문의 특성 및 역할을 설명하며, 특히 청구항 문법으로서 선행 근거, 명시적 청구방법, 추론적 청구방법 및 청구항 요소들 사이의 조합의 필요성 등을 소개한다. 제6장의 3절에서는 청구항의 다양한 종류로서 물건청구항, 방법청구항, 방법특정물건청구항, 조성물청구항, 기능청구항 및 기능 제한조건을 설명하며, Jepson 청구항과 Markush 청구항과 같은 특수 청구항을 설명한다. 또한 혼합 청구항 금지 원칙 및 Swiss 청구항, Beauregard 청구항과 같은 신종 청구항을 소개한다.

제7장에서는 위에서 설명한 청구항 법칙과 청구항 종류에 근거한 청구항 해석 원칙 및 방법을 설명한다. 우선 제7장의 1절에서는 침해 판단, 특허성 판단의 근거가 되는 청구항 해석의 중요성을 설명하고, 청구항 해석의 승패가 특허소송의 승패와 직결될 수밖에 없는 이유를 설명한다. 제7장의 2절에서는 청구항 해석의 다양한 원칙들을 소개하고, 이를 위하여 청구항 해석에 사용되는 특허내적 증거와 특허외적 증거를 설명

하며, 청구항 해석 원칙인 사전편찬자 원칙, 일상적·관습적 의미 원칙, 의미의 일관성 원칙, 최선의 실시예 포함 원칙, 청구항 해석 시 "발명의 설명" 참고 원칙 vs. "발명의 설명"의 청구항 편입 불가 원칙, 청구항 차별 규칙을 설명한다. 제7장의 3절에서는 "발명의 설명"의 중요성을 설명하며, 출원 후 보정이 거의 불가능한 "발명의 설명"의 특성 및 역할에 대한 판례를 통하여 이에 대한 증거를 제시한다.

제8장에서는 특허수비의 기본 요건인 청구항의 신규성 요건과 진보성 요건을 설명한다. 제8장의 1절에서는 신규성 요건을 설명하며, 신규성 판단 요건, 엄격한 동일성의 요구 및 내재성 원칙은 물론 신규성 판단을 위한 선행기술의 요건 및 속(genus)발명과 종(species)발명을 이용한 전략을 소개한다. 제8장의 2절에서는 진보성 요건을 설명하며, 진보성 관련 법제도, 진보성 판단 기준, 진보성 판단에 필수적인 "관련 분야"와 '당업자'의 개념을 설명한다. 또한 진보성 판단에 사용되는 선행기술은 물론 미국 판례의 TSM test 및 KSR case의 상식 test, "시장반응 고려사항" 등을 설명한 후, 국내에 알려진 바와는 달리 KSR case 이후에도 거의 요지부동인 미국의 진보성 요건에 대하여 설명한다.

제9장에서는 특허수비의 마지막 요건인 특허 청구항 및 "발명의 설명"에 대한 기재요건을 설명한다. 이를 위하여 제9장의 1절에서는 청구항은 물론 "발명의 설명"이 권리범위에 미치는 영향을 설명하고, 제9장의 2절에서는 청구항의 명확성 요건, 제9장의 3절에서는 서면기재 요건을 설명한다. 또한 제9장의 4절에서는 실시가능 요건을 설명하며, 국내에서는 활용되지 못하지만 미국에서는 반드시 전향적으로 활용해야만 하는 가상 실시예를 설명하며, 가상 실시예의 중요성을 강조한다. 또한 제9장의 5절에서는 지금은 사문화된 최적 실시예 기재요건을 설명한다.

우리 속담에 죽 쑤어서 개준다는 말이 있다. 즉 아무리 우수한 발명을 착상하더라도 부주의로 자신의 발명·특허에 대한 권리를 송두리째 빼앗기는 경우도 발생한다는 말이다. 이러한 불상사를 방지하기 위하여 제10장에서는 발명·특허의 소유권, 직무발명에 대하여 설명한다. 우선 제10장의 1절에서는 발명 요건인 착상과 구체화 및 이에 근거한 발명가 요건 및 특허의 소유권에 대하여 설명한다. 특히 발명가가 알면서도 빼앗기는 특허 또는 발명가가 알더라도 빼앗아 오는 특허 및 이에 대한 미국 판례를 소개한다. 제10장의 2절에서는 단독소유권, 공동소유권 등의 특허 소유권을 설명한 후, 지분의 크기보다는 지분의 유무가 중요한 이유를 설명한다. 제10장의 3절에서는 직무발명을 소개하고, 직무발명에 대한 종업원·사용자의 의무와 권리를 설명하며, 국내의 직무발명 보상제도를 설명한 후, 직무발명 제도와 종업원 이직의 자유 사이의 관계에 대한 저자의 추론을 소개한다.

마지막으로 제11장에서는 특허를 활용하여 21세기 지식기반시대에 선진국에 안착하기 위한 전략을 다양한 관점에서 정리한다. 우선 제11장의1절에서는 특허생태계 이론, 작동 원리 및 종류를 소개하며, 제11장의 2절에서는 선순환적 특허생태계 구축을 위하여 '경쟁'이 선결 조건인 이유를 설명한다. 제11장의 3절은 특허로 수익을 창출하려는 국내 발명가의 관점으로서, 청구항의 '범위'의 중요성, "발명의 설명"의 중요성, 유능한 변리사의 중요성 및 전략적 주요 국가에 대한 특허출원 전략을 설명한다. 제11장의 4절은 국내 대학교·연구소의 대학교수 및 연구원의 관점으로서, "선택과 집중"을 이용한 특허창출 전략, 국내 대학교·연구소의 Technology Licensing Office(TLO)의 현황을 소개한다. 특히 특허와 관련된 정량적 지표의 부작용, TLO의 문제점을 설명하며, 관리자와의 소통은 물론 발명·특허에 대한 유동성 확보의 당위성 및 중요성을 강조한다. 제11장의 5절은 국내 대리인의 관점으로서, 좁은 영토에 좁은 시장이라는 우리나라의 선천적 한계를 벗어나 global market을 겨냥하도록 제안하며, 선순환적 특허생태계의 국내 조기 구축의 중요한 장애물 중 하나인 변리사 수임료의 현실화를 위한 의뢰인 계몽을 강력히 제안한다. 제11장의 6절은 제조업체의 관점으로서, 방어용 특허의 허상을 설명하고, 주로 후발 제조업체인 국내 제조업체에 해당하는 전략인 "동대문 특허 vs. 남대문 특허 전략"을 소개한 후, 후발 제조업체가 명심해야할 우량특허 창출전략을 소개한다. 또한 제조업체의 특허 전략 수립에 있어서 반드시 고려해야할 특허소송부서, 특허 licensing 부서 및 특허 창출부서의 속성을 각각 비교한 후, 이러한 속성을 감안한 국내 제조업체의 특허 조직을 제안하며 상기 조직의 장인 CIPO(Chief Intellectual Property Officer)의 위상 및 역할에 대하여 설명한다. 제11장의 7절은 국가적 관점으로서, 10만 발명가 양병 및 이를 위한 1천 교관 양성의 당위성 및 20세기 수출입국정책에 21세기 특허입국정책을 창조적으로 융합해야할 당위성을 설명한다. 제11장의 8절은 특허를 활용하여 21세기 지식기반시대에 선진국에 안착하기 위한 정부의 전략으로서, 선순환적 특허생태계 구축을 위한 특허청과 산업통상자원부 등의 행정부, 특허법원 등의 사법부의 역할을 설명하고, 제11장의 9절에서는 이를 정리한다.

2. 지식재산의 종류 및 성격

지식재산 또는 “intellectual property”는 말 그대로 “재산 (property)” 특히 무형재산의 한 형태이다. 지식재산의 의미와 속성을 이해하기 위해서는 지식재산의 상위개념인 재산의 의미와 속성을 이해할 필요가 있다.

일반적으로 ‘재산’이란 경제적 가치를 지니며, 재산권(property rights)의 대상이 되는 유무형의 재화를 나타낸다. 따라서 재산의 종류로는 부동산·동산 등의 유체재산(tangible property) 및 채권, 특허·저작물 등의 무체재산 또는 무형자산 (intangible property) 등이 있다. 재산권의 핵심은 경제적 가치에 대한 국가의 보호로서, 재산권 보호는 사유재산제도의 보장으로 구현된다. 이것은 헌법 개정에 의해서도 폐지할 수 없는 헌법개정한계에 속하며, 헌법의 경제조항에 비추어 볼 때 입법부에 의해서도 폐지될 수 없다. 따라서 정당한 이유 없이 개인의 생산수단을 국·공유화할 수 없으며, 상속권 내지 개인소유권을 폐지할 수도 없다.

그렇다면 재산권의 속성은 무엇인가? 재산권이란 법적으로 재산을 소유한 자가 보유한 권리의 종류로 설명할 수 있다. 일반적으로 재산의 소유권자는 자신이 소유한 재산에 대한 아래의 권리를 모두 소유한다.

(1) 소유권 (Possession Rights)

재산의 소유권이란 소유권자가 자신이 소유한 유·무형의 재산을 전면적·일반적으로 지배할 수 있는 권리를 의미한다. 소유권은 재산권의 가장 기본적 권리이며, 소유권은 사유재산제도의 표현인 동시에 사적 자치 원칙과도 밀접하게 관련된다.

(2) 사용권 (Use Rights)

재산의 사용권이란 소유권자가 자신이 소유한 유·무형의 재산을 그 성질에 따라 자유로이 사용할 수 있는 권리를 의미한다. 재산의 가치란 바로 소유권자가 이를 자유로이 사용할 수 있기 때문이라는 점을 고려하면, 사용권이야말로 재산권의 가치에 대한 경제적 근거라 할 수 있다.

(3) 금지권 또는 배제권 (Rights to Exclude Others)

이론적으로 개인이 특정 재산을 소유하거나 사용하기 위하여 반드시 법률이 필요하지는 않을 수 있다. 왜냐하면 재산법이 없더라도 아무나 물건을 소유하고 사용할 수 있기 때문이다. 하지만 문제는 타인도 동일한 물건을 소유하고 사용할 수 있다는 점이다. 따라서 동일한 재산에 대한 다수의 소유권자 간의 갈등에 의하여 재산의 가치는 감소할 수 있으며, 경우에 따라 모든 이가 소유할 수 있고 사용할 수 있는 재산은 아무 가치도 지니지 못 할 수 있다.

이러한 측면에서 재산의 금지권(또는 배제권)이야말로 재산을 '재산'스럽게 만드는 권리라 할 수 있다. 금지권이란 소유권자가 타인으로 하여금 자신의 재산을 소유하거나 사용하지 못하도록 금지할 수 있는 권리이다. 영미법의 경우 금지권과는 별도로 금지권과 관련된 "right to peaceful enjoyment of the property"라는 권리가 있다. 즉 소유권자가 타인으로부터 방해받지 않고 자신의 재산을 사용할 수 있는 권리이다. 바꾸어 말하자면 재산의 금지권을 통하여 재산의 소유권과 사용권이 보장된다고 할 수 있다.

(4) 양도권 (Transfer Rights)

재산의 양도권은 소유권자가 자신이 소유한 재산을 타인에게 양도할 수 있는 권리이다. 소유권자가 재산에 대한 소유권, 사용권, 금지권은 지니지만 양도권을 지니지 못하면 어떤 결과를 초래할까? 재산의 가치는 재산의 경제적 가치인 바, 소유권자가 양도권을 소유하지 못한다면 자신이 평생 재산을 직접 사용할 수밖에 없으며, 따라서 재산의 사용성이 감소되어 재산의 가치 역시 감소할 수도 있을 것이다.

(5) 재산권 정리

이와 같이 재산의 소유권, 사용권, 금지권, 양도권은 서로 상이하지만 상호 보완적 기능을 통하여 사유재산제도의 근간을 이룬다. 따라서 재산의 소유권, 사용권, 배제권 또는 양도권에 제약을 가할 경우, 상기 재산의 가치는 감소할 수밖에 없다.

아래에서 자세히 설명하겠지만 지식재산의 한 종류인 특허야말로 소유권과 사용권이 심각히 약화된 사유재산이다. 그럼에도 불구하고 우리나라에서는 특허를 일종의 "특별한 허가"라는 의미의 '特許'라고 표시하고, 일반인들은 물론 대다수의 전문가들도 특허권이야말로 일반 재산권보다 훨씬 강력한 법적 보호를 받는다고 간주하는 경향이 있다. 하지만 재산권적 측면에서의 특허권은 실로 빈약하기 짝이 없는 금지권에 불과하다.[5)]

가. 지식재산권의 필요성

지식재산에 대한 권리인 지식재산권에 대한 법적 이론 역시 다양하다. 어떤 학자는 지식재산권이 인간의 기본권에 속하므로 당연히 보호되어야 한다고 주장하지만, 대다수의 학자들은 유인이론, 즉 "incentive theory"를 지식재산권에 대한 근거로 간주한다.

유인이론이란 지식재산의 창출, 활용 등을 통한 인류의 발전을 위하여 발명가·창작자에게 일정 수준의 법적 보호를 제공해야 한다는 이론이다. 유인이론의 기본 가정은 지식재산권이 인정되지 않아 발명가·창작자에 대한 법적 보호가 존재하지 않는 사회에서는 무임승차 (free ride) 문제가 발생한다는 것이다. 즉 발명가·창작자의 경쟁자 또는 공중은 발명가·창작자에게 일정한 보상을 하지 않고도 합법적으로 발명가의 발명, 창작자의 저작물을 공짜로 이용하게 됨에 따라 어떤 발명가·창작자도 더 이상 창조적 활동에 종사하지 않게 되는 시장 실패(market failure)를 초래하게 되며, 이러한 시장 실패는 공중 전체에게도 피해를 입힌다는 가정이다.

5) 특허권의 선천적 제한, 후천적 제한 및 제도적 제한에 대해서는 제5장 '특허제도' 참고.

지식재산법이란 이러한 시장 실패를 방지하기 위하여 발명가·창작자에게 타인에 대한 금지권을 부여하여 타인의 무임승차를 방지함을 목적으로 한다. 하지만 지식재산법의 최종 목적은 공중이 발명가·창작자들이 제공한 혁신의 다양한 산물을 이용하도록 도모하는 데 있다. 따라서 지식재산법은 발명가·창작자들에게 무한한 기간의 금지권을 허용하는 대신 금지권의 형태 및 범위를 제한하기 위하여 금지권의 제한을 상세히 규정한다. 즉 지식재산법은 발명가와 창작자에게 지식재산의 보호라는 당근과 함께 상기 보호의 형태 및 범위를 제한하는 다양한 채찍을 가하는 제도이다.

나. 지식재산권의 종류

지식재산에 대한 권리인 지식재산권은 국내의 경우 크게 산업재산권 및 저작권으로 분류된다. 산업재산권은 대부분 특허청의 심사를 거쳐 등록해야만 보호를 받을 수 있으며, 보호 기간(또는 존속기간)은 지식재산의 종류에 따라 상이하지만 일반적으로 10~20년 정도이다. 이에 반하여 저작권은 저작자가 창작물을 창작함과 동시에 보호되며 그 보호 기간은 창작자의 사후 70년 정도로 상당히 길다. 또한 산업재산권과 저작권과 같은 전통적 지식재산권으로 보호하기 힘들지만 경제적 가치를 지닌 지식재산권을 신지식재산권이라고 지칭한다.

위의 제1장의 2절 "지식재산권의 종류 및 성격"에서 재산권은 소유권, 사용권, 금지권, 양도권 등 네 가지의 기본 권리를 가진다고 설명하였다. 유형자산에 대한 위의 네 가지 권리는 명약관화한 반면 무형자산인 지식재산에 대한 소유권, 사용권, 금지권, 양도권을 정의하려면 특별한 법률이 필요하다. 이에 따라 개발되고 입법화된 법률들이 지식재산법이며, 표 1-1은 지식재산권과 관련된 국내법의 예로서, 여기에는 특허법, 실용신안법, 의장법, 상표법 등의 산업재산권법은 물론 저작권법 등이 있다. 또한 최근 신지식재산으로 지칭되는 지식재산을 보호하는 입법 활동에 따라 영업비밀 보호권, 반도체칩배치설계보호권과 같은 새로운 지식재산권이 늘어나고 있다. 현재 대부분의 국가에서는 특허청이 산업재산권을 관장하는 반면 저작권은 다양한 정부부처에서 관장한다.

표 1-1. 국내 지식재산권의 분류표

<table>
<tr><td rowspan="4">산업
재산권</td><td>특허권</td><td>• 기술적 사상의 창작인 원천·핵심기술 (발명)
- 물건 발명
- 조성물 발명
- 방법 발명 등</td></tr>
<tr><td>실용신안권</td><td>• 제품의 수명이 짧고 실용적인 주변, 개량 기술
• 일반적으로 소발명
• 물품의 형상, 구조, 조합인 고안물건에만 해당</td></tr>
<tr><td>의장권</td><td>• 심미감 관련 물품 외관의 형상·모양·색채의 창작</td></tr>
<tr><td>상표권</td><td>• 타상품과 식별 가능한 기호·문자·도형·입체형상
• 자타상품 식별표지
• 사용에 의해 화체된 신용이 재산</td></tr>
<tr><td rowspan="2">저작권</td><td>저작권 (협의)</td><td>• 문학, 예술분야 창작물
- 저작재산권
- 저작인격권</td></tr>
<tr><td>저작인접권</td><td>- 실연자
- 음반제작가
- 방송사업자 권리</td></tr>
<tr><td rowspan="3">신지식
재산권</td><td>첨단산업재산권</td><td>- 반도체집적회로배치설계
- 생명공학
- 식물신품종</td></tr>
<tr><td>산업저작권</td><td>- 컴퓨터프로그램
- 인공지능
- 데이터베이스</td></tr>
<tr><td>정보재산권</td><td>- 영업비밀
- 멀티미디어
- 디지털 컨텐츠
- 도메인 이름 등</td></tr>
</table>

3. 지식기반시대와 특허의 중요성

21세기는 지식기반시대(knowledge-based age)이며, 지식기반시대의 paradigm은 바로 지식에 기반을 둔 지식기반경제(knowledge-based economy)이다. 느닷없이 출현한 지식기반시대라는 용어가 이제는 귀에 익숙해졌지만, 사실 지식기반시대가 도래한 데에는 처절한 이유가 존재한다.

가. 산업자본시대로부터 지식기반시대로의 이행

산업자본시대로 불려온 지난 20세기의 특징은 제조수단과 숙련된 노동력의 결합이었다. 산업자본시대의 자본가는 완제품을 제조하고 이를 소비자에게 판매하여 수익을 창출하였으며, 이를 위해서 산업자본가는 막대한 자본을 투입하여 제조수단을 건설하였다.

그 결과 그림 1-3과 같이 제조업체는 원자재·부품을 구입하고, 인건비를 지불하며 종업원을 고용하고, 제조수단을 운영하여 완제품을 제조함으로써 동 시대의 '생산자' 역할을 담당한 반면 공중은 제조업체가 제조한 제품을 대가를 지불하며 구입하는 '소비자'의 역할을 담당하였다. 이와 같이 소수의 산업자본가가 산업자본시대를 주도하였기에 이들이 운영하던 제조업은 산업자본시대의 '꽃'이라고도 불리었다.

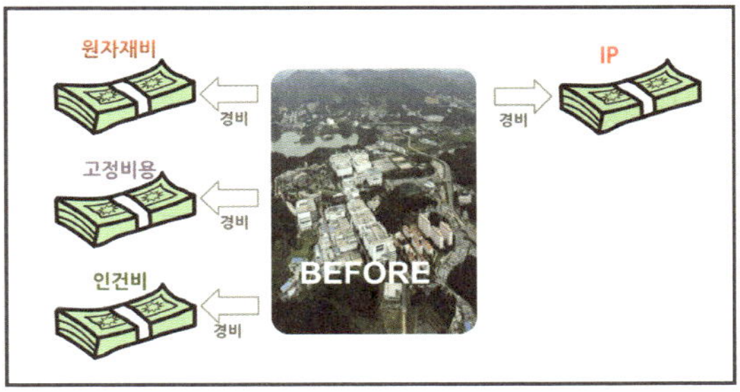

그림 1-3. 산업자본시대의 꽃인 '생산자'로서의 제조업

산업자본시대의 제조업체가 완제품을 제조·판매함으로써 시장에서 막대한 수익을 창출할 수 있었던 근본 원인은 바로 제조수단 및 숙련된 노동자의 희소성이었다. 건설하는 데 막대한 자본이 소요되는 제조수단은 물론 이를 효과적으로 가동할 수 있는 숙련된 노동력을 보유한 국가는 전 세계적으로 몇 국가에 불과하였기 때문에, 선진국 제조업체는 완제품 제조만으로도 충분한 수익을 창출할 수 있었다. 따라서 이러한 제조수단을 다량 보유하고 이를 가동할 수 있는 숙련된 노동자를 많이 보유한 국가는 선진국으로 발돋움한 반면 자본이 부족하여 제조수단을 보유하지 못한 국가는 후진국으로 전락하여 선진국의 지배를 받았다.

물론 산업자본시대에도 제조수단을 건설하거나 가동하기 위해서 갖가지 지식재산이 필요하였다. 하지만 산업자본시대의 꽃이 '제조업'이고, 산업자본시대의 기축통화는 "제조 능력"이었기 때문에 지식재산의 가치는 제조수단의 가치에 비하여 상대적으로 평가절하 되었다. 따라서 그림 1-3과 같이 제조업체는 싼 가격에 구입할 수 있는 지식재산보다는 제조수단의 건설·확충, 완제품의 유통·판매·마케팅에 치중한 전략을 구사하였다.

하지만 200년간 지속되어 오던 산업자본시대는 20세기 후반부터 그 근간이 흔들리기 시작하였다. 일본을 필두로 Singapore, 대만, 홍콩, 우리나라 등으로 대표되는 아시아의 신흥공업국들이 그동안 선진국이 독점하였던 제조수단을 자국에 건설하며 세계 제조업 시장에 뛰어들었기 때문이다. 일본과 아시아의 四龍은 자국 정부의 적극적 지원은 물론 우수한 노동력을 바탕으로 양질의 완제품을 제조·판매하여 세계 시장에서의 점유율을 차츰 높일 수 있었다.

이에 따라 미주·유럽의 기존 선진국은 일부 업종을 제외하고는 제조업 경쟁력을 상실하게 되었고, 더 이상 완제품 제조 자체만으로는 충분한 수익을 창출할 수 없게 되었다. 그 결과 수많은 선진국 기업이 폐업을 하거나 인수·합병되었고, 그나마 남아있는 다국적 기업들 역시 제조수단을 자국이 아닌 제3국에 건설하여 인건비를 삭감하며 시장 경쟁력을 유지하는 데 피나는 노력을 기울였지만 큰 성과를 거두지는 못했다.

신흥공업국들의 거센 추격에 대한 자구책으로 기존 선진국은 차세대 먹을거리의 개발에 몰두하게 되었다. 물론 선진국은 무작위로 차세대 먹을거리를 선정할 수는 없었던 바, 이들을 위한 차세대 먹을거리의 기본 요건은 바로 자신은 풍부하게 보유하고 있거나 신속하게 만들 수 있는 반면 신흥공업국은 보유량도 많지 않으며 신속히 만들 수도 없어야 한다는 속성이었다. 이에 따라 기존 선진국이 선택한 차세대 먹을거리가 바로 지식재산이라고 추정된다. 즉 선진국은 지식재산을 다량 보유하고 이를 효율적으로 창출할 수 있는 인력과 infra를 보유한 반면 신흥공업국은 지식재산의 보유량도 미흡하고 창출 인력도 부족하며 infra도 구축되어 있지 않았기 때문이다. 결국 선진국은 지식재산을 이용하여 21세기에서도 기득권을 유지하고자 하는 전략을 구사하고 있는 것이다.

이에 따라 '지식'이 말 그대로 지식기반시대의 기축통화가 되었다. 또한 창조성에 의하여 창출된 '지식'으로서 이에 상응하는 법적 보호가 보장된 '지식재산'은 금지권을[6] 지닌 기축통화로서 지식기반시대에서 더욱 중요한 역할을 담당하게 되었다.

그림 1-4. 미국 S&P 500 기업의 자산 변동 추이[7]

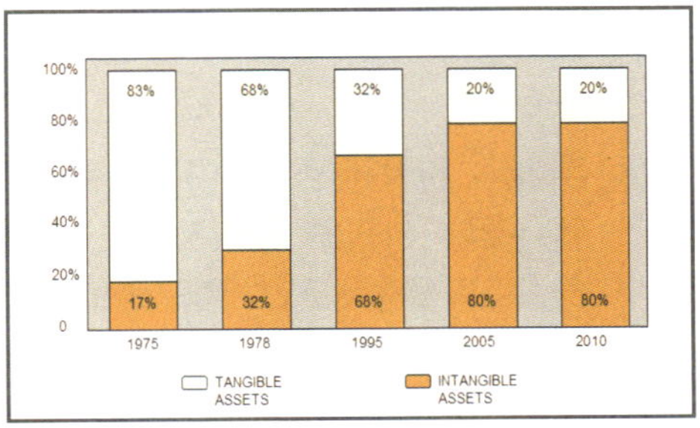

그림1-4(a)

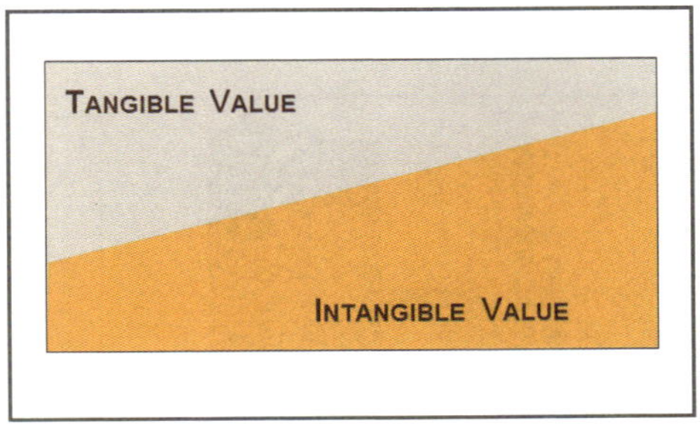

그림1-4(b)

선진국은 지식기반시대에서의 지식재산의 중요성을 일찌감치 숙지하고 부단한 노력을 통하여 지식재산의 창출 및 확보에 노력하여 왔다. 그 결과 그림 1-4(a) 및 1-4(b)[7]와 같이 미국의 대표적 상장 대기업 집단인 S&P 500 기업들은 전체 보유 자산 중 무형자산의 비율을 1980년대 이후 꾸준히 증가시키며 산업자본시대로부터 지식기반시대로의 이행을 착실하게 진행하였다.

---

6) 많은 학자들은 특허권의 속성을 배타적 독점권이라고 주장하지만, 저자는 이와는 달리 특허권의 속성이란 상대적으로 권리가 빈약한 '금지권'이라고 강조한 바 있다. 이에 대한 자세한 내용은 제3장의 2-나절 "허구의 배타적 독점권 vs. 실질적 금지권" 참고.

7) 그림 1-4의 무형자산(intangible value)에는 특허, 저작권, 상표에 대한 가치는 물론 기업의 명성 및 인지도 등도 포함되어 있다. 그림 1-4(a) 및 1-4(b)는 각각 아래의 URL 참고 (2014.08.31 최종 확인): http://www.oceantomo.com/productsandservices/investments/intangible-market-value / http://www.internettime.com/2013/04/the-practical-university/

나. 지식기반시대의 원리

지식재산은 영어로 "intellectual property"이며 'IP'로 약칭된다. 반면 우리가 종종 사용하는 'IPR'이란 "intellectual property right(s)"의 약자로 지식재산권 또는 지재권을 의미한다. 즉 'IP'란 지식재산이라는 무형의 사유재산을 지칭하는 반면 'IPR'은 지식재산권, 즉 'IP'라는 사유재산에 대한 권리를 의미한다.

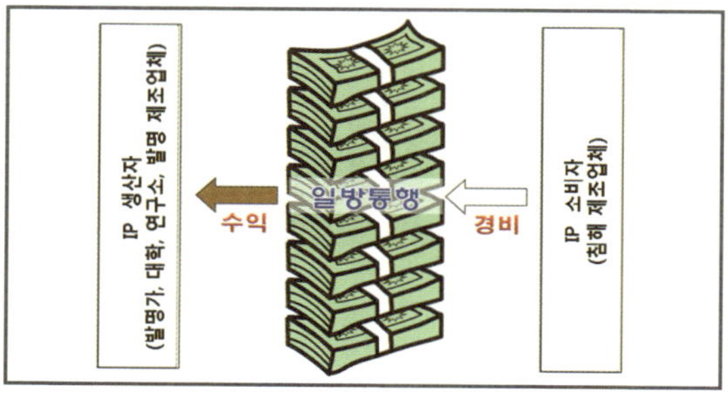

그림1-5. 지식기반시대의 도래에 따른 지식재산의 가치 제고

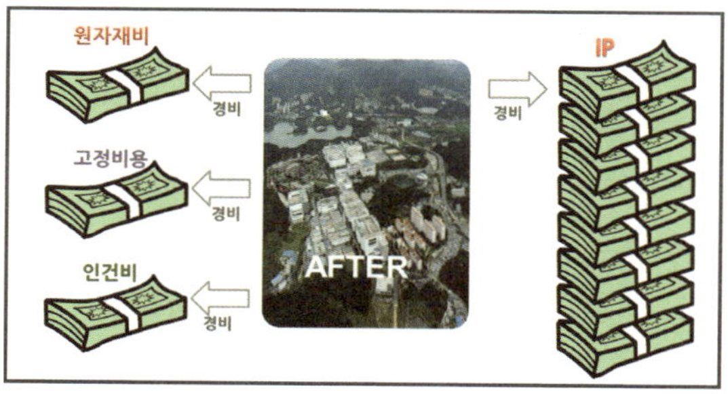

그림 1-6. 지식기반시대의 '소비자'로서의 제조업

21세기에 지식기반시대가 도래하고 지식재산의 가치가 제고됨에 따라, 양질의 지식재산을 창출하고 이를 제조업체에 양도하거나 licensing하거나 또는 기술이전(technology transfer)하여 수익을 창출하여온 개인발명가나 대학교·연구소의 수익 역시 제고되었다. 따라서 그림 1-5에서와 같이 이들과 같은 지식재산의 생산자는 지식기반시대의 대표적 수혜자로 간주할 수 있다.[8)]

이와는 반대로 지식기반시대의 도래로 paradigm의 변화를 절감하게 된 주체는 바로 20세기 산업자본시대의 '생산자'를 자처해왔던 제조업체이다. 제조업체는 그림 1-6과

8) 지식기반시대가 도래함에 따라 과거 산업자본시대에 비하여 지식재산의 가치가 제고된 것은 사실이지만, 지식기반시대의 개인발명가, 대학교·연구소가 모두 떼돈을 벌고 있는 것은 절대로 아니다. 왜냐하면 특허권은 상당히 빈약한 금지권에 불과하기 때문에 특허를 이용하여 수익을 창출하려면 수많은 난관을 극복해야하기 때문이다. 이에 대한 자세한 설명은 제5장의 4절 "특허권의 제한" 참고.

같이 완제품을 제조하기 위해서 원자재·부품을 구입하고 종업원에게 인건비를 지불하며 제조수단을 운영함은 물론 이전에 비하여 훨씬 높은 가격을 치러야만 타인이 보유한 지식재산을 사용할 수 있게 되었다. 이와 같이 지식기반시대의 기축통화는 '지식'이며, 이 중에서도 창조성을 지닌 '지식'으로서 이에 상응하는 법적 보호가 보장된 지식재산은 금지권을 지닌 기축통화로서 지식기반시대에는 더욱 중요한 역할을 담당하게 되었다. 이러한 측면에서 보면 20세기 산업자본시대에는 제조업체가 생산하는 완제품의 소비자에 불과했던 개인발명가나 대학교·연구소는 21세기 지식기반시대에서는 동 시대의 기축통화인 지식재산을 창출하는 '생산자'로 자리매김한 반면 이러한 지식재산을 이용하여 완제품을 제조하는 제조업체는 20세기의 생산자로부터 21세기의 '소비자'로 자리바꿈하게 된 셈이다.

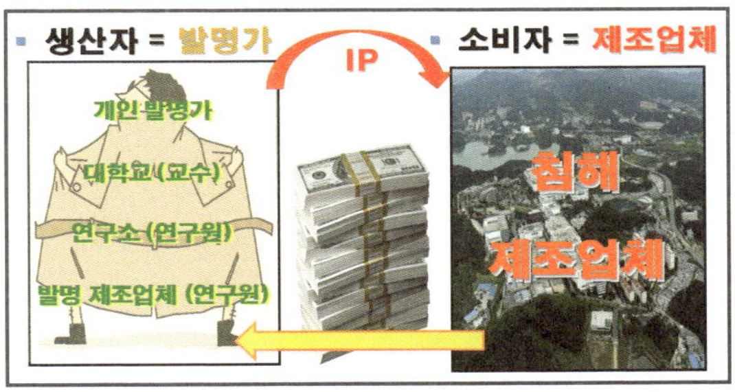

그림 1-7. 지식기반시대의 '생산자'로서의 발명가

시대 변화에 따른 구성원들의 자리바꿈은 필연적으로 부의 재분배를 동반할 수밖에 없다. 왜냐하면 지식재산을 이용하여 완제품을 제조·판매하지만 보유한 특허가 변변치 않은 (침해) 제조업체는 지식재산의 소비자이므로 지식재산 생산자에게 더 많은 대가를 지불하게 되었지만,[9] 지식재산의 생산자인 개인발명가, 대학교·연구소, (발명) 제조업체는 (침해) 제조업체로부터 지식재산을 구매할 필요가 없기 때문이다. 따라서 그림 1-7과 같이 지식재산에 관한 한 부의 흐름은 지식재산의 소비자인 (침해) 제조업체로부터 지식재산의 생산자인 개인발명가, 대학교·연구소, (발명) 제조업체로 흘러가는 '일방통행' 체계가 구축되었으며, 이것이 바로 지식기반시대의 작동원리이다.

9) 만일 보유한 지식재산이 변변치 않은 제조업체가 타인 또는 경쟁 제조업체가 보유한 지식재산을 무단으로 실시하면 전자(침해 제조업체)는 후자(발명 제조업체)에 의하여 특허침해소송을 당하게 된다. 물론 침해 제조업체가 상기 소송에서 패소하게 되면 특허침해에 대한 손해배상금을 물거나 금지처분을 받아 상기 침해 제품을 더 이상 생산할 수 없게 된다.

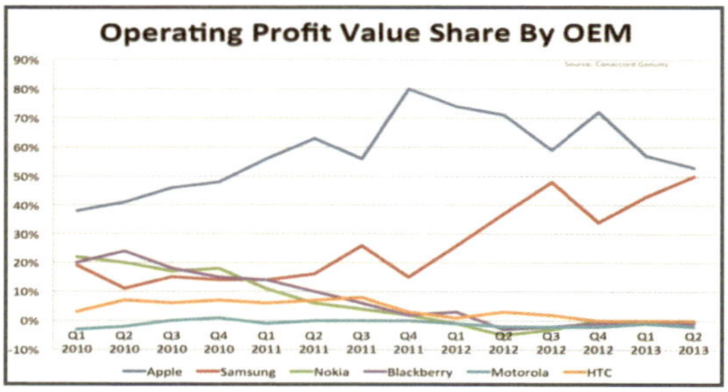

그림 1-8. 변변한 제조수단을 보유하지 않은 Apple의 수익률

물론 모든 제조업체가 21세기 지식기반시대가 도래함에 따라 고전을 면치 못하는 것은 절대로 아니다. 왜냐하면 지식기반시대를 대비하여 (또는 운좋게?) 우량 지식재산을 다량 확보하고 또한 우량 지식재산을 왕성하게 창출하는 발명 제조업체는 지식기반시대의 덕을 톡톡히 보고 있기 때문이다. 일예로 그림 1-8과 같이 smart-phone 시장의 수익률에 대한 2013년 7월 통계에[10] 의하면 변변한 제조수단이 없는 Apple이 전 세계 smart-phone 시장 수익의 53%를 획득하였고, 막강한 제조수단을 보유한 삼성전자가 전체 수익의 50%를 확보한 반면 기타 smart-phone 업체들은 모두 합쳐서 3%의 적자를 기록하였다. 이는 지식기반시대에는 제조수단을 보유하지 않은 제조업체도 지식재산을 전향적으로 활용하여 막대한 수익을 창출할 수 있음을 반증하는 자료이다. 또한 자세한 통계는 없지만 세계 굴지의 제약업체 역시 지식재산을 바탕으로 신약 시장에서의 금지권을 백분활용하며 막대한 이익을 창출하고 있다.

이러한 통계는 지식기반시대가 반드시 제조업체에게 불리하지만은 않다는 사실을 여실히 반영한다. 오히려 우량 지식재산을 다수 확보하고 지속적으로 우량 지식재산을 창출할 능력을 지닌 기존의 **선진국 발명 제조업체**는 지식재산 보유량이 빈약한 **신흥공업국**의 **침해 제조업체**를 시장에서 압도할 수 있는 또 다른 **억제 수단**을 확보하게 된 것이다. 바꾸어 말하면 앞서 설명한 그림 1-6과 같이 보유한 지식재산이 빈약한 후발 제조업체에게 지식재산이란 막대한 추가 비용의 대상에 불과하며, 이들이 비싼 가격을 지불하고 타인의 지식재산을 도입함에 따라 지식재산이란 자사 제품의 시장 경쟁력을 저하시키는 치명적 약점으로 부각되는 것이다.

10) 이에 대한 자세한 자료는 아래의 URL 참고 (2014.08.31 최종 확인): http://www.businessinsider.com/smartphone-industry-profit-share-2013-7

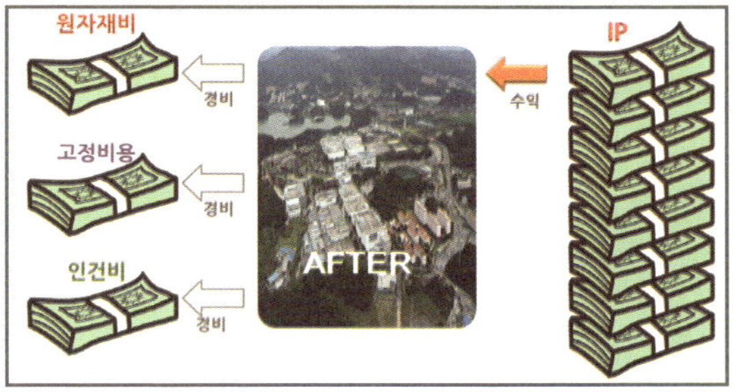

그림 1-9. 지식재산을 보유한 선진 발명 제조업체의 새로운 수익 창출원으로서의 지식재산

하지만 그림 1-9와 같이 막강한 지식재산을 보유하고 이를 전향적으로 활용할 수 있는 능력을 지닌 선진 발명 제조업체에게 지식재산이란 자신의 시장 점유율을 보존하며 확충하는 수단일 뿐만 아니라 자신의 지식재산을 무단으로 사용하는 후진 침해 제조업체들을 법적 수단을 동원하여 응징하고 이에 따르는 부수적 수익을 창출할 수도 있는 수단으로 각광받게 되었다. 즉 선진 제조업체는 자신의 목적에 따라 지식재산을 이용하여 신흥공업국 및 중진국의 후발 제조업체의 시장 진입을 원천적으로 차단하는 무기로 또는 이를 새로운 수익 창출원으로 사용할 수 있게 되었다.

결국 지식기반시대의 최대 수혜자는 우량 지식재산을 많이 보유하고 많이 창출할 수 있는 개인, 제조업체, 국가이다. 따라서 우량 발명을 창출하는 당사자인 개인발명가는 자신의 특허를 제조업체에 양도하거나 licensing하여 수익을 창출할 수 있고, 우량 발명을 우량특허로 창출하여 보유한 발명 제조업체는 침해 제조업체에 대한 금지권을 활용하여 시장 점유율을 극대화하거나 이를 침해 제조업체에 양도하거나 licensing하여 수익을 창출할 수 있게 되었다. 따라서 지식기반시대에서 이러한 개인이나 기업을 많이 보유한 국가가 그렇지 못한 국가에 비하여 더 강력한 경쟁력을 보유하게 됨은 지식기반시대의 당연한 귀결이다.

다. 지식기반시대와 기존의 선진국 전략

그렇다면 21세기에 지식기반시대가 도래한 근본적 이유는 무엇일까? 지식기반시대라는 용어의 주창자라 할 수 있는 Peter Drucker는 물론 많은 석학들은 세계화(globalization)와 정보기술(information technology)의 발전을 지식기반시대가 도래한 주요 원인으로 꼽는다. 물론 이러한 석학들의 주장이 지식기반시대가 출현한 원인을 설명하는 것은 사실이다. 하지만 저자는 지식기반시대를 21세기의 paradigm으로 정착시킨 실질적 원인은 20세기 산업자본시대의 paradigm인 제조업에서의 niche

를 상실한 기존 선진국들이 차세대 먹을거리로서 지식재산을 선정하였다는 사실도 중요한 원인이라고 추정한다.

그림 1-10. 지식재산 경쟁력에 근거한 세계지도[11)]

즉 신흥공업국과 중진국의 추격으로 인하여 제조업 경쟁력을 상실하며 산업자본시대를 마감해야만 했던 기존 선진국은 새로운 먹을거리가 필요했으며, 이러한 먹을거리는 자신은 많이 보유하고 있으며 충분한 창출 능력도 갖추고 있으나, 신흥공업국 및 개발도상국은 보유량도 적고 창출 능력도 낮아야만 한다는 필요충분조건을 만족하여야 했을 것으로 추정된다. 2007년 자료인 그림 1-10[11)]과 같이 지식재산 보유량 및 창출 역량 등에 따라 국토의 크기를 표현한 세계지도에서처럼 지식재산 분야에서의 기존 선진국과 개발도상국과의 차이는 현격함을 알 수 있다. 이러한 점에서 지식재산이야말로 위의 조건들을 모두 충족하는, 기존 선진국에게는 아주 적합한 차세대 먹을거리로 부각된 것으로 추정된다.

인류문화의 발달 과정에 따라 지식기반시대가 필연적으로 대두되었다는 주장보다는 기존 선진국이 지식재산을 지식기반시대의 먹을거리로 선택함에 따라 지식기반시대가 21세기의 paradigm으로 정착하였다는 추정은 이와 관련된 선진국의 동향에서도 명백히 입증된다. 일예로 기존의 선진국이 “지식재산이 지식기반시대의 기축통화이다”라고만 선언함으로써 지식재산을 이용하여 수익을 창출할 수는 없음은 자명하다. 따라서 선진국은 지식재산을 이용한 수익 창출 과정을 더 효율적으로 재편함으로써 지식재산을 통한 실질적 수익 창출을 도모할 당위성을 절감하였을 것이며, 이를 위하여 지식재산을 기축통화로 자리매김하는 다양한 국제협약이 필요하였으리라 추측된다.

11) 이에 대한 자세한 자료는 아래의 URL 참고 (2014.08.31 최종 확인): http://www.worldmapper.org/display.php?selected=168

이러한 대표적 국제협약이 WTO가 주관하는 TRIPS 협정으로서, 개발도상국은 물론 거의 모든 후진국도 가입한 WTO의 회원국들은 선진국만큼 지식재산을 보호하여야 하며, 이를 위하여 지식재산 보호 정책을 입안하고 실행하여야만 하게 되었다. 지식재산을 기축통화로 자리매김하려는 또 다른 협약은 "global patent law harmonization"으로서 세계지식재산권기구, 즉 WIPO가 현재 추진하고 있는 PLT(Patent Law Treaty)가 이러한 전략의 하나라고 볼 수 있다. 세계 각국이 지식재산을 강력하게 보호하고 세계 각국에 대한 특허 출원이 현재보다 더 용이해질 경우 이러한 국제협약의 가장 큰 수혜자는 바로 우량 지식재산을 다량 보유함은 물론 양질의 지식재산을 지속적으로 더 많이 창출할 능력을 갖춘 지식기반시대의 선진국이기 때문이다.

라. 지식기반시대의 시사점

대한민국은 1962~1981년까지 4차에 걸쳐 진행된 경제개발5개년계획과 제조업에 역점을 둔 '輸出入國' 정책을 통하여 선진국 문턱에 도달하였다. 하지만 대한민국은 산업자본시대의 paradigm인 제조업 위주의 산업 구조가 고착화된 상태로, 지식기반시대를 맞이해서도 지식기반시대에 알맞은 paradigm을 정립하지 못하고 있다.

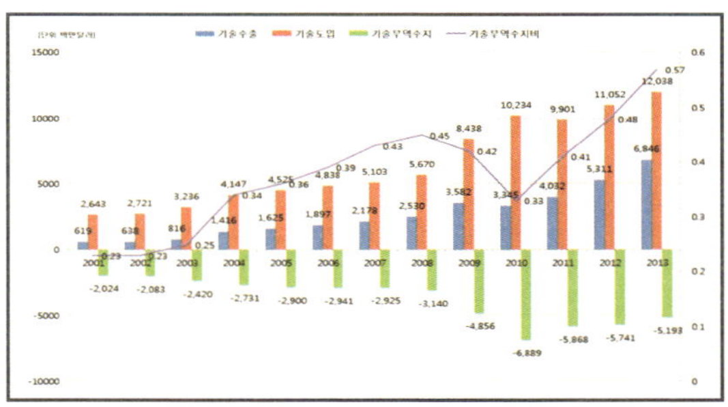

그림 1-11. 우리나라의 기술무역적자 추이[13]

표 1-2와 같이 대한민국의 주력 수출기업들은 선진국 경쟁 제조업체가 제소한 특허침해사건의 단골 피고로 등장하며 해마다 이들에게 막대한 손해보상금을 지불해 왔다. 그 결과 그림 1-11[12]과 같이 우리나라의 기술무역수지(기술수출액과 기술수입액의 차이)는 적자행진을 계속하고 있다. 특히 우리나라의 기술무역 적자폭은 건국 이래 해마다 증가하다가 최근 감소하는 추세를 보이나, 2010년 이

12) 「2012년도 기술무역통계 조사보고서」, 과학기술정책연구원 (2013.12).

후 꾸준히 50억 달러 이상을 기록하고 있다. 우리의 기술무역수지는 2011년 기준 34개 OECD 회원국 중 꼴지에 해당한다.[13)]

표 1-2. 특허소송기업이 제조업체를 상대로 제기한 미국 특허침해소송 건수 추이[14)]

Company	2009	2010	2011	2012	2013	2014	Total	
Apple	27	35	43	44	42	21	212	1
Samsung	12	22	42	38	38	20	172	2
AT&T	16	22	34	24	51	24	171	3
Hewlett Packard	27	37	33	20	32	11	160	4
Sony	24	21	31	25	30	17	148	5
Dell	28	24	35	21	33	8	147	6
Verizon	14	17	26	25	42	23	147	6
Amazon.com	14	20	39	22	31	20	146	8
Google	16	14	40	26	29	21	146	8
Microsoft	23	15	38	19	30	14	139	10
HTC	12	23	30	23	27	16	133	11
LG	12	24	28	26	28	14	132	12
RIM (BlackBerry)	11	13	29	19	30	5	107	13
Sprint Nextel	14	8	19	15	30	12	98	14
Toshiba	16	13	21	16	22	9	97	15

이러한 사실은 아직까지 대한민국 정부나 제조업체가 지식기반시대에서의 지식재산의 중요성을 제대로 인지하지 못하고 있거나, 이를 피상적으로 인지하고는 있더라도 이에 대한 현실적 대응 전략이 부족하기 때문인 것으로 생각된다. 일예로 IBM은 2012

13) 자세한 내용은 아래의 URL 참고 (2014.08.31 최종 확인): http://www.diodeo.com/comuser/news/news_view.asp?news_code=158450

14) PatentFreedom (2013.01.18). 자세한 내용은 아래 URL 참고 (2014.08.31 최종 확인): https://www.patentfreedom.com/about-npes/pursued/

년 총 6,478건의 특허를 등록하여 미국특허 등록 건수에서 업계 1위를 차지하였으며, 우리나라의 대표적 간판기업인 삼성전자는 5,081건의 미국특허를 등록하여 업계 2위를 차지하였다.[15] 한편 업계 1위 IBM은 왕성한 특허 licensing 전략을 구사하며 매년 10억 달러 이상의 기술료 수입을 기록하고 있지만,[16] 삼성전자가 해외기업을 상대로 특허 licensing을 통한 엄청난 수익을 올렸다거나 해외기업을 상대로 제기한 특허침해소송에서 승소하여 엄청난 액수의 손해배상금을 받았다는 소식을 접한 적은 없다.

물론 국내 유수기업이 미국·유럽 등의 선진국 시장에서 특허침해소송의 단골 피고가 되었다는 사실 자체는 좋은 소식이다. 왜냐하면 특허침해소송의 단골 피고라는 자리는 그만큼 국내 유수기업이 나날이 세계 시장에서 시장 점유율을 높이고 있으며, 그만큼 더 많은 수익을 창출하고 있다는 사실의 반증이기 때문이다. 마치 사업가가 무려 1,000억 원에 달하는 소득세를 납부하였다고 투덜거리더라도, 이는 사업가가 전년도에 수천억 원의 수익을 올렸기 때문이므로 그를 동정할 필요가 없다는 점과 동일한 이유이다.

하지만 세계 시장 점유율도 높여가며 더 많은 수익을 창출하는 국내 유수기업들이 지식재산으로 잘 무장할 경우, 이들은 지식기반시대의 지존으로도 부상할 수 있다. 왜냐하면 국내 유수기업들이 선진국 경쟁 제조업체들에게 당하는 것보다 더 많은 우량특허를 보유하고 이를 이용한 금지권을 전향적으로 행사할 수 있다면, 제조업을 통한 수익 창출에 지식재산 무장을 통한 부가 이익이 융합될 수 있기 때문이다.

결국 세계는 선진국의 주도로 지식기반시대로 개편되고 있으며, 이러한 개편의 새로운 paradigm이 바로 지식재산이다. 물론 제조업으로 성공하였기에 제조업에 더 익숙한 대한민국은 이를 거부하려 할 수도 있다. 하지만 대한민국의 정부, 기업, 국민이 이를 거부하면 할수록 우리가 세계 본류로부터 멀어질 것은 자명하다. 20세기의 대한

15) 자세한 내용은 아래의 URL 참고 (2014.08.31 최종 확인): http://ificlaims.com/index.php?page=misc_top_50_2012

16) 자세한 내용은 아래의 URL 참고 (2014.08.31 최종 확인): http://www.fool.com/investing/general/2012/08/16/5-companies-you-can-treat-like-royalty.aspx

민국은 “하면 된다”라는 신념과 고집, 이를 실현하기 위한 피나는 합심으로 산업자본시대에도 뒤떨어진 제조 기술력을 은근과 끈기로 따라잡은 적이 있다. 따라서 지식기반시대를 맞이한 대한민국 정부, 기업, 국민의 소명 역시 선진국보다 더 효율적으로 우량 지식재산을 창출하고 이를 전략적 주요 국가에서 더 전향적으로 활용하는 데 초점이 맞춰져야 할 것이다.

하지만 국내 지식재산 현황, 특히 국내 특허생태계 현황을 보면 개선하여야 할 점들이 널려 있는 실정이다. 따라서 아래에서는 국내 특허생태계 현황을 살펴보고, 국내 특허생태계의 문제점을 확인한 후, 이를 극복할 수 있는 방안에 대하여 고민한다.

4. 국내 특허 현황

매년 연말이 가까워지면 대한민국은 명실공히 특허강국이라는 각종 뉴스를 접하게 된다. 일예로 국제경영개발연구원에 따르면 대한민국은 2012년 기준 국내총생산(GDP) 대비 총 R&D 투자는 세계 3위, 특허출원 건수는 세계 4위, GDP 10억 달러 당 특허출원 건수로 계산되는 특허 생산성은 세계 1위로 집계되었다.[17)]

하지만 저자는 이러한 보도야말로 국내특허 출원·등록 건수, PCT 출원 건수 등에 근거한 정량적 지표에만 근거한 자료로서, 현실과는 완전히 동떨어진 자료에 불과하다고 생각한다. 또한 저자는 속지법인 특허법에 내재된 선천적 한계는 물론 빈약한 보호 및 미미한 손해배상금 등의 후천적 한계로 인하여 국내특허는 이미 거의 유명무실한 존재로 전락하였다고 생각한다. 더 답답한 점은 “국내특허 무용론”이 등장할 정도로 유명무실해진 책임을 물을 상대조차 분명치 않다는 점이다. 결국 이는 국내 지식재산생태계, 특히 특허생태계의 참여자 모두가 지식기반시대의 특허의 실질적 중요성을 실감하지 못한 탓이라고 생각된다. 아래에서는 국내 특허생태계의 처절한 현황을 정리해 본다.

17) 자세한 내용은 아래의 URL 참고 (2014.08.31 최종 확인): http://www.etnews.com/news/nationland/2841267_1495.html

가. 국내특허의 선천적 한계 [속지법]

(1) 국내에만 출원·등록한 특허와 좁은 국토·적은 인구의 선천적 한계

특허법은 속지법이다. 따라서 발명가가 자신의 발명을 특정 국가에서 특허로 보호받으려면 상기 국가에 특허를 출원한 후, 적법한 심사를 거쳐 특허를 등록한 후 유지해야 한다. 바꾸어 말하면 발명가는 특허를 출원·등록한 국가에서만 특허권을 보호받을 수 있는 반면 자신의 특허를 출원·등록하지 않은 국가에서는 어떤 보호도 받을 수 없는 것이다. 그 결과 발명가가 특허를 출원·등록하지 않은 국가에서는 그 누구도 아무런 제약 없이 발명가의 발명을 무료로 자유로이 사용할 수 있게 된다. 즉 발명가의 발명은 공공의 기술로 전락하게 된다.

그림 1-12. 속지법인 특허법의 속성에 따른 국내 특허의 선천적 한계

특허법이 속지법이기에 국내특허에는 선천적 한계가 존재할 수밖에 없는 바, 그림 1-12와 같이 이러한 선천적 한계의 핵심은 바로 좁은 시장에 의한 한계이다. 따라서 아무리 우수한 우량 원천 발명이더라도 발명가가 국내에만 특허로 출원·등록한 기술은 대한민국에서만 금지권을 행사할 수 있는 반면, 국내를 제외한 전 세계 모든 국가의 경쟁자들은 이 기술을 자유로이 '실시'하여 제품을 생산·판매하며 이득을 챙길 수 있다. 이에 대한 유일한 제약 조건이라면 해외 경쟁자들은 상기 기술에 대한 특허가 등록된 국내에는 상기 제품을 수출할 수 없다는 점이다. 따라서 아무리 좋은 발명이라도 국내에만 특허로 출원·등록한 기술은 국내기업을 제외한 모든 해외기업들에게 무임승차할 수 있는 기회나 제공하는 천덕꾸러기 기술로 전락하게 된다.

물론 속지법에 의한 특허의 선천적 한계는 전 세계 모든 국가에 적용된다. 따라서 영국의 발명가가 자신의 발명을 영국에서만 특허로 출원·등록할 경우, 상기 발명가는 국내에만 특허를 출원·등록한 국내 발명가와 동일한 처지에 놓인다. 반면 발명가가 인구도 많고 시장도 광활한 미국에서만 출원·등록한 특허는 최소한 막대한 미국 시장에서 경쟁자를 상대로 금지권을 행사할 수 있으므로 이로부터 창출할 수 있는 수익은 다른 국가에만 출원·등록한 특허와는 규모부터가 다를 수밖에 없다.

(2) 국내에만 출원·등록한 특허와 합법적 기술유출

국내 특허출원 건수로 세계 4위인 우리나라의 사정은 어떨까? 갑갑할 뿐이다.

특허청 통계에 의하면 2011년 국내 특허출원 건수는 총 17만8,900건에[18] 달한다. 이중 내국인이 출원한 특허가 85%정도라고[19] 가정하면, 순수 국내 발명가들이 출원한 국내특허는 총 15만2,000건 정도이다. 하지만 동일한 기간 동안 국내 발명가들이 출원한 해외 특허출원 건수는 총 4만9,617건에[20] 불과하다. 따라서 국내 발명가가 국내에서만 특허출원한 10만2,500건에 해당하는 발명은 5대양 6대주에서 공짜로 사용할 수 있는 발명으로 전락한 것이다. 만일 여기에 같은 기간 국내에 출원된 실용신안 1만여 건, 디자인 특허 6만여 건을 모두 합치면 대략 17만건 안팎의 국내 발명이 해외에서 무료로 사용할 수 있는 "동네 호구" 발명으로 전락한[21] 셈이다.

---

18) 자세한 내용은 아래의 URL 참고 (2014.08.31 최종 확인): http://www.etnews.com/news/economy/economy/2699747_1493.html

19) 자세한 내용은 아래의 URL 참고 (2014.08.31 최종 확인): http://www.dt.co.kr/contents.html?article_no=2013070202011476731002

20) 이에 대한 통계 자료는 없지만, 국내 발명가들이 해외에 출원한 특허의 대부분은 국내기업들이 출원한 특허로 생각된다. 자세한 내용은 아래의 URL 참고 (2014.08.31 최종 확인): http://www.etnews.com/news/economy/economy/2829566_1493.html

21) 그렇다고 너무 아쉬워할 필요까지는 없다. 왜냐하면 대부분의 국내특허는 국내 변리사들에게 엄청나게 저렴한 수임료를 지불하고 작성되었기 때문에, 이를 번역하여 해외특허를 출원해보았자 의미 있는 금지권 확보는커녕 외화 유출에 불과한 경우가 대부분이기 때문이다.

물론 우리나라의 영토가 중국만하고, 인구도 수억 명쯤 된다면 사정이 달라진다. 즉 규모면에서 충분히 큰 국내 시장에서라도 특허를 등록하여 경쟁자에 대한 금지권을 획득할 수 있다면 발명가 역시 어느 정도의 보상을 받을 수 있기 때문이다. 하지만 국토 면적은 미국·중국의 100분의 1 정도에 불과하며, 인구 역시 5천만 명으로 전 세계 인구의 100분의 1에 불과한 국내에만 출원·등록한 특허의 효용성은 제한적일 수밖에 없다.

우리는 종종 언론 보도를 통하여 국내 기술의 불법 해외유출 기사를 접하게 된다. 하지만 저자는 발명을 국내에서만 특허나 실용신안으로 출원·등록하고 전략적 주요 국가에 출원하지 않는 행위 자체도 기술·발명의 합법적, 무상 기술유출에 해당한다고 생각한다. 특히 우량 발명을 착상하고도 특허출원 비용 부족 등으로 인하여 국내특허만을 출원·등록할 경우, 상기 기술은 전 세계 모든 기업들이 무료로 사용할 수 있는 기술로 전락하게 되며, 이에 따라 발명가 개인, 발명가가 속한 기업은 물론 국가적으로도 큰 손실을 자초하게 된다.[22] 결국 우량 발명일수록 "선택과 집중" 전략에 따라 전략적 주요 국가에도 특허를 출원·등록하여 강력한 global 금지권을 획득해야만 한다.

나. 국내특허의 후천적 한계 1 [등록특허의 높은 무효율]

위에서는 속지법인 특허법과 협소한 국내 시장으로 인하여 국내특허만을 이용한 수익 창출에는 선천적 한계가 있다고 설명하였다. 물론 이는 국내특허가 국내법원에 의하여 제대로 보호받고 있다는 가정 하에서 시장이 협소한 국내특허와 광활한 시장을 가진 미국특허 등을 비교한 경우에 대한 상대적 설명이다.

만일 시장도 협소한 국내특허가 국내에서조차 제대로 보호받지 못한다면 어떻게 될까? 그야말로 "국내특허 무용론"이 '論'의 경지를 벗어나 기정사실로 굳어질 것이다. 안타깝게도 국내 특허생태계의 현실은 "국내특허 무용론"이 바야흐로 '論'의 경지를 벗어나 기정사실화되기 직전으로 간주할 수 있다.

22) 자세한 내용은 아래의 URL 참고 (2014.08.31 최종 확인): http://www.etnews.com/news/economy/education/2907380_1491.html

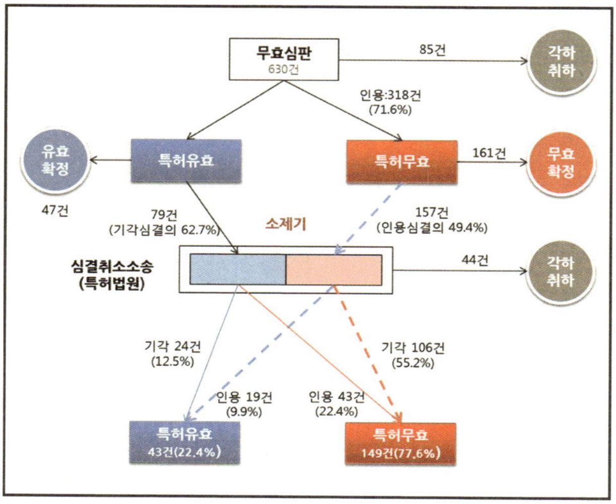

그림 1-13. 특허 무효심판 및 무효소송 관련 현황 요약 (2009년)

그림 1-13[23]은 2009년도 국내 특허법원의 특허무효심판 판결을 종합한 자료이다. 그림에서와 같이 국내 등록특허에 대한 특허무효심판에서 특허법원이 국내 등록특허에 대하여 무효 판결을 내린 사건은 전체 사건의 약 78%에 달한다. 즉 발명가가 R&D를 통하여 발명을 착상하고 이를 국내특허로 출원·등록한 후, 발명가(즉 특허권자)가[24] 자신의 특허를 침해한 것으로 의심되는 제조업체를 상대로 침해소송을 제기하였을 경우, 특허법원은 국내 등록특허 100건 중 78건을 무효로 판결하였다는 통계이다. 그렇다고 나머지 22건에서 발명가가 모두 수익을 창출하는 것도 아니다. 왜냐하면 상기 22건 중 절반 정도는 특허는 유효하지만 경쟁업체가 특허 청구항의 권리범위를 우회·회피한 비침해인 경우로서 발명가는 여전히 특허로 수익을 창출하지 못하기 때문이다. 결국 상기 22건 중 나머지 절반만이 등록특허가 유효한 동시에 침해의심 경쟁업체가 발명가의 특허를 침해하였으므로 발명가가 실제로 특허를 이용하여 수익을 창출한 경우이다.

23) 김봉섭, "통계로 본 심판소송환경과 우리의 과제," KAIST IP Colloquium (2010.10.16). 본 자료는 2009년도에 심결되거나 판결된 사건을 기준으로 하였으며, 심결과 판결의 대상이 된 사건이 서로 연관된 것은 아니다. 참고로 2009년도 이후의 무효율은 이보다는 감소하는 추세이다.

24) 발명가는 자신이 착상한 발명을 출원·등록한 특허의 소유권을 타인에게 양도할 수 있으며, 이 경우 발명가는 특허를 소유한 특허권자 또는 출원인과 상이하다. 하지만 본문에서는 설명의 편의를 위하여 발명가와 특허권자 또는 출원인이 동일하다고 가정하고, '특허권자' 또는 '출원인'이라는 용어대신 '발명가'라는 용어를 사용하였다. 발명가와 특허권자 또는 출원인에 대한 자세한 설명은 제10장의 2절 "특허 소유권" 참고.

혹자는 매년 국내특허가 20만 건 이상 등록되는 현실에서 특허법원에서 무효 판결을 내리는 특허 건수는 200건 미만이며, 따라서 이를 전체 등록특허 건수와 비교하면 극히 미미한 정도라고 주장하기도 한다. 즉 국내 등록특허의 무효율은 약 0.1%에 불과하므로 이를 문제 삼아 "국내특허 무용론"을 주장하는 것 자체가 논리의 비약이라는 주장이다.

하지만 우리나라는 물론 선진국에서도 대부분의 등록특허는 경제성이 없는 특허이다. 이러한 사실을 감안하면, 발명가가 침해의심 제조업체를 상대로 소송을 제기하는 특허야 말로 경제성을 지닌, 전체 특허의 극소수에 불과한 주요 기술에 대한 특허로 추정된다. 따라서 저자는 특허법원의 소송을 통하여 무효 판결을 받는 특허 건수를 전체 등록특허 건수와 비교하는 것은 무의미하다고 생각한다. 물론 다른 학자나 정부기관은 그림 1-13과는 상이한 국내특허 무효율을 보고하기도 한다. 하지만 상기 보고의 경우에도 국내 등록특허의 무효율은 65% 정도이다.[25] 따라서 국내 등록특허의 무효율이 65%인지 78%인지에 대해서는 논란의 소지도 있고 무효율 또한 매년 변하겠지만, 대한민국 사법부가 무효심판이 청구된 국내특허의 2/3 정도 또는 그 이상을 무효로 판결한다는 점만은 엄연한 사실이다.

그렇다면 특허침해소송 또는 특허무효확인소송을 통한 국내특허의 무효율이 이렇게 높은 이유는 무엇일까? 국내 변리업계가 이런 저런 이유로 우량 발명을 제대로 된 특허로 만들지 않은 탓일까? 특허청 심사관들이 행여 애당초 등록되지 말았어야할 발명을 특허로 등록시킨 때문일까? 특허법원 판사들 역시 이런 저런 이유로 또는 특허법원이 특허성에 대하여 너무 과도한 잣대를 들이댐에 따라 등록특허를 무더기로 무효처리하기 때문일까? 아니면 국내 발명가의 발명 대부분이 애당초 비우량 발명이기 때문일까? 이에 대한 저자의 결론은 "모두 아닌 동시에 모두 맞다"이다. 이에 대해서는 아

25) 특허청은 "지재권의 실효성 확보 방안 연구 (2011년)"에서 등록특허의 무효율을 60~70%로 집계한 바 있다. 추가 자료에 대한 자세한 내용은 아래의 URL 참고 (2014.08.31 최종 확인): http://www.fnnews.com/view?ra=Sent0801m_View&corp=fnnews&arcid=201310180100190430010100&cDateYear=2013&cDateMonth=10&cDateDay=17 / http://news.mk.co.kr/newsRead.php?year=2012&no=596353

래의 제1장의 4-마절 "총체적 난국의 원인"에서 상세히 설명한다.

다. 국내특허의 후천적 한계 2 [낮은 손해배상금]

위의 그림 1-13에서 발명가가 침해의심 제조업체를 상대로 특허침해소송을 제기하고, 침해의심 제조업체가 이에 대한 항변으로 상기 특허의 무효를 주장하였을 경우, 국내 특허법원이 침해의심 제조업체의 주장을 인용하여 발명가의 특허가 무효라고 판결할 확률이 78%라고 설명하였다. 그렇다고 발명가가 승리할 확률이 22%라는 말은 아니다. 그 이유는 특허가 유효하더라도 특허 청구항의 권리범위에 따라 제조업체가 특허를 침해하였을 확률과 특허 청구항의 권리범위를 벗어나 특허를 침해하지 않을 확률이 대략 반반이기 때문이다. 따라서 국내특허의 경우 발명가가 특허법원으로부터 특허의 유효성을 인정받고 침해의심 제조업체의 침해를 인정받을 확률은 대략 11% 정도에 불과하다.

그렇다면 특허도 유효로 인정되고 침해의심 제조업체의 침해도 확인된 사건에서 대한민국 법원이 침해업체에게 내리는 벌금인 '손해배상금'은 어느 정도일까?

이미 예상하였듯 그리 높지 않다. 표 1-3은 2009년~2011년 사이의 특허·실용신안 침해사건에서 제조업체의 침해가 인정되어 손해배상 판결이 내려진 제1심 총 22건의 손해배상금을 정리한 결과이다.[26] 표에서와 같이 서울중앙지방법원이 선고한 17억6,000만 원의 고액의 손해배상금이 있는가 하면 일금 500만 원의 손해배상금을 선고한 사건도 있으며, 법원은 절반 이상의 사건에서 수천만 원 정도의 손해배상금만을 선고하였음을 알 수 있다. 따라서 소수 고액 손해배상금을 고려할 경우 발생할 수 있는 산술평균의 통계적 오류를 방지하기 위하여 중앙값(median)을 사용할 경우 2009~2011년 국내 특허침해소송에서 승소한 발명가가 받을 수 있는 손해배상금의 중앙값은 약 5,500만 원임을 알 수 있다.

26) 심영택, 김두규, 박성수, 박준석, 백강진, 최승재, "지재권 소송에서 손해배상 산정의 적절성 확보방안," 국가지식재산위원회 (2012.08.01).

표 1-3. 2009~2011년 사이에 선고된 총 22건의 제1심 손해배상금 통계

선고년도	손해배상금 (원)	선고년도	손해배상금 (원)
2009	1,766,000,000	2009	**50,000,000**
2009	723,000,000	2009	40,000,000
2011	522,000,000	2011	30,000,000
2011	308,000,000	2011	30,000,000
2010	304,000,000	2009	22,000,000
2010	274,000,000	2009	20,000,000
2009	219,000,000	2010	20,000,000
2010	166,000,000	2011	15,000,000
2011	130,000,000	2010	14,000,000
2010	108,000,000	2009	12,000,000
2010	**60,000,000**	2010	5,000,000

위의 그림 1-13과 표 1-3을 종합하면 국내 발명가가 자신의 등록특허를 침해하였다고 의심되는 침해의심 제조업체를 특허침해로 제소하였을 경우의 결과에 대하여 다음의 세 가지 시나리오를 가정할 수 있다.

① 법원은 100건 중 78건에서 발명가의 특허를 무효라고 판결한다. 이에 따라 발명가는 소송에 소요된 수천만 원에 달하는 변호사 비용은 물론 상기 특허를 출원·등록하고 유지하는 데 소요된 모든 비용을 자비로 부담하게 된다. 만일 발명가가 발명을 착상하기 위하여 R&D에 현금을 투자하였다면 그 비용 역시 발명가가 자비로 부담할 수밖에 없으며 이에 대한 보상도 받을 수 없게 된다.

② 법원은 100건 중 11건에서 발명가의 특허를 유효로 확인하지만 제조업체의 침해는 인정하지 않는다. 즉 특허 청구항의 권리범위가 협소하여 주위에 공터가 존재하며, 침해의심 제품은 특허 청구항의 권리범위를 상기 공터를 통하여 성공적으로 우회·회피하는 경우이다. 이에 따라 발명가는 소송에 소요된 수천만 원의 변호사 비용은 물론 특허 출원·등록·유지에 소요된 모든 비용을 자비로 부담하게 된다. 만일 발명가가 발명을 착상하기 위하여 R&D에 현금을 투자하였다면 그 비용 역시 자비로 부담할 수밖에 없

다. 따라서 이 경우 발명가는 자신의 특허에 대한 유효성은 인정받았지만, 자신에게 미치는 금전적 손해는 특허가 무효로 처리된 경우와 동일하다.

③ 마지막으로 법원은 100건 중 11건에서 특허의 유효성 및 제조업체의 침해를 인정하며, 이에 따라 침해업체로 하여금 발명가에게 손해배상금을 지불하도록 한다. 하지만 손해배상금은 중앙값이 5,500만 원에 불과하므로 전체 승소 건수의 절반의 경우 손해배상금을 받은 발명가는 소송에 소요된 변호사 비용조차 지불하지 못하는 경우가 빈번히 발생한다. 따라서 특허침해소송에서 승소한 발명가가 소송비용을 보전하는 경우는 절반 이하일 것이며, 상기 특허의 출원·등록·유지에 소요된 모든 비용은 물론 R&D 비용을 보전 받는 경우는 굉장히 드물 것이다.

잃는 것이 있으면 얻는 것도 있는 것이 세상만사이다. 특허도 마찬가지이다. 특허를 활용하여 수익을 창출하려는 발명가와 이를 성공적으로 우회·회피하고픈 제조업체 사이에는 서로 상반된 이해관계가 존재하기 때문이다.

따라서 위의 세 가지 시나리오를 국내 제조업체 또는 국내에서 제품을 생산 또는 판매하는 해외 제조업체의 입장에서 재정리하면 다음과 같다. 제조업체가 실시하고자 하는 국내특허를 소유한 발명가가 royalty로 1억 원 이상을 요구하는 경우, 제조업체는 특허를 양수하거나 licensing하는 대신 이를 고의적으로 침해하는 편이 경제적일 수 있다. 왜냐하면 추후 발명가가 특허침해소송을 제기할 경우, 78%의 확률로 제조업체는 발명가의 등록특허를 무효시킬 수 있고, 발명가의 특허가 유효로 확인되더라도 약 50%의 확률(즉 전체의 11%)로 이를 우회·회피할 수 있기 때문이다. 물론 제조업체도 약 50%의 확률(즉 전체의 11%)로 패소할 수 있지만, 이 경우 제조업체가 발명가에게 지불하여야 할 손해배상금의 중앙값은 5,500만 원 정도이다. 따라서 이 정도의 손해배상금과 수천만 원의 변호사 비용을 합치더라도 발명가가 요구하는 1억 원의 royalty보다는 더 싸게 치는 경우가 대부분일 것이다.[27)]

27) 미국과 달리 국내에서는 침해 의심업체의 특허침해가 확정되면 금지처분이 내려지는 경우가 대부분이므로, 발명가가 licensing을 제의하지 않는 한 소송에서 패소한 제조업체는 더 이상 침해제품의 생산이 불가능하다. 따라서 발명가의 특허기술이 제조업체가 생산하는 침해제품의 핵심기술이며 제조업체가 이를 우회·회피하기 어려운 경우에는 위의 예시가 적용되지 않을 수 있다.

물론 특허기술에 knowhow가 결합되어 있기 때문에 발명가의 도움이 반드시 필요할 수도 있는 화학, bio 분야의 경우에는 제조업체가 발명가에게 응분의 대가를 지불하며 특허기술을 licensing할 수밖에 없는 경우도 발생한다. 하지만 이와는 반대인 통신, 전자, IT, 기계 등과 같이 대부분 knowhow가 존재하지 않는 기술분야에서는 특허출원서만 읽고도 특허기술의 재현이 가능한 경우가 대부분이므로, 제조업체는 정상적 licensing을 통하여 발명가에게 지불하는 royalty보다 침해가 더 싸게 치는 경우가 대부분이다.

물론 법이 없어도 살 수 있을만큼 양심적인 제조업체 중역이 특허침해소송을 원치 않기에 발명가에게 수억 원을 지불하며 knowhow가 관련되지 않은 특허를 양수하거나 licensing하면 어떻게 될까?

그 결과 발명가는 자신의 특허로 수익을 창출하였으므로 행복해지고, 제조업체 중역 역시 발명가의 특허를 고의적으로 침해하는 불상사를 회피하게 되어 마음의 평화를 얻을 수 있다. 하지만 제조업체 중역의 행위를 엄밀히 분석하면 이는 자사 주주에 대한 배임행위이다. 즉 이익 창출이 목적인 영리업체가 훨씬 더 저렴한 가격에 구입할 수 있는 원료를 비싼 가격을 지불하고 구입하였으니, 이는 주주에 대한 배임이거나, 아무리 좋게 봐줘도 직무유기일 뿐이다.

특허침해소송에서의 높은 무효율 및 낮은 손해배상금에 대한 통계는 "국내특허 무용론"을 다시 한 번 반증한다. 즉 국내 발명가가 자신의 특허를 침해의심 제조업체가 무단 사용한다는 사실에 격분하여 상기 업체를 상대로 대한민국 법원에 특허침해소송을 제기하는 순간, 정도 차이는 있지만 대부분의 발명가는 손해를 보는 것이다. 여기에 제1장의 4-가절에서 설명한 바와 같이 특허법이 속지법이며, 좁은 시장에 의한 국내특허의 선천적 한계를 감안한다면, 국내특허를 이용하여 수익을 창출할 수 있는 가능성은 더욱 비관적일 수밖에 없다. 안타깝게도 국내 특허생태계의 현실은 "국내특허 무용론"이 '論'의 경지를 벗어나 기정사실로 굳어지기 직전이다. 즉 국내 등록특허를 대한민국 정부가 인정한 채권이라고 가정한다면, 국내 등록특허는 이미 "junk bond" 수준으로 거의 전락하고 말았다.

라. 사유재산인 특허에 대한 공익성 오해

국내 등록특허의 높은 무효율 및 침해에 대한 낮은 손해배상금에도 불구하고 특허에 대한 국내 시각은 몹시 부정적이다. 여기에는 국내 유수기업들이 미국·유럽 등에서 특허침해소송의 단골 피고로 등장하고 패소하며 막대한 손해배상금을 물고 있는 현실에 대한 반작용도 작용하였겠으나, 이보다는 특허의 공익성에 대한 각계각층의 오해가 더 심각한 원인이 아닐까 생각된다.

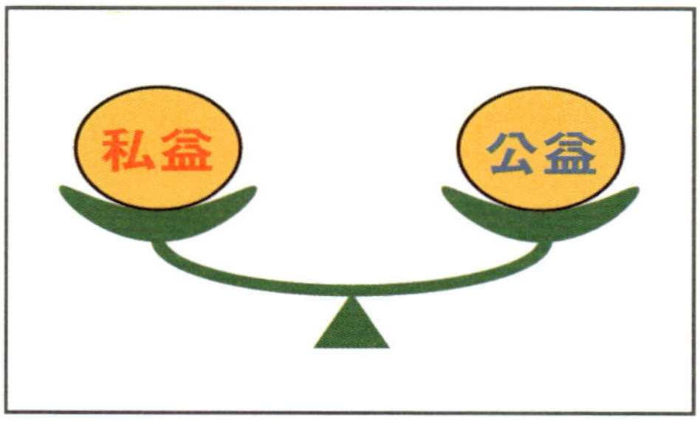

그림 1-14. 특허의 속성에 대한 대표적 오해인 특허의 공익성

우리나라 특허법은 제1조에서 "이 법은 발명을 보호·장려하고 그 이용을 도모함으로써 기술의 발전을 촉진하여 산업발전에 이바지함을 목적으로 한다"고 설명한다.[28] 이 중 논란의 핵심은 바로 제1조 후단의 "산업발전에 이바지"한다는 구절이다. 많은 국내 학자들은 상기 구절을 근거로 특허의 공익성을 주장한다. 특히 국내 대학교·연구소가 보유한 특허는 대부분 정부 출연금으로 진행한 국가 R&D 과제의 산물이며, 정부 출연금은 바로 대한민국 국민이 납부한 세금이기 때문에, 국내 대학교·연구소에서 창출되는 발명·특허야말로 "산업발전에 이바지"하기 위한 목적으로 사용되어야 한다는 주장이다. 바꾸어 말하면 그림 1-14와 같이 국내 발명가는 국내특허를 출원·등록하고 이를 활용할 때 자신의 私益을 고려하는 동시에 국가·사회적 公益도 반드시 고려해야 한다는 주장이다.

심지어 극단적 특허비관론자는 국내 대학교·연구소가 소유하였거나 개인발명가가 소유한 특허를 국내기업이 자유로이 사용하여 침해하더라도, 국내 대학교·연구소 또는

28) 자세한 내용은 아래의 URL 참고 (2014.08.31 최종 확인): http://www.law.go.kr/lsInfoP.do?lsiSeq=140600&efYd=20140701#0000

개인발명가가 국내기업을 상대로 특허침해소송을 제기하여 손해배상금을 요구하여서는 안 되며, 이러한 침해소송의 제기 자체가 특허권의 공익성을 무시하고 사익만을 챙기는 "특허권 남용"이라고 주장한다. 더 나아가 국내 대학교·연구소는 물론 개인발명가는 국내기업이 원하는 경우 자신의 특허를 저렴한 가격에 이용할 수 있도록 자신을 희생함으로써 국내기업의 발전을 도모하고, 이를 통하여 국가 산업발전에 이바지할 의무가 있다고도 주장한다.

물론 저자는 이러한 주장이야말로 특허법의 기본 정신을 무시한 "철저한 오해의 산물"이라고 생각한다. 동시에 이러한 주장이야말로 수많은 법적 제약에[29] 의하여 '금지권'에 불과한 특허임에도 불구하고, 이에 대한 대비 부족으로 타인의 특허 때문에 고생하고 있는 자신의 현실을 정당화하기 위한 我田引水격 주장에 불과하다고 생각한다. 더불어 이러한 주장이야말로 지식기반시대에 대한민국이 가야할 길을 오도하는, 국익과는 정반대되는 주장으로서, 철저히 배격되어야만할 대상이라고 생각한다.

우선 앞서 설명하였듯이 발명·특허는 주택·토지와 마찬가지로 철저히 사유재산이다. 국민의 세금으로 세비를 받는 국회의원이 근검절약하며 월급을 저축하여 주택을 구입하였을 경우,[30] 그 주택이 국회의원의 사유재산이라는 사실에 반박할 사람은 아무도 없을 것이다. 또한 국회의원은 국민의 세금을 간접적으로 이용하여 주택을 구입하였으므로, 국회의원이야말로 공익을 고려하여 자신의 주택을 온 국민, 특히 자신의 지역구 주민이 자유로이 사용하도록 허용해야 한다거나, 국회의원이야말로 자신이 구입한 비용보다 더 싼 가격으로 자신의 주택을 판매해야 한다고 주장하며, 그러지 않을 경우 이는 대한민국 국민의 공복인 국회의원의 재산권 남용이라고 주장하는 사람 역시 없을 것이다.

29) 자세한 내용은 제5장의 4절 "특허권의 제한" 참고.

30) 이러한 국회의원이 많아질수록 대한민국에서 정의로운 사회가 구축되는 시기도 앞당겨질 것이다.

발명·특허 역시 마찬가지이다. 정부출연금으로 R&D를 진행하며 창출한 발명 역시 철저히 발명가의 사유재산이며, 이를 타인이 무단 실시하지 못하도록 금지하는 금지권이야말로 바로 특허제도의 핵심이다. 또한 R&D를 진행하는 모든 발명가들이 항상 발명을 착상하는 것도 아니다. 일예로 남들은 15년 저축해야 겨우 주택을 구입할 수 있을 때 남들보다 더 근검절약하여 10년 만에 주택을 구입하는 국회의원이 있듯이, 유사한 R&D를 진행하는 다른 연구원들이 착상하지 못하는 발명을 자신의 창의력을 백분 활용하여 착상하는 발명가도 있기 마련이다. 바로 이와 같이 창의적 발명가의 창의성에 대한 대가로 금지권이라는 incentive를 부여하는 제도가 바로 특허제도이다. 그 결과 발명가는 자신의 창조적 활동에 더욱 몰입하고, 일정 기간이 경과하면 공중 역시 상기 발명을 자유로이 이용하도록 도모함으로써 혁신을 통한 사회 발전을 도모하는 법적 장치가 바로 특허제도이다.

그렇다면 우리나라 특허법 제1조의 “산업발전에 이바지”라는 구절의 진정한 의미는 무엇일까? 발명가가 자신의 발명을 공개하지 않고 영업비밀로 지키는 대신 자신의 발명에 대한 공개를 전제로 특허를 출원하고 일정 기간 동안만 금지권을 부여받은 후, 이를 사회에 환원하는 것이 “산업발전에 이바지”한다는 구절에 대한 특허청의 해석이다.[31)]

그렇다면 발명가가 자신이 착상한 발명을 특허출원하지 않고 영업비밀로 지킨다면 어떤 결과를 초래할까? 발명가가 착상한 발명은 공중에게 공개되지 않게 되며, 만일 발명가가 발명을 끝내 공개하지 않고 사망할 경우, 공중은 추후에도 이를 이용할 수 없게 된다. 따라서 공중이 상기 발명을 이용하려면 동일한 발명을 착상하고 구현하기 위하여 동일한 R&D를 중복 수행할 수밖에 없으며, 이는 궁극적으로 동일 발명에 대한 중복 투자를 야기하여 사회적 비용 증가를 초래하게 된다.

이에 반하여 발명가가 자신의 발명을 특허로 출원·등록할 경우, 상기 특허는 출원일로부터 20년이 경과하면 특허권이 소멸되어 공공영역(public domain)으로 강제 귀

31) 국내 특허법 제1조에 대하여 심각한 회의를 품고 있던 저자가 황우택 변리사(전특허심판원장)와의 토론에서 처음 배운 내용으로서, 그 후 여러 명의 특허청 서기관, 국장들도 모두 이구동성으로 동의한 내용이다. 자세한 내용은 제5장의 1절 “국내 특허제도” 참고.

속된다. 일단 특허가 소멸되어 공공영역에 귀속되면 공중은 이를 자유로이 사용할 수 있게 되며, 이에 따라 공중은 상기 특허발명에 대한 개량·응용 발명 등을 착상하며, 이를 통하여 창조적 혁신도 이루어진다. 이러한 측면에서 발명가가 자신이 착상한 발명을 영업비밀로 숨기는 대신 공개하는 대가로 일정 기간에 국한된 보호라도 받기 위하여 특허출원하는 행위 자체가 "산업발전에 이바지"하는 것이다.

그림 1-15. 사유재산으로서의 특허와 특허의 목적

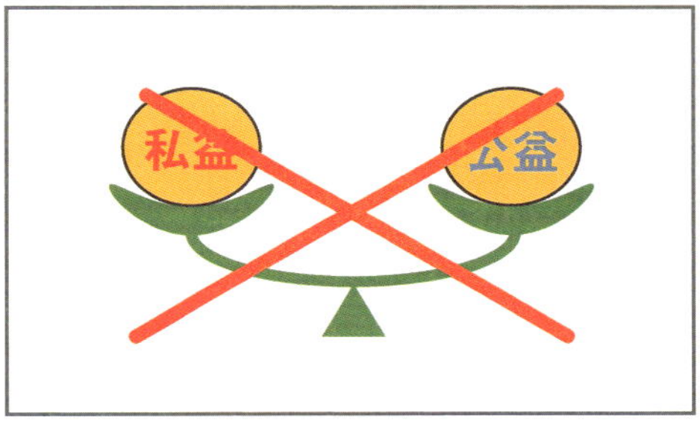

그림1-15(a)

그림1-15(b)

특허의 공익성에 대한 주장의 또 다른 모순은 바로 특허의 공익성이 초래하는 결과가 특허법의 근본 취지와 정반대로 배치된다는 사실이다. 일예로 국내 발명가가 자신의 발명을 정당한 보상 없이 또는 시장에서 통용되는 가격보다 월등히 싼 가격에 타인에게 양도하거나 licensing해야만 한다면 발명에 대한 발명가의 열정은 자연히 식게 될 것이며, 발명가는 더 이상 우량 발명을 창출하기 위하여 혼신의 노력을 다하지도 않을 것이다. 따라서 그림 1-15(a)와 같이 발명을 통하여 혁신을 이루기 위하여 발명을 저해해야한다는 주장은 특허제도의 기본에 대한 철저한 오해의 산물인 동시에 이율배반이기에 "특허의 공익성 주장"은 이론적으로나 현실적으로 배척되어야만 할 대상이다. 결국 그림 1-15(b)와 같이 발명가가 특허를 출원하는 목적은 수익 창출이며, 이를 달성하는 도구가 바로 특허인 것이다.

물론 어떤 발명가는 자신이 발명하는 이유는 수익 창출을 통한 개인적 영달이 아니라 인류의 평화와 번영을 위함이라고 주장할 수 있다. 당연히 특허제도는 이러한 발명가의 거룩한 뜻을 가로막지 않으며, 오히려 이를 장려하도록 설계되어 있다. 즉 이러한 발명가는 자신의 발명을 특허로 출원하지 않고 온 세상을 향하여 공개만 하면 萬事亨通이다. 왜냐하면 일단 인류의 평화와 번영을 위한 발명이 특허로 출원되기 전 공개되면, 상기 발명은 공공영역에 귀속되며, 특허제도는 신규성 요건이나 진보성 요건을 통하여 그 누구도 추후 동일한 또는 유사한 발명에 대하여 특허를 받지 못하도록 금지함으로써 공공영역에 귀속된 지식이나 기술을 보호하기 때문이다.

결국 발명을 착상하여 수익을 창출하건 인류의 평화와 번영에 기여하건 모든 것은 발명가의 몫이다. 하지만 21세기 지식기반시대를 맞이한 한반도에서 자신의 개인적 사정을 정당화하기 위하여 또는 개인의 영달을 위하여 특허제도를 폄훼하거나 특허제도의 본질을 의도적으로 오도하는 주장은 당연히 배척되어 마땅하다.

마. 총체적 난국의 원인

앞서 특허침해소송 또는 특허무효확인소송을 통한 국내 등록특허의 무효율은 약 78%이며, 발명가가 승소하여 받을 수 있는 손해배상금의 중앙값(median)은 5,500만 원 정도라고 설명하였다. 그렇다면 국내특허가 제대로 보호받지 못하는 이유는 무엇일까?

① 대한민국 변리사들이 이런 저런 이유로 우량 발명가가 창출한 우량 발명을 제대로 된 우량특허로 재창출하지 않기 때문일까?

② 대한민국 특허청 심사관들이 이런 저런 이유로 특허심사 환경이 열악하여 발명가가 출원한 특허를 제대로 심사하지 못하고, 이에 따라 애당초 특허로 등록되지 말았어야할 발명들이 무더기로 등록된 때문일까?

③ 대한민국 법원의 판사들이 이런 저런 이유로 발명의 특허성이나 침해 여부에 대하여 과도한 잣대를 들이댐에 따라 등록특허를 무더기로 무효로 처리하거나 침해에 대한 손해배상금을 과도하게 낮게 책정하기 때문일까?

④ 국내 발명가의 발명이 애당초 불량 발명이기 때문일까?

⑤ 위에서 열거한 모든 이들의 잘못 때문일까?

⑥ 아니면 그 누구의 잘못도 아닐까?

저자는 위의 질문에 대한 정답으로 "⑥ 으로 인한 ⑤ (또는 ⑤로 인한 ⑥?)"을 추천한다. 아래에서는 위의 각각의 질문에 대한 저자의 의견을 개진한다.

(1) 발명가를 불량化하는 국가 연구과제 평가제도

국제경영개발연구원(IMD)은 2013년 기준 대한민국을 국내총생산(GDP) 대비 총 연구개발 투자 부분에서는 세계 3위, 특허출원 건수에서는 세계 4위, GDP 10억 달러당 특허출원 건수로 산출하는 "특허 생산성" 부분에서는 세계 1위라고 집계하였다.[32) 또한 미래창조과학부는 2012년 국내 과학기술논문 건수는 47,066건으로 세계 10위를 기록하였고, 국가 연구과제를 통한 국내특허 출원 건수는 22,933건으로 전년 대비 20.8% 증가, 외국특허 출원 건수는 3,464건으로 22.6% 증가하였다는 통계 자료를 발표하였다.[33)]

이는 분명 괄목할 만한 정량적 성과임에 틀림없으며, 저자 역시 이를 폄훼할 생각은 추호도 없다. 하지만 세계 1위의 "특허 생산성"은 위에서 설명한 국내 등록특허의 높은 무효율과 현실적으로 거의 무의미한 손해배상금을 감안한다면 앞뒤가 맞지 않는다. 도무지 대한민국의 "특허 생산성"은 왜 이렇게도 높을까?

이유는 간단하다. 대한민국 정부가 시행하는 평가제도 때문이다. 좀 더 자세히 설명하면 국가 연구과제 평가지표로서 국내외 출원특허 건수 및 등록특허 건수가 사용되기 때문이다. 물론 국가 연구과제의 평가 결과에 대한 연구자의 시시비비를 피하기 위

32) 자세한 내용은 아래의 URL 참고 (2014.08.31 최종 확인): http://www.etnews.com/news/nationland/2841267_1495.html

33) 자세한 내용은 아래의 URL 참고 (2014.08.31 최종 확인): http://www.seoul.co.kr/news/newsView.php?id=20140214011007

하여 정부는 객관적, 정량적 평가지표를 사용하기를 원함은 당연하다. 하지만 이러한 지표가 "평가만을 위한 평가"로 사용됨에 따르는 부작용 또한 만만치 않다. 이러한 문제점을 살펴보기 위하여 대한민국 정부가 애용하는 국가 연구과제 평가지표의 변천을 간단히 살펴보자.

저자가 국내에서 대학과 대학원을 다니던 시절 해외 유명 학술지에 논문을 게재하는 국내 대학교수나 정부출연 연구소의 연구원은 몹시 드물었다. 하지만 1980년대 말부터 정부가 거액의 연구비를 지속적으로 투입하며 SCI급 학술지에[34] 게재한 논문 건수를 국가 연구과제의 성과에 대한 평가지표로 사용하게 되자, 국내 대학교수와 출연연 연구원의 SCI급 학술지 게재 논문 건수는 폭발적으로 증가하게 되었다.

하지만 국내 대학교수와 연구소 연구원들이 SCI급 학술지에 게재하는 논문 건수가 증가함에 따라 정부 역시 연구과제 평가의 변별력을 향상시키기 위하여 각각의 학술지에 대한 Impact Factor를 추가 평가지표로 사용하게 되었다. Impact Factor('IF'로 약칭)란 논문의 영향력 지표로 간주할 수 있으며, 이를 단순화하여 표현하면 "논문 당 피인용 건수"로 볼 수 있다. 즉 'Science'라는 학술지가 1,000번 인용되었고 상기 학술지에 게재된 논문이 50개라면, Science의 IF는 20에 해당하는 셈이다. 이에 따라 국내 대학교 교수와 연구소 연구원들이 SCI급 학술지 중에서도 특히 IF가 높은 학술지에 게재하는 논문 건수 역시 폭발적으로 증가하게 되었다.

물론 이에 대한 부작용도 심각한 상황에 이르게 되었다. 우선 위의 IF의 정의 상 많은 수의 독자가 읽으며 자주 인용하는 학술지일수록 IF가 높은 것은 당연하다. 하지만 많은 독자가 읽고 많은 독자가 인용하는 학술지는 기초 학문 관련 학술지가 대부분으로서, 일예로 의학 학술지인 "New England Journal of Medicine"의 IF는 53.5,

34) SCI란 Thomson Reuters사에서 제공하는 "Scientific Citation Index"를 의미하며, 논문 인용수, 인지도 등 여러가지 요소를 통해 엄선한 학술지 database를 지칭한다. 2013년 기준 SCI 학술지는 총 3,751개에 달한다.

"Nature Reviews Molecular Cell Biology"의 IF는 38.7에 달하며,[35] 의학 전문지인 "Cancer Journal for Clinicians"의 2012년 IF는 무려 153.5로 집계된 바 있다.[36]

반면 공학 분야의 전통적 유수 학술지들은 독자층이 engineer에 한정되기 때문에 IF가 대부분 2.0~3.0에 불과하다. 일예로 전자공학 분야의 IEEE, 화학공학 분야의 AIChE 등과 같은 유수 학술지의 IF는 3.0에도 채 못 미친다. 그렇다고 IEEE, AIChE와 같은 해외 유수 공학 학술지에 논문을 게재하기가 쉬운 일도 아니다. 그러다보니 공과대학 교수가 힘들여 자신의 전공 분야의 전통적 유수 학술지에 매년 10편의 논문을 게재해보았자 고작 20~30점 정도의 IF를 얻는 것으로 그치며, 이 정도의 IF로는 국가 연구과제를 수주하기도 어려워진다. 따라서 요즘은 기계공학이나 토목공학을 전공한 공대 교수들마저 IF가 높은 nano 또는 bio 분야의 기초 연구결과를 게재하는 기초 학술지에 논문을 게재하여 연구업적을 제고하기 위하여 과감하게 자신의 전공을 버리고 nano 과학자 또는 bio 과학자의 길을 걷게 되는 기이한 현상도 벌어지게 되었다.

여기에 한 술 더 뜬 정책이 바로 특허의 출원·등록 건수를 국가 연구과제의 평가지표로 사용하는 정책이다. 아래에서 설명하겠지만 특허를 출원하여 등록하기는 일도 아니다. 왜냐하면 우주의 진리를 규명하고 이를 동료들로부터 검증받은(peer review) 후에야 게재할 수 있는 학술논문과는 달리, 특허란 발명가가 특허로 보호받기 위하여 청구하는 청구범위 이내에 선행기술이 포함되지 않으면 이를 특허로 쉽게 등록할 수 있기 때문이다. 따라서 아무리 기술성이 떨어지고 시장성이 전무한 발명이더라도, 농도를 좁은 범위로 한정하거나 온도나 압력 같은 공정 조건 등을 좁게 한정하여 청구범위를 좁쌀만큼 좁히기만 하면 누구라도 쉽게 등록할 수 있는 것이 바로 특허이다.

35) 자세한 내용은 아래의 URL 참고 (2014.08.31 최종 확인): http://tools.niehs.nih.gov/srp/publications/highimpactjournals.cfm

36) 자세한 내용은 아래의 URL 참고 (2014.08.31 최종 확인): http://faculty.cua.edu/wangz/journal_if.htm

또한 국내특허의 출원·등록 건수 또는 해외특허 출원·등록 건수를 SCI급 논문 게재 건수와 동일시함에 따라 많은 대학교와 연구소는 더 많은 특허를 출원하게 되었다. 특히 아래의 제3장의 2-가절 "원천특허를 항상 침해하는 개량특허"에서 설명하겠지만 경쟁자의 원천특허를 개량한 개량특허는 실시하는 즉시 원천특허를 침해한다는 특허의 속성에도 불구하고, 국내 대학교·연구소는 경제성이 떨어지는 수많은 불량 개량 발명을 특허로 출원함에 따라 수익 창출이라는 특허의 본 목적과도 배치되는 부작용을[37] 초래하였다. 또한 한정된 예산으로 특허를 관리할 수밖에 없는 대학교·연구소가 더 많은 특허를 출원하려다보니 건당 특허출원 비용을 줄일 수밖에 없게 되어 가뜩이나 덤핑 수준인 변리사 수임료는 더욱 낮아지는 부작용도 초래하였다.[38]

요약하면 정부가 국가 연구과제 평가지표로 국내외 특허 출원·등록 건수를 사용함에 따라 국내 대학교·연구소의 교수와 연구원은 품질과는 상관없는 불량특허를 가능한 한 많이 출원하도록 유도하는 결과를 초래하였다. 그 결과 국내 대학교·연구소의 교수와 연구원은 수익 창출과는 거리가 먼 불량 발명을 양산하게 되었으며, 예산이 부족한 대학교·연구소의 특허관리 부서는 "선택과 집중" 전략 없이 이를 모조리 특허로, 그것도 5대양 6대주에서 자유로이 쓸 수 있는 국내특허로만 출원하게 되었다.

다행히 저자는 금년부터 몇몇 정부부처들이 더 이상 국내외 특허의 출원·등록 건수를 국가 연구과제 평가지표로 사용하지 않을 것이라는 비공식적 소식을 접하였다. 물론 얼마나 많은 정부부처들이 얼마나 많은 국가 연구과제 평가 시 상기 건수를 평가지표로 사용하지 않게 될지는 두고 볼 일이다. 하지만 수익 창출이라는 특허의 목적과는 정면으로 배치되는 불량 발명과 불량특허를 양산하도록 유도하는 현행 평가제도는 반드시 시정되어야만 한다.

---

37) 물론 국내특허 출원 및 등록 건수에서 국내 대학교·연구소가 차지하는 비율은 10% 정도이므로, 국가적 차원에서 보았을 때 국내 대학교·연구소가 출원하거나 보유한 특허의 영향은 미미하다고 생각할 수도 있다. 하지만 국가 연구개발 총예산에서 국내 대학교·연구소에 할당되는 연구개발비의 비율이 약 20%이기 때문에 대학교·연구소에서 양산되는 불량 발명에 의한 악영향을 무시할 수만은 없다. 자세한 내용은 아래의 URL 참고 (2014.08.31 최종 확인): http://okys.kr/303

38) 자세한 내용은 제3장의 3절 "논문 쓰듯 쓴 특허 vs. 특허 쓰듯 쓴 논문" 참고.

(2) 불량특허를 유인하는 덤핑 수준의 국내 변리사 수임료

경제학은 경제적 활동을 통하여 거래가 가능한 대상을 재화(goods)와 용역(service)으로 구분하며, 일반적으로 재화(물건)를 생산하는 산업을 제조업이라 지칭하며, 용역을 제공하는 산업을 서비스업이라 지칭한다. 따라서 서비스업은 무형의 노무를 제공하는 모든 업종을 지칭하며, 이 정의에 따르면 특허와 관련된 산업, 특히 변리업은 전형적인 서비스업에 속한다. 따라서 변리사 또는 출원전문 특허변호사 역시 발명가를 대리하여 특허출원서를 작성하고 이를 특허청에 출원한 후 심사관의 심사에 대응하여 특허를 등록하는 노무를 제공하는 서비스업 종사자이다.

서비스의 품질에 영향을 주는 요소는 무엇일까? 우선 서비스 제공자의 능력은 서비스 품질에 큰 영향을 미친다. 하지만 아무리 서비스 제공자의 능력이 뛰어나더라도 서비스 제공자가 어느 정도의 시간을 투자하고 능력을 발휘할 지는 서비스에 대한 대가에 의하여 결정될 수밖에 없다. 그렇다면 국내 변리사 수임료는 어느 정도이며, 국내 변리사 수임료가 78%에 달하는 국내 등록특허의 무효율에 미치는 영향은 무엇일까? 이를 위하여 우리나라와 일본, 미국의 등록특허의 무효율과 변리사 수임료 사이의 관계를 살펴보자.

앞서 설명한 바와 같이 국내 특허법원에서의 등록특허 무효율은 약 78%인 반면 미국 연방항소법원에서의 등록특허 무효율은 약 26% 정도로 집계된다.[39] 일본의 경우 2008년 일본 특허청에서 무효확인심판을 받은 특허 중 66.4%가 무효가 되었고, 특허청에서 유효로 판단한 특허도 지적재산고등재판소('지재고재'로 약칭)에서 46.4%가 무효로 처리되었다. 하지만 2010년부터 일본 지재고재는 이이무라 도시아키(飯村敏明) 소장의 주도로 진보성 부정 요건을 엄격히 강화함으로써 등록특허의 무효율을 낮추었으며, 이에 따라 2011년에는 등록특허의 무효율이 35% 정도로 감소하였

39) 자세한 내용은 아래의 URL 참고 (2014.08.31 최종 확인): http://www.morganlewis.com/pubs/Smyth_USPatentInvalidity_Sept12.pdf

다고 한다.[40)]

아래에서 설명하겠지만 특허생태계의 모든 환경은 변하지 않은 채 등록특허의 무효율만 인위적으로 감소시킨 일본 지재고재의 정책이 일본 특허생태계에 긍정적인 영향을 미칠지에 대해서는 분명히 논란의 소지가 있다. 일예로 아무리 특허침해소송에서 등록특허의 유효 판결 비율이 증가하더라도 특허권자에 대한 손해배상금이 증액되지 않는 이상 특허를 통한 수익 창출 효율은 여전히 낮을 것이며, 그 결과 특허 무효율의 감소가 선순환적 특허생태계 정착에 미치는 효과는 미미할 것이기 때문이다. 또한 일본 지재고재의 정책은 마땅히 무효로 처리되어야 할 등록특허를 인위적으로 유효하다고 인정하여 일본 열도에 zombie 특허를 양산하게 될 가능성도 높다.

우리나라, 일본, 미국의 항소법원에서의 등록특허 무효율을 비교할만한 자료는 그런대로 존재하는 반면 각국의 변리사 또는 출원전문 특허변호사의 특허출원 수임료를 객관적으로 비교할 수 있는 자료는 많지 않다. 하지만 발명의 기술수준이 중급 정도인 특허를 출원하는 데 소요되는 변리사 비용은 대략 우리나라 200만 원, 일본 600만 원, 미국 1,000만 원 정도로 추정할 수 있다.[41)]

그렇다면 특허를 출원하는 데 소요되는 각국의 변리사 수임료가 각국의 등록특허의 무효율에 미치는 영향은 무엇일까? 아래에서는 확실한 물증은 없지만 충분한 심증에 근거한 저자의 추론을 소개한다.

그림 1-16은 우리나라, 일본, 미국의 등록특허가 소송을 통하여 무효로 판결되는 무효율을 변리사(또는 출원전문 특허변호사) 수임료에 따라 비교한 결과이다.[42)] 그림

---

40) 자세한 내용은 아래의 URL 참고 (2014.08.31 최종 확인): http://news.naver.com/main/read.nhn?mode=LSD&mid=sec&sid1=101&oid=003&aid=0004986346

41) 물론 이러한 추정액이 정확한 지 확인할 자료는 없지만, 변리사 또는 특허 변호사의 수임료가 우리나라, 일본, 미국의 순서로 높다는 사실에 이의를 제기하는 이는 없을 것이다.

42) 일본의 경우 과거 66%에 달하였던 등록특허의 무효율이 최근 2~3년 사이 35% 정도로 감소한 추세를 반영하기 위하여 66%와 35%의 두 가지 무효율을 모두 표시하였다.

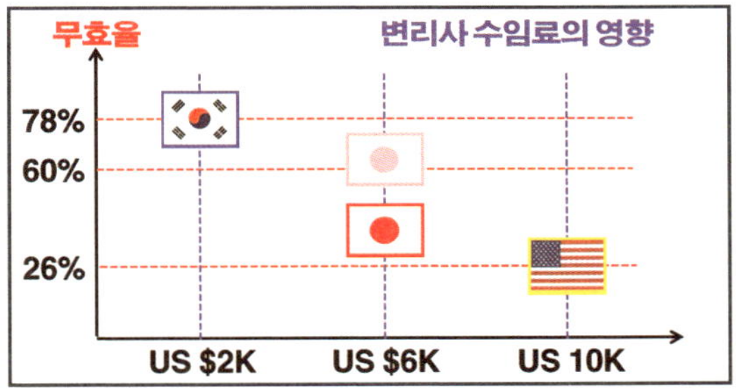

그림 1-16. 등록특허의 무효율과 주요 국가 대리인의 특허출원 수임료

에서와 같이 등록특허의 무효율은 특허출원 건 당 변리사에게 지불하는 수임료가 높을수록 감소함을 알 수 있다. 즉 특허산업이 서비스업이라는 사실을 감안한다면, 발명가가 변리사에게 수임료를 많이 지불하면 할수록 이들이 창출하는 특허의 품질도 향상될 것은 일견 당연한 귀결이라 할 수 있다. 이러한 측면에서 보면 미국에 비하여 1/7 정도의 값싼 수임료를 지불하며 양산한 국내특허의 질은 당연히 낮을 수밖에 없다.

단 저자는 그림 1-16에서 사용한 200만 원의 국내 대리인 수임료는 현실에 비하면 비교적 높은 추정액이라고 생각한다. 왜냐하면 저자가 알기로 일부 대학교·연구소의 경우 특허출원 1건에 기본적으로 50만 원을 지불하며, 여기에 청구항 수에 따라 가산금을 지급하는 경우도 있다고 하기 때문이다. 따라서 변리사는 수임료를 높이기 위하여 의미 없는 청구항 수십 개를 첨부하고, 대학교·연구소는 이를 방지하기 위하여 특허당 청구항의 수를 제한하는 "웃지도 못할 희극"이 연출된다고도 한다.

덤핑 수준의 변리사 수임료는 대학교·연구소만의 문제는 아니다. 대기업을 포함한 대부분의 국내기업은 특정 변리사에게 일거리를 몰아주는 대신 단가를 낮추는 경우가 많기 때문이다. 그러다 보니 특허 건당 200만 원 정도를 지불하는 기업은 흔치 않다. 이와 같이 저가에 양산된 국내특허의 질은 낮을 수밖에 없으므로, 이들이 추후 특허침해소송을 거치며 무효로 처리됨은 어쩌면 당연한 귀결인지도 모른다.

이뿐만이 아니다. 국내기업의 경우 변리사 수임료를 선급금과 성공 수수료로 분할하여 지급하는 경우도 많다. 즉 국내기업은 변리사가 특허를 출원하면 선급금을 지불하고, 추후 출원특허가 등록되면 성공 수수료를 지불하는 방법이다. 하지만 이는 현실적으로 특허의 품질 유지와는 이율배반적인 제도일 뿐이다. 왜냐하면 가능한 한 최소의 노력을 기울여 특허를 등록시켜 성공 수수료를 받으려는 incentive를 지닌 변리사는 특허청 심사관의 거절에 불복하는 대신 청구항의 범위를 축소하여 특허를 등록시키고 성공 수수료를 가능한 한 빨리 받기를 원할 수 있기 때문이다. 따라서 대리인 수임료가 낮을수록 특허의 범위는 뒷전에 놓이게 될 가능성이 높아진다.

이에 반하여 그림 1-16에서 사용한 1,000만 원 정도의 미국 대리인 수임료는 실제보다 낮게 책정한 면도 없지 않다. 미국 특허 law firm은 특허를 출원할 때에도 수임료를 시간에 따라 계산한다. 특히 유수 특허 law firm의 경우 partner 변호사의 시간당 수임료는 높게는 1,000 달러에 이르기도 하며, 방금 law school을 졸업한 후 채용된 초임 특허변호사의 시간당 수임료 역시 350~400 달러 정도이다. 이들의 기준으로 보면 국내 대리인 수임료인 2,000 달러는 자신들의 3~5 시간의 노력에 불과한 하찮은 비용에 불과하다.

그렇다면 국내 변리사의 수준이 미국 특허변호사의[43] 수준보다 현격히 뒤질까?

저자는 절대 그렇지 않다고 단언한다. 저자가 경험해 본 미국 특허변호사와 국내 변리사를 비교하였을 때 국내 변리사의 능력은 결코 미국 특허변호사에 비하여 뒤지지 않는다. 물론 국내 특허업계가 지난 20년간 덤핑 수준의 수임료로 허덕이는 사이 국내 변리사는 선배들로부터 체계적 도제 교육을 제대로 받지 못한 만큼은 사실이다. 하지만 국내 변리사에 대한 수임료가 현실화되는 순간 저자는 영민한 국내 변리사들이 경쟁력을 개발하고 양질의 특허를 창출하고 등록시키는 knowhow를 전수함으로써 국제 경쟁력을 확보할 수 있으리라고 확신한다.

결국 국내 등록특허의 높은 무효율과 현실적으로 미미한 손해배상금으로 인하여 국내특허의 가치는 거의 무시되고 있다. 그러다보니 국내 개인발명가나 대학교·연구소, 국내기업의 특허관리 부서 역시 좋은 특허를 만들어야 한다는 부담을 가지지 않게 되었으며, 그 결과 특허와 관련하여 가장 중요한 속성인 품질은 아무도 거들떠보지 않는

43) 미국 변리사(patent agent)가 되려면 미국특허청(U.S. Patent and Trademark Office)이 실시하는 변리사 시험(patent bar examination)에 합격해야 한다. 반면 미국 특허변호사(patent attorney)가 되려면 미국 50개 주 중 하나 이상에서 변호사 시험(bar examination)에 합격한 변호사가 상기 변리사 시험에도 합격해야 한다.

대신 특허 건수만이 전지전능한 평가지표로 둔갑하고 만 것이다.

이것이 바로 국내 특허생태계의 총체적 난국의 첫 번째 원인이다. 품질에 의한 변별력이 없는 국내 특허생태계의 속성에 따라 국내 대학교·연구소 및 국내기업은 특허의 품질을 등한시하는 한편 가능한 많은 건수의 특허를 출원하기 위하여 수임료를 덤핑 수준으로 낮추고 말았다. 그 결과 발명가가 아무리 우량한 발명을 창출하더라도 상기 발명이 여간해서는 양질의 특허로 재창출되지 못하게 되었다. 결국 서비스 산업인 특허산업에서 어떤 서비스가 양질인지에 대한 인식의 부족은 물론 서비스에 대한 정당한 보상이 이루어지지 않으니 제대로 된 서비스가 제공될 리 없다. 오히려 덤핑 수준의 수임료에도 불구하고 애국심으로 무장한 국내 변리사가 제대로 된 서비스를 지속적으로 제공하리라는 망상에서 헤어나지 못하고 있는 국내 발명가나 국내 대학교·연구소 및 국내기업의 특허 관리자들이야말로 국내에 선순환적 생태계가 구축되지 못하는 첫 번째 문제이자 장애물이다.

(3) 특허청의 피로 누적과 단축된 심사기간의 추가 단축

현실적으로 너무 낮게 책정된 변리사, 특허변호사 등 대리인에 대한 수임료가 제대로 된 특허가 만들어지지 않는 유일한 이유라면, 대리인 수임료를 현실화함으로써 국내 특허생태계의 총체적 난국을 즉각 극복할 수 있다. 하지만 국내 특허생태계의 총체적 난국에는 또 다른 원인이 있다. 바로 '질'보다 '양'을 중시하는 대한민국 정부의 정책과 이에 따른 특허청 심사관의 피로 누적이다.

우리나라 특허청은[44] 물론 일본특허청(JPO), 미국특허청(USPTO)은 모두 발명가와 대리인이 출원한 출원특허 청구항의 신규성, 진보성 등을 심사하여 특허로서의 보호 여부를 결정하는, 특허제도의 제1선을 담당하는 정부부처이다. 따라서 각국의 등록특허의 품질은 결국 각국 특허청 심사관의 전문성은 물론 심사관 개개인의 업무량과 이에 의하여 결정되는 심사의 품질에 의하여 결정된다고 추정할 수 있다

44) 우리나라 특허청의 정식 명칭은 KIPO("Korea Intellectual Property Office"의 약자)이다.

그렇다면 대한민국 특허청 심사관의 사정은 어떨까? 우선 국내 특허청은 박사학위를 소지한 심사관들이 많기로 유명하다.[45] 따라서 저자는 국내 특허청 심사관의 전문성은 선진국 특허청과 비교하더라도 절대로 뒤지지 않는다고 확신한다. 하지만 저자는 국내 특허청 심사관이 업무량에 있어서만은 절대적으로 열악한 환경에 처해있으며, 그 결과 이들은 안타깝게도 과도한 업무로 인하여 자신의 능력을 제대로 발휘하지 못한다고 확신한다.

표 1-4. 국가별 특허청 심사관 1인당 특허 처리 건수[46]

국가	2008	2009	2010	2011	2012
한국 (KIPO)	187	188	219	271	**254**
미국 (USPTO)	79	80	76	78	**72**
일본 (JPO)	220	231	239	233	239

일예로 표 1-4는 우리나라 특허청, 미국특허청, 일본특허청의 심사관 각각이 매년 처리하는 특허 건수를 나타낸다. 표에 의하면 국내 특허청 심사관은 미국특허청 심사관에 비하여 무려 3.5배의 업무를 수행하고 있음을 알 수 있다. 따라서 아무리 국내 특허청 심사관이 뛰어난 전문성을 지니고 휴일을 반납하며 연장근무를 하더라도, 각각의 출원특허를 처리하는 데 할애할 수 있는 시간은 미국특허청 심사관이 할애하는 시간의 1/3 정도에 불과할 수밖에 없다. 따라서 우리나라 특허청 심사관은 각각의 출원특허의 신규성이나 진보성을 판단하기 위한 선행기술도 충분히 조사할 시간이 없을 것이며, 이에 따라 절대로 특허로 등록되지 말았어야 할 출원특허가 등록되는 경우도 자주 발생할 수밖에 없을 것이다.

45) 2014년 초 기준 우리나라 특허청 직원은 1,530명 정도이며, 그 중 박사학위 소지자가 400명이 넘는다. 또한 5급 이상 간부가 1,180명으로 전체의 77%를 차지하며, 고위 공무원은 100% 고시 출신이다. 자세한 내용은 아래의 URL 참고 (2014.08.31 최종 확인): http://go.seoul.co.kr/news/newsView.php?id=20140407027014

46) 자세한 내용은 아래의 URL 참고 (2014.08.31 최종 확인): http://www.etnews.com/news/economy/education/2844809_1491.html

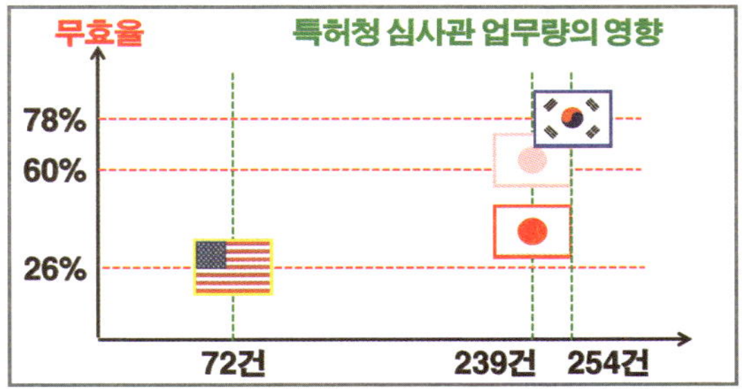

그림 1-17. 등록특허의 무효율과 주요 국가 특허청 심사관의 업무량

그림 1-17은 우리나라 특허청, 일본특허청, 미국특허청의 등록특허가 소송을 통하여 무효로 판결되는 무효율을 각국 특허청 심사관의 업무량에 따라 비교한 결과이다. 물론 각국 특허청 심사관의 업무량이 등록특허의 무효율에 미치는 영향을 과학적으로 입증할 수는 없다. 하지만 그림 1-17은 각국 특허청 심사관의 업무량이 증가할수록 심사의 질은 저하될 수밖에 없으며, 이에 따라 추후 각국의 특허법원에서 무효로 처리되는 등록특허 건수 역시 증가할 수밖에 없음을 뒷받침하는 정황적 증거로는 충분하다고 사료된다.

그렇다면 미국특허청 심사관들의 업무량은 왜 우리나라 특허청 심사관 업무량의 1/3에 불과할까? 국내 특허청에 출원되는 국내특허 출원 건수에 비하여 미국특허청에 출원되는 미국특허 출원 건수가 월등히 적기 때문일까?

절대 그렇지 않다. 오히려 미국특허청의 특허출원 건수는 약 50만 건으로서 이는 국내 특허청의 출원 건수의 2.5배에 해당한다. 그럼에도 불구하고 미국특허청 심사관들의 업무량이 국내 특허청 심사관들의 업무량의 1/3에 불과한 이유는 간단하다. 특허의 중요성을 인지하는 미국 연방행정부는 물론 미국 연방의회는 미국특허청 심사관 수를 필요에 따라 엿가락처럼 증원하기 때문이다. 일예로 2010년 미국특허청의 심사관은 총 6,128명이었으나 2011년 미국특허법 개정에 따라 총 3,000여명의 심사관을 지속적으로 추가 증원하고 있는 것으로 알려져 있다.[47]

이에 반하여 우리나라 특허청 심사관은 2010년 693명에서 2012년 711명으로 소폭 증가한 반면 계약직 심사관은 2010년 32명에서 2012년 102명으로 늘었다.[48] 즉

47) 앞주와 동일.

48) 앞주와 동일.

안전행정부가 특허청의 정규직 심사관을 증원하지 않기 때문에 특허청은 할 수없이 편법을 이용해서라도 비정규직 심사관을 충원하는 것이다. 이는 물론 공무원 정원 규제에 따른 결과이다. 바꾸어 말하자면 21세기 지식기반시대에서 국가의 지식 경쟁력을 좌우하는 특허를 심사하는 국내 특허청의 심사관 수마저 숫자만 앞세우는 공무원 정원 규제에서는 자유롭지 못한 것이다.

그렇다면 일본의 사정은 어떨까? 결론적으로 우리나라와 동일하다. 즉 일본특허청의 심사관 수 역시 최근 수년간 거의 변동이 없으며, 일본특허청의 계약직 심사관 비율은 오히려 국내 특허청보다 높은 것으로 알려져 있다.[49] 앞서 설명한 바와 같이 인위적으로 낮춘 등록특허의 무효율은 물론 일본특허청 인력의 비탄력성을 감안하였을 때, 저자는 일본특허청 및 일본의 특허 수준은 정량적인 측면에 비하여 정성적인 측면은 우리나라와 비슷하거나 떨어지면 떨어졌지 나은 면은 거의 없으리라고 생각한다. 이러한 측면에서 보면 우리나라 특허청이 더 이상 일본의 특허 행정을 참고하고 이를 준용해야할 필요는 없으며, 우리나라 사법부 역시 일본 특허법원의 판결을 준용하며 이를 국내 판결에 응용하기 위하여 노력할 필요는 전무하다고 생각한다.[50]

요약하면 우리나라 특허청이 아무리 많은 박사학위 소지자 심사관을 보유하고 있

49) 앞주와 동일.

50) 국내는 물론 전 세계 특허업계는 "삼극특허 (Triad Patent Family)"라는 용어를 사용한다. '삼극특허'란 미국특허청(USPTO), 유럽특허청(EPO), 일본특허청(JPO)에 모두 등록된 특허를 의미하며, 이와 같이 주요 국가에 등록된 '삼극특허'야말로 우량 발명에 대한 우량특허라고 간주하는 것이다.

미국특허와 유럽특허가 중요하다는 데에는 전 세계 특허업계 종사자 누구도 이의를 제기하지 않을 것이다. 하지만 과연 일본특허가 '삼극특허' 중 하나일 정도로 중요한 지는 곱씹어볼 필요가 있다. 우선 앞서 설명한 바와 같이 일본 지재고재는 등록특허의 무효율을 인위적으로 감소시킨 바 있지만, 일본에서 이에 부응하여 특허침해에 대한 손해배상금을 증액하고 있다는 뉴스는 접한 적이 없는 것으로 생각된다. 또한 일본특허청 심사관 역시 국내 특허청 심사관만큼 격무에 시달린다. 따라서 저자는 국내 특허청 심사관과 마찬가지로 일본특허청 심사관 역시 특허 심사를 제대로 수행할 환경에 처해 있다고는 생각하지 않는다. 따라서 '삼극특허'라는 용어 역시 특허의 질보다는 양만을 고려한, 특별한 의미를 부여하기에는 너무나 인위적인 용어라고 생각된다. "이극특허"라면 또 모를까.

다하더라도, 국내 특허청 심사관들이 미국특허청 심사관의 업무량의 3.5배에 달하는 과로에 시달리는 한 출원특허를 제대로 심사할 수 있을 것이라고는 절대로 예상할 수 없다. 특허 심사 역시 서비스 산업인 바, 고정된 보수에 업무량이 늘어가니 열심히 영혼을 바쳐 심사할 의욕도 상실하게 될뿐더러, 각 출원특허 당 할애할 수 있는 시간 역시 충분하지 않기 때문에 제대로 심사를 하려해도 할 수 없는 처지이기 때문이다. 이러한 환경에서는 양질의 출원특허만 특허로 등록되리라는 기대 자체가 어불성설이다.

이뿐만이 아니다. 정권이 바뀌고 특허청장이 교체될 때마다 대한민국 여의도에 위치한 국회의 국회의원들은 특허행정의 발전을 요구한다. 하지만 국회의원들 중 특허를 제대로 이해하는 의원은 극히 소수일 뿐이다.[51] 따라서 국회의원들은 자신의 눈에도 뻔히 보이는 유일한 정량지표인 출원특허의 심사기간을 단축하도록 요구한다. 따라서 국회의 요구를 무시할 수 없는 특허청장은 취임 연설 시 출원특허의 심사기간 단축을 재임 중의 최우선 목표로 천명할 수밖에 없으며, 이임 연설에서는 자신의 재직 기간 중 단축된 심사기간을 공표할 수밖에 없다. 결국 숫자로 행정부를 평가하는 국회와 국회의원의 탁상공론식 발상에 힘입어 우리나라 특허청 심사관들은 단축된 심사기간을 다시 단축한 후, 이를 다시 단축하는, 무한궤도의 다람쥐 쳇바퀴를 돌고 있다.

물론 특허청이 출원특허의 심사기간 단축을 통하여 발명가가 출원한 특허에 대한 특허등록 여부를 조속히 결정할 수 있다면 이는 발명가의 사업 강행 결정은 물론 국가적 효율 제고에도 중요한 영향을 미칠 수 있다. 하지만 특허청의 심사관 충원 없는 특허 심사기간 단축은 결국 특허심사의 부실화를 가중시키는 결과만 초래할 수밖에 없다. 또한 출원특허의 조속한 심사와 등록이 반드시 개인발명가, 대학교·연구소, 국내기업은 물론 국가 차원에서 항상 유리하지만은 않다. 일예로 출원특허의 등록을 가능한 한 늦추며 후속 개량발명을 착상하는 작업이 유리한 경우도 상당히 많기 때문이다.

앞서 지식기반시대의 기축통화가 특허이기 때문에, 우리나라가 앞으로 중국 등의 거센 추격을 뿌리치려면 양질의 해외 특허를 다량 보유하여 국가 경쟁력은 물론 기업

51) 저자는 대한민국 여의도에 위치한 국회의 의원들 중 '극소수'라도 특허를 제대로 이해할 날이 빨리 오기만을 기대한다.

경쟁력을 강화시키는 수밖에 없다고 설명하였다. 하지만 국내특허가 제대로 심사되어 등록되지 않는 한 국내특허를 번역한 미국특허나 유럽특허 역시 양질의 특허로 부상할 수 없다.

이제부터라도 국회는 물론 안전행정부 역시 특허청의 심사관 증원에 절대로 인색해서는 안 될 것이며, 기획재정부 역시 특허청 예산에 절대로 인색하여서는 안 될 것이다. 특히 창조경제를 핵심과제로 선정한 현 정부는 공무원 정원 규정에도 불구하고 창조경제 달성은 물론 지식기반시대의 대한민국의 명운에 지대한 영향을 미칠 특허청만은 예외로 삼아 특허청 심사관 수를 획기적으로 증원해야만 한다. 따라서 최소한 향후 2~3년 동안 현재 특허청의 심사관 인원을 3배[52] 정도로 획기적으로 확충하는 작업을 지금부터라도 시작해야만 한다. 그렇지 않고는 국내 특허생태계의 총체적 난국의 한 축을 차지하는 출원특허의 부실 심사를 극복하기는 원천적으로 불가능하기 때문이다.

(4) 특허법원의 피로 누적

현실적으로 너무 낮게 책정된 대리인 수임료와 국내 특허청 심사관의 과로가 국내 우량 발명이 우량특허로 재창출되지 않는 이유라면, 대리인 수임료를 현실화하고 특허청 심사관 수를 획기적으로 증원함으로써 국내 특허생태계의 총체적 난국을 즉시 극복할 수 있을 것이다. 하지만 국내 특허생태계의 총체적 난국에는 또 다른 원인이 있다. 바로 특허법원의 과도한 소송 건수로 인한 특허법원 판사의 피로 누적과 순환보직 제도에 의한 특허법원 판사의 전문성 배양의 어려움이다.

우리나라 특허법원, 미국의 연방항소법원 및 일본의 지적재산고등재판소('지재고재'로 약칭)는 모두 항소법원으로서, 발명가와 대리인이 출원한 특허의 특허 요건 만족 여부를 심사하고 특허 등록의 타당성을 결정하는 사법부의 핵심조직이다. 따라서 각국의 특허 보호의 범위와 강도는 결국 특허법원, 연방항소법원, 지재고재 판사의 개

52) 그렇다. 세 배이다. Lionel Richie의 노래 가사의 "You're once, twice, three times a lady"와 같이 세 배이다. 최소한 우리나라 특허청 심사관의 업무량을 미국특허청 심사관의 업무량과는 동일하게 맞춘 후, 심사의 품질을 획기적으로 향상시키는 방안을 강구하도록 강력히 제안한다.

인적 역량, 특허에 대한 전문성은 물론 판사 개개인의 업무량에 의하여 결정된다고 간주할 수 있다.

그렇다면 우리나라 특허법원 판사의 사정은 어떨까? 요약하자면 대한민국 특허법원 판사들은 막중한 업무량과 순환보직 제도로 고전을 면치 못하고 있으며, 가까운 장래에도 동일한 문제점으로 고전을 면치 못하지 않을까 우려된다.

우선 우리나라 특허법원은 미국식 law school 제도를 도입하기 이전 사법고시에 합격하고 사법연수원도 우수한 성적으로 졸업한 판사들로 구성된다. 따라서 국내 특허법원 판사 개개인의 역량은 전 세계 어느 국가의 판사보다도 우수하다고 자부할 수 있다. 왜냐하면 우리나라 국민의 우수성과 전체 인구 당 판사의 수로만 따지더라도 우리나라만큼 우수한 판사로 구성된 사법부를 가진 나라는 많지 않기 때문이다. 또한 우리나라가 미국식 law school 제도를 도입한 이후에도 많은 우수한 졸업생들이 사법부에 진출하므로 사법부의 우수성은 계속 유지될 것으로 생각된다.

하지만 특허법원 판사는 업무량에 있어서만은 매우 열악한 처지에 처해있다. 그러다보니 특허법원 판사 역시 과도한 업무로 인하여 자신의 능력을 제대로 발휘하지 못한다고 생각된다.

일예로 2011년 기준 14명의 판사로 구성된 우리나라 특허법원이 당해년도에 접수한 소송 건수는 총 1,253건으로서 이 중 특허·실용실안 건수는 총 727건이었다. 또한 국내 특허법원이 당해년도 처리한 소송 건수는 총 1,236건으로서, 이 중 특허·실용실안 건수는 총 737건이었다.[53] 이를 당해년도 특허법원 판사 1인당 건수로 환산하면 총 소송 건수는 89건, 특허·실용실안 건수만 52건에 해당한다. 이는 국내 특허법원 판사가 휴가 없이 근무한다고 가정하였을 경우, 매주 특허·실용실안 사건 1건을 처리하는 업무량에 해당한다.

53) 자세한 내용은 아래의 URL 참고 (2014.08.31 최종 확인): http://patent.scourt.go.kr/patent/data/data_03/index.html

우리나라 특허법원 판사의 업무량을 미국 연방항소법원 판사의 업무량과 비교하면 전자의 업무량이 월등히 많음을 알 수 있다. 일예로 그림 1-18(a)[54]의 2009~2011년 통계에 의하면 미국 연방항소법원이 다루는 특허 사건은 매년 183.7건이며, 이를 판사 12명으로 나누면 매년 판사 1인당 15.3건에 해당한다. 이는 우리나라 특허법원 판사 개인 당 업무량의 29.4%에 불과하다.

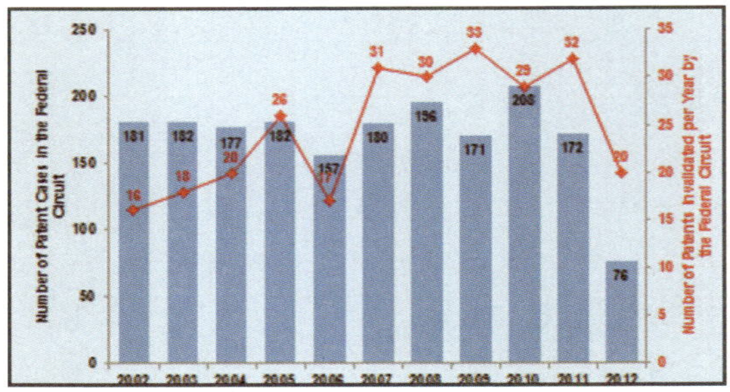

그림 1-18(a). 미국 연방항소법원의 특허소송 처리 건수[54]

바꾸어 말하면 국내 특허법원 판사는 미국 연방항소법원 판사에 비하여 무려 3~5배의 업무를 수행한다는 말이다. 따라서 아무리 특허법원 판사가 영민하고 휴일을 반납하며 연장근무를 하더라도, 각 특허 사건을 처리하는 데 할애할 수 있는 기간은 미국 연방항소법원 판사가 각 특허 사건 당 할애하는 시간의 1/3 정도에 불과할 수밖에 없다. 따라서 특허법원 판사는 각 사건의 전모를 파악할 수 있는 만큼 충분한 공판을 가질 수 없고, 관련 증거를 충분히 조사할 시간이 없기 때문에, 당사자가 제출하는 왜곡된 증거에 의한 왜곡된 판결을 내리는 경우도 자주 발생할 것으로 추정된다.

이뿐만이 아니다. 미국의 사법체도는 당사자 제도(adversarial system)이기 때문에 판사의 역할은 당사자 간의 주장을 감독하는 감독관의 역할을 수행하는 경우가 대부분이다. 게다가 당사자 중 일방이 미국 헌법에서 보장된 배심원에 의한 사실 심리를 요청할 경우, 법적 사안을 제외하고는 판사는 배심원의 사실 판단에 따르는 것이 원칙이다.

54) 상기 그림의 경우 2012년도 통계는 상반기에 국한되므로 2009~2011년, 총 3년의 자료를 이용하였다. 자세한 내용은 아래의 URL 참고 (2014.08.31 최종 확인): http://www.morganlewis.com/pubs/Smyth_USPatentInvalidity_Sept12.pdf

따라서 많은 경우 연방항소법원 판사는 사실 확인의 의무에서도 벗어날 수 있다.[55] 이에 비하여 국내 특허법원 판사는 법률 판단은 물론 재판의 진행까지 책임지는, 일종의 전지전능한 역할을 모두 수행해야만 한다. 따라서 사건 건수만으로도 3.4배의 격무에 시달리는 특허법원 판사는 실질적 측면에서는 미국 연방항소법원 판사의 업무량에 비하여 4~5배에 해당하는 격무에 시달리고 있다고 간주할 수도 있다.

그림 1-18(b)는 우리나라 특허법원, 일본의 지재고재, 미국 연방항소법원에서 등록특허가 소송을 통하여 무효로 판결되는 무효율을 각국 특허법원 판사의 업무량에 따라 비교한 결과이다.[56] 물론 각국 특허법원 판사의 업무량이 등록특허의 무효율에 미치는 영향을 과학적으로 입증할 수는 없다. 하지만 그림 1-18(b)는 각국 특허법원 판사의 업무량이 많아질수록 무효로 처리되는 등록특허 건수가 증가함을 뒷받침하는 흥미로운 정황적 증거로 사료된다.

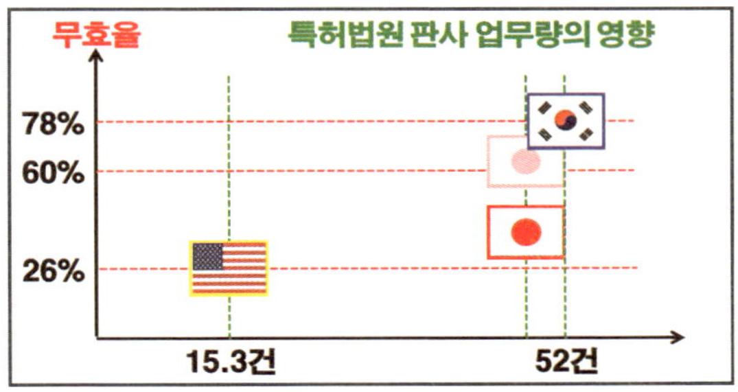

그림 1-18(b). 등록특허의 무효율과 주요 국가 특허법원 판사의 업무량

우리나라 특허법원 판사가 격무에 시달리는 이유는 더 있다. 도움의 손길이 부족하기 때문이다. 특허법원에는 특허청에서 5년 이상 근무한 심사관 또는 심판관 중 법원 공무원으로 임용된 기술심리관이 15명, 특허청 출신 이외의 임용자격자 중에서 법원 공무원으로 임용된 기술심리관이 2명 등 총 17명의 기술심리관이 복무하고 있다. 얼핏 보기에는 특허법원 판사 14명과 17명의 기술심리관이 함께 근무하므로 특허법원

55) 물론 판사가 배심원의 사실 판단에 반하여 판결을 내리는 "JMOL (judgment as a matter of law)"이라는 절차도 있으며, 법률심만 진행하는 항소심에는 당연히 배심원이 참여하지 않는다.

56) 일본 지재고재의 특허소송 건수에 대한 자료가 불충분하여 지재고재 판사 당 특허소송 건수는 우리나라 특허법원 판사의 소송 건수와 비슷하거나 약간 적을 것으로 추정하였다.

판사는 각각 1.2명의 기술심리관으로부터 특허 사건에 대한 충분한 기술적 보조를 받고 있다고 생각할 수 있다.

하지만 이를 미국 연방항소법원과 비교하면 우리나라 특허법원의 기술적 보조는 역부족임을 실감할 수 있다. 미국 연방항소법원의 경우 판사는 12명이지만 판사 1인당 네 명의 law clerk을 고용할 수 있다. 미국 연방항소법원의 law clerk의 정체는 무엇일까? 일반적으로 law clerk은 미국 변호사 시험(bar examination)을 갓 통과한 신참 변호사 또는 특허 전문 law firm에서 1~2년 근무한 경력이 있는 초임 특허변호사이다.

이뿐만이 아니다. 미국에서 특허 사건을 전담하는 유일한 항소법원인 연방항소법원 판사는 law clerk을 선발할 때 이공계 박사학위 소지자를 선호한다. 따라서 미국 연방항소법원 판사 12명을 보좌하는 law clerk 48명 중 이공계 박사학위 소지자는 50% 정도에 달한다. 바꾸어 말하면 길어봐야 4~5년 전까지 직접 computer program을 짜고 computer architecture를 설계하던 전직 computer 공학박사, 직접 반도체 회로를 설계하던 전직 전자공학박사, 신물질을 합성하던 전직 화학박사, DNA를 복제하던 전직 생물학박사 등으로 이루어진 이공계 전문 특허변호사들이 law clerk으로 근무하며 미국 연방항소법원 판사들을 보조하며 최첨단 과학·공학에 대한 특허 사건을 담당하는 것이다.

더욱 중요한 점은 미국 연방항소법원의 law clerk의 근무 기간은 대부분 1년이라는 점이다. 따라서 매년 48명, 그것도 절반 정도가 수년전 공학박사 또는 이학박사 학위를 취득한 신참 전문가 law clerk들이 미국 연방항소법원을 들어오고 나가며 판사들과 함께 최신 과학·공학 지식을 필요로 하는 특허소송을 담당하게 된다.

게다가 미국 연방항소법원에서 law clerk으로 근무하기 위한 경쟁은 몹시 치열하다. 그 이유는 일단 미국 연방항소법원 판사의 law clerk으로 근무하게 되면 상기 판사의 법률적 사고방식은 물론 취향까지 파악할 수 있기 때문이다. 또한 미국 연방항소법원은 3명의 판사로 panel을 구성하여 판결을 내리는 바, law clerk은 자신을 고용한 판사는 물론 타판사의 법률적 사고방식과 취향도 파악할 수 있다. 그 결과 젊은 미국 특허변호사가 미국 연방항소법원에서 1년간의 law clerk을 마치게 되면 자신이 선호하는 law firm에 취직하기는 여반장이다.

요약하면 우리나라 특허법원이 아무리 우수한 영재집단으로 구성되어 있더라도, 미국 연방항소법원 판사의 업무량의 3~5배 이상의 격무에 시달리는 한 제대로 된 판결을 내릴 가능성은 낮을 수밖에 없다. 이 외에도 증거조사 제도 부재로 인한 판단에 대한 부담은 물론 미국 연방항소법원의 law clerk에 비하여 수도 열세인 기술심리관의 도움을 받는 국내 특허법원 판사의 판결이 미국 연방항소법원 판사의 판결 수준에 이르거나 이를 능가할 수도 있다는 기대 자체가 어불성설이다.

(5) 특허법원의 전문성 배양 원천금지

앞서 우리나라 특허법원 판사는 우수한 자질에도 불구하고 격무와 기술심리관 부족 등으로 말미암아 자신의 능력을 100% 발휘할 수 없다고 설명하였다. 국내 특허법원 판사가 자신의 능력을 발휘하지 못하는 또 다른 중요한 이유는 바로 특허 사건에 대한 전문성 배양을 원천적으로 금지하는 사법부의 순환보직 제도이다.

우리나라 사법부는 순환보직 제도를 운용하고 있는 바, 이에 따라 대부분의 판사는 특정 법원에서 2년(특허법원의 경우 예외적으로 3년) 근무한 후, 다른 법원으로 전보 또는 재배치된다. 물론 순환보직 제도는 나름대로의 장점을 가지고 있다. 하지만 대부분의 경우 문과 출신인 법관이 특허제도를 제대로 이해하고 이에 대한 실무에 적응하기에 3년은 짧아도 너무나 짧은 기간이다.

미국의 경우는 어떨까? 우선 미국 특허법은 연방법이므로 특허와 관련된 모든 사건은 연방법원에서 담당한다. 더욱 흥미로운 점은 미국 연방법원 판사는 대통령이 지명하고 의회가 승인하는 절차를 거쳐 임명된다는 점이며, 가장 흥미로운 점은 미국 연방법원 판사직은 지방법원, 항소법원, 대법원 모두 종신직이라는 점이다. 따라서 미국의 주법원 판사, law school 교수, 현직 변호사 등이 일단 미국 연방법원 판사로 임명만 되면 자신이 은퇴하거나 사망할 때까지 평생 미국 연방법원 판사로 재직할 수 있다.

그림 1-19는 우리나라 특허청, 일본특허청, 미국특허청의 등록특허가 소송을 통하여 무효로 판결되는 무효율을 우리나라 특허법원, 미국 연방항소법원, 일본의 지재고재 판사의 재임기간에 따라 비교한 결과이다. 그림을 통하여 알 수 있듯이 국내 특허법원 판사의 재임 기간은 미국 연방항소법원 판사의 재임 기간에 비하여 턱없이 짧음을

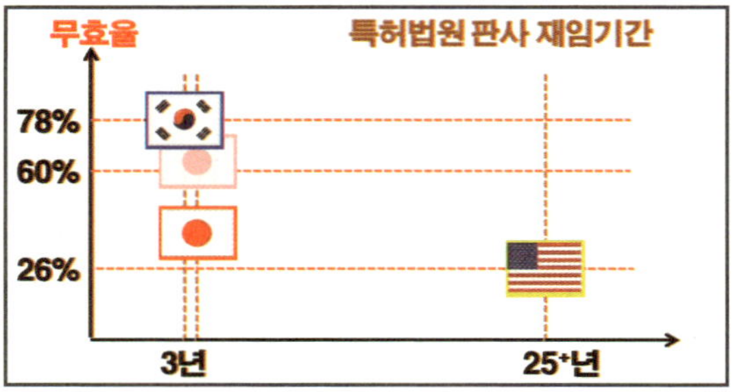

그림 1-19. 등록특허의 무효율과 주요 국가 특허법원 판사의 재임기간

알 수 있다. 혹자는 특허법원 판사의 재직 기간 증가와 등록특허의 무효율 사이에 어떤 상관관계가 있을까 반문할 지도 모른다. 왜냐하면 판사가 특허법원에 재직하는 기간이 길어진다고 해서 상기 판사가 특허에 대한 애착심을 키우게 되며 이에 따라 등록특허의 무효율이 감소하게 되지는 않기 때문이다.

그렇다면 각국 특허법원 판사의 재직 기간과 등록특허의 무효율 사이의 상관관계에 대한 근본적 원인은 무엇일까?

저자는 '예측성'이야말로 이에 대한 정답이라고 단언한다. 이는 일상생활의 이치와도 동일하다. 저자도 매년 한 살씩 나이를 먹어가는 바, 저자가 은퇴한 후 양로원장으로 취임하여 20년간 근속하였다고 해서 청장년 여인보다 할머니가 더 아름답다고 생각하지는 않을 것이다.[57] 하지만 저자가 20년을 양로원장으로 일하게 되면 저자의 예측성은 증가할 수밖에 없다. 바꾸어 말하면 20년 양로원장인 저자는 할머니의 모습만 보거나 할머니와 말 한 마디만 건네더라도 그 날의 할머니의 건강 상태는 물론 심기도 예측할 수 있을 것이다. 따라서 저자는 이에 알맞도록 할머니의 당일 일정을 조절하거나 진료를 예약할 수 있다. 할머니 역시 마찬가지일 것이다. 즉 할머니는 저자의 표정만 보더라도 양로원장의 당일 심리 상태를 파악할 수 있으며, 영민한 할머니는 이를 역이용하여 특식을 제공받거나 특별 휴가를 받을 수도 있을 것이다.

특허법원 역시 마찬가지이다. 판사가 특허법원에서 재직하는 기간이 늘어날수록 특허사건에 대한 판사의 이해도는 증가하고 전문성도 심화된다. 이에 따라 어떤 판사는 시간이 지날수록 親특허 성향을 보일 수도 있고, 다른 판사는 反특허 성향을 기를 수도 있으며, 나머지 판사는 엄정한 중립을 유지할 수도 있다.

57) 이러한 결론은 저자가 아직 가보지 않은 길에 대한 저자의 상상에 불과함을 밝힌다.

한편 특허법원 판사의 전문성이 증가하면 할수록 특허 관련 판결의 일관성 역시 향상될 수밖에 없다. 이에 따라 변리사(또는 특허변호사) 역시 특허법원 판사가 원하는 특허성(특허 청구항의 신규성 요건, 진보성 요건 등)을 예측할 수 있고, 이에 따라 특허명세서를 작성하게 된다. 특허청 심사관 역시 마찬가지이다. 기껏 자신이 거절한 출원특허를 특허법원에서 특허로 등록시키거나, 반대로 자신이 등록시킨 특허가 특허법원에서 난도질당하여 무효로 처리되기를 원하는 심사관은 없기 때문이다. 따라서 특허법원 판사의 전문성이 증가할수록 더불어 증가하는 판결에 대한 '일관성'과 이에 근거한 '예측성'이야말로 등록특허의 무효율을 획기적으로 낮출 수 있는 중요한 변수로 부상할 것이다.

등록특허의 무효율이 획기적으로 낮아질 경우, 특허법원 판사, 특허청 심사관 및 대리인만 유리해지는 것은 아니다. 양질의 발명을 우량특허로 제대로 보호받게 된 발명가와 창업가는 특허를 통하여 수익을 창출할 수 있고, 이에 따라 국내에 선순환적 특허생태계가 구축될 것이다. 또한 발명가의 특허기술 실시 및 창업기업의 비약적 발전에 힘입어 국가 경제 또한 선순환적으로 발전할 것이다. 이뿐만이 아니다. 국내 창업·중견·대기업 모두 자신의 유망한 발명을 특허명세서로 제대로 작성하여 국내특허를 출원·등록한 후 이를 번역함으로써 미국·유럽 등의 전략적 주요 국가에서 우량특허로 등록하여 해외 경쟁기업들을 global market에서 원천적으로 배척하거나 이들에게 상기 특허를 licensing하도록 종용하여 수익을 창출할 수 있는 정도의 전향적 금지권도 획득할 수 있을 것이다.

하지만 현행 제도가 허락하는 특허법원 재직 3년이라는 기간은 대부분이 문과 출신인 특허법원 판사가 특허에 대한 전문성을 쌓고 일관성과 예측성 모두를 만족하는 판결문을 작성하기에는 너무나도 짧은 기간임에 틀림없다. 이는 사법부 자체에 손해일 뿐만 아니라 국가적 차원에서도 커다란 손해를 자초하는 제도임에 틀림없다. 우리나라 최고의 영재 집단인 사법부의 현명한 대처가 필요한 시점이다.

(6) 제조업체의 오도 및 언론의 방관·동조

베이비붐 세대인 저자가 초등학교 1학년이던 1964년 12월, 건국 후 최초로 1억 달러 수출을 달성했다고 대한민국 전체가 축제 분위기였다. 그런데 요새는 5,000억 달러를 수출하고도 모두 덤덤할 뿐이다. 분명 "하면 된다"고[58] 우기던 우리가 절반의 기적은 이루었음이 틀림없다.

그림1-20. 국내제조업체의 해외 특허침해소송 추이

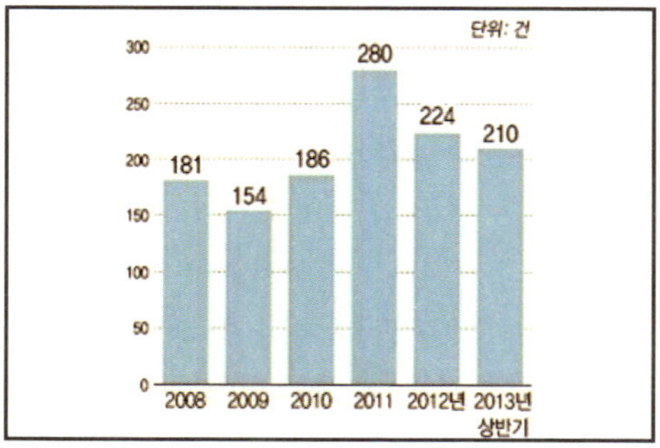

그림1-20(a)

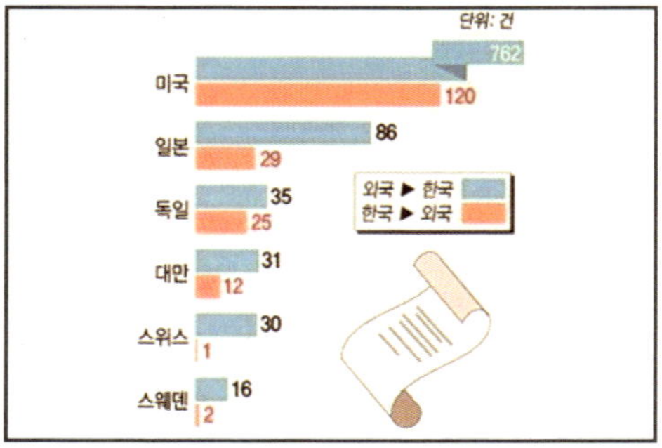

그림1-20(b)

하지만 우리가 이룬 기적에 대한 대가가 바로 국내기업에 대한 해외 특허침해소송이다. 그림 1-20(a)는 수출에 역점을 둔 국내 제조업체에 대한 해외 특허소송 추이를 나타내며, 그림 1-20(b)[59]는 국적별 해외 특허소송 현황을 나타낸다. 그림에서와 같이 국내 제조업체를 상대로 한 해외 특허침해소송은 매년 200건을 상회하며, 특히 80% 이상의 특허침해소송이 미국에 치중되어 있음을 알 수 있다. 이를 바꾸어 말하면 해외 기업들의 눈에 국내기업들이 이제는 막강한 경쟁자로 부각되었음은 물론 이들에게 국내기업들이란 소송을 제기하여 승소할 경우 막대한 수익을 제공하는 "deep-pocket"

58) 물론 그 당시에도 "아무리 해봐야 '택'도 없다"고 우기던 이들이 사회 각 분야마다 여럿 있었다. 더욱 흥미로운 점은 "아무리 해봐야 '택'도 없다"고 주장하던 이들 중 많은 사람들이 소위 '택'도 없다고 우겼다는 소신을 인정받음으로써 추후 부와 명예와 권력 중 최소한 2개 또는 3개 모두를 획득할 수 있었다는 사실이다.

59) 그림 1-20(a) 및 1-20(b)는 2008.01~2013.06 기준이며, 해외기업의 국적은 본사 소재지를 기준으로 하였다. 자세한 내용은 아래의 URL 참고 (2014.08.31 최종 확인): http://news.naver.com/main/read.nhn?mode=LSD& mid=sec&sid1=101&oid=001&aid=0006415000

으로 부각되었다는 사실을 반증한다.

하지만 이에 대한 국내 굴지 제조업체의 대응 및 언론 보도는 현실과는 상당히 괴리가 있는 경우가 자주 눈에 띈다. 물론 영리를 목적으로 하는 제조업체가 자신의 사업을 홍보하고 대변하기 위하여 자신에게 유리하도록 정황을 편집·각색하여 언론에 흘릴 수는 있다. 하지만 작금의 국내 굴지 제조업체의 대언론 홍보는 많은 경우 사실과는 상당한 괴리가 있으며, 이에 의한 부작용으로 국민 대다수가 21세기 지식기반시대에 우리나라를 먹여 살릴 특허제도에 대하여 부정적 시각을 가지도록 오도한다는 데 문제점이 있다.

국내 굴지 제조업체의 대언론 홍보의 첫 번째 괴리는 '엄살'이다. 아래의 제5장의 4-다절 "특허권의 제도적 제한"에서 설명하겠지만, 제조업체가 특허침해소송에서 패소하여 발명가에게 물어야 하는 손해배상금은 그 형태가 일실이익이건 합리적 실시료이건 대부분 침해 제조업체가 벌어들인 수익의 일부에 불과하다. 따라서 제조업체가 특허침해소송에서 패소하더라도 금지처분(injunction)이나 수입금지 명령(exclusion order)을 회피할 수 있다면, 잘 나가는 선진기업의 특허를 전략적·고의적으로 침해하는 후발기업은 business 세계 어디에서나 찾아볼 수 있다. 즉 제조업체가 cost-benefit analysis를 이용하여 채산성을 검토한 후, 침해를 통하여 수익을 창출하고, 특허침해소송에서 패소하여 자신이 창출한 수익 중 일부를 특허권자에게 지불하더라도 잉여 수익을 거둘 수만 있다면, 제조업체가 취해야할 이성적 전략은 특허권자의 특허에 대한 침해이기 때문이다. 마치 교차로 신호등이 적색이고 그 옆에는 교통경찰이 눈에 쌍심지를 켜고 서있지만, 범칙금을 내고 벌점을 받더라도 2.3조 원짜리 계약 체결에 늦지 않기 위하여 과감하게 교통신호를 위반하는 것과 동일한 이치이다.

그럼에도 불구하고 국내 제조업체들은 모두 해외에서 특허침해소송을 당할 때마다 국민들에게 읍소하며 동정을 구하는 대언론 전략을 구사한다. 마치 작년에만 무려 230억 원의 소득세를 납부한 고소득자가 자신이 엄청난 세금을 납부하여 파산 직전이니 도와달라는 읍소와 동일하다. 그렇다면 우리 민초들은 무려 230억 원에 달하는 세금을 납부한 고소득자를 동정하며 특허제도를 비난하여야 할까? 아니면 575억 원을 벌어 그 중 230억 원을 세금으로 내고도 은행에 345억 원을 예금한 고소득자의 유연하면서도 전향적인 특허전략을 선망의 대상으로 삼아야 할까?

국내 굴지 제조업체의 대언론 홍보의 두 번째 괴리는 '과장'이다. 즉 국내 굴지 제조업체의 특허 관련 기사를 곰곰 뜯어보면 사실과는 괴리된 '침소봉대'가 대부분이라는 말이다.

우리는 그 동안 국내기업이 해외특허소송에서 승리하였다는 보도를 자주 접해 왔다. 마치 우리나라가 축구 경기에서 브라질이나 독일을 상대로 5:0 정도로 승리하였다는 보도이다. 하지만 내용을 곰곰이 살펴보면 기껏해야 우리 팀 골키퍼가 상대방의 페널티킥을 막았거나 또는 상대방이 헛발질을 하는 바람에 우리가 실점을 모면한 경우가 대부분이다. 즉 우리가 골을 넣은 것이 아니라 상대가 못 넣었음에도 국내기업은 마치 자신이 축구 경기 자체를 승리하였다고 홍보하는 경우이다.

분명 상대방이 페널티킥을 실축함으로써 우리 팀은 실점을 하지 않았고, 이에 따라 우리 팀이 승리할 가능성이 높아진 만큼은 사실이다. 하지만 마치 페널티킥을 막거나 상대방의 실축을 기대하는 전략만이 공격의 정석인양 과장 홍보하게 되면, 우리나라 축구팀의 실력은 영원히 남의 공을 막는 수준에 머물 수밖에 없으며, 우리 팀은 공격다운 공격은 상상조차 못하게 된다.

특허도 마찬가지이다. 상대방이 제기한 특허침해소송에서 국내기업이 상대방 특허에 대한 무효 판결을 받아 내거나 상대방 특허는 유효이지만 상대방의 권리 범위를 우회·회피하였다는 판결을 받고도 마치 우리가 승리하여 2.3억 달러라도 벌어오는 것처럼 홍보함은 분명 사실의 과장, '침소봉대'이다. 물론 상대방이 요구하는 2.3억 달러를 지불하지 않게 되었으므로 2.3억 달러를 절약한 만큼은 틀림없다. 하지만 수비를 공격인양 과장하고 마치 특허침해소송에서 피고로서 대응하는 전략만이 유일한 특허전략이라고 홍보할 경우, 우리는 항상 특허침해소송의 피고로서 오로지 수비밖에 할 줄 모르는, 영원히 양질의 특허를 창출하여 경쟁기업을 상대로 특허침해소송조차 제기할 수 없는 처지로 추락할 수 있기 때문이다.

국내 굴지 제조업체의 대언론 홍보의 세 번째 괴리는 "사실의 왜곡"이다. 즉 남이하면 불륜이고 자신이 하면 romance라는 주장이다.

우리 모두 business 세계는 복마전이라는 점을 인지하고 있다. 특허의 세계도 마찬가지이다. 국내 제조업체들이 오늘은 후발주자이기 때문에 선도주자가 제기하는 특허침해소송에서 단골 피고로 등장하지만, 국내 제조업체들도 내일은 선도주자가 되어 신흥 후발주자들을 상대로 특허침해소송을 제기해야만 한다. 그럼에도 불구하고 근시안적인 안목으로 자신의 현재 입장만을 고수하며 이를 합리화하기 위하여 사실을 왜곡하는 경우 결국 이는 장래에 부메랑으로 돌아와 자신의 발등을 찍음은 동서고금을 통한 세상 이치이다.

그러다 보니 가끔 낯 뜨거운 일도 벌어진다. 일예로 2013년 8월 미국 Obama 대통령은 미국 무역위원회(ITC, “U.S. International Trade Commission”의 약칭)가 Apple에게 내린 수입금지 결정에 거부권을 행사하였다. 이에 국내 제조업체는 물론 정부까지 앞장서서 이는 보호무역주의로의 회귀라며 강력히 반발하였고, 추후 미국 무역위원회가 삼성전자에 대하여 수입 금지를 결정할 경우 Obama 대통령은 이 또한 거부권을 행사하여야 한다고 강력히 권고하기도 하였다.

물론 2013년 10월 Obama 대통령은 미국무역위원회가 삼성전자에 대하여 내린 수입금지결정은 거부하지 않았으며, 이는 많은 국내외 특허전문가들의 예측과도 일치하였다.[60] 그럼에도 불구하고 특허업계의 흐름을 읽어내지 못한 일차적 책임은 당연히 정부에 있겠지만, 이에 대한 근본적 책임은 정부까지 설득할 정도로 영민한 홍보 전략을 추진한 국내 유수 제조업체에 있을 것이다.

물론 국내 유수 제조업체들의 대언론 홍보 전략을 이해하지 못하는 바는 아니다. 업체의 이미지는 물론 상대방에 대한 소송 전략을 노출시키지 않기 위해서도 영민한 대언론 홍보 전략은 절대적으로 필요하다. 하지만 저자는 냉엄한 특허 세계의 진리를 자신에게만 유리하도록 홍보하기 위하여 특허제도 자체를 폄훼하는 전략은 자신의 이익만을 내세울 뿐, 21세기 지식기반시대를 헤쳐 나가야하는 국가·사회에 해로운 전략임에 틀림없다고 생각한다.

60) 자세한 내용은 아래의 URL 참고 (2014.08.31 최종 확인): http://www.dt.co.kr/contents.html?article_no=2013090402012251785002

(7) 다시 발명가로 ...

앞서 살펴본 바와 같이 수십만 원에 불과한 덤핑 수준의 수임료로 인하여 변리사가 특허명세서를 대충 작성하거나, 과다한 업무로 선행기술을 제대로 조사하지 못한 특허청 심사관이 실수로 등록시킨 특허가 법원에서 무효로 처리됨은 오히려 당연하다. 하지만 특허청이라는 국가기관으로부터 특허등록증을 교부받은 발명가가 시간, 노력, 자본을 투자하여 사업을 진행하던 중, 자신의 사업 근간의 하나인 특허가 무효로 처리되고, 그 결과 시장에서 경쟁자의 무임승차를 금지하지 못할 경우 입는 타격은 엄청날 수밖에 없다.

물론 특허청이 아무리 심사에 공을 들이더라도 숨어있는 선행기술을 모두 검색할 수는 없음이 현실이므로, 항상 등록특허의 일부는 추후 소송을 통하여 무효로 처리될 수밖에 없다. 또한 특허청 심사관이 아무리 꼼꼼히 심사를 하더라도 특허법원 판사가 심사관의 결정에 반드시 동의한다는 보장도 없으므로 등록특허의 일부가 소송 과정 중 무효로 처리되는 경우는 우리나라뿐만 아니라 특허 선진국인 미국·유럽에서도 피할 수 없는 현실이다. 하지만 등록특허의 60~80% 정도가 무효로 처리되는 국내 현실은 분명 특허명세서 작성 시의 품질 문제, 특허청 심사관의 부족 및 이로 인한 과다한 업무, 특허법원의 과로 및 전문성 부재 등 심각한 구조적 문제가 내재함을 반영한다.

결국 우리나라에 선순환적 특허생태계가 구축되지 못한 책임은 발명가, 대리인, 특허청, 특허법원은 물론 관련 당사자들 모두에게 있다. 그렇다고 모두의 책임이니 모두 잘 해보라고 한들 문제가 해결될 리가 없다. 또한 이와 같은 총체적 문제를 곰곰 살펴보면 이는 특정 당사자만의 책임이라기보다는 구조적, 총체적 결함의 결과라고 결론지음이 타당할 수도 있다. 따라서 21세기 지식기반시대에 우리나라가 선진국 반열에 안착하기 위하여 필수적으로 구축하여야만 할 선순환적 특허생태계 구축의 앞날은 점점 더 막막해질 수밖에 없다.

하지만 남을 탓하기 전 자신을 먼저 돌아보는 방법 역시 현명한 발명가의 몫이다. 우선 발명가가 국내특허의 선천적 한계를 알았더라면, 자신의 우량 발명을 국내에만 특허로 출원·등록하여 5대양 6대주에서 자신의 발명을 공짜로 실시할 수 있도록 용납하지 않았을 것이다. 발명가가 국내특허의 후천적 한계마저 인지하였더라면, 유능한 변리사를 선정하고 이들에게 합당한 수임료를 지불하여 자신의 우량 발명을 우량특허로 재창출하고, 추후 이를 미국·유럽과 같은 전략적 주요 국가에서 특허로 출원·등록하였을 것이다. 왜냐하면 앞서 설명한 바와 같이 동일한 발명에 대한 미국특허의 가치가 100이라면 유럽특허의 가치는 10, 국내특허의 가치는 1에 불과하기 때문이다.

그림 1-21. 전략적 주요 국가에서의 우량특허 확보의 중요성

그렇다고 그 동안 발명을 헛되이 관리하였다고 땅을 치고 통탄할 이유도 전혀 없다. 만일 발명가들이 그 동안 국토의 절반에 해당하는 땅을 5대양 6대주의 주민들에게 공짜로 양도하였다면 이는 큰 실수이겠지만, 특허라는 무형자산은 땅이라는 유형자산과는 본질적 차이가 있기 때문이다. 즉 땅은 실수로 한 번 팔아버리면 영원히 남의 소유물이 되지만, 아이디어, 발명, 특허는 무궁무진하게 창출할 수 있기 때문이다. 오히려 영민한 발명가는 과거의 실수를 거울삼아 앞으로 더 유망한 발명을 착상할 수 있으며, 그림 1-21과 같이 앞으로는 우량 발명일수록 이를 더욱 효율적으로 미국·유럽 등과 같은 전략적 주요 국가에서 우량특허로 재창출하고 활용할 수 있기 때문이다.

이러한 관점에서 저자는 절호의 기회가 우리 모두를 기다리고 있다고 확신한다. 즉 국내 특허생태계가 이미 공고히 구축되어 있다면 이를 21세기 지식기반시대에 적합한 선순환적 형태로 전환하기가 상당히 어렵겠지만, 다행히 우리나라에 고착화된 악순환적 특허생태계에 대하여 이미 많은 국내 특허전문가들이 문제점을 직시하고 이를 수정하기를 갈망하고 있기 때문이다. 이에 대한 저자의 제언은 제11장 "특허입국(特許立國) 전략 ≡ 특허와 제조의 융합"에서 정리하였다.

바. 국내특허의 현실적 의미

앞서 국내특허에는 선천적 한계가 내재할 수밖에 없으며, 여기에 후천적 한계까지 고려한다면 현재의 국내 특허생태계 하에서의 국내특허는 수익 창출과는 거리가 먼 특허라고 설명하였다. 그렇다면 발명가에게 국내특허의 의미는 무엇일까?

저자는 현재이건 미래이건 국내특허의 진정한 가치는 바로 '징검다리'에 있다고 생각한다. 바꾸어 말하면 발명가에게 국내특허란 전 세계에서 특허 가치가 제일 높은 미국특허와 그 다음으로 높은 유럽특허를 확보하기 위한 징검다리라는 말이다.[61)]

이는 북으로는 중국에, 나머지 삼면은 바다로 둘러싸인 대한민국의 입장에서는 불변의 진리이다. 일예로 정부가 출원특허나 등록특허 건수를 정부 연구과제 평가지표로 더 이상 사용하지 않고, 대학교·연구소의 특허관리부서가 "선택과 집중" 전략으로 우량 발명만을 선별하여 특허로 출원·등록하고, 사법부도 특허법원 판사의 수를 증원하는 한편 상기 판사의 전문성 배양에도 성공하고, 발명가도 유능한 변리사에게 합당한 수임료를 지불한다고 가정하자. 그리고 현재로서는 상상조차 어렵지만 여의도의 국회도 드디어 지식재산의 중요성을 깨닫고 특허청 심사관 수를 3배로 증원하도록 정부에 요청하고 이에 대한 예산을 가결하였다고 가정하자. 그렇더라도 우리는 전략적 주요 국가에 우리의 발명을 특허로 출원하여야만 한다. 왜냐하면 우리는 어차피 세계를 상대로 승리해야할 역사적 사명을 완수하기 위하여 이 땅에 태어났기 때문이다.

결국 수익 창출을 목적으로 하는 국내 개인발명가는 물론 국내 대학교·연구소, 국내기업은 모두 선천적으로 시장이 협소한 국내만을 수익 창출의 대상으로 설정하는 대신 그림 1-22(a)와 같이 시장도 넓고 특허 보호 정도도 높은 미국·유럽을 수익 창출의 대상으로 설정하여 직접 특허를 출원·등록하거나 그림 1-22(b)와 같이 우량 국내특허를 출원한 후 이를 번역하여 미국·유럽에 특허를 출원·등록하는 전략을 활용해야만하기 때문이다.[62)] 이와 같이 세계를 상대로 하는 전략이야말로 발명가 개인, 국내 대학

61) 물론 시대가 변하여 미국·유럽특허의 가치에 비하여 중국·인도특허의 가치가 더 높아진다면, 당연히 국내특허란 전략적 주요 국가로 부상한 중국·인도특허를 확보하기 위한 징검다리일 것이다.

62) 청국장, 풍수지리 등과 같이 발명가의 발명을 구현한 제품의 시장이 국내에 국한된다면 물론 미국특허나 유럽특허를 출원할 이유가 없다.

교·연구소, 국내기업에 더 큰 이익을 줄 것이며, 이를 통하여 국가 경제 역시 발전할 것은 자명하다.

그림 1-22. 미국특허, 유럽특허를 위한 징검다리로서의 국내특허

그림1-22(a)

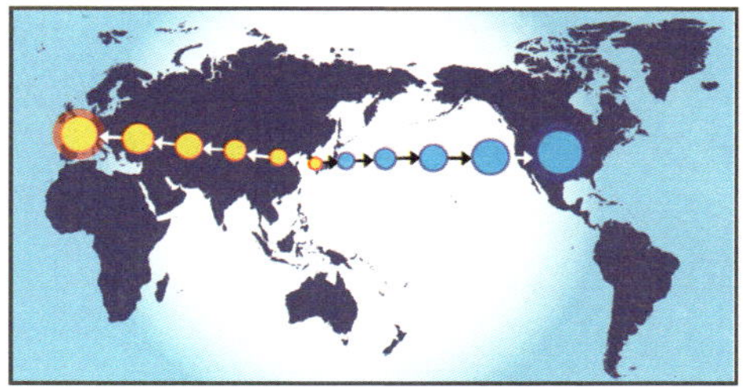

그림1-22(b)

그렇다면 그림 1-22(a)와 같이 국내특허라는 징검다리를 사용하지 않고 직접 미국·유럽 등과 같은 전략적 주요 국가에 특허를 출원할 수 있을까? 물론 가능하다. 하지만 이에 대한 현실적 문제점은 바로 '비용'이다.

일예로 발명가가 미국 유수 특허 law firm에서 직접 특허를 출원하려면 출원 비용만 보통 10,000 달러 이상이 소요되며, 발명의 기술적 난이도가 높거나 발명이 복잡할 경우에는 출원 비용만 20,000~30,000 달러를 상회하기도 한다. 또한 화학이나 bio 분야의 발명일 경우 특허명세서 자체가 분량이 많아지므로 50,000 달러 정도를 출원 비용으로만 지출하게 될 수도 있다. 물론 미국에도 유수 특허 law firm 대신 중형급 law firm도 있고, 혼자 개업한 solo practitioner도 있으므로, 이들을 이용할 경우 특허출원 비용은 저렴해질 수도 있다. 하지만 발명가가 미국 대리인의 업무에 대한 품질을 확인할만한 능력이 없는 경우, 미국에서 싼 가격에 출원한 특허가 국내에서 출원한 특허보다 품질이 우수하리라는 보장 역시 없다.

이뿐만이 아니다. 일단 특허를 출원한 후 2~3년이 경과하여 미국특허청 심사관이 발명가가 출원한 출원특허의 청구항을 거절하면, 발명가는 이에 대응해야만 한다. 하

지만 미국의 경우 특허 변호사와 변리사는 엄격하게 시간에 따라 수임료를 계산하기 때문에 심사관의 거절을 극복하는 데에만 건당 수천 달러가 소요될 수도 있다. 따라서 업계에서는 미국에서 직접 특허를 출원·등록하고 출원 후 20년 간 특허를 유지하는 데 소요되는 비용을 대략 1억 원 정도로 추산하기도 한다.

유럽특허의 경우에는 더 많은 비용이 소요된다. 우선 유럽특허청은 미국특허청보다 심사 속도가 더딘 편이며, 발명가는 유럽특허청 심사관의 심사를 기다리면서도 매년 꼬박꼬박 출원 대기료도 지불해야 한다. 따라서 업계에서는 유럽에 직접 특허를 출원·등록하고 출원 후 20년 간 특허를 유지하는 데 소요되는 비용 역시 대략 1억 원 정도 또는 그 이상으로 추산한다.

결국 발명가가 해외의 전략적 주요 국가에서 특허를 출원하며 비용을 최소화하기 위해서는 그림 1-22(b)와 같이 국내특허를 출원한 후, 이를 번역하여 미국·유럽 등의 전략적 주요 국가에 출원하는 "징검다리 전략"을 사용할 수밖에 없다. 하지만 여기에는 커다란 함정이 존재한다. 즉 징검다리가 부실하면 물에 빠져 죽을 수 있다는 사실이다. 바꾸어 말하자면 국내에서 특허명세서를 제대로 작성해야만 이를 번역하여 출원한 해외특허도 의의가 있는 반면 국내 특허명세서가 부실하면 아예 해외 특허출원은 생각도 하지 않는 편이 현명하다는 불편한 진실이다.

그림 1-23. 우량 해외특허를 위한 국내 특허명세서의 중요성

그림 1-23과 같이 제대로 작성되지 않은 국내 특허명세서를 "썩은 사과"라고 가정하자. 물론 "썩은 사과"와 같은 국내특허를 출원하는 이유는 다양하다. 우선 발명을 착상한 발명가가 자금은 부족하지만 경쟁자보다 먼저 특허 출원일을 확보하기 위하여 싼 가격에 급하게 특허를 출원할 수도 있다. 또는 어떤 변리사가 유능한 변리사인지 선별할 수 있는 능력이 부족한 발명가가 최선을 다하여 변리사를 선정하고 특허를 출원하였으나 덤핑 수준의 수임료 또는 변리사의 경험 부족 등의 이유로 국내 특허명세서가 제대로 작성되지 않았을 수도 있다.

그림1-24. 우량 미국·유럽특허를 위한 국내 특허명세서의 중요성

그림1-24(a)

그림1-24(b)

하지만 일단 "썩은 사과"로 출원된 국내특허는 그림 1-24(a), 1-24(b)와 같이 추후 어떤 언어로 번역하더라도 "썩은 사과"의 운명을 면할 수가 없다. 왜냐하면 일단 국내 특허명세서의 "발명의 설명"을 대충 작성하여 출원하면 추후 미국·유럽에 특허를 출원할 때에도 특허명세서의 "발명의 설명"을 수정할 수 없기 때문이다. 즉 제5장의 4-나절 "특허권의 후천적 제한"에서 설명하겠지만, 발명가는 국내 출원한 특허명세서의 "발명의 설명"에 기재하지 않은 내용을 미국·유럽의 특허명세서의 "발명의 설명"에 기재하며 국내특허의 출원일에 대한 우선권을 주장할 수 없기 때문이다.

요약하면 발명가에게 국내특허란 징검다리이다. 즉 미국특허와 유럽특허를 직접 출원하려면 너무 많은 비용이 소모되므로, 이보다는 가격이 저렴한 국내특허를 출원한 후 이를 번역하여 미국특허와 유럽특허를 출원하는 징검다리로 이용하는 전략이다. 단 여기에서 유의할 점은 바로 징검다리가 부실하면 물에 빠져 익사하게 된다는 사실이다. 따라서 제대로 작성된 국내 특허명세서야말로 국내특허라는 징검다리를 이용하는 필요충분조건인 셈이다.

물론 이를 위해서는 유능한 대리인의 선임이 필수이며, 유능한 대리인의 유능함에 상응하는 유능한 대우는 더욱 필수이다. 유능한 대리인 선정과 국내특허를 전략적 주요 국가에서의 금지권 확보를 위한 징검다리로 재창출하는 전략은 제11장의 3절 "발명가의 전략"에서 상세히 설명한다.

5. 개인·기업·국가 차원의 목표

가. 사유재산 보장 및 비용편익분석의 결과인 특허

특허는 지식재산의 한 종류이며, 지식재산은 무형자산의 한 종류이며, 무형자산은 재산의 한 종류이다. 따라서 재산에 대한 권리를 규정하는 재산법의 한 종류가 무체재산법이며, 무체재산법의 한 종류가 바로 특허법이라 할 수 있다. 결국 특허법이란 발명을 통하여 수익을 창출하기 위한 수단과 방법인 금지권을 규정하는 동시에 이러한 금지권을 우회·회피하며 합법적으로 수익을 창출할 수 있는 수단과 방법을 규정하는 법이라 할 수 있다.

그렇다면 재산법 상의 '정의'란 무엇일까? 우리나라 사법체계가 보장하는 인간의 기본권이 '인권'이라면, 우리나라 사법체계가 추구하는 재산권의 정의는 사유재산의 보장이라 할 수 있다. 따라서 각 개인은 자신이 소유한 재산을 활용하여 수익 창출을 도모하며, 수익 창출을 위해서는 거래에 소요되는 비용(cost)과 이를 통해 얻을 수 있는 이익(benefit)을 고려한 후, 이익이 비용을 초과하는 경우 상기 거래를 진행하게 된다. 따라서 재산권과 관련된 개인 사이의 분쟁은 결국 당사자 사이의 재산 획득 행위와 분배 행위, 재산 사용 행위 및 재산 회피 행위 등에 초점이 맞추어진다.

특허 역시 마찬가지이다. 발명가가 발명을 착상하고, 특허를 출원하며, 발명가와 대리인이 특허청 심사관과 특허의 권리범위에 합의하여 특허를 등록한 후 이를 유지하며, 침해의심 제조업체를 상대로 특허침해소송을 제기하는 행위는 이에 소요되는 비용(cost)과 이를 통하여 얻을 수 있는 이익(benefit)을 고려한 발명가가 이익이 비용을 초과할 것이라고 판단하였기 때문에 이루어진다. 발명가의 경쟁자 역시 마찬가지이다. 발명가가 보유한 특허의 권리범위에 대한 경쟁자의 분석, 특허의 권리범위를 우회·회피하려는 경쟁자의 노력, 경쟁자의 특허침해 역시 경쟁자가 이를 통하여 얻을 수 있는 이익(benefit)과 특허침해소송에서 패소함으로써 잃을 수 있는 비용(cost)을 고려한 후, 이익이 비용을 초과할 것이라고 판단하였기 때문에 이루어진다.

결국 특허와 관련된 모든 공격 행위와 수비 행위는 모두 수익과 직결된다. 따라서 특허와 관련된 모든 활동은 주체가 발명가이건 침해의심 제조업체이건 비용(cost)과 이익(benefit)을 고려한 비용편익분석(cost-benefit analysis)의 결과이다.

반대의 경우를 생각해보자. 만일 발명가가 아무리 우량 원천 발명을 착상하고 이를 특허로 등록하여 금지권을 획득하더라도 경쟁자가 이를 무단으로 실시할 수 있다면, 발명을 착상하려는 발명가의 수는 기하급수적으로 줄어들 수밖에 없다. 그 결과 특허청의 심사관 역시 심사해야 할 출원특허가 부족해져 궁극적으로는 해고당하거나 다른 부처로 배속될 수밖에 없다.

경쟁자 역시 마찬가지이다. 만일 경쟁자가 발명가의 특허를 침해하였다고 판단할 경우 자신이 침해를 통하여 창출한 이익의 수백 배, 수천 배에 달하는 막대한 손해배상금을 발명가에게 지불해야만 한다면, 특허침해 제조업체는 모두 도산하게 되며, 이에 따라 그 어떤 제조업체도 제 정신으로는 발명가의 특허를 침해하지 않게 될 것이다. 그 결과 특허법원의 판사는 물론 기술심리관 모두 담당하여야 할 소송 사건을 찾지 못하게 되어 궁극적으로는 해고당하거나 다른 법원으로 배치될 수밖에 없다.

하지만 이러한 상황은 꿈이고, 이상이며, 현실이 아니다. 왜냐하면 제5장의 4절 "특허권의 제한"에서 설명하겠지만, 특허제도는 발명가에게도 어느 정도의 수익을 보장하는 한편 특허침해 제조업체에게도 어느 정도의 수익을 보장해주는 제도이기 때문이다. 단 속지법인 특허법은 국가 별로 상이하므로, 어떤 나라에서는 발명가의 권익에 중점을 두기도 하는 한편 다른 국가에서는 발명가보다 제조업체의 편의를 도모하기도 한다.

하지만 한 가지 결론만은 확실히 도출할 수 있다. 발명가보다 제조업체의 권리를 강하게 보장해주는 국가에서는 제조업체보다 발명가의 권리를 강하게 보장해주는 국가에 비하여 (1) 발명가의 수도 적을 것이고, (2) 이에 따라 창출되는 양질의 발명 또한 적을 것이며, (3) 이에 따라 상기 국가는 21세기 지식기반시대의 후진국으로 전락할 것이다. 앞서 설명하였듯 21세기는 지식기반시대이고, 지식기반시대의 기축통화는 특허와 같은 지식재산이다. 이러한 명제를 숙지하면 지식기반시대에서의 개인·기업·국가 차원의 목표 또한 자명해진다.

나. 지식기반시대의 개인·기업·국가 차원의 목표

결국 21세기 지식기반시대에는 우량특허의 보유량에 따라 개인·기업·국가의 경쟁력이 결정된다. 하지만 지식재산 역시 소멸되기 마련이다. 특히 특허는 신제품에 특허기술이 적용할 때마다 실시되고 소진된다고 간주할 수 있다. 따라서 지식기반시대의 관건은 우량특허의 보유량은 물론 우량특허의 창출 능력이다.

그렇다고 우리가 살고 있는 시대가 지식기반시대이므로 제조업을 포기하자는 말은 절대 아니다. 대한민국 정부, 기업, 국민이 일군 국내 제조업은 몇몇 분야에서 국제 경쟁력을 확보하고 있기 때문이다. 따라서 이미 경쟁력을 확보한 제조 분야에는 강력한 우량특허나 원천특허를 융합시켜 전략적 주요 국가에서 해외 경쟁업체에 대한 강력한 금지권을 확보하고, 아직 경쟁력을 확보하지 못한 분야에서는 특허를 앞세워 global market에 진출하는 전략을 고려해야만 한다. 단 명심하여야 할 점은 이 모든 사명을 완수하는 데 필요한 핵심요소가 바로 강한 특허라는 점이다.

다시 강조하지만 특허와 관련된 모든 행위는 수익 창출이 목표이다. 따라서 국내 발명가의 특허 출원·등록, 특허 유지는 물론 국내 경쟁자에 대한 특허침해소송도 발명가가 이익을 창출하기 위한 상업적 행위이다. 이와 동시에 국내 발명가의 특허에 대한 국내 경쟁자의 우회·회피는 물론 국내 발명가 특허의 권리범위에 대한 침해 역시 국내 경쟁자가 이익을 창출하기 위한 상업적 행위이다. 따라서 발명가이건 경쟁자이건 모두 자신의 특허를 유효적절하게 권리화하여 방어하고, 타인의 특허는 현명하게 우회·회피하거나 침해하는 등과 같은 전향적 특허전략을 활용할 필요가 있다.

그래도 발명가, 제조업체 모두 다 같은 배달민족인데, 우리끼리 국내에서 또는 해외에서 특허로 분쟁을 일으킬 필요가 있을까?

이에 대한 저자의 생각은 “그럴수록 더욱 그래야 한다”이다. 만일 이러한 경쟁체계가 국내에 구축되지 않는다면, 실전 경험이 전무한 국내 발명가는 해외 특허침해소송에서 백전백패를 거듭하며 자신의 특허를 상실할 것이다. 마찬가지로 실전 경험이 전무한 국내기업 역시 해외 특허침해소송에서 참패를 거듭하며 막대한 손해배상금을 지불하고, 금지처분 또는 수입금지라는 뭇매를 맞으며 자신의 특허 경쟁력과 특허 전문성을 키울 수밖에 없을 것이다.

결국 특허를 유효적절하게 권리화하고 방어하며, 이를 현명하게 침해하며 발생하는 분쟁을 통하여 소송 당사자인 국내의 개인발명가, 국내 대학교·연구소, 국내기업의 특허 경쟁력은 제고되며, 대한민국의 특허 경쟁력 역시 제고된다. 또한 특허법 테두리 안에서의 치열한 싸움을 통해서만 국내 특허업계의 전문성도 일취월장하며 국제 경쟁력을 획득할 수 있다. 따라서 더 이상 특허나 특허소송을 경원시하지 말고 이를 장려하며 백분 활용할 수 있는 제도를 구축하고 운용해야 한다.

6. "지식재산 개요"의 요약

제1장에서는 지식재산의 종류 및 성격을 간단히 소개하였고, 지식기반시대가 도래한 배경 및 의의, 지식기반시대에서의 특허의 중요성을 설명하였다. 또한 아직 제조업 위주의 사고방식이 지배하는 대한민국의 특허생태계 현황 및 문제점을 소개한 후, 특허와 관련된 모든 활동은 수익 창출과 직결된다는 점을 사례를 통하여 설명하였다. 이에 따라 국내의 개인발명가, 국내 대학교·연구소, 국내기업은 물론 국가 차원에서도 강한 특허를 많이 보유함은 물론 우량특허 창출능력을 극대화함이 바로 지식기반시대의 강자로 거듭나는 방법임을 강조하였다.

물론 이 모두를 실현하기 위해서는 강한 특허가 필수 요건이다. 따라서 다음 장부터는 특허와 관련된 각종 전략을 소개하며, 강한 특허의 정의, 강한 특허를 창출하기 위한 공수전략과 청구항 전략은 물론 강한 특허를 창출하는 데 절대적 요소인 유능한 대리인의 정의 및 선정 조건에 대하여 설명한다.

제2장 청구항 및 공수전략

발명가는 수익 창출을 위하여 발명을 착상하고 이에 대한 법적 보호를 확보하기 위하여 특허를 출원한다. 발명가가 특허를 출원하면 해당 국가의 특허청 심사관은 출원특허의[1] 신규성 요건, 진보성 요건은 물론 각종 기재요건에 대한 심사를 실시한다. 발명가의 출원특허가 이 모든 요건들을 만족하면 출원특허는 등록특허로서 상기 국가의 특허청에 등록된다. 이에 따라 발명가는 등록특허의 청구항에 기재된 특허기술을 자신의 사유재산으로 인정받으며 청구항의 권리범위에 한하여 금지권을 확보한다. 또한 발명가는 자신의 특허에 부여된 금지권을 이용하여 상기 국가에서 자신의 등록특허의 청구항에 기재된 특허기술에 대한 경쟁자의 무단 실시(즉 생산, 판매, 사용, 수입 등)를 금지할 수 있다.

하지만 발명가가 천신만고 끝에 등록한 특허의 금지권을 경쟁자가 쉽게 우회·회피하며 발명가의 특허 청구항에 기재된 특허기술과 동일하거나 유사한 제품을 제조·판매할 수 있다면, 시간과 노력과 자본을 투자한 발명가는 발명, 특허를 이용한 수익 창출이라는 자신의 목적을 달성할 수 없으며, 오히려 발명을 착상하기 위한 R&D 비용은 물론 특허 관련 비용을 보상받을 수 없게 된다. 즉 발명가의 금지권은 무용지물로 전락하고 만다.

물론 이러한 경우는 주로 발명가가 특허 청구항이라는 법적 도구를 이용하여 확보한 금지권의 범위가 협소하거나, 발명가 청구항의 금지권 주변에 금지권이 미치지 못하는 공터가 존재하는 경우 주로 발생한다. 따라서 발명가는 특허 출원·등록 시 가능한 한 넓은 범위의 금지권을 확보하도록 노력해야 하는 바, 이것이 바로 특허 공격전략의 핵심이다.

---

1) 국내 특허업계에서는 특허의 등록 여부와 관계없이 발명가(엄밀하게 표현하자면 발명가가 아닌 '출원인'만이 특허를 출원할 수 있지만, 설명의 편의를 위하여 발명가와 출원인이 동일하다고 가정하고 발명가로 표기)가 특허청에 출원한 특허를 '특허출원'이라고 부른다. 하지만 일반인에게 '특허출원'이라는 용어 자체는 발명가가 특허청에 특허를 출원하는 행위 자체를 연상시키는 경우가 대부분이다. 따라서 일반인은 발명가가 특허청에 출원한 특허를 '출원특허'라고 지칭하기도 한다. 이러한 혼동을 방지하기 위하여 본문에서는 등록 여부 및 등록 전후의 시점과는 관계없이 발명가가 특허청에 출원한 특허를 '출원특허'라 지칭하는 반면 '특허출원'이란 특허를 출원하는 행위 자체를 지칭함을 알린다.

그렇다고 발명가가 무작정 자신의 금지권을 확충할 수만은 없다. 왜냐하면 이미 경쟁자가 소유하고 있는 권리나 공중의 권리를 발명가가 고의 또는 실수로 자신의 금지권에 포함시킬 경우, 이러한 특허는 신규성 결여, 진보성 결여 등의 이유로 거절되거나 무효가 되기 때문이다. 이러한 최악의 사태에 대비하는 발명가의 전략이 바로 독립항과 종속항을 순차적으로 이용하는 청구항 전략이다. 즉 다수의 상이한 권리범위를 지닌 청구항을 순차적으로 사용함으로써 넓은 범위의 청구항인 독립항이 무효가 되더라도 차선의 권리범위를 지닌 청구항인 종속항을 이용하여 부족하나마 금지권을 행사할 수 있도록 도모하는 바, 이것이 바로 특허 수비전략의 핵심이다.

제2장에서는 청구항과 이를 이용한 특허의 공수전략에 대한 기본 이론 및 응용 전략을 설명한다. 이를 위하여 제2장의 1절에서는 특허의 목적이 수익 창출임에 근거하여 특허의 범위, 즉 출원특허의 청구범위와 등록특허의 권리범위의 중요성에 대하여 설명한다. 제2장의 2절에서는 청구항 요소의 수 및 각각의 청구항 요소에 대한 제한조건의 수를 최소화하는 특허 공격전략을 설명하고, 제2장의 3절에서는 범위가 넓은 독립항과 범위가 좁은 종속항을 이용하는 청구항 전략에 기초한 특허 수비전략에 대하여 설명한다. 제2장의 4절에서는 모든 발명이나 모든 특허가 동일하지 않기 때문에 "선택과 집중"이 필요한 이유에 대하여 설명하며, 제2장의 5절에서는 청구항 및 공수전략에 대하여 요약한다. 특히 제2장에서는 청구항의 범위(즉 출원특허의 청구범위 또는 등록특허의 권리범위) 및 특허 공수전략에 대한 독자의 이해를 증진시키기 위하여 특허와 지리의 개념상의 유사점을 이용한 그림 및 설명을 병행하였다.[2)]

1. 범위의 중요성

앞서 발명가는 수익 창출을 위하여 특허를 출원한다고 설명하였다. 발명가의 특허가

2) 저자는 특허 공수전략을 알기 쉽게 설명하기 위하여 여러 가지 방법을 시도해 보았으며, 그 결과 특허와 지리의 유사성에 대한 도면을 이용한 특허 공수전략 설명이 독자의 이해 증진에 가장 효과적이라고 생각하게 되었다. 하지만 특허와는 상이한 지리를 이용하여 특허 공수전략을 설명하다보니 저자의 설명에 논리적 gap이 존재할 수도 있을 것이다. 이에 독자의 너그러운 이해를 기대해 본다 :)

등록되면 발명가는 특허 청구항의 권리범위에 속하는 청구발명을 타인이 무단으로 실시하지 못하도록 금지할 수 있는 금지권을 확보하게 된다. 따라서 발명가가 특허로 수익을 창출하려면 청구항을 통하여 광활한 권리범위를 확보함으로써 타인이 자신의 권리범위를 우회·회피하지 못하도록 방지할 필요가 있다.

특허의 범위, 더 자세히 말하자면 청구항의 범위를 설명하기 위해서는 먼저 청구항에 기재하는 청구발명의 대상인 발명을 정의할 필요가 있다. 발명, 더 자세히 말하자면 "특허를 받을 수 있는 발명"에 대한 정의는 각 국가의 특허법에 따라 정도의 차이는 있지만 일반적으로는 대동소이하다고 간주할 수 있다.

표 2-1. 미국 특허법 상의 발명의 정의

35 U.S.C. § 100 - Definitions
(a) The term "invention" means invention or discovery ... (f) The term "inventor" means the individual or, if a joint invention, the individuals collectively who invented or discovered the subject matter of the invention.
35 U.S.C. § 101 - Inventions patentable
Whoever invents or discovers any new and useful process, machine, manufacture, or composition of matter, or any new and useful improvement thereof, may obtain a patent therefor, subject to the conditions and requirements of this title.

표 2-1은 미국 연방법 중 특허법에 해당하는 35 U.S.C.(제35장)로서 § 100(a)(제100조 제(a)항)는[3] 발명을 'invention' 또는 'discovery'라고 정의한다. 또한 제100조 제(f)항은 발명가를 발명의 대상(subject matter)을 발명하거나 발견한 자라고 규정하며, 제101조는 신규하고(novel) 유용한(useful) 방법 (process), 복잡한 물체 또는 기계 (machine), 간단한 물체 또는 부품 (article of manufacture), 조성물 (composition of matter) 및 이의 개량에 대한 발명이 제35장의 각종 요건을 만족할

3) "35 U.S.C."는 "35 United States Code"의 약자로서 '35'는 상기 법령의 제35장(Title)을 의미하고, 'U.S.C.'는 미국 연방법령을 의미하며, '§'은 'section,' 즉 '절'을 의미한다. 따라서 "35 U.S.C. § 100"은 미국 연방법령 제35장 제100조를 의미한다. 참고로 미국 연방법 상 특허법은 제35장에 해당한다.

경우, 발명가는 자신의 발명에 대한 특허를 받을 수 있다고 정의한다.

표 2-2. 국내 특허법 상의 발명의 정의

제2조(정의) 이 법에서 사용하는 용어의 뜻은 다음과 같다.
1. "발명"이란 자연법칙을 이용한 기술적 사상의 창작으로서 고도한 것을 말한다. 2. "특허발명"이란 특허를 받은 발명을 말한다 ...

한편 표 2-2와 같이 대한민국 특허법 제2조 제1항은 '발명'을 "자연법칙을 이용한 기술적 사상의 창작으로서 고도(高度)한 것"이라고 정의한다. 또한 대한민국 특허법 제29조 제1항은 발명가의 발명이 산업상 이용할 수 있고 특정 조건을 만족할 경우 특허를 받을 수 있다고 규정하며, 제42조 제4항은 발명가는 자신이 보호받고자 하는 청구범위를 특정 서식에 따라 청구항에 기재하여야 한다고 규정한다. 또한 특허법 제126조 제1항은 특허를 받은 발명가는 자신의 권리를 침해한 자 또는 이를 침해할 우려가 있는 자에 대하여 침해의 금지 또는 예방을 청구할 수 있다고 규정한다.

발명은 기술에 근거하고 있음에도 불구하고 이와 같이 특허와 특허권은 법률 용어로 규정되어 발명가가 특허를 이해하기는 쉽지 않다. 따라서 아래에서는 발명가가 친근하게 발명, 특허 및 청구항을 이해하고 응용할 수 있도록 도면을 이용하여 특허의 범위(즉 출원특허의 청구범위[4] 및 등록특허의 권리범위[5] 포함)의 중요성을 설명한다.

4) 일반적으로 '청구범위'와 '권리범위'는 혼용되는 편이다. 이에 따른 혼동을 방지하기 위하여 본문에서는 출원특허의 청구항의 범위는 '청구범위'라 지칭하는 한편 등록특허의 청구항의 범위는 '권리범위'라 지칭한다. 참고로 특허청에 심사를 청구하는 시점의 출원특허의 청구범위와 특허청 심사 후 등록되는 시점의 등록특허의 권리범위는 반드시 일치하지는 않는다. 더 자세히 설명하면 등록특허의 권리범위는 기껏해야 출원특허의 청구범위와 동일하며, 대부분의 경우 등록특허의 권리범위는 출원특허의 청구범위보다 좁기 마련인 바, 그 이유는 대부분의 출원특허는 특허청 심사관의 거절 이유를 극복하기 위하여 청구범위를 좁힌 후 등록되기 때문이다.

5) 또한 본문에서는 "출원특허 청구항의 청구범위"와 "등록특허 청구항의 권리범위"라는 용어들을 각각 줄여서 "출원특허의 청구범위" 및 "등록특허의 권리범위"라 지칭하기로 한다. 또한 본문에서는 출원특허의 '청구범위'와 등록특허의 '권리범위'를 '범위'라고 통칭하기로 한다.

가. 특허의 목적은 수익 창출 뿐

흔히들 발명가를 미지의 세계를 찾아 긴 여정을 떠나는 탐험가에 비유하며, 발명가가 착상하는 발명을 탐험가가 발견하는 신대륙에 비유하기도 한다. 그렇다면 신대륙을 발견한 발명가는 무엇을 할까? 즉 발명가는 어떤 목적으로 발명을 착상할까?

극소수이기는 하지만 신대륙을 발견한 어떤 발명가는 그 곳에 일가친척은 물론 온 인류를 초청하여 더불어 살기를 원하기도 한다. 이러한 발명가는 만나는 사람들마다 모두 신대륙으로 건너오도록 권한다. 물론 이러한 발명가는 일가친척이건 경쟁자이건 신대륙으로 이민을 오거나 관광차 신대륙을 방문할 때 visa를 요구하지도 않으며, 이주 비용은 물론 입장료도 청구하지 않는다. 그는 그저 사람이 좋을 뿐이다.

이러한 발명가는 시간과 노력, 돈을 들여 특허를 출원할 필요가 없다. 대신 자신이 발견한 신대륙을 자신의 blog에 올려놓고 “Everyone is welcome!”이라고 홍보(특허의 경우 ‘공지’에 해당)만 하면 된다. 바꾸어 말하면 이러한 발명가는 수익 창출에 전혀 관심이 없으므로 신대륙을 자신의 사유재산으로 인정받을 필요도 느끼지 않으며, 따라서 이러한 발명가는 특허를 출원할 필요조차 없다.

하지만 대부분의 발명가는 수익 창출을 위하여 신대륙 탐험에 나선다. 따라서 대부분의 발명가는 자신이 발견한 신대륙에서 수익을 창출하기를 원하며, 이를 위하여 자신의 시간과 노력과 자본을 투자하여 발견한 신대륙을 자신의 사유재산으로 인정받기를 원한다. 그래서 대부분의 발명가는 신대륙에 대한 특허를 출원·등록한 후 유지하는 것이다.

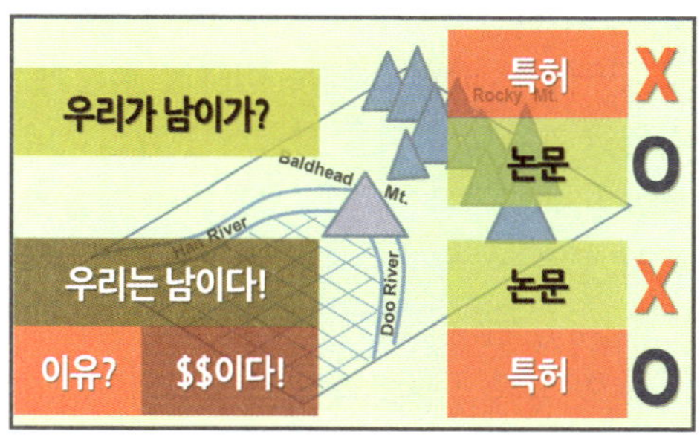

그림 2-1. 발명·특허의 목적은 수익 창출

이와 같이 특허는 철저히 수익 창출을 위한 사유재산이다. 발명가는 수익 창출을 목적으로 특허를 출원·등록하고 유지한다. 또한 발명가가 자신의 등록특허의 권리범위를 침해하였다고 의심되는 경쟁자 제조업체를 상대로 특허침해소송을 제기하는 목적 역시 경쟁자를 시장에서 축출하여 시장에서의 우위를 유지하거나 경쟁자의 특허침해로 인하여 창출하지 못한 수익을 보상받기 위함이다.

마찬가지로 발명가의 특허기술을 원하는 경쟁자 제조업체도 수익 창출을 위하여 발명가로부터 특허를 licensing하거나, 더 많은 수익을 창출하기 위하여 특허를 우회·회피한다. 극단적인 경우 경쟁자 제조업체는 의도적으로 발명가 특허의 권리범위를 침해하기도 하는 바 이 또한 수익 창출이 목적이다.

그만큼 발명가이건 경쟁자 제조업체이건, 특허와 관련된 다양한 당사자의 모든 행위에는 수익 창출이라는 동기가 내포되어 있다. 따라서 수익 창출을 고려하지 않고는 특허를 설명할 수 없으며, 사유재산인 특허를 활용하여 수익 창출을 원하는 발명가의 속성은 물론 이를 우회·회피 또는 침해하여 수익을 창출하려는 제조업체의 속성을 고려하지 않고는 특허와 관련된 당사자들의 행위 및 동기를 설명할 수 없다.[6)]

그렇다면 발명가가 사유재산인 특허를 활용하여 수익을 창출하는 방법은 무엇일까?

우선 발명가 자신이 신대륙에 거주하며 직접 자신의 영토를 활용하는 적극적 방법이 있다. 즉 발명가가 신대륙에 소재한 자신의 영토에서 거주함으로써 경쟁자로부터 토지를 구매하는 데 소요되는 비용을 절감함은 물론 자신의 영토에서 농사를 짓거나 지하자원을 캐내어 수익을 창출하는 방법이다. 이를 특허법으로 설명하면 발명가가 자신이 보유한 특허기술을 직접 사용하여 제품을 제조하고 이를 시장에서 판매하는 '자가실시'로서, 이는 적극적 수익 창출 방법에 해당한다.

위의 적극적 방법과 달리 발명가는 자신의 영토의 일부를 경쟁자에게 임대하거나 자신의 영토를 지나가는 경쟁자에게 통행료를 징수하여 수익을 창출하는 소극적 방식도

---

6) 우리나라 정부, 산업계, 일반인은 물론 심지어 학계도 특허의 공익성을 강조하는 경향이 있다. 하지만 앞서 제1장의 4-라절 "사유재산인 특허에 대한 공익성 오해"에서 설명한 바와 같이 이러한 주장의 대부분은 특허의 본질과는 거리가 먼 nonsense일 뿐이다.

사용할 수 있다. 특허로 설명하면 이러한 방법은 발명가가 자신이 보유한 금지권의[7] 일부를 경쟁자에게 허여하며 그 대가로 royalty를 징수하는 'licensing'에 해당한다. 물론 발명가는 자신의 영토 전부를 경쟁자에게 양도하여 수익을 창출할 수도 있다.

나. 발명가의 희망과 고민

발명가가 신대륙에서 발견한 영토를 활용하여 수익을 창출하려면 자신의 영토를 사유재산으로 인정받아 금지권을 확보하고, 이를 경쟁자에게 명확히 공지해야 한다. 이러한 금지권을 통하여 발명가는 경쟁자가 자신의 영토를 무단 침입하지 못하도록 금지할 수 있으며, 자신의 영토에서 거주하기를 원하거나 자신의 영토를 통과하려는 경쟁자에게 금전적 보상을 요구할 수 있다. 또한 발명가의 관점이 아닌 사회경제적 관점에서 보면 수많은 발명가가 동일한 영토를 중복 탐험하는 사회적 비효율을 방지하기 위해서라도 선발명가가 확보한 영토를 후발명가들에게 명확히 공지할 필요가 있다.

발명가가 신대륙에서 발견한 자신의 영토를 사유재산으로 인정받는 공인인증서가 바로 특허이며, 자신의 영토에 해당하는 청구범위 및 권리범위를 세상에 알리는 도구가 바로 특허의 청구항이다. 즉 발명가는 청구항이라는 일종의 '말뚝'에 자신의 영토의 특징을 기재함으로써 자신의 영토를 설정하고 이를 경쟁자에게 공지한다.

하지만 대부분의 발명가들은 특허로 수익을 창출하지 못한다. 그 주된 이유는 바로 경쟁자가 발명가의 영토를 구입·임대하거나 발명가의 영토를 통과하며 통행료를 지불하는 대신, 발명가의 영토 근처에 형성된 '공터'에서 거주하거나 '공터'를 따라 이동하

7) 많은 전문가들은 습관적으로 특허의 속성이 "배타적 독점권"이라고 설명하기도 한다. 하지만 아래 제5장의 4-가절 "특허권의 선천적 제한"의 설명과 같이 특허의 속성은 거의 대부분의 경우 금지권에 불과하다. 따라서 흔히들 말하는 "배타적 독점권"에서 '배타적'이라는 표현은 옳지만 '독점권'이라는 표현은 사실과 다르거나 사실을 과장한 것으로 사료된다.

특히 특허가 항상 시장에서의 독점권을 보유하지 않는다는 사실은 우리나라의 공정거래위원회에 해당하는 미국 연방통상위원회(U.S. Federal Trade Commission)의 해석과도 일치한다. 이에 대한 자세한 내용은 제5장의 2-라절 "미국 FTC(연방통상위원회)와 특허" 참고.

기 때문이다. 따라서 시간과 노력과 자본을 투자하여 특허를 받은 발명가 대부분은 특허로 수익을 창출하기는커녕 특허를 등록하려 투자한 비용도 회수하지 못하는 경우가 대부분이다. 이러한 현실을 감안하면 시작부터 수익 창출을 목적으로 하지 않은 채 승진을 위하여 또는 정량적 평가지표를 맞추기 위하여 출원·등록한 특허는[8] 실질적으로 특허라 할 수 없다.

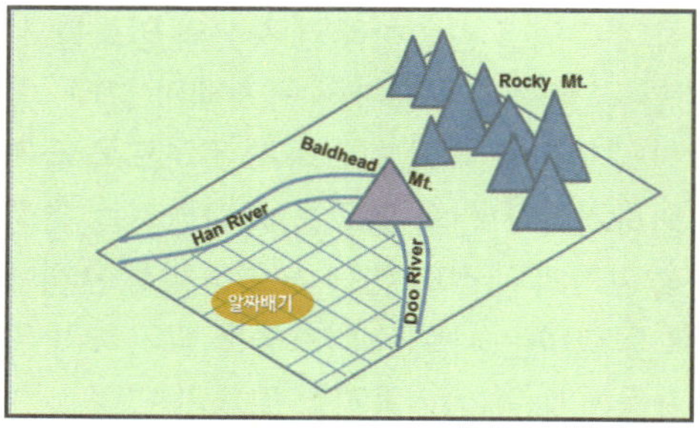

그림 2-2(a). 발명가의 희망과 고민 및 해결책

일예로 그림 2-2(a)에서 도시한 바와 같이 발명가가 신대륙의 "산 남쪽" 에 위치하며 "한강 (Han River)" 과 "두강 (Doo River)" 사이에 조성된 평야의 중앙에서 접근성도 뛰어나고 비옥하며, 지하자원도 풍부해 보이는 알짜배기 땅을 발견하였다고 가정하자. 발명가는 당연히 이 알짜배기 땅을 자신의 사유재산으로 확보하기를 원할 것이다.

왜냐하면 발명가는 알짜배기 땅에서 농사를 지어 수익을 창출하거나 광물을 채굴하여 수익을 창출할 수 있기 때문이다. 또는 발명가는 그림 2-2(b)와 같이 알짜배기 땅에 오성급(Five-Star) hotel을 지어 관광객을 유치하여 숙박비를 징수함으로써 수익을 창출하거나 이와는 달리 자신의 알짜배기 땅에 고속도로를 건설함으로써 폭도

8) 우리나라 정부는 정부 연구과제 평가 시 각종 평가지표를 활용하는 바, 수년전부터는 출원특허 건수 및 등록특허 건수도 평가지표로 활용해오고 있다. 이에 따라 대학교 교수, 연구소 연구원들은 과제 평가 시 높은 점수를 얻기 위하여 수익 창출과는 아무런 관련 없는 특허라도 일단 출원하여 출원특허나 등록특허 건수를 늘릴 수밖에 없다. 그러다 보니 정부 조사발표와 같이 우리나라는 연구비 10억 원 당 창출되는 특허 건수에서 전 세계 1위를 차지하고 고수하게 된 것이다.

물론 이러한 특허들의 대부분은 이 세상에 태어나지 말았어야 할, 아무 쓸모없는 특허들이다. 거기에다 이들 특허의 대부분은 국내에만 출원·등록된 특허들이다. 따라서 수익 창출과 무관한 특허를 출원·등록하도록 유도하는 동시에 기껏 얻은 연구결과를 국내에서만 특허·출원하여 전 세계에서 공짜로 쓸 수 있는 기술로 전락시키는 정부 연구과제 평가지표는 조속히 시정되어야 한다. 이에 대한 내용은 제1장의 4-마절 제1항 "발명가를 불량化하는 국가 연구과제 평가제도" 참고.

넓고 수심도 깊으며 물살마저 거친 한강과 두강을 피해 산으로 향하는 통행자로부터 통행료를 받아 수익을 창출할 수도 있기 때문이다.

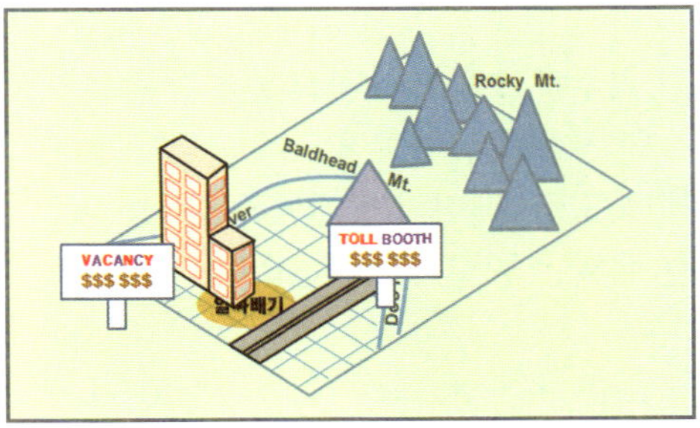

그림 2-2(b). 발명가의 희망과 고민 및 해결책

하지만 그림 2-2(c)와 같이 발명가의 고민은 알짜배기 땅 근처에 흩어져 있는 공터들이다. 즉 발명가가 알짜배기 땅을 자신의 영토로 확보해봤자 경쟁자가 주변 공터로 몰려와 농사를 짓게 되면 자신의 농사에 피해를 줄 수도 있기 때문이다. 또한 알짜배기 땅 주위에 공터가 존재할 경우 경쟁자는 발명가가 건축한 오성급 hotel에서 숙박하는 대신 주변 공터에 텐트를 설치하여 무료로 야영할 수도 있으며, 경쟁자는 발명가가 건설한 고속도로를 지나며 발명가에게 통행료를 지불하는 대신 공터의 비포장 오솔길을 따라 무료로 산을 향하여 이동할 수도 있기 때문이다. 즉 발명가의 영토 주변에 공터가 존재하는 한 발명가가 자신의 영토를 이용하여 수익을 창출할 가능성은 급격히 감소할 수밖에 없다.

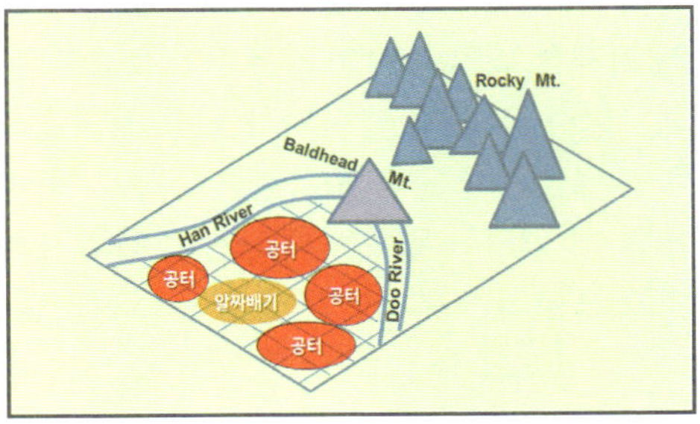

그림 2-2(c). 발명가의 희망과 고민 및 해결책

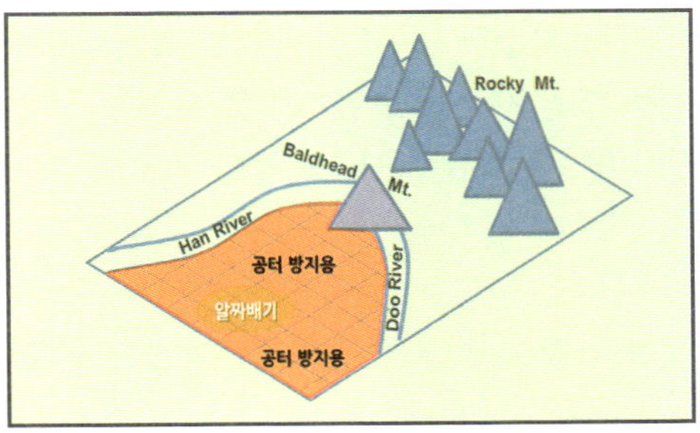

그림 2-2(d). 발명가의 희망과 고민 및 해결책

발명가가 이러한 고민을 해결하는 방법은 유일하다. 즉 그림 2-2(d)와 같이 알짜배기 땅은 물론 그 주변 공터까지 자신의 사유재산으로 확보하여 경쟁가가 공터를 무료로 사용하지 못하도록 미연에 방지하는 전략이다. 바꾸어 말하면 발명가는 산 남쪽, 한강 동쪽, 두강 서쪽이라는 주어진 여건에서 그 속 또는 주변에 단 하나의 공터도 남아있지 않을 만큼 자신의 사유재산의 범위를 최대한 확충해야만 한다.

비록 발명가 자신이 직접 탐험해 본 적도 없는 공터이며, 이미 공터 일부에 경쟁자가 거주하고 있거나 공터 일부가 공유지일지도 모른다는 위험에도 불구하고, 발명가는 수익 창출을 위하여 알짜배기 땅은 물론 그 주변 공터도 일단 자신의 영토로 확보할 수밖에 없다. 왜냐하면 발명가에게는 이러한 전략이 자신의 영토 근처의 공터를 제거하는 유일한 방법이기 때문이다.

따라서 발명가는 그림 2-2(d)에서와 같이 알짜배기 땅과 그 주변 공터를 포함한 땅을 모두 자신의 영토라고 주장할 수밖에 없으며, 이를 위하여 알짜배기 땅은 물론 주변의 공터 곳곳에도 그 곳이 자신의 영토임을 명확히 표기하는 말뚝을 박을 수밖에 없다. 특허에서 이와 같은 말뚝의 역할을 담당하는 부분이 바로 청구항이며, 발명가가 말뚝에 기재한 각각의 단어와 문구가 조합된 형태의 문장이 출원특허 청구항의 청구범위에 해당한다. 따라서 발명가가 말뚝에 기재하여 청구한 내용을 해당 국가 특허청이 인정하면 발명가가 말뚝에 기재한 내용은 특허로 등록되며 법적 효력인 금지권을 부여받는 반면, 발명가가 말뚝에서 자신의 땅이라고 주장한 영토 내부에 경쟁자의 땅 또는 공유지가 포함되면 특허청은 발명가가 청구한 내용을 거절한다.

다시 한 번 강조하지만 특허는 철저히 수익 창출을 위한 사유재산이다. 따라서 동일한 특허라 하더라도 특허가 자신의 재산인 경우와 경쟁자의 재산인 경우의 입장은 정 반대일수밖에 없으며, 그 결과 특허에도 공격과 수비라는 양면이 존재하게 된다. 즉 발명가는 가능한 한 넓은 범위를 획득함으로써 경쟁자의 거주 및 통행을 저지할 수 있는 강력한 금지권을 보유하기를 원하는 반면, 경쟁자는 발명가 특허의 권리범위 부근 어딘가에 존재하는 공터를 찾아내어 발명가에게 대가를 지불하지 않고도 공터에서 공짜로 거주하거나 공짜로 공터를 지나갈 수 있기를 바라기 때문이다.[9)]

이러한 측면에서 보면 특허제도의 역할은 분명해진다. 즉 특허제도란 발명을 착상한

9) 발명가가 특허를 출원·등록하는 목적은 수익 창출이다. 반면 경쟁자 제조업체의 목표 역시 수익 창출이다. 따라서 제조업체가 발명가의 특허를 우회·회피할 수만 있다면 제조업체는 발명가에게 royalty를 지불하지 않음은 물론 licensing도 않은 채 이를 실시할 것이다. 이를 이해하기 위해서는 박사학위가 필요한 것도 아니다. 왜냐하면 이는 business의 기본 상식이기 때문이다.

발명가의 입장과 발명가에게 royalty를 지불하지 않으려는 경쟁자의 입장 사이의 갈등에 대한 규칙을 정하는 제도인 동시에 신대륙의 발명가의 영토를 이용하여 창출할 수 있는 수익을 어떻게 배분하는 지에 대한 제도라고 간주할 수도 있다.

다. 말뚝과 영토, 청구항과 특허의 범위

발명가의 말뚝이 발명가의 영토를 정의하듯, 특허의 청구항은 특허의 범위(청구범위 또는 권리범위)를 결정한다. 일예로 그림 2-3(a)~(c)와 같이 발명가가 자신이 발견한 신대륙의 땅 중 "산 남쪽, 한강 동쪽, 두강 서쪽에 위치한 땅"이 자신의 영토(특허의 범위)라고 기재한 말뚝(특허의 청구항)을 박는 경우를 가정하자.

그림 2-3(a)와 같이 말뚝(특허의 청구항)에 기재한 "산 남쪽"이라는 구절은 특정 '산'을 기준으로 신대륙을 남북으로 양분한다. 그 결과 발명가의 영토는 신대륙 중에서도 "산 남쪽"이라는 조건(S)을 만족하는 땅으로서 그림 2-3(a)에서 보라색으로 표시한 땅임을 알리는 구절이다.[10)]

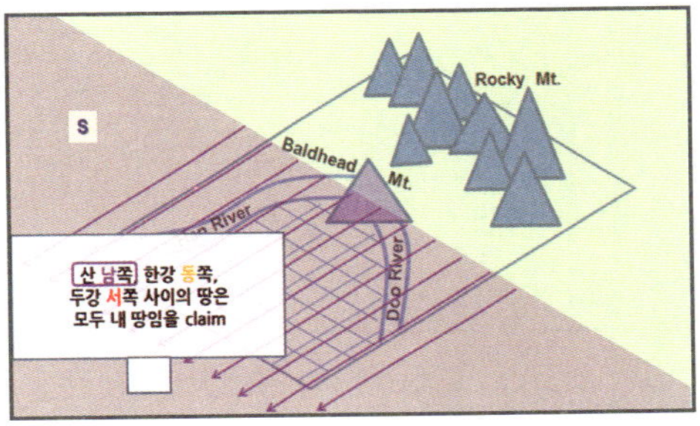

그림 2-3(a). 말뚝(특허의 청구항)의 첫 번째 요소인 "산" 남쪽 (S)

말뚝(특허의 청구항)의 "산 남쪽" 다음 구절인 "한강 동쪽"은 그림 2-3(b)와 같이 발명가의 영토는 신대륙의 "산 남쪽"이라는 조건(S)은 물론 "한강의 동쪽"이라는 조건(E)도 동시에 만족함을 알리는 구절이다.[11)] 따라서 발명가의 영토는 그림 2-3(b)에서 보라색과 황색으로 표시한 부분들의 교집합에 해당한다.

10) 발명가가 탐내는 알짜배기 땅은 물론 "산 남쪽 (S)" 에 위치한다.

11) 발명가가 탐내는 알짜배기 땅은 물론 "한강 동쪽 (E)" 에 위치한다.

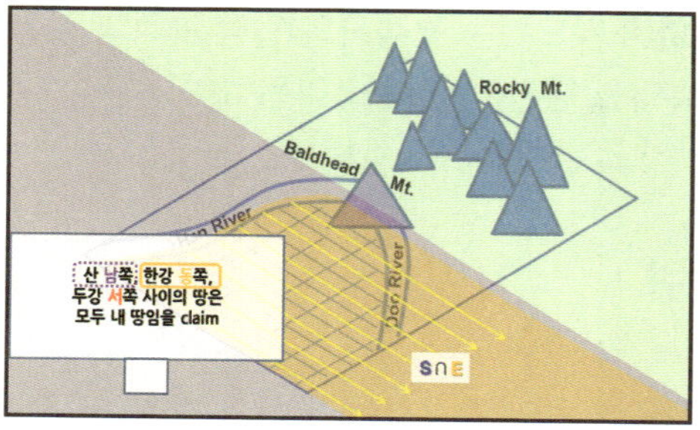

그림 2-3(b). 말뚝(특허의 청구항)의 두 번째 요소인 "한강" 동쪽 (E)

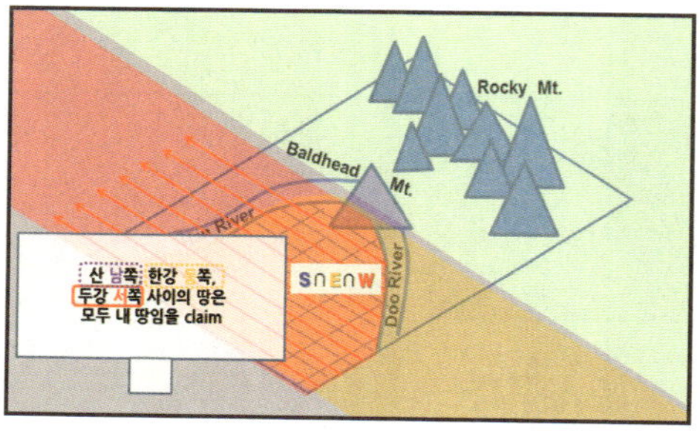

그림 2-3(c). 말뚝(특허의 청구항)의 세 번째 요소인 "두강" 서쪽 (W)

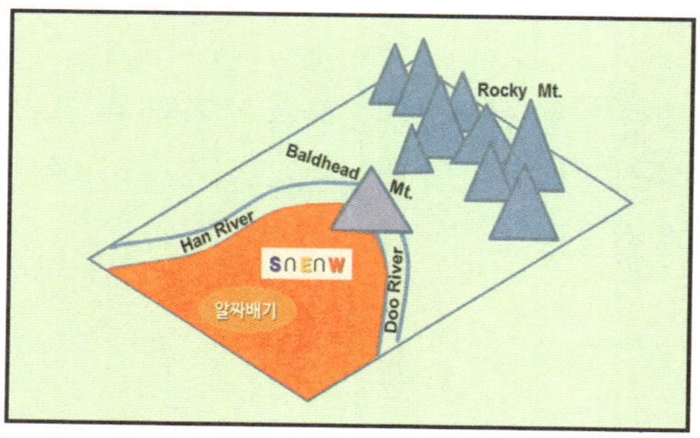

그림 2-4. 말뚝(특허의 청구항)에 의하여 정의된 발명가의 영토(특허의 범위)

말뚝(특허의 청구항)에 기재된 내용 중 "산 남쪽, 한강 동쪽" 다음 구절인 "두강 서쪽"이라는 구절은 그림 2-3(c)와 같이 발명가의 영토는 신대륙의 "산 남쪽 (S), 한강 동쪽 (E)"은 물론 "두강 서쪽 (W)"이라는 조건을 모두 만족함을 알리는 구절이다.[12] 따라서 이는 그림 2-3(c)에서 보라색과 황색 및 적색으로 표시한 부분들의 교집합에 해당한다.

따라서 발명가가 말뚝(특허의 청구항)에 기재한 자신의 영토(특허의 범위)는 그림 2-4와 같이 비옥하고, 지하자원도 풍부하며 교통의 요지인 알짜배기 땅은 물론 그 주변에 형성된 공터도 모두 포함하게 된다. 그 결과 발명가는 자신의 영토에서 농사를 짓거나 광물을 채굴하거나 ('자가실시'에 해당), 자신의 영토에 호텔을 신축하여 투숙객으로부터 숙박료를 받거나 고속도로를 건설하여 통행자로부터 통행료를 받거나 (특허의 licensing에 해당) 자신의 영토를 타인에게 판매하는 등의 다양한 방법으로 수익을 창출할 수 있다.

이와 같이 발명가의 수익 창출 여부는 발명가의 영토 주변의 공터 존재 여부에 따라 결정된다고 해도 과언이 아니다. 즉

12) 발명가가 탐내는 알짜배기 땅은 물론 "두강 서쪽 (W)" 에 위치한다.

발명가의 영토 주변에 공터가 존재하지 않을 경우 경쟁자는 발명가의 영토에서 숙박하거나 발명가의 고속도로를 통과해야만 하지만, 발명가의 영토 주변에 공터가 존재하면 발명가의 금지권은 무용지물이 될 가능성이 높아질 수밖에 없다. 또한 이러한 공터가 꼭 넓어야만 하거나 여러 개의 공터가 존재해야만 할 필요도 없다. 자그마한 공터 하나만 있어도 경쟁자는 발명가의 영토를 피해갈 수 있다.

그렇다면 발명가는 자신이 직접 탐사하지 못한 신대륙의 나머지 영토들은 포기해야 하는가? 일예로 발명가가 자신의 말뚝에 포함시키지 않은 "산 북쪽"의 땅이나 "한강 서쪽"의 땅 또는 "두강 동쪽"의 땅은 포기해야만 할까?

물론 발명가가 욕심을 내어 그림 2-5(a)와 같이 "산 북쪽"의 땅, "한강 서쪽"의 땅, "두강 동쪽"의 땅의 전부 또는 일부도 자신의 영토라고 주장할 수는 있다. 하지만 발명가가 주장하는 산 북쪽, 한강 서쪽 또는 두강 동쪽에는 이미 경쟁자 또는 제3자가 차지한 사유재산이 포함될 수 있으며, 공중이 자유로이 사용할 수 있는 공유지도 포함될 수 있다. 이 경우 발명가는 그곳에서 이미 거주하고 있는 선거주자 또는 그 곳을 관할하는 정부의 강력한 반발에 직면할 것이고, 불운할 경우 발명가는 알짜배기 땅을 포함한 자신의 모든 영토마저 상실할 수도 있다.[13] 따라서 발명가는 현실적으로 자신이 감당할 수 있는 범위 이내에서만 자신의 영토를 최대화할 수밖에 없다.

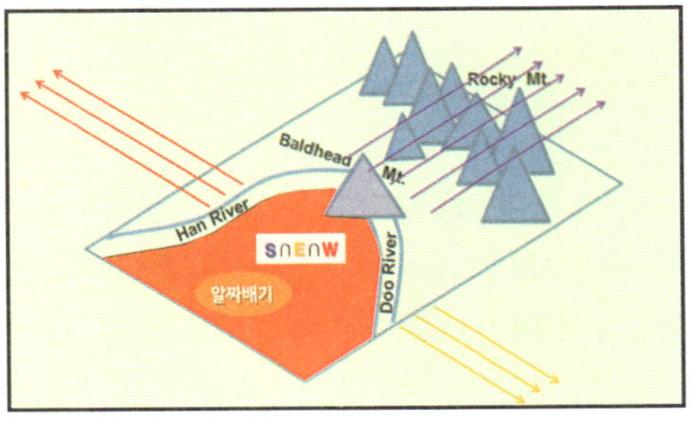

그림 2-5(a). 발명가의 무리한 영토 확장

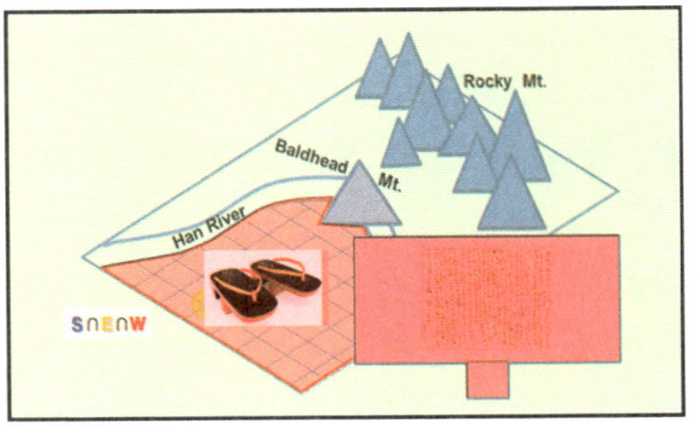

그림 2-5(b). 말뚝 박기를 지연할 경우의 영토 상실 가능성

13) 자세한 내용은 아래의 제2장의 3절 "청구항과 수비전략" 참고.

물론 발명가는 이러한 불상사를 방지하는 동시에 완벽을 기하기 위하여 알짜배기 땅 주위의 산 남쪽, 한강 동쪽 및 두강 서쪽의 땅을 속속들이, 이 잡듯이 탐사하고 그 곳에 선거주자가 없음을 확인한 후 이를 자신의 영토라고 주장할 수도 있다. 하지만 발명가가 이 땅들을 탐사하는 동안 그림 2-5(b)와 같이 경쟁자가 알짜배기 땅을 발견하고 그 곳에 발명가보다 먼저 말뚝을 박게 되면, 발명가가 그토록 원하던 알짜배기 땅은 경쟁자의 사유재산이 될 가능성도 존재한다. 따라서 발명가는 자신이 직접 탐사한 땅과 그 주변에 예상되는 공터는 물론 자신이 상상 가능한 범위 내에서 작성한 청구범위를 서둘러 말뚝에 새기고, 그 말뚝을 자신의 영토 여기저기에 설치하여 수익 창출을 도모할 수밖에 없다.

2. 청구항과 공격전략

앞서 설명한 바와 같이 발명가의 영토(특허의 범위)는 말뚝(특허의 청구항)에 기재한 단어 하나하나, 문구 하나하나에 따라 결정된다. 따라서 발명가가 말뚝에 기재한 단어 (특히 명사) 각각이 특허의 범위를 결정하는 청구항 요소(claim element)인 반면, 말뚝에 기재한 기타 문구 (특히 형용사, 부사, 수식구 등) 각각이 상기 특허의 범위를 한정하는 청구항 제한조건(claim limitation)인 셈이다. 특허의 목적이 수익 창출이고 특허 공격전략의 핵심이 범위인 만큼, 발명가는 청구항 요소의 개수 및 제한조건의 개수를 모두 최소화함으로써 특허의 권리범위를 극대화하는 동시에 공터 형성을 최소화할 수 있다.

가. 청구항 요소 최소화를 통한 범위의 극대화

다시 한 번 강조하지만 발명가가 말뚝(특허의 청구항)에 기재한 사항(청구항의 요소)이 발명가의 영토(특허의 범위)에 미치는 영향, 즉 청구항에 기재한 요소가 출원특허의 청구범위 또는 등록특허의 권리범위에 미치는 영향은 그림 2-6에서 쉽게 확인할 수 있다.

우선 그림 2-6(a)와 같이 청구항에 "산 남쪽 (S)"이라는 요소만 기재하였을 경우 발명가의 영토는 그림에 표시된 신대륙의 절반 가까이에 해당한다. 하지만 청구항에 "한강 동쪽 (E)"이라는 요소를 추가함에 따라 발명가의 영토는 그림 2-6(b)와 같이 S와 E의 교집합으로 대폭 축소된다.

더 나아가 그림 2-6(c)와 같이 청구항에 "두강 서쪽 (W)"이라는 요소를 추가하면 발명가의 영토는 S와 E와 W의 교집합으로 더욱 축소된다. 만일 "산 남쪽 (S), 한강 동쪽 (E), 두강 서쪽 (W)"이라는 세 개의 요소에 그림 2-6(d)와 같이 "돌덩이가 보이는 땅 (R)"이라는 요소를 추가하게 되면 발명가의 영토는 더욱 축소될 수밖에 없다.

그림 2-6. 발명가의 영토에 대한 청구항 요소 개수의 영향

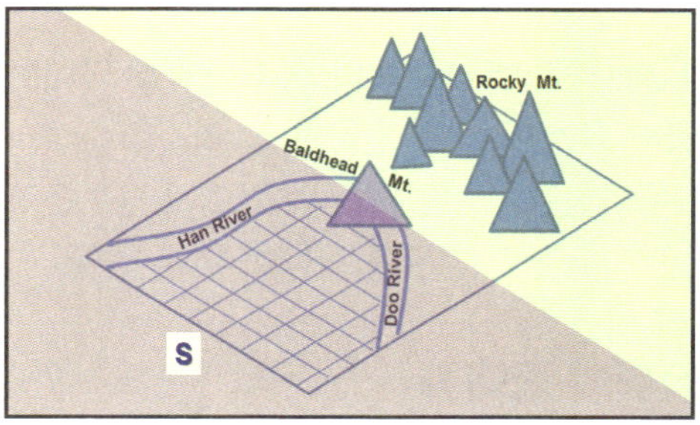

그림 2-6(a)

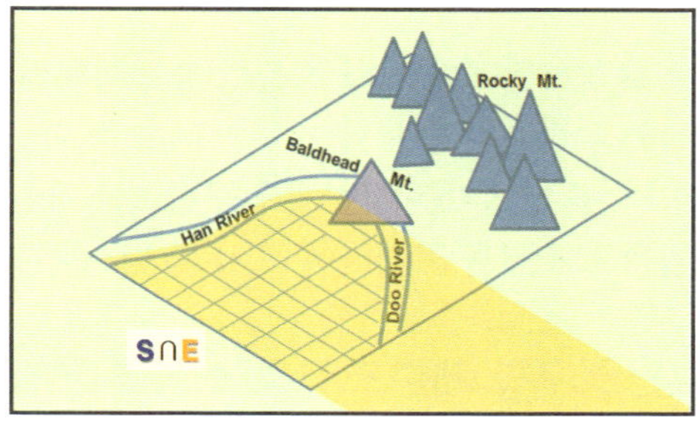

그림 2-6(b)

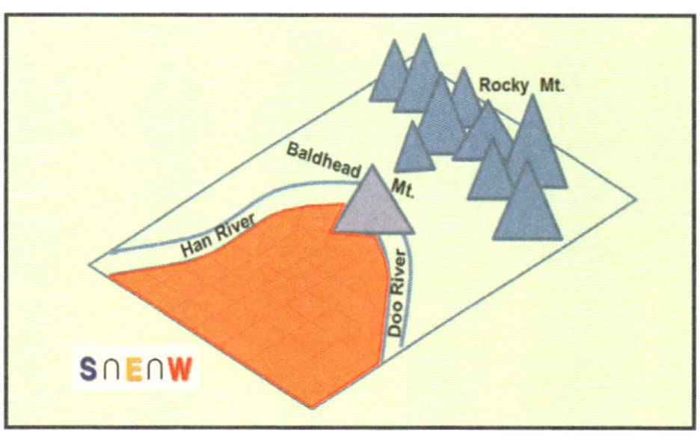

그림 2-6(c)

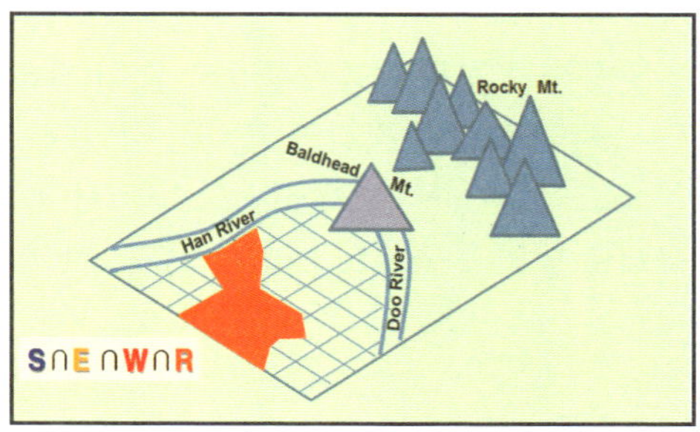

그림 2-6(d)

이와 같이 발명가가 자신의 말뚝(특허의 청구항)에 기재한 각각의 단어와 문구는 서로 교집합의 형태로 발명가의 영토를 축소한다. 따라서 발명가가 말뚝에 기재한 단어의 개수가 증가하면 할수록, 집합 이론의 기본 원칙에 따라 이들의 교집합에 해당하는 발명가의 영토(특허의 범위)도 좁아질 수밖에 없다. 즉 집합 X에 대하여 집합 Y의 교집합을 취할 경우, 집합 Y의 원소가 0이 아닌 이상 집합 X와 집합 Y의 교집합은 집합 X보다 작아지기 때문이다.

따라서 모든 조건이 동일할 경우, 특허 청구항(발명가의 말뚝)에 포함된 요소(일예로 산, 한강, 두강 등)의 수가 적으면 적을수록 특허의 범위(발명가의 영토)는 넓어지며, 반대로 청구항에 포함된 요소의 수가 많으면 많을수록 특허의 범위는 좁아진다. 이를 조금 더 확장(또는 과장)한다면 다음과 같다: “모든 조건이 동일할 경우, 청구항의 길이가 짧을수록 특허의 범위는 넓어지는 반면 청구항의 길이가 길수록 특허의 범위는 좁아진다.”

요약하면 발명가가 자신의 출원특허의 청구범위나 등록특허의 권리범위를 극대화하기 위해서는 청구항(발명가의 말뚝)에 포함된 요소의 수를 가능한 한 최소화하여야 한다. 즉 발명가는 자신의 청구항에는 자신의 특허발명을 구현하는 데 반드시 필수불가결한 요소만을 기재하여 그 수를 최소화해야만 청구항의 범위를 극대화할 수 있다.

나. 청구항 제한조건 최소화를 통한 범위의 극대화

발명가의 말뚝(특허의 청구항)에 포함된 요소의 개수도 중요하지만, 요소의 개수가 동일하다고 해서 발명가 영토의 넓이(특허의 범위)가 모두 동일한 것은 아니다. 왜냐하면 말뚝에 포함된 각각의 요소를 정의하기 위하여 사용한 각종 제한조건, 즉 특허 청구항 요소를 수식·제한하거나 요소들 사이의 조합에 대한 형용사, 부사, 수식구 등에 따라서도 발명가 영토의 넓이는 급격히 변할 수 있기 때문이다.

그림 2-7. 발명가의 영토에 대한 청구항 제한조건 개수의 영향

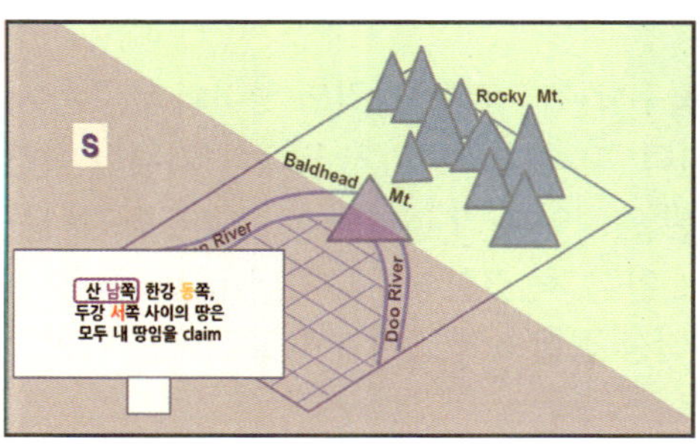

그림 2-7(a)

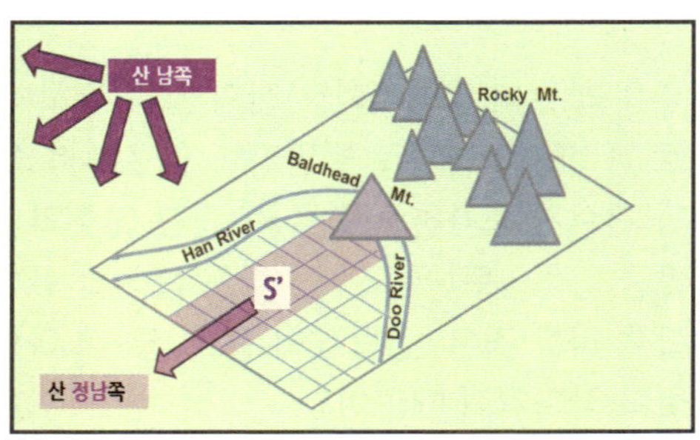

그림 2-7(b)

일예로 그림 2-7(a)의 “산 남쪽 (S)”이라는 구절 대신 “산의 정남쪽 (S’)”이라는 표현을 사용한다면, ‘산’의 남동, 남서, 남남동 및 남서서 방향의 땅이 발명가의 영토에서 제외되는 반면 ‘산’의 정남쪽 방향에 위치한 땅만이 발명가의 영토에 포함된다. 따라서 “산의 정남쪽 (S’)”에 의한 발명가의 영토는 그림 2-7(b)와 같이 대폭적으로 삭감된다.

그림 2-7. 발명가의 영토에 대한 청구항 제한조건 개수의 영향

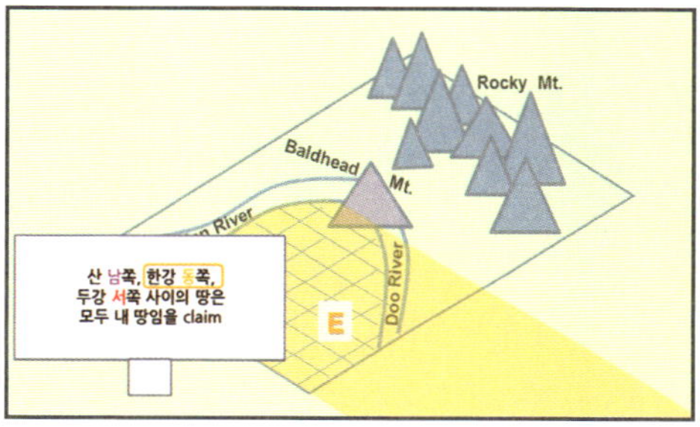

그림 2-7(c)

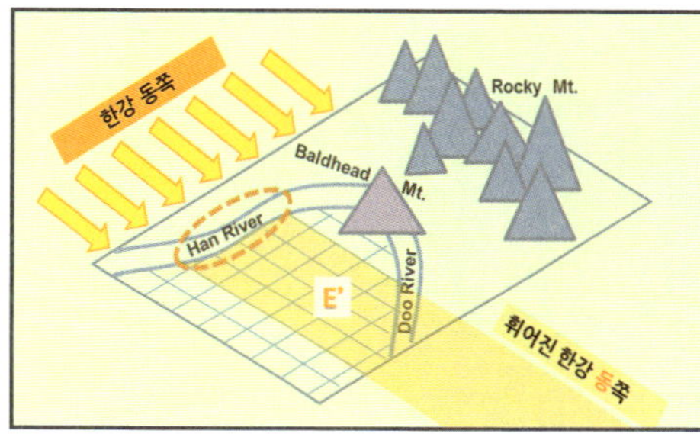

그림 2-7(d)

또한 그림 2-7(c)의 “한강 동쪽 (E)”이라는 구절 대신 “휘어진 한강의 동쪽 (E’)”이라는 표현을 사용한다면, ‘산’ 남쪽에 위치한 ‘한강’ 중 곧은 부분의 동쪽 땅은 발명가의 영토에서 제외되고 ‘한강’ 중 휘어진 부분의 동쪽 방향에 위치한 땅만이 발명가의 영토에 포함된다. 따라서 “휘어진 한강의 동쪽 (E’)”에 의한 영토는 그림 2-7(d)와 같이 삭감된다.

그림 2-7. 발명가의 영토에 대한 청구항 제한조건 개수의 영향

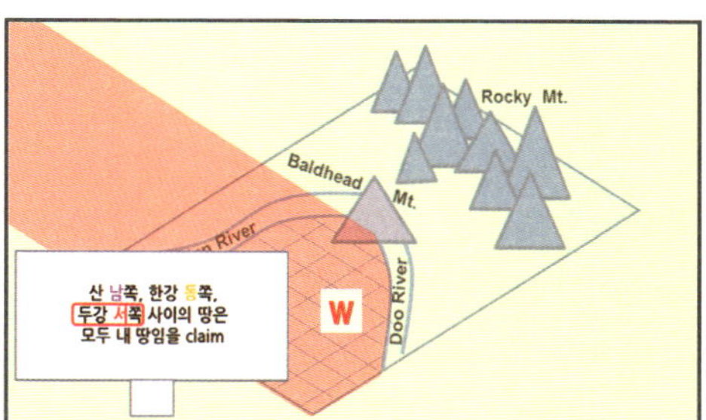

그림 2-7(e)

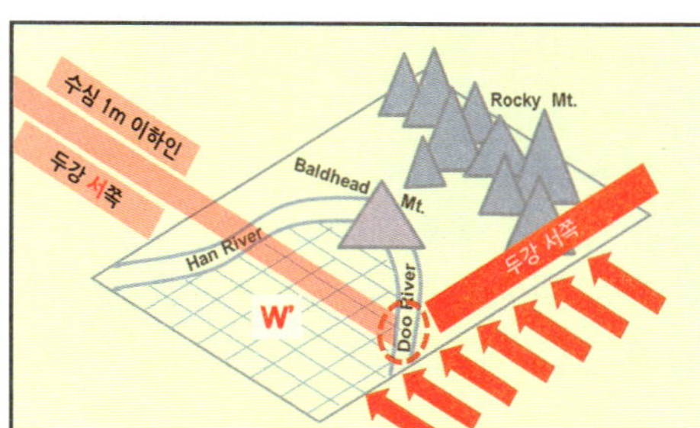

그림 2-7(f)

여기에 그림 2-7(e)의 “두강 서쪽 (W)”이라는 구절 대신 “수심 1m 이하인 두강의 서쪽 (W')”이라는 표현을 사용한다면, ‘산’ 남쪽에 위치한 ‘두강’ 중 수심이 1m 이상인 부분의 서쪽 땅은 발명가의 영토에서 제외되는 반면 수심이 1m 이하로 얕은 ‘두강’ 부분의 서쪽 방향에 위치한 땅만 발명가의 영토에 해당하게 된다. 따라서 “수심이 1m 이하인 두강의 서쪽 (W')”에 의한 발명가의 영토 역시 그림 2-7(f)와 같이 대폭적으로 삭감된다.

그림 2-7. 발명가의 영토에 대한 청구항 제한조건 개수의 영향

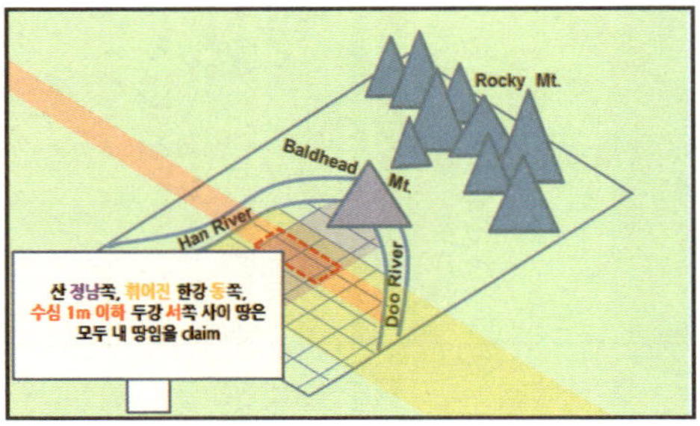

그림 2-7(g)

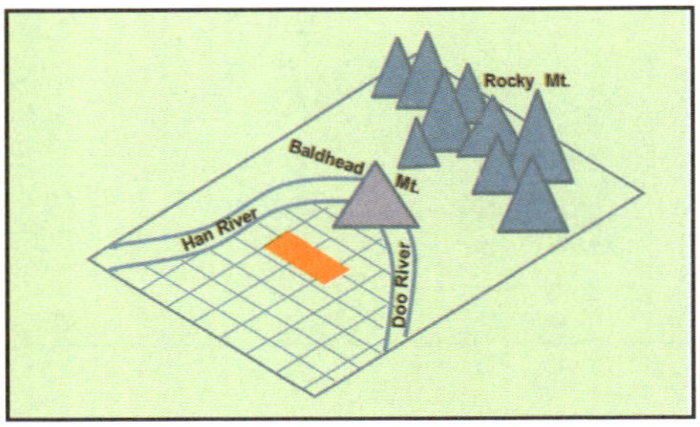

그림 2-7(h)

따라서 그림 2-7(b), 2-7(d), 2-7(f)를 종합할 경우, 발명가가 말뚝에 기재하여 청구하는 영토는 그림 2-7(g)와 같이 “산 정남쪽, 휘어진 한강 동쪽, 수심 1m 이하인 두강 서쪽 사이”의 땅에 해당하게 된다. 즉 말뚝(특허의 청구항)에 기재한 세 가지 요소 ‘산’과 ‘한강’ 및 ‘두강’의 교집합은 물론 각 요소에 대한 제한조건인 ‘정’과 ‘휘어진’ 및 “수심 1m 이하” 등이 교집합으로 작용한 결과, 발명가의 영토는 그림 2-7(h)에서와 같이 무척 협소해짐을 알 수 있다.

위의 내용을 정리하면, 모든 조건이 동일할 경우, 특허 청구항(발명가의 말뚝)에 포함된 요소에 대한 제한조건의 수가 적으면 적을수록 특허의 범위(발명가의 영토)는 넓어지며, 반대로 상기 요소에 대한 제한조건의 수가 많을수록 특허의 범위가 좁아짐을 알 수 있다. 이를 조금 더 확장(또는 과장)한다면 다음과 같다: “모든 조건이 동일할 경우 청구항의 길이가 짧을수록 특허의 범위는 넓어지는 반면 청구항의 길이가 길수록 특허의 범위는 좁아진다.”

따라서 발명가가 자신의 출원특허의 청구범위나 등록특허의 권리범위를 극대화하려면 청구항(발명가의 말뚝)에 포함된 요소에 대한 각종 제한조건의 수를 가능한 한 최소화하여야 한다. 즉 발명가는 자신의 청구항에는 자신의 특허발명을 구현하는 데 반드시 필수불가결한 제한요소만을 기재하여 그 수를 최소화함으로써 청구항의 범위를 극대화할 수 있다.

그림 2-8. 청구항 제한조건의 중요성

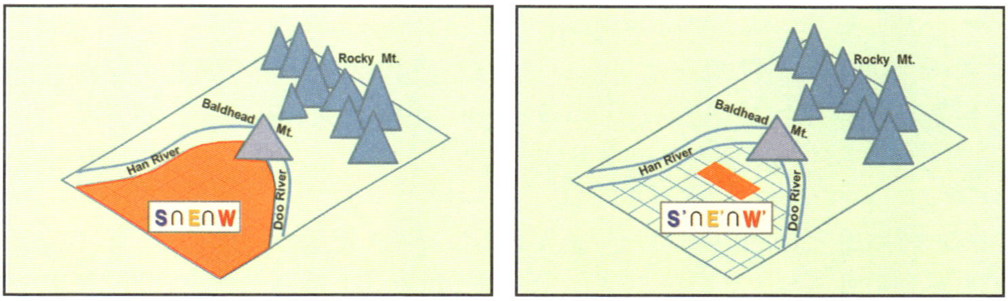

(a) 그림 2-6(c)의 영토 (b) 그림 2-7(h)의 영토

청구항(발명가의 말뚝)에 "산 남쪽," "한강 동쪽"과 "두강 서쪽"만을 기재한 그림 2-8(a)의 특허의 범위(발명가의 영토)를 동일한 청구항의 각 요소를 제한하는 제한조건인 '정'과 '휘어진' 및 "수심 1m 이하"까지 기재한 그림 2-8(b)의 특허 범위와 비교하면, 청구항의 제한조건이 특허의 범위에 미칠 수 있는 막대한 영향을 쉽게 이해할 수 있다. 실제로 많은 경우 청구항 요소의 수가 일정하더라도 특허 범위에 결정적인 영향을 미치는 제한조건 한 단어의 유무에 따라 특허의 범위가 수십 분의 1 내지 수백분의 1로 축소되어 발명가가 수익 창출에 실패하는 경우도 비일비재하다.[14)]

이와 같이 발명가가 청구항에 기재하는 단어 하나하나, 문구 하나하나는 물론 형용

14) 자세한 내용은 제4장의 3절 "특허 실패 사례" 참고.

사 하나하나, 부사 하나하나마저도 출원특허의 청구범위나 등록특허의 권리범위를 결정하는 동시에 그 한계도 설정한다. 따라서 청구항 작성은 신중에 신중을 기하여도 부족하다. 그렇다고 이론적으로 최적 청구항이 존재하는 것도 아니다. 따라서 청구항 작성은 원칙적으로 변리사, 출원전문 특허변호사와 같은 특허출원 전문가에게 자문을 구해야만 한다.

다. 범위의 극대화를 추구하는 공격적 청구항 전략

시간과 노력, 자본을 투자하여 발명을 착상하고 특허를 출원하는 발명가의 목적은 수익 창출이다. 하지만 앞서 설명한 바와 같이 발명가가 자신의 영토를 이용하여 수익을 창출할 수 있는 방법은 자가실시나 licensing 등 그 종류가 많지도 않으며, 그나마 조금이라도 수익을 창출하기 위해서는 필수적으로 자신의 영토 근처의 공터는 물론 지금은 눈에 보이지 않으나 추후 경쟁자가 발견할 수도 있는 공터마저도 반드시 제거해야만 한다. 그래야만 발명가는 효율적인 금지권을 확보할 수 있으며, 그 결과 경쟁자가 자신의 영토에서 무단 거주하거나 자신의 영토를 무단 통행하지 못하도록 금지할 수 있다.

(1) 특허와 지뢰

특허의 범위는 금지권의 범위와 동일하다는 특허의 기본 속성을 감안하면, 특허의 기본 개념은 지뢰의 기본 개념과 매우 유사함을 알 수 있다. 즉 발명가가 발명을 착상하여 특허를 출원하고 수익 창출을 위한 금지권을 확보하는 창조적 행위는, 발명가가 작전상 요충지에 지뢰를 매설함으로써 자신의 영토에서 적군이 무단으로 야영하거나 적군이 자신의 영토를 무단으로 통행하지 못하도록 방지하는 군사 작전과 매우 흡사하다.[15)]

---

15) 물론 특허의 속성과 지뢰의 속성이 유사한 데 특별한 이유가 존재하는 것은 아니다. 오히려 특허라는 사유재산이나 특정 지역을 보호하는 지뢰나 모두 금지성 또는 배제성을 지니기 때문에 특허와 지뢰가 선천적으로 유사한 것은 아닐까?

일예로 그림 2-9(a)에 표시된 발명가의 영토를 P-P를 따라 잘랐을 경우의 단면을 그림 2-9(b)라고 가정하자. 그림 2-9(a)의 발명가의 영토는 신대륙의 산 남쪽 중 한강의 동쪽 변부터 시작하여 두강의 서쪽 변에서 끝나기 때문에, 발명가의 말뚝(특허의 청구항)에 의한 발명가의 영토(특허의 범위)는 그림 2-9(b)에서와 같이 산 남쪽의 땅 중 한강과 두강 사이의 땅을 모두 포괄하는 영토에 설치한 대형지뢰(특허 청구항의 범위, 특히 독립항의 범위)에 해당한다고 비유할 수 있다.

그림 2-9. 지뢰로 묘사한 특허

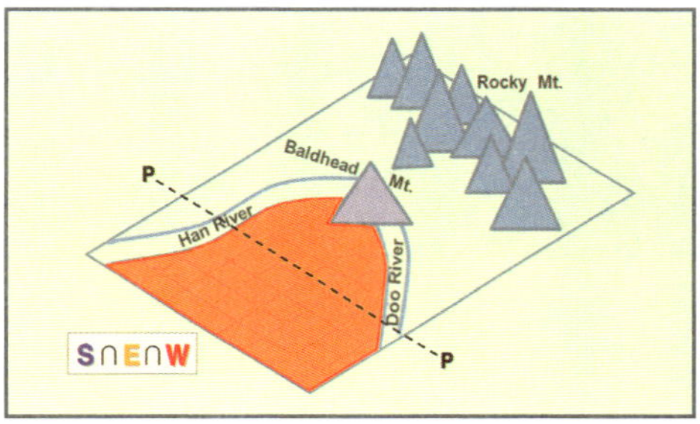

그림 2-9(a)

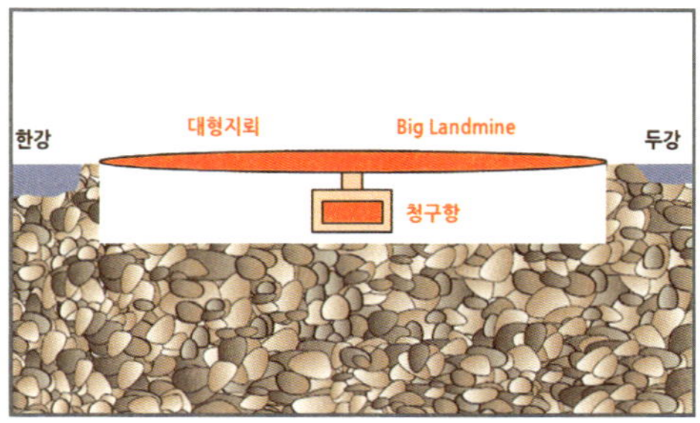

그림 2-9(b)

이에 따라 경쟁자가 발명가의 허락 없이 발명가의 영토(특허의 범위)에 무단 침입하거나 발명가의 영토를 무단 통행하게 되면 대형지뢰가 폭발(특허 청구항의 범위를 침해)하여 경쟁자는 '폭사'하게 된다. 물론 경우에 따라 발명가는 대형지뢰를 해체 또는 무력화함으로써 자신에게 숙박료를 지불한 경쟁자가 자신의 호텔에서 숙박하도록 허락하거나, 자신에게 통행료를 지불하는 경쟁자가 자신의 영토를 가로지르는 고속도로로 통행할 수 있도록 허락하며 수익을 창출할 수 있다.

(2) 공터와 지뢰

신대륙의 알짜배기 땅을 이용하여 발명가가 수익을 창출하려면 경쟁자가 알짜배기 땅 근처의 공터에서 공짜로 거주하거나 공터의 비포장도로를 통하여 공짜로 통행하지 못하도록 금지할 수 있는 금지권의 확보가 관건이기 때문에, 발명가는 신대륙의 알짜배기 땅은 물론 그 주변의 공터도 함께 소유해야 한다고 설명한 바 있다. 특허와 지리의 유사성은 이러한 특허의 범위와 공터와의 관계에서도 발견된다.

그림 2-10. 지리로 묘사한 특허와 공터

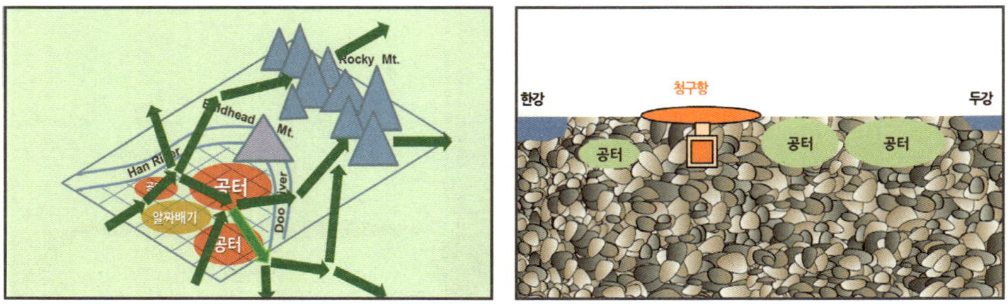

(a) 알짜배기 땅과 공터　　(b) 지뢰와 공터

일예로 그림 2-10(a)와 같이 발명가가 선호하는 알짜배기 땅 주변에 종류와 크기가 다양한 공터가 여러 개 존재하는 경우를 가정하자. 발명가가 말뚝(특허의 청구항)에 자신이 가장 선호하는 알짜배기 땅만을 자기 영토라고 개시할 경우, 발명가의 영토(특허의 범위)는 그림 2-10(b)의 소형지뢰로 표시할 수 있다. 즉 그림에서와 같이 소형지뢰의 크기(특허 청구항의 범위)가 협소하기 때문에 지뢰 좌우에 여러 개의 공터가 필연적으로 형성되는 경우이다.

그 결과 경쟁자는 발명가의 영토를 침범하지 않고서도 공터에 텐트를 치고 야영하거나 공터를 통하여 통행할 수 있으므로 소형지뢰(특허의 범위)에 의한 폭사의 위협으로부터 쉽게 해방된다. 따라서 실질적으로 발명가의 영토(특허 청구항의 범위)에 아주 특별한 장점이 존재하지 않는 한, 공터의 유사한 거주환경이나 도로사정에도 불구하고 발명가에게 대가를 지불하며 발명가의 호텔에 투숙하거나 발명가의 도로를 이용할 경쟁자는 많지 않을 것이다. 그 결과 발명가는 시간과 노력, 자본을 들여 특허를 확보했지만 이를 통한 수익 창출에는 실패할 수밖에 없다.

(3) 공터 제거를 위한 “전향적 과장전략”의 당위성

결국 수익 창출을 목적으로 발명을 착상하고 특허를 출원하는 발명가는 별다른 선택권이 없다. 자신의 영토를 최대한 확충하여 알짜배기 땅을 확보하며 주변의 공터를 제거함은 물론 현재 확인할 수는 없지만 경쟁자가 언제, 어디서, 어떻게 조성할지 모르는 공터도 미리 예상하여 최선을 다하여 제거하는 전략이다.

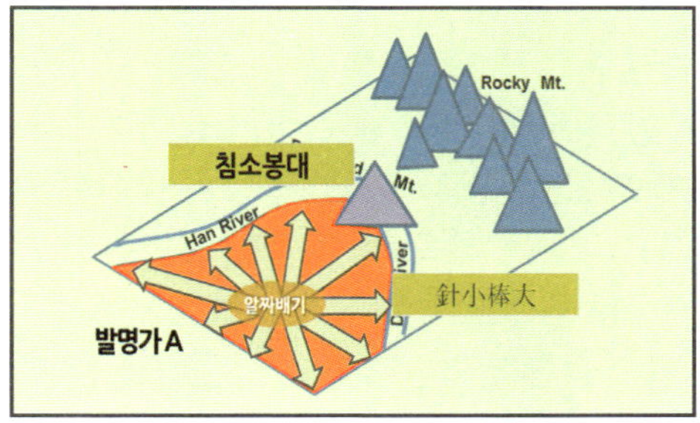

그림 2-11(a). 전향적 과장전략의 당위성 및 정도

그 결과 발명가는 특허 출원은 물론 심사 중에도 항상 그림 2-11(a)와 같이 자신의 영토가 알짜배기 땅은 물론 그 주변 공터까지 포함하도록 “전향적으로 과장”함으로써 최소한 눈에 보이는 공터의 형성을 방지해야 한다.[16] 이러한 측면에서 보면 “전향적 과장전략” 없이 발명가가 선호하는 알짜배기 땅만을 자신의 영토(특허의 범위)라고 기재한 말뚝(특허의 청구항)은 대부분의 경우 수익 창출과는 거리가 먼 말뚝일 가능성이 농후하다.

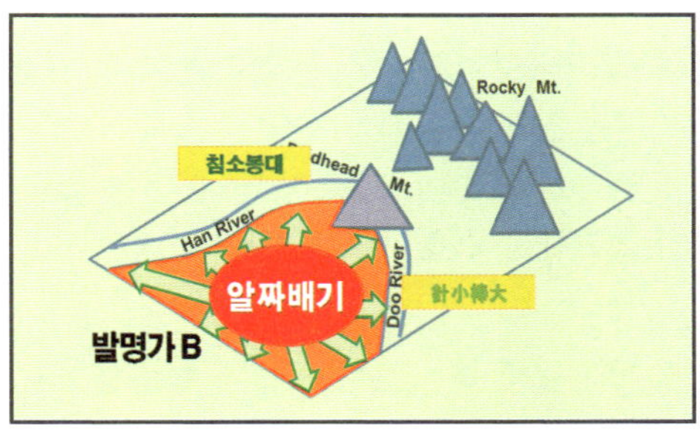

그림 2-11(b). 전향적 과장전략의 당위성 및 정도

그렇다면 특허 청구항의 범위 주변에 형성되는 공터의 정의는 무엇일까? 또한 공터의 형성을 원천적으로 봉쇄하는 “전향적 과장전략”의 정도는 어디까지일까?

---

16) 이 외에도 발명가가 전향적 과장전략을 사용해야할 이유가 또 있다. 미국의 경우 발명가의 특허가 등록된 후 “reissue patent”를 통하여 청구항 범위의 확장을 시도할 때, 발명가는 자신의 원출원특허의 청구범위 이상으로는 범위를 확장할 수 없기 때문이다. 이에 대한 자세한 설명은 제5장의 4-나절 “특허권의 후천적 제한” 참고.

이에 대한 해답은 전적으로 알짜배기 땅에 대한 발명가의 정의에 달려 있다. 일예로 까다로운 발명가 A와 융통성 있는 발명가 B를 가정하자. 발명가 A는 그림 2-11(a)와 같이 신대륙의 산 남쪽, 한강 동쪽, 두강 서쪽의 땅 중 고작 $1m^2$ 정도의 땅만을 답사한 반면 발명가 B는 그림 2-11(b)와 같이 상기 신대륙의 땅 중 $10km^2$에 달하는 땅을 답사한 경우이다. 이 경우 상기 신대륙에서 공터 발생을 원천적으로 방지하려면 발명가 A는 자신이 답사해보지도 않은 광활한 땅까지도 자기 땅이라고 말뚝(특허의 청구항)에 기재하는 '무모할' 정도의 "전향적 과장전략"을 사용할 수밖에 없는 반면 이미 어느 정도는 광활한 땅을 답사한 발명가 B는 자신이 답사하지 않은 좁은 땅 정도만을 포함하는 "전향적 과장전략"을 사용하면 된다.

즉 발명가가 사전 답사한 땅이 넓으면 넓을수록 자신이 전향적으로 과장해야 할 범위는 이에 반비례하여 줄어들기 마련이다. 하지만 신대륙의 귀퉁이만 답사한 발명가가 신대륙 전체를 자기 영토라고 주장하기 위해서는 무리한 만큼 과장할 수밖에 없게 된다. 그러다보니 이러한 발명가는 추후 경쟁자를 상대로 제기한 특허침해소송에서 예기치 않은 선행기술에 의하여 등록특허 청구항의 신규성이나 진보성이 부정되어 청구항이 무효가 되거나, 과장한 땅에 대한 설명이 "발명의 설명"에 포함되지 않아 기재불비로 청구항이 무효가 되기 쉽다.

이와 같이 특허에서는 절대적인 경우는 거의 없다. 모든 것이 상대적이기 때문이다. 따라서 대부분의 경우 발명가가 공격 point를 얻으면 그만큼 수비 point를 잃을 수밖에 없는 반면 경쟁자는 공격 point를 잃는 대신 수비 point를 얻게 된다.

(4) "전향적 과장전략"과 특허의 범위 및 실시예

그렇다면 출원특허나 등록특허에서의 "전향적 과장전략"이란 무엇일까? 전향적 과장전략은 특허 청구항의 범위 및 이에 대한 근거를 제공하기 위하여 발명가가 "발명의 설명"에 기재하는 실시예의 수, 종류, 내용 등과 직접적으로 관련이 있다.[17)]

17) 자세한 내용은 제9장의 4-라절 "실시예 ≡ 실제 실시예 + 가상 실시예" 참고.

우선 발명가에게 알짜배기 땅이란 자신이 착상한 발명을 구체화를 통하여 구현하였을 때 자신이 가장 선호하는 “최선의 실시예(best embodiment 또는 best mode)”에 해당한다. 따라서 발명가의 알짜배기 땅에 해당하는 최선의 실시예는 발명가의 발명을 가장 우수하게, 가장 효율적으로 구현하는 물건, 방법 또는 조성물에 해당한다. 일예로 태양전지 panel에 사용되는 신규 조성물을 연구하는 발명가에게 알짜배기 땅이란 경제성을 감안하거나 또는 경제성과 관계없이 가장 높은 광변환 효율을 지닌 조성물일 것이다.

이러한 발명가에게 알짜배기 땅 주변의 공터란 최선의 실시예에 미치지 못하는 “차선의 실시예” 또는 기존 기술 수준에도 미치지 못하는 “열등한 실시예” 등을 포함한다. 일예로 발명가의 최선의 실시예에 의한 panel 조성물의 광변환 효율이 75%라고 가정할 경우, 주변의 공터란 광변환 효율이 60%, 57.88%에 불과한 조성물에 해당한다. 또는 주변의 공터는 공지 기술 수준이나 경쟁자의 기술 수준에 못 미치는 열등한 실시예일 수도 있다. 일예로 Stanford 대학교 연구진이 개발하여 상용화한 panel 조성물의 광변환 효율이 55%일 경우, 주변 공터란 발명가 자신이 개발하였으나 광변환 효율이 46.08%, 19.23% 등으로 기존 광변환 효율보다 열등한 광변환 효율을 지닌 조성물에 해당한다.

만일 “차선의 실시예”나 “열등한 실시예”가 “최선의 실시예”에 미치지 못한다는 이유로 발명가가 이를 말뚝(특허의 청구항)에 기재하지 않을 경우, 이러한 실시예는 당연히 발명가의 영토(특허의 범위)에 포함되지 않을 것이다. 하지만 이러한 전략의 대부분은 추후 경쟁자에게 공터를 제공해주는 우둔한 전략에 불과하다. 왜냐하면 발명가에게 royalty를 지불하며 licensing 계약을 체결하는 대신 이를 우회·회피할 수 있는 공터를 찾으려 노력하는 경쟁자에게 이러한 발명가의 편협한 전략이야말로 우회·회피의 방향을 제시해주는 동시에 금지권에 의한 폭사의 위협을 제거해 줄 수 있기 때문이다.

따라서 경쟁자는 발명가의 “최선의 실시예”에는 미치지 못하지만 금지권에 포함되지 않은 “차선의 실시예” 또는 “열등한 실시예”를 활용하여 발명가의 제품보다 성능 면에서는 뒤떨어지지만 가격 면에서 우수한 경쟁제품을 제조·판매할 수 있다. 또한 경쟁자는 발명가가 열등하다고 간주하는 실시예를 개량하여 가격은 물론 성능도 발명가의 제품에 견줄 수 있는 제품을 개발할 수도 있다. 이와 같이 언제, 어디서, 어떻게 형성될지 모르는 공터 형성을 방지하기 위해서 발명가는 최선을 다하여 전향적 과장전략을 활용해야 한다.

그림 2-12. 전향적 과장전략의 한계

그림 2-12(a)

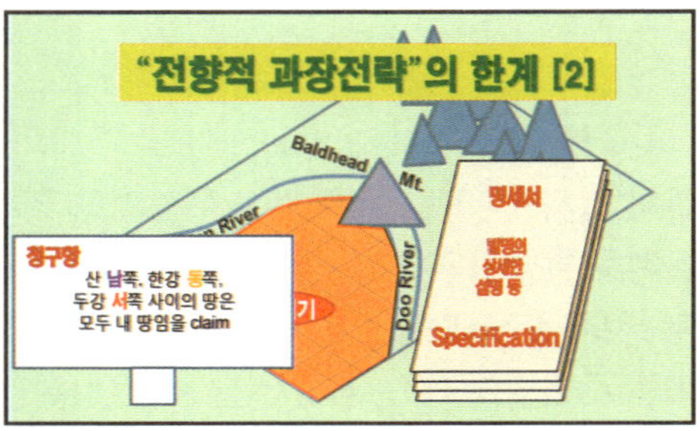

그림 2-12(b)

물론 전향적 과장전략을 활용하다 보면, 확장된 발명가의 영토에 타인의 사유재산이 포함되거나 공중이 사용할 수 있는 공유지가 포함될 수도 있다. 이러한 경우 발명가는 그림 2-12(a)와 같이 자신의 영토에서 이미 거주하고 있는 선거주자 또는 그 곳을 관할하는 정부의 강력한 반발에 직면하게 되며, 최악의 경우 발명가는 알짜배기 땅을 포함한 자신의 영토마저 상실할 수 있다.

그렇다고 이러한 막연한 공포심 때문에 발명가가 더 큰 영토를 청구할 수 있음에도 불구하고 의도적으로 좁은 땅만 청구하는 전략은 수익 창출이라는 특허의 근본 목적과 배치된다. 즉 의도적으로 자신의 영토 근처에 공터를 남겨둘 경우 경쟁자가 공터에 거주하거나 공터를 통한 통행이 가능해지므로 발명가의 수익 창출은 매우 어려워지기 때문이다.

전향적 과장전략과 관련하여 주의할 점은 발명가가 청구항의 범위만 확충한다고 과장이 가능하지는 않다는 점이다. 왜냐하면 그림 2-12(b)와 같이 발명가가 청구항에 기재한 내용에 따라 발명가의 영토를 정의하기 위해서는 청구항의 용어에 대한 의미를 제공하는 "발명의 설명"을[18] 참고하기 때문이다. 따라서 아무리 발명가가 자신의 말뚝(특허 청구항)에 광의의 뜻을 가진 단어나 문구를 사용하더라도 "발명의 설명"에서 상기 단어나 문구를 제대로 정의하지 않으면 기재요건[19] 불비로 청구항이 무효가 될 수 있다. 또한 앞서 설명한 바와 같이 발명가가 "발명의 설명"에 자신의 발명에 대한 풍부한 실시예를 기재하지 않는 경우에도 특허의 범위가 함께 축소될 수 있다.

요약하면 청구항을 이용한 공격전략의 핵심은 그 특허가 출원특허이건 등록특허이건 항상 '범위'일 수밖에 없다. 즉 발명가는 선거주자들의 거주 위치 및 거주 양태 등과 같은 주변 여건이 허락하는 한도 내에서 가능한 한 넓은 영토를 청구하여 공터 형성을 방지함으로써 경쟁자의 공터 거주는 물론 공터를 이용한 통행을 막아야만 한다. 이를 위하여 발명가는 청구항에 가능한 적은 수의 요소를 포함해야 함은 물론 각각의 요소에 대한 제한조건의 수도 최소화해야만 한다.

또한 발명가는 자신이 최선의 실시예라고 여기는 발명은 물론 차선의 실시예, 열등한 실시예로 간주하는 발명, 더 나아가 자신이 직접 구현하지는 않았으나 가능할 것으로 추정되는 "가상 실시예"까지[20] 모두 "발명의 설명"에 기재하고 청구항의 범위에 포함하는 전향적 과장전략을 활용해야만 한다. 그리고 이를 위하여 발명가는 "발명의 설명"에도 다양한 실시예를 기재함은 물론 청구항에서 사용되는 단어나 문구에 대해서도 광활한 청구항 범위에 상응하는 설명을 제공하여야 한다.

그리고 발명가는 수익 창출을 위하여 그 누구도 자신의 영토 근처에서 공터를 발견하지 못하도록 바라는 수밖에 없다.

---

18) 특허법 제42조는 발명가가 특허를 출원할 때 특허청에 제출해야하는 서류를 "특허출원서"라고 지칭한다. 또한 "특허출원서"는 명세서 (또는 특허명세서), 도면 및 요약서로 구성되며, 상기 명세서는 "발명의 설명"과 청구항으로 구성된다고 규정한다. 따라서 "발명의 설명"은 특허출원서에서 도면, 요약서 및 청구항을 제외한 부분을 의미한다. 이에 대한 자세한 설명은 제6장의 1절 "특허의 구성" 참고.

19) 제9장 '기재요건' 참고.

20) 자세한 내용은 제9장의 4-라절 "실시예 = 실제 실시예 + 가상 실시예" 참고.

3. 청구항과 수비전략

발명가의 영토(특허의 범위)는 발명가가 말뚝(특허의 청구항)에 기재한 단어 하나하나, 문구 하나하나에 의하여 결정된다. 수익 창출을 목적으로 하는 발명가는 특허를 출원·등록하며 가능한 넓은 범위를 확보하는 동시에 그 주변에 형성된 공터를 모두 방지하여야 한다. 따라서 앞서 설명한 바와 같이 발명가의 공격전략은 청구항에 포함된 요소의 수의 최소화 및 청구항 요소 각각에 대한 제한조건의 수의 최소화일 수밖에 없다. 그리고 이러한 전략의 근본은 물론 "전향적 과장전략"이다.

하지만 세상만사가 그렇듯 공격이 있으면 수비도 있기 마련이며, 공격에 치중하면 수비가 취약해지는 반면 수비에 치중하면 공격이 취약해지기 마련이다. 즉 발명가가 자신이 원하는 영토를 말뚝에 기재하였더라도 그 땅이 항상 자신의 영토가 된다는 보장은 없는 것이다. 따라서 수익 창출을 목적으로 발명을 착상하고 특허를 출원하는 발명가 역시 자신의 출원특허 청구항의 청구범위에 대한 특허청 심사관의 거절은 물론 등록특허 청구항의 권리범위에 대한 경쟁자의 공격에도 대비할 수 있는 수비전략을 수립해야 한다.

가. 선행기술과 청구항의 유효성

그렇다면 어떤 경우에 발명가가 말뚝(특허의 청구항)에 기재한 땅을 자신의 영토(특허의 범위)로서 인정을 받지 못하게 되어 금지권을 획득할 수 없게 될까? 정답은 "발명가가 자신의 영토라고 주장하는 땅에 선거주자(先居住者)가 존재하는 경우"이다.[21)]

그림 2-13과 같이 발명가가 말뚝에 기재한 영토에 이미 선거주자가 소유한 땅이 포함되어 있거나 공중이 무료로 사용하고 있는 공유지가 포함되어 있는 경우, 즉 선행기

21) 발명가가 말뚝에 기재한 영토에 선거주자가 전혀 존재하지 않는 경우에도 기재불비 등의 이유로 출원특허가 거절되어 금지권을 확보하지 못하거나 등록특허가 무효가 되어 확보하였던 금지권을 상실하는 경우도 있다. 이에 대한 자세한 내용은 제9장 '기재요건' 참고.

술이 존재하는 경우를 가정해 보자. 발명가가 말뚝에 기재한 내용대로 발명가의 영토를 인정하게 되면 여러 가지 문제가 발생할 수 있다.

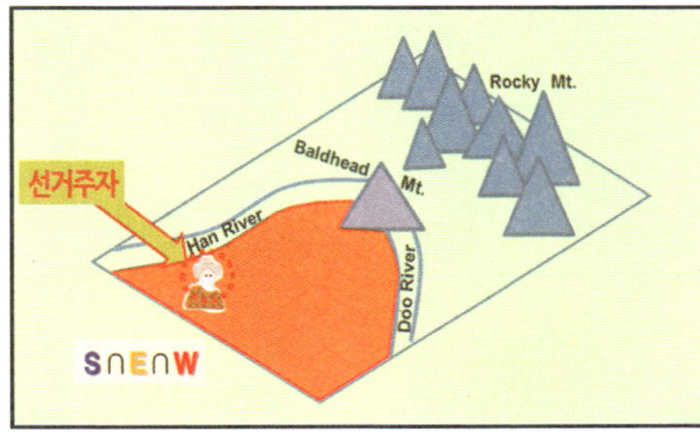

그림 2-13. 선거주자, 선행기술과 특허의 유효성

우선 선거주자가 문제의 땅에 대한 특허를 이미 받았거나 선거주자가 문제의 땅에서 이미 거주하는데도 불구하고 이를 발명가의 영토(특허의 범위)로 나중에 인정하게 되면 문제의 땅에 대해서 선거주자와 발명가라는 다수의 소유권자를 인정하는 결과를 초래한다. 이에 따라 상기 영토에 거주하기를 원하거나 상기 영토를 통과하기를 원하는 경쟁자는 선거주자와 발명가 각각에게 royalty를 지불해야 하는 사회적 비효율이 발생한다. 또한 선거주자와 발명가 사이의 영토 분쟁은 물론 선거주자에게만 royalty를 지불한 경쟁자와 발명가에게만 royalty를 지불한 타경쟁자 사이의 법적 분쟁이 발생할 수도 있다. 또한 동일한 영토에 대해 존속기간이 상이한 다수의 특허가 존재하게 되어 선거주자의 특허가 소멸된 후에도 공중은 다시 발명가의 특허가 소멸될 때까지 기다려야만 문제의 땅을 무료로 이용할 수 있게 된다는 불합리함도 발생한다.

만일 문제의 땅이 공중이 무료로 사용할 수 있는 공유지와 같은 공지기술이었음에도 불구하고 이를 추후 발명가의 영토(특허의 범위)로 인정하게 되면, 공중은 그 동안 무료로 사용해온 영토를 계속 사용하기 위하여 발명가에게 royalty를 지불해야 하는 사회적 모순이 발생하게 된다. 일예로 공유지이기에 안심하고 건물을 신축하였거나 점포를 개설한 경쟁자나 공중은 순식간에 발명가의 사유재산으로 둔갑한 과거의 공유지에서 계속 건물을 사용하거나 점포를 운영하기 위하여 발명가에게 royalty를 지불해야만 하는 등의 사회적 문제도 발생하게 된다.

따라서 발명가가 말뚝에 기재한 영토에 선거주자가 이미 소유한 사유지나 공중이 이미 사용해온 공유지가 포함되면 발명가는 상기 영토를 사유화할 수 없게 된다. 이를 특허법으로 설명하면 특허 청구항의 청구범위나 권리범위에 경쟁자 소유의 특허 또는 공지기술 등의 선행기술이 포함되면, 이러한 청구항은 신규성 요건 또는 진보성 요건을 만족하지 못하게 되며, 이에 따라 출원특허는 거절되고 등록특허는 무효가 된다.

그림 2-14. 무효 특허와 금지권 결여

그림 2-14(a)

그림 2-14(b)

여기에서 주의할 점은 발명가가 말뚝(특허의 청구항)에 기재한 영토(특허의 범위)에 선거주자가 포함될 경우, 발명가는 자신의 영토 중 선거주자가 거주하는 부분에 대한 금지권만 인정받지 못하는 것이 아니라, 자신이 말뚝에 기재한 영토 전체에 대한 금지권을 인정받지 못한다는 점이다. 즉 선거주자가 거주하는 땅을 포함한 말뚝 전체가 무효로 되는 것이다. 따라서 그림 2-14(a) 및 2-14(b)와 같이 선거주자가 거주하는 땅에 발명가가 힘들게 설치한 대형지뢰는 제대로 작동하지 못하게 되며, 대형지뢰에 의한 폭사의 위협에서 벗어난 경쟁자는 아무런 제약 없이 발명가의 사유재산이 될 뻔했던 영토에서 자유로이 거주하거나, 무료로 통행할 수 있게 된다.

또 한 가지 주의할 점은 발명가가 말뚝에 기재한 영토에 선거주자가 존재하지 않는다고 인정되어 공중이 인정한 발명가의 영토(등록특허의 범위)라도 추후 예상치 않은 선거주자에 의하여 무효가 될 수도 있다는 점이다. 일예로 특허청 심사관이 지표 10m 깊이의 땅굴에서 은둔하던 선거주자를 발견하지 못한 채 말뚝을 심사하여 발명가의 영토를 인정하였지만 추후 선거주자가 땅굴에서 나와 지상으로 출현함으로써 발명가의 영토가 무효가 되는 경우에 해당한다. 또한 말뚝 심사 시에는 발명가의 영토 밖에서 거주하는 것으로 생각되었던 선거주자가 실질적으로 발명가의 영토 내에서 거주하였던 사실이 추후 확인됨에 따라 발명가의 영토가 무효로 처리되는 경우도 발생한다.

따라서 수비적 관점에서 보면 발명가가 자신의 영토(특허의 범위)를 설정하는 말뚝(특허의 청구항)을 박기 전, 상기 영토에서의 선거주자 존재 여부를 확인할 필요성이 제기된다. 특히 기술적으로 중요하며 경제성도 지닌 유망한 발명일수록 선행기술을 철저히 검색하여 추후 특허가 무효로 처리될 수 있는 위험을 가능한 한 제거할 필요가 있다. 하지만 발명가가 특허를 출원하기 전 자신이 청구하고자 하는 출원특허의 청구범위에 대한 완벽한 선행기술 검색은 이론적으로, 현실적으로 불가능하다.

나. 선행기술 검색의 한계

간단명료해 보이는 선행기술 검색에도 여러 가지 함정 및 한계가 존재한다. 왜냐하면 완벽한 선행기술 검색을 추구하며 특허출원을 늦추다가 후발명가에게 선출원권을 상실하는 경우도 발생할 수 있으며, 선행기술 검색과 분석 자체에 시간과 돈만으로는 극복할 수 없는 제도적 한계 및 현실적 한계가 존재하기 때문이다.

(1) 선출원권 상실의 위험성

발명가가 발명을 착상한 후 이와 관련된 선행기술을 검색하기 위해서는 충분한 시간은 물론 관련 분야의 전문지식이 필요하다. 발명가가 연구자라면 학술논문을 검색하는 데에는 상당히 익숙하겠지만 법률 용어가 포함된 특허 검색에는 서투를 수밖에 없다. 따라서 발명가는 특허 전문가에게 특허 검색을 의뢰하므로 선행기술 검색 비용이 발생한다. 만일 발명가가 생활 발명을 착상한 비연구자라면 특허 검색은 물론 학술논문 database에 접근하기도 힘들뿐더러 전문지식을 필요로 하는 학술논문을 검색하는 데에도 서투를 수밖에 없다. 그 결과 발명가가 자신의 발명과 관련된 선행기술을 충실히 검색하려면 시간이 소요되며, 경우에 따라 상당한 비용도 수반된다.

하지만 전 세계는 선출원주의에 입각한 특허제도를 운영하고 있다. 즉 다수의 발명가들이 동일한 발명을 착상하고 이를 특허출원하였을 경우, 각국 특허청은 선출원주의에 입각하여 상기 발명에 대한 특허를 가장 먼저 출원한 최초출원 발명가에게만 특허를 부여한다.[22] 따라서 발명가가 발명을 착상한 후 가능한 한 넓은 범위(즉 신대륙의 영토)를 확보하는 동시에 선행기술(선거주자)에 의한 무효 가능성을 확실히 배제하기 위하여 선행기술 검색에 수개월의 기간을 허비한다면, 발명가보다 늦게 동일한 발명을 착상한 경쟁자가 이를 먼저 특허 출원하는 경우도 발생하게 된다. 따라서 발명가는 자신이 먼저 착상한 발명임에도 불구하고 특허 받을 수 있는 권리를 경쟁자에게 빼앗기게 되는 불상사가 발생할 수 있다.

설마 이런 일이 자주 일어나겠냐고, 기껏해야 10년에 한 번이나 발생하겠냐고 반문할지도 모른다. 하지만 현실은 상상과는 완연히 다르다. 특히 워낙 뛰어난 발명가여서 경쟁자와는 전혀 동떨어진 연구를 하며 파괴적 혁신(destructive innovation)을 달성할 수 있는 경우라면 몰라도, 대부분의 발명가들은 현재 각광받는 분야에서 동일한 목표를 추구하는 R&D를 수행하는 경우가 흔하기 때문이다. 따라서 수많은 연구자들이 서로 경쟁하며 연구하고 논문을 발표하다 보면 선발명가가 후출원자가 되어 자신이 먼저 착상한 발명을 후발명가이지만 선출원자인 경쟁자에게 빼앗기는 상황은 자주 발생한다.

(2) 선행기술 검색의 제도적 한계

물론 발명가가 착상한 발명이 원천 발명이며 발명가의 연구 수준이 경쟁자를 최소한 1년 이상 앞선 경우, 발명가는 특허출원을 서두르는 대신 선행기술을 충실히 검색하여 추후 예측하지 못한 선행기술에 대비할 수 있으리라 생각할 수도 있다. 즉 발명가가 발명 착상 후 경쟁자가 추격해 오기 전인 1년 정도는 특허를 출원하지 않은 채 선행기술 검색 및 분석에 몰두하더라도 후발명가가 동일 발명에 대한 특허를 출원함에 따라 발명가가 특허를 받을 수 있는 권리를 상실할 가능성이 낮은 경우이다.

22) 선출원주의의 반대 개념은 선발명주의이다. 즉 특허출원 시점과는 관계없이 발명을 가장 먼저 착상한 발명가에게 특허 받을 수 있는 권리를 인정하는 제도가 선발명주의이다. 과거에는 미국이 전 세계에서 유일한 선발명주의 국가였으나, 2011년 America Invents Act가 발효되며 미국도 2013년 3월 16일부터 선출원주의에 입각한 특허제도를 운영하고 있다. 선출원주의와 선발명주의에 대한 자세한 사항은 제5장의 3절 “특허제도의 종류” 참고.

하지만 그림 2-15(a)의 (가)에 표시한 특허의 공개제도로 인하여 이러한 전략에도 제도적 한계가 존재한다. 일예로 전 세계 대부분의 국가는 특허출원 후 18개월이 경과해야만 출원특허를 공개한다. 바꾸어 말하면 발명가가 자신이 말뚝(특허의 청구항)에 기재하려는 자신의 영토(특허의 범위)의 표면 및 지하를 아무리 성실하게 검색하더라도 지금 막 땅굴을 파고 은닉한 선거주자는 18개월 동안은 절대로 찾을 수 없다는 말이다.

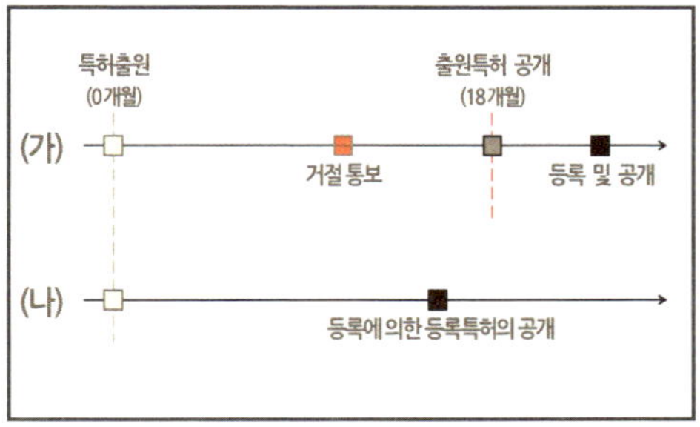

그림 2-15(a). 출원특허 및 등록특허 공개 시점

또한 발명가가 특허를 출원하면 그림 2-15(a)의 (가)와 같이 특허청 심사관은 통상적으로 신규성 결여, 진보성 결여 또는 기재요건 불비 등 거절 이유를 통지하며, 발명가가 심사관의 거절 이유를 모두 극복할 경우에만 특허가 등록된다. 국내의 경우 발명가의 출원특허를 특허청 심사관이 심사하는 데 대략 1년 이상이 소요되는 반면 미국에서는 2~3년 이상이 소요된다. 따라서 대부분의 출원특허는 등록되기 전 출원 상태로 공개된다. 물론 그림 2-15(a)의 (나)와 같이 출원 후 18개월 이내에 특허가 등록되어 등록특허가 공개되는 경우도 있다. 하지만 이러한 경우는 극히 예외적이다. 따라서 아무리 시간과 돈을 들여 선행기술을 검색하더라도 검색 시점으로부터 18개월 이내에 출원된 특허는 검색할 수 없는 바, 이것이 바로 선행기술 검색의 제도적 한계이다.

물론 여기에도 예외는 있는 바, 이는 주로 대학교·연구소에서 출원한 특허들이다. 대학교수나 연구소 연구원들은 학술논문 지향의 “publish or perish” 원칙에 따라 우수 학술지에 우수 논문을 게재해야만 종신교수·종신연구원으로 승진할 수 있음은 물론 연구 업적을 인정받아 추가 연구과제도 수주할 수 있다. 따라서 교수나 연구원은 자신의 연구결과를 논문 초

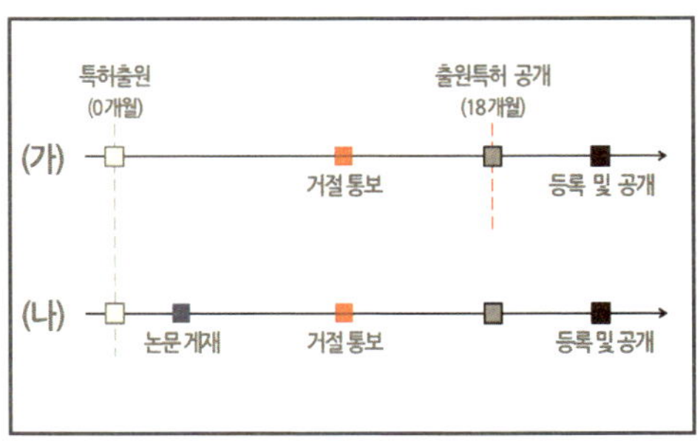

그림 2-15(b). 출원특허 및 등록특허 공개 시점

고로 정리하여 특허출원에 이용하므로 이들의 발명은 그림 2-15(b)의 (나)와 같이 특허출원 직후 학술지에 게재되는 경우가 많다. 따라서 발명가는 대학교수나 연구소 연구원의 출원특허 대부분을 출원특허가 공개되기 전 학술지 검색을 통하여 갈음할 수 있다.

하지만 기업체 연구원에게는 “publish or perish” 원칙이 적용되지 않는다. 왜냐하면 종업원 발명가가 착상한 발명을 특허 출원한 기업은 자신의 차세대 먹을거리가 될 수도 있는 신규 발명을 논문을 통하여 굳이 세상에 서둘러 공표할 필요가 없기 때문이다. 따라서 위에서 설명한 학술논문 검색 전략은 특허 출원의 1/2~2/3를 차지하는 기업체 출원특허에는 적용되지 않는다. 또한 기업체 연구원이 착상한 발명의 경제적 가치가 높다고 판단되면 기업체는 아예 이러한 발명을 특허로만 출원하고 학술지에는 게재하지 못하도록 조치를 취하는 경우도 있다. 따라서 아무리 시간과 돈을 들여 선행기술을 검색하더라도 검색 시점으로부터 18개월 이내에 기업체가 출원한 특허의 대부분 역시 검색이 불가능하다.

요약하면 전 세계 대부분의 국가는 특허출원 후 18개월이 경과해야만 출원특허를 공개한다. 따라서 경쟁자가 자신이 특허출원한 발명을 학술지에 게재하지 않는 한, 발명가가 아무리 성실히 선행기술을 검색하더라도 경쟁자의 모든 선행기술에 대한 검색 자체가 제도상 불가능하다.

(3) 선행기술 분석의 현실적 한계

설령 모든 국가의 특허청이 특허가 출원되는 즉시 출원특허를 공개하거나 경쟁자들이 자신의 발명을 특허출원하는 즉시 모두 학술지에 학술논문으로 게재한다 하더라도, 발명가가 자신이 착상한 발명에 대한 모든 선행기술을 검색하기에는 현실적 한계가 존재한다. 즉 시간과 비용의 문제이다.

우선 전 세계에 흩어져 있는 모든 기술정보를 확인하는 것 자체가 현실적으로 불가능하다. 물론 누구나 Google의 검색 기능을 이용하여 keyword 검색 결과를 얻을 수 있지만, 의미 있는 선행기술 검색의 관건은 바로 검색 결과와 발명가가 착상한 발명과의 연관성에 대한 법률적 검토이다. 따라서 발명가가 자신이 착상한 발명과 국내 특허청, 미국특허청 자료는 물론 관련 학술지를 검색하여 얻은 수백 내지 수천 건의 선행기술 검색 결과 사이의 연관성을 검토하려면 막대한 시간과 비용이 소요될 수밖에 없다.

그 다음 문제는 발명가가 변리사나 특허변호사에게 자신이 착상한 발명에 대한 선행기술 검색을 의뢰할 경우 항상 망각하는 '비용' 문제 및 이와 관련된 질적 문제이다. 법률산업은 서비스 산업이기에 법률 서비스의 질 역시 수임료와 직결된다. 하지만 대부분의 발명가는 선행기술 검색 및 분석에 소요되는 비용과 변리사나 특허변호사가 수행한 선행기술 검색 결과 사이의 상관관계를 이해하지 못하는 경우가 대부분이다.

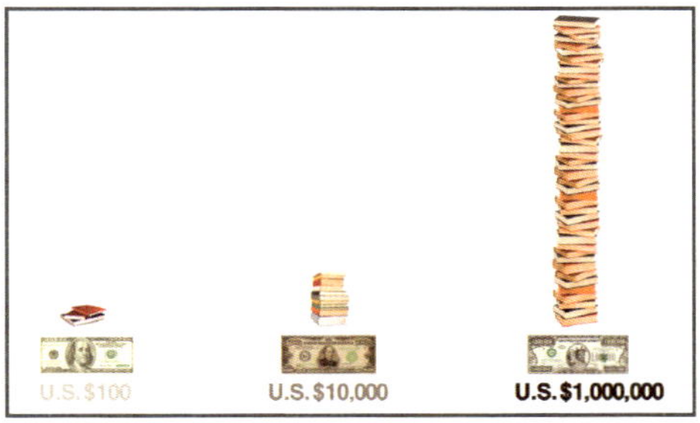

(a) (b) (c)

그림 2-16. 선행기술 검색 비용과 결과의 상관관계

그림 2-16(a)~(c)는 선행기술 검색 비용과 결과 사이의 상관관계를 나타낸다. 일예로 그림 2-16(a)와 (b)에서와 같이 발명가가 100 달러어치의 선행기술 검색을 의뢰하였을 경우와 10,000 달러어치의 선행기술 검색을 의뢰하였을 경우의 검색 범위 및 결과는 당연히 큰 차이가 날 수밖에 없다. 그렇다고 검색 비용과 검색 범위 및 결과의 양이 정비례하지도 않는다. 선행기술 검색을 통하여 발굴한 주요 선행기술이 한글, 영어, 일어, 중국어 등의 친숙한 언어가 아니라 Finland어, Turkey어인 경우에는 추가 번역 비용도 발생하기 때문이다. 더 나아가 그림 2-16(c)에서와 같이 발명가가 백만 달러어치의 선행기술 검색을 의뢰하였을 경우의 검색 범위와 결과는 당연히 100 달러나 10,000 달러어치의 선행기술 검색을 의뢰하였을 경우와도 큰 차이가 날 수밖에 없다.

결국 선행기술 검색 결과도 당사자가 처한 상황 및 투자비용에 따라 달라진다. 일예로 침해의심 제조업체가 발명가로부터 특허침해소송을 당하여 수억 달러에 달하는 손해배상금을 청구당한 경우를 가정하자. 상기 특허의 신규성, 진보성을 부정하는 선행기술을 발굴하여 이를 무효화시키는 방법이 침해의심 제조업체가 침해를 면할 수 있는 유일한 길이라면 상기 업체는 백만 달러, 심지어 천만 달러를 소진하더라도 유효 선행기술을 찾아 발명가의 특허를 무효화시키려 노력할 것이다.

하지만 국내의 경우 200~300만 원, 미국의 경우 1,000~2,000만 원 정도인 특허 출원 비용을 고려하였을 때, 발명을 착상한 상태에서 발명가가 웬만한 확신 없이 수백만 원~수천만 원의 비용을 소진해가며 선행기술을 검색할 수도 없다. 이와 같은 제약으로 인하여 특허 출원 시의 선행기술 검색 및 분석은 수박 겉핥기식으로 진행되는 경우가 대부분이다.

(4) 선행기술 분석의 법적 한계

설령 모든 선행기술이 공개되어 검색 가능하고 시간과 비용을 들여 선행기술을 검색한 후 선행기술과 발명과의 연관 관계를 충실히 검토하였더라도 발명가가 자신의 특허 청구항에 기재한 범위에 절대로 선행기술이 존재하지 않는다고 확신할 수도 없다. 그 이유는 발명가가 출원한 특허의 청구항의 범위와 선행기술의 개시 내용을 비교하고 분석하기 위해서는 법적 지식이 필요함은 물론 이에 대한 전문가의 해석 또한 일치하지 않기 때문이다.

특허라는 사유재산의 특징 중 하나는 무형재산이라는 점이다. 따라서 특허권의 실체는 발명가가 청구항에 기재한 내용에 근거하여 해석할 수밖에 없다. 설상가상으로 청구범위 또는 권리범위에 대한 해석은 변리사, 특허변호사에 따라 다를 수 있음은 물론 특허청 심사관이나 법원의 판사에 따라 다를 수도 있다. 즉 특허 범위의 해석을 위한 청구항 해석 자체에는 주관적 요소가 작용할 수밖에 없으며, 따라서 발명가나 대리인이 막대한 시간과 비용을 투입하고 자신의 청구발명과 선행기술을 성실하게 검색, 분석하더라도, 추후 지방법원, 항소법원 및 대법원이 모두 동의할 수 있는 확실한 결론을 얻을 수는 없다.

(5) 현실적 선행기술 검색 및 분석

따라서 발명가가 아무리 많은 시간과 돈을 들이더라도 완벽한 선행기술 검색 및 분석은 제도적으로, 현실적으로, 법적으로 불가능할 수밖에 없다. 또한 발명가가 선행기술 검색에만 매달리다 보면 정작 특허 출원 시 자금이 부족해질 수도 있을뿐더러, 선행기술 검색에 시간을 많이 허비한 결과 후발명가에게 선출원권을 상실하는 불상사가 발생할 수도 있다.

그렇다고 발명가는 선행기술 검색과 분석을 완전히 무시할 수만도 없다. 왜냐하면 뻔히 존재하는 선행기술을 무시한 채 특허를 출원해봤자 특허청 심사관이 신규성 결여 또는 진보성 결여로 출원특허를 거절할 것이 확실하고, 이러한 선행기술의 존재를 모른 채 특허를 출원하면 추후 이를 극복하기도 어려워질 것이 명백하기 때문이다.

물론 투입하는 시간도 절약하고 비용도 절약하기 위하여 선행기술 검색을 생략한 채 일단 특허를 출원하고, 그 후 심사관의 거절 이유에 따라 청구항 범위를 축소할 수도 있다. 또는 선행기술에 대한 두려움 때문에 미리 안전하게 청구항의 청구범위를 축소하여 특허를 출원할 수도 있다. 하지만 확실한 선행기술은 피하고 논란의 여지가 있는 선행기술도 다 피하다 보면 결국 청구항의 범위는 협소해지며, 그 결과 주위에 많은 공터가 필연적으로 형성된다. 이런 경우에는 아예 특허를 출원할 필요성 자체를 상실할 수도 있다. 왜냐하면 특허의 목적은 수익 창출이므로, 수익 창출을 포기한 채 특허를 출원할 이유가 없기 때문이다.[23)]

결국 발명가의 청구항 수비전략은 합리적 선행기술 검색 및 이에 근거한 청구항 전략의 전향적 활용이다. 즉 발명가는 합리적인 범위에서 선행기술을 검색·분석하여 확실한 선행기술을 피하고, 범위가 넓은 청구항인 독립항(넓은 영토, 즉 대형지뢰에 해당)과 범위가 좁은 청구항인 종속항(좁은 영토, 즉 중형지뢰나 소형지뢰)을 순차적으로 활용하는 청구항 전략을 활용해야 한다. 바꾸어 말하면 발명가의 제1선의 수비대가 아군 진지를 향하여 몰아치는 적군에 의하여 섬멸되는 경우에 대비하여 제2선, 제3선의 수비망을 구성하는 전략이다.

---

23) 국내에서는 발명가가 자신의 청구범위 주변에 수많은, 드넓은 공터가 존재함을 인지하면서도 이에 대한 대비 없이 특허를 출원하는 경우가 많다. 이는 주로 대학교 교수나 연구소 연구원이 승진 요건을 충족하기 위하여 또는 정부 연구과제를 수주하기 위하여 출원특허 건수나 등록특허 건수를 충분히 확보하려는 경우이다. 물론 개인발명가나 창업기업도 선행기술이 우글거리는 줄을 뻔히 알면서도 투자자로부터 투자를 받기 위하여 무조건 특허를 출원하는 경우도 있다. 이는 모두 인위적인 상황으로서, 이러한 특허로 수익을 창출하기는 매우 어려울 것이 자명하다.

다. 종속항을 활용하는 수비전략인 "청구항 전략"

청구항 전략, 바꾸어 말하자면 말뚝작전의 핵심은 바로 특허 청구항(말뚝) 각각의 독립성이다. 즉 발명가가 자신의 특허에 상이한 범위(발명가의 영토)를 지닌 다수의 청구항(말뚝)을 사용할 경우, 특허청이나 법원은 각각의 청구항을 다른 청구항과는 독립적으로 고려해야 하며, 이에 따라 각 청구항의 유효성 역시 다른 청구항의 유효성과는 독립적으로 판단해야 한다.[24)]

청구항 수비전략의 핵심인 청구항 전략은 바로 이러한 청구항의 독립성을 백분 활용하며 필요에 따라 다수의 독립항은 물론 다수의 종속항을 사용하는 전략이다. 즉 범위가 상이한 다수의 청구항을 순차적으로 사용함으로써 범위가 넓은 일부 청구항이 거절되거나 등록 후 무효로 처리되더라도 이보다는 범위가 협소하지만 거절되지 않은 또는 아직 유효한 청구항으로 버티며 경쟁자의 우회·회피를 억제하는 전략이다.

참고로 독립항(큰 말뚝에 해당)이란 다른 청구항과는 독립적으로 자신의 범위를 설정하는 청구항으로서, 상대적으로 넓은 범위(대형지뢰)를 지니는 특징을 가진다. 반면 종속항(중형 또는 소형 말뚝에 해당)이란 특정 독립항에 종속되기 때문에 필연적으로 독립항보다는 좁은 범위(중형지뢰나 소형지뢰에 해당)를 지니는 청구항이다.

그림 2-17은 독립항과 종속항을 순차적으로 활용하는 청구항 전략을 크기가 다른 지뢰들을 사용하여 도식화한 경우이다. 그림에서와 같이 발명가는 자신이 사유화하고자 하는 영토(산 남쪽, 한강 동쪽, 두강 서쪽) 전체에 걸쳐 강력한 폭발력을 지닌 대형지뢰(독립항의 범위)를 설치하고, 만일 대형지뢰가 예기치 못한 선거주자(선행기술)로 인하여 작동하지 않게 될 경우를 대비하여 대형지뢰 상부에 폭발 범위가 좁은 중형지뢰(종속항의 범위)를 하나 이상 설치할 수 있다. 따라서 선거주자가 존재함이 밝혀져 대

24) 이뿐만이 아니다. 발명가가 자신의 특허에 상이한 범위의 다수의 청구항을 사용한 경우 경쟁자가 제조한 침해의심 제품의 침해 여부도 각각에 대하여 판단해야 한다. 즉 경쟁자가 침해를 벗어나기 위해서는 발명가가 침해라고 주장하는 청구항을 모두 침해하지 말아야 한다. 이와 같이 청구항 전략은 특허의 공격전략이나 수비전략 모두에 적용되는 전략이다.

형지뢰가 작동하지 않는 경우, 즉 독립항이 금지권을 상실하는 경우에도, 발명가는 경쟁자가 무단으로 중형지뢰(종속항의 범위) 위에서 거주하거나 중형지뢰를 무단 통행하지 못하도록 막을 수 있다.

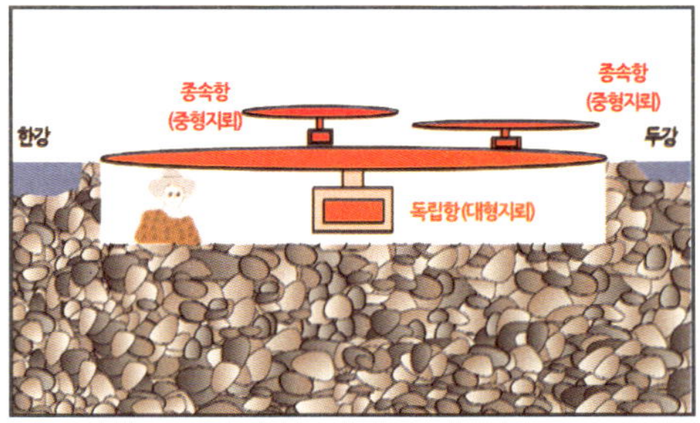

그림 2-17. 청구항 전략에 의한 대형지뢰(독립항의 범위)와 중형지뢰(종속항의 범위)

물론 발명가는 단일 또는 다수의 중형지뢰를 설치할 수 있다. 또한 다수의 중형지뢰를 설치할 경우 중형지뢰의 크기가 서로 상이할 수 있으며, 중형지뢰의 설치 위치 또한 상이할 수 있다. 그렇다고 중형지뢰를 신대륙 어디에나 설치할 수는 없다. 자세히 말하자면 독립항의 범위에 해당하는 대형지뢰와 종속항의 범위에 해당하는 중형지뢰 사이의 상호관계로 인하여 중형지뢰는 반드시 대형지뢰의 상부에만 설치해야 한다. 왜냐하면 독립항은 범위가 가장 넓은 청구항인 반면 종속항은 독립항의 부분집합에 해당하기 때문이며, 그 결과 종속항은 항상 독립항에 종속되는 동시에 독립항보다 범위가 좁기 때문이다.[25]

일예로 그림 2-18에서 적색으로 표시한 중형지뢰 A는 항상 대형지뢰보다 범위가 좁은 동시에 자신의 모든 부분이 대형지뢰의 상부에만 위치하므로, 중형지뢰 A는 대형지뢰에 종속된다. 따라서 중형지뢰 A의 범위를 지닌 청구항은 항상 대형지뢰의 범위를 지닌 독립항의 종속항으로 작성할 수 있다. 반면 그림 2-18에서 녹색

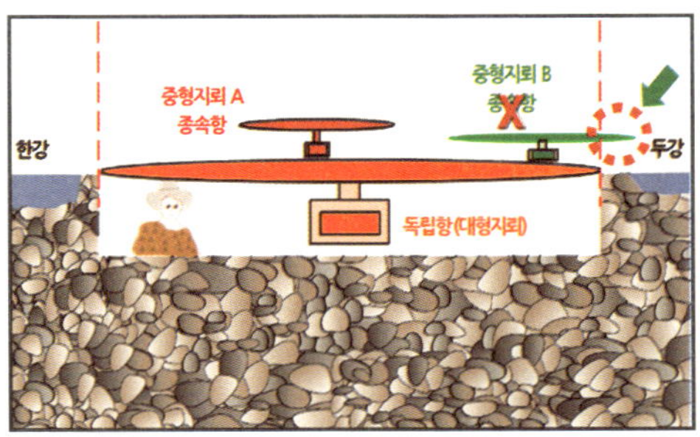

그림 2-18. 대형지뢰(독립항의 범위)와 중형지뢰(종속항의 범위)의 상호관계

25) 바꾸어 말하면 독립항이 특정 수의 요소 및 제한조건을 포함할 경우, 종속항은 독립항보다 더 많은 수의 요소 또는 제한조건을 포함하거나, 독립항보다 범위가 좁은 단어나 문구를 포함한다. 따라서 종속항은 독립항보다 범위가 협소할 뿐만 아니라 종속항의 범위는 독립항의 범위의 부분집합일 수밖에 없다. 종속항 작성 방법은 제2장의 3-라절 "종속항 작성 방법" 및 제2장의 3-마절 "종속항의 종속항 작성 방법" 참고.

으로 표시한 중형지뢰 B는 대형지뢰보다 범위가 좁기는 하지만 자신의 우측단이 대형지뢰의 상부를 벗어나 바깥쪽에 위치하기 때문에 중형지뢰 B는 항상 대형지뢰에 종속되지는 않는다. 즉 중형지뢰 B는 대형지뢰의 부분집합이 아니다. 따라서 중형지뢰 B와 같은 범위를 지닌 청구항은 항상 대형지뢰의 범위를 지닌 독립항보다 협소한 범위를 가지기는 하지만 대형지뢰 독립항의 종속항은 아니다.

라. 종속항 작성 방법

그렇다면 독립항에 종속되는 종속항은 어떻게 작성할까? 간단하다. 왜냐하면 앞서 설명한 바와 같이 청구항의 범위는 청구항에 기재된 요소의 수가 증가할수록 또는 청구항의 특정 요소에 대한 제한조건의 수가 증가할수록 좁아지기 때문이다. 따라서 독립항에 종속되는 동시에 독립항보다 협소한 범위를 지닌 종속항은 독립항에 1개 이상의 새로운 청구항 요소를 추가하거나 독립항의 특정 요소에 대한 1개 이상의 새로운 청구항 제한조건을 추가하여 작성할 수 있다.[26)]

일예로 그림 2-19(a)의 말뚝 (A)는 독립항으로서, “산 남쪽”이라는 조건, “한강 동쪽”이라는 조건 및 “두강 서쪽”이라는 조건의 교집합에 해당하는 범위(대형지뢰)를 가진다. 반면 그림 2-19(a)의 말뚝 (B1)은 말뚝 A에 기재한 세 가지 요소는 물론 “돌덩이가 보이는 땅”이라는 추가 요소를 포함한다. 따라서 말뚝 (B1)의 범위(중형지뢰)는 말뚝 (A)의 범위의 부분집합인 동시에 말뚝 (A)의 범위(대형지뢰)보다 협소하기 때문에, 말뚝 (B)는 말뚝 (A)라는 독립항에 종속되는, 말뚝 (A)의 종속항에 해당한다.[27)]

---

26) 청구항 요소나 청구항 요소의 제한조건의 수는 일정하게 유지하되 청구항 요소나 제한조건을 범위가 좁은 단어나 구절로 대체함으로써 청구항의 범위를 축소할 수도 있다. 일예로 청구항 요소가 ‘결합장치’일 경우 이를 협의의 단어인 ‘나사못’으로 바꾸거나 청구항 제한조건인 ‘둥그런’을 “직경이 3cm 이내의 원 모양의”로 바꾸는 방법이다.

27) 말뚝 (A)의 기재 사항은 “산 남쪽, 한강 동쪽, 두강 서쪽 사이의 모든 땅은 내 땅”인 반면 말뚝 (B1)의 기재 사항은 “산 남쪽, 한강 동쪽, 두강 서쪽 사이의 땅 중 돌덩이 보이는 땅은 모두 내 땅”이다. 이와 같이 종속항은 항상 독립항의 부분집합이므로 단어나 문구가 중복될 수밖에 없다. 따라서 말뚝 (A)와 (B1)의 기재 사항 중 중복되는 부분을 말뚝 (B1)에 대입할 경우 말뚝 (B1)의 기재 사항은 “말뚝 (A)에 있어서, 돌덩이 보

그림 2-19. 청구항 전략에 의한 독립항과 단일의 종속항

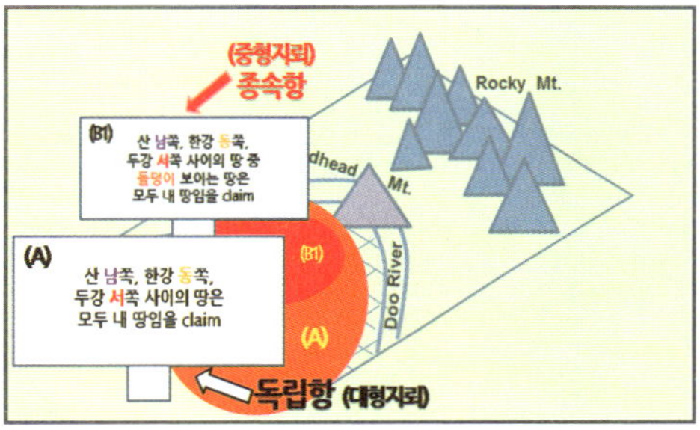

그림 2-19(a)

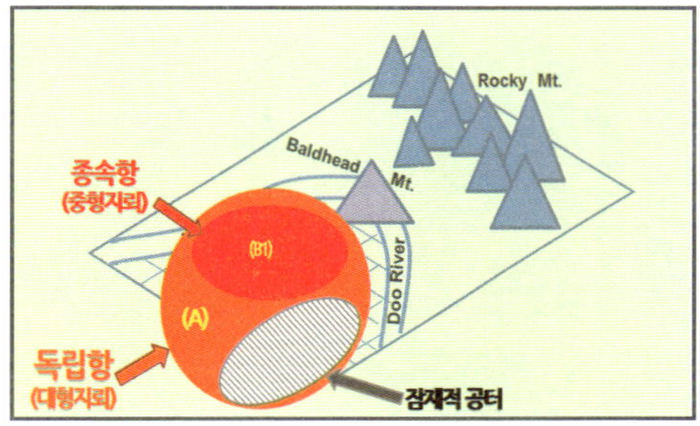

그림 2-19(b)

한편 그림 2-19(a)에서 예기치 못한 선행기술로 인하여 말뚝 (A)의 독립항이 무효로 처리된 경우를 가정하자. 이 경우 말뚝 (A)라는 독립항이 금지권을 상실하게 됨에 따라 발명가는 말뚝 (B1)이라는 종속항에만 의지하여 경쟁자의 무단 거주나 무단 횡단을 금지할 수밖에 없다. 하지만 발명가의 영토에는 "산 남쪽, 한강 동쪽, 두강 서쪽의 땅" 중 말뚝 (B1)에 속하지 않는 땅, 즉 말뚝 (B1)의 여집합에 해당하는 "돌덩이가 보이지 않는 땅"(그림 2-19(b)의 해칭 부분)이 포함되어 있지 않다. 이에 따라 경쟁자는 "산 남쪽, 한강 동쪽, 두강 서쪽의 땅" 중 "돌덩이가 보이지 않는" 잠재적 공터에서 무료로 거주하거나 이러한 잠재적 공터를 무료로 통행할 수 있게 된다. 그 결과 발명가가 보유한 말뚝 (B1)의 금지권은 빛이 바래게 되며, 최악의 경우에는 무용지물로 전락할 수도 있다.

이는 땅은 모두 내 땅"이라고 표시할 수 있다. 바꾸어 말하면 말뚝 (B1)에서 "말뚝 (A)에 있어서"라는 구절은 말뚝 (A)의 기재 사항인 "산 남쪽, 한강 동쪽, 두강 서쪽 사이의 모든 땅"을 의미한다.

물론 종속항을 기재할 때 이와 같은 종속 관계를 사용하지 않을 수도 있지만, 종속항인 말뚝 (B1)을 기재할 때 말뚝 (A)의 내용을 포함시킬 경우 여러 가지 이점이 있다. 우선 독립항과 종속항의 종속관계가 명확해지므로 특허 심사의 효율을 높일 수 있다. 이와 동시에 발명가나 대리인 역시 청구항 전략을 사용하며 다수의 청구항의 범위를 일목요연하게 확인할 수도 있다.

그림 2-20. 청구항 전략에 의한 독립항과 복수의 종속항

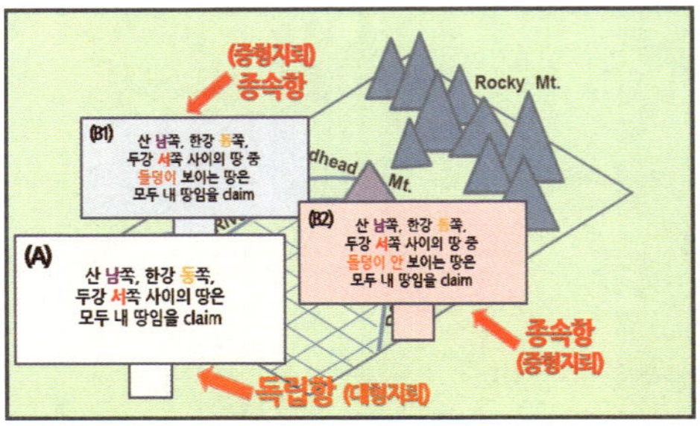

그림 2-20(a)

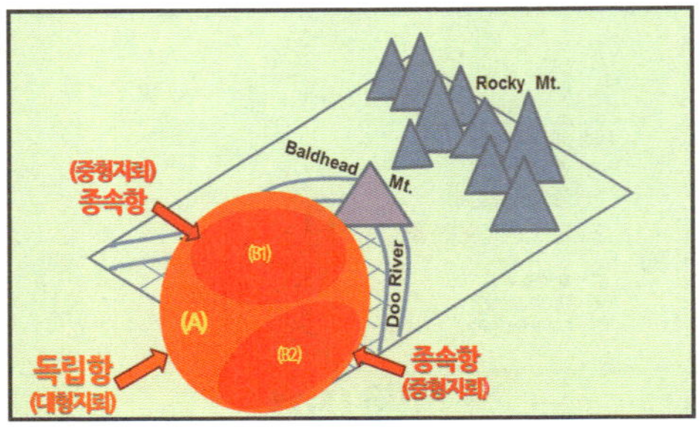

그림 2-20(b)

이러한 불상사를 방지하기 위하여 발명가는 그림 2-20(a)에서와 같이 독립항에 해당하는 말뚝 (A), 말뚝 (A)라는 독립항에 "돌덩이가 보이는 땅"이라는 요소를 추가하여 작성한 종속항에 해당하는 말뚝 (B1) 및 말뚝 (B1)의 여집합에 해당하는 또 다른 말뚝 (B2)을 설치할 수 있다. 즉 그림 2-20(b)에서와 같이 독립항의 범위에 해당하는 대형지뢰 상부에 종속항에 해당하는 한 쌍의 중형지뢰를 설치하는 전략이다. 그 결과 독립항에 해당하는 말뚝 (A)가 예기치 못한 선행기술로 무효 처리되어 금지권을 상실하더라도 발명가는 종속항에 해당하는 말뚝 (B1) 및 말뚝 (B2)에 의지하여 경쟁자의 무단 거주나 타인의 무단 횡단을 어느 정도는 금지할 수 있다.

요약하면 그림 2-20(a)에 예시한 청구항 전략은 그림 2-20(b)와 같이 대형지뢰에 해당하는 독립항의 범위를 중형지뢰에 해당하는 두 개의 종속항으로 세분한 후 각각 청구하는 방법이다. 물론 이 때 두 개의 종속항의 범위의 합이 독립항의 범위에 가까울수록 발명가는 자신의 권리범위 주변에서 잠재적 공터 형성을 방지하기가 용이해진다. 따라서 추후 독립항이 예기치 않은 선행기술에 의하여 무효가 되더라도 두 개의 종속항의 금지권을 이용하여 경쟁자의 무단 거주나 무단 통행을 저지할 수 있으며, 또한 예기치 않은 선행기술에 의하여 독립항은 물론 종속항 중 하나가 무효로 처리되더라도 나머지 종속항의 범위 내에서 금지권을 이용하여 가능한 한 경쟁자의 무단 거주나 무단 통행을 어느 정도 저지할 수 있게 된다.

물론 이에 대한 반대급부도 존재한다. 즉 얻은 것이 있으니 잃을 차례이다. 일예로

두 개의 종속항의 범위의 합이 독립항의 범위와 일치할 경우, 독립항이 선행기술에 의하여 무효가 되면, 최소한 하나의 종속항도 무효가 될 가능성이 증가하게 된다. 따라서 독립항의 속성에 따라 이를 세 개 이상의 종속항으로 구분하는 전략이 바람직할 수도 있다. 일예로 독립항의 요소 중 하나가 광원일 경우 이를 빛의 삼원색에 따라 구분하게 되면 적색, 청색, 녹색에 해당하는 세 개의 종속항을 이용하여 종속항 차원에서 잠재적 공터의 형성을 방지할 수 있다. 즉 세 개의 종속항의 범위의 합이 독립항의 범위와 가능한 한 유사하도록 하여 잠재적 공터의 형성을 방지하는 전략이다.

한편 속성에 따라 독립항을 아무리 많은 수의 종속항으로 구분하더라도 종속항의 범위의 합이 독립항의 범위보다 좁은 경우도 존재한다. 이와 같이 특정 독립항에 종속하는 종속항은 수없이 작성할 수 있지만 기왕이면 종속항의 범위의 합이 독립항의 범위에 가까울 수 있는 추가 요소나 추가 제한조건을 이용하여 종속항 set를 작성하게 되면 범위의 상실을 최소화하는 동시에 금지권 효율도 최대화할 수 있는 청구항 전략이 가능해진다.

마. 종속항의 종속항 작성 방법

청구항의 범위는 청구항 요소의 수가 증가할수록, 청구항 요소에 대한 제한조건의 수가 증가할수록 또는 요소나 제한조건을 의미가 좁은 용어로 대체할수록 좁아진다. 이러한 청구항의 속성을 이용하여 위에서는 대형지뢰에 해당하는 독립항에 새로운 요소나 제한조건을 추가하여 중형지뢰에 해당하는 종속항을 작성하는 청구항 전략을 설명하였다. 청구항 전략은 청구항 수비전략의 핵심으로서, 선행기술로 인하여 독립항이 무효가 되더라도 다수의 종속항들의 금지권을 이용하여 경쟁자가 발명가 영토에서 무단 거주하거나 경쟁자가 발명가 영토를 무단 통행하지 못하도록 방지하는 전략이다.

하지만 예기치 않은 선행기술(들)에 의하여 대형지뢰에 해당하는 독립항은 물론 중형지뢰에 해당하는 다수의 종속항도 모두 무효가 되는 경우도 발생할 수 있다. 이러한 경우에 대비하기 위한 청구항 수비전략은 종속항에 대해서도 청구항 전략을 적용하는 것이다. 즉 중형지뢰에 해당하는 종속항에 1개 이상의 새로운 요소를 추가하거나, 종속항의 특정 요소에 대한 1개 이상의 새로운 제한조건을 추가하거나, 또는 상기 요소나 제한조건을 의미가 더 협소한 용어로 대체하여 종속항의 종속항(즉 소형지뢰)을 다수 작성, 청구하는 전략이다.

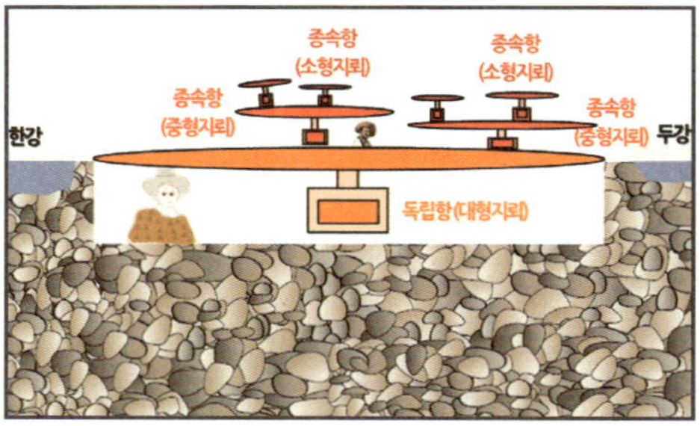

그림 2-21. 대형지뢰(독립항의 범위)와 중·소형지뢰(종속항의 범위)의 상호관계

그림 2-21은 대형지뢰에 해당하는 독립항과 중형지뢰에 해당하는 2개의 종속항 및 상기 종속항보다 좁은 범위를 가진 소형지뢰에 해당하는 4개의 종속항을 순차적으로 활용하는 청구항 전략을 예시한다. 즉 발명가는 자신이 사유화하고자 하는 영토(특허의 범위) 전체에 걸쳐서 가장 강력한 폭발력을 지닌 대형지뢰(독립항의 범위)를 설치하고, 만일의 경우를 대비하여 대형지뢰 상부에 폭발 범위가 중간 정도인 중형지뢰(종속항의 범위)를 설치한 후, 최악의 경우를 대비하여 각각의 중형지뢰 상부에 폭발 범위가 더 좁은 소형지뢰(종속항의 종속항의 범위)를 설치하는 경우이다.

따라서 선거주자(선행기술)로 인하여 대형지뢰가 작동하지 않게 되어 독립항이 금지권을 상실하고 중형지뢰도 작동하지 않아 종속항 역시 금지권을 상실하더라도, 경쟁자가 무단으로 소형지뢰(종속항의 종속항의 범위) 위에서 거주하거나 소형지뢰 위를 무단 통행하지 못하게 막을 수는 있다. 이 때 발명가는 단일 또는 다수의 소형지뢰를 설치할 수 있고, 다수의 소형지뢰를 설치할 경우 소형지뢰의 크기가 다를 수도 있지만, 위에서 설명한 이유로 인하여 소형지뢰는 항상 중형지뢰의 상부에 위치하여야만 한다. 물론 이와 같이 독립항과 종속항이 거절되거나 무효로 처리되어 종속항의 종속항으로만 자신의 영토를 방어하는 경우, 경쟁자에 대한 발명가의 억지력은 급격히 감소할 수밖에 없다. 하지만 이러한 최소한의 억지력이라도 아예 억지력을 보유하지 못하는 경우보다는 유리한 경우도 존재할 수 있다.

종속항의 종속항을 활용하는 청구항 전략은 그림 2-22와 같이 대형지뢰에 해당하는 독립항의 범위를 중형지뢰에 해당하는 다수의 종속항으로 세분한 후, 각각의 종속항의 범위를 소형지뢰에 해당하는 다수의 종속항의 종속항으로 각각 청구하는 방법이다. 물론 이 때에도 다수의 소형지뢰의 폭발 범위의 합이 중형지뢰의 폭발 범위에 가까울수록 잠재적 공터의 형성을 방지하기가 용이해진다. 따라서 추후 종속항이 예기치 않은 선행기술에 의하여 무효가 되더라도 다수의 종속항의 종속항의 금지권을 이용하여 경쟁자의 무단 거주나 무단 통행을 저지할 수 있으며, 또한 예기치 않은 선행기술에 의하여 종속항의 종속항 중 하나가 무효로 처리되더라도 나머지 종속항의 종속항의 범위 내에서 금지권을 이용하여 가능한 한 경쟁자의 무단 거주나 무단 통행을 저지하는 전략이다.[28)]

그림 2-22. 청구항 전략에 의한 독립항과 다양한 범위의 종속항

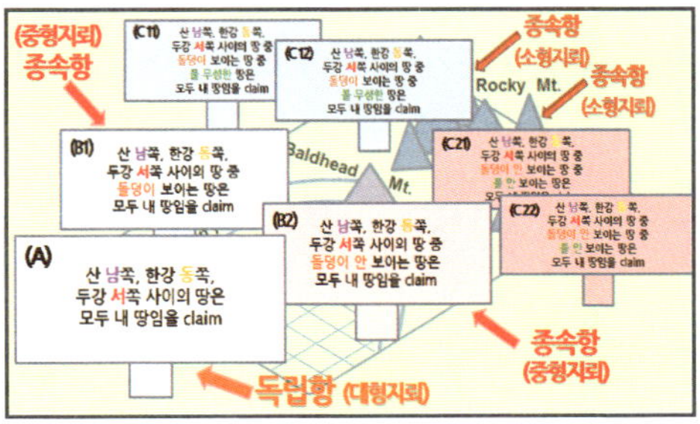

그림 2-22(a)

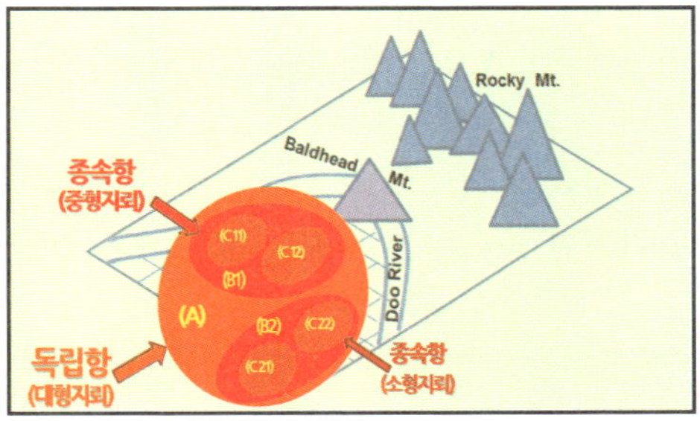

그림 2-22(b)

요약하면 발명가 특허의 청구항 중 범위가 극대화된 독립항이 유효로 판명될 경우 발명가가 창출할 수 있는 수익 역시 극대화될 수 있다. 따라서 독립항은 특허에서 중요한 위치를 차지한다. 하지만 발명가는 청구항 전략을 활용함으로써 독립항과 함께 다양한 청구 범위의 종속항 및 종속항의 종속항을 청구할 수 있다. 그 결과 발명가는 독립항이 무효가 되더라도 중간 범위의 종속항을 이용하여 금지권을 행사할 수 있게 되며, 중간 범위의 종속항이 무효가 되는 경우에는 종속항의 종속항의 금지권을 활용할

28) 말뚝 (A)의 기재 사항은 "산 남쪽, 한강 동쪽, 두강 서쪽 사이의 모든 땅은 내 땅"인 반면 말뚝 (B1)의 기재 사항은 "산 남쪽, 한강 동쪽, 두강 서쪽 사이의 땅 중 돌덩이 보이는 땅은 모두 내 땅"이므로 말뚝 (B1)은 "말뚝 (A)에 있어서, 돌덩이 보이는 땅은 모두 내 땅"이라고 표시할 수 있다. 한편 말뚝 (C1)의 기재사항은 "산 남쪽, 한강 동쪽, 두강 서쪽 사이의 땅 중 돌덩이 보이는 땅 중 풀이 무성한 땅은 모두 내 땅"이다. 따라서 말뚝 (C1)은 "말뚝 (B1)에 있어서, 풀이 무성한 땅은 모두 내 땅"이라고 축약하여 표시할 수 있다.

수 있다. 이것이 바로 청구항 전략의 핵심이다.

그렇다면 청구항 전략의 실질적 효과는 무엇일까? 앞서 설명한 것처럼 기계적으로 독립항을 작성하고, 무작위로 선택한 청구항 요소나 청구항 제한조건을 상기 독립항에 추가하여 종속항을 작성한 후, 다시 무작위로 선택한 청구항 요소나 청구항 제한조건을 상기 종속항에 추가하여 종속항의 종속항을 작성하면 충분한가?

정답은 "절대 그렇지 않다"이다. 왜냐하면 종속항을 작성하기 위하여 독립항에 추가하는 요소나 제한조건이 특허기술을 구현하는 데 상당히 필수적인 경우에는 큰 문제가 발생할 가능성이 적을 수도 있다. 하지만 종속항을 작성하기 위하여 독립항에 추가하는 요소나 제한조건이 특허기술을 구현하는 데 전혀 불필요한 경우에는 청구항의 범위가 불필요할 정도로 축소되며, 그 결과 어떤 경쟁자도 이러한 종속항 위에서 거주하거나 이러한 종속항을 거쳐 통행하지 않게 된다.

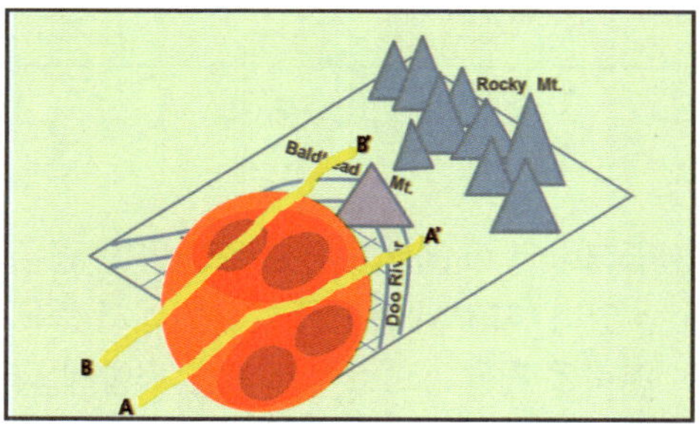

그림 2-23. 차선책으로서의 청구항 전략

이는 그림 2-23에 도시한 통행로 AA'와 BB'를 비교하면 쉽게 이해할 수 있다. 일예로 경쟁자가 통행로 AA' 를 따라 북쪽으로 이동하려면 대형지뢰의 신규성 또는 진보성을 부정할 수 있는 선행기술을 발굴하여 발명가가 설치한 대형지뢰만 무력화시키면 된다. 하지만 경쟁자가 통행로 BB'를 따라 북쪽으로 이동하려면 대형지뢰는 물론 중형지뢰와 소형지뢰도 모두 무력화시켜야 하며, 이를 위해서는 중형지뢰 및 소형지뢰의 폭발 범위 내에서 각각 선행기술을 발굴하여야만 한다.

물론 대형지뢰 하나를 무력화시킬 수 있는 선행기술의 검색에 비하여 대형지뢰, 중형지뢰 및 소형지뢰 세 개를 모두 무력화시킬 수 있는 선행기술 검색은 용이한 작업이 아니다. 그렇다고 경쟁자가 우량 선행기술을 발굴하여 대형지뢰와 중형지뢰를 무력화하였더라도 소형지뢰를 무력화시키지 못할 경우 경쟁자는 여전히 통행로 BB'를 따라 이동할 수 없게 된다. 특히 통행로 BB' 가 통행로 AA'는 물론 기타 통행로에 비하여 지름길에 해당하고, 포장 상태도 압도적으로 양호하며, 경사마저 압도적으로 완만하다면 통행로 BB' 의 가치는 그만큼 높아진다. 즉 경쟁자는 근처에 공터가 있음에도 불구하고 통행 시간을 줄이기 위하여 또는 편리한 이동을 위하여 발명가에게 royalty를 지불하면서도 통행로 BB' 를 이용할 수 있기 때문이다.

발명가로서는 대형지뢰를 지킴으로써 통행로 AA', BB'는 물론 자신의 영토를 관통하여 북쪽으로 향하는 모든 통행로를 통제할 수 있는 금지권을 획득하는 것이 최선이다. 하지만 대형지뢰가 무력화되더라도 청구범위가 좁은 종속항을 전략적 요충지에 효과적으로 설치하고 이를 지킬 수 있다면 이는 발명가의 차선책에 해당한다. 그만큼 청구항 전략은 특허 수비의 핵심이다.

4. 貧益貧 특허, 富益富 특허

제2장의 1절 내지 3절에서는 청구항을 이용한 특허의 공격전략과 수비전략에 대하여 설명하였다. 특허의 공격전략에서는 청구항에 포함된 요소(말뚝에 기재한 사항의 요소)의 수는 물론 청구항 요소를 제한하는 제한조건(말뚝에 기재한 사항의 제한조건)의 수를 최소화하는 동시에 가급적이면 광의의 의미를 지닌 단어나 문구를 요소나 제한조건으로 사용하여 청구항의 범위(발명가 영토)를 극대화하는 동시에 그 주변의 공터 형성을 방지해야 한다고 설명하였다. 또한 특허의 수비전략에서는 선행기술 검색의 제도적, 현실적 한계를 설명하였으며, 범위가 넓은 독립항(범위가 가장 넓은 대형지뢰)과 이보다는 범위가 좁은 종속항(범위가 좁은 중형지뢰 및 소형지뢰)을 순차적으로 사용하여 범위가 넓은 청구항이 무효가 되는 불상사가 발생하더라도 이보다는 범위가 좁은 청구항을 이용하여 순차적으로 경쟁자의 우회·회피를 억제하는 청구항 전략을 설명하였다.

가. 선행기술 유무에 따른 청구항 공수전략

그렇다면 발명가가 특허 출원 전 선행기술 검색을 한 결과 자신이 착상한 발명과 관련이 있을 것으로 생각되는 선행기술이 존재할 경우에는 어떤 공격전략과 어떤 수비전략을 구사해야 할까?

정답은 "case by case"이다. 왜냐하면 특허의 목적이 수익 창출이므로 모든 특허 청구항은 가능한 한 넓은 범위를 확보해야 함은 사실이지만, 모든 선행기술에 대비한 최적의 특허 수비전략 및 경쟁자의 침해의심 제품 모두에 적용되는 최적의 특허 공격전략은 존재하지 않기 때문이다. 따라서 최적의 특허 공수전략은 대부분의 경우 상황에 의존할 수밖에 없는 필연에 의하여 결정된다고 할 수 있다.

그림 2-24. 선행기술이 드문 경우의 청구항 공수전략

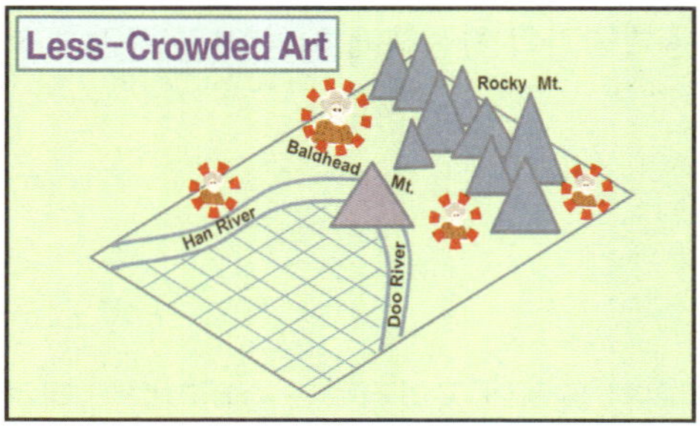

그림 2-24(a)

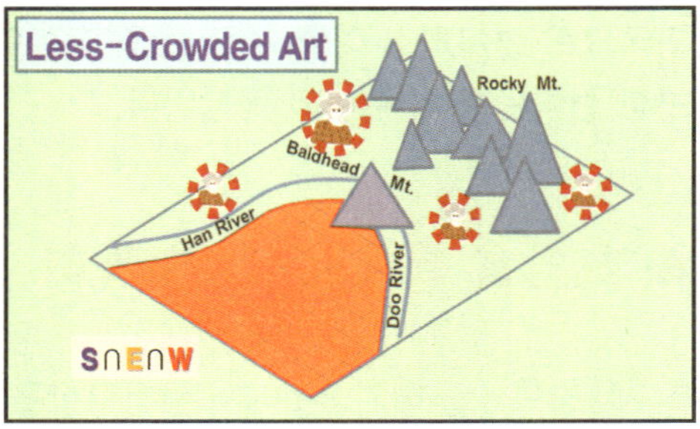

그림 2-24(b)

우선 그림 2-24(a)는 발명가가 원하는 특허 청구항의 범위(발명가의 영토) 내에 발명에 관련된 선행기술(선거주자)이 거의 존재하지 않는 경우를 도시한다. 학계에서는 이러한 분야를 "less-crowded art"라고 지칭한다. 즉 발명가가 착상한 발명과 관련된 선행기술이 희귀하거나 거의 존재하지 않는다는 말이다. 그렇다면 그림 2-24(a)의 경우 왜 관련 선행기술이 드물거나 없을까? 물론 여기에도 여러 가지 가능성이 존재한다.

우선 첫 번째 가능성은 발명가의 발명이 그 누구도 착상한 적이 없는 원천 발명이기 때문이다. 물론 모든 원천 발명이 기술력도 뛰어나고 경제성도 있으며 파급 효과도 엄청난 대박 발명이라는 보장은 없다. 하지만 원천 발명은 그 분야의 최초의 발명이므로 주변에 선거주자가 있을 수 없음은 당연하다.

두 번째 가능성은 경쟁자들도 인지하고 있으나 아직 해결하지 못한 문제를 발명가가 해결한 경우로서, 이는 속성 상 원천 발명과 유사하다고 할 수 있다. 일반적으로 이

러한 발명은 우수한 경제성을 지녔을 가능성이 크지만, 이와는 정반대로 경제성이 아주 낮거나 경제성이 전무한 경우일수도 있다. 즉 발명 자체에 대한 시장이 협소하거나 발명의 시장성이 열악하여 수익 창출이 어렵기 때문에 이를 이미 인지한 경쟁자들이 아예 이러한 문제를 해결하기 위한 연구를 수행하지도 않았으며, 그 결과 선행기술이 존재하지 않는 경우이다.

세 번째 가능성은 발명의 원천성과는 관계없이 발명가가 선행기술 검색 시 keyword를 너무 자세하게 설정한 경우이다. 즉 실제로는 무수히 많은 선행기술들이 존재하지만 발명가가 선행기술 검색 시 사용한 keyword가 너무 길거나 너무 상세하여, 상기 선행기술들이 전혀 검색이 안 된 경우이다.

따라서 발명가가 선행기술을 검색한 결과 자신의 발명과 관련된 선행기술이 검색되지 않았다고 해서 반드시 좋아할 일만은 아니다. 즉 이에 대한 이유가 발명가가 경제성과 시장성이 높은 분야에 경쟁자들보다 앞서서 진출하였기 때문에 선행기술이 존재하지 않는 지 아니면 발명의 경제성이 부족하여 아무도 거들떠보지 않는 분야에 혼자 진출하였기 때문에 선행기술이 존재하지 않는지에 따라 발명가의 수익 창출 여부가 결정되기 때문이다.

요약하면 관련 선행기술이 흔치 않은 발명을 착상한 발명가는 선행기술에 의한 심사관의 거절이나 추후 법원에서의 무효화에 크게 유념치 않고 그림 2-24(b)에서와 같이 넓은 범위의 독립항을 활용할 수 있다. 즉 발명가가 자신의 발명의 기술성이나 시장성에 대한 확신이 없다고 해서 부득이 청구항의 범위를 의도적으로 축소할 필요는 없는 경우이다. 물론 선행기술 검색 시에는 검색하지 못하였으나 추후 발명가의 청구항 범위(발명가의 영토)에서 숨어있던 선행기술이 출현할 가능성은 항상 존재한다. 하지만 이 경우에도 발명가가 독립항과 종속항을 활용하는 청구항 전략을 활용하여 어느 정도의 금지권을 확보하고 행사할 수 있는 가능성은 상대적으로 높다.

이에 반하여 그림 2-25(a)는 발명가가 원하는 청구항 범위에 발명과 관련된 선행기술이 다수 존재하는 경우의 예시이다. 학계에서는 이러한 경우를 “crowded art”라고 지칭한다. 즉 발명가가 착상한 발명과 관련된 선행기술이 풍부하다는 말이다. 그렇다면 발명에 대한 선행기술이 풍부한 이유는 무엇일까? 여기에도 여러 가지 가능성이 존재한다.

그림 2-25. 선행기술 유무에 따른 청구항 공수전략

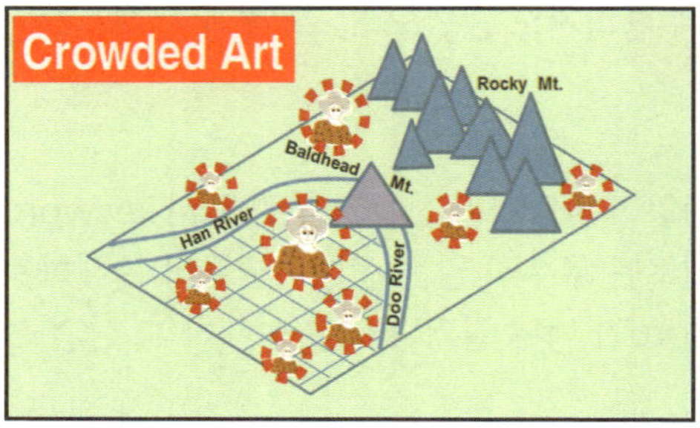

그림 2-25(a)

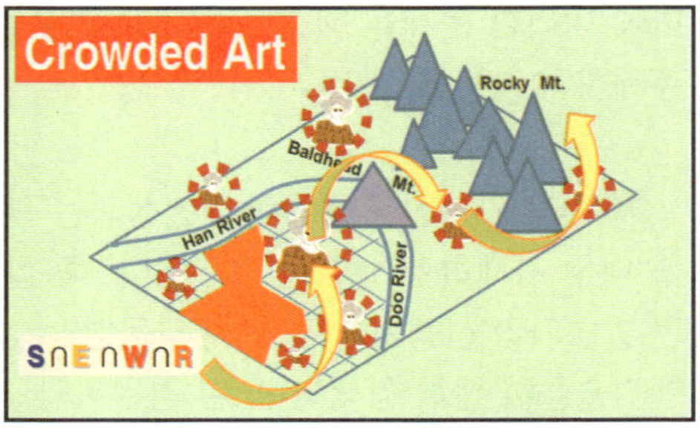

그림 2-25(b)

우선 첫 번째 가능성은 관련 분야의 시장이 활성화되어 있으며 시장 규모가 크기 때문에 참여자도 많으며, 이에 따라 관련 특허 및 선행기술도 풍부할 경우이다. 이러한 분야의 발명은 수익을 창출할 수 있는 잠재성이 높다는 장점이 있다. 하지만 이러한 발명을 이용한 수익 창출 여부 및 그 규모는 상기 발명에 대한 특허로 확보할 수 있는 금지권의 범위에 비례하여 결정될 가능성이 높다.

두 번째 가능성은 발명가의 발명이 타발명가의 선발명을 단순히 소폭 개량한 경우이다. 이러한 발명은 특정 문제를 해결하는 유일한 해결책이 아니라 수많은 해결책 중 하나인 경우가 대부분이다. 따라서 발명가가 제품을 제조하는 경우에는 상기 특허를 자가실시하면 되지만 경쟁자 역시 시장에서 유사 개량기술을 이용하여 제작한 유사 제품을 판매하기 때문에 수익 창출이 용이하지만은 않을 가능성이 높다. 또한 발명가가 이러한 특허를 licensing하기도 용이하지 않다. 왜냐하면 경쟁자는 발명가의 개량특허 대신 다른 유사특허를 licensing하여 유사 제품을 생산할 수도 있기 때문이다. 따라서 발명가가 이러한 개량특허를 licensing하려면 각고의 노력이 필요함은 물론 설령 license 계약을 체결하더라도 자신이 원하는 royalty를 얻기도 몹시 어려운 경우가 대부분이다.

세 번째 가능성은 발명가가 선행기술 검색 시 keyword를 너무 개략적으로 설정한 경우일수도 있다. 즉 실제로는 발명가가 착상한 발명과 관련된 선행기술이 많지 않지만 발명가가 사용한 keyword가 너무 개략적이거나 범용 용어를 사용한 까닭에 관련 없는 선행기술까지 모두 검색되어 list만 길어진 경우이다.

따라서 선행기술 검색 결과 관련 선행기술이 많다고 하여 반드시 실망할 일만은 아니다. 즉 발명가가 경제성과 시장성이 높은 분야에서 경쟁자들과 경쟁할 수 있는 역량이 있는지 아니면 타발명가의 발명을 소폭 개량하였기에 의미 있는 금지권을 보유하지 못하게 될 지에 따라 발명가의 수익 창출 여부가 결정되기 때문이다.

요약하면 일반적으로 다수의 선행기술이 검색되면 청구항 작성 시 발명가는 각각의 청구항의 범위에 각별히 신경을 써야만 한다. 왜냐하면 이러한 경우 발명가는 심사관의 거절이나 추후 법원에서 특허가 무효로 처리되는 불상사를 방지하기 위하여 신규성이나 진보성을 부정할 수 있는 선행기술을 피해 그림 2-25(b)와 같이 좁은 범위의 독립항을 활용할 수밖에 없기 때문이다.

단 발명가가 범위가 좁은 청구항을 사용함에 따라 치러야만 하는 대가는 냉엄하다. 왜냐하면 경쟁자는 그림 2-25(b)에서와 같이 신대륙에 널려있는 공터를 이용하여 발명가의 좁은 영토를 피해가며 숙박을 하거나 통행할 수 있기 때문이다. 이에 따라 발명가가 자신의 특허를 이용하여 수익을 창출할 수 있는 가능성은 기하급수적으로 감소할 수밖에 없다.

물론 발명가로서 이러한 문제점을 원천적으로 해결하는 방법도 존재하기는 한다. 즉 상기 발명에 대한 특허를 아예 출원하지 않는 전략이다. 왜냐하면 이미 수많은 선행기술이 존재하는 분야에서 기껏해야 권리범위가 아주 협소한 개량특허를 획득하고, 추후 수많은 경쟁자들이 자신의 영토 부근의 공터에서 유유히 거주하거나 공터를 통과하는 꼴을 목도하느니 아예 특허출원을 포기하는 살신성인 전략이다.

나. Not Every Invention is Equal!

결국 청구항 공수전략을 활용하기 전 발명가가 먼저 결정해야할 중요한 사항이 있는

그림 2-26. Not every invention is equal!

바, 이는 바로 "선택과 집중"이다. 즉 자신이 착상한 발명에 대한 선행기술 검색 결과를 통고받은 발명가는 청구항 공수전략을 고민하기 전 반드시 한 발짝 뒤로 물러나 진지하게 고민해야만 한다. 과연 자신이 착상한 발명이 국내특허는 물론 전략적 주요 국가에 특허를 출원할만한 가치가 있는 발명인가?

미국 연방정부가 발행하는 화폐를 생각해보자. 그림 2-26과 같이 미국 화폐 중에는 1전짜리 동전이나 1 달러짜리 지폐가 있는가 하면 100,000 달러짜리 지폐도 있다. 즉 미국 연방정부라는 동일한 기관이 찍어내는 화폐이지만, 그 가치의 차이가 수십만 배에 달하는 경우이다.

발명도 마찬가지이다. 극히 드물지만 어떤 발명은 수백만 달러, 수천만 달러, 수억 달러의 가치를 지니고 태어나나는 반면 대다수의 발명은 '0' 또는 음수의 가치를 지니고 태어난다. 즉 R&D를 수행하고 특허 출원·등록에 돈만 들었지, 발명가의 수익 창출에는 전혀 도움이 되지 않는, 오히려 발명가가 막대한 자금을 투입하더라도 한 푼의 수익 창출도 불가능한 동시에 투입한 만큼 손실을 초래하는 발명이다.

상이한 발명이 상이한 경제적 가치를 가지는 데에는 다양한 이유가 존재할 것이다. 하지만 현실적으로 발명의 가치는 발명가의 착상 과정부터 정해지는 경우가 대부분이라고 할 수 있다. 즉 첫 단추가 중요하다는 말이다. 왜냐하면 발명가가 발명을 착상하는 순간 상기 발명을 구현하는 제품의 시장 규모 역시 결정되기 마련이며, 이는 당연히 발명의 가치에도 영향을 미치기 때문이다.

일예로 발명가가 기존의 통신 기술보다 23만배 빠른 제23세대 LTE에 대한 통신 발명을 탐구하는 경우와 전통식 한옥에서 사용하는 창호지 문틀의 마모율을 낮추는 목재 발명을 탐구하는 경우를 가정하자. 상기 통신 발명은 현재 전 세계에서 사용되는 smart-phone에 장착할 수 있는 만큼 적용 시장의 규모도 광대한 반면, 상기 문틀 발명은 기껏해야 국내 한옥 시장에서나 통용될 수 있을 정도이다. 따라서 상기 통신 발명은 전 세계 무선통신업체가 탐내는 특허로 재창출될 수 있는 반면 상기 목재 발명은 발명가가 세계 20여개 국가에 특허를 출원·등록하더라도 그 시장은 국내 시장에 국한될 수밖에 없다.

또한 상이한 발명가가 동일한 발명을 탐구하더라도 관련 제품에 대한 기술지식, 시장 동향 및 소비자 반응에 대한 지식 유무가 발명은 물론 이를 구현하는 최종 제품에도 지대한 영향을 미칠 수밖에 없다. 일예로 smart-phone의 신규 U/I에 대한 발명을 추구하는 발명가 A는 전직 통신회사 연구원인 반면 동일한 발명을 추구하는 발명가 B는 가정주부라고 가정하자. 대부분의 경우 발명가 A는 업계의 동향 및 전 세계 무선통신 업체가 추구하는 차세대 smart-phone의 spec을 고려하여 발명을 추구하겠지만, 발명가 B는 업계의 동향을 알 수 없기 때문에 자신의 경험에 의존하여 발명을 추구할 수밖에 없을 가능성이 높다. 그 결과 6개월 후 발명가 A가 착상한 발명과 발명가 B가 착상한 발명의 기술성 및 상품성은 현저히 차이가 나게 될 가능성이 농후하다.

요약하면 모든 발명은 동일하지 않다. 즉 대부분의 발명은 여러 가지 이유로 태어날 때부터 수익 창출과는 거리가 먼 발명들이다. 물론 발명가에게는 자신이 착상한 발명 하나하나가 자신의 자식처럼 모두 귀하게 여겨지겠지만, 발명가가 발명·특허로 수익을 창출하려면 시작부터 진지하여야 하며, 그 첫 단추가 바로 기술성, 시장성, 특허성 등에 근거한 발명의 특허출원 여부에 대한 결정이다. 물론 이를 위하여 현실적인 노력과 비용을 들여 선행기술을 검색하고 분석해야 할 필요가 있다.

5. "청구항 및 공수전략"의 요약

특허의 목적은 수익 창출이다. 수익 창출이야말로 발명가가 발명을 착상하고 특허를 출원·등록하는 최종 목표이다. 그 이상도, 이하도 아니다. 따라서 발명가가 특허 청구항을 이용하여 공격전략을 수립하건 수비전략을 고민하건 모두 수익 창출에 초점을 맞추어야만 한다. 발명가의 경쟁자 역시 마찬가지이다. 경쟁자가 발명가의 특허에 관심을 가지는 이유 역시 수익 창출이라는 말이다. 따라서 경쟁자는 발명가의 특허 청구항을 분석하여 공격전략을 수립한다. 즉 청구항에 흠결이 보이면 경쟁자는 이를 공격하여 특허를 무효시킴으로써 자신은 발명가의 특허를 공짜로 활용하기를 원한다. 또한 경쟁자는 발명가의 청구항을 면밀히 분석함으로서 발명가 특허의 권리범위를 침해하지 않고 이를 우회·회피할 수 있는 공수전략도 수립한다.

따라서 발명가는 청구항을 이용한 공수전략 수립 시 경쟁자의 대응을 미리 고려할 수밖에 없다. 이를 바꾸어 설명하면 경쟁자의 우회·회피 전략을 고려하지 않고 작성한 "발명의 설명"과 청구항으로는 발명가가 수익을 창출하기가 불가능하다는, 불가능하지는 않더라도 굉장히 어렵다는 말이다.

가. 공격전략의 핵심은 범위, 또 범위, 그리고 범위

발명가가 특허로 수익을 창출하려면 특허에 부여되는 금지권을 활용하여야 하는 바, 금지권을 활용하여 경쟁자를 상대로 수익을 창출하려면 발명가는 자신의 범위 주변에 공터가 형성되지 않도록 수단과 방법을 가리지 말아야 한다. 왜냐하면 공터의 크기, 수도 중요하지만, 대부분의 경우에는 공터의 존재 자체로 인하여 경쟁자가 발명가의 특허 청구항의 권리범위를 쉽게 우회·회피할 수 있기 때문이다.

발명가가 자신의 특허 범위 주위에서 공터를 확실히 제거하기 위한 필수요건이 바로 범위의 극대화이다. 이를 위하여 발명가는 청구항 요소의 수를 최소화하고, 청구항 제한조건의 수도 최소화하는 동시에 가능한 한 광의의 의미를 지닌 단어나 문구를 사용함으로써 특허의 범위를 극대화해야 한다.

또한 발명가는 자신의 청구항 범위에 자신이 선호하는 최선의 실시예(알짜배기 땅)는 물론 그 주변의 차선의 실시예나 열등한 실시예도 포함시켜야 한다. 이뿐만이 아니다. 가능하면 발명가는 자신이 직접 탐사하지 않은 땅, 즉 가상 실시예까지 자신의 범위에 포함시키도록 전향적 과장전략을 구사함으로써 최소한 눈에 보이는 공터의 형성을 방지해야 한다. 물론 이를 위해서는 청구항의 범위만 확충하는 것으로는 부족하며, 청구항의 의미를 제공하는 "발명의 설명" 역시 청구항의 범위를 뒷받침할 수 있도록 작성해야만 한다. 이러한 전향적, 적극적 과장 전략 없이 최선의 실시예만 기재한 특허는 모두 수익 창출과는 거리가 먼 특허이다. 결국 청구항 공격전략의 핵심은 범위이다. 수단과 방법을 가리지 않고 권리범위를 확보하는 동시에 권리범위 주변에 공터 생성을 방지하지 않는 한 발명가가 특허로 수익을 창출하기는 불가능하다.

나. 공격뿐인 공수전략

하지만 발명가가 무조건 특허 범위를 확장하다 보면 자신의 범위에 경쟁자 특허의 권리범위 또는 공중 소유의 공지기술이 포함될 수 있다. 이러한 경우 발명가의 특허는 신규성이 결여되거나 진보성이 결여되므로, 출원특허는 특허청 심사관에 의하여 거절당하고 등록특허는 법원에서 무효 판결을 받게 된다. 그렇다고 발명가가 자발적으로 선행기술을 회피하기 위하여 특허 청구항의 범위를 축소하면 발명가의 범위 주위에는 필연적으로 공터가 형성되기 마련이다. 그 결과 경쟁자는 공터를 통해 발명가의 영토를 우회·회피하기 때문에 발명가가 특허를 이용하여 수익을 창출할 수 있는 기회는 원천적으로 봉쇄될 가능성이 높아진다.

이 때 사용하는 청구항 수비전략이 바로 청구항 전략이다. 즉 독립항은 추후 무효가 되는 한이 있더라도 충분히 넓은 범위를 가지도록 작성하며, 상기 독립항에 종속되며 범위도 상대적으로 협소한 종속항을 순차적으로 작성하는 전략이다. 따라서 발명가는 범위가 넓은 독립항이 무효가 되더라도 차선의 범위를 지닌 종속항의 금지권을 활용하여 경쟁자를 압박함으로써 수익 창출을 도모할 가능성을 남겨둘 수 있다.

단 특허의 공수전략에서 공격과 수비의 균형은 현실적으로 거의 불가능하다. 그 이유는 발명가가 수비에 관심을 두며 권리범위를 축소하는 순간 발명가의 권리범위 주변에는 필연적으로 공터가 형성되기 때문이다. 이러한 측면에서 보면 특허의 공수전략에는 '공격'만이 존재한다고 해도 과언이 아니다.

다. 선택과 집중의 당위성

그러면 수비가 어려운 발명에 대해서는 어떠한 공수전략을 수립하여야 하는가? 앞서 언급하였지만 이러한 발명의 대부분은 공수전략 자체가 필요 없는 발명이다. 왜냐하면 이러한 발명에 대한 특허 청구항은 어차피 범위가 좁을 수밖에 없으므로 수익 창출이 몹시 어렵기 때문이다. 따라서 이러한 발명은 특허를 출원할 필요가 없으며, 공수전략을 고려할 필요도 없는 경우가 대부분이다.

결국 발명가는 “모든 발명은 동일하지 않다”는 평범한 진리를 인정해야만 한다. 특히 이 세상 대부분의 발명은 수익을 창출할 수 없는 발명이라는 사실을 직시할 필요가 있다. 따라서 발명·특허를 이용하여 수익을 창출하려면 “선택과 집중” 전략이 필수이다. 발명가가 이러한 전략을 통하여 특허를 출원하기로 결정하면, 그 다음 단계로는 위에서 설명한 바와 같이 청구항의 범위를 최대화하는 한편 다양한 범위를 가진 독립항과 종속항을 이용하는 청구항 공수전략을 활용하면 된다.

제3장 오로지 특허 쓰듯 쓴 특허

논문 쓰듯 특허를 쓴 발명가는 항상 수익 창출이 불가능한 반면, 특허 쓰듯 논문을 쓴 연구자는 그 즉시 학계에서 매장당한다. 즉 학술논문을 특허 쓰듯 써서는 절대 안 되고 학술논문은 반드시 학술논문 쓰듯 저술해야만 하는 반면, 특허는 학술논문을 저술하듯이 써서는 절대 안 되며 특허는 반드시 특허 쓰듯 써야만 한다는 말이다. 왜냐하면 발명·특허의 paradigm과 연구·학술논문의 paradigm은 틀려도 너무 틀리기 때문이다.

앞서 설명한 바와 같이 발명가는 수익 창출을 위하여 발명을 착상하며, 수익 창출에 필요한 합법적 금지권을 확보하기 위하여 특허를 출원·등록한 후 유지한다. 따라서 발명가는 특허로 수익을 창출하기 위한 필수 요건인 광활한 금지권을 확보하기 위하여 수단과 방법을 가리지 않고 가능한 한 넓은 청구항 범위를 확보하는 동시에 청구항 주변의 공터 형성을 방지해야 한다. 그러다보니 발명가는 특허출원 시 전향적 과장전략도 사용할 수밖에 없다. 이러한 측면에서 보면 특허 paradigm에 의하여 생존을 추구하는 발명가에게는 자신의 수익 창출에 필수불가결한 '범위'가 우선이며 '깊이'는 그 다음이다.

반면 연구자는 학자로서의 명성을 획득하고 유지하기 위하여 우주의 진리를 규명하는 연구를 수행한 후, 자신의 연구결과를 정리한 학술논문을 동료들이 부러워할만한 세계 유수 학술지에 게재한다. 따라서 연구자는 가능한 한 저명한 학술지에 논문을 게재하기 위하여 전력투구한다. 단 연구자는 자신의 논문에 우주의 진리만을 기재하여야 하므로, 자신이 실험이나 이론으로 규명한 우주의 진리와 자신이 세운 과학적 가설은 확실히 구별해야 한다. 만일 연구자가 전향적 과장전략을 사용하였다가는 유명 학술지에 투고하는 족족 거절당할 것이 분명하다. 그러다보니 연구자가 실제로 논문에 게재하는 결과는 자신이 수행한 연구결과의 10분의 1 또는 100분의 1 이하에 불과한 경우가 대부분이다. 이러한 측면에서 보면 학술논문 paradigm에 의하여 생존을 추구하는 연구자에게는 우주의 진리를 규명하는 데 필수불가결한 '깊이'가 우선이며 '범위'는 그 다음이다.

그럼에도 불구하고 연구를 수행하며 다양한 발명을 착상하는 연구자나 발명가는 창의의 산물인 연구와 수익 창출의 도구인 발명을 동일시하는 경향이 있다. 그 결과 연구자나 발명가는 연구결과의 전파를 도모하는 도구인 학술논문과 수익 창출을 도모하는 도구인 특허마저도 동일시하게 된다. 따라서 연구자나 발명가가 ‘깊이’ 보다는 ‘범위’가 최우선인 특허를 학술논문 쓰듯이 작성함에 따라 제대로 된 금지권 확보에 실패하는 경우가 많다. 다시 한 번 강조하지만 학술논문 쓰듯 특허를 쓴 발명가는 절대로 수익을 창출하지 못하고, 특허 쓰듯 학술논문을 쓴 연구자는 그 즉시 학계에서 매장당한다. 결국 학술논문은 논문 저술하듯 작성해야하는 것과 마찬가지로 특허는 특허 쓰듯 써야만 한다.

제3장에서는 발명과 연구의 차이점과 특허와 학술논문의 차이점을 설명함으로써 연구자가 발명을 특허출원할 때 특허 쓰듯 특허를 쓰기 위하여 유의하여야 할 사항들을 설명한다. 이를 위하여 제3장의 1절에서는 특허공격의 핵심인 금지권을 행사하기 위한 요건의 기본 이론인 동시에 특허수비의 핵심인 특허성 요건의 기본 이론이기도 한 “구성요소 완비의 법칙”에 대하여 설명한다. 제3장의 2절에서는 “구성요소 완비의 법칙”을 이용하여 개량 발명이 항상 원천 발명을 침해할 수밖에 없는 이유와 특허의 핵심이 배타적 독점권이 아니라 금지권에 불과한 이유를 설명한다. 제3장의 3절에서는 발명과 특허의 속성, 연구와 학술논문의 속성을 비교한 후 학술논문 쓰듯 쓴 특허의 한계 및 수익 창출과의 괴리를 설명한다. 이에 근거하여 제3장의 4절에서는 연구자가 명심하여야 할 특허의 공수전략에 대하여 요약한다. 특히 구성요소 완비의 법칙, 발명 vs. 연구, 특허 vs. 학술논문의 차이점은 물론 이를 이용한 특허 공수전략에 대한 독자의 이해를 증진시키기 위하여 제2장에서 사용하였던 지뢰의 개념은 물론 “claim chart”라는 도표를 이용하여 “구성요소 완비의 법칙” 및 응용 방법을 설명한다.

1. “구성요소 완비의 법칙” 및 특허의 공수전략

특허 청구항과 관련된 여러 가지 법칙 중 가장 기본적인 법칙이 바로 “구성요소 완비의 법칙”이며, 이를 영어로는 “all elements rule” 또는 “all-elements rule”이라고도 지칭한다. “구성요소 완비의 법칙”이란 청구항에 기재한 모든 요소 및 각각의 요소에 대한 모든 제한조건이 청구항의 비교 대상에 존재하는지를 판단하는 법칙이다. 실제로 “구성요소 완비의 법칙”은 경쟁자가 발명가의 영토(특허 청구항의 범위)에서 무단으로 거주하는지 또는 경쟁자가 발명가의 영토를 무단으로 통행하는지를 판별하는데 이용된다. 또한 동일한 법칙은 발명가의 영토에 선거주자의 사유지 또는 공중이 무료로 사용할 수 있는 공유지 등과 같은 선행기술이 포함되었는지를 판별하는 데에도 사용된다.

결국 "구성요소 완비의 법칙"이란 발명가가 자신이 보유한 특허의 금지권을 행사하기 위하여 반드시 의존해야만 하는 법칙임은 물론 발명가의 영토에 선행기술이 포함되었는지를 확인하기 위하여 반드시 사용해야만 하는 법칙이다. 이를 특허법으로 표현한다면 "구성요소 완비의 법칙"은 공격 측면에서는 발명가의 특허 청구항에 대한 침해의심 제조업체의 제품·방법 등의 침해 여부를 판명하는 데 사용하는 법칙이며, 수비 측면에서는 선행기술과 대비하였을 때 발명가의 특허 청구항이 특허성 요건을 만족하는지를 판명하는 데 사용하는 법칙이다. 따라서 "구성요소 완비의 법칙"이야말로 특허 공격전략의 핵심인 청구항의 범위 및 침해 여부는 물론 특허 수비전략의 핵심인 선행기술에 대비한 청구항의 특허성과 직접적으로 관련된, 특허의 가장 기본적인 법칙이다.

그렇다면 "구성요소 완비의 법칙" 또는 "all elements rule"은 어떻게 작동할까? 말 그대로 청구항을 구성하는 모든 요소(claim element) 및 모든 제한조건(claim limitation)이[1] 비교 대상인 침해의심 제품·방법 등에 존재하는지 또는 청구항을 구성하는 모든 요소와 모든 제한조건이 비교 대상인 선행기술에 의하여 개시(開示)되는지를 판단하는 과정이 바로 "구성요소 완비의 법칙"이다.[2]

단 이 때 주의할 점은 "구성요소 완비의 법칙" 적용 시 판단의 주체는 항상 청구항 요소와 제한조건이며, 침해의심 제품·방법이나 선행기술은 판단의 비교 대상이라는 점

1) "구성요소 완비의 법칙"을 사용하려면 청구항에 기재된 모든 요소는 물론 각각의 요소에 대한 제한조건이 청구항의 비교 대상에 존재하는지를 판단하여야 한다. 하지만 설명의 편의를 위하여 본문에서 "구성요소 완비의 법칙"을 설명할 때 "청구항 요소 및 제한조건"이라는 표현 대신 "청구항 요소"로 간략히 표현하기로 한다.

2) 특허전문가들에게 "구성요소 완비의 법칙"은 특허침해 판단의 기본 법칙이다. 이에 비하여 특허전문가들이 신규성 요건, 진보성 요건 등의 특허성을 판단할 때에는 상기 법칙을 언급하지 않는 경우가 많다. 하지만 이론적으로 "구성요소 완비의 법칙"은 당연히 특허성 판단에도 응용할 수 있는바, 본문에서는 상기 법칙을 특허침해 판단은 물론 특허성 판단에도 적용하였다.

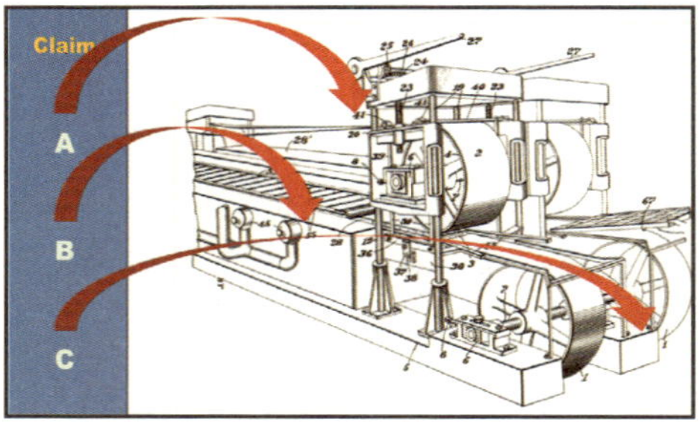

그림 3-1. "구성요소 완비의 법칙"과 "Read On"

이다. 따라서 "구성요소 완비의 법칙"은 항상 청구항 요소와 제한조건이 침해의심 제품·방법이나 선행기술에 존재하는지에 대한 판단이며, 침해의심 제품·방법이나 선행기술이 청구항에 존재하는지에 대한 판단이 아니다.

이와 같이 "구성요소 완비의 법칙"에 따라 청구항의 요소가 비교 대상인 침해의심 제품 또는 선행기술에 존재하는지를 표현하는 용어를 영어로는 "read on"이라고 하며, 더 자세히는 "A CLAIM READS ON the accused product" 또는 "A CLAIM READS ON the prior art"라고 표현한다. 즉 그림 3-1과 같이 청구항의 요소를 'read'할 때 상기 요소가 비교 대상에 존재할 경우에는 비교 대상의 해당사항 위(즉 'on')에 청구항 요소가 대응될 수 있다는 표현이다. 바꾸어 설명하면 이 경우에도 청구항의 요소가 비교 대상인 침해의심 제품·방법이나 선행기술에 "read on"하는지가 관건이다.

이러한 "구성요소 완비의 법칙"의 일반 결론을 요약하면 다음과 같다.[3)]

[결론 1.1] 청구항을 구성하는 모든 청구항 요소(claim element) 및 모든 청구항 제한조건(claim limitation)이 각각 비교 대상인 침해의심 제품·방법 등에 존재하는 경우, 상기 청구항은 상기 제품·방법 등에 의하여 (문언)침해된다.

[결론 1.2] 반대로 청구항을 구성하는 청구항 요소 및 제한조건 중 하나라도 침해의심 제품·방법 등에 존재하지 않는 경우, 상기 청구항은 상기 제품·방법 등에 의하여 (문언)침해되지 않는다.

3) 아래에서 자세히 설명하겠지만 "구성요소 완비의 법칙"에 대한 제3장의 설명은 청구항이 "개방형 전환구"를 사용하는 개방형 청구항(open-ended claim)인 경우에 해당한다. 이에 반하여 청구항이 "폐쇄형 전환구"를 사용하는 폐쇄형 청구항(closed claim)인 경우, 제3장의 설명이 해당되지 않음을 알린다.

[결론 2.1] 청구항을 구성하는 모든 청구항 요소 및 모든 청구항 제한조건이 각각 비교 대상인 단일의 선행기술에[4] 의하여 개시(開示)되는 경우, 상기 청구항은 상기 선행기술로 인하여 신규성 요건을 만족하지 못한다.

또한 청구항을 구성하는 모든 청구항 요소 및 모든 청구항 제한조건이 각각 비교 대상인 단일 또는 다수의 선행기술에[5] 의하여 자명한 경우, 상기 청구항은 상기 선행기술로 인하여 진보성 요건을 만족하지 못한다.

[결론 2.2] 반대로 청구항을 구성하는 청구항 요소나 청구항 제한조건 중 하나라도 비교 대상인 단일의 선행기술에 의하여 개시되지 않는 경우, 상기 청구항은 상기 선행기술에 대비하여 신규성 요건을 만족한다.

또한 청구항을 구성하는 청구항 요소나 청구항 제한조건 중 하나라도 비교 대상인 단일 또는 다수의 선행기술에 의하여 자명하지 않는 경우, 상기 청구항은 상기 선행기술에 대비하여 진보성 요건을 만족한다.

다시 한 번 강조하지만 "구성요소 완비의 법칙"을 적용할 경우, 상기 법칙의 주체는 항상 청구항이다. 즉 특정 청구항의 침해 여부를 판단할 때에는 항상 상기 청구항의 모든 요소가 침해의심 제품·방법 등에 존재하는지를 확인함이 올바른 방법이다. 따라서 설령 침해의심 제품·방법이 청구항에 포함되지 않는 사항을 포함하더라도 이는 침해 여부와는 전혀 상관이 없다.[6] 마찬가지로 특허 청구항의 신규성 또는 진보성을 판단할

---

4) 청구항의 신규성 판단, 더 정확히 표현하자면 청구항에 기재된 청구발명의 신규성 판단에는 항상 단일의 선행기술만을 사용하되, 상기 선행기술의 분야에 대한 제한은 없다. 자세한 내용은 제8장의 1절 "청구항의 신규성 (Novelty) 요건" 참고.

5) 청구항의 진보성 판단, 더 정확히 표현하자면 청구항에 기재된 청구발명의 진보성 판단에는 단일 또는 다수의 선행기술을 조합하여 사용할 수 있되, 상기 선행기술은 청구발명과 관련된 분야로 제한된다. 주의할 점은 결론 2.1 및 결론 2.2의 진보성 판단은 일종의 '근사치'에 해당하는 바, 이에 대한 자세한 내용은 제8장의 2절 "청구항의 진보성 (Non-Obviousness) 요건" 참고.

6) 청구항의 전환구가 개방형 전환구인 경우에 해당한다.

때에도 항상 상기 청구항의 모든 요소가 단일의 또는 다수의 선행기술에 의하여 개시되는지를 확인함이 올바른 방법이다. 이러한 이유로 설령 선행기술이 상기 청구항에 포함되지 않는 사항을 아무리 많이 개시하더라도 이는 청구항의 신규성과 진보성과는 아무런 상관이 없다.[7)]

또한 "구성요소 완비의 법칙"을 적용하려면 청구항의 요소는 물론 청구항 각각의 요소에 대한 제한조건도 고려하여야 한다. 따라서 청구항의 모든 요소는 물론 각각의 요소에 대한 제한조건 역시 침해의심 제품·방법 등의 해당 특징에도 존재하는지의 확인 여부가 청구항의 침해 여부를 판단하는 올바른 방법이다. 마찬가지로 청구항의 신규성 또는 진보성을 판단할 때에도 청구항의 요소는 물론 이에 대한 제한조건이 단일 또는 다수의 선행기술에 의하여 개시되는지의 확인 여부가 올바른 방법이다.

특허전문가들은 "구성요소 완비의 법칙"에 의한 침해 여부를 일목요연하게 정리하기 위하여 거의 대부분의 경우 "claim chart"라는 표를 사용한다. 또한 특허전문가들은 청구발명의 신규성 또는 진보성 여부를 일목요연하게 정리하기 위해서도 "claim chart"를 사용한다. 왠지 "claim chart"라고 하면 어렵고 난해할 것 같은 바, 실제로 그런 측면이 없는 것은 아니다.

하지만 claim chart의 기본 원리는 상대적으로 간단하다. 즉 claim chart는 n-by-2 행렬, 즉 n개의 행과 2개의 열로 이루어진 matrix이며, 각 행(row)의 좌측 열(column)에는 청구항의 각 요소 및 제한조건을 기입하는 반면 동일한 행(row)의 우측 열(column)에는 상기 요소에 해당하는 침해의심 제품의 부품이나 방법의 공정 단계(step)를 기입하거나 (즉 특허침해 여부 판단), 선행기술이 개시한 내용 중 상기 요소에 해당하는 사항을 기입함으로써 (즉 특허성 여부 판단) 작성한다.

그 결과 claim chart에서 좌측 열에 기입한 청구항 요소 및 제한조건에 해당하는 침해의심 제품의 부품이나 침해의심 방법의 공정 단계를 claim chart의 우측 열에 모

7) 청구항의 전환구가 개방형 전환구인 경우에 해당한다.

두 기입할 수 있는 경우, 상기 청구항은 상기 제품·방법을 "read on"하며, 그 결과 상기 청구항은 상기 제품·방법에 의하여 문언침해되었음을 나타낸다. 또한 claim chart에서 좌측 열에 기입한 청구항 요소 및 제한조건에 해당하는 선행기술의 개시 내용이 상기 chart의 우측 열에 각각 기입되면 상기 청구항은 상기 선행기술에 의하여 개시(disclose)되며, 그 결과 상기 청구항의 신규성이나 진보성이 부정됨을 나타낸다.

표 3-1(a). '동물'에 대한 청구항 예시

1. A hairy animal that wags his tail comprising:
said tail; a body; and at least one leg.

일예로 발명가가 털이 수북하며 꼬리를 살랑살랑 흔드는 동물로서 (1) 단일의 꼬리, (2) 하나 이상의 몸통 및 (3) 하나 이상의 다리 등의 세 가지 요소로 구성되는 동물을 발명하여 표 3-1(a)의 청구항 1을 포함한 특허를 출원하였다고 가정하자. 특허청 심사관은 발명가의 청구항 1이 신규성 요건과 진보성 요건을 충족하는지를 확인하기 위하여 각종 동물에 대한 정보를 선행기술로 사용하게 된다.

표 3-1(b). '동물'에 대한 청구항의 특허성에 대한 Claim Chart

청구항 (요소, 제한조건)	선행기술 개시 사항 (부품·단계) 기재 여부
tail ⇒	Yes
nose ⇒	Yes
legs ⇒	Yes

발명가의 출원특허를 심사하는 심사관은 '개'에 대한 정보를 선행기술로 선정한 후, 표 3-1(b)와 같이 4x2 행렬의 claim chart를 만들어 상기 chart의 좌측 열에는 청구항의 세 가지 요소 및 제한조건을 기입하는 한편 발명가의 청구항 요소 및 제한조건 각각에 대한 선행기술의 기재 여부를 상기 chart의 우측 열에 기입한다. 그 결과 발명가 청구항의 각각의 요소는 선행기술인 '개'에 의하여 개시되므로 "구성요소 완비의 법칙"에 따라 발명가의 특허 청구항 1은 신규성 요건을 충족하지 못하므로 특허를 받지 못하게 된다.

표 3-1(c). '동물'에 대한 청구항의 침해 여부에 대한 Claim Chart

청구항 (요소, 제한조건)		침해의심 제품·방법 (부품·단계) 존재 여부
tail	⇒	Yes
nose	⇒	Yes
legs	⇒	Yes

한편 특허청 심사관이 관련 선행기술을 찾지 못하여 발명가의 특허가 등록된 경우를 가정하자. 발명가는 며칠 후 이웃과 산책하는 개를 발견하고 표 3-1(c)와 같이 4x2 행렬의 claim chart를 만들고, 상기 chart의 좌측 열에는 자신의 청구항의 세 가지 요소 및 제한조건을 기입하고, 각 요소 및 제한조건에 해당하는 부위가 개에 존재하는지에 대한 여부를 상기 chart의 우측 열에 기입한다. 그 결과 발명가가 보유한 특허의 청구항 1의 각각의 요소가 이웃이 산책시키는 개에 존재하므로 "구성요소 완비의 법칙"에 따라 발명가의 특허 청구항은 이웃의 개에 의하여 (문언)침해된다.

물론 표 3-1(c)의 예는 가상의 청구항에 대하여 "구성요소 완비의 법칙"을 적용한 가상의 claim chart에 해당할 뿐이며, 실제 특허침해소송 시 사용되는 claim chart는 대부분 이보다 훨씬 복잡하다. 하지만 아무리 실제 사건이 복잡하더라도 claim chart는 동일한 특징을 가진다. 즉 claim chart는 항상 n-by-2 행렬이며, 좌측 열에는 청구항의 요소를, 우측 열에는 청구항의 각각의 요소에 해당하는 침해의심 제품의 부품 또는 침해의심 방법의 단계(step)를 기재한다는 점이다.

이와 같이 "구성요소 완비의 법칙"과 claim chart는 특허 공격전략의 핵심인 금지권의 범위 및 이에 근거하여 침해의심 제품·방법의 침해여부를 판정하는 데 사용된다. 또한 동일한 "구성요소 완비의 법칙"과 claim chart는 특허 수비전략의 핵심인 선행기술의 확인 및 이에 근거하여 청구항의 신규성 요건, 진보성 요건 등의 특허성 요건 만족 여부를 판정하는 데에도 사용된다. 아래에서는 보다 구체적으로 "구성요소 완비의 법칙"을 이용한 침해 여부에 대한 판단 및 신규성 요건이나 진보성 요건 등의 특허성 여부에 대한 판단에 대하여 설명한다.

가. "구성요소 완비의 법칙"과 특허침해 판단

발명가는 수익 창출을 위하여 발명을 착상하고 특허를 출원한다. 발명가가 특허를 등록하면 발명가는 등록특허의 청구항 범위(발명가의 영토 또는 발명가가 매설한 지뢰의 폭발 범위) 이내에서 경쟁자가 자신의 특허기술을 실시(생산, 판매, 사용, 수입 등) 하지 못하도록 금지할 수 있는 금지권을 보유하게 된다. 반대로 발명가가 보유한 특허를 실시하기를 원하는 경쟁자 제조업체는 발명가와 license 계약을 체결하여 발명가의 특허를 실시할 수 있지만, licensing에 수반되는 royalty를 지불하여야 한다는 문제가 발생한다. 따라서 경쟁자는 licensing을 고려하기 전 당연히 발명가 특허의 권리범위를 우회·회피할 수 있는 기술(발명가 영토 근처에 존재하는 공터)을 탐색하게 될 것이다.[8)]

발명가가 특허를 보유하고 경쟁자가 발명가의 특허를 우회·회피하는 과정에서는 필연적으로 특허침해가 발생할 가능성이 높아진다. 특허침해란 일반적으로 발명가가 보유한 특허의 청구항에 기재된 특허발명을 경쟁자가 발명가의 허락 없이 무단으로 실시하는 행위를 말하며, 여기에서 실시란 특허에 의하여 금지권이 설정된 특허발명을 구현한 제품을 제조·판매·사용·수입하는 등의 행위를 통칭한다. 아래에서는 "구성요소 완비의 법칙"을 이용하여 경쟁가가 발명가 청구항의 권리범위를 무단으로 침해하였는지를 판단하는 방법 및 반대로 경쟁자가 발명가 청구항의 권리범위를 성공적으로 우회·회피하였는지를 판단하는 방법에 대하여 설명하며, 이를 특허침해의 두 가지 형태인 '문언침해' 및 "균등론에 의한 침해"에 응용하여 설명한다.

---

8) 이것은 세상 만물의 당연한 이치이다. 축구 경기를 예로 들어 보자. 상대 공격수가 우리 goal 쪽으로 공을 몰고 온다고 해서, 상대가 공격할 차례라고 치부하며 자발적으로 길까지 비켜주는 우리 선수는 없을 것이다. 오히려 축구 규칙 상 허용되는 범위 내에서 상대 공격수의 진로도 막아보고, 상대 공격수가 나를 피해갈 것 같으면 tackle도 시도하는 것이 정상이다. 또한 상대 공격수가 나를 젖히고 전진하여 우리가 실점할 것 같으면 free kick이나 penalty kick을 감수하더라도 과감한 tackle을 시도할 수밖에 없다. 특허 역시 마찬가지이다. 발명가가 특허를 출원·등록하였으므로 발명가의 특허기술을 필요로 하는 모든 제조업체가 자발적으로 발명가의 특허를 양수하거나 licensing하는 일은 이 세상에서는 절대로 일어나지 않는다. 이러한 발상은 꿈이며, 이상이며, 현실이 아닌, naive한 발상일 뿐이다. 왜냐하면 제조업체는 발명가에게 royalty를 지불하지 않고 발명가가 보유한 특허의 권리범위를 우회·회피하며 유사한 제품을 제조·판매하여 수익을 창출하려고 도모할 것이 자명하기 때문이다. 즉 goal keeper가 있더라도 goal 안으로 공을 차 넣을 방법이 존재할 수 있기 때문이다.

참고로 “구성요소 완비의 법칙”을 이용한 경쟁자의 특허침해에 대한 판단은 물론 발명가의 권리범위에 대한 경쟁자의 우회·회피 판단에 대한 제3장의 설명은 청구항이 개방형 전환구(‘포함하는’ 또는 ‘comprise’)를 사용하는 개방형 청구항(open-ended claim)인 경우에 한하여 적용된다. 또한 “구성요소 완비의 법칙”을 이용한 청구항의 신규성 요건 및 진보성 요건의 판단에 대한 제3장의 설명 역시 청구항이 개방형 전환구를 사용하는 개방형 청구항인 경우에 한하여 적용된다. 따라서 아래의 제6장의 2-나절 “청구항 전환구”에서 자세히 설명하겠지만 청구항이 폐쇄형 전환구(‘구성되는’ 또는 “consist of”)를 사용하는 폐쇄형 청구항(closed claim)인 경우에는 제3장에서 설명한 침해 여부 판단 및 특허성 판단이 적용되지 않음을 알린다.

다행히도 미국특허는 물론 국내특허 청구항의 95% 이상은 개방형 전환구를 사용한다. 왜냐하면 개방형 전환구를 사용하는 개방형 청구항은 폐쇄형 전환구를 사용하는 폐쇄형 청구항보다 훨씬 광활한 범위를 확보할 수 있기 때문이다. 따라서 “구성요소 완비의 법칙”을 이용한 특허침해 또는 권리범위의 우회·회피의 판단에 대한 제3장의 설명은 대부분의 특허 청구항에도 적용할 수 있다.

(1) 문언침해 (Literal Infringement)

발명가가 자신의 금지권을 행사하기 위해서 또는 경쟁자 제조업체가 발명가의 금지권을 우회·회피하기 위해서는 특허의 권리범위에 대한 해석은 물론 특허 청구항의 권리범위와 제조업체 제품 사이의 관계에 대한 해석이 필요하다. 이 때 사용하는 법칙이 “구성요소 완비의 법칙”이며, 이를 이용하여 제조업체가 제조·판매하는 제품이 특허의 권리범위를 침해하였는지를 분석하기 위한 도표가 “claim chart”이다.

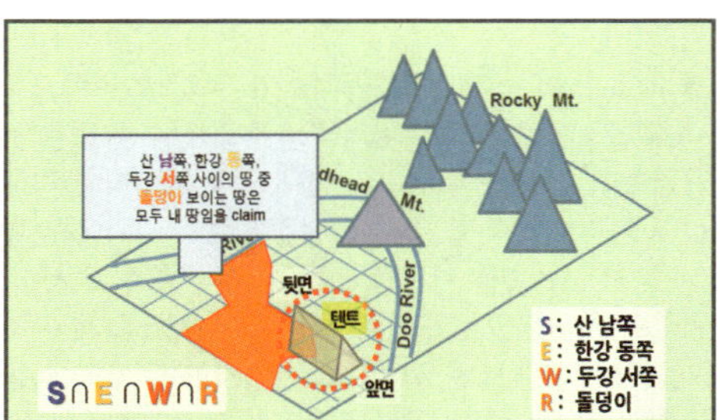

그림 3-2. 특허 청구항에 대한 침해의심 제품의 문언침해 여부

일예로 그림 3-2의 말뚝(특허의 청구항)은 “산 남쪽 (S),” “한강 동쪽 (E),” “두강 서쪽 (W)” 및 “돌덩이가 보이는 땅 (R)” 이라는 네 가지 조건의 교집합에 해당하는 땅이 발명가의 영토(특허의 범위)임을 예

시한다. 그림에서와 같이 경쟁자가 산 남쪽, 한강 동쪽의 땅 중 두강에 인접한 땅에 텐트를 설치하되, 경쟁자가 설치한 텐트는 앞면이 두강 쪽을 향하는 반면 텐트의 일부만이 발명가가 소유한 영토의 우상부를 침범하지는 않지만 상기 우상부의 영공에 걸치는 경우를 가정해 보자.

이러한 경우 경쟁자 텐트의 일부가 발명가 영토의 우상부 영공을 침입하였으므로 경쟁자는 발명가의 영토에 무단 거주(발명가 특허에 대한 침해)하였다고 판단해야 할까? 아니면 이와는 반대로 경쟁자는 자신의 텐트의 대부분을 발명가의 영토 바깥쪽에 설치하였으므로 성공적으로 발명가 영토를 우회·회피하였다고[9] 판단할 것일까? 이에 대한 정답은 표 3-2(a) 및 표 3-2(b)의 claim chart로부터 쉽게 알 수 있다.

표 3-2(a). 문언침해 여부 판단을 위한 Claim Chart

청구항 (요소, 제한조건)	침해의심 제품·방법 (부품·단계) 존재 여부
산 남쪽 [S]? ⇒	Yes
한강 동쪽 [E]? ⇒	Yes
두강 서쪽 [W]? ⇒	Yes
돌덩이 [R]? ⇒	Yes

표 3-2(a)는 그림 3-2의 발명가의 영토(특허의 범위)에 대한 경쟁자의 텐트(침해의심 제품·방법)의 침해 여부를 판단하는 claim chart로서, 상기 chart는 5-by-2 matrix, 즉 5개의 행과 2개의 열로 이루어진 행렬이다. 앞서 설명한 바와 같이 claim chart는 좌측 열에 발명가 말뚝에 기재한 내용이자 청구항의 요소 및 제한조건에 해당하는 “산 남쪽,” “한강 동쪽,” “두강 서쪽” 및 “돌덩이”를 기입하고, 각 행의 우측 열에는 침해의심 텐트에 상기 요소와 제한조건에 해당하는 부분이 존재하면 ‘Yes’를, 존재하지 않으면 ‘No’를 기입하여 작성한다.

그림 3-2에서와 같이 경쟁자 텐트의 뒷면 부분은 모두 발명가의 영토 내에 위치하므

9) 영어로는 “patent around” 또는 “design around”라고 지칭한다.

로 상기 chart의 우측 열은 모두 'Yes'이다. 즉 "구성요소 완비의 법칙"이 성립함에 따라 발명가 특허 청구항의 모든 요소 및 제한조건(말뚝에 기재한 모든 사항)이 각각 침해의심 제품(경쟁자의 텐트)에 존재하는 경우이다. 따라서 발명가의 영토(특허의 범위)는 경쟁자의 텐트에 의하여 문언침해되었음을 알 수 있다.

표 3-2(b). 문언침해 여부 판단을 위한 Claim Chart

청구항 (요소, 제한조건)	침해의심 제품·방법 (부품·단계)	
	존재 여부	적용 부위
산 남쪽 [S]? ⇒	Yes	텐트의 뒷면(의 천)
한강 동쪽 [E]? ⇒	Yes	텐트의 뒷면(의 끈)
두강 서쪽 [W]? ⇒	Yes	텐트의 뒷면(의 창문)
돌덩이 [R]? ⇒	Yes	텐트의 뒷면(의 frame)

표 3-2(a)의 claim chart의 단점은 경쟁자 텐트의 어떤 부분이 발명가의 영토(특허의 범위)를 침범하였는지를 명시하지 않는다는 점이다. 이 문제를 해결하기 위하여 특허 전문가들은 표 3-2(a)의 claim chart의 변형인 표 3-2(b)의 claim chart를 주로 이용한다. 즉 상기 chart의 우측 열이 'Yes'인 경우, 상기 청구항 요소에 해당하는 침해의심 제품의 해당 부품 또는 침해의심 방법의 공정 단계(step) 등을 우측 열에 함께 기입하여 일목요연하게 침해 여부를 판단할 수 있도록 하는 방법이다.

이와 같이 특허 청구항의 모든 요소 및 제한조건이 각각 침해의심 제품·방법 등에 존재하는 경우에는 청구항은 침해의심 제품·방법 등에 의하여 문언침해(文言侵害)되었다고 표현한다. 문언침해 또는 "literal infringement"란 청구항의 모든 요소 및 제한조건이 말 그대로 각각 침해의심 제품·방법 등에 존재한다는 표현이다.

이에 반하여 특허 청구항의 요소나 제한조건 중 하나라도 경쟁자의 침해의심 제품·방법 등에 존재하지 않는 경우에는 문언침해가 성립하지 않는다. 따라서 발명가는 침해의심 제품·방법에 대하여 문언침해에 근거한 금지권을 청구할 수 없게 된다. 그렇다고 해서 경쟁자의 제품·방법이 발명가의 권리범위에 대한 침해를 완전히 극복한 것은 아니다. 왜냐하면 문언침해 여부를 판단한 후에는 다음 항에서 설명할 "균등론에 의한 침해" 여부를 판단해야하기 때문이다.

한편 그림 3-2에서와 같이 경쟁자의 텐트는 대부분 발명가의 영토(특허의 범위) 바깥쪽에 위치하며, 특히 경쟁자 제품의 앞면과 옆면은 발명가 영토의 상공을 침범할지는 몰라도 발명가의 영토에 닿지 않도록 설계되었다. 따라서 텐트의 모든 부분이 발명가의 영토에 위치하는 경우에 비하여 경쟁자의 텐트는 발명가의 영토를 침범한 정도가 극미하므로 어느 정도 발명가의 영토를 우회·회피하였다고 주장할 수는 없을까? 또는 경쟁자의 텐트가 발명가의 영토를 완전히 우회·회피하지는 못했더라도 침해 정도가 경미하므로 경우에 따라 문언침해가 인정되지 않을 수도 있지 않을까?

정답은 "절대로 그렇지 않다"이며, 그 이유는 "구성요소 완비의 법칙" 때문이다. 앞서 상기 법칙을 소개하며, 비교의 주체는 항상 청구항이라고 설명한 바 있다. 따라서 상기 법칙을 이용한 claim chart에도 항상 청구항 요소는 좌측 열에 기입하고 우측 열에는 상기 요소에 해당하는 침해의심 제품 또는 방법의 부품·단계를 기재하기 때문에 claim chart의 행의 개수도 청구항 요소의 개수와 동일할 수밖에 없다. 바꾸어 말하면 표 3-2(a) 및 표 3-2(b)의 좌측 열과 우측 열 사이의 화살표와 같이 "구성요소 완비의 법칙"은 물론 이에 근거한 claim chart에서도 특허침해 여부를 판단하기 위한 비교의 방향은 항상 청구항 요소에서 시작하여 침해의심 제품·방법 방향으로 (즉 좌측에서 우측으로) 향해야만 한다.

이를 바꾸어 말하면 경쟁자가 발명가의 권리범위를 우회·회피하기 위하여 발명가의 권리범위에 포함되지 않은 상이한 요소나 상이한 제한조건을 자신의 제품·방법에 부가하더라도 이는 문언침해 회피에 도움을 주지 못한다는 결론을 도출할 수 있다. 왜냐하면 "구성요소 완비의 법칙"을 적용하는 claim chart에서 비교의 방향은 항상 청구항 요소에서 시작하여 침해의심 제품·방법 방향으로 (즉 좌측에서 우측으로) 향하는 반면 침해의심 제품·방법에서 시작하여 청구항 요소 쪽으로 향하지는 않기 때문이다.

그 결과 표 3-3에서와 같이 claim chart의 우측 열에 침해의심 제품·방법의 부품·단계를 모두 기입하고 텐트의 앞면 장식품, 옆면 장식품 등과 같이 청구항에 포함되지 않은 부품·단계가 상기 chart의 우측 열에 존재하더라도, 이는 "구성요소 완비의 법칙"은 물론 상기 법칙에 근거한 문언침해 판단에 전혀 영향을 주지 않는다. 즉 경쟁자가 자신의 텐트를 발명가의 영토에 살짝 걸치도록 설치한 후 발명가의 영토에 속하지 않는 부분에 아무리 많은 장식품을 걸어 놓더라도, 자신의 텐트의 일부라도 발명가의 영토를

침범하는 한 문언침해를 피할 수는 없게 된다.[10)]

표 3-3. 문언침해 판단을 위한 Claim Chart 및 판단 요령

청구항 (요소, 제한조건)		침해의심 제품·방법 (부품·단계)	
		존재 여부	적용 부위
산 남쪽 [S]?	⇍	Yes	텐트의 뒷면
한강 동쪽 [E]?	⇍	Yes	텐트의 뒷면
두강 서쪽 [W]?	⇍	Yes	텐트의 뒷면
돌덩이 [R]?	⇍	Yes	텐트의 뒷면
?	⇍	?	텐트 앞면 장식품 1
?	⇍	?	텐트 앞면 장식품 2
?	⇍	?	텐트 옆면 장식품 1
?	⇍	?	텐트 옆면 장식품 2
?	⇍	?	텐트 윗면 장식품 1
?	⇍	?	텐트 윗면 장식품 2

또한 청구항에 특정 요소를 제한하는 제한조건이 기재되어 있는 경우에는 이 또한 문언침해 여부 판단에 참고하여야 한다. 일예로 청구항의 첫 번째 요소가 "산 남쪽"이 아니라 "뾰족한 산 남쪽"일 경우, claim chart에도 이러한 제한조건을 반영하여야 한다. 또한 청구항의 요소들이 특정 구성이나 배열에 의하여 서로 조합을 이루어 작동하며 발명을 구현할 경우, 이 또한 문언침해 여부 판단에 참고해야 한다.

이러한 측면을 고려하면 앞서 제3장의 1절에서 소개한 "구성요소 완비의 법칙" 결론 중 특허침해와 관련된 [결론 1.1]과 [결론 1.2]는 다음과 같이 조금 더 명확히 표현할 수 있다.

---

10) 참고로 특정 특허가 "원천특허 또는 pioneer patent"일 경우, 원천특허의 청구항에 기재된 모든 요소 및 모든 제한조건을 포함하는 동시에 상이한 요소나 상이한 제한조건을 1개 이상 포함하는 특허를 "개량특허 또는 improvement patent"라고 지칭한다. 이와 같이 '원천특허'와 '개량특허'라는 용어는 상대적인 개념이다. 따라서 개량특허는 항상 원천특허의 모든 요소 및 모든 제한조건을 포함할 수밖에 없으므로, "구성요소 완비의 법칙"에 따라 '원천특허'는 항상 '개량특허'에 의하여 문언침해될 수밖에 없다. 이에 대한 자세한 내용은 제3장의 2-나절 "허구의 배타적 독점권 vs. 실질적 금지권" 참고.

[결론 1.1] 청구항을 구성하는 모든 청구항 요소(claim element) 및 모든 청구항 제한조건(claim limitation)이 각각 비교 대상인 침해의심 제품·방법 등의 일부에라도 존재하는 경우, 상기 청구항은 상기 제품·방법 등에 의하여 (문언) 침해된다.

따라서 침해의심 제조업체가 자신의 제품·방법 등에 청구항에 포함되지 않은 상이한 요소나 상이한 제한조건을 아무리 많이 추가하더라도 이는 (문언)침해 여부에 아무런 영향을 미치지 않는다.

[결론 1.2] 반대로 청구항을 구성하는 청구항 요소 및 제한조건 중 하나라도 침해의심 제품·방법 등에 존재하지 않는 경우, 상기 청구항은 상기 제품·방법 등에 의하여 (문언)침해되지 않는다.

따라서 침해의심 제조업체가 자신의 제품·방법 등에서 발명가의 청구항에 포함된 하나 이상의 중요한 요소나 제한조건을 생략하게 되면, 상기 청구항에 대한 (문언)침해를 우회·회피할 수 있다.

위의 결론에서 주의할 점은 저자가 "(침해의심) 제품·방법이 (특허의) 청구항을 (문언)침해한다"는 표현 대신 "(특허의) 청구항이 (침해의심) 제품·방법에 의하여 (문언) 침해되었다"는 표현을 사용하였다는 점이다. 실질적으로 위의 두 가지 표현은 모두 올바른 표현이라고 할 수도 있다. 하지만 특허침해 판단 시 비교의 주체는 항상 청구항이라는 사실은 아무리 강조해도 지나치지 않다. 따라서 저자는 일반인이 별 생각 없이 편하게 사용하는 표현인 "제품·방법이 청구항을 (문언)침해한다" 대신 "청구항이 제품·방법에 의하여 (문언)침해되었다"는 표현을 사용하였음을 알린다.

(2) 균등론에 의한 침해 (Infringement under the Doctrine of Equivalents)

침해의심 제조업체의 제품·방법 등이 발명가 청구항의 요소나 제한조건 중 하나 이상을 생략 또는 변형하며 문언침해를 벗어났다고 해서 침해의심 제조업체가 특허의 권리범위(발명가의 영토)를 완전히 벗어난 것은 아니다. 왜냐하면 발명가는 '문언침해'

대신 "균등론에 의한 침해"를[11] 주장할 수 있기 때문이다.

문언침해란 특허 청구항의 모든 요소 및 모든 제한조건이 각각 침해의심 제품·방법 등에 존재하는 경우에 성립한다고 설명하였다. 따라서 경쟁자 제조업체는 자신의 제품·방법에 발명가가 청구항에 기재한 특정 요소나 제한조건과는 상이하지만, 상기 요소나 제한조건과 유사한 기능을 유사한 방법으로 수행하여 유사한 결과를 달성하는 부품이나 단계를 사용하기도 한다. 일예로 발명가가 자신의 특허 청구항에 기재한 요소 중 하나가 접착제일 경우, 경쟁자는 자신의 침해의심 제품에 접착제 대신 bolt-nut 결합체, 못, 용접 등을 사용하는 경우이다. 즉 발명가는 청구항에서 요소 A와 요소 B를 접착제로 접합한다고 기재한 반면 경쟁자는 자신의 침해의심 제품에서 요소 A와 요소 B를 접착제 대신 bolt-nut 결합체를 이용하거나 용접을 이용하여 접합한 경우이다.

그림 3-3. 문언침해를 통한 금지권 행사의 한계

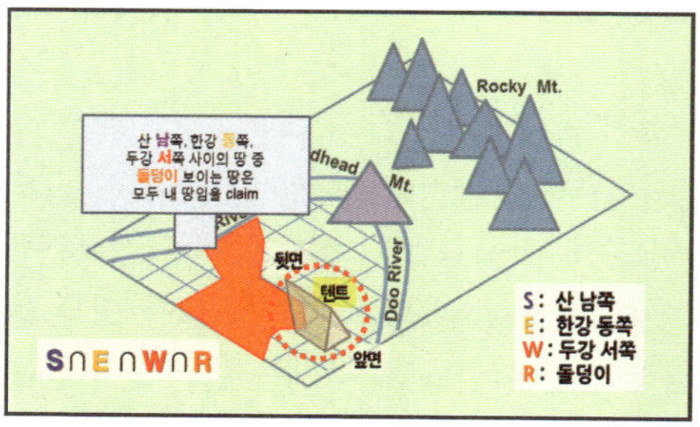

그림 3-3(a)

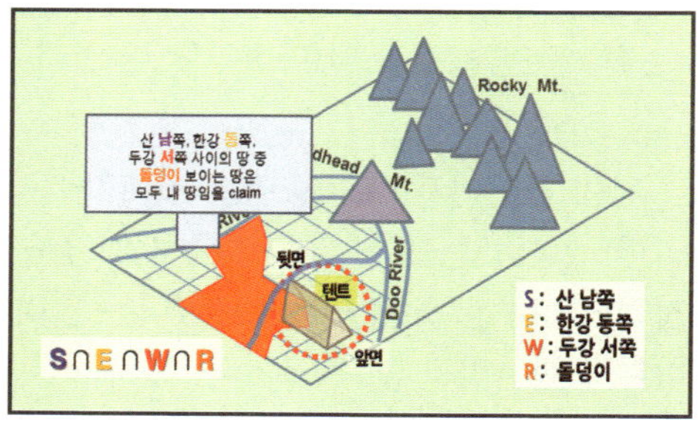

그림 3-3(b)

만일 문언침해가 특허침해가 성립될 수 있는 유일한 형태라면, 경쟁자는 발명가 청구항의 권리범위를 면밀히 분석한 후 청구항에 기재된 요소나 제한조건의 일부만을 극히 미미할 정도로만 변환 또는 치환함으로써 문언침해를 쉽게 벗어날 수도 있게 된다. 일예로 그림 3-3(a)와 같이 권리범위(발명가의 영토)가 산 남쪽, 한강 동쪽, 두강 서쪽

11) 영어로는 "Infringement under the Doctrine of Equivalents"라고 지칭한다.

땅 중 돌덩이가 보이는 땅이라고 가정하자. 이 때 경쟁자는 텐트를 설치하되 텐트의 뒷면을 경사지게 만들어서 뒷면의 하부는 발명가의 영토를 침범하지 않지만 뒷면의 상부는 발명가의 영토 상공에 위치하도록 할 수도 있다. 즉 영토를 직접 침범하지는 않지만 영공을 침해하는 방법이다. 이와는 달리 대범한 경쟁자는 발명가 영토의 우상부의 돌덩이 위에 두껍고 불투명한 천을 덮은 후 돌덩이가 보이지 않는다고 주장하거나, 그림 3-3(b)와 같이 두강에 도랑을 파서 실하천이 발명가 영토를 통과하도록 한 후, 자신은 두강의 서쪽이 아닌 두강의 동쪽에 거주하므로 발명가의 영토를 성공적으로 우회·회피하였다고 주장할 수도 있다.

따라서 특허제도가 문언침해에 내포된 이러한 문언 상 해석의 한계를 인정할 경우, 특허의 권리범위에 부여된 금지권의 실질적 구속력은 약해질 수밖에 없다. 그 결과 특허 청구항의 요소나 제한조건을 하찮은 수준에서 개량함으로써 경쟁자는 발명가의 권리범위를 손쉽게 우회·회피할 것이며, 발명가는 더 이상 창조적 발명 활동을 하지 않을 것이다. 대신 이 세상의 모든 발명가들은 다른 발명가의 발명을 기다렸다가 다른 발명가의 출원특허가 공개되는 순간 이를 극히 미미할 정도로 변형·치환함으로써 특허 청구항에 대한 문언침해를 쉽게 벗어날 수 있다. 그 결과 사회적 관점에서 보면 특허제도가 보호·장려하여야 할 창조적 활동이 저해될 수밖에 없다.

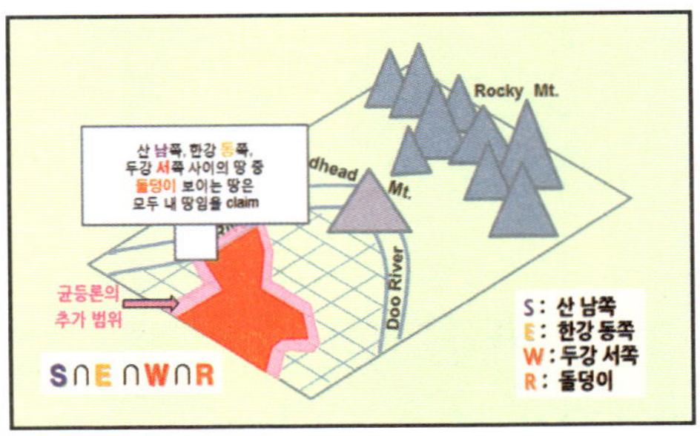

그림 3-4. 균등론에 의한 추가 금지권

균등론은 "doctrine of equivalents"라 하며, 특허침해에 있어서 문언침해의 엄격한 문언 상의 해석에 의한 단점을 보충하는 제도이다. 즉 균등론에 의한 침해는 발명가의 청구항에 포함한 요소나 제한조건을 경쟁자가 극히 미미할 정도로 변환·치환하여 문언침해를 벗어날 수도 있다는 폐해를 방지하기 위한 법적도구에 해당한다. 그림 3-4는 균등론에 의한 특허의 권리범위 확장에 대한 도식적 설명으로서, "균등론에 의한 침해"는 특허 청구항의 권리범위 바로 주변에 매설된, 일종의 추가 지뢰로 간주할 수 있다. 즉 특허 권리범위의 바로 바깥에 추가 지뢰가 설치되었다고 간주함으로써 경쟁자가 특허의 권리범위 바로 밖에서 거주하거나 바로 밖을 따라 통행하지 못하도록 방지하는, 발명가에게 유리한 제도이다.

일반적으로 "균등론에 의한 침해"는 침해의심 제품·방법의 특정 부품 또는 단계(step)가 청구항의 요소나 제한조건과 동일하지는 않지만 등가(equivalent)일 경우 성립한다. 이를 자세히 설명하면 "균등론에 의한 침해"는 상당히 동일한 기능을(substantially the same function) 상당히 동일한 방법으로(substantially the same way) 수행함으로써 상당히 동일한 결과를(substantially the same result) 얻는 경우에 성립한다. 즉 "균등론에 의한 침해"의 핵심 요건은 상당히 동일한 function (기능, 성능), way (방법, 방식), result (결과, 효과 등)이다.

따라서 "균등론에 의한 침해"의 판단 기준은 발명가가 청구항에 포함한 요소나 제한조건의 function, way, result와 경쟁자가 변환·치환한 부품·단계의 function, way, result와의 유사성이다. 일예로 특허 청구항의 요소 중 하나가 접착제이고 경쟁자가 문언침해를 피하기 위하여 접착제 대신 bolt-nut 결합체 또는 못을 사용하였을 경우, 청구항의 접착제가 청구항 요소 A를 다른 요소 B에 움직이지 않도록 고정하려고 사용되었다면, 경쟁자가 사용한 bolt-nut 결합체, 못도 접착제와 상당히 동일한 기능을 상당히 동일한 방법으로 수행하여 상당히 동일한 결과를 얻는다고 판단되어 "균등론에 의한 침해"를 인정받을 수 있다. 물론 경쟁자 역시 "균등론에 의한 침해"를 모면하려 노력한다. 일예로 경쟁자는 접착제를 이용한 접합에 비하여 bolt-nut 결합체를 사용할 경우 쉽게 탈부착이 가능하다는 등의 차이점을 부각시킴으로서 위의 "상당히 동일한"이라는 "균등론에 의한 침해"의 핵심 요건을 부정하려 노력할 수 있다.

표 3-4. 문언침해 및 균등론에 의한 침해 여부 판단을 위한 Claim Chart

청구항 (요소, 제한조건)	침해의심 제품·방법 (부품·단계)	
	존재 여부	적용 부위
산 남쪽 [S]? ⇒	Yes	텐트의 뒷면(의 천)
한강 동쪽 [E]? ⇒	Yes	텐트의 뒷면(의 끈)
두강 서쪽 [W]? ⇒	Yes	텐트의 뒷면(의 창문)
돌덩이 [R]? ⇒	균등론	텐트의 뒷면(의 frame)

위의 제1항 "문언침해"에서 문언침해 여부는 claim chart를 이용하여 쉽게 판단할

수 있다고 설명하였다. 균등론 역시 마찬가지로서, 위에서 설명한 claim chart를 일부 변형하여 "균등론에 의한 침해" 여부를 판단할 수 있다. 일예로 표 3-4와 같이 문언침해 분석과 동일한 방법을 이용하여 claim chart를 작성한 후, 침해의심 제품·방법의 부품·단계 중 문언침해에 해당하는 부품·단계는 문언침해라고 표기하는 반면 "균등론에 의한 침해"에 해당하는 부품·단계는 따로 표기하는 방식이다.

물론 발명가라고 해서 균등론을 활용하여 청구항의 권리범위(발명가의 영토)를 아무런 제약 없이 때에 따라, 곳에 따라, 자유자재로 확장할 수 있는 것은 절대 아니다. 즉 균등론에 의한 침해에도 엄연한 한계가 존재한다. 일예로 발명가가 아무리 균등론에 의지하더라도 선행기술(경쟁자의 사유지 또는 공중의 공유지)을 자신의 청구항의 권리범위에 귀속시킬 수는 없다. 또한 균등론에도 불구하고 발명가는 자신이 선행기술을 회피하며 특허를 등록하기 위하여 특허 심사 중 이미 포기하였던 땅을 다시 사유화할 수도 없다.[12] 하지만 균등론은 청구항의 권리범위 바로 바깥에서 경쟁자가 무단으로 거주하거나 권리범위 바로 바깥을 무단 통행하지 못하도록 발명가에게 추가 금지권을 인정해 주는, 발명가에게 유리한 제도임에는 틀림없다.

국내법원도 "균등론에 의한 침해"를 인정해왔다. 일예로 2011년 대법원은 "침해대상제품 등에서 특허발명의 특허 청구범위에 기재된 구성 중 치환 내지 변경된 부분이 있는 경우에도, 특허발명과 과제의 해결원리가 동일하고, 그러한 치환에 의하더라도 특허발명에서와 같은 목적을 달성할 수 있고 실질적으로 동일한 작용효과를 나타내며, 그와 같이 치환하는 것이 발명이 속하는 기술분야에서 통상의 지식을 가진 자(이하 '통상의 기술자')라면 누구나 용이하게 생각해 낼 수 있는 정도로 자명하다면, 침해대상제품 등이 특허발명의 출원 시 이미 공지된 기술과 동일한 기술 또는 통상의 기술자가 공지기술로부터 용이하게 발명할 수 있었던 기술에 의한 것이거나 특허발명의 출원절차를 통하여 침해대상제품 등의 치환된 구성이 특허 청구범위로부터 의식적으로 제외된 것에 해당하는 등의 특별한 사정이 없는 한, 침해대상제품 등은 전체적으로 특허발명의 특허 청구범위에 기재된 구성과 균등한 것으로서 여전히 특허발명의 특허권을 침해

12) 자세한 내용은 제5장의 4-나절 "특허권의 후천적 제한" 참고.

한다고 보아야 한다"고 판시한 바 있다.[13)]

위의 판례에 따르면 국내법원으로부터 발명가가 경쟁자에 대한 "균등론에 의한 침해"를 인정받으려면, 동일한 원리, 동일한 목적, 동일한 효과 및 청구항 요소의 치환·변경이 청구발명이 속하는 분야의 통상의 기술자(즉 '당업자')가 용이하게 생각해낼 수 있는 정도로 자명함을 입증해야 함을 알 수 있다. 이와 같은 국내법원의 "균등론에 의한 침해" 요건을 미국법원의 요건과 비교해보면 국내법원은 '동일한'이란 기준을 사용하는 반면 미국법원은 "상당히 동일한"이란 기준을 사용하므로, 미국의 당업자가 상당히 동일하다고 판단하면 균등론의 의한 침해가 인정되는 반면 국내의 당업자는 동일하다고 판단해야만 균등론에 의한 침해가 성립됨을 알 수 있다.[14)] 요약하면 국내법원도 "균등론에 의한 침해"를 인정하기는 하지만 대부분의 경우 국내법원의 "균등론에 의한 침해" 요건이 미국법원보다 까다롭다는 말이다.

나. "구성요소 완비의 법칙"과 특허성 판단

수익 창출을 위하여 발명을 착상하고 특허를 출원하는 발명가에게는 경쟁자가 무단으로 자신의 특허기술을 실시(생산, 판매, 사용, 수입 등)하지 못하도록 금지할 수 있는 특허 청구항의 범위(발명가 영토)가 가장 중요하다. 따라서 발명가는 특허의 범위, 즉 금지권의 범위를 극대화함으로써 그 주변에 공터가 형성되지 않도록 유의하여야 한다. 하지만 발명가가 특허 청구항의 범위를 확장함에 따라 자신도 모르게 선행기술(경쟁자의 사유지 또는 공중의 공유지)이 자신의 범위에 포함될 가능성 역시 증가하며, 그 결과 출원특허가 거절되거나 등록특허가 무효가 될 가능성 역시 증가하게 된다.

---

13) 대법원 2011.09.29. 선고 2010다65818 판결.

14) 발명가에게 절대적으로 유리한 "균등론에 의한 침해"를 발명가가 백분 활용하려면 '균등'의 범위의 극대화가 필수이다. 발명가가 이를 달성하는 전략 중 하나가 바로 특허명세서의 "발명의 설명"을 활용하는 방법이다. 일예로 발명가는 "발명의 설명"에서 자신이 청구항에 기재한 청구항 요소 및 제한조건에 대한 균등 물건·부품 또는 균등 방법·단계에 대한 정의를 기재할 수 있다. 물론 발명가가 "발명의 설명"에 기재한 균등 물건·부품 또는 균등 방법·단계를 추후 법원이 진실로 균등하다고 항상 인정한다는 보장은 없다. 하지만 발명가가 이러한 정의를 "발명의 설명"에 기재한 경우와 아닌 경우의 결과는 천양지차일 수 있다.

반대로 발명가가 보유한 특허를 실시하기를 원하는 제조업체는 발명가와 license 계약을 체결하여 발명가의 특허를 실시할 수도 있지만, licensing에 수반되는 royalty를 지불하여야 한다는 문제점이 발생한다. 따라서 제조업체는 licensing을 고려하기 전 당연히 특허의 권리범위에 포함된 선행기술을 찾아 신규성 결여, 진보성 결여 또는 기재불비 등을 주장함으로써 특허를 무효로 만들어 특허기술을 무료로 실시할 수 있는 방법을 강구하게 된다.

아래에서는 "구성요소 완비의 법칙"을 이용하여 특허 청구항의 범위에 선행기술이 포함되는지를 판별하는 특허성 요건에 대하여 설명한다. 참고로 상기 특허성 요건으로는 신규성 요건 및 진보성 요건이 있다.

(1) 신규성 요건 (Novelty Requirement)

앞서 "구성요소 완비의 법칙"은 발명가의 권리범위에 대한 침해의심 제품의 침해 여부는 물론 특허성 판단에도 사용할 수 있다고 설명하였다. 아래에서는 앞서 설명한 "구성요소 완비의 법칙" 및 이에 근거한 claim chart를 활용하여 특허 청구항의 신규성을 판단하는 방법을 설명한다.

신규성 요건이란 발명가가 특허를 받고자 청구하는 발명이 인류 역사 상 최초여야 한다는 의미로서, 발명가의 특허출원 시점 이전에는 상기 발명이 세상에 존재하지 않아야한다는 요건이다. 어떻게 보면 극복하기 상당히 까다로운 요건으로 생각되지만, 예상보다 쉽게 만족할 수도 있는 조건이 바로 신규성 요건이다.[15] 따라서 특허의 권리범위에 선행기술이 포함되면 특허 청구항은 신규성 요건을 충족하지 않게 되어 신규성

15) 국내 특허법 제29조 제1항에 의하면 산업상 이용할 수 있는 발명이라도 특허 출원 전 국내외에서 공지(公知)되었거나 공연(公然)히 실시된 발명, 국내외에서 반포된 간행물에 게재되거나 전기통신회선을 통하여 공중(公衆)이 이용할 수 있는 발명은 특허를 받을 수 없다고 신규성 판단 기준을 설명한다. 즉 판단의 기준은 출원 전 공지, 공연 실시, 공중 이용 등이다. 이를 바꾸어 말하면 발명가가 청구항에 기재한 청구발명이 발명가가 특허를 출원하기 전 자신 또는 타인에 의하여 공지, 공연 실시, 공중 이용 등과 같은 방법으로 개시되었을 경우, 발명가는 신규성 결여로 특허를 받을 수 없다는 말이다. 자세한 내용은 제8장의 1절 "청구항의 신규성 (Novelty) 요건" 참고.

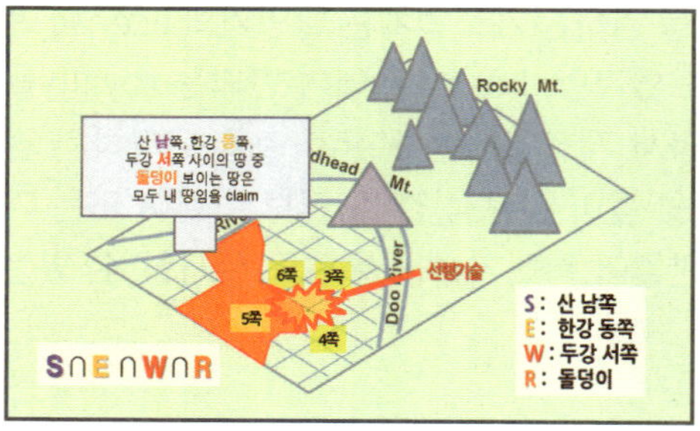

그림 3-5. 특허 청구항의 신규성 요건과 선행기술

을 상실하고, 발명가는 특허를 받을 수 없게 된다. 즉 경쟁자나 공중이 이미 개시하였거나 인지하고 있던, 세상에 이미 존재하는 발명을 발명가가 뒤늦게 자신의 발명이라고 주장하였기에 이에 대한 특허를 받을 수 없는 경우이다.

일예로 그림 3-5의 말뚝(특허의 청구항)과 같이 산 남쪽 (S), 한강 동쪽 (E), 두강 서쪽 (W) 및 돌덩이가 보이는 땅 (R) 등의 네 가지 조건의 교집합에 해당하는 땅이 발명가의 영토(특허의 범위)인 경우를 가정하자. 만일 그림에서와 같이 발명가 영토의 우상부가 선거주자의 땅과 일부만 겹치는 경우, 경쟁자는 발명가 영토의 일부에라도 선거주자의 땅(선행기술)이 포함되므로 발명가의 말뚝(특허의 청구항)은 무효이고, 발명가는 말뚝에 기재한 영토를 사유재산으로 인정받을 수 없다고 주장할 수 있을까? 아니면 이와는 반대로 발명가는 자신이 말뚝에 기재한 영토의 99% 이상이 선거주자의 땅을 포함하지도 않고 선거주자의 땅과 겹치지도 않으므로 자신이 말뚝에 기재한 땅이 자신의 사유재산이며, 이에 따라 상기 영토에 대한 금지권을 보유한다고 주장할 수 있을까? 이에 대한 정답 역시 아래의 claim chart로부터 쉽게 판단할 수 있다.

표 3-5(a). 신규성 요건 판단을 위한 Claim Chart

청구항 (요소, 제한조건)	선행기술 개시 사항 (부품·단계) 존재 여부
산 남쪽 [S]? ⇒	Yes
한강 동쪽 [E]? ⇒	Yes
두강 서쪽 [W]? ⇒	Yes
돌덩이 [R]? ⇒	Yes

표 3-5(a)는 그림 3-5의 특허 청구항의 권리범위가 선행기술과 대비하여 신규성 요건을 만족하는지를 판단하기 위한 claim chart이다. 앞서 제3장의 1-가절에서 특허 침해 여부를 판단하기 위하여 사용하였던 claim chart와 마찬가지로 상기 chart 역시

5-by-2 matrix, 즉 5개의 행과 2개의 열로 이루어진 행렬이다. 또한 앞의 제3장의 1-가절의 claim chart와 마찬가지로 표 3-5(a)의 chart 역시 좌측 열에는 청구항 요소 및 제한조건인 산 남쪽, 한강 동쪽, 두강 서쪽, 돌덩이를 기입하며, 각 행의 우측 열에는 청구항 요소 및 제한조건 각각에 대한 선행기술의 개시 여부를 기입한다.

일예로 그림 3-5의 선행기술은 총 8쪽의 학술논문으로서 1쪽은 표지이고, 2쪽은 학술지 소개 및 논문 저자 소개이며, 3~8쪽은 저자의 연구결과를 기재한다고 가정하자. 만일 상기 선행기술의 3쪽은 산 남쪽의 땅을 개시하고, 4쪽은 한강 동쪽의 땅을 개시하며, 5쪽은 돌덩이가 보이는 땅을, 6쪽은 두강 서쪽의 땅을 각각 개시할 경우, 상기 claim chart의 우측 열은 모두 'Yes'가 기입된다. 즉 발명가가 청구항에 포함한 청구발명의 모든 요소 및 제한조건이 발명가가 상기 특허를 출원하기 전 이미 존재하였던 선행기술에 의하여 개시되어 "구성요소 완비의 법칙"이 성립되며, 이에 따라 특허 청구항이 신규성 요건을 만족하지 못하는 경우에 해당한다.

표 3-5(b). 신규성 요건 판단을 위한 Claim Chart

청구항 (요소, 제한조건)		선행기술 개시 사항 (부품·단계)	
		존재 여부	적용 부위
산 남쪽 [S]?	⇒	Yes	3쪽
한강 동쪽 [E]?	⇒	Yes	4쪽
두강 서쪽 [W]?	⇒	Yes	6쪽
돌덩이 [R]?	⇒	Yes	5쪽

표 3-5(a)의 claim chart의 단점은 특허 청구항의 각각의 요소 및 제한조건이 선행기술의 어떤 부분에 의하여 개시되었는지를 명시하지 않는다는 점이다. 이 문제를 해결하기 위하여 특허전문가들은 표 3-5(a)의 claim chart의 변형인 표 3-5(b)의 claim chart를 주로 이용한다. 즉 상기 chart의 우측 열이 'Yes'인 경우, 각각의 요소에 해당하는 선행기술의 개시 사항을 우측 열에 함께 기입하여 일목요연하게 신규성 요건의 만족 여부를 판단할 수 있도록 하는 표에 해당한다.

이와 같이 특허 청구항의 모든 요소 및 제한조건이 각각 단일의 선행기술에 의하여 개시되는 경우, 상기 청구항은 상기 선행기술에 의하여 신규성(新規性, 즉 novelty) 요건을 만족하지 못한다고 표현하거나, 상기 청구항은 신규성이 결여되거나, 상기 청구항의 신규성이 부정된다고 표현한다. 물론 청구항이 신규성 요건을 만족하지 못하면 상기 청구항에 기재한 청구발명은 이미 공지, 공연 실시 또는 공중 이용된 발명이므로 특허로 보호받지 못한다. 이와는 반대로 특허 청구항의 요소나 제한조건 중 어느 하나라도 단일의 선행기술에 의하여 개시되지 않는 경우, 상기 청구항은 상기 선행기술에 대비하여 신규성 요건을 만족한다고 표현하거나, 상기 청구항은 신규성이 있다고 표현한다.

한편 그림 3-5에서와 같이 발명가가 말뚝에 기재한 영토의 99% 이상은 선거주자의 땅을 전혀 포함하지 않는다. 따라서 발명가의 영토 전부가 선행기술에 포함되는 경우와 비교할 경우, 그림 3-5의 발명가의 영토가 선행기술과 겹치는 정도는 극히 미미하다고 할 수 있다. 또한 선행기술에는 발명가의 영토와 겹치는 부분보다 겹치지 않은 부분이 훨씬 광활하다. 이러한 경우 발명가는 말뚝에 기재한 땅 중 선행기술과 겹치지 않는 부분만이라도 자신의 영토로 인정받을 수 있을까?

또한 그림 3-5의 선행기술은 발명가의 영토 이외의 부분도 포함한다. 따라서 선행기술은 발명가가 특허 청구항에 포함되지 않은 요소나 제한조건도 개시하게 된다. 그렇다면 상기 선행기술은 발명가의 특허 청구항에 포함되지 않은 요소나 제한조건도 개시하므로 발명가의 청구항은 신규성 요건을 만족하는 것일까?

정답은 “절대로 그렇지 않다”이며, 그 이유는 바로 “구성요소 완비의 법칙” 때문이다. 앞서 “구성요소 완비의 법칙”에서의 비교 주체는 항상 청구항이라고 설명한 바 있다. 따라서 상기 법칙을 이용한 claim chart 작성 시에도 항상 청구항 요소 및 제한조건은 좌측 열에 기입하고 우측 열에는 상기 선행기술이 개시하는 청구항 요소나 제한조건에 대한 사항을 기재하며, 그 결과 claim chart의 행의 수도 청구항 요소와 제한조건의 수와 동일하게 된다. 즉 표 3-5(a) 및 3-5(b)의 좌측 열과 우측 열 사이에 녹색 화살표로 표시한 바와 같이, “구성요소 완비의 법칙”은 물론 상기 법칙에 근거한 claim chart에서도 신규성 요건을 판단하기 위한 비교의 방향은 항상 청구항 요소에서 시작하여 선행기술의 개시 사항 방향으로 (즉 좌측에서 우측으로) 향해야만 한다.

표 3-6. 신규성 요건 판단을 위한 Claim Chart 및 판단 요령

청구항 (요소, 제한조건)		선행기술 개시 사항 (부품·단계)	
		존재 여부	적용 부위
산 남쪽 [S]?	⇍	Yes	3쪽
한강 동쪽 [E]?	⇍	Yes	4쪽
두강 서쪽 [W]?	⇍	Yes	6쪽
돌덩이 [R]?	⇍	Yes	5쪽
?	⇍		7쪽 (풀이 무성한 땅)
?	⇍		8쪽 (모래가 많은 땅)
?	⇍		표지 (삽화의 꽃 사진)
?	⇍		표지 (출판사 이름)

그 결과 표 3-6에서와 같이 claim chart에 선행기술의 개시 사항을 모두 기입하고, 일예로 "풀이 무성한 땅"이나 "모래가 많은 땅"과 같이 발명가가 청구항에 기재하지 않은 요소나 제한조건을 선행기술이 개시하더라도 이는 "구성요소 완비의 법칙"은 물론 상기 법칙에 근거한 claim chart에 전혀 영향을 주지 않는다. 왜냐하면 "구성요소 완비의 법칙"은 물론 상기 법칙에 근거한 claim chart에서 비교의 방향은 항상 청구항 요소에서 시작하여 선행기술 개시 사항 쪽으로 향하는 '오른쪽'인 반면 선행기술 개시 사항에서 시작하여 청구항 요소 쪽으로 향하는 '왼쪽'이 절대 아니기 때문이다. 따라서 발명가가 특허의 청구항에 기재하지 않은 사항을 선행기술이 아무리 많이 개시하더라도 발명가가 말뚝에 기재한 요소와 제한조건을 단일의 선행기술이 모두 개시하는 한, 발명가의 청구항은 신규성 요건을 만족하지 않는다.

앞서 설명한 침해 여부 판단과 마찬가지로 신규성 판단 시에도 청구항에 특정 요소를 제한하는 제한조건이 기재되어 있는 경우 이 또한 반드시 참고해야만 한다. 일예로 청구항의 첫 번째 요소가 "산 남쪽"이 아니라 "뾰족한 산 남쪽"일 경우, claim chart에도 이러한 제한조건을 반영하여야 하며, 그 결과 선행기술도 "뾰족한 산 남쪽"을 개시해야만 청구항의 신규성이 부정될 수 있다. 마찬가지로 다수의 청구항 요소나 제한조건들이 특정 구성이나 배열에 의하여 서로 조합되어 작동하며 발명을 구현할 경우, 이 또한 신규성 판단에 참고해야 하며, 그 결과 선행기술도 상기 조합 및 작동을 개시하여야만 청구항의 신규성을 부정할 수 있다.

(2) 진보성 요건 (Non-Obviousness Requirement)

발명가의 청구항(발명가의 말뚝)이 신규성 요건을 만족하더라도 특허로 등록되려면 "진보성 요건" 또는 "비자명성 요건"도 충족해야 한다. 흔히 "non-obviousness"라 지칭하는 진보성 또는 비자명성이란 발명가가 청구하는 발명이 발명가의 특허 출원일 이전에는 상기 발명이 속하는 분야의 통상적 지식을 가진 자에게 자명하지 않았어야 한다는 조건이다.[16)]

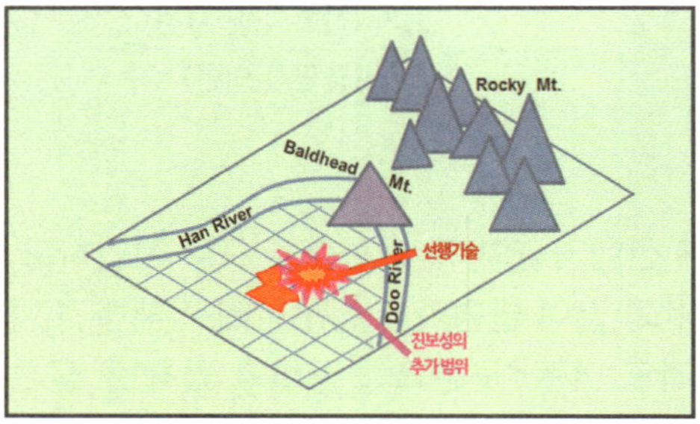

그림 3-6. 진보성 요건에 의한 선행기술 확장

일예로 그림 3-6에서와 같이 발명가가 청구항(발명가의 말뚝)에 기재한 청구범위(발명가의 영토)가 신규성 요건은 만족하였지만, 실질적으로는 선행기술(경쟁자의 사유지 또는 공중이 사용할 수 있는 공유지 등과 같은 선거주자의 땅)을 극히 미미할 정도로 개량·변환한 발명(선거주자 땅의 바로 옆)이라고 가정하자. 만일 특허제도가 이와 같이 미미한 정도의 개량·변환 발명을 특허로 보호할 경우, 공중은 상기 특허로부터 얻는 혜택에 비하여 상기 특허를 사용하는 데 더 많은 비용을 지불하는 결과가 초래될 수 있으며, 이는 발명을 보호·장려하여 공공영역을 유지하고 확충하기

---

16) 진보성에 대한 미국 기준은 35 U.S.C. § 103에 근거한다. "A patent for a claimed invention may not be obtained, notwithstanding that the claimed invention is not identically disclosed as set forth in section 102, if the differences between the claimed invention and the prior art are such that the claimed invention as a whole would have been obvious before the effective filing date of the claimed invention to a person having ordinary skill in the art to which the claimed invention pertains."

국내 특허법 역시 미국 기준과 유사하게 진보성 요건을 규정한다. 즉 특허법 제29조 제②항은 특허 출원 전에 그 발명이 속하는 기술분야에서 통상의 지식을 가진 사람이 제1항 각호의 어느 하나에 해당하는 발명에 의하여 쉽게 발명할 수 있으면 그 발명에 대해서는 제1항에도 불구하고 특허를 받을 수 없다고 규정한다.

위한 특허제도의 취지와 어긋날 수 있다. 또한 이와 같이 선행기술의 미미한 개량 발명에 특허를 부여할 경우, 경쟁자나 공중은 자신들이 이미 보유하고 있는 기술을 자유로이 이용하고 개량하는 중 본의 아니게 발명가의 특허를 침해하는 등의 제약을 받을 수도 있다. 이러한 폐해를 방지하기 위하여 특허제도는 신규성 요건과는 별도로 진보성 요건을 운용한다.

참고로 제3장의 1-가절에서 “균등론에 의한 침해”는 발명가 영토(청구항의 범위)의 바로 바깥 부분에서 경쟁자가 무단으로 거주하거나 상기 바깥 부분을 경쟁자가 무단으로 통행하지 못하도록 발명가에게 추가 영토를 인정해 주는, 발명가에게 절대적으로 유리한 제도라고 설명하였다. 이와는 반대로 “진보성 요건”은 경쟁자나 공중이 인지하고 있는 선거주자의 땅(선행기술) 바로 주변에 발명가가 자신의 영토(청구항의 범위)를 설정하지 못하도록 방지하는, 발명가에게 절대적으로 불리한 제도이다.

이러한 측면에서 보면 “균등론에 의한 침해”와 “진보성 요건”은 방법론적으로는 유사하지만, 목적이 반대인, 공격 주체와 수비 주체가 전환된 경우로 간주할 수도 있다. 즉 “균등론에 의한 침해”는 발명가가 자신의 금지권을 행사할 수 있는 영토를 넓혀주는 반면 진보성 요건은 선행기술의 범위를 넓힘으로써 발명가의 영토를 제한하는 역할을 담당한다. 이를 바꾸어 말하면 균등론이 발명가의 권리범위 주변에 일종의 추가 폭사지역을 설정함으로써 경쟁자가 발명가의 권리범위 바로 바깥에서 거주하거나 통행하지 못하도록 방지하는 제도라면, 진보성 요건은 선행기술 주위에 일종의 완충지대를 설정함으로써 발명가가 선행기술의 범위 바로 주변에 말뚝을 박아 이를 사유화하지 못하도록 방지하는 제도라 할 수 있다.

앞서 설명한 신규성 판단에 비하여 진보성 판단은 상대적으로 간단명료하지 않지만, 청구항의 진보성 판단 역시 필연적으로 청구항에 기재한 청구발명과 선행기술의 대비가 필요하다. 따라서 엄격히 따질 경우 일종의 이론적 ‘근사치’에 해당하지만, 특허전문가들은 약간의 논리적 비약을 거쳐 진보성 판단에도 “구성요소 완비의 법칙”을 적용하

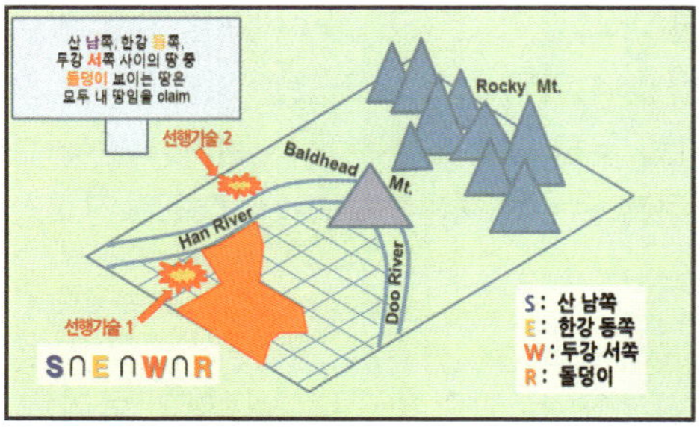

그림 3-7. 특허 청구항의 신규성 요건과 선행기술

며, 이를 위하여 claim chart를 사용하는 경향이 있다.[17)]

일예로 그림 3-7의 말뚝은 산 남쪽 (S), 한강 동쪽 (E), 두강 서쪽 (W), 돌덩이가 보이는 땅 (R) 등 네 가지 조건의 교집합에 해당하는 땅이 발명가의 영토임을 예시한다. 만일 그림에서와 같이 발명가 영토에 가장 근접한 선행기술이 1의 땅과 2의 땅이며, 선행기술 1의 땅은 산 남쪽, 한강 동쪽, 두강 서쪽에 위치하지만 돌덩이가 보이는 땅은 아닌 반면 선행기술 2의 땅은 두강 서쪽에 위치하고 돌덩이가 보이는 땅이지만 산 서쪽과 한강 서쪽에 위치한다고 가정하자.

표 3-7. 진보성 요건 판단을 위한 Claim Chart

(a) 선행기술 1 Claim Chart

청구항 (요소, 제한조건)		선행기술 1 개시 사항 존재 여부
산 남쪽 [S]?	⇒	Yes
한강 동쪽 [E]?	⇒	Yes
두강 서쪽 [W]?	⇒	Yes
돌덩이 [R]?	⇒	No

(b) 선행기술 2 Claim Chart

청구항 (요소, 제한조건)		선행기술 2 개시 사항 존재 여부
산 남쪽 [S]?	⇒	No
한강 동쪽 [E]?	⇒	No
두강 서쪽 [W]?	⇒	Yes
돌덩이 [R]?	⇒	Yes

그림 3-7의 특허 청구항의 범위에 선행기술 1과 2를 대비하여 상기 청구항의 진보성 요건 만족 여부를 판단하는 claim chart가 표 3-7(a)와 표 3-7(b)이다. 앞서 설명한 바와 같이 상기 claim chart 각각의 좌측 열에는 발명가의 청구항 요소 및 제한조

17) 이에 대한 자세한 설명은 제8장의 2절 "청구항의 진보성 (Non-Obviousness) 요건" 참고.

간인 산 남쪽, 한강 동쪽, 두강 서쪽, 돌덩이를 기입하는 한편 상기 claim chart 각각의 우측 열에는 청구항 각각의 요소 및 제한조건에 대한 선행기술 1 및 2의 개시 여부를 기입한다.

표 3-7(a)의 경우, 선행기술 1의 땅은 산 남쪽, 한강 동쪽, 두강 서쪽의 조건은 모두 만족하므로 claim chart의 우측 열에 'Yes'를 기입하지만, 돌덩이가 보이는 땅이라는 조건은 만족하지 않으므로 이에 해당하는 우측 열에는 'No'를 기입한다. 따라서 그림 3-7의 청구항은 선행기술 1의 땅과 대비하였을 때 신규성 요건을 만족함을 알 수 있다. 또한 표 3-7(b)의 경우 선행기술 2의 땅은 두강 서쪽, 돌덩이가 보이는 땅의 조건은 만족하므로 claim chart의 우측 열에 'Yes'를 기입하지만 산 남쪽이나 한강 동쪽이라는 조건은 만족하지 않으므로 이에 해당하는 우측 열은 'No'를 기입한다. 따라서 그림 3-7의 청구항은 선행기술 2와 대비하여도 신규성 요건을 만족함을 알 수 있다.

하지만 돌덩이가 많은 선행기술 2의 땅이 비록 산 남쪽이나 한강 동쪽에 위치하지는 않지만 선행기술 1의 땅과 지형이 유사하고 토양도 유사함은 물론 선행기술 2의 땅과 1의 땅 사이의 한강은 폭이 좁고 수심도 얕아 사람들이 큰 무리 없이 건너다닌다고 가정하자. 선행기술 1의 땅에 거주하는 사람들은 선행기술 2의 땅으로 자주 왕래하며 선행기술 2의 땅에 있는 돌덩이를 가져와 자기 땅을 장식할 수도 있고, 선행기술 2의 땅에서 장난삼아 돌덩이를 한강 동쪽의 선행기술 1의 땅으로 발로 차 넘겼을 수도 있다.

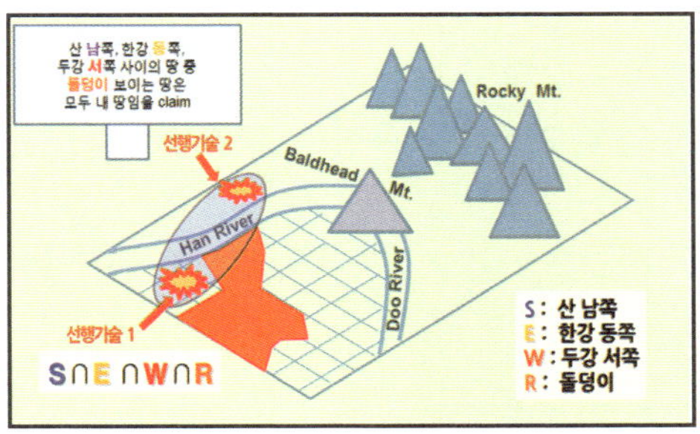

그림 3-8. 다수의 선행기술의 조합과 진보성 요건

그 결과 발명가가 그림 3-8의 말뚝(특허의 청구항)을 박는 시점에 이미 선행기술 1의 땅에 거주하는 사람들에게는 선행기술 1의 땅과 2의 땅 사이의 차이점은 극히 미미하였으므로 선행기술 2의 땅을 1의 땅과 동일시하였을 수도 있다. 또한 선행기술 1의 땅에 거주하는 사람들이 선행기술 2의 땅으로 자주 왕래하므로 그 사이의 땅 역시 공중에게 공지되었거나 공중이 공연 실시한 선행기술로 간주할 수도 있다. 따라서 그림 3-8과 같이 선행기술 1의 땅과 2의 땅이 발명가의 영토에 속하지는 않지만 선행기술 1의 땅과 2의 땅을 합한 땅 또는 연결하는 땅 자체를 확대된 선행기술로 간주할 수 있는 경우도 발생할 수 있다.

표 3-8. 진보성 요건 판단을 위한 Claim Chart

청구항 (요소, 제한조건)	선행기술 개시 사항 (부품·단계)	
	존재 여부	적용 부위
산 남쪽 [S]? ⇒	Yes	선행기술 1 ~~또는 선행기술 2~~
한강 동쪽 [E]? ⇒	Yes	선행기술 1 ~~또는 선행기술 2~~
두강 서쪽 [W]? ⇒	Yes	선행기술 1 또는 선행기술 2
돌덩이 [R]? ⇒	Yes	~~선행기술 1 또는~~ 선행기술 2

바꾸어 말하자면 청구항에 기재한 모든 요소와 제한조건이 선행기술 1 또는 선행기술 2 각각에 의하여 개시되지는 않았더라도, 표 3-8에서와 같이 선행기술 1과 선행기술 2를 합친 조합에 의해서는 개시되어 자명하게 되는 경우이다.[18] 이러한 경우 발명가의 특허 청구항은 진보성 요건을 만족하지 못하게 된다.

요약하자면 진보성 요건은 발명가가 선행기술을 극히 미미할 정도로만 개량·변환한 발명을 특허로 보호할 경우 공공에게 발생할 수 있는 폐해를 방지하기 위한 제도로서, 진보성 요건은 발명가가 선행기술의 바로 주변에 자신의 금지권을 설정하지 못하도록 방지함을 목적으로 한다. 이를 위하여 진보성 요건 판단에는 단일의 선행기술을 사용할 수 있으며, 신규성 요건과는 달리 다수의 선행기술을 조합하여 사용할 수도 있다. 그 결과 청구항의 모든 요소 및 제한조건이 하나 이상의 선행기술에 의하여 자명하게 되는 경우 이러한 청구항은 진보성 요건을 만족하지 않는다.

이러한 측면을 고려하면 앞서 제3장의 1절에서 소개한 "구성요소 완비의 법칙" 결

18) 영어로는 "claim is obvious over prior art 1 in view of prior art 2"라고 표현한다. 단 다수의 선행기술을 이용한 진보성 판단 시 주의할 점은 다수의 선행기술을 조합할 수 있는 지에 대한 요건이다. 미국 판례는 다수의 선행기술을 조합하기 위해서는 TSM, 즉 teaching(교시, 개시), suggestion(암시), 또는 motivation(시사, 동기)을 요구한다. 이에 대한 자세한 내용은 제8장의 2-마절 "미국 판례의 TSM Test 및 KSR case의 상식 Test" 참고.

론 중 신규성 요건, 진보성 요건 등 특허성과 관련된 결론 2.1과 결론 2.2는 다음과 같이 조금 더 명확히 표현할 수 있다.

[결론 1.1] 청구항을 구성하는 모든 청구항 요소(claim element) 및 모든 제한조건(claim limitation)이 각각 비교 대상인 침해의심 제품·방법 등의 일부에라도 존재하는 경우, 상기 청구항은 상기 제품·방법 등에 의하여 (문언)침해된다.

따라서 침해의심 제조업체가 자신의 제품·방법 등에 청구항에 포함되지 않은 상이한 요소나 상이한 제한조건을 아무리 많이 추가하더라도 이는 (문언)침해 여부에 아무런 영향을 미치지 않는다.

[결론 1.2] 반대로 청구항을 구성하는 청구항 요소 및 제한조건 중 하나라도 침해의심 제품·방법 등에 존재하지 않는 경우, 상기 청구항은 상기 제품·방법 등에 의하여 (문언)침해되지 않는다.

따라서 침해의심 제조업체는 자신의 제품·방법 등에서 발명가의 청구항에 포함된 하나 이상의 중요한 요소나 제한조건을 생략하게 되면, 상기 청구항에 대한 (문언)침해를 우회·회피할 수 있다.

[결론 2.1] 청구항을 구성하는 모든 청구항 요소 및 모든 청구항 제한조건이 각각 비교 대상인 단일의 선행기술의 일부에 의해서라도 개시(開示)되는 경우, 상기 청구항은 상기 선행기술로 인하여 신규성 요건을 만족하지 못한다.

또한 청구항을 구성하는 모든 청구항 요소 및 모든 청구항 제한조건이 각각 비교 대상인 단일 또는 다수의 선행기술의 일부에 의해서라도 자명한 경우, 상기 청구항은 상기 선행기술로 인하여 진보성 요건을 만족하지 못한다.

따라서 선행기술에 청구항 요소나 제한조건과 상관없는 사항이 기재되어 있더라도 이는 신규성 요건 또는 진보성 요건에 아무런 영향을 미치지 않는다.

[결론 2.2] 반대로 청구항을 구성하는 청구항 요소나 청구항 제한조건 중 하나라도 비교 대상인 단일의 선행기술에 의하여 개시되지 않는 경우, 상기 청구항은 상기 선행기술과 대비하여 신규성 요건을 만족한다.

또한 청구항을 구성하는 청구항 요소나 청구항 제한조건 중 하나라도 비교 대상인 단일 또는 다수의 선행기술에 의하여 자명하지 않는 경우, 상기 청구항은 상기 선행기술과 대비하여 진보성 요건을 만족한다.

따라서 발명가는 선행기술에 개시되지 않은 사항 중 하나 이상의 중요한 요소나 제한조건을 청구항에 추가하게 되면, 상기 선행기술을 우회·회피하며 신규성 요건을 만족할 수 있으며, 경우에 따라 진보성 요건도 만족할 수 있다.

다. "구성요소 완비의 법칙"의 요약

앞서 설명한 바와 같이 특허의 핵심은 수익 창출을 위한 금지권이다. 따라서 발명가에게는 자신의 영토에서 경쟁자가 무단 거주하지 못하도록 방지하거나 무단 통행하지 못하도록 방지하는 금지권의 범위가 중요할 수밖에 없다. 하지만 발명가라고 아무런 제약 없이 자신의 금지권의 범위를 확대할 수만은 없다. 왜냐하면 자신의 금지권의 범위에 선행기술이 포함되는 경우, 자신의 특허 자체가 무효가 되기 때문이다.

발명가가 경쟁자의 침해의심 제품·방법이 자신의 권리범위를 침해하였는지 여부를 확인하는 방법은 물론 발명가가 자신의 권리범위에 경쟁자 또는 공중의 선행기술이 포함되었는지를 확인하기 위한 기본 이론이 바로 앞서 설명한 "구성요소 완비의 법칙"이며, 상기 법칙을 적용하는 도구가 바로 앞서 설명한 claim chart이다. 반면 발명가의 특허를 무료로 실시하고자 하는 경쟁자 제조업체는 발명가가 보유한 권리범위의 효율적 우회·회피가 자신이 수익을 창출하는 데 중요할 수밖에 없다. 또한 발명가의 특허를 무효화시킬 수 있다면 힘들게 머리를 써서 우회·회피를 고민할 필요도 없다. 이와 같이 제조업체가 발명가 특허의 권리범위를 성공적으로 우회·회피하였는지 여부를 확인하는 방법은 물론 발명가 특허의 특허성을 확인하는 기본 이론 역시 앞서 설명한 "구성요소 완비의 법칙"이며, 또한 상기 법칙을 적용하는 도구가 바로 앞서 설명한 claim chart이다.

(1) "구성요소 완비의 법칙"과 침해 여부 vs. 특허성

이와 같이 중요한 "구성요소 완비의 법칙"과 claim chart는 적용 목적이 침해 여부 판단이건 특허성 판단이건 공통점을 가진다. 즉 "구성요소 완비의 법칙"에 의한 모든 비교의 주체는 바로 발명가가 보유한 특허의 청구항이라는 점이다. 그 이유는 특허침해이건 특허성이건 모두 발명가가 착상한 발명 자체에 의하여 좌우되기보다는 발명가 또는 발명가의 대리인이 청구항에 기재한 청구항 요소 및 제한조건, 즉 청구발명의 범위에 의하여 좌우되기 때문이다.

이를 바꾸어 설명하면 발명가에게 가장 중요한 사안은 신대륙을 발견하였다는 사실이 아니라 자신의 영토(특허의 범위)를 얼마나 유효하게 설정하느냐이다. 이에 따라 발명가는 자신의 영토에 대한 금지권을 활용하여 수익 창출이 가능해지기도 하는 반면 자신의 영토에 선거주자의 땅이 포함될 경우 자신의 영토를 사유화할 수 없게 될 수도 있다. 이러한 이유 때문에 claim chart의 좌측 열에는 항상 비교의 주체인 청구항의 모든 요소와 제한조건을 기입하는 반면 상기 chart의 우측 열에는 항상 청구항 요소와 비교되는 대상을 기입하여야 한다.

표 3-9. 침해 여부 및 특허성 판단을 위한 Claim Chart

(a) 표 3-2(a)의 Claim Chart

청구항 (요소, 제한조건)		침해의심 제품·방법 존재 여부
산 남쪽 [S]?	⇒	Yes
한강 동쪽 [E]?	⇒	Yes
두강 서쪽 [W]?	⇒	Yes
돌덩이 [R]?	⇒	Yes

(b) 표 3-5(b)의 Claim Chart

청구항 (요소, 제한조건)		선행기술 개시 사항 존재 여부
산 남쪽 [S]?	⇒	Yes
한강 동쪽 [E]?	⇒	Yes
두강 서쪽 [W]?	⇒	Yes
돌덩이 [R]?	⇒	Yes

하지만 "구성요소 완비의 법칙"이나 claim chart는 목적이 (문언)침해 여부 판단인지 특허성 요건 판단인지에 따라 상이해지는 부분도 있다. 일예로 표 3-9와 같이 claim chart로 (문언)침해 여부를 판단할 경우에는 상기 chart의 우측 열에는 좌측 열의 청구항 요소에 해당하는 제조업체의 침해의심 제품·방법의 부품·단계를 기

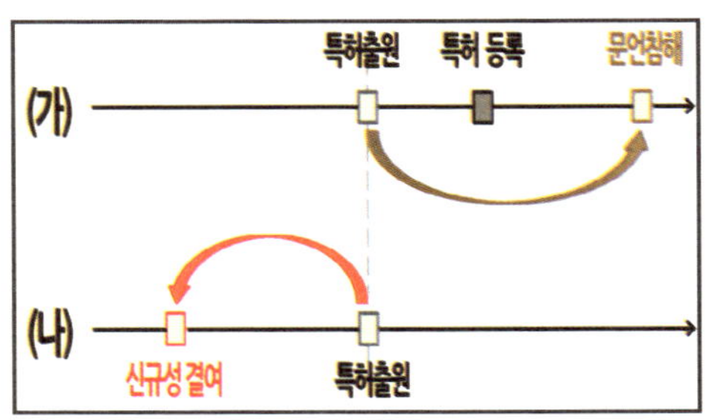

그림 3-9. 문언침해 요건과 신규성 요건의 유사성

입하는 반면 상기 chart로 특허성 요건을 판단하려면 상기 chart의 우측 열에는 좌측 열의 청구항 요소에 해당하는 선행기술의 개시 사항을 기입한다는 차이점이다.

그러다보니 동일한 format을 이용하는 표 3-9(a)의 우측 열에 기입하는 비교 대상과 표 3-9(b)의 우측 열에 기입하는 비교 대상 사이에도 상관관계가 존재하게 된다. 즉 문언침해의 성립 요건과 신규성 요건 사이에는 확실한 유사성이 존재하는 것이다.

그림 3-9가 문언침해의 성립 요건과 신규성 요건 사이의 유사성에 대한 도식이다. 우선 그림 3-9의 (가)와 같이 발명가가 출원한 특허의 청구항 요소와 제한조건이 모두 상기 특허의 등록 시점 이후 경쟁자 제조업체에 의하여 생산된 침해의심 제품·방법에 존재하면 문언침해가 성립한다. 반대로 그림 3-9의 (나)와 같이 발명가가 출원한 특허의 청구항 요소와 제한조건이 상기 특허의 출원 시점 이전의 선행기술에 의하여 모두 개시되면 상기 청구항의 신규성이 부정된다. 즉 비교의 주체가 발명가가 출원한 특허의 청구항 요소에는 변함이 없고 동일한 비교 방법을 사용하지만, 비교 대상이 선행기술일 경우에는 신규성 요건을 판단할 수 있는 반면 비교 대상이 침해의심 제조업체의 제품·방법일 경우에는 문언침해 여부를 판단할 수 있다.

따라서 발명가가 출원한 특허의 청구항 요소가 모두 존재하는 기술이 발명가의 특허 등록 시점 이후 출현하면 이는 문언침해이며, 반대로 이러한 기술이 발명가의 특허 출원 시점 이전에 존재하였다면 이는 청구항의 신규성을 부정한다. 즉 "청구항의 모든 요소를 추후 문언침해하는 제품이 만일 발명가의 특허 출원 이전에 존재하였다면, 상기 청구항은 상기 선행 제품에 의하여 신규성이 부정된다"는 공식이 성립한다.[19)]

그렇다면 특허침해의 또 다른 형태인 "균등론에 의한 침해"와 특허성의 또 다른 요건인 진보성 사이에도 유사성이 존재할까?

19) 이에 대한 영어 표현은 "That which would literally infringe later in time anticipates if earlier than the date of invention"이다. Lewmar Marine Inc. v. Barient Inc., 827 F.2d 744 (Fed. Cir. 1987), cert. denied, 484 U.S. 1007 (1988). 물론 위의 판결은 미국 특허제도가 선발명주의로 운용되던 시점의 판결이다. 따라서 이를 선출원주의에 맞도록 수정하면 다음과 같다: "That which would literally infringe later in time anticipates if earlier than the date of filing."

그렇기는 하다. 즉 "균등론에 의한 침해"와 "진보성 요건" 사이에도 어느 정도의 유사성은 존재한다. 일예로 "균등론에 의한 침해"는 발명가를 위하여 특허 청구항의 범위 바깥에 추가 폭사지역을 인정해주는 제도인 반면 "진보성 요건"은 발명가의 이익에 반하여 선행기술 범위 주변에 완충지대를 설정하는 제도라는 점에서 유사하다고 할 수 있다. 바꾸어 말하면 "균등론에 의한 침해"는 청구항의 권리범위 바로 주변 땅까지 발명가의 영토로 인정함으로써 발명가 영토 바로 주변에서의 경쟁자의 무단 거주나 무단 통행을 방지하여 발명가에게 이점을 제공하는 제도인 반면, "진보성 요건"은 선행기술 바로 주변의 땅까지 공유지로 인정함으로써 발명가가 선행기술 바로 주변의 땅을 자신의 권리범위에 귀속시키지 못하도록 방지하여 공중에게 이점을 제공하는 제도인 것이다.

하지만 "균등론에 의한 침해"와 "진보성 요건" 사이에는 상이성도 존재한다. 일예로 "균등론에 의한 침해" 판단 기준은 특허 청구항의 요소·제한조건의 function, way, result와 경쟁가가 변환·치환한 부품·단계의 function, way, result 사이의 유사성인 반면 진보성의 판단 기준은 청구발명과 선행기술과의 차이가 발명가의 특허 출원 시점에 해당 분야의 통상적 지식을 가진 자(즉 '당업자')에게 자명한지에 대한 여부이다. 물론 "균등론에 의한 침해"에 있어서 function, way, result의 유사성에 대한 판단자도 당업자이고, 진보성 요건에서 자명성에 대한 판단자도 당업자이기는 하다. 따라서 "균등론에 의한 침해"와 진보성 요건 사이에 분명 유사성은 존재한다. 하지만 상기 유사성은 문언침해와 신규성 요건사이의 유사성에 비하여 정도가 덜 하다고 간주할 수 있다.

(2) "구성요소 완비의 법칙"과 특허 공수전략

앞서 설명한 "구성요소 완비의 법칙"은 특허의 침해 여부는 물론 특허성을 판단하는 기본 법칙이다. 따라서 이상적인 특허 공수전략의 수립에도 "구성요소 완비의 법칙"을 활용할 수 있다. 즉 상기 법칙을 이용하여 공격전략에 이상적인 청구항은 물론 수비전략에 이상적인 청구항을 확인하는 동시에, 이를 위한 전략을 수립할 수 있다.

일예로 그림 3-10(a)는 특허 청구항에 포함된 요소·제한조건의 수가 적어 특허의 범위, 즉 청구항의 권리범위가 상대적으로 광활한 경우를 도시한다. 그림에서와 같이 상기 권리범위는 침해의심 제품 A와 B를 완전히 포함하므로 상기 청구항은 상기 제품 A와 B에 의하여 명백히 문언침해된다. 이에 비하여 침해의심 제품 C는 청구항의 권리

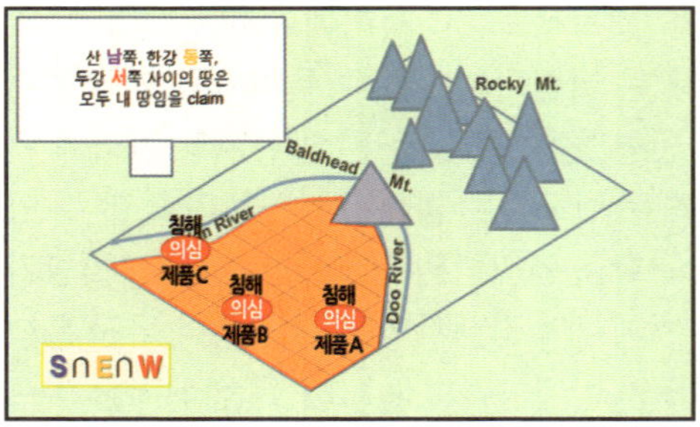

그림 3-10(a). 청구항 범위가 넓은 특허(대형지뢰)를 이용한 막강한 공격

범위에 속하지 않은 부분도 포함하지만 동시에 권리범위에 속하는 부분도 포함하므로, 상기 청구항은 제품 C에 의해서도 문언침해된다. 이와 같이 청구항의 권리범위가 넓은 특허는 막강한 공격력을 지니며, 권리범위가 광활할수록 경쟁자가 발명가 특허의 청구발명을 구현하는 동시에 발명가 특허 청구항의 광활한 금지권을 벗어나 우회·회피하기는 몹시 어려워진다.

표 3-10(a). 청구항 범위가 넓은 특허의 침해 관련 Claim Chart

청구항 (요소, 제한조건)	침해의심 제품·방법 (부품·단계)	
	존재 여부	적용 부위
산 남쪽 [S]? ⇒	Yes	텐트의 뒷면(의 천)
한강 동쪽 [E]? ⇒	Yes	텐트의 뒷면(의 끈)
두강 서쪽 [W]? ⇒	Yes	텐트의 뒷면(의 창문)

이러한 "구성요소 완비의 법칙"의 적용 결과는 claim chart를 이용하더라도 동일하게 도출할 수 있다. 일예로 표 3-10(a)와 같이 발명가가 청구항을 작성할 때 전략적으로 특허기술을 구현하는 데 필수불가결한 요소·제한조건만을 기재하면, 청구항에 포함된 요소·제한조건의 개수가 줄어들며, 이에 따라 claim chart의 행의 개수 역시 줄어든다. 또한 경쟁자가 청구발명의 핵심 요소에 해당하는 청구항의 요소·제한조건 중 하나 이상을 생략한 채 상기 청구발명을 구현하기도 몹시 어려워진다. 이에 따라 경쟁자가 상기 청구항의 권리범위를 우회·회피하기도 어려워지며, "구성요소 완비의 법칙"에 따라 상기 청구항은 막강한 금지권을 행사할 수 있게 된다.[20]

20) 참고로 표3-10(a)의 설명은 개방형 전환구인 '포함하는' 또는 'comprise'를 사용하는 개방형 청구항에 적용된다. 이에 반하여 위의 설명은 폐쇄형 전환구인 '구성되는' 또는 "consist of"를 사용하는 폐쇄형 청구항(closed claim) 또는 부분 폐쇄형 전환구인 "consist essentially of"를 사용하는 부분 폐쇄형 청구항(partially-closed claim)에는 적용되지 않는다. 이에 대한 설명은 제6장의 2-나절 "청구항 전환구" 참고.

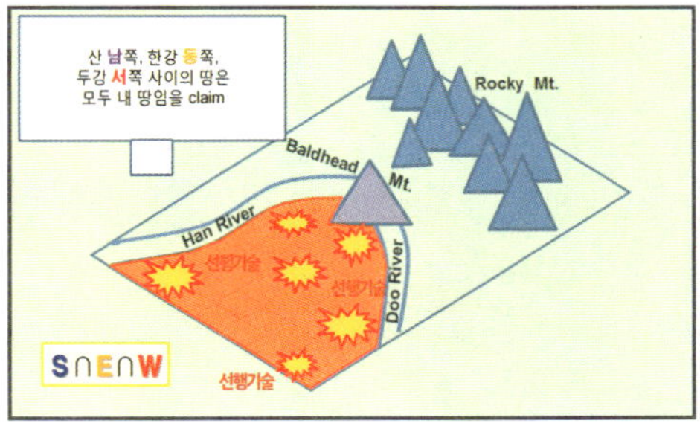

그림 3-10(b). 청구항 범위가 넓은 특허(대형지뢰)의 빈약한 수비

하지만 청구항에 포함된 요소·제한조건의 수가 적어 특허의 범위(청구항의 범위)가 넓어질수록 상기 청구항이 특허청 심사관에 의하여 신규성 결여 또는 진보성 결여로 거절되거나, 등록 후 법원에서 특허성 결여로 무효가 될 가능성도 증가한다. 왜냐하면 그림 3-10(b)에서와 같이 특허범위가 넓어지다 보니 상기 권리범위 속에 발명가가 미처 인지하지 못한 선행기술이 숨어있을 확률 역시 높아지기 때문이다. 따라서 청구항의 권리범위가 넓어져 공격력이 향상되는 만큼 이에 비례하여 상기 청구항의 수비력은 취약해질 수밖에 없다.

표 3-10(b). 청구항 범위가 넓은 특허의 특허성 관련 Claim Chart

청구항 (요소, 제한조건)		선행기술 개시 사항 (부품·단계)	
		존재 여부	적용 부위
산 남쪽 [S]?	⇒	Yes	4쪽
한강 동쪽 [E]?	⇒	Yes	4쪽
두강 서쪽 [W]?	⇒	Yes	6쪽

앞서 설명한 "구성요소 완비의 법칙"에 의한 결과는 claim chart를 이용하더라도 동일하게 도출할 수 있다. 일예로 표 3-10(b)와 같이 청구항의 요소·제한조건의 개수가 적을수록 상기 chart의 행의 개수도 줄어든다. 그 결과 요소·제한조건이 몇 개에 불과한 청구항일수록 이들을 모두 개시하는 단일의 선행기술이 존재할 확률도 증가함은 물론 적절히 조합할 경우 상기 요소·제한조건을 모두 개시하는 다수의 선행기술이 존재할 확률 역시 증가하게 된다. 즉 청구 범위가 넓은 청구항은 막강한 공격력을 보유하기는 하지만 "구성요소 완비의 법칙"에 따라 상기 청구항의 특허성을 입증하거나 유지하기가 이에 비례하여 어려워질 수밖에 없다.

또한 "구성요소 완비의 법칙"을 이용하면 특허 청구항에 포함된 요소·제한조건의 개

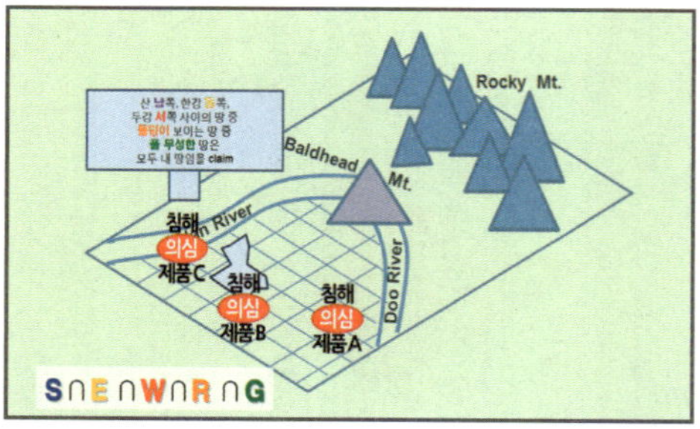

그림 3-11(a). 청구항 범위가 좁은 특허(소형지뢰)의 빈약한 공격

수가 많아 특허의 범위(즉 청구항의 범위)가 좁은 경우의 공수전략의 장단점을 파악할 수도 있다. 일예로 그림 3-11(a)는 산 남쪽, 한강 동쪽, 두강 서쪽이라는 청구항 요소 외에 "돌덩이가 보이고 (R)" "풀도 무성한 (G)"이라는 요소들이 청구항에 추가됨에 따라 권리범위 역시 파격적으로 축소된 청구항의 예시이다. 그 결과 그림 3-11(a)를 그림 3-10(a)와 비교할 경우, 그림 3-11(a)의 침해의심 제품 A 및 C는 청구항의 권리범위에서 완전히 벗어나므로 상기 청구항을 성공적으로 우회·회피하게 된다. 반면 침해의심 제품 B는 청구항의 권리범위에 속하지 않은 부분도 있지만 상기 범위에 속하는 부분도 포함하므로 상기 청구항은 제품 B에 의해서만 문언침해된다. 그만큼 청구항의 권리범위가 좁은 특허의 공격력은 협소해지고 빈약해진다.

표 3-11(a). 청구항 범위가 좁은 특허의 침해 관련 Claim Chart

청구항 (요소, 제한조건)	침해의심 제품·방법 (부품·단계)	
	존재 여부	적용 부위
산 남쪽 [S]? ⇒	Yes	텐트의 뒷면
한강 동쪽 [E]? ⇒	Yes	텐트의 뒷면
두강 서쪽 [W]? ⇒	Yes	텐트의 뒷면
돌덩이 [R]? ⇒	?	?
풀 무성[G]? ⇒	?	?

앞서 설명한 "구성요소 완비의 법칙"에 의한 결과는 claim chart를 이용하더라도 동일하게 도출할 수 있다. 즉 표 3-11(a)에서와 같이 발명가가 청구항에 기입한 요소·제한조건의 개수가 많아질수록 상기 chart의 행의 개수 역시 늘어난다. 따라서 청구항에 기재된 요소·제한조건 중 상기 청구항의 청구발명을 구현하는 데 필수불가결하지 않은 요소·제한조건이 포함됨에 따라 경쟁자는 생략하여도 무방한 요소·제한조건 중 하나 이상을 생략하며 핵심 청구발명을 구현함으로써 청구항의 권리범위를 쉽게 우회·회

피하게 된다. 즉 "구성요소 완비의 법칙"에 따라 요소·제한조건이 많은 청구항의 금지권은 빈약해질 수밖에 없다.

하지만 특허 청구항에 포함된 요소·제한조건의 개수가 증가하여 청구항의 범위가 좁아질수록 상기 청구항이 특허청 심사관에 의하여 특허성 결여로 거절되거나, 등록 후 법원에서 무효화될 가능성은 낮아진다. 왜냐하면 그림 3-11(b)에서와 같이 특허 청구항의 범위가 좁고 협소하다 보니 상기 범위 속에 발명가가 미처 인지하지 못한 선행기술이 숨어있을 확률 역시 낮아지기 때문이다. 즉 청구항의 권리범위가 좁아지고 공격력이 빈약해지는 만큼 상기 특허의 수비력은 막강해진다.

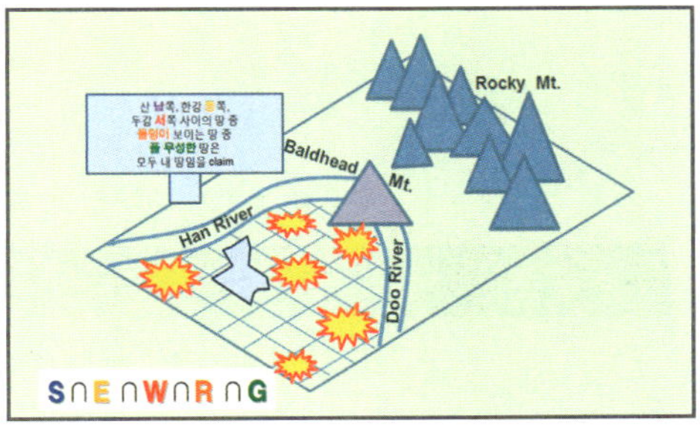

그림 3-11(b). 청구항 범위가 좁은 특허(소형지뢰)를 이용한 막강한 수비

표 3-11(b). 청구항 범위가 좁은 특허의 특허성 관련 Claim Chart

청구항 (요소, 제한조건)		선행기술 개시 사항 (부품·단계)	
		존재 여부	적용 부위
산 남쪽 [S]?	⇒	Yes	4쪽
한강 동쪽 [E]?	⇒	Yes	4쪽
두강 서쪽 [W]?	⇒	Yes	6쪽
돌덩이 [R]?	⇒	?	?
풀 무성[G]?	⇒	?	?

앞서 설명한 "구성요소 완비의 법칙"을 claim chart에 적용하더라도 동일한 결론을 도출할 수 있다. 즉 표 3-11(b)에서와 같이 청구항에 포함된 요소·제한조건의 개수가 많으면 많을수록 상기 chart의 행의 개수도 늘어난다. 그 결과 청구항에 포함된 수많은 요소·제한조건들을 모두 개시하는 선행기술(들)이 존재할 확률 역시 감소하게 된다. 따라서 청구 범위가 좁은 청구항은 공격력이 빈약해지기는 하지만 이를 모두 개시하는 선행기술 역시 줄어들므로 "구성요소 완비의 법칙"에 따라 상기 청구항의 특허성을 입증하거나 유지하기가 그만큼 용이해진다.

이와 같이 특허 청구항의 권리범위가 넓어질수록 특허의 공격력은 막강해지지만 수비력이 빈약해지는 반면 청구항의 권리범위가 줄어들수록 특허의 공격력은 빈약해지지만 수비력은 막강해지는 속성에 대한 요약이 표 3-12이다. 즉 청구항의 공격력과 수비력은 반비례한다고도 표현할 수 있고, 더 나아가 청구항의 공격력과 수비력의 합은 일정하다고 표현할 수도 있다.

표 3-12. 청구항 범위 및 특허 공수전략 요약

구 분	내 용
결론 1.1 침해	청구항을 구성하는 모든 청구항 요소(claim element) 및 모든 제한조건(claim limitation)이 각각 비교 대상인 침해의심 제품·방법 등의 일부에라도 존재하는 경우, 상기 청구항은 상기 제품·방법 등에 의하여 (문언)침해된다.
	따라서 침해의심 제조업체가 자신의 제품·방법 등에 청구항에 포함되지 않은 상이한 요소나 상이한 제한조건을 아무리 많이 추가하더라도 이는 (문언)침해 여부에 아무런 영향을 미치지 않는다.
결론 1.2 비침해	반대로 청구항을 구성하는 청구항 요소 및 제한조건 중 하나라도 침해의심 제품·방법 등에 존재하지 않는 경우, 상기 청구항은 상기 제품·방법 등에 의하여 (문언)침해되지 않는다.
	따라서 침해의심 제조업체가 자신의 제품·방법 등에서 발명가의 청구항에 포함된 하나 이상의 중요한 요소나 제한조건을 생략하게 되면, 상기 청구항에 대한 (문언)침해를 우회·회피할 수 있다.
결론 2.1 특허성 상실	청구항을 구성하는 모든 청구항 요소 및 모든 청구항 제한조건이 각각 비교 대상인 단일의 선행기술의 일부에 의해서라도 개시(開示)되는 경우, 상기 청구항은 상기 선행기술로 인하여 신규성 요건을 만족하지 못한다. 또한 청구항을 구성하는 모든 청구항 요소 및 모든 청구항 제한조건이 각각 비교 대상인 단일 또는 다수의 선행기술의 일부에 의해서라도 자명한 경우, 상기 청구항은 상기 선행기술로 인하여 진보성 요건을 만족하지 못한다.
	따라서 선행기술에 청구항 요소나 제한조건과 상관없는 사항이 기재되어 있더라도 이는 신규성 요건 또는 진보성 요건에 아무런 영향을 미치지 않는다.

<table>
<tr><td rowspan="2">결론 2.2

특허성
확보</td><td>반대로 청구항을 구성하는 청구항 요소나 청구항 제한조건 중 하나라도 비교 대상인 단일의 선행기술에 의하여 개시되지 않는 경우, 상기 청구항은 상기 선행기술에 대비하여 신규성 요건을 만족한다.

또한 청구항을 구성하는 청구항 요소나 청구항 제한조건 중 하나라도 비교 대상인 단일 또는 다수의 선행기술에 의하여 자명하지 않는 경우, 상기 청구항은 상기 선행기술과 대비하여 진보성 요건을 만족한다.</td></tr>
<tr><td>따라서 발명가는 선행기술에 기재되지 않은 사항 중 하나 이상의 중요한 요소나 제한조건을 청구항에 추가하게 되면, 상기 선행기술을 우회·회피하며 신규성 요건을 만족할 수 있다.

또한 발명가는 선행기술에 기재되지 않은 사항 중 하나 이상의 중요한 요소나 제한조건을 청구항에 추가하게 되면 경우에 따라 진보성 요건도 만족할 수 있다.</td></tr>
</table>

바꾸어 말하면 발명가이건 경쟁자이건 특허와 관련된 모든 당사자들에게는 "얻는 것이 있는 만큼 잃는 것이 있다"는 법칙이 성립한다. 물론 이에 대한 역도 당연히 성립한다. 즉 "잃는 것이 있는 만큼 얻는 것도 있다"는 법칙이다.

그렇다고 발명가가 청구항을 작성하며 수익 창출을 도모할 때 축구 경기하듯이 공격과 수비의 균형을 취할 수만도 없다. 즉 우리나라 국가대표팀이 독일이나 브라질 대표팀과 경기를 할 경우, 우리는 전후반전, 연장전을 모두 비기기 전략으로 일관한 후 회심의 승부차기에서 극적인 승리를 기대하는 전략을 사용할 수 있지만, 특허에서는 이러한 전략이 통하지 않는다는 말이다. 왜냐하면 발명가가 청구항의 수비를 안정시키기 위하여 공격력을 축소하는 순간 발명가 특허의 권리범위 (발명가의 영토) 역시 축소되며 그 주위에 공터가 형성될 수밖에 없기 때문이다. 이에 따라 경쟁자는 눈앞에 펼쳐진 공터를 이용하여 발명가 특허의 권리범위를 쉽게 우회·회피할 수 있게 되며, 그 결과 발명가의 수익 창출은 몹시 어려워지기 때문이다.

발명가가 특허를 출원, 등록, 유지하는 이유는 수익 창출이다. 따라서 이러한 속성을 감안한다면 특허전략에서는 '공격'만이 유일한 길이라는 결론이 도출된다. 즉 발명가가 자신의 발명을 특허로 출원하고 등록하기 위하여 처음부터 수비에 치중한 전략을 사용해야한다면 이러한 발명은 특허로 출원할 가치가 없다는 말과 거의 동일하다.

2. “구성요소 완비의 법칙”의 응용

앞서 설명한 “구성요소 완비의 법칙”은 특허의 속성을 이해하는 데에도 활용할 수 있다. 아래에서는 “구성요소 완비의 법칙”을 이용하여 개량특허는 항상 원천특허를 침해하는 이유를 설명하고, 이로부터 대부분의 특허권은 “배타적 독점권”이라기보다는 단순한 ‘금지권’임을 설명한다.

가. 원천특허를 항상 침해하는 개량특허

일반적으로 ‘개량’이라는 단어는 나쁜 점을 보완하여 더 좋게 고치는 행위를 의미하는 반면 ‘이용’이라는 단어는 대상을 필요에 따라 이롭게 쓰는 행위를 지칭한다. 하지만 발명이나 특허와 관련하여 개량·이용이라는 단어를 사용할 경우 상기 단어들은 일반적 정의와는 다른 의미를 가지게 된다. 일예로 개량(이용)발명이란 원천 발명(또는 원발명)에 새로운 요소나 제한조건을 추가하는 발명을 의미한다. 따라서 개량 발명에 대한 개량특허 또는 이용 발명에 대한 이용특허란 원천 발명에 대한 원천특허의 청구항에 새로운 요소나 새로운 제한조건을 하나 이상 추가한 특허를 의미한다. 이러한 원천특허와 개량특허의 관계는 독립항과 종속항 사이의 종속관계로부터 쉽게 이해할 수 있다.

그림 3-12. 독립항(대형지뢰)과 종속항 1(중형지뢰)의 종속관계

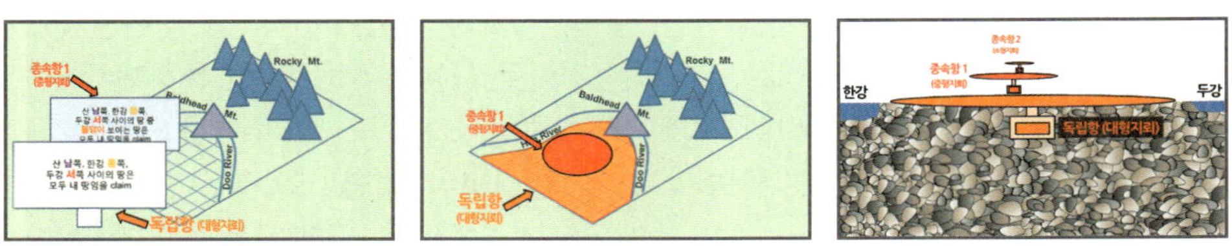

그림 3-12(a) 그림 3-12(b) 그림 3-12(c)

그림 3-12는 독립항(대형지뢰)과 종속항 1(중형지뢰) 사이의 종속관계 및 상기 청구항들의 관계를 예시한다. 우선 그림 3-12(a)의 첫 번째 말뚝은 범위가 가장 넓은 청구항에 해당하는 독립항으로서, 상기 독립항의 범위는 산 남쪽, 한강 동쪽, 두강 서쪽

의 세 가지 조건을 모두 만족하는 땅이다. 이에 비하여 그림 3-12(a)의 두 번째 말뚝은 첫 번째 말뚝에 의한 영토의 일부분으로서, 상기 독립항의 범위 중 돌덩이가 보이는 조건을 추가적으로 만족하는 땅에 해당한다. 따라서 그림 3-12(a)의 첫 번째 말뚝은 독립항 또는 그림 3-12(b)와 3-12(c)의 대형지뢰에 해당하는 반면, 그림 3-12(a)의 두 번째 말뚝은 상기 독립항에 종속되며 이보다는 범위가 좁은 종속항 1로서 그림 3-12(b)와 3-12(c)의 대형지뢰의 상부에 설치된 중형지뢰에 해당한다.

표 3-13. 독립항(대형지뢰)에 대한 종속항 1(중형지뢰)의 종속 관련 Claim Chart

독립항 (대형지뢰) (요소, 제한조건)		종속항 1 (중형지뢰) (요소, 제한조건)	
산 남쪽 [S]?	⇒	Yes	산 남쪽 [S]
한강 동쪽 [E]?	⇒	Yes	한강 동쪽 [E]
두강 서쪽 [W]?	⇒	Yes	두강 서쪽 [W]
?	⇍	?	돌덩이 [R]

그림 3-12(a)의 두 가지 말뚝 및 그림 3-12(b) 및 3-12(c)의 대형지뢰와 중형지뢰 사이의 종속성은 claim chart에서도 쉽게 확인할 수 있다. 일예로 표 3-13의 claim chart와 같이 독립항(대형지뢰)의 각 요소는 종속항 1(중형지뢰)에 모두 존재한다. 즉 독립항(대형지뢰)이 종속항 1(중형지뢰)에 대하여 "구성요소 완비의 법칙"을 만족하는 것이다. 따라서 만일 위의 종속항 1이 경쟁자의 제품일 경우, 독립항(대형지뢰)에 해당하는 특허는 종속항 1(중형지뢰)에 해당하는 제품에 의하여 문언침해된다.

그림 3-13. 종속항 1(중형지뢰)과 종속항 2(소형지뢰)의 종속관계

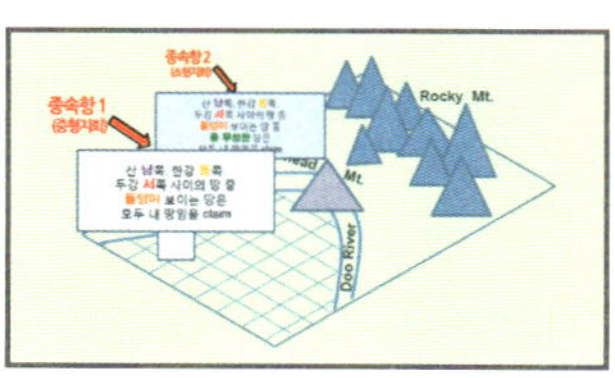

그림 3-13(a)

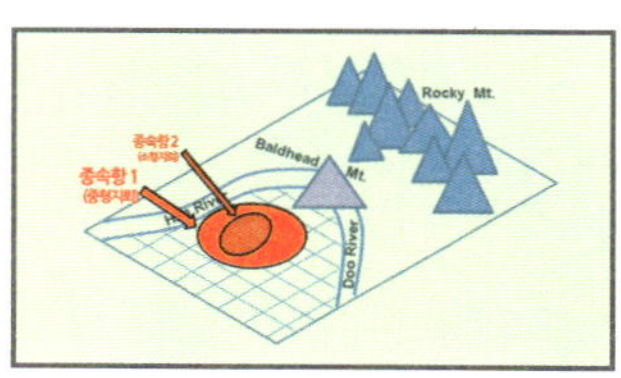

그림 3-13(b)

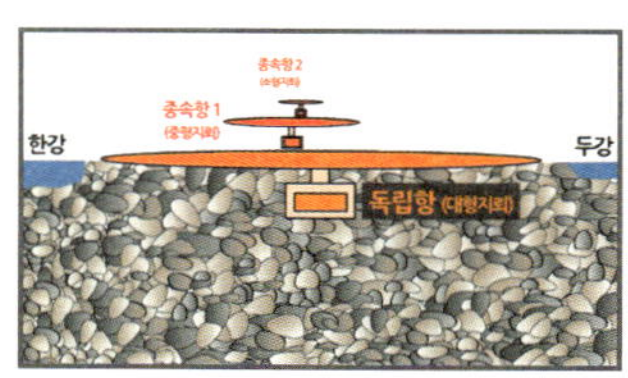

그림 3-13(c)

앞서 설명한 원천특허(대형지뢰)와 개량특허(중형지뢰)의 관계는 범위가 상이한 다수의 종속항 사이에도 적용된다. 일예로 그림 3-13은 종속항 1(중형지뢰)과 종속항 2(소형지뢰) 사이의 관계를 예시한다. 우선 그림 3-13(a)의 첫 번째 말뚝은 산 남쪽, 한강 동쪽, 두강 서쪽, 돌덩이 등의 네 가지 조건을 모두 만족하는 영토인 반면 그림 3-13(a)의 두 번째 말뚝은 첫 번째 말뚝에 의한 영토의 일부분으로서, 상기 종속항 1의 범위에 풀이 무성한 조건을 추가로 만족하는 땅에 해당한다. 따라서 그림 3-13(a)의 첫 번째 말뚝은 종속항 1 또는 그림 3-13(b) 및 3-13(c)의 중형지뢰에 해당하며, 그림 3-13(a)의 두 번째 말뚝은 첫 번째 말뚝인 종속항 1에 종속되는 동시에 종속항 1보다는 범위가 좁은 종속항 2로서 그림 3-13(b) 및 3-13(c)와 같이 상기 중형지뢰의 상부에 설치된 소형지뢰에 해당한다.

표 3-14. 종속항 1(중형지뢰)에 대한 종속항 2(소형지뢰)의 종속 관련 Claim Chart

종속항 1 (중형지뢰) (요소, 제한조건)		종속항 2 (소형지뢰) (요소, 제한조건)	
산 남쪽 [S]?	⇒	Yes	산 남쪽 [S]
한강 동쪽 [E]?	⇒	Yes	한강 동쪽 [E]
두강 서쪽 [W]?	⇒	Yes	두강 서쪽 [W]
돌덩이 [R]?	⇒	Yes	돌덩이 [R]
?	⇍	?	풀 무성 [G]

그림 3-13(a)의 두 가지 말뚝 및 그림 3-13(b) 및 3-13(c)의 중형지뢰와 소형지뢰 사이의 종속성은 claim chart에서도 쉽게 확인할 수 있다. 표 3-14의 claim chart와 같이 종속항 1(중형지뢰)의 각 요소는 종속항 2(소형지뢰)에 모두 존재하므로 종속항 1(중형지뢰)이 종속항 2(소형지뢰)에 대하여 "구성요소 완비의 법칙"을 만족한다. 따라서 위의 종속항 2가 제품이라고 가정하면, 그 누구든 종속항 2에 해당하는 제품을 생산하는 즉시 종속항 1에 해당하는 특허를 침해하게 된다.

위의 표 3-13 및 표 3-14와 같이 원천특허의 모든 요소는 개량특허 또는 이용특허에 항상 존재한다. 따라서 경쟁자가 개량특허·이용특허를 실시하는 즉시 원천특허는 개량특허나 이용특허에 의하여 문언침해된다. 즉 표 3-13에서는 독립항이 원천특허(대형지뢰)이고 청구항 1은 개량특허(중형지뢰)이므로, 원천특허는 항상 개량특허에 의하여 침해되며, 표 3-14에서는 종속항 1이 원천특허(중형지뢰)이고 종속항 2는 개량특허(소형지뢰)이므로, 이 경우에도 원천특허는 항상 개량특허에 의하여 침해된다.

이 점이 바로 원천특허 청구항에 새로운 요소 또는 제한조건을 추가하여 만든 개량특허의 한계이다. 실시하는 즉시 원천특허를 필연적으로 침해할 수밖에 없는 개량특허는 대부분의 경우 이론적 가치는 물론 현실적 가치도 보잘 것 없는 경우가 대부분이다.

물론 원천특허가 충분히 실용화되지 않은 단계에서 발명가가 원천특허의 실용화에 필수불가결한 신규 요소나 신규 제한조건을 착상하여 개량특허를 확보하는 경우, 상기 개량특허는 일종의 길목을 지키는 '길목특허'로서, 경우에 따라 상당한 경제적 가치를 지닐 수도 있다. 하지만 이러한 경우는 극히 드물다.[21)]

따라서 대부분의 개량특허는 원천특허를 개량한, 수많은 개량특허 중 하나에 불과하다. 즉 발명가가 신대륙에서 개량특허에 해당하는 영토를 소유해 보았자 권리범위 자체가 협소하므로 그 주변에는 수많은 공터가 널려있는 경우와 유사하다. 게다가 발명가는 상기 개량특허를 실시하는 즉시 자신의 지뢰 밑에 있는 원천특허를 침해하게 된다.

따라서 발명가가 소유한 특허가 이와 같이 대체 가능한 동시에 실시하는 즉시 원천특허를 침해하는 개량특허에 해당한다면, 타인이 상기 개량특허를 royalty를 지불하며 licensing할 이유는 거의 없다고 보는 것이 타당하다. 따라서 발명가는 상기 개량특허로 수익을 창출하기가 몹시 어렵게 되며, 그 결과 개량특허의 가치는 심하게 말하자면 음수가 될 수도 있다. 즉 발명가가 이러한 개량특허를 실시하더라도 별 수익을 창출하기 어려울 것이며, 또한 원천특허 소유자로부터 특허침해로 제소당할 수도 있기 때문이다.

21) 그렇다면 원천특허를 항상 침해하는 개량특허의 비율은 얼마나 될까? 앞서 대부분의 발명은 원천 발명의 개량 발명이라고 설명하였다. 따라서 국내특허는 물론이고 이 세상 대부분의 특허는 개량 발명을 특허로 등록한 개량특허로서 가치도 보잘 것 없을 뿐만 아니라 무심코 실시하였다가는 원천특허 소유자로부터 소송을 당하게 된다. 물론 개량특허 소유권자도 금지권은 보유하므로, 자신의 개량특허를 무단 실시한 경쟁자를 특허침해로 제소할 수는 있다.

나. 허구의 배타적 독점권 vs. 실질적 금지권

앞서 국내 모든 특허 전문가들이 특허권을 "배타적 독점권"이라고 부르더라도, 특허권의 핵심은 금지권에 불과하다고 설명하였다. 즉 발명가가 자신의 발명을 특허로 등록함으로써 소유하게 되는 권리는 경쟁자를 배제하며 발명가 자신이 마음대로 독점할 수 있는 배타적 독점권이 아니라, 경쟁자가 발명가의 특허를 '실시'하는 만큼은 확실하게 금지할 수 있는 금지권에 불과하다. 아래에서는 "구성요소 완비의 법칙" 및 위에서 사용한 지뢰를 이용하여 그 이유를 살펴본다.

(1) 선발명가의 원천특허와 발명가의 개량특허

미국 특허법은 35 U.S.C. § 271에서 특허 실시를 'make,' 'use,' 'sell,' "offer to sell," 'import' 등의 행위로 규정한다.[22] 국내 특허법 역시 제2조 제3항에서 특허의 '실시'를 물건 발명인 경우에는 그 물건을 생산·사용·양도·대여 또는 수입하거나 그 물건의 양도 또는 대여에 대한 청약 행위, 방법 발명인 경우에는 그 방법을 사용하는 행위, 물건을 생산하는 방법 발명인 경우에는 위의 방법 발명에 해당하는 행위 외에 그 방법에 의하여 생산한 물건을 사용·양도·대여 또는 수입하거나 그 물건의 양도 또는 대여에 대한 청약 행위라고 규정한다. 이를 요약하면 특허의 실시란 특허 청구항에 기재한 청구발명을 구현한 제품·방법 등을 만들거나, 팔거나, 사용하거나 수입하는 행위를 지칭한다.

따라서 미국특허를 소유한 발명가는 경쟁자가 상기 특허를 발명가의 허락 없이 미국에서 실시하지 못하도록 금지할 수 있는 금지권을 보유한다. 마찬가지로 국내특허를 소유한 발명가는 경쟁자가 상기 특허를 발명가의 허락 없이 국내에서 실시하지 못하도록 금지할 수 있는 금지권을 보유한다.

22) 35 U.S. Code § 271 - Infringement of patent: (a) Except as otherwise provided in this title, whoever without authority makes, uses, offers to sell, or sells any patented invention, within the United States or imports into the United States any patented invention during the term of the patent therefor, infringes the patent.

발명가가 경쟁자로 하여금 자신의 특허를 허락 없이 실시하지 못하도록 금지할 수 있는 금지권을 보유한다면, 발명가는 자신의 특허를 자신이 자유로이 실시할 수 있는 사용권도 가질까? 이에 대한 이론적 정답은 "경우에 따라 다르다"이겠지만, 이에 대한 현실적 정답은 "대부분의 경우 그렇지 않다"이다. 그 이유는 바로 앞서 설명한 원천특허에 대한 개량특허의 종속 때문이다.

발명가의 발명이 원천 발명이며, 발명가가 유능한 변리사를 통하여 상기 원천 발명을 제대로 특허로 출원·등록할 경우, 발명가의 특허는 원천특허로 재창출된다. 그 결과 발명가는 경쟁자가 자신의 특허를 무단 실시하지 못하도록 금지함은 물론 개량특허를 제외한 범위 이내에서 자신의 특허를 자유로이 실시할 수 있는 사용권도 보유한다. 하지만 발명가의 특허가 개량특허일 경우, 발명가는 자신의 특허를 실시하는 즉시 원천 발명가의 원천특허를 침해하기 때문에 발명가는 자신의 특허를 자유로이 실시할 수 있는 사용권을 보유하지 못한다.

그림 3-14(a)는 이러한 원천특허와 개량특허 사이의 종속관계를 도시한다. 그림에서와 같이 발명가가 자신의 영토를 확보하기 위하여 넓은 범위의 독립항(대형지뢰), 그보다는 좁은 범위의 종속항 1(중형지뢰) 및 이보다 더 범위가 협소한 종속항 2(소형지뢰)를 청구한 경우를 가정하자. 발명가가 상기 특허를 등록하면 발명가는 자신의 영토에 살상 범위가 상이한 대형지뢰, 중형지뢰, 소형지뢰를 매설하게 되므로, 경쟁자가 무단으로 발명가의 지뢰 위에서 거주하거나 지뢰 위를 무단으로 통과하지 못하도록 효과적으로 금지할 수 있게 된다.

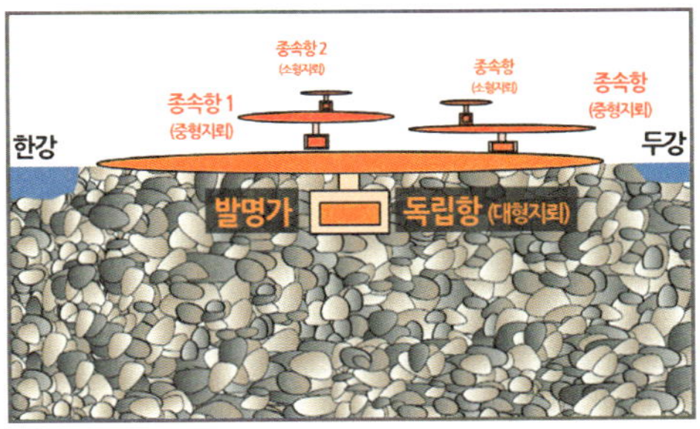

그림 3-14(a). 청구항 전략을 이용한 발명가의 특허

하지만 그림 3-14(b)와 같이 발명가가 자신의 영토(발명가 특허의 청구항 범위)로 간주하였던 땅에 선발명가가 발명가보다 먼저 도착하여 초대형지뢰(선발명가 특허의 청구항 범위)를 매설하였다고 가정하자. 즉 산 남쪽, 한강 동쪽, 두강 서쪽의 세 가지 조건을 동시에 만족하는 땅은 모두 자기 영토라고 주장하는 발명가에 비하여, 선발명가

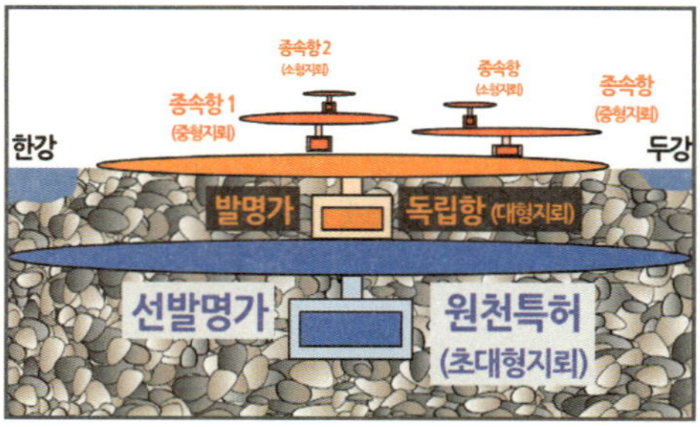

그림 3-14(b). 발명가의 특허(대형지뢰)에 대한 선발명가의 원천특허(초대형지뢰)

는 산 남쪽, 한강 동쪽의 두 가지 조건만을 말뚝(선발명가의 청구항)에 기재하였으므로 이 두 가지 조건만을 동시에 만족하는 광활한 땅이 바로 선발명가의 영토인 경우이다. 그 결과 선발명가의 영토는 발명가의 영토보다 넓으며, 또한 선발명가의 영토에는 발명가의 영토가 포함된다. 즉 발명가의 대형지뢰는 선발명가의 초대형지뢰의 부분집합이므로, 당연히 상기 초대형지뢰에 종속된다.

그렇다면 선발명가의 초대형지뢰 위에서 이에 연연치 않고 용감하게, 열심히 자신의 대형지뢰, 중형지뢰 소형지뢰를 매설하고 있는 발명가에게는 무슨 일이 생길까? 당연히 '폭사'이다. 왜냐하면 발명가는 자신의 땅이라고 생각하는 영토에서 경쟁자가 무단 거주하지 못하도록 또는 무단 통행하지 못하도록 열심히 지뢰를 매설하고 있지만, 실상 발명가 자신은 이미 선발명가의 초대형지뢰 위에서 무단 거주를 획책하고 있기 때문이다. 따라서 개량 발명에 근거한 개량특허를 보유한 발명가는 원천 발명에 근거한 원천특허를 보유한 선발명가에게 항상 예속될 수밖에 없다.

표 3-15. 선발명가의 원천특허(초대형지뢰)에 대한 발명가의 개량특허(대형지뢰)의 종속 관련 Claim Chart

선발명가 독립항 (초대형지뢰) (요소, 제한조건)		발명가 독립항 (대형지뢰) (요소, 제한조건)	
산 남쪽 [S]?	⇒	Yes	산 남쪽 [S]
한강 동쪽 [E]?	⇒	Yes	한강 동쪽 [E]
?	⇍	?	두강 서쪽 [W]

선발명가가 보유한 원천특허(초대형지뢰)가 발명가가 보유한 개량특허(대형지뢰)에 의하여 침해된다는 사실은 "구성요소 완비의 법칙"에 의거한 claim chart에서도 쉽게 확인할 수 있다. 표 3-15와 같이 침해에 대한 비교의 주체는 선발명가가 보유한 원천특허이므로 claim chart 좌측 열에는 초대형지뢰 청구항의 요소 및 제한조건인 산

남쪽과 한강 동쪽을 기입하고, 상기 chart 우측 열에는 이에 해당하는 발명가의 대형지뢰의 부품을 기입한다. 그 결과 표에서와 같이 선발명가의 초대형지뢰의 모든 요소 및 제한조건이 발명가의 대형지뢰에 존재하기 때문에 "구성요소 완비의 법칙"을 만족하며, 따라서 선발명가의 초대형지뢰는 발명가의 대형지뢰에 해당하는 제품에 의하여 문언침해된다.

위의 그림 3-14(a)와 3-14(b) 및 표 3-15로부터 얻을 수 있는 결론은 딱 한 가지이다. 특허권은 흔히들 말하는 "배타적 독점권"이 아니며, 대부분의 경우 '금지권'에 불과한 것이다. 앞서 설명하였지만 금지권이란 재산의 소유권자가 자신의 재산을 경쟁자가 사용하지 못하도록 금지할 수 있는 권리인 반면 배타적 독점권이란 소유권자가 상기 금지권은 물론 자신의 재산을 독점적으로 사용할 수 있는 사용권을 포함한다고 보는 것이 타당하다. 따라서 특허를 보유한 발명가가 항상 확보하는 권리는 배타적 독점권 또는 '사용권'이 아니라 '금지권'에 불과하다.

또한 현실적으로도 국내외 등록특허 중 금지권은 물론 독점적 사용권도 보유하는 원천특허는 극히 드물다. 왜냐하면 일반적으로 하나의 원천기술은 수백 내지 수천 개의 개량 기술을 낳는다고 하는 바, 국내외 등록특허 중 원천특허와 개량특허의 비율을 대충 가늠해본다면 1:100~1:1,000 정도에 불과하기 때문이다. 따라서 발명가가 특허를 통하여 항상 확보할 수 있는 유일한 권리는 바로 금지권에 불과하다는 결론은 현실적으로도 타당하다.

한편 그림 3-14(c)와 같이 발명가의 영토(주황색 대형지뢰, 개량특허)는 선발명가의 영토(청색 초대형지뢰, 원천특허)의 일부에 불과하며, 따라서 선발명가는 자신이 매설한 청색 초대형지뢰 위에서 거주하거나 이를 자유로이 통행할 수 있다. 그렇다면 선발명가는 자신의 광활한 초대형지뢰 상부에 자리 잡은 발명가의 대형지뢰 상부에서 자유로이 거주하거나 발명가의 영토를 자유로이 통행할 수 있을까?

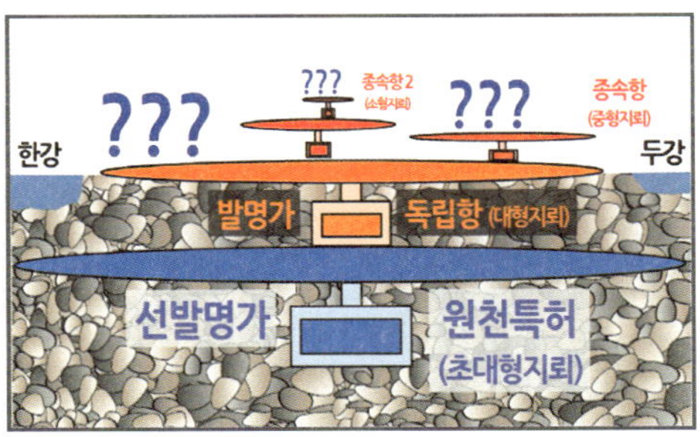

그림 3-14(c). 발명가의 영토(대형지뢰)를 포괄하는 선발명가 영토(초대형지뢰)

정답은 "그렇지 않다"이다. 왜냐하면 발명가의 대형지뢰는 비록 원천특허라는 선발명가의 초대형지뢰 위에 매설된 지뢰에 불과하지만, 개량특허라는 발명가의 대형지뢰는 선발명가 소유의 지뢰가 아니라 발명가 소유의 지뢰이기 때문이다. 따라서 초대형지뢰를 보유한 선발명가라 하더라도 발명가가 매설한 대형지뢰나 중형지뢰 위에서 거주하거나 그 위를 통행하려면 발명가의 허락이 필요하다.

바꾸어 말하면 개량특허 소유자에 불과한 발명가이지만, 발명가가 원천특허 소유자인 선발명가의 초대형지뢰 위에서 신규성과 진보성 등을 확보하여 합법적으로 대형지뢰나 중형지뢰를 매설하게 되면, 발명가는 선발명가는 물론 모든 경쟁자, 공중을 상대로 자신의 개량특허를 자유로이 실시하지 못하도록 금지하는 금지권을 확보하게 된다. 물론 선발명가도 발명가를 상대로 자신의 초대형지뢰에 대한 금지권을 확보한 상태이다. 왜냐하면 선발명가는 물론 발명가도 각각 자신이 매설한 지뢰에 대해서는 항상 금지권을 가지기 때문이다.

하지만 선발명가의 초대형지뢰(선발명가의 원천특허 범위)는 발명가의 대형지뢰나 중형지뢰(발명가의 개량특허 범위)에 비하여 더 광활한 영토에 걸쳐 매설되어 있다. 또한 발명가가 자신의 대형지뢰나 중형지뢰에 대한 금지권을 활용하려면 항상 선발명가의 허락이 필요하다. 따라서 선발명가의 초대형지뢰는 거의 항상 발명가의 대형지뢰 또는 중형지뢰보다 더 강력한 금지권을 발휘하게 되며, 그 결과 원천특허를 보유한 선발명가는 개량특허를 보유한 발명가보다 거의 대부분의 경우 유리할 수밖에 없다.

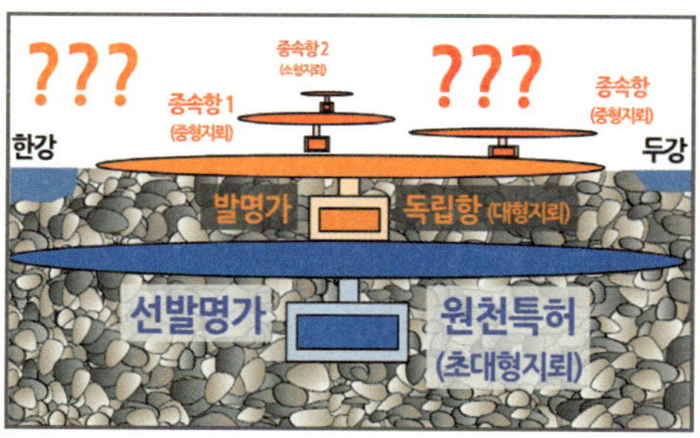

그림 3-15. 선발명가 영토(초대형지뢰) 위의 발명가의 영토(대형지뢰)

하지만 한 가지 중요한 의문이 아직 남아있다. 그림 3-15는 선발명가가 먼저 신대륙을 발견하고 초대형지뢰를 매설한 후에야, 발명가가 그 상부(원천특허 청구항의 범위 이내)에 대형지뢰(독립항의 범위)나 중형지뢰(종속항의 범위)를 매설한 경우를 도시한다. 그렇다면 발명가는 어떻게 이미 선발명가가 매설한 초대형지뢰의 상부에 나중에 자신의 대형지뢰나 중형지뢰를 매설할 수 있었을까?

이유는 간단하다. 아무리 선발명가가 원천특허를 등록하고 이에 갈음하는 초대형지뢰를 매설하였더라도, 발명가는 경우에 따라 선발명가의 초대형지뢰에 대비하여 신규성 요건 및 진보성 요건을 만족하는 대형지뢰나 중형지뢰를 매설할 수도 있기 때문이다. 즉 선발명가의 원천특허에 대비하여 선발명가가 생각지도 못했던 개량 발명을 발명가가 추후 착상하여 특허를 받은 경우이다.

표 3-16. 선발명가의 원천특허(초대형지뢰)에 대한 발명가의 개량특허(대형지뢰)의 신규성 관련 Claim Chart

발명가의 청구항 (요소, 제한조건)	선발명가 청구항 개시 사항 (부품·단계)	
	존재 여부	적용 부위
산 남쪽 [S]? ⇒	Yes	산 남쪽 [S]
한강 동쪽 [E]? ⇒	Yes	한강 동쪽 [E]
두강 서쪽 [W]? ⇒	No	-

선발명가의 원천특허(초대형지뢰)에 대비하여 발명가가 착상한 개량특허(대형지뢰)의 특허성을 판단하기 위한 claim chart가 표 3-16이다. 위의 claim chart와 같이 특허성 판단의 주체인 발명가의 청구항은 세 개의 요소를 포함하는 반면 선행기술에 해당하는 선발명가의 청구항은 두 개의 요소만 개시한다. 따라서 발명가 청구항의 모든 요소가 발명가 청구항의 선행기술에 해당하는 선발명가의 청구항에 의하여 개시되지 않는 바, 발명가의 청구항은 선행기술에 해당하는 선발명가의 청구항에 대비하여 "구성요소 완비의 법칙"이 성립되지 않는다. 그 결과 발명가의 청구항은 선행기술의 기재 사항에 해당하는 선발명가의 청구항(초대형지뢰)에 대비하여 신규성 요건을 만족하게 된다.

또한 경우에 따라 발명가의 대형지뢰나 중형지뢰는 선발명가의 초대형지뢰에 대비하여 진보성도 확보할 수 있다. 일예로 선발명가가 초대형지뢰에 해당하는 광활한 신대륙(원천특허 청구항의 범위)을 발견하여 자신의 영토로 사유화하였지만, 선발명가 영토 중 일부에 대하여 선발명가는 물론 공중이 인지하지 못한 신규 용도를 발명가가 발명하였거나, 선발명가는 물론 공중이 상상한 것보다 훨씬 탁월한 결과(unexpected result)를 도출한 경우 등이다.[23] 일예로 선발명가는 초대형지뢰를 매설하며 말뚝에 산 남쪽, 한강 동쪽의 평평한 땅이 자신의 목장이라고 기재한 반면, 발명가는 대형지뢰를 매설하며 말뚝에 산 남쪽, 한강 동쪽, 두강 서쪽의 땅으로서 농사를 짓기 좋을 정도로 비옥한 땅이 자신의 영토라고 기재한 경우에 해당하거나, 발명가가 중형지뢰를 매설하며 말뚝에 산 남쪽, 한강 동쪽, 두강 서쪽 및 돌덩이가 보이는 땅으로서 채굴이 가능할 정도로 지하자원이 풍부한 땅이라고 기재한 경우에 해당한다.

바꾸어 말하자면 발명가는 특허제도의 신규성 요건을 만족하는 동시에 진보성 요건도 만족하는 등 합법적 방법을 통하여 선발명가의 원천특허 청구항의 애매모호한 지점에 자신의 개량특허를 등록함으로써 대형지뢰나 중형지뢰를 매설할 수 있게 된다. 이에 따라 선발명가는 비록 자신이 먼저 발명하였으나 미처 예상치 못하였던 신규 용도나 탁월한 결과에 대한 개량 발명을 발명가에게 빼앗기게 된다.

(2) 발명가의 개량특허와 후발명가의 심화 개량특허

앞서 그림 3-15와 표 3-16에서는 선발명가가 이미 매설한 초대형지뢰 상부에 발명가가 자신의 대형지뢰나 중형지뢰를 매설할 수 있는 이유를 설명하였다. 그렇다면 발명가가 대형지뢰나 중형지뢰를 매설한 후, 후발명가가 발명가가 이미 매설한 대형지뢰나 중형지뢰 위에 별도의 소형지뢰를 추가로 매설할 수 있을까?

그림 3-16(a). 발명가의 영토(대형지뢰) 위의 후발명가의 영토(중형·소형지뢰)

정답은 "물론 당연히 그렇다"이다. 즉 후발명가 역시 발명가의 청구항에 대비하여 신규성과 진보성을 지닌 청구항을 특허로 등록할 수도 있다는 말이다. 물론 이러한 경우에는 그림 3-16(a)와 같이 하부에 위치한 발명가의 특허(대형지뢰)는 원천특허의 역할을 담당하게 되는 반면 후발

23) 자세한 내용은 제8장의 2절 "청구항의 진보성 요건" 참고.

명가의 특허(중형지뢰 또는 소형지뢰)는 개량특허의 역할을 담당하게 된다.

동일한 이치로 선발명가의 초대형지뢰(선발명가 청구항의 범위) 역시 상대적으로 개량특허로 전락할 수도 있다. 일예로 그림 3-16(b)와 같이 선발명가보다 더 일찍 신대륙의 산 남쪽에서 거주해오던 원주민이 "산 남쪽" 땅이 자신의 영토라는 메가톤급의 시조지뢰(원주민의 메가톤특허의 청구항 범위)를 매설하였다면, 선발명가의 원천특허 역시 원주민의 메가톤급 시조지뢰의 일부분에 불과한 개량특허로 전락하게 된다. 결국 원주민의 시조지뢰(원주민의 메가톤특허), 선발명가의 초대형지뢰(선발명가의 원천특허) 역시 모두 상대적인 개념에 불과할 뿐이다.

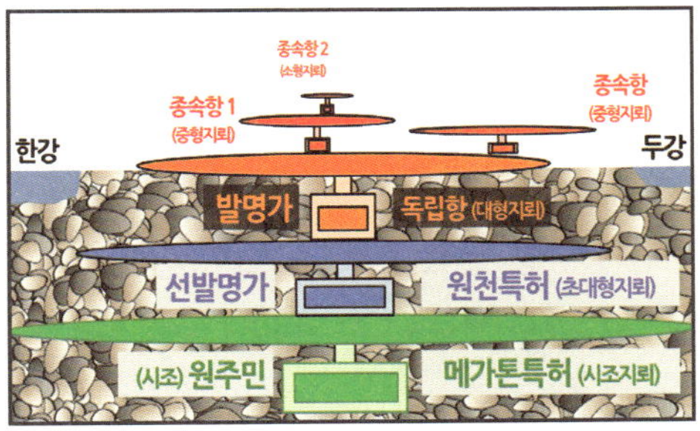

그림 3-16(b). 원주민의 영토(메가톤 시조지뢰) 위의 선발명가 영토 (초대형지뢰)

요약하면 원천특허이건 개량특허이건 특허를 보유한 발명가는 모두 자신의 특허를 경쟁자가 무단으로 실시하지 못하도록 금지할 수 있는 금지권을 보유한다. 따라서 어떤 발명가라도 경쟁자의 특허를 무단으로 실시할 수는 없다. 하지만 어떤 발명가라도 자신의 특허의 권리범위 중 경쟁자의 특허 범위와 겹치지 않는 범위 내에서는 자신의 특허를 자유로이 실시할 수 있다.

그 결과 원천특허를 보유한 발명가는 자신의 권리범위 중 경쟁자 개량특허의 밑 부분이나 개량특허와 겹치지 않고 남아있는 부분이 존재하므로, 원천특허를 보유한 발명가는 상기 부분의 권리범위 이내에서 자유로이 거주하거나 그 위로 자유로이 통행할 수 있다. 하지만 개량특허를 보유한 발명가는 자신의 권리범위 전체가 원천특허의 권리범위의 일부이기 때문에 원천특허에 귀속되며, 그 결과 개량특허를 소유한 발명가는 자신의 지뢰 위에서도 마음 놓고 걸어 다닐 수 있는 땅이 없게 된다. 이것이 바로 원천특허가 개량특허보다 유리한 이유이다.

결국 발명가가 자신의 청구항에 대한 신규성, 진보성을 인정받고 기재요건 또한 모두 만족하여 특허를 받더라도, 자신의 특허가 원천특허가 아닌 이상 자신의 특허를 자유로이 실시할 수 있는 사용권을 보유한다는 보장은 없다. 하지만 발명가는 자신의 특허가 메가톤급 시조지뢰이건, 초대형지뢰이건, 대형지뢰이건, 중형지뢰이건, 소형지뢰이건 경쟁자가 자신의 지뢰 위에서 거주하거나 자신의 지뢰 위를 통행하지 못하도록 항상 금지할 수 있다. 그렇기 때문에 대부분의 경우 특허권은 "배타적 독점권"이 아니라 '금지권'에 불과할 뿐이다.

3. 논문 쓰듯 쓴 특허 vs. 특허 쓰듯 쓴 논문

다시 한 번 강조하지만 특허의 목적은 오로지 수익 창출이다. 발명가는 수익 창출을 위하여 발명을 착상하며, 수익 창출에 필요한 합법적 금지권을 확보하기 위하여 특허를 출원·등록·유지한다. 따라서 발명가는 수익 창출의 필수 요건인 광활한 권리범위를 확보하기 위하여 수단과 방법을 가리지 않고 가능한 한 넓은 청구항 범위를 확보하는 동시에 상기 범위 주변의 공터 형성을 방지해야만 한다. 그러다보니 발명가는 특허출원 시 전향적 과장전략을 사용할 수밖에 없다.

그림 3-17. 발명·특허의 '범위' vs. 연구·논문의 '깊이'

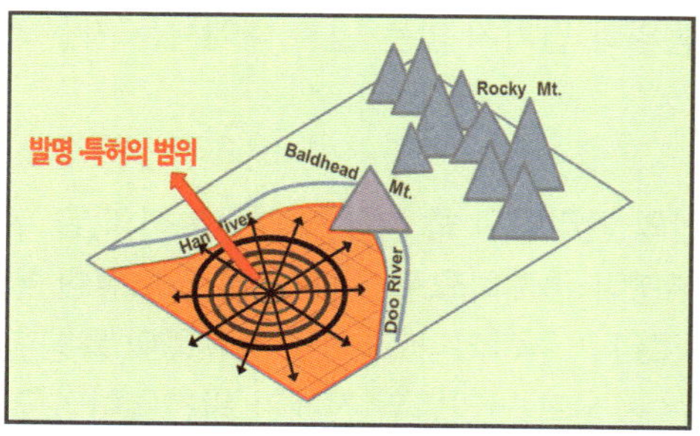

그림 3-17(a)

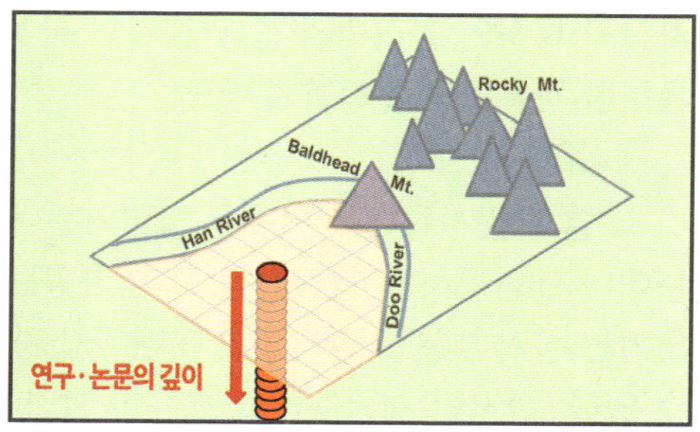

그림 3-17(b)

그렇다면 연구·논문은 발명·특허와 얼마나 다를까? 이에 대한 정답은 "달라도 너무 다르다"이다. 이에 대한 근본적인 이유는 연구·논문의 paradigm과 발명·특허의 paradigm이 정반대이기 때문이다. 그 이유는 바로 그림 3-17(a)와 같이 발명·특허의

paradigm은 수익 창출에 필수불가결한 '범위'인 반면 그림 3-17(b)와 같이 연구·논문의 paradigm은 우주의 진리를 탐구하는 데 필수불가결한 '깊이'이기 때문이다.

가. 우주의 진리를 규명하는 연구의 속성

일반적으로 '연구'란 특정 사물, 현상 또는 결과에 대하여 깊이 있게 조사하고 분석하여 그 원리를 밝혀내는 작업을 의미한다. 즉 '연구'란 특정 사물, 현상 또는 결과에 대한 우주의 보편적 진리에 대한 탐구와 규명이다. 물론 이러한 '연구'를 수행하는 주체는 연구자이며, 연구자의 연구 결과는 발명으로 이어지는 경우가 대부분이다. 그래서 문제이다.

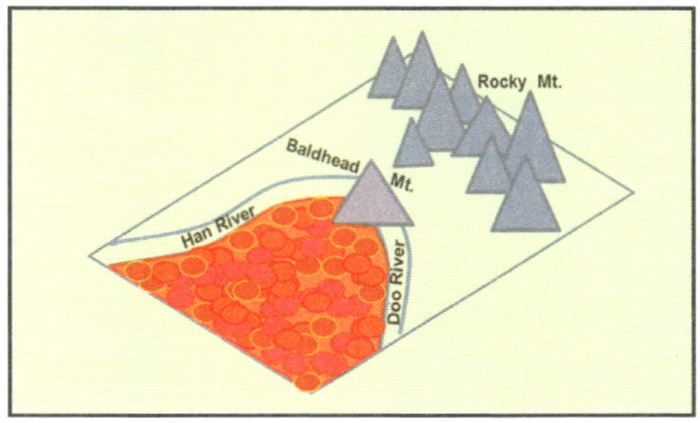

그림 3-18(a). 연구자의 눈으로 본 신대륙

연구자는 반복 가능하며 타인에 의해서도 재현 가능하도록 우주의 진리를 규명해야만 한다. 또한 우주의 진리를 규명한 연구자는 결과물을 자신의 전공분야의 동료들이 검토하는 peer review process를 거쳐 동료들이 부러워하는 세계 유수 학술지에 논문으로 게재한다. 따라서 우주의 진리를 탐구하는 연구자에게 신대륙이란 그림 3-18(a)와 같이 자신에게 우주의 진리에 대한 hint를 제공하고 그 후 자신을 발명으로 이끌 연구 대상이 무궁무진하게 널려있는 보물 창고로 보일 뿐이다.

물론 연구자는 다양한 사물, 현상, 결과가 복잡하게 뒤엉켜있는 복합체를 연구하여 다수의 우주의 진리를 동시다발적으로, 병렬적으로 탐구할 수도 있다. 하지만 대부분의 경우 보편적 진리를 인지하기도 전 이러한 복합체를 연구하는 것은 난해할 수밖에 없다. 따라서 연구자는 단일의 사물, 현상, 결과를 연구 대상으로 선택하여 집중적으로 연구를 수행하는 경우가 대부분이다.

따라서 '연구'라는 단어의 정의에서와 같이 '연구'의 필수 조건은 바로 한정된 대상에 대한 '깊이' 있는 탐구이다. 그 결과 신대륙을 발견한 연구자는 "산 남쪽, 한강 동쪽, 두강 서쪽"의 땅 전체를 자신의 연구 대상으로 삼기보다는, 그림 3-18(b)에서와 같이

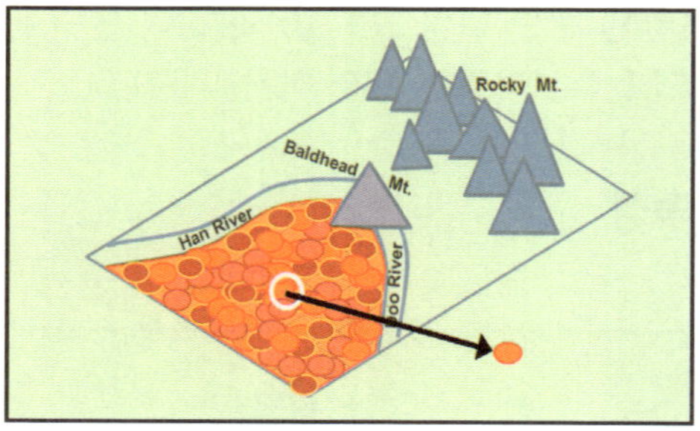

그림 3-18(b). 연구자의 눈으로 본 신대륙

넓은 신대륙에 널려 있는 처음 보는 수많은 돌덩이들 중 가장 유망해 보이는 돌덩이 하나를 집어 들고 그에 대한 연구에 착수하는 경우가 대부분이다.

그 결과 신대륙을 발견한 발명가의 전략과 신대륙을 발견한 연구자의 전략은 천양지차로 다를 수밖에 없다. 즉 그림 3-19(a)와 같이 '범위'가 필수인 발명가는 공터 형성을 방지하기 위하여 가능한 한 폭사 범위가 넓은 대형지뢰를 매설하려고 혼신의 힘을 쏟는 데 비하여 그림 3-19(b)와 같이 '범위'보다 '깊이'가 생명인 연구자는 '범위'는 매우 좁지만 특정 분야에 집중하는 마이크로지뢰를 매설하게 된다.

그림 3-19. 발명가의 대형지뢰 vs. 연구자의 마이크로지뢰

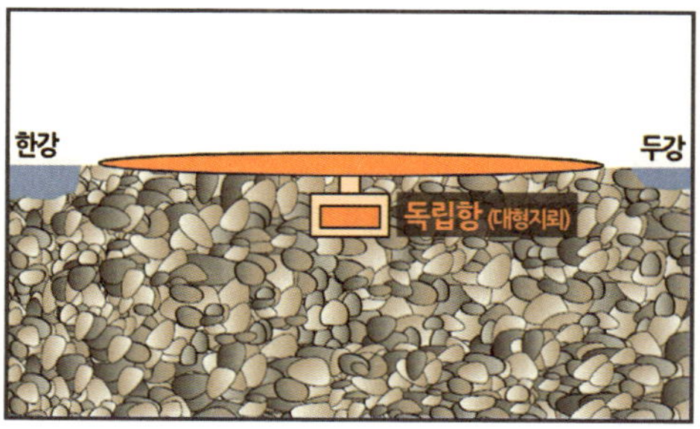

그림 3-19(a)

그림 3-19(a)

결국 연구자는 자신의 발명을 모든 연구자들이 선망하는 Science지나 Nature지의 표지 논문으로 게재하기 위하여 '깊이'있는 연구에 정진할 수밖에 없으며, 이에 따라 연구자는 알게 모르게 기꺼이 '깊이'를 위하여 '범위'를 희생한다. 이와 같이 '깊이'에 대한 당위성이 바로 연구의 속성이며, 그 결과물인 학술논문의 속성이기도 하다.

그림 3-20. 연구자의 마이크로지뢰와 드넓은 공터

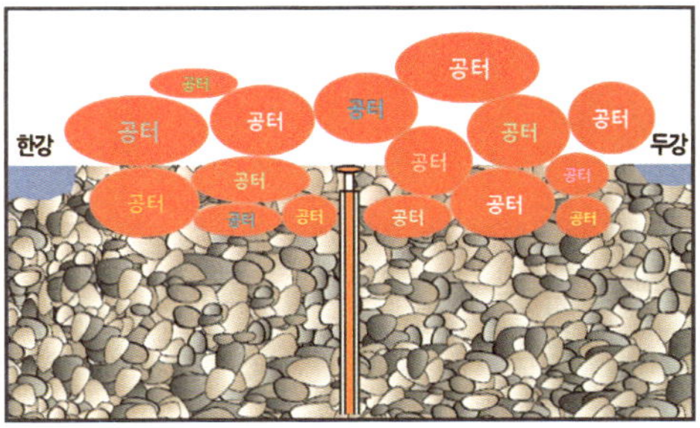

그림 3-20(a)

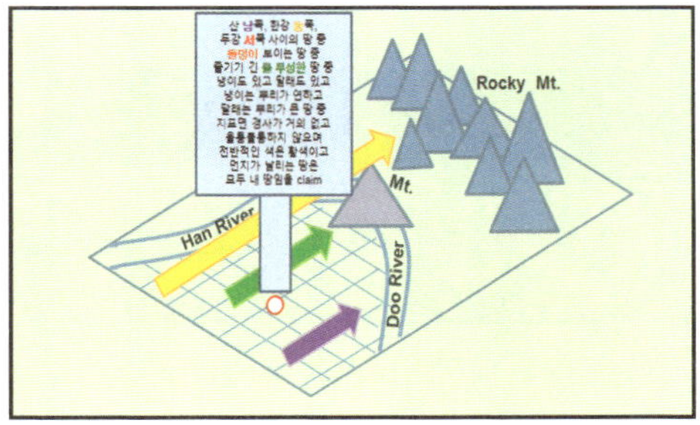

그림 3-20(b)

특허의 관점에서 보면 연구자가 한 분야에 '깊이'있게 집중한 결과는 가히 치명적이다. 일예로 그림 3-20(a)와 같이 '깊이'에만 치중하고 '범위'는 도외시한 연구자가 우주의 진리를 응용하는 발명을 착상하더라도, 상기 발명의 범위는 협소할 수밖에 없으며, 그 결과 상기 범위의 주위에는 수많은 공터가 형성될 수밖에 없다. 그 결과 그림 3-20(b)와 같이 연구자가 유수 학술지에 게재한 논문이나 연구자가 기껏 출원한 특허의 "발명의 설명"을 읽는 경쟁자는 연구자가 개시하는 방향으로 나가기만 하면 신대륙에 도착할 수 있고, 연구자가 매설한 마이크로지뢰만 피하면, 자신이 원하는 어떤 곳에서나 자유로이 거주하며 자신이 가고 싶은 방향으로 자유로이 통행할 수 있게 된다.

비록 연구자가 매설한 지뢰는 마이크로 지뢰에 불과하지만, 이 지뢰도 밟으면 터지기 때문에 경쟁자 역시 폭사의 위협을 느끼기는 한다. 하지만 경쟁자는 폭사하고 싶어도 쉽게 폭사할 수도 없는 경우가 대부분이다. 왜냐하면 그림 3-20(b)와 같이 발명가가 매설한 마이크로 지뢰는 폭이 워낙 좁기 때문에 이를 정확히 밟기도 어려울 뿐만 아니라, 마이크로 지뢰 바로 앞에 상기 지뢰의 위치를 알리는 커다란 말뚝이 박혀 있으므로 자살을 원치 않는 이상 마이크로 지뢰를 실수로 밟기도 어렵기 때문이다.

비록 연구자가 돌덩이 하나를 선택하여 연구를 수행하고 발명을 착상하지만, 연구자가 첫 번째 돌덩이에 대한 연구를 끝내면 그림 3-21과 같이 두 번째로 유망한 돌덩이를 골라 연구를 수행하고 발명을 착상할 것이 틀림없다. 따라서 연구자가 이와 같은 방식

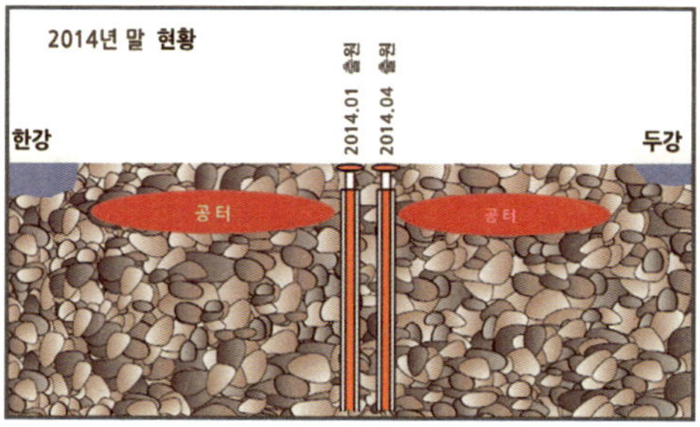

그림 3-21. 마이크로지뢰 주변의 공터

으로 신대륙에서 연구를 수행하며 발명하다보면 연구자 역시 궁극적으로는 신대륙에 널려있는 모든 돌덩이를 연구하고 이에 대한 모든 발명을 착상하게 될 가능성도 존재한다. 즉 연구자가 연구를 마친 돌덩이(마이크로지뢰)를 모두 다 합친다면 발명가가 전향적 과장전략을 이용하여 자신의 땅이라고 주장하는 영토(대형지뢰)와 동일해질 가능성도 존재하기는 한다.

하지만 현실적 문제는 바로 timing이다. 첫 번째 돌덩이에 대한 연구를 마친 연구자는 두 번째 돌덩이, 세 번째 돌덩이에 대한 연구를 시작하기도 전 자신의 연구 결과는 물론 자신이 착상한 발명에 대한 논문 초고를 작성한다. 왜냐하면 중국·미국의 경쟁자들이 동일한 연구 결과를 논문에 발표하기 전 연구자 자신이 연구 결과를 발표하여야만 Science나 Nature 같은 유수 학술지에 학술논문을 게재함은 물론 학계의 인정을 받아 사후에라도 Nobel상을 수상할 수 있기 때문이다.

하지만 특허를 출원하기 전 발명을 공지하게 되면 연구자는 대부분의 국가에서 상기 발명에 대한 특허를 받을 수 있는 권리를 상실하게 된다.[24] 따라서 그림 3-21과 같이 연구자는 빈약한 '범위'이기는 하지만 '깊이'있는 특허를 출원한 후 이를 학술논문에 게재한다. 단 연구자는 Science나 Nature같은 학술지에 자신의 논문을 기고하기 위하여 논문 초고를 먼저 작성하며 이에 기초하여 특허를 출원하는 경우가 대부분이다. 또한 앞서 설명한 바와 같이 논문 초고에 기재되는 연구자의 연구 결과는 연구자 자신이 이론으로 입증하였거나 실험으로 실증하였고, 반복 가능하며 타인에 의하여 재

24) 이에 대한 예외가 우리나라, 미국 및 일본이다. 즉 발명가가 특허를 출원하기 전 자신의 발명을 공지, 공연 실시하더라도 우리나라나 미국에서는 상기 공지 시점 또는 공연 실시 시점으로부터 1년 이내, 일본에서는 상기 시점으로부터 6개월 이내에 특허를 출원할 수 있다. 하지만 우리나라, 미국, 일본 등을 제외한 많은 국가는 "absolute novelty system"으로서 발명가가 특허를 출원하기 전 자신의 발명을 공지, 공연 실시하게 되면, 상기 발명에 대한 특허를 출원할 수 있는 자격 자체를 박탈한다.

현될 수 있는 우주의 진리로 제한되는 경우가 대부분이다. 따라서 연구자의 논문 초고는 '깊이'는 수십 m에 달할지 몰라도 '범위'는 확실히 협소할 수밖에 없으므로, 연구자의 출원특허 역시 자신이 밝혀낸 우주의 진리에 대한, '범위'가 매우 협소한 특허인 경우가 대부분이다.

그림 3-22. 다수의 순차적 마이크로지뢰와 사이사이의 공터

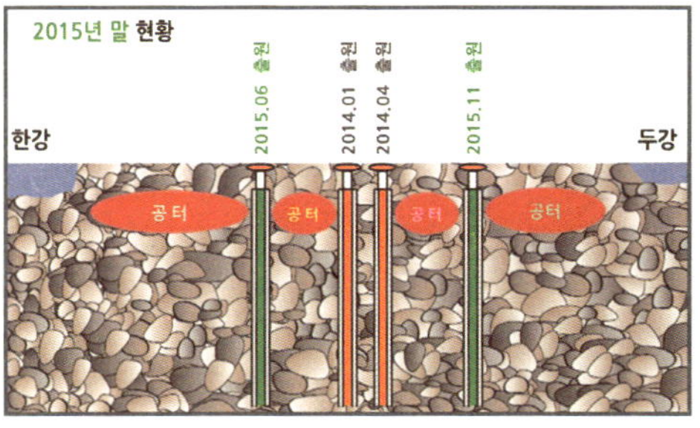

그림 3-22(a)

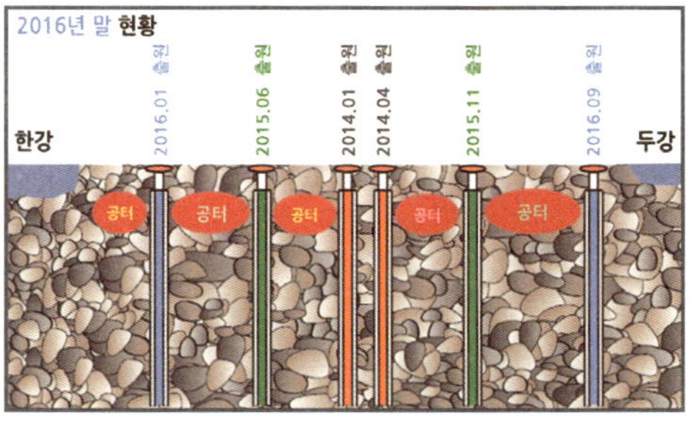

그림 3-22(b)

설령 연구자가 돌덩이 여러 개를 순차적으로 연구한다하더라도 '범위'가 매우 협소한 여러 개의 돌덩이에 대한 발명은 하나둘씩 수개월 내지 수년의 시간 차이를 두며 특허로 출원될 수밖에 없다. 그 결과 연구자는 다수의 특허를 보유할 수 있게 될는지는 몰라도, 각각의 특허의 권리범위는 협소할 수밖에 없다. 또한 그림 3-22(a) 및 3-22(b)와 같이 연구자가 소유한 다수의 특허 각각은 모두 그 주변에 수많은 공터가 널려 있는, 쓸모없는 특허 portfolio로 전락할 가능성이 몹시 농후하다. 또한 발명가가 연구를 진행하는 사이 발명가의 학술논문이나 공개된 출원특허를 숙지한 경쟁자가 특허를 출원하게 되면, 발명가는 경쟁자의 특허 청구항의 범위에 해당하는 땅은 영원히 상실하게 된다.

나. 논문을 위한 논문용 발명

우주의 진리를 규명하는 연구에는 앞서 설명한 협소한 '범위' 외에도 또 다른 선천적 결함이 존재한다. 즉 많은 연구자의 연구 결과와 발명은 논문을 위한 결과로서는 충분

할지 몰라도 특허를 위한 발명으로는 부적격한 개량 발명이라는 점이다.

일예로 2013년 MIT의 M교수가 Ah, Fc, Sh의 세 가지 원소들을 70:20:10으로 섞은 혼합물을 이용하여 인류 최초로 50%의 광변환 효율을 가진 solar cell을 개발하고 그 결과를 특허로 출원한 후 논문에 발표하였다고 가정하자. 이로부터 1년 후 국내 S대학의 S교수는 Ah, Fc, Sh의 혼합물에 원소 Ry를 추가하고 이들을 70:20:9:1로 혼합하여 nano 격자 형태로 배열한 solar cell을 개발함으로써 solar cell의 광변환 비율을 75%로 향상시켰다고 가정하자. 기존의 광변환 효율을 50%에서 75%로 무려 50%나 향상시킨 S교수의 혁혁한 연구 결과는 당연히 Nature에 표지 논문으로 게재될 자격을 갖추었음에 틀림없다.

표 3-17(a). 논문을 위한 논문용 발명의 특허성 관련 Claim Chart

S대 박교수 청구항 (요소, 제한조건)		MIT의 선행기술 개시 사항 (부품·단계)	
		존재 여부	적용 부위
Ah?	⇒	Yes	4쪽
Fc?	⇒	Yes	4쪽
Sh?	⇒	Yes	6쪽
Ry?	⇒	No	?

만일 S교수가 자신의 연구 결과를 Nature지 표지 논문으로 게재하기 전 상기 발명을 특허 출원한다면, S교수의 발명이 특허로 등록될 가능성은 어떨까?

표 3-17(a)은 S교수의 발명에 대한 청구항의 특허성을 판단하기 위한 claim chart이다. 표에서와 같이 S교수의 청구항이 Ah, Fc, Sh, Ry의 네 가지 원소로 구성되어 있는바 상기 chart의 좌측 열에는 상기 네 가지 원소를 각각 기입하고, 우측 열에는 MIT 논문에 개시된 Ah, Fc, Sh의 세 가지 원소를 기입하면, S교수의 청구항에 포함된 요소들 중 Ry가 MIT M교수의 선행기술에서 개시되지 않음을 알 수 있다. 즉 S교수의 청구항은 MIT M교수의 선행기술과 대비하여 "구성요소 완비의 법칙"을 만족하지 않으므

로 신규성 요건을 만족한다. 따라서 S교수의 청구항이 진보성 요건도 만족하게 되면[25] S교수는 광변환 비율 75%의 solar cell에 대한 특허를 받을 수 있다.

표 3-17(b). 논문을 위한 논문용 발명의 침해 관련 Claim Chart

MIT 청구항 (대형지뢰) (요소, 제한조건)		S대 박교수 제품 (요소, 제한조건)	
Ah?	⇒	Yes	Ah
Fc?	⇒	Yes	Fc
Sh?	⇒	Yes	Sh
-	⇍	-	Ry

하지만 S교수의 연구 결과가 Nature지 표지 논문으로 실리고 특허도 받았다고 해서 전 세계 solar cell 제조업체가 기꺼이 S교수에게 수백억 달러의 royalty를 지불하면서 S교수의 특허를 licensing할 것이라고 생각하면 이는 오산이다. 표 3-17(b)의 claim chart가 바로 이에 대한 이유이다.

표에서와 같이 MIT의 선행특허 청구항은 Ah, Fc, Sh의 세 가지 요소로 이루어지며, 이 세 가지 원소는 모두 S교수의 특허를 구현한 solar cell에 존재한다. 따라서 MIT의 선행특허 청구항과 S교수의 특허를 구현한 제품 사이에는"구성요소 완비의 법칙"이 성립하므로, S교수의 특허를 구현하는 solar cell은 무조건 MIT의 선행특허를 문언침해하게 된다. 비록 S교수의 제품에는 MIT 선행특허 청구항이 개시하지 않은 Ry 원소가 포함되어 있더라도 이는 침해 여부 판단과는 무관하다. 왜냐하면 침해 여부 판단의 주체는 MIT의 선행특허 청구항이지 S교수의 특허 청구항이 아니기 때문이다.

물론 S교수의 특허가 '범위'는 협소하지만 MIT solar cell의 광변환 효율을 향상시킬 수 있는 유일한 방법이라면 S교수의 특허는 원천특허에 해당하는 MIT 특허를 활용하

25) MIT 대학교 M교수 혼합물의 Sh 함량은 10%인 반면 S대학 S교수 혼합물의 Sh 함량은 9%, Ry 함량은 1%이므로 유사하다고도 할 수 있다. 하지만 S교수의 화합물은 M교수 화합물의 성능을 50%나 증가시키는 예기치 못한 장점(unexpected result)을 지니므로 진보성 요건도 만족할 가능성이 높다.

는 길목을 독차지한 길목특허로서 금지권을 발휘할 수도 있다. 하지만 수많은 성분의 무수한 조합이 가능한 재료, 화학, 약학, 의학 분야에서 원천특허가 아닌 개량특허가 길목특허로 자리매김하기는 상당히 어렵다.

요약하면 학문이나 기술적 측면에서는 Nature지나 Science지의 표지 논문으로 적합한 발명이라도 특허 측면에서 보면 항상 원천특허에 종속되는 개량특허인 경우가 대부분이다. 특히 수많은 성분의 무수한 조합이 가능한 재료, 화학, bio 분야에서 도출되는 수많은 연구 결과는 논문을 위한 논문으로는 충분한 요건을 갖추고 있지만, 여기에 근거하여 출원되는 특허의 대부분은 실시하는 즉시 원천특허를 침해하는 개량특허일 가능성이 농후하다.

다. 논문과 실시예

우주의 진리를 규명하는 연구자의 연구에는 앞서 설명한 협소한 '범위'에 대한 문제, 특허를 위한 발명으로는 부적격한 개량 발명이라는 문제 외에도 빈약한 실시예로 인한 '범위'의 축소라는 문제도 존재한다.

연구자는 자신이 밝혀낸 우주의 진리를 가능한 한 저명한 학술지에 학술논문으로 게재하기 위하여 수단과 방법을 가리지 않고 노력한다. 단 연구자에게는 금기사항이 있다. 연구자는 자신의 논문에 우주의 진리만을 기재하여야 하므로, 연구자 자신이 실험이나 이론으로 규명한 우주의 진리와 자신이 세운 과학적 가설은 확실히 구별하여 기재해야 한다. 또한 연구자는 자신이 자랑할 만한 성공 사례인 "최선의 실시예"를 위주로 학술논문을 작성하며, "차선의 실시예"나 "열등한 실시예"는 빛나는 논문의 감동을 떨어뜨릴 수 있으므로 기재하지 않는 경우가 대부분이다. 따라서 연구자가 실제로 자신의 논문에 자랑스럽게 기재하는 연구결과는 자신이 실제로 실험을 통하여 얻은 각종 data의 10분의 1 또는 100분의 1 이하에 불과한 경우도 흔하다.

이를 발명가가 말뚝(특허 청구항)에 기재한 발명가의 영토(청구항의 범위)로 비유한다면 발명가는 자신이 가장 아끼는 땅과 도로에 해당하는 알짜배기 땅만을 말뚝에 기재하는 한편 약간 질퍽한 땅, 경사진 땅, 휘어진 땅, 울퉁불퉁한 땅은 기재하지 않는 경우에 해당한다. 그 결과 연구자가 작성한 학술논문을 기초로 특허를 출원하게 되면 마이크로지뢰 이상의 범위를 확보하지 못하게 되며, 이와 같이 '범위'가 극심하게 좁은 마이크로지뢰 근처에는 수많은 공터가 광활하게 펼쳐질 수밖에 없다.

4. "오로지 특허 쓰듯 쓴 특허"의 요약

가. 넓은 범위의 청구항의 당위성

요약하면 학술논문의 paradigm은 대부분 '깊이'이다. 따라서 학술논문에 바탕을 둔 특허 역시 범위가 협소하며, 또한 논문을 위한 연구를 수행하다보니 이러한 특허는 실시 즉시 원천특허를 침해하는 개량 발명의 착상으로 이어지는 경우가 대부분이다.

그림 3-23. 연구·논문의 '깊이' vs. 발명·특허의 '범위'

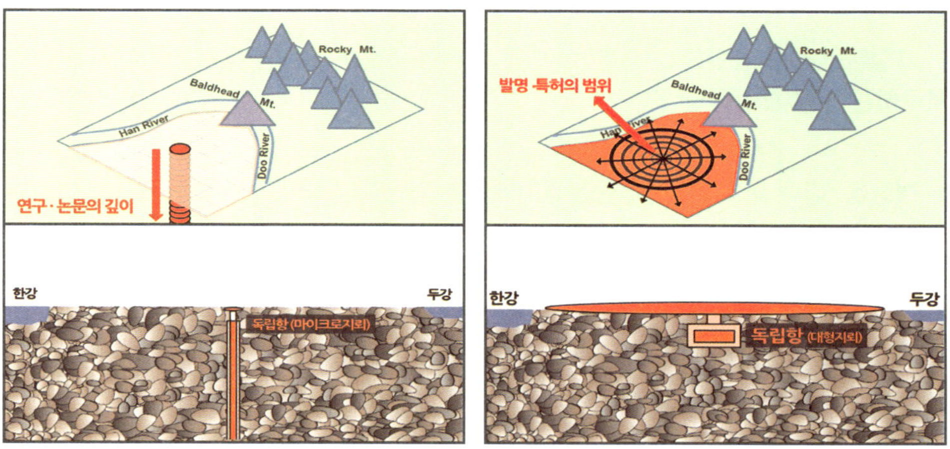

그림 3-23(a) 그림 3-23(b)

또한 연구의 특성 상 발명가는 최선의 실시예를 위주로 학술논문을 작성하므로 이러한 특허의 '깊이'는 수십 km에 이를지는 몰라도, 상기 특허의 '범위'는 선천적으로 좁을 수밖에 없다. 이러한 '깊이' 위주의 특허는 심사 중 또는 추후 특허침해소송 중 예기치 않은 선행기술로 인하여 무효화될 가능성이 낮기야하지만, 워낙 '범위'가 협소하여 그 주위에 무수히 많은 공터가 형성될 수밖에 없다. 따라서 그림 3-23(a)와 같이 논문 쓰듯 특허를 쓴 발명가는 수익 창출이 불가능한 경우가 대부분이다.

반면 발명가는 수익 창출을 위하여 발명을 착상하고 특허를 출원·등록하므로 발명·특허의 paradigm은 '범위'이다. 따라서 발명가는 독립항(대형지뢰)과 같이 범위가 넓은 청구항을 확보하여 경쟁자의 무단침입과 무단통행을 효과적으로 금지하기를 원한다. 따라서 발명가에게는 '깊이'는 수mm에 불과하더라도 그만큼 '범위'가 중요할 수밖에 없다. 하지만 그림 3-23(b)에서와 같이 자신의 영토(청구항의 범위)가 넓은 만큼 예기치 못한 선행기술로 인하여 특허 등록이 어려워질 수 있으며, 설령 등록되었다하더라도 추후 소송을 통하여 무효화될 확률도 높아진다.

(1) 공격뿐인 공수전략

그렇다면 서로 상반된 paradigm에 근거한 연구·논문과 발명·특허 사이에서 균형을 추구하는 전략이 최선일까?

정답은 "절대 아니다"이다. 운동경기에서는 가능할지 모르지만 특허에서는 이러한 균형 잡힌 전략이 불가능하다. 일예로 축구에서는 비기는 작전을 수행하여 승점 1점을 따는 전략도 가능할지 모른다. 하지만 수익 창출이 목적인 특허에서는 북쪽으로 향하는 통로 100개 중 발명가가 50개를 확보하고, 경쟁자에게 50개를 공터로 개방하여 비기려는 작전은 필패이다. 왜냐하면 발명가가 이러한 작전을 수행하는 즉시 경쟁자는 공터를 따라 발명가의 영토를 우회·회피할 것이 분명하기 때문이다.

그렇다고 상기 통로 100개 중 발명가가 97개를 확보하고, 경쟁자에게는 3개만을 공터로 개방한들 이 역시 발명가의 필패 작전이다. 왜냐하면 경쟁자가 발명가의 권리범위를 우회·회피하는 데 필요한 공터는 10개도 아니도, 5개도 아니고, 3개도 아닌, 오직 1개면 충분하기 때문이다. 즉 비록 비좁은 공터라 하더라도 경쟁자는 발명가에게 수십억 원의 royalty를 지불하는 대신 1개의 공터에서 무료로 거주하거나 상기 공터를 가로질러 통행함이 싸게 치기 때문이다. 따라서 공격 이외의 전략을 포함하는 특허전략은 발명가에게는 거의 항상 필패 전략이라고 간주할 수 있다.

물론 이를 방지하기 위하여 발명가는 자신의 영토에서 거주하거나 자신의 영토를 통행하는 데 필요한 요금을 대폭 삭감할 수도 있다. 하지만 발명가가 삭감하여 요구하는 금액이 경쟁자가 공터를 활용하는 불편함에 대한 비용보다 비쌀 경우, 경쟁자는 역시 공터에서 무료로 거주하거나 상기 공터를 가로질러 통행할 것이 당연하다. 그 결과 경쟁자는 아무런 제재 없이 북쪽으로 이동할 수 있게 되므로, 발명가가 특허를 확보한 의의 자체가 실종된다. 또한 발명가 자신이 이와 같이 미미한 수익을 창출하기 위하여 발명을 착상하고 특허를 출원·등록하였을 리도 만무하다. 즉 발명가 역시 무한한 수익을 창출하려는 포부를 가지는 경우가 대부분이기에, 특허에서는 신천지의 북쪽으로 향하는 통로 100개를 발명가가 모두 확보하겠다는 피 끓는 야망이 없는 이상 특허출원 자체의 의의가 희석된다고도 볼 수 있다.

한편 발명가는 청구항의 범위만 확충한다고 자신의 권리범위가 확충된다는 보장이 없다는 사실도 직시하여야 한다. 왜냐하면 발명가가 청구항에 기재한 청구발명의 내용에 따라 발명가의 영토를 정의하려면, 특허명세서 중 상기 청구항의 용어에 대한 의미를 제공하는 “발명의 설명”을 참고하기 때문이다. 이뿐만이 아니다. 발명가가 “발명의 설명”에 기재한 각종 실시예의 종류 및 범위(즉 최선의 실시예, 차선의 실시예, 열등한 실시예, 가상 실시예 등)에 따라 이를 청구하는 청구항의 범위 역시 결정된다. 따라서 발명가는 광활한 범위를 청구하는 자신의 말뚝(특허 청구항)에서 사용한 단어나 문구를 반드시 “발명의 설명”에서 뒷받침해야 한다.

따라서 특허에서는 균형·조화 등의 전략을 구사하기가 어려우며, 경쟁자가 발명가의 영토에서 거주하거나 발명가의 영토를 통행하지 못하도록 방지하려면, 발명가가 모든 통로를 확보하는 수밖에 없다. 이를 위하여 발명가는 항상 넓은 범위의 독립항을 청구하여 청구범위의 극대화를 도모할 수밖에 없으며, 이를 뒷받침할 수 있는 “발명의 설명”을 작성해야만 한다. 그리고 차선책으로서 특허 심사 중 또는 추후 소송 시 예기치 않은 선행기술에 의한 무효화에 대비하여 청구항 전략을 활용하며 순차적으로 범위가 좁은 종속항을 다수 청구해야 한다. 물론 검색한 선행기술이 워낙 많아 이들을 피하기 위하여 부득이 넓은 범위의 청구항을 사용할 수 없는 경우라면 할 수 없겠지만 이 경우에도 허락하는 범위보다 조금이라도 더 범위가 넓은 청구항으로 시작하는[26] 것이 바로 특허를 특허 쓰듯 쓰는 방법의 기본이다.

(2) 희박한 가능성의 길목특허

수익 창출이 목적인 특허의 핵심은 '범위'이다. 그럼에도 불구하고 혹자는 협소한 범위의 특허도 필요하다고 주장하며, '길목특허'를 그 증거라며 거론한다. 그렇다면 '길목특허'는 무엇일까?

길목특허는 원천특허에 대한 개량특허의 일종으로서, 말 그대로 상기 길목특허를 실시하지 않고는 원천특허를 경제적으로 활용할 수 없는 경우를 지칭한다. 현실적으로 원천특허가 선발명가의 초대형지뢰라면 길목특허는 원천특허의 개량특허로서 대형지뢰, 중형지뢰 또는 소형지뢰에 해당하지만, 원천특허로 수익을 창출하는 데 필수적인 특허가 바로 '길목특허'에 해당한다.

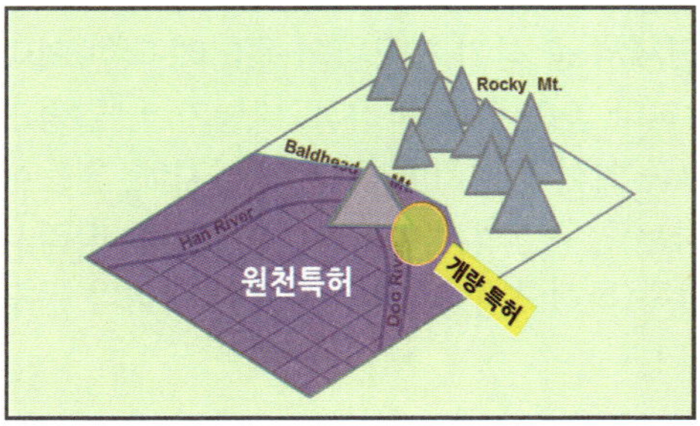

그림 3-24. 원천특허와 일반적 개량특허

우선 원천특허와 개량특허 사이의 관계를 다시 한 번 설명하기 위하여 그림 3-24와 같이 청색의 영토를 가진 선발명가의 원천특허와 황색의 영토를 가진 후발명가의 개량특허를 가정하자. 원천특허를 보유한 선발명가는 후발명가의 개량특허를 실시할 수 있을까? 정답은 '아니다'이다. 왜냐하면 자신이 보유한 원천특허의 범위와 관계없이 선발명가는 타인인 후발명가의 개량특허를 실시할 수 없기 때문이다.

26) 이외에도 발명가가 전향적 과장전략을 사용해야할 이유가 또 있다. 일예로 출원특허가 등록된 후 발명가가 reissue patent를 통하여 청구항의 범위 확장을 시도할 경우, 발명가는 자신이 최초 출원 시 청구한 범위 이상으로는 범위를 확장할 수 없기 때문이다. 이에 대한 자세한 설명은 제5장의 4-나절 "특허권의 후천적 제한" 참고.

그렇다면 후발명가는 자신의 개량특허를 자유로이 실시할 수 있을까? 정답은 "이 역시 아니다"이다. 왜냐하면 후발명가의 개량특허는 선발명가가 보유한 원천특허의 개량특허이므로, 후발명가가 자신의 개량특허를 실시하는 즉시 선발명가의 원천특허를 침해하기 때문이다. 즉 전형적인 "blocking patents" 상황이다.

이러한 "blocking patents" 상황은 두 특허권자가 특허에 대한 중첩된 권리를 보유하고 있기 때문에 그 누구도 자신의 특허를 자유로이 실시할 수 없는 상황을 지칭한다. 하지만 이와 같은 상황은 권리범위가 중첩되는 모든 특허 사이에서 발생하는 상황이다. 또한 유의할 점은 바로 blocking patents 상황이 벌어지더라도 선발명가는 자신이 보유한 원천특허의 권리범위 중 개량특허와 중첩되지 않는 부분은 마음대로 사용할 수 있다는 점이다. 즉 blocking 상황은 선발명가가 부주의로 자신의 영토 중 일부를 후발명가에게 빼앗긴 후에도 미련 때문에 이를 사용하려다 보니 발생하게 된다.

물론 이러한 blocking 상황은 특허에만 국한된 현상은 아니며, 모든 사유재산에서 발생할 수 있다. 일예로 선발명가는 토지를 소유한 반면 후발명가는 tent를 소유한 경우를 가정하자. 후발명가가 자신의 tent를 선발명가의 허락 없이 선발명가의 토지에 설치할 경우, 선발명가는 당연히 후발명가의 허락 없이 후발명가의 사유재산인 tent에 들어가 마음대로 잠을 잘 수 없는 반면 후발명가 역시 선발명가의 땅에 설치한 자신의 tent를 마음대로 사용하지 못한다. 즉 위에서 설명한 blocking 상황은 다수의 당사자가 중첩된 재산권을 활용하고자 할 때마다 항상 발생하는 상황에 불과하다.

그렇다면 길목특허와 일반적인 개량특허는 무엇이 다를까? 간단히 말하면 개량특허가 원천특허에 버금가는 또는 원천특허보다 뛰어난 경제성을 가질 경우에 한하여, 이러한 개량특허를 길목특허라고 부를 수 있다.

일예로 '$X_3Y_4Z_2$'라는 신물질을 합성한 선발명가가 상기 신물질의 용도로 전 세계 쌍둥이 인구의 0.2%에 해당하는 Artic Twin에서만 발현하는 무좀을 치료할 수 있음을 확인하였다고 가정하자. 선발명가가 합성한 신물질은 관련 분야에서 선례를 찾아볼 수 없는 원천 발명이며, 선발명가는 이를 특허출원하여 초대형 지뢰의 범위를 지닌 원천특허를 등록하였다. 하지만 선발명가가 $X_3Y_4Z_2$를 이용하여 치료하려는 질병은 극히 희귀질병이라 관련 시장의 크기는 연간 100,000 달러 정도이다. 따라서 선발명가가 보유한 원천특허의 경제성은 극히 낮다.

선발명가의 신물질인 $X_3Y_4Z_2$에 대한 특허를 인지한 후발명가는 상기 물질을 이용한 다양한 실험을 수행하던 중 이를 적당한 농도로 암환자의 혈액에 투입하면 모든 내장의 암을 완치할 수 있음을 확인하였다고 가정하자. 후발명가의 발명은 전 세계의 위암 환자, 췌장암 환자, 대장암 환자, 간암 환자를 모두 치료할 수 있기에 후발명가의 발명의 경제성은 극히 높을 수밖에 없다. 이에 후발명가는 상기 신물질을 이용한 암치료 방법에 대한 개량특허를 출원·등록하였다고 가정하자.

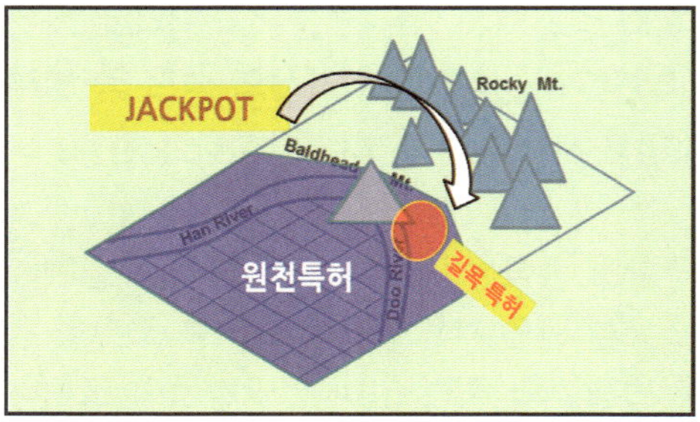

그림 3-25. 원천특허보다 경제적 가치가 높은 개량특허인 길목특허

이러한 경우 경제성이 부족하지만 넓은 권리범위를 지닌 원천특허 소유자인 선발명가는 당연히 경제성이 뛰어난 후발명가의 개량특허를 실시하기를 원한다. 하지만 앞서 설명한 바와 같이 선발명가는 자신의 신물질을 이용하여 내장암을 치료하는 즉시 후발명가의 경제성 높은 개량특허를 침해하게 되므로 이를 사용할 수 없다. 또한 후발명가 역시 자신의 개량특허를 실시하는 즉시 선발명가의 권리범위에 속하는 신물질을 사용함으로써 선발명가의 특허를 침해하므로 이를 사용할 수 없다. 따라서 선발명가이건 후발명가이건 내장암 치료를 위하여 자신의 특허를 자유로이 실시할 수 없기 때문에, 일방이 상대방에게 특허를 양도하거나 당사자끼리 license 계약을 통하여 실시권을 허여하거나 또는 당사자들이 cross-license를 체결할 incentive가 존재한다.

하지만 이러한 길목특허를 거론하며 협소한 범위의 특허도 필요하다고 주장하기에는 설득력이 몹시 부족하다. 왜냐하면 길목특허가 존재하기 위해서는 아래의 조건들이 모두 만족되어야하기 때문이다.

① 선발명가는 원천 발명을 착상하고 원천특허를 등록한다. 단 선발명가는 원천특허의 경제성 높은 신규용도 또는 유도체를 인지하지 못한다.

② 후발명가는 원천특허의 개량특허를 등록한다. 단 후발명가의 개량특허는 원천특허보다 경제성이 월등히 높다.

③ 선발명가는 자신이 착상한 원천 발명보다 경제성 높은 개량 발명을 후발명가가 이를 착상하고 특허 출원할 때까지 착상하지 못한다.

④ 그리고 선발명가이건 다른 발명가이건 후발명가의 개량특허의 기술과 유사한 대체기술을 착상하지 못한다.

이뿐만이 아니다. 위의 ①~④의 가정의 기초가 되는 원천특허는 그 자체가 몹시 드물다. 또한 앞서 설명하였듯이 원천특허 1개당 수백 개 또는 수천 개 이상의 개량특허가 발생하므로, 이러한 원천특허를 창출하는 동시에 위의 가정을 모두 만족할 확률은 매우 낮을 수밖에 없다.

또한 원천특허의 종류에 따라 길목특허가 아예 존재하지 않을 수도 있다. 즉 어떤 원천특허는 이를 개량하는 방법이 유일하기에 길목특허가 탄생할 수 있지만, 대부분의 원천특허는 이를 개량하는 방법이 다수이기 때문에 위의 가정 ③과 ④를 모두 만족하는 경우는 매우 드물기 때문이다.

이러한 현실적 어려움에도 불구하고, 길목특허를 거론하며 협소한 범위의 특허도 필요하다는 주장은 몹시 비현실적이다. 오히려 이는 발명가가 자신이 보유한 특허의 협소한 범위를 정당화하려는 억지 주장이거나, 특허전략을 제대로 이해하지 못함에 따른 주장에 불과하다. 뭐니 뭐니 해도 특허의 핵심은 역시 '범위'뿐이기 때문이다.

나. 다양한 종류의 청구항의 당위성

그렇다고 발명가가 넓은 영토(독립항의 범위)에 매설한 대·중·소형지뢰만으로 안심할 수 있는 경우는 매우 드물다. 왜냐하면 운동신경이 뛰어난 경쟁자가 장대높이뛰기로 발명가의 땅을 밟지 않고 모든 지뢰 위를 뛰어서 넘어가며 우회·회피할 수도 있고, 나무 사이에 밧줄을 걸어 다양한 지뢰들을 뛰어넘어 우회·회피할 수도 있기 때문이다. 경쟁자가 이러한 방법을 사용한다면 발명가가 공들여 설치한 지뢰밭은 아무도 밟고 지나가지 않게 되어 무용지물로 전락한다.

이에 대한 발명가의 대비책은 무엇일까?

정답은 "뛰어넘는 경쟁자도 폭사시킨다"이다. 물론 땅에 매설한 지뢰로는 뛰어넘는 경쟁자를 폭사시킬 수 없다. 따라서 발명가의 유일한 대응책은 다양한 종류의 방어체계를 구축하여 경쟁자가 뛰어넘던, 축지법을 사용하던, 날아가던, 땅굴을 파며 지나가던, 헤엄을 쳐 가로지르던 모두 폭사시키는 방법을 강구하는 전략뿐이다.

이를 특허 용어로 바꾸어 표현한다면 발명가의 유일한 대응책은 다양한 종류의 권리범위를 지닌 다양한 청구항을 작성하는 전략이다. 즉 발명가는 대형지뢰, 중형지뢰 또는 소형지뢰에 해당하는 다수의 독립항과 종속항을 이용하여 자신의 영토의 지표면에 장애물을 설치함은 물론 영민한 경쟁자가 땅 위를 걷지 않고 자신의 영토를 통과하려는 상상가능한 모든 시도를 발본색원하여 방지하는 전략이다.

그림 3-26. 대형 Claymore를 이용한 지표면 상부의 금지권 확보

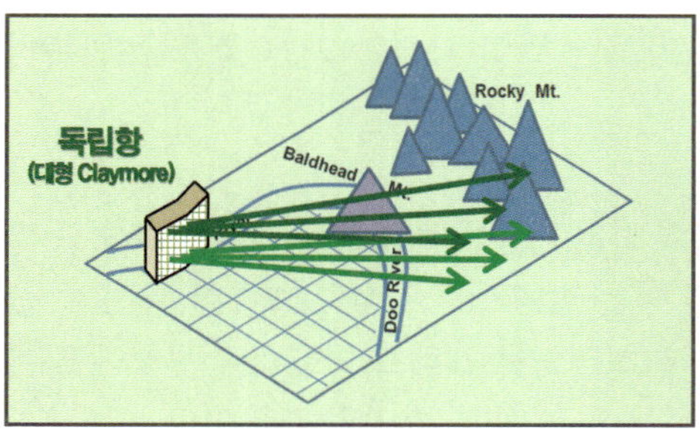

그림 3-26(a)

그림 3-26(b)

일예로 그림 3-26과 같이 발명가는 타인이 자신의 영토 위를 뛰어서 넘어가지 못하도록 살상 범위가 지표면으로부터 수m에 해당하는 대형 claymore(종류가 상이한 독립항의 범위)를 자신의 영토에 위치한 바위 또는 자신의 영토에서 자라고 있는 나무의 몸통 부분에 설치할 수 있다. 그 결과 대형 claymore가 터지게 되면 수많은 작은 쇠구슬들이 날아가며 유효 높이 및 유효 거리 이내에서 탄막을 형성하기 때문에, 대형지뢰를 뛰어 넘으려는 경쟁자는 발명가가 땅에 매설한 대형지뢰는 밟지 않을지 몰라도 대

형 claymore의 탄막은 피할 수 없게 된다. 즉 발명가는 여전히 경쟁자를 상대로 금지권을 행사할 수 있다.

물론 발명가가 설치한 대형 claymore 역시 추후 Tarzan, 원숭이와 같이 지표면으로부터 10m 상공을 날아가는 예기치 않은 선행기술에 의하여 무효로 처리될 수도 있다. 이에 대비하여 발명가는 대형 claymore 상하좌우에 중형 claymore를 설치하고, 필요에 따라 소형 claymore를 추가 설치하는 청구항 전략을 활용할 수 있다.

앞서 설명한 바와 같이 발명가가 자신의 영토에 대형·중형·소형지뢰를 매설하여 타인의 도보 통행을 방지하고, 자신의 영토의 바위나 나무에 대형·중형·소형 claymore를 설치하여 타인이 멀리뛰기, 높이뛰기, 나무타기를 통하여 자신의 영토 위를 뛰어넘어가지 못하도록 함에 따라 발명가의 영토 위 또는 주변에는 더 이상 공터가 형성되지 않을 수 있다. 하지만 지뢰와 claymore만으로 타인의 통행을 완벽하게 방지할 수는 없다. 왜냐하면 영민한 경쟁자는 비행기나 기구를 이용하여 발명가의 영토 상공을 통과할 수도 있기 때문이다.

그림 3-27. 대형 Missile을 이용한 대공 금지권 확보

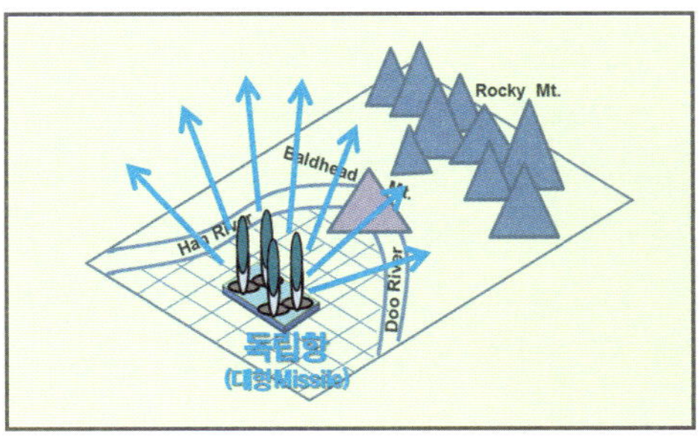

그림 3-27(a)

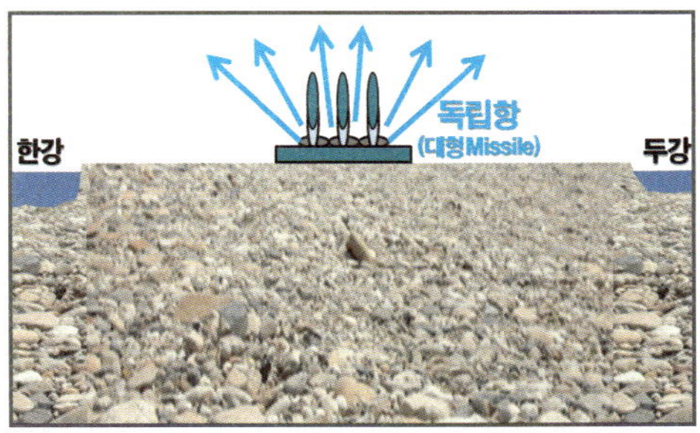

그림 3-27(b)

따라서 발명가는 충분히 예상되는 타인의 영공 침입에 대비하여 그림 3-27과 같이 사정거리가 지표면으로부터 수km에 달하는 대형 missile (지뢰나 claymore와는 상이한 종류의 독립항) 포대를 자신의 영토에 설치할 수 있다. 그 결과 발명가 영토의 상공을 비행하는 경쟁자의 기구나 비행기는 발명가의 missile을 피할 수 없게 되므로 발명

가는 자신의 영공에서도 경쟁자에 대한 금지권을 행사할 수 있게 된다.

물론 발명가가 설치한 대형 missile 역시 독수리, 송골매 등의 예기치 않은 저공비행 선행기술에 의하여 무효가 될 수 있다. 이에 대비하여 발명가는 missile 포대 상하좌우에 중형이나 소형 missile 포대를 추가로 설치하는 청구항 전략을 활용해야 한다.

그림 3-28. 다수의 무기 체계를 이용한 금지권 확보

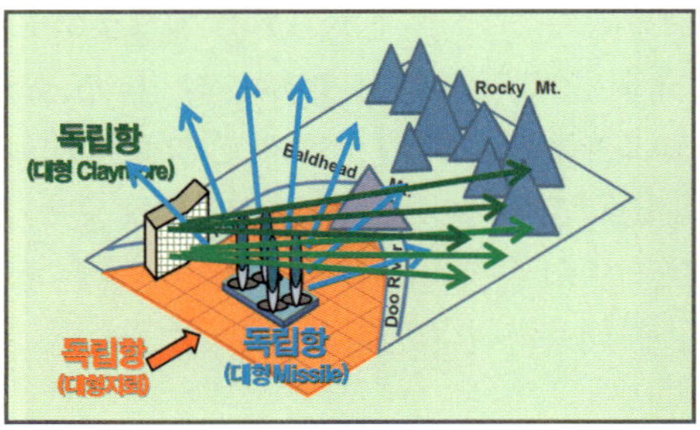

그림 3-28(a)

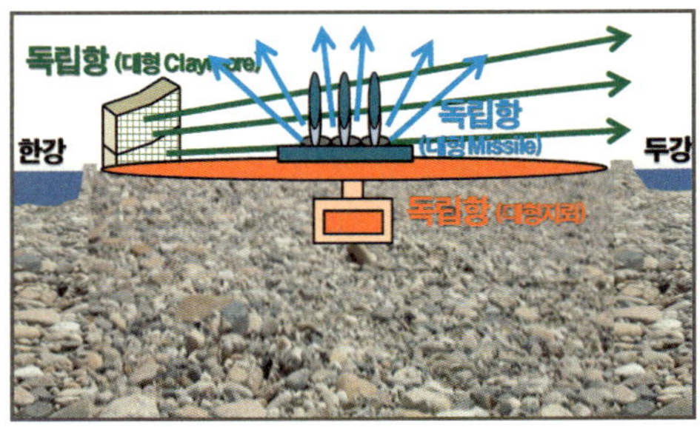

그림 3-28(b)

이러한 방법들을 특허에 응용한 전략이 바로 다양한 종류의 권리범위를 지닌 청구항 확보 전략이다. 일예로 발명을 착상한 발명가는 이를 이용한 완제품에 대한 물건독립항과 이에 종속되는 다수의 물건종속항을 청구함은 물론 상기 제품의 핵심부품이나 중간조립품에 대한 물건독립항과 이에 종속하는 다수의 물건종속항을 청구함으로써 완제품에 대한 청구항과는 다른 종류의 금지권을 획득할 수 있다. 더 나아가 발명가는 상기 신기술을 사용하는 방법, 상기 제품을 제작하는 방법은 물론 상기 기술을 적용할 수 있는 신규 용도에 대한 방법에 대한 독립항 및 종속항을 다수 작성하여 청구할 수도 있다. 이에 따라 발명가는 그림 3-28에서와 같이 서로 상이한 범위와 폭발력을 지닌 육해공의 다양한 종류의 방어망을 구축하여 자신의 금지권을 강화할 수 있다.

물론 발명가 영토의 지표면을 방어하는 지뢰, 발명가 영토 지표면으로부터 수m의 고도를 방어하는 claymore, 발명가 영토의 영공을 방어하는 missile을 이용한 방어체계라고 해서 완벽할 수만은 없다. 일예로 경쟁자는 claymore의 쇠구슬이 뚫지 못하는

방탄복을 착용할 수도 있고, missile을 회피하는 금속물체를 날리며 영공을 통과할 수도 있으며, 아예 땅굴을 파서 지뢰, claymore, missile을 원천적으로 회피할 수도 있기 때문이다. 또는 약간 원시적인 방법이기는 하지만 경쟁자는 대규모의 지뢰해체부대를 양성하여 발명가가 매설한 지뢰를 해체하며 발명가의 영토를 한걸음씩 진격할 수도 있다.

그럼에도 불구하고 발명가는 왜 경쟁자가 피해갈수도 있을지 모르는 다양한 방어체계를 삼중사중으로 구축해야 할까?

정답은 "경쟁자가 이 중 딱 하나에만 걸리면 충분하기 때문"이다. 즉 경쟁자가 지뢰(일예로 완제품에 대한 물건특허)를 피하고 missile(일예로 방법특허)을 피하더라도 claymore(일예로 부품에 대한 특허)에 걸리기만 하면 발명가의 특허 청구항은 경쟁자에 의하여 침해되며, 이에 따라 발명가는 법원에 경쟁자에 대한 금지처분을 신청하거나 손해배상금을 요구할 수 있다.

바꾸어 말하자면 경쟁자가 발명가의 영토에서 무료로 거주하거나 발명가의 영토를 무료로 통행하려면 발명가가 설치한 각각의 방어체계를 모두 무효화하거나 모두 우회·회피해야 한다. 즉 경쟁자가 목숨을 부지하면서도 발명가의 영토를 무단으로 통행하려면, 지뢰 체계, claymore 체계, missile 체계 모두를 무력화시키거나, 두 개는 무력화시키고 하나는 피해가거나, 하나는 무력화시키고 두 개는 피해가거나, 세 개 모두를 피해야만 한다. 만일 경쟁자가 이 중 두 개는 성공적으로 무력화하였으나 missile에 맞아 격추된다면, 경쟁자가 지뢰와 claymore를 회피하는 데 들인 노력은 무용지물이 된다. 그럴 바에는 애당초 발명가에게 royalty를 지불하고 license 계약을 체결하는 편이 더 싸게 칠 수도 있기 때문이다.

이러한 전략을 특허 portfolio 전략이라고 부른다. 즉 단일의 기술 또는 연관 기술에 대하여 상이한 종류와 범위를 지닌 다수의 특허를 등록함으로써 이들을 하나의 군(群)으로 관리하는 전략이다. 이에 따라 발명가는 경쟁자가 특허 portfolio에 속한 특허 모두를 무효화하거나 우회하지 못하는 이상 경쟁자에게 특허침해소송을 제기할 수 있으므로 강력한 금지권을 행사할 수 있게 된다. 경쟁자 입장에서도 발명가가 보유한 특허 portfolio에 속한 모든 특허를 무력화하거나 우회·회피하지 못하는 이상 어차피 하나 이상의 특허는 침해할 수밖에 없으므로, 경쟁자는 쉽게 발명가의 영토를 침입하지 못하거나 아예 처음부터 발명가와 license 계약을 체결하게 된다.

물론 특허 portfolio 전략에도 약점은 있다. 즉 portfolio 구축에 소요되는 막대한 비용이다. 따라서 발명가의 입장에서는 "선택과 집중" 전략을 구사하며 실질적으로 필수적인 기술 또는 잠재성 높은 기술에 대한 유효 발명을 위주로 portfolio를 구축할 수밖에 없다.

다. 명약관화한 특허 vs. 끈끈한 특허

특허 쓰듯 특허를 쓸 때 또 다른 고려사항이 있다. "명약관화한 전략"을 취할 것인지 아니면 "끈끈한 전략"을 취할 것인지에 대한 선택이다.

(1) 명약관화한 특허의 장단점

일예로 발명가가 다양한 종류의 권리범위를 지닌 청구항으로 명약관화한 방어체계를 구축하였다고 가정하자. 만일 발명가가 매설한 지뢰는 청색이라 주위의 황토와 대비되어 쉽게 노출되고, 발명가가 설치한 claymore는 백색이라 나무줄기와 대비되어 먼 거리에서도 식별이 가능하며, 얼룩무늬로 색칠한 기다란 지대공 missile의 끝부분은 주위의 나무 위로 삐죽 튀어나와 먼 거리에서도 식별이 가능한 경우, 이러한 방어체계는 어떤 이점을 가질 수 있을까?

이에 대한 정답은 "경쟁자에게 확실한 경고를 줄 수 있다"일 것이다. 이것이 바로 명약관화한 방어체계의 장점이다. 따라서 경쟁자는 발명가의 영토에 육로로, 공중으로 접근하는 순간 자신이 지뢰, claymore 또는 missile에 의하여 폭사할 수도 있다는 발명가의 명약관화한 경고를 명약관화하게 이해할 수 있다.

하지만 입장을 바꾸어 생각해보면 명약관화한 방어체계는 정반대의 결과를 도출할 수도 있다. 왜냐하면 지뢰, claymore, missile 등이 모두 명약관화하게 노출되므로 경쟁자는 발명가의 방어체계를 명약관화하게 파악할 수 있기 때문이다. 따라서 경쟁자는 이를 심도 있게 분석할 수 있으며, 또한 경쟁자로부터 합당한 보수를 받은 유능한 대리인은 발명가 방어체계의 명약관화한 허점을 발견하고 이를 명약관화하게 우회·회피할 수 있는 방법을 강구하여 경쟁자에게 명약관화하게 알려 줄 수도 있다.

이것이 바로 "명약관화한 특허전략"의 장점이자 단점이다. 발명가가 자신의 방어체계의 장단점을 명약관화하게 공지할 수 있듯이, 경쟁자 역시 발명가 방어체계의 장단점을 명약관화하게 파악할 수 있는 것이다. 물론 발명가의 방어체계가 명약관화하게 완벽하다면, 경쟁자는 할 수 없이 합당한 royalty를 지불하며 license 계약을 요청하거나, 아예 발명가 영토에 범접할 생각을 버릴 수도 있다. 하지만 완벽은 존재하지 않음이 세상 이치이다. 따라서 "명약관화한 특허전략"의 장래는 발명가의 명약관화한 의도와는 달리 전혀 명약관화하지 않다.

또한 경쟁자는 자신이 발명가의 특허를 명약관화하게 침해하는 줄 알면서도 침해를 강행할 수도 있다. 일예로 경쟁자가 발명가의 특허를 침해함으로써 얻는 이익(benefit)이 자신이 추후 특허침해소송에서 패소하여 지불하여야 할 손해배상액(cost)을 확연히 능가하리라고 판단하는 경우이다. 이러한 경우 발명가는 성가시더라도 경쟁자를 상대로 특허침해소송을 제기하여 승소함으로써 경쟁자로부터 일실이익 (lost profit) 또는 합리적 실시료 (reasonable royalty) 형태의 손해배상액을 받을 수밖에 없다.

하지만 특허침해소송에서도 완벽한 전략과 예측은 불가능하다. 따라서 발명가가 실수하거나 발명가가 고용한 특허소송 전문변호사가 실수할 경우 또는 배심원이 발명가나 상기 변호사를 혐오하게 될 경우에도 발명가는 특허침해소송에서 패소할 수 있다. 더불어 발명가의 특허 역시 소송 도중 장렬하게 전사할 위험성도 상존한다.

(2) 거시기하게 끈끈한 특허의 장단점

따라서 "명약관화한 특허전략"이 통하지 않을 경우를 대비하여 이와는 정반대의 전략을 사용할 수 있는 바, 이것이 바로 거시기할 정도로 "끈끈한 특허전략"이다. 즉 쓰는 사람이나 읽는 사람에게 명약관화하지 않도록 특허를 작성하는 전략이다.

그림 3-29. 명약관화하지 않고 끈끈한 특허전략의 예시

그림 3-29(a)

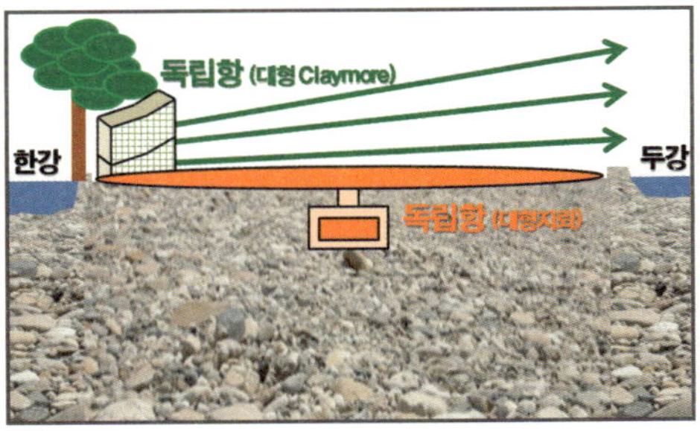

그림 3-29(b)

일예로 그림 3-29(a)와 같이 발명가는 자신이 매설한 지뢰 상부에 흙이나 돌을 덮어 지뢰를 은닉하거나, 그림 3-29(b)와 같이 나뭇잎이 울창한 나무에 claymore를 설치하여 이를 은닉하는 방법도 있다. 물론 완벽한 은닉 전략이란 폭발물을 설치한 발명가조차도 자신이 매설한 지뢰와 claymore를 식별할 수 없어서 자신이 폭사할 수 있는 정도의 전략일 것이다.

그렇다면 이러한 은닉 전략을 특허에는 어떻게 응용할 수 있을까?

이에 대한 정답은 "발명의 설명"과 청구항 등 특허명세서 전체에 걸쳐 사용하는 용어를 전략적으로 선정하고, "발명의 설명"에는 다양한 실시예를 기재함으로써 발명가의 핵심 발명이 무엇인지 명약관화하지는 않도록 기재하는 방법이다. 이와 같이 끈끈한 특허의 장점은 바로 경쟁자가 발명가 특허의 권리범위를 쉽게 가늠할 수 없다는 점이다. 물론 반대급부는 발명가와 발명가의 대리인조차도 자신이 소유한 특허의 권리범위를 쉽게 가늠할 수 없다는 점이다. 그 결과 발명가의 출원특허를 심사하는 심사관 역시 출원특허 청구항의 범위를 가늠하기 어렵고, 추후 특허침해소송을 담당하여 청구항을 해석해야만 하는 판사 역시 상기 등록특허의 권리범위를 가늠하기 어렵게 된다. 물론 이러한 애매모호성은 때로는 발명가에게, 때로는 경쟁자에게 유리할 수도 있고 불리할 수도 있다.

그렇다면 "끈끈한 특허전략"을 활용하는 발명가는 어떤 이익을 얻을 수 있을까?

정답은 "전혀 명약관화하지 않은 금지권을 이용한 끈끈한 leverage"라 할 수 있다. 즉 자신도 모르지만 경쟁자도 모르기 때문에 얻을 수 있는 이익이다. 물론 "끈끈한 특허전략"에는 반대급부도 있다. 특허청 심사관이나 특허법원 판사가 끝내 끈끈한 청구항의 권리범위를 해석하지 못하고 이를 거절하거나 무효로 판결하는 경우이다.[27)]

따라서 "끈끈한 특허전략"은 "명약관화한 특허전략"과 병행하는 전략이 가장 효과적이다. 즉 동일한 발명을 두 개 정도의 특허로 독립적으로 출원하되, 첫 번째 출원특허에서는 자신의 발명을 비교적 명확히 기재하는 한편 두 번째 출원특허에서는 범위가 넓은 용어를 이용하여 청구항과 "발명의 설명"을 작성하는 전략이다. 물론 이러한 전략을 추구하다보면 비용이 기하급수적으로 증가할 수밖에 없다. 결국 특허의 세계에서 공짜란 없기에 "선택과 집중"이 필수이다.

27) 이에 대한 자세한 내용은 제9장의 2절 "명확성 요건" 및 제9장의 3절 "서면기재 요건" 참고.

제4장 발명은 신(神) 내림 vs. 특허는 인간이 제조

발명은 신(神)내림, 특허는 인간이 제조!

발명은 신(神)내림이 있어야 가능할지 몰라도, 특허는 철저히 인간이 제조한다는 말이다. 즉 발명가가 발명을 착상하기 위해서는 신(神)의 도움이 필요할지 모르지만, 발명가에게 수익을 창출해 줄 수 있는 특허는 철저히 변리사 또는 출원전문 특허변호사라는 인간이 인위적으로 제조한다는 말이다.

이 같이 철저히 인간에 의하여 만들어진 특허의 핵심은 바로 광활한 '범위'를 지닌 금지권이다. 발명가가[1] 자신의 영토(권리범위, 즉 금지권의 '범위')에서 자신의 특허를 자가실시하여 수익을 창출하건, 경쟁자에게 자신의 특허를 licensing한 후 royalty를 받아 수익을 창출하건, 특허를 활용하는 수익 창출의 성패는 금지권의 광활한 '범위' 및 상기 '범위'의 다양한 종류에 달려있다.

그렇다면 광활한 '범위'란 무엇이며 어떻게 해야 광활한 '범위'를 확보할 수 있을까? 특허의 핵심인 광활한 '범위'를 제대로 정의하기 위해서는 특허와 관련된 모든 분쟁의 속성을 이해할 필요가 있다.

우선 특허는 수익 창출을 목적으로 사용되는 사유재산이다. 따라서 특허와 관련된 모든 행위 역시 수익 창출을 목적으로 한다고 간주함이 현실적이다. 일예로 발명가가 발명을 착상하고 특허를 출원·등록·유지하는 모든 행위는 수익 창출을 목적으로 하며, 자신의 특허를 침해하였다고 의심되는 경쟁자 제조업체를 특허침해로 제소하는 행위 역시 수익 창출을 목적으로 한다.

1) 참고로 '발명가'는 발명을 착상한 자인 반면 '특허권자' 또는 '출원인'은 발명가의 발명에 대한 특허를 소유한 자를 지칭한다. 발명가와 특허권자(출원인)는 동일인일 수 있다. 하지만 발명가가 직무발명 제도와 같은 법령 또는 개인 간의 계약 등에 의하여 자신의 발명에 대한 권리나 특허에 대한 권리를 제3자에게 양도한 경우에는 발명가와 제3자 특허권자는 동일인이 아니다. 제2장 및 제3장에서는 특허로 등록되기 전의 발명이 주요 주제였으므로 발명가와 특허권자를 구별하지 않고 '발명가'라 지칭하였다. 본 제4장부터는 주로 발명이 특허로 등록된 이후를 다루므로 발명가라는 용어 대신 특허권자라는 용어가 더 적합한 것이 사실이다. 하지만 혼동을 줄이고 설명의 편의를 위하여 본문에서는 여전히 발명가와 특허권자를 구별하지 않고 '발명가'라고 지칭하기로 한다. 따라서 특별한 언급이 없는 한 '발명가'는 '특허권자' 또는 '출원인'과 동일인이라고 가정한다.

발명가만 특허로 수익 창출을 도모하는 것은 아니다. 경쟁자 제조업체도 특허를 이용하여 다양한 방법으로 수익 창출을 도모한다. 경쟁자는 한편으로는 우수 연구원을 고용하고 R&D에 투자하여 자신의 발명을 착상하고 이를 특허로 등록하여 수익 창출을 도모하지만, 또 다른 한편으로는 타인인 발명가가 보유한 특허를 활용하여[2] 수익 창출을 도모할 수도 있다. 그 이유는 경쟁자가 제품을 제조·판매하다보면 타인인 발명가가 보유한 특허를 실시하고자 할 경우가 발생하기 때문이다.

이러한 경우 경쟁자 제조업체는 다양한 방법으로 발명가의 특허를 이용하여 수익 창출을 도모할 수 있다. 우선 경쟁자는 발명가와 특허 license[3] 계약을 체결한 후 상기 특허를 합법적으로 실시하여 수익을 창출할 수 있다. 이와는 달리 경쟁자는 발명가 특허의 권리범위를 우회·회피하는 전략도 활용할 수 있다. 즉 경쟁자의 입장에서 볼 때 발명가가 요구하는 royalty를 지불하느니 자신이 직접 우회·회피기술을 개발하여 특허 금지권의 '범위'를 우회·회피하는 제품을 판매함이 싸게 칠 경우이다.

경쟁자 제조업체는 licensing이나 우회·회피 전략보다 더 적극적으로 특허를 과감하게 침해하는 정공법을 채택할 수도 있다. 일예로 발명가 특허가 신규성 요건, 진보성 요건 또는 기재요건 등을 만족하지 못하였기에 추후 발명가가 특허침해소송을 제기하

---

2) 특허는 사유재산으로서 수익 창출을 목적으로 한다. 특허와 관련된 당사자들은 공동으로 수익을 창출하는 경우도 있는 반면 일방이 일방적으로 창출한 수익을 상대방이 법적 분쟁을 통하여 공유하는 경우도 있다. 물론 계약 형태 및 조건에 따라 다르겠지만, 특허 공동소유나 특허 license 계약의 경우도 관련 당사자들의 일방이 특허로 수익을 창출한 후 쌍방이 이를 공유하는 형태라고 간주할 수도 있다. 이에 반하여 제조업체 등의 일방이 특허를 활용하여 수익을 창출할 경우, 발명가 등의 상대방은 상기 특허에 대한 royalty를 요구하여 일정 수익을 쟁취하는 경우도 있다. 후자의 경우 발명가는 제조업체가 자신의 특허권을 침해한 데 대한 정당한 수익 공유라고 주장하는 한편 제조업체는 발명가가 특허를 악용하여 혁신을 저해한다고 주장하기도 한다. 결국 특허와 관련된 모든 행위에는 필연적으로 '금전'이 오고 가기 때문에 자신이 특허를 보유하였는지 아니면 특허가 타인의 소유인지에 따라 정반대의 입장을 표명하는 경우가 대부분이다.

3) License는 허가, 면허 등을 의미하는 반면, licensing은 'license'를 허여 또는 취득하는 과정을 의미한다. 영국에서는 'license' 대신 'licence'를 사용한다. 흥미롭게도 우리나라에서는 'license'의 표준어가 '라이센스'가 아닌 '라이선스'이다. 미국식 발음도 아니고, 영국식 발음도 아니며, 홍콩식 발음과도 틀리고, 호주인도 못 알아듣을 '라이선스' 대신 '라이센스'를 표준말로 채택해야 할 시점이다.

더라도 쉽게 특허를 무효화시킬 수 있다고 판단하는 경우이다. 또는 특허의 유·무효성과 관계없이 특허 청구항의 금지권 '범위'가 협소하여 이런 특허는 여간해서는 침해할 수 없다고 판단하는 경우이다.

또한 발명가가 제기한 특허침해소송에서 설령 경쟁자 제조업체가 패소하더라도 이에 대한 손해배상금이 발명가가 요구하는 royalty보다 월등히 싸게 칠 경우이다. 즉 특허 침해에 수반되는 비용이 license 비용보다 싸므로 침해가 경쟁자의 수익 창출에 도움이[4] 되는 경우이다. 따라서 발명가와 경쟁자 제조업체 사이에는 수익 창출의 도구인 특허와 관련된 분쟁이 발생할 수밖에 없다.

이러한 맥락에서 볼 때 발명가의 입장에서 특허를 통한 수익 창출의 성패는 바로 금지권의 '범위'의 광활함에 달려 있으며, 반대로 경쟁자 제조업체의 입장에서 보면 타인인 발명가가 소유한 특허 활용의 성패 역시 금지권의 '범위'의 협소함에 달려 있다. 그만큼 특허 금지권의 '범위'는 발명가, 경쟁자는 물론 심사관, 판사 등 특허와 관련된 모든 당사자들에게는 초미의 관심사이다.

특허의 금지권의 '범위'는 특허의 청구항이 결정한다. 따라서 광활한 '범위'의 금지권을 지닌 특허는 광활한 '범위'의 금지권을 지닌 강한 청구항을 포함하며, 강한 청구항의 광활한 '범위'는 청구항 자체는 물론 "발명의 설명"에 의해서도 결정된다.

제4장에서는 수익 창출의 도구인 특허와 관련된 분쟁을 이겨낼 수 있는 강한 청구항을 정의하고, 강한 청구항을 창출하는 데 필수불가결한 유능한 대리인(변리사 또는 출원전문 특허변호사)을 정의한다. 이를 위하여 제4장의 1절에서는 특허와 관련하여 되

4) 물론 침해 비용이 더 저렴하다고 치더라도 특허침해는 불법이므로, 제조업체 사장은 당연히 그리고 도의적으로 발명가와 특허 license 계약을 체결해야 한다고 생각할 수도 있다. 이에 따라 발명가는 행복해지고 제조업체 사장 역시 열심히 노력한 발명가에게 보상하였고 법도 준수하였다는 자부심에 마음은 홀가분해질 수 있다. 하지만 이러한 도의적 강박감으로 인하여 발명가 특허의 '범위'를 우회·회피할 수 있거나 또는 추후 특허소송을 통하여 발명가의 특허를 무효화시킬 수 있음에도 불구하고 제조업체 사장이 비싼 royalty를 지불하며 특허를 licensing하였다면, 이러한 사장의 결정은 주주의 입장에서 보면 '배임'에 해당할 수 있다.

풀이되는 발명가와 경쟁자 제조업체 사이의 분쟁의 과정과 속성을 살펴보고, 제4장의 2절에서는 강한 청구항을 지닌 강한 특허도 보호받기 어려운 법적, 현실적 이유를 살펴본다. 그 후 제4장의 3절에서는 신이 내린 발명을 인간(발명가와 변리사 또는 출원전문 특허변호사)들이 우둔한 청구항으로 만들어 수익 창출에 실패한 사례를 살펴보고, 제4장의 4절에서는 가상의 '곰국특허'를 이용하여 강한 청구항 및 강한 특허를 창출하는 예를 소개한다. 또한 제4장의 5절에서는 강한 청구항을 제조할 수 있는 유능한 대리인의 요건을 살펴보고, 제4장의 6절에서는 강한 청구항과 이를 제조하는 유능한 대리인의 요건에 대하여 정리하였다.

참고로 다음 장인 제5장에서는 특허와 관련된 기본 제도를 설명하고 제6장에서는 청구항 기본 법칙 및 다양한 종류의 청구항들을 소개한 후, 제7장에서는 상기 제도에 근거한 청구항 해석의 원칙을 소개하며, 특히 특허의 '청구항'만큼 중요한 또는 경우에 따라서는 특허 '청구항'보다 더 중요할 수도 있는 "발명의 설명"에 대하여 설명한다.

1. 역사의 반복: 발명가 (특허권자) vs. 경쟁자

특허는 수익 창출을 목적으로 사용하는 사유재산이다. 따라서 특허와 관련된 발명가의 모든 행위는 수익 창출을 목적으로 하며, 발명가의 특허에 관심이 있는 경쟁자(즉 제조업체나 제3자 등)가 상기 특허와 관련하여 취하는 모든 행위 역시 수익 창출을 목적으로 한다. 바꾸어 말하면 일방은 특허에 부여된 권리범위에 대한 금지권을 적극적으로 활용하여 수익 창출을 도모하는 한편 상대방은 상기 특허에 부여된 권리범위를 우회·회피하거나 이를 부정함으로써 수익 창출을 도모하는 것이다.

이와 같이 철저한 사유재산인 특허를 수익 창출을 위하여 사용하다보니 서로 상반된 입장에 처한 발명가와 경쟁자 사이에는 다양한 종류의 분쟁이 발생할 수밖에 없다. 하지만 자세히 살펴보면 발명가와 경쟁자 사이의 특허와 관련된 모든 분쟁은 동일한 사건(특허 금지권의 '범위' 및 상기 '범위'의 유효성 여부와 침해의심 제품·서비스의 상기 범위 침해 여부)을 상이한 배우들(발명가, 특허에 관심이 있는 제조업체 또는 제3자 등의 경쟁자, 변리사, 변호사, 판사 등)이 상이한 배경(특허기술, 기술분야 등)을 가진 상이한 무대(특허법 체계, 특허 담당 법원, 특허가 등록된 국가)에서 되풀이하는 역사의 반복임을 알 수 있다. 실제로 전형적인 특허 관련 분쟁은 그 속성 상 아래의 순서로 진행되는 경우가 대부분이다.

① 발명가의 ACTION:
(a) 발명가의 발명 착상
(b) 발명가의 특허 출원
(c) 특허청 심사관의 심사 및 거절
(d) 특허청을 상대로 한 발명가의 대응
(e) 발명가의 특허 등록
(f) 발명가의 등록특허 유지 등

② 경쟁자(제조업체 또는 제3자)의 COUNTER-ACTION:
즉 발명가의 action에 대한 경쟁자의 대응
(a) 발명가와 특허 license 계약 체결
(b) 경쟁자의 특허 우회·회피
(c) 경쟁자의 특허침해 등

③ 발명가의 REACTION:
즉 경쟁자의 counter-action에 대한 발명가의 대응
(a) 경쟁자에게 licensing 제안
(b) 경쟁자에 대한 특허침해소송 위협
(c) 경쟁자에 대한 특허침해소송 제기 등

④ 경쟁자(제조업체 또는 제3자)의 COUNTER-REACTION:
즉 발명가의 reaction에 대한 경쟁자의 대응
(a) 발명가와 특허 license 계약 체결
(b) 특허 무효 주장
(c) 특허 권리범위의 비침해 주장
(d) 발명가에 대한 맞소송 제기 등

결국 특허법이란 발명가의 action, 경쟁자의 counter-action, 발명가의 reaction, 경쟁자의 counter-reaction 각각에 있어서의 분쟁 해결에 대한 법칙이나 규율이라고 해석할 수 있다. 따라서 아래에서는 특허와 관련된 분쟁의 반복 과정을 단계별로 살

펴보고, 발명가의 action, 경쟁자의 counter-action, 발명가의 reaction, 경쟁자의 counter-reaction 각각에 대한 속성을 살펴본다. 이를 통하여 발명가가 강한 청구항을 만들어내기 어려운 이유 및 발명가의 선천적 불리함에 대해서도 살펴본다.

가. 발명가의 Action

발명가는 수익 창출을 위하여 신대륙을 탐사한다. 따라서 신대륙에 도착한 발명가는 말뚝(특허의 청구항)에 자신의 영토(청구항의 청구범위)를[5] 기재하고 이에 대한 금지권을 확보해야 한다. 그 이유는 발명가가 자신의 영토를 이용하여 수익을 창출하려면 자신의 영토에서 경쟁자의 거주 및 통행을 금지함으로써, 자신의 영토를 우주에서 자신만이 실시하든지 아니면 자신에게 일정 대가(royalty)를 치르는 경쟁자에 대해서만 자신의 영토에서 거주하거나 자신의 영토를 가로질러 통행할 수 있도록 허락해야 하기 때문이다.

따라서 발명가가 자신의 영토(청구항의 권리범위)를 이용하여 수익을 창출하기 위한 필수조건이 바로 자신의 영토 주변에 존재할 수 있는 모든 '공터'의 제거이다. 왜냐하면 공터가 하나라도 존재하는 한 경쟁자는 발명가에게 고액의 royalty를 지불하는 대신 공터를 찾아 무료로 거주하거나 무료로 공터의 비포장도로를 따라 이동하며 발명가의 영토를 우회·회피할 것이 자명하기 때문이다.

(1) 특허 출원

발명가가 경쟁자에게 자신의 발명에 대한 권리를 행사하려면 이에 대한 법적 보호를 확보해야 한다. 이를 위하여 발명가는 자신이 희망하는 영토를 기재한 청구항을 작성한 후, 이를 "발명의 설명"과 함께 해당국의 특허청에 출원한다.

5) 특허의 핵심은 금지권의 '범위'이며, 이는 청구항의 '범위'에 의하여 결정된다. 제4장부터는 설명의 편의를 위하여 청구항의 '범위'를 두 가지로 구분하여 지칭하기로 한다. 우선 출원은 되었지만 아직 등록되지 않은 출원특허의 범위(즉 출원특허 청구항의 범위)는 '청구범위'라 지칭하는 한편 이미 등록된 등록특허의 범위(즉 등록특허 청구항의 범위)는 '권리범위'라 지칭하기로 한다. 또한 위의 '청구범위'와 '권리범위'를 합쳐 '범위'로 통칭한다.

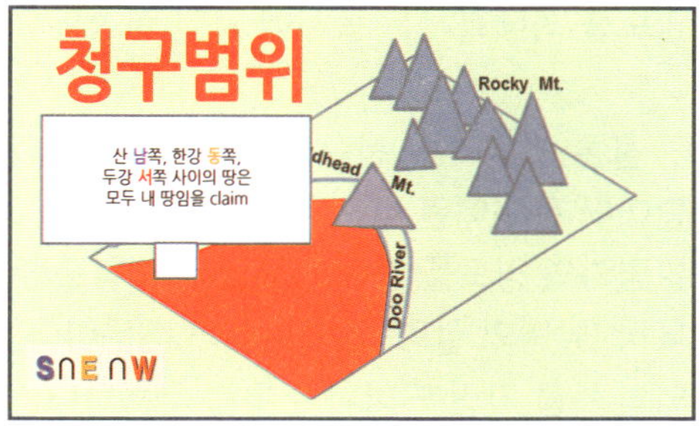

그림 4-1(a). 발명가의 출원특허 및 청구항의 청구범위

발명가가 자신의 영토(청구항의 범위) 주변에서 공터가 형성되지 않도록 방지하는 최선의 방법은 자신이 답사한 땅은 물론 자신이 직접 답사하지는 않았지만 확인 가능한 또는 추측 가능한 모든 땅을 자신의 영토라고 말뚝(특허의 청구항)에 기재하는 방법이다. 즉 그림 4-1(a)와 같이 자신이 희망하는 신대륙의 영토 전체를 아우를 수 있는 대형지뢰를 매설하는 전략이다. 비록 발명가는 자신이 소유하기를 원하는 영토의 구석구석을 자신이 모두 직접 탐사하지는 못했지만, 자신의 영토 주변에 공터가 생기는 것을 방지하기 위해서라도 남들보다 먼저 "산 남쪽 (S), 한강 동쪽 (E), 두강 서쪽 (W)"의 조건을 만족하는 모든 땅이 자기의 영토라는 말뚝을 박을 수밖에 없다.

그렇다면 발명가는 왜 산 북쪽, 한강 서쪽, 두강 동쪽의 땅은 포기하고 "산 남쪽 (S), 한강 동쪽 (E), 두강 서쪽 (W)"의 땅만을 자신의 영토라고 말뚝에 기재하였을까?

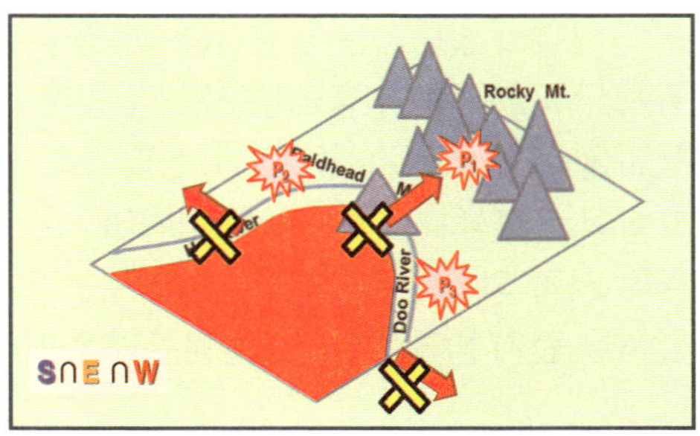

그림 4-1(b). 발명가의 출원특허 및 청구항의 청구범위

정답은 "선행기술 때문"이다. 즉 그림 4-1(b)에서와 같이 산 북쪽에는 선거주자(발명가의 특허에 대한 선행기술에 해당) P_1이 이미 정착하여 목장을 하고 있고, 한강 서쪽에는 선거주자 P_2가 이미 농사를 지은 지 4년이 되었으며, 두강 동쪽은 공유지로서 이미 선거주자 P_3가 텐트를 치고 무료로 야영하고 있기 때문이다. 그럼에도 불구하고 발명가가 선거주자 P_1과 P_2의 사유지, P_3가 야영하고 있는 공유지마저 자신의 영토라고 주장하는 말뚝을 박을 경우, 발명가의 말뚝(특허의 청구항)에는 주장하지 말았어야 할 경쟁자의 사유지나 공중의 공유지가 포함되며, 그 결과 발명가의 말뚝 전체가 무효가 된다. 따라서 발명가는 선거주자가 뻔히 거주하고 있는 사유지나 공유지는 당연히 제외하는 범위 내에서 앞서 설명한 "전향적 과장전략"을 이용하여 자신의

영토를 최대화하는 동시에 공터 형성도 최소화해야 한다.

물론 발명가는 청구항 범위를 확충하기 위하여 자신의 특허 청구항에서 사용하는 단어나 문구에만 주의를 기울일 수만은 없다. 왜냐하면 청구항에 기재한 내용에 따라 발명가의 영토를 정의하려면 상기 청구항의 용어에 대한 의미를 제공하는 특허명세서, 특히 “발명의 설명”을 참고하기 때문이다. 따라서 아무리 발명가가 특허 청구항에서 광의의 뜻을 가진 단어나 문구를 사용하더라도, 발명가가 “발명의 설명”에서 상기 단어나 문구를 제대로 정의하지 않는 경우, 상기 청구항은 최악의 경우 무효가 될 수 있다.

또한 앞서 설명한 바와 같이 발명가가 “발명의 설명”에 자신의 발명에 대한 풍부한 실시예를 기재하지 않는 경우, 특허 청구항의 범위도 “발명의 설명”의 범위와 함께 대폭적으로 축소되는 참사가 발생할 수 있다. 즉 발명가가 “발명의 설명”에 최선의 실시예만 기재하는 한편 최선의 실시예에 미치지 못하는 차선의 실시예, 열등한 실시예, 가상 실시예 등을 “발명의 설명”에 기재하지 않는 경우,[6] 차선의 실시예, 열등한 실시예, 가상 실시예 등은 발명가의 영토(특허의 범위)에 포함되지 않는 동시에 경쟁자가 무료로 사용할 있는 공터로 변할 수도 있다.

그렇다고 발명가는 말뚝(특허의 청구항)에 자신의 영토라고 기재한 “산 남쪽, 한강 동쪽, 두강 서쪽”의 땅에는 자신이 인지하지 못한 선거주자(발명가 청구항에 대한 선행기술)가 숨어있지 않다고 확신할 수도 없다.[7] 물론 발명가는 추후 자신의 영토가 무효화되는 불상사를 방지하기 위하여 시간과 자본을 투자해서라도 “산 남쪽, 한강 동쪽, 두강 서쪽”의 땅을 샅샅이 탐사할 수는 있다. 하지만 그 사이 경쟁자가 위의 땅에 대한 말뚝을 먼저 박게 되면, 선출원주의에 따라 발명가는 “산 남쪽, 한강 동쪽, 두강 서쪽”

6) 발명가가 실시예를 특허명세서의 “발명의 설명”에 기재하였으나 이를 청구항에 기재하여 청구하지 않은 경우, 상기 실시예는 발명가가 공중에 기증하였다고 추정된다.

7) 제2장의 3-나절 “선행기술 검색의 한계” 참고.

의 땅마저 경쟁자에게 빼앗기는 불상사가 발생할 수도 있다.[8] 따라서 발명가로서는 시간과 비용 대비 영토의 크기를 감안하여 자신의 영토를 최대화하는 전략을 사용할 수밖에 없다.

또한 발명가는 선행기술이 두려운 나머지 자신이 직접 탐사한 좁은 땅만을 자신의 영토라고 주장할 수도 없다. 왜냐하면 발명가가 다른 땅은 무시한 채 좁은 알짜배기 땅만을 자신의 영토로 확정할 경우, 그 주변에는 자동적으로 광활한 공터가 형성되기 때문이다.

사실 이와 같이 겁 많고 소심한 발명가는 부득이 시간과 자본을 투자하여 특허를 출원할 필요조차 없을 수도 있다. 왜냐하면 자신의 영토(청구항의 범위) 주변에 드넓은 공터가 형성될 줄 뻔히 알면서도 특허를 출원하는 행위 자체가 수익 창출이라는 특허의 목적 자체에 위배되기 때문이다. 결국 발명가는 자신이 인지하고 있는 선거주자들은 가급적 피하되, 가능한 한 넓은 범위의 영토(청구항의 범위)를 주장해야지만 자신의 수익 창출 가능성을 그나마 유지할 수 있다.

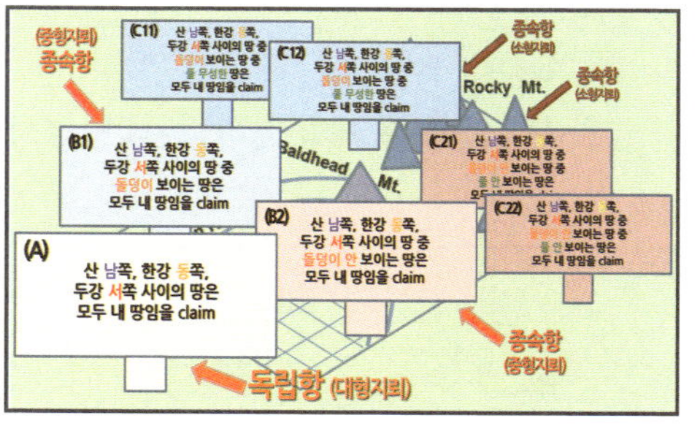

그림 4-2. 그림 2-22(a)에서 예시한 청구항 전략

물론 발명가는 그림 4-1에서와 같이 단일의 말뚝(특허 청구항)에만 의존하여 자신의 영토(청구항의 범위)를 주장하지는 않을 것이다. 오히려 발명가는 그림 4-2에서와 같이 청구항 전략(제2장의 3-다절 내지 제2장의 3-마절에서 설명)을 이용하여 상이한 범위를 갖는 다수의 독립항 및 종속항을 사용해야 한다. 하지만 아래에서는 설명의 편의를 위하여 발명가가 사용하는 말뚝 중 가장 광활한 영토를 청구하는 말뚝, 즉 독립항에 중점을 두어 특허와 관련된 발명가와 경쟁자 사이의 갈등을 설명하기로 한다.

8) 이와 같이 특허를 먼저 출원하는 발명가에게 특허를 부여하는 제도를 선출원주의라고 한다. 이에 대한 자세한 내용은 제5장의 3-나절 "선출원주의" 참고.

(2) 특허청 심사관의 거절

발명가가 특허를 출원하면 짧게는 1년, 길게는 2~3년이 경과한 후 특허청 심사관의 심사 결과를 통고받을 수 있다. 물론 심사관의 답변은 거의 항상 신규성 결여, 진보성 결여 또는 기재불비 등과 같은 이유에 근거한 청구항의 '거절'이다.

(ㄱ) 특허 파수꾼인 특허청 심사관의 임무

특허청 심사관이 발명가가 출원한 특허의 청구항을 거절할 수밖에 없는 이유는 자명하다. 만일 심사관이 발명가가 요청하는 과도하게 넓은 범위의 영토를 발명가의 사유재산으로 인정할 경우 (특허 등록), 동일한 영토에 대하여 다수의 소유권자를 설정하는 불상사가 발생할 수도 있으며, 이에 따라 다수의 소유권자들 사이에 법적 분쟁이 발생할 개연성이 높아진다. 이뿐만이 아니다. 추후 상기 영토(특허 기술)를 이용하고자 원하는 경쟁자나 공중은 한 명이 아닌 다수의 소유권자들에게 각각 royalty를 지불할 수밖에 없는 상황도 발생하며, 그 결과 동일한 기술을 사용하는 사회적 비용이 증가하게 된다. 이와 같이 장래의 법적 분쟁 및 사회적 비용 증가를 방지하기 위하여, 특허청 심사관은 자신이 충분히 납득하기 전까지는 발명가가 말뚝에 기재한 광활한 땅을 발명가의 영토라고(등록특허의 권리범위) 인정하지 않을 수밖에 없다.

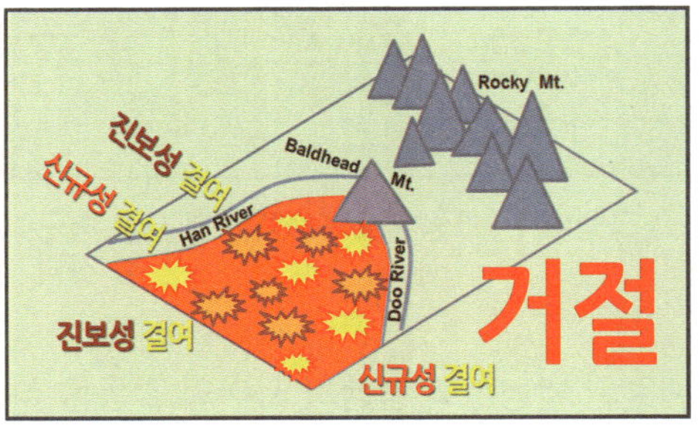

그림 4-3. 선행기술 등을 인용한 특허청 심사관의 거절

하지만 특허청 심사관은 발명가가 청구한 범위가 넓다는 이유만으로는 발명가의 출원특허를 거절할 수는 없다. 따라서 심사관은 그림 4-3에서 도시한 바와 같이 발명가가 주장하는 영토(청구항의 청구범위)에 속하는 다수의 선행기술을 발굴하여 청구항의 신규성 요건 또는 진보성 요건을 부정할 수 있으며, "발명의 설명"의 기재 사항이 특허 요건을 충족시키기에는 불충분하다는 기재불비를 주장하며 발명가의 청구항을 거절하기도 한다.

참고로 미국특허청의 경우 심사관은 출원특허를 심사할 때 발명가가 제출한 청구항의 범위를 최대한 확충하는 방향으로 해석한 후 (give the broadest meaning) 신규성 요건 또는 진보성 요건의 만족 여부를 심사한다. 물론 이는 미국특허청이 미국에 특허를 출원한 발명가에게 최대한의 권리범위를 허여하기 위한 제도는 절대 아니다. 오히려 이러한 심사 전략의 목적은 정반대이다. 즉 미국특허청이 발명가가 출원한 특허의 청구항의 범위를 최대한으로 설정하여 심사함으로써 상기 청구항을 거절할 수 있는 선행기술을 더 넓은 범위에서 발굴하기 위함이다. 또한 이러한 전략을 통하여 미국특허청은 동일한 영토에 다수의 소유자가 존재하게 될 가능성을 최소화할 수도 있다.

(ㄴ) 거절 없이 등록되는 특허의 虛와 實

드물기는 하지만 발명가의 출원특허를 특허청 심사관이 단 한 번의 거절 없이 허락하여 특허로 등록시키는 경우도 있다. 아마도 심사관이 발명가의 청구발명에 감탄하여 또는 발명가를 대리한 대리인의 수려한 문체에 감복하여 거절 없이 특허로 등록시켰을 것이다? 하지만 대부분의 경우 현실은 이와는 정반대이다. 따라서 심사관으로부터 거절 한 번 당하지 않고 자신의 특허를 등록한 발명가는 '행복'한 발명가라기보다는 오히려 '불행'한 발명가일 가능성이 훨씬 높다.

물론 특허청 심사관이 발명가의 특허 청구항을 단 한 번의 거절 없이 특허로 등록시킨 이유는 발명가의 발명이 워낙 원천성이 뛰어난 발명이기 때문에 심사관이 청구항을 거절할 수 있는 선행기술을 찾을 수 없는 경우일 수도 있다. 따라서 발명가의 청구항과 "발명의 설명"이 일정 기재요건을 만족할 경우, 심사관은 발명가의 출원특허를 등록시킬 수밖에 없으며, 따라서 원천발명가이자 원천특허의 소유권자인 이러한 발명가는 당연히 즐거워할 자격이[9] 있다.

9) 원천(源泉) 발명이란 특정 기술에 대한 인류 역사상 최초의 발명으로서, 그로부터 수많은 개량 기술과 개량 발명이 샘물과 같이 지속적으로 파생되어 나올 수 있는 발명으로 간주된다. 하지만 발명이 원천 발명이더라도 상기 발명이 원천 발명이 된 이유는 둘 중 하나이다. 원천발명가가 신(神)내림으로 현재 각광받고 있는 분야에서 또는 가까운 장래에 각광받을 분야에서 경쟁자보다 앞서서 획기적인 발명을 착상하였거나, 별로 경제적 가치가 없기에 아무도 관심을 기울이지 않는 분야에서 독야청청 연구하며 발명을 착상한 경우이다. 물론 후자보다는 전자의 경우가 수익 창출 가능성이 높지만, 대부분의 경우는 안타깝게도 전자가 아닌 후자이다.

하지만 심사관이 발명가의 청구항을 단 한 번의 거절 없이 특허로 등록시키는 두 번째이자 대부분의 이유는 발명가의 청구범위가 워낙 협소하여 상기 청구항의 수많은 요소와 제한조건을 모두 개시하는 선행기술을 찾기 힘들며, 따라서 이를 거절 없이 특허로 등록시키더라도 추후 권리 관련 분쟁이 발생하지 않으리라고 확신하는 경우이다. 이 경우 발명가는 즐거워할 이유가 전혀 없다. 왜냐하면 협소한 범위를 지닌 청구항은 특허로 등록되더라도 발휘할 수 있는 금지권 역시 협소하기 때문이다. 이러한 특허는 주변에 확 트인 공터가 널려 있을 뿐만 아니라 대부분의 경우 공터의 넓이 또한 발명가의 영토보다 광활하기 때문에 경쟁자가 공터에 거주하거나 공터를 우회 경로로 사용하는 데 아무런 문제가 없는 경우이다. 따라서 발명가는 협소한 영토라도 확보하였다고 즐거워할지 몰라도 이를 이용한 수익 창출은 거의 불가능하다고 보는 것이 타당하다. 따라서 이러한 발명가는 특허가 등록되더라도 즐거워할 이유는 물론 자격도 없을 뿐만 아니라, 그동안 R&D 및 특허출원에 소모한 시간과 비용을 아까워해야 한다.

물론 발명가가 출원한 특허를 심사관이 단 한 번의 거절 없이 허락하는 경우는 앞서 설명한 첫 번째 경우보다는 두 번째 경우가 대부분이다. 따라서 발명가는 자신이 출원한 특허가 심사관의 거절 없이 등록될 경우, 자신의 청구항이 너무 많은 요소나 제한조건을 포함하였기 때문에 범위가 과다하게 협소하였기 때문은 아닌지 확인해볼 필요가 있다. 또한 발명가는 자신의 특허출원을 대리한 변리사나 출원전문 특허변호사의 얼굴을 최소한 한번쯤은 다시 들여다보고, 그의 작은 얼굴과 자신이 소유하게 될 특허의 협소한 권리범위 중 무엇이 더 작은 지 심각하게 고민할 필요가 있다.

단 청구항의 범위가 협소해진 모든 원인을 변리사나 변호사에게만 전가할 수는 없다. 왜냐하면 많은 경우 청구항의 범위가 협소한 주된 원인은 발명가 자신이 선정한 연구 대상 자체가 우수한 선발명가의 우량 결과물을 극히 미미할 정도로 개량한 개량 발명인 경우가 흔하기 때문이며, 이러한 경우는 특히 화학, 재료, 약학 등의 분야에서 흔히 발생하는 경향이 있다. 청구항의 범위가 협소해진 또 다른 경우는 발명가가 특허의 품질에는 관심 없이 특허출원 및 등록에만 목적을 두고 가능한 한 싼 수임료를 지불하며 특허를 출원한 경우이다. 이 경우 역시 변리사보다는 “선택과 집중” 전략을 제대로 활용하지 못한 발명가는 물론 유능한 대리인을 선정하고 상기 대리인에게 합당한 보수를 지불하지 않은 발명가의 책임이 오히려 크다.

(3) 거절에 대한 대응 전략

앞서 특허청 심사관은 발명가가 말뚝(특허의 청구항)에 기재한 단어나 구절(청구항의 요소나 제한조건) 또는 이에 대한 "발명의 설명"이 기재요건을 충족시키기에는 불충분하다는 기재불비로 발명가의 출원특허를 거절할 수 있다고 설명하였다. 이러한 기재불비 이유에도 몇 가지 종류가 있다. 첫 번째는 "발명의 설명"에 오탈자가 있는 경우로서, 발명가는 심사관의 지적에 따라 오탈자를 보정하여 심사관의 거절을 쉽게 극복할 수 있다. 두 번째는 청구항의 의미가 모호한 경우이다. 이 경우 발명가는 거절당한 청구항을 보정하여 그 의미를 확실히 함으로써 심사관의 거절을 극복할 수 있다.

기재불비에 의한 거절과 병행하여 또는 기재불비에 의한 거절 없이 특허청 심사관은 단일의 선행기술을 인용하며 청구항의 신규성 결여를 주장하거나, 하나 이상의 선행기술을 인용하며 청구항의 진보성 결여를 주장할 수 있다. 즉 "구성요소 완비의 법칙"에 따라 발명가가 청구한 청구항의 모든 요소 및 제한조건이 단일의 선행기술에 개시되었으므로 청구발명의 신규성이 결여되었다거나, 청구항의 모든 요소 및 제한조건이 하나 이상의 선행기술에 의하여 자명해지므로 청구발명의 진보성이 결여되었다는 주장이다.[10] 이 경우 발명가는 선행기술이 자신의 발명과 무관함을 입증하거나 자신의 청구범위를 축소함으로써 심사관의 거절을 극복할 수도 있다.

유의할 점은 일단 발명가가 특허를 출원하면 특허명세서 중 "발명의 설명"은 오탈자 수정을 제외하면 일반적으로 추후 보정이 불가능하다는 점이다. 이에 반하여 발명가는 특허를 출원한 후에도 청구항을 보정할 수 있다. 물론 발명가가 특허출원 후 보정할 수 있는 청구항의 범위는 발명가 자신이 "발명의 설명"에 기재한 범위 이내로 한정

10) 미국 특허법 상의 진보성 요건은 청구발명과 선행기술의 차이가 특허출원 시점에 발명을 전체적으로 보았을 때 청구발명이 속하는 분야의 통상 지식을 가진 자에게 자명한지 여부이다. 따라서 진보성 요건에 대한 판단은 엄격히 말하면 "구성요소 완비의 법칙"과 상이하다. 하지만 이러한 진보성 요건도 "구성요소 완비의 법칙"을 응용하여 그 '근사치'를 판단할 수 있으며, 실제로 미국의 대부분의 특허전문가들은 진보성 요건을 판단할 때 편의 상 "구성요소 완비의 법칙"은 물론 claim chart를 사용한다. 이에 대한 자세한 내용은 제8장의 2절 "청구항의 진보성 요건" 참고.

된다. 따라서 “발명의 설명”의 기재 사항이 충분하지 못하여 심사관으로부터 거절을 당하였을 경우, 발명가는 “발명의 설명”을 필요에 따라 보강할 수 없기 때문에 상당한 곤욕을 치를 수 있다.

그림 4-4. 특허청 심사관의 청구항 거절 결과

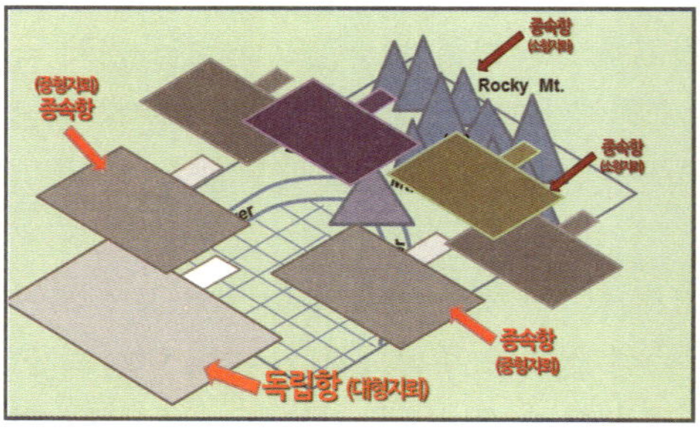

그림 4-4(a)

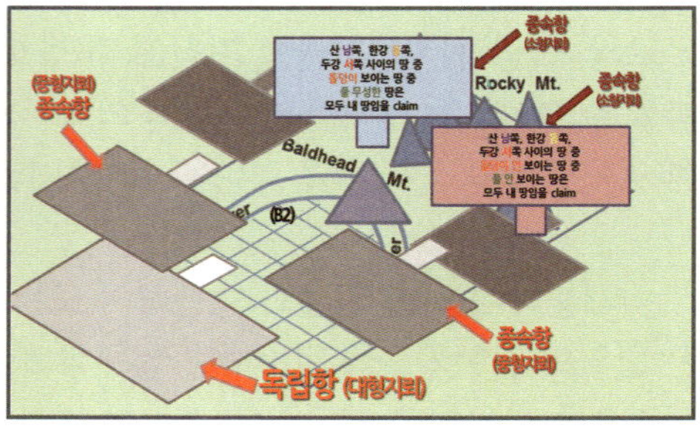

그림 4-4(b)

앞서 설명한 바와 같이 특허청 심사관은 신규성 결여, 진보성 결여, 기재불비 등으로 발명가의 청구항을 거절하지만, 심사관의 거절이 발명가의 청구항에 미치는 영향도 심사관의 거절 이유에 따라 달라진다. 일예로 그림 4-4(a)와 같이 심사관은 신규성 결여 또는 진보성 결여를 주장하며 발명가가 청구한 청구항 모두를 거절하기도 한다. 이 경우 발명가의 선택은 두 가지이다. 첫 번째는 심사관의 거절 이유를 극복하지 못하여 특허출원을 포기하는 경우이다. 따라서 발명가는 특허출원 비용은 물론 발명을 착상하기 위하여 R&D에 투자한 비용을 손해 볼 수밖에 없다. 두 번째는 발명가가 심사관의 거절 이유의 전부 또는 일부를 반박하며 자신이 청구하였던 청구항의 전체 또는 일부의 특허성을 주장하는 전략이다.

이와는 달리 그림 4-4(b)에서와 같이 심사관은 다수의 독립항 및 종속항은 신규성 결여, 진보성 결여, 기재불비 등으로 거절하되, 나머지 종속항에 한하여 특허성을 인정할 수도 있다. 이러한 상황에 처한 발명가는 대략 세 가지의 option을 가진다. 첫 번째 선택은 심사관이 거절한 청구항은 포기하는 반면 심사관이 인정한 청구항만을 선택하여 특허를 등록하는 방법이다. 하지만 심사관이 일부 청구항이 신규성 요건, 진보성 요건, 기재요건 등을 모두 만족하였다고 인정하는 경우, 이는 대부분 청구범위가 좁은 종속항이다. 따라서 발명가가 이러한 청구항만을 선정하여 특허를 받을 경우 상기 특허의 권리범위는 당연히 협소할 수밖에 없다. 따라서 두 번째 선택은 심사관이 거절한 청구항에 한하여 선택적으로 심사관의 거절 이유에 대응하는 방법이다. 또한 세 번째 선택은 심사관이 인정한 청구항만을 선별하여 특허를 받는 동시에 발명가는 분할출원 또는 계속출원을[11] 출원하는 전략이다. 위의 두 번째 및 세 번째 선택은 발명가가 일단 특허를 빨리 등록할 수 있다는 이점이 있다. 따라서 발명가가 경쟁자를 상대로 특허침해소송을 제기하기 위하여 등록특허가 필요한 경우 또는 특허침해소송 중 경쟁자를 압박할 수 있는 새로운 등록특허가 절실히 필요한 경우 이러한 전략을 유효적절하게 활용할 수 있다.

(4) 거절에 대한 대응 방법

발명가가 특허청 심사관의 거절 이유를 모두 인정한다면 물론 더 이상 심사관과 다툴 이유가 없다. 하지만 이에 대한 대가를 치러야한다. 즉 발명가는 위의 그림 4-4(a)와 같이 모든 청구항이 거절되어 특허를 받을 수 없기 때문이다. 따라서 자신의 발명을 포기하지 않는 한 발명가는 심사관의 거절 이유에 전향적으로 대응해야 한다.

그렇다면 위의 그림 4-4(b)와 같이 심사관이 발명가의 출원특허의 청구항 중 범위가 넓은 독립항들은 다 거절하는 대신 범위가 대단히 협소한 종속항의 종속항의 종속항의 종속항 정도만 특허성이 있다고 인정하였을 경우, 발명가는 심사관의 거절 이유를 인정해도 무방한가? 절대로 그렇지만은 않다. 왜냐하면 발명가는 특허를 받을 수는 있지만, 자신이 받은 등록특허 청구항의 권리범위가 워낙 협소하여 그 주변에는 수많은 광활한 공터가 형성될 수밖에 없기 때문이다. 따라서 이 경우에도 발명가는 심사관의 거절 이유에 전향적으로 대응할 필요가 있다.

---

11) 참고로 계속출원이나 일부계속출원은 미국 특허제도의 특징으로서, 우리나라를 포함한 대부분의 국가는 계속출원 제도를 운용하지 않는다. 이에 대한 자세한 내용은 제9장의 3-라절 "미국의 계속출원, 일부계속출원 및 서면기재 요건" 참고.

(ㄱ) 거절 이유 극복 방법

그렇다면 발명가가 심사관의 거절 이유를 극복하는 방법은 무엇일까? 우선 심사관이 인용한 선행기술에 대한 심사관의 해석에 오류가 있다고 주장할 수 있다. 일예로 발명가는 심사관이 인용한 선행기술이 사실은 발명가가 청구항에 기재한 청구발명의 신규성 요건 또는 진보성 요건과는 전혀 무관한 선행기술이라고 주장할 수 있다. 또는 심사관이 인용한 선행기술이 청구항과 관련은 있더라도 청구항의 신규성이나 진보성을 부정하지 못하는 선행기술이라고 주장할 수도 있다. 또한 발명가는 심사관이 인용한 선행기술이 청구항과 직접 관련되기는 하지만 청구항에 기재한 청구발명과 선행기술과의 차이점에 대한 심사관의 판단에 오류가 있다고 주장할 수도 있다. 이와는 별도로 발명가는 자신의 청구항에 대한 특허청 심사관의 해석에 오류가 있다고 주장할 수도 있다. 그 결과 발명가는 심사관이 인용한 선행기술은 발명가의 청구항과는 무관하다고 주장하거나 심사관의 주장과는 달리 청구항은 신규성 요건은 물론 진보성 요건도 만족한다고 주장할 수도 있다.

또한 발명가는 그림 4-5(a)와 같이 심사관이 발명가의 청구발명을 제대로 이해하였음에도 불구하고 자신의 발명과 관련이 없는 선행기술들을 인용하였다고 주장하거나, 심사관이 청구발명을 제대로 이해하지 못하여 관련 없는 선행기술들을 인용하였다고 주장하거나, 모든 선행기술들이 자신의 발명과 상이하다고 주장함으로써 심사관의 모든 거절 이유를 극복하기를 원할 것이다.[12] 하지만 심사관이 발명가의 발명을 충분히 이해하지 못하여 엉뚱한 자료를 선행기술로 인용하지 않은 이상, 발명가가 심사관의 거절 이유를 모두 극복하기는 현실적으로 용이한 작업이 아니다. 따라서 그림 4-5(b)와 같이 발명가는 일부 선행기술은 극복하지만 나머지 선행기술은 극복할 수 없는 경우도 자주 발생한다.

12) 심사관의 거절이 1~2개 정도의 선행기술에만 근거한 경우, 때로는 발명가가 심사관의 거절 이유를 모두 극복하는 경우도 종종 발생한다. 하지만 심사관이 인용한 선행기술이 2~3개 또는 4~5개로 많아지면 많아질수록, 발명가가 이들을 모두 극복하기는 그만큼 어려워진다. 따라서 이러한 경우에는 심사관의 거절을 극복하기 위한 청구항 보정이 필요할 수도 있다.

그림 4-5. 반박을 통한 선행기술 일부 극복

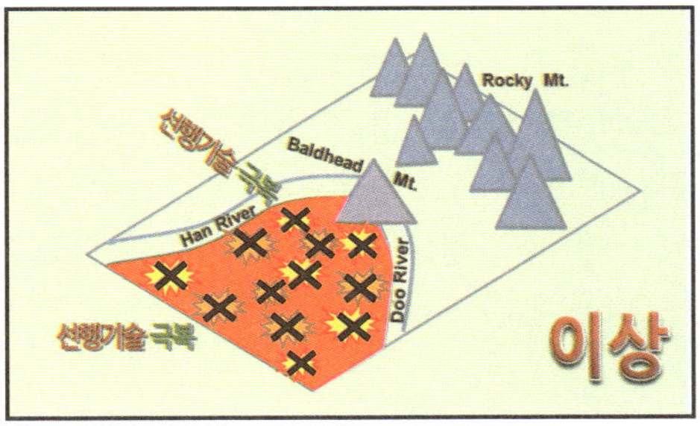

그림 4-5(a)

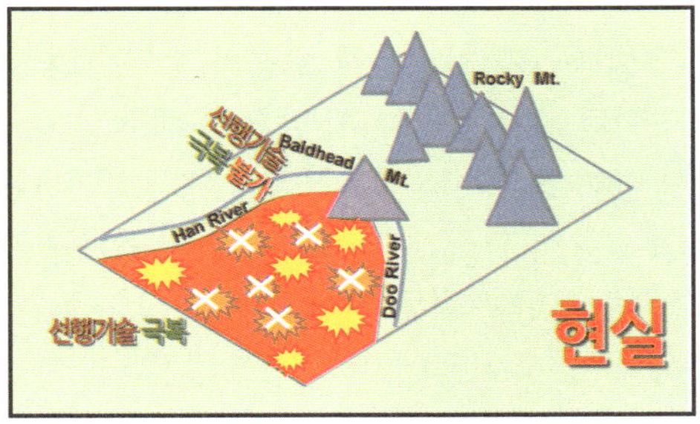

그림 4-5(b)

심사관이 발명가의 청구항을 거절한 후, 발명가는 심사관과의 개인 면담 또는 전화 면담 등을 통하여 또는 정식 의견서를 제출하여 심사관의 심사 오류를 지적하고 이에 대한 이해를 구할 수 있다. 한편 심사관은 발명가의 주장을 감안하여 자신의 거절 이유를 검토하며, 그 결과 심사관이 발명가의 주장에 동의하게 되면 발명가는 거절 이유 중 일부를 극복하게 된다. 따라서 발명가가 특허를 받기 위하여 극복하여야 할 선행기술의 개수는 그만큼 감소하게 된다.

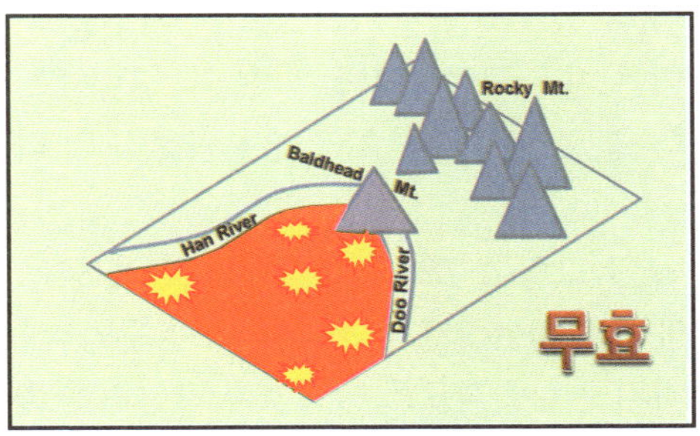

그림4-6.청구항또는청구범위보정의필요성

하지만 대부분의 경우 발명가의 독립항은 그림 4-6에서와 같이 여전히 선행기술로 인하여 신규성 요건이나 진보성 요건을 만족하지 못하여 특허를 받을 수 없는 상태이다. 따라서 발명가가 특허를 받기 위해서는 청구항을 보정할 수밖에 없다. 즉 그림 4-6과 같이 발명가가 자신의 영토에 매설한 대형지뢰(청구항의 범위)는 여전히 타인의 사유지 또는 공유지와 같은 선거주자의 땅을 포함하고 있기 때문에, 발명가는 특허를 받기 위해서 선거주자의 땅(선행기술)을 포함하지 않을 정도로 자신의

영토(청구항의 범위)를 축소해야만 하는 경우이다.[13]

발명가가 청구항을 보정하여 자신의 청구범위를 축소하는 방법은 제2장의 3절 "청구항과 수비전략"에서 설명한 바와 같이 독립항보다 범위가 좁은 종속항을 작성하는 방법과 동일하다. 즉 거절된 청구항에 1개 이상의 신규 요소를 추가하거나 또는 기존의 청구항 요소에 대한 1개 이상의 신규 제한조건을 추가하여 청구항의 범위를 축소하는 방법이다. 물론 보정 후 청구항의 범위는 보정을 통하여 추가된 요소나 제한조건의 성질 및 개수 등에 따라 협소해진다.

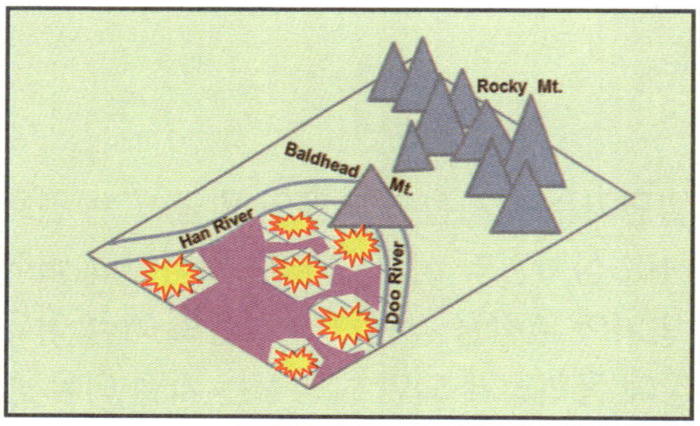

그림 4-7. 심사관의 거절을 극복하는 이론적·이상적 청구범위

발명가가 극복할 수 없는 선행기술을 피하며 청구항을 보정할 때에도 발명가는 자신이 취할 수 있는, 가능한 한 넓은 범위의 땅을 자신의 영토로 확보할 수 있도록 청구항을 보정하기를 원하기 마련이다. 즉 발명가가 최초 특허출원 시 제출하였던 원출원특허의 청구항에 기재된 청구범위에서 자신이 극복할 수 없는 선행기술만을 제외한 모든 땅을 자신의 영토라고 주장하는 것이다. 따라서 심사관의 거절을 극복할 수 있도록 발명가가 보정한 청구항의 이론적 청구범위는 그림 4-7과 같이 쥐가 파먹은 치즈 모양을 가질 수 있다. 그럼에도 불구하고 쥐가 파먹은 치즈의 중량은 애초부터 얇고 작게 자른 치즈의 중량보다 더 나가는 것은 당연하다.

단 그림 4-7의 쥐 파먹은 치즈 모양은 2차원, 3차원 공간에서 특정 점, 면적, 공간에 해당하는 좌표를 이용하여 청구범위를 정의할 수 있는 경우에는 가능할지 모른다. 하지만 실질적으로 발명가가 자신의 원출원특허 청구항 범위에서 자신이 극복할 수 없

13) 물론 발명가는 심사관의 거절 이유를 극복하기 위하여 청구범위를 축소하는 대신, 기존의 청구항을 취소하며 새로운 청구항을 청구하는 전략을 사용할 수도 있다. 단 이 경우는 앞서 설명한 제4장의 1-가절의 제1항 "특허 출원"에 해당하므로 여기에서는 더 이상의 설명을 생략한다.

는 선행기술의 면적이나 공간만을 제외한 범위를 갖는 청구항을 작성하기는 거의 불가능하다. 그 이유는 특허 청구항의 범위는 발명가가 자신의 말뚝에 기재한 내용에 따라 결정되는 바, 청구항에 포함된 요소나 제한조건에 해당하는 단어나 문구를[14] 이용하여 그림 4-7과 같은 복잡다단한 경계선을 가진 기하학적 영토를 정의하기는 현실적으로 불가능하기 때문이다.

따라서 발명가가 극복할 수 없는 선행기술을 회피하는 동시에 자신의 영토를 최대화하도록 보정한 청구항의 범위는 그림 4-7의 기하학적 모양을 가진 영토보다는 그림 4-8과 같이 상대적으로 단순한 형태를 가진 영토가 대부분이다. 일예로 그림 4-8은 발명가가 말뚝에 "산 남쪽, 한강 동쪽, 두강 서쪽" 이라는 기존의 세 가지 요소를 기재한 후, 여기에 "돌덩이가 보이는 땅 (R)"이라는 신규 요소를 추가한 경우이다. 따라서 그림 4-8의 말뚝(특허의 청구항)이 정의하는 영토는 위의 네 가지 요소를 동시에 만족하는 땅만을 포함하는 영토로 제한되므로, 그림 4-8의 영토는 당연히 원출원 특허 청구항에 기재한 바 있는 그림 4-1의 영토에 비하여 좁을 수밖에 없다.

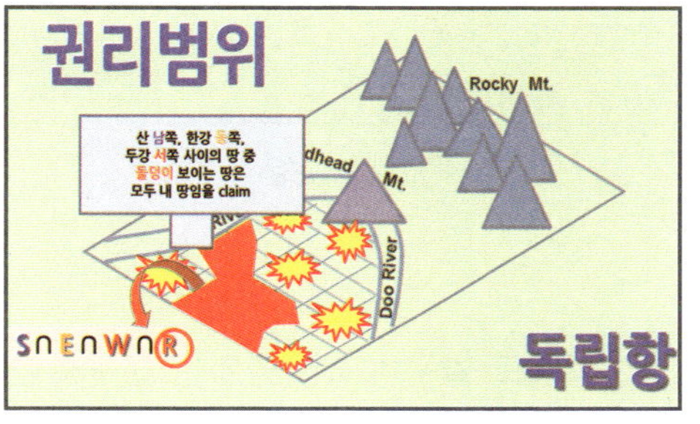

그림 4-8. 심사관의 거절을 극복하는 실질적·현실적 독립항

위의 그림 4-8과 같이 발명가가 독립항의 범위를 축소하면 발명가가 특허 받을 수 있는 가능성은 당연히 증가한다. 왜냐하면 발명가 영토가 좁아진 만큼 상기 영토에 선행기술이 포함될 가능성 역시 낮아지기 때문이다. 즉 발명가가 자신의 공격력을 약화시킨 결과 그만큼 자신의 수비력이 강화된 셈이다.

14) 청구항의 청구범위를 명확히 전달하기 위하여 청구항에 단어 대신 숫자를 사용할 수도 있다. 하지만 청구항에 숫자가 포함되면 예기치 않게 청구항의 범위가 몹시 협소해지는 위험성이 상존한다. 따라서 청구항에 숫자를 포함할 경우에는 각별한 주의가 필요하다.

그림 4-9. 심사관의 거절을 극복하는 실질적·현실적 종속항

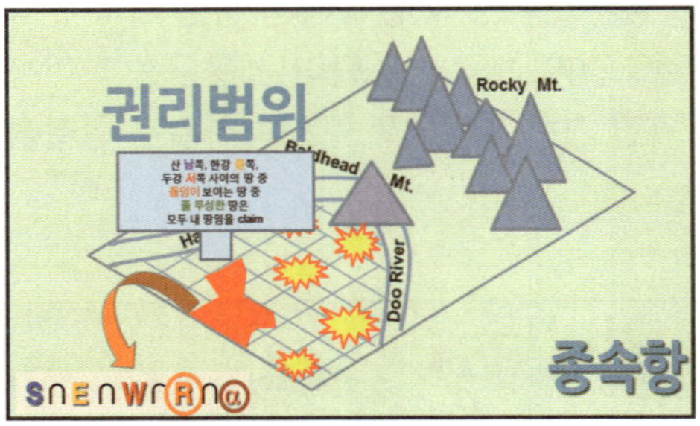

그림 4-9(a)

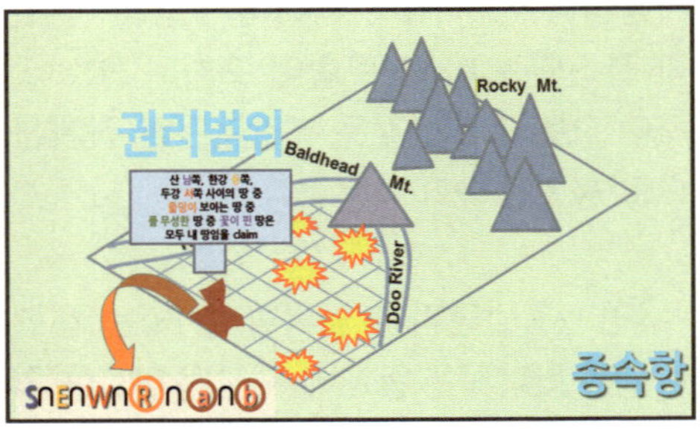

그림 4-9(b)

그럼에도 불구하고 발명가는 청구항 전략에 따라 상기 독립항에 대한 종속항도 청구해야할 필요가 있다. 그 이유는 물론 추후 경쟁자가 제기할 수 있는 특허침해소송을 통하여 발명가는 물론 특허청 심사관도 출원특허 심사 시 인지하지 못했던 새로운 선행기술이 등장할 가능성을 완전히 배제할 수 없기 때문이며, 또한 심사관이 심사 시 인정하였던 청구항의 신규성 요건이나 진보성 요건을 추후 법원이 인정하지 않을 가능성도 배제할 수 없기 때문이다.

이에 따라 발명가는 그림 4-9(a) 및 4-9(b)와 같이 “산 남쪽, 한강 동쪽. 두강 서쪽 및 돌덩이가 보이는 땅”이라는 범위에 “풀이 무성한 땅 (α)”이라는 신규 요소 또는 “꽃이 핀 땅 (β)”이라는 신규 요소를 순차적으로 추가함으로써, 범위가 협소해지는 종속항을 작성해야 한다. 즉 앞서 설명한 청구항 전략을[15] 활용하여 범위가 넓은 청구항이 거절되거나 무효로 되는 경우에 선제적으로 대응하는 전략이다.

15) 누차 강조하지만 특허의 핵심은 바로 청구항의 범위, 금지권의 범위이다. 앞서 설명한 바와 같이 종속항은 독립항에 신규 요소나 신규 제한조건을 순차적으로 부가하여 작성하기 때문에 종속항의 범위는 항상 독립항의 범위보다 협소할 수밖에 없다. 따라서 특허 청구항 중 가장 범위가 넓은 독립항의 범위는 무척 중요하다.

(ㄴ) 신규 요소, 신규 제한조건 선정 방법

그렇다면 발명가는 어떤 근거로 신규 요소나 신규 제한조건을 선정하고, 이를 기존의 청구항에 추가하여 청구항 범위를 축소함으로써 선행기술에 대비하여 신규성 또는 진보성을 확보할 수 있을까?

이에 대한 정답은 간단하다. 특허청 심사관이 신규성이나 진보성을 부정하기 위하여 인용한 선행기술(들)이 개시하지 않은 요소나 제한조건을 선정하여 청구항에 부가하는 전략이다. 즉 보정된 청구항은 선행기술이 개시하지 않은 요소나 제한조건을 포함하게 되며, 그 결과 보정된 청구항은 선행기술과 대비하여 "구성요소 완비의 법칙"을 만족하지 않으므로 신규성 요건 또는 진보성 요건을 만족한다고 주장하는 전략이다.[16)]

표 4-1. 신규성 및 진보성 요건에 대한 Claim Chart

청구항 (요소, 제한조건)		선행기술 개시 사항 (부품·단계)	
		존재 여부	적용 부위
산 남쪽 [S]?	⇒	Yes	4쪽
한강 동쪽 [E]?	⇒	Yes	4쪽
두강 서쪽 [W]?	⇒	Yes	6쪽
신규 요소·제한조건?	⇒	No	not disclosed

표 4-1은 청구항 범위를 축소하여 선행기술을 극복한 예시로서, 심사관이 인용한 단일 또는 다수의 선행기술 어디에도 개시되지 않은 신규 요소나 신규 제한조건을 발명가가 자신의 청구항에 부가한 경우이다. 일예로 앞서 설명한 그림 4-8은 심사관이 인용한 선행기술들이 모두 돌덩이를 언급하지 않았으므로 발명가는 기존 청구항의 세 가지 요소인 산 남쪽, 한강 동쪽, 두강 서쪽에 돌덩이가 보인다는 요소를 추가한 경우이다. 그 결과 발명가는 표에서와 같이 선행기술 어디에도 돌덩이에 대한 개시가 없으므로 보정된 청구항이 선행기술 대비 "구성요소 완비의 법칙"을 만족하지 않으며, 따라서 청구항이 신규성 요건이나 진보성 요건 등을 만족하였다고 주장할 수 있다.

16) 자세한 내용은 제8장 "신규성 요건 및 진보성 요건" 참고.

물론 발명가가 임의로 신규 요소나 제한조건을 선정하여 기존 청구항에 추가하였다고 항상 심사관의 거절을 극복한다는 보장은 없다. 그 이유는 발명가가 청구항에 신규 요소나 제한조건을 추가하여 청구항 범위를 축소하더라도 상기 범위에 여전히 경쟁자의 다른 사유지의 일부 또는 다른 공유지의 일부가 포함되면 청구항은 여전히 무효이기 때문이다.

그림 4-10. 심사관의 거절을 극복하는 데 실패한 청구항 보정

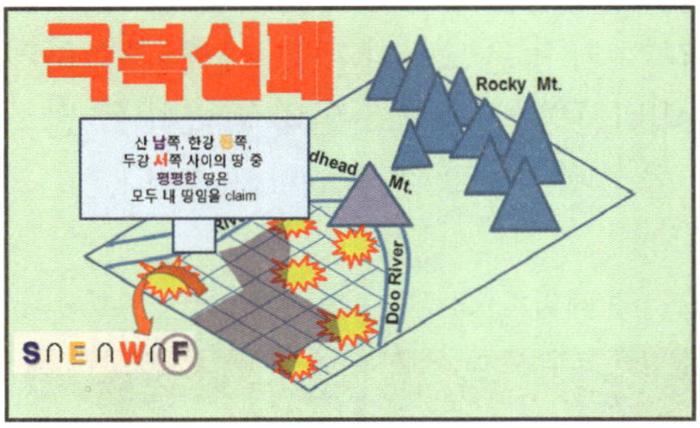

그림 4-10(a)

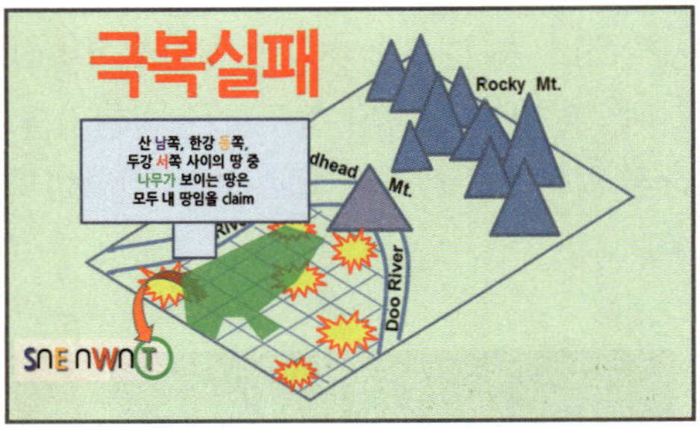

그림 4-10(b)

일예로 그림 4-10(a)는 발명가가 기존의 독립항에 "평평한 땅 (F)"이라는 신규 요소를 추가하는 보정을 통하여 청구범위를 축소시킨 경우이다. 하지만 그림과 같이 보정한 청구범위에는 여전히 선행기술이 일부라도 포함되므로 심사관은 발명가가 보정한 청구항을 재차 거절할 수 있다. 한편 그림 4-10(b)는 발명가가 기존의 독립항에 "나무가 보이는 땅 (T)"이라는 신규 요소를 추가하는 보정을 통하여 청구범위를 축소시킨 경우이다. 하지만 이 경우 역시 보정한 청구항의 범위에 선행기술이 일부분이라도 포함되므로 여전히 거절 이유를 극복하지 못한다. 결국 발명가는 심사관의 거절 이유에 근거하여 신중히 추가 요소 또는 제한조건을 선정한 후 이를 청구항에 추가하여 청구범위를 축소해야 한다.

이와는 반대로 심사관이 거절한 청구항에 발명가가 신규 요소 또는 제한조건을 추가하여 거절 이유를 극복하였다고 항상 즐거워만할 수도 없다. 그 이유는 청구항 보정을 통하여 청구범위가 너무 협소해질 수도 있기 때문이다. 일예로 그림 4-11(a)는 발명가가 기존 청구항에 "금가루가 보이는 땅 (G)"이라는 신규 요소를 추가하는 보정을

통하여 청구범위를 획기적으로 축소시킨 경우이다. 이에 따라 발명가는 심사관의 거절 이유를 용이하게 극복할 수는 있지만 그림 4-11(a)에서와 같이 보정한 후의 청구범위는 너무 협소하여 그 주변에 광활한 공터가 형성되므로, 발명가는 강력한 금지권 확보에 실패한다. 한편 그림 4-11(b)는 발명가가 기존 청구항에 "샘물 나오는 땅 (X)"이라는 신규 요소를 추가하는 보정을 통하여 청구범위를 축소시킨 경우이다. 그림 4-11(a)와 같이 그림 4-11(b)의 보정 후 청구항 역시 청구범위가 너무 협소하여 주변에 무한한 공터가 생기게 된다. 결국 발명가는 심사관의 거절 이유에 근거하여 추가 요소 또는 제한조건을 선정하더라도 청구범위를 필요 이상으로 축소하지 말아야 한다.

그림 4-11. 심사관의 거절은 극복하였지만 범위가 너무 협소한 청구항 보정

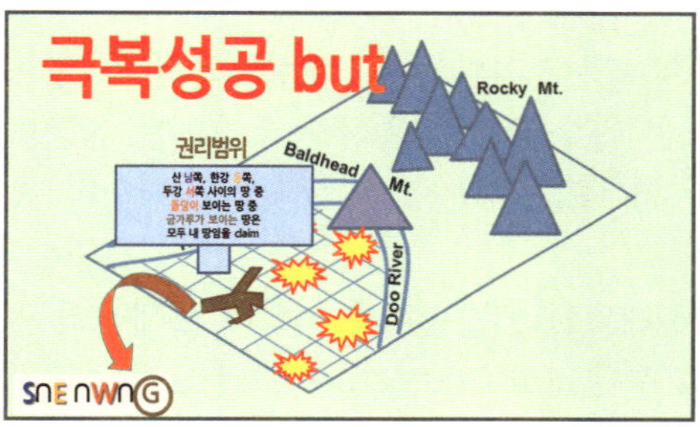

그림 4-11(a)

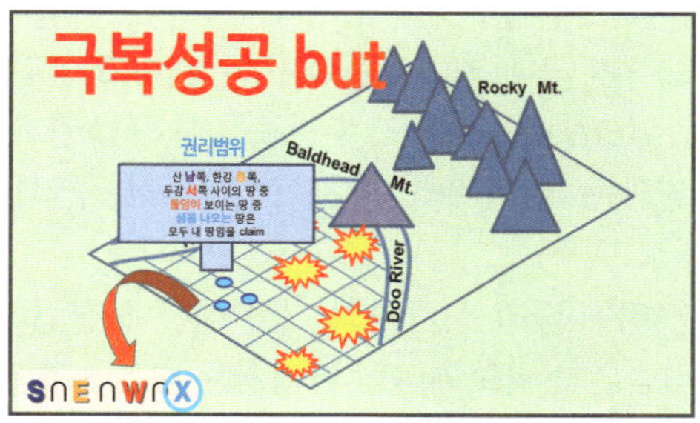

그림 4-11(b)

(ㄷ) 변리사에 대한 성공보수제도의 함정

수익 창출을 목적으로 하는 특허의 핵심은 범위이다. 앞서 심사관의 거절 이유를 피하여 확보한 쥐 파먹은 치즈 모양의 권리범위가 처음부터 협소한 청구항의 범위보다는 넓을 것이며, 추후 reissue patent를 통하여 재탈환할 수 있는 범위도 원출원특허의 청구항 범위를 초과할 수 없기 때문에 원출원특허의 청구범위가 중요하다고 설명하였다.[17] 하지만 발명가가 타인의 특허침해를 억지할 수 있는 금지권은 결국 등록특허의 권리범위이므로 발명가의 대리인이 심사관의 거절 이유에 현명하게 대응하면서도

17) 자세한 내용은 제5장의 4-나절 "특허권의 후천적 제한" 참고.

가능한 한 넓은 권리범위를 확보하는 과정은 최초 특허출원 과정만큼이나 중요하다. 이러한 측면에서 특허를 등록하는 과정은 “발명의 재창출”이라고 간주할 수 있다.

하지만 앞서 설명한 바와 같이 dumping 수준으로 낮게 책정된 국내 특허업계의 변리사 수임료와[18] 국내 변리업계의 ‘성공보수제도’는 발명가가 넓은 권리범위를 확보하는 데 악영향을 미칠 수 있다. ‘성공보수제도’란 변리사가 성실히 노력하여 발명가의 출원특허가 등록되면 발명가로부터 성공에 대한 소정의 사례금을 지급받는 제도를 지칭한다. 물론 발명가가 특허 출원 시 변리사에게 충분한 수임료를 지급하고, 변리사가 심사관의 거절에 현명하게 대응하여 발명가가 드넓은 권리범위를 확보하고 이에 대한 사례를 받게 된다면 문제가 없다. 하지만 국내 변리업계의 수임료는 초기 수임료와 성공보수를 모두 합치더라도 dumping 수준이라는 데 문제가 있다. 즉 발명가, 더 자세히 말하자면 국내 개인발명가 또는 대학교·연구소의 특허관리부서 및 기업의 특허관리부서는 dumping 수준의 수임료를 특허 출원 시에는 ‘착수금’으로, 특허 등록 후에는 ‘성공보수’라는 두 가지의 이름으로 나누어 지급하는 경우도 있다는 점이 문제의 근원이다.

이에 따라 심사관의 거절 이유에 현명하게 대응하며 발명가를 위하여 최대한의 권리범위를 확보해야할 변리사는 낮은 보수에도 불구하고 더 이상의 시간과 노력을 투자해야할지, 또는 알아보지도 못하고 알아주지도 않는 발명가를 위하여 창의성을 발휘해야할지 갈등을 겪을 수밖에 없다. 즉 service업인 법률산업에서 발명가가 지불하는 수임료는 dumping 수준이며, dumping 수준의 수임료나마 착수금과 성공보수로 두 번으로 갈라서 나누어 지급한다면, 변리사는 당연히 등록특허의 권리범위에 연연하지 않고, 대신 최소한의 시간과 노력만을 투자하여 특허를 가능한 한 빨리 등록시켜 성공보수를 받으려는 충동을 느낄 수도 있다.

이에 대한 변리사의 선택은 심사관의 거절 이유에 부응하여 청구항을 보정하고 특허를 등록시키는 방법뿐이다. 물론 변리사가 심사관의 거절 이유를 인정함에 따라 특허 범위는 협소해질 수밖에 없다. 실질적으로 아무리 변리사가 특허명세서를 잘 작성

18) 자세한 내용은 제1장의 4-마절 “총체적 난국의 원인” 참고.

하고 범위가 넓은 청구항을 작성하여 특허를 출원하였다손 치더라도, 심사관 거절에 대한 청구항 보정 시 청구항에 결정적인 단어 또는 문구 하나를 삽입함으로써 청구항의 범위는 십 분의 1, 백분의 1, 천분의 1로 축소되는 것은 일도 아니다. 이에 따라 발명가가 발견한 신대륙의 십 분의 9, 백분의 99, 천분의 999는 공터로 변하게 된다.

설상가상으로 발명가나 발명가 소속 기관의 특허관리부서는 특허전략에 대한 지식 부족으로 변리사가 얼마나 시간과 정성을 쏟아 발명가의 범위를 지키려고 노력하였는지 이해하지 못하는 경우가 대부분이다. 더불어 범위를 확보하려고 범위가 넓은 특허를 출원한 후 당연히 심사관의 거절통보를 받게 되면, 이러한 특허관리부서는 담당 변리사의 실력이 부족하다고 힐난하는 반면, 처음부터 범위는 신경 쓰지 않는 변리사가 쥐꼬리만한 범위의 청구항을 청구하여 단 한 번의 거절 없이 특허가 등록되면, 이러한 대리인이야말로 실력 있는 변리사라고 칭송하기도 한다. 이러한 현실에서 아무리 유능한 변리사라도 발명가를 위하여 치열하게 심사관과 논리 싸움을 벌이며 범위를 확보할 이유는 전무하다.

이에 대한 최선의 해결책은 미국, 유럽과 같이 시간 당 보수(hourly charge)를[19] 지급하는 방법이다. 이것이 힘들다면 최소한 최초 수임료를 상향 조정함으로써 변리사가 발명가의 '범위'를 위하여 노력하도록 incentive를 제공할 수밖에 없다.

(5) 특허 등록

특허청 심사관의 거절 이유를 감안하여 발명가가 청구항을 보정하여 제출하면, 심사관은 보정 후 청구항이 선행기술에 대비하여 신규성 요건 및 진보성 요건을 만족하는지

19) 미국이나 유럽의 top patent law firm의 경우, senior partner의 수임료는 시간 당 1,000 달러에 달하기도 하며, 방금 law school을 졸업하고 취업한 신참 associate 역시 시간 당 400 달러 정도를 부과한다. 따라서 특허 건당 100~200만원을 지급하는 국내 특허업계에서 생산되는 특허와 미국, 유럽에서 생산되는 특허의 질에 대한 비교 자체가 어불성설이다. 따라서 저자는 국내 발명가들이 유능한 변리사들을 선임하고 이들에게 타당한 수임료를 지불하지 않는 한 국내 개인발명가, 국내 대학교·연구소, 국내기업이 전략적 주요 국가에서 우량특허로 수익을 창출하기는 불가능하리라고 강변한다.

또는 기재요건을 충족하는지를 재검토한다. 발명가의 보정에도 불구하고 청구항이 신규성 결여, 진보성 결여 또는 기재요건 불만족이라고 생각되면 심사관은 발명가의 보정 청구항을 재거절할 수 있다. 하지만 발명가의 보정 청구항이 제반 요건들을 모두 만족하여 더 이상의 거절 이유가 없을 경우, 발명가의 출원특허는 출원공고 과정을 거치며 이의를 접수하고, 상기 기간 중 이의가 없을 경우 특허로 등록된다.

그림 4-12. 청구범위와 권리범위의 비교

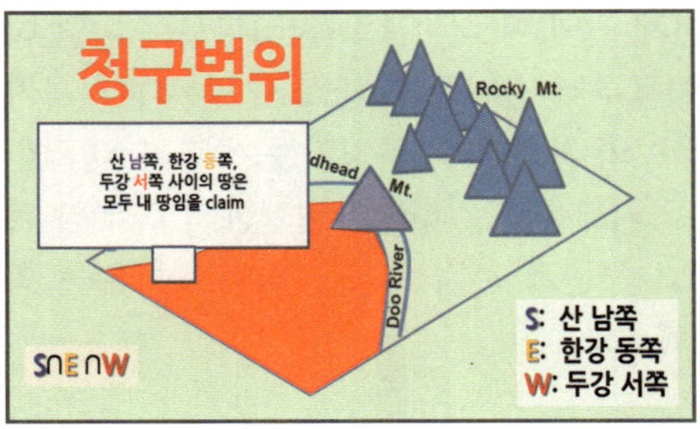

그림 4-12(a)

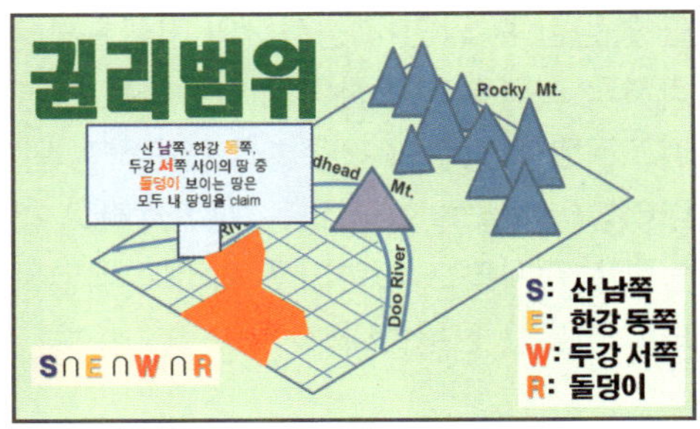

그림 4-12(b)

따라서 그림 4-12(a) 및 4-12(b)와 같이 대부분의 경우 심사관의 거절에 따른 발명가의 보정 후 등록된 발명가의 권리범위는 원출원특허의 청구범위보다 협소하다. 하지만 발명가가 금지권을 획득하는 근거는 출원특허의 청구범위가 아니라 등록특허의 권리범위이기 때문에, 출원특허의 심사 과정은 발명가에게는 각별히 중요한 의미를 가진다.

참고로 혹자는 어차피 심사관에 의하여 거절당할 바에는 처음부터 청구범위를 좁혀서 출원하는 것이 비용·시간 측면에서 유리하다고도 주장한다. 물론 이는 일리가 있는 주장이며, 일예로 특허침해소송 시 특허를 추가로 출원하고 이를 빨리 등록하여 침해 의심 제조업체를 더욱 압박하려는 경우, 침해가 성립하는 범위 내에서 고의적으로 좁은 범위의 청구항을 청구하여 특허를 조속히 등록시키는 전략이 주효할 수도 있다.

하지만 이러한 극단적인 경우를 제외한다면, 발명가가 처음부터 범위를 좁혀 출원함으로써 얻을 수 있는 이점은 거의 없다. 왜냐하면 처음부터 신대륙 귀퉁이에서 시작한 청구항의 범위와 심사 후 구멍이 좀 뚫리더라도 신대륙의 형체는 남아있는 청구항의 범위는 확연히 차이가 날 수밖에 없기 때문이다.

비슷한 맥락으로 특허청 심사관이 발명가가 출원한 청구항 중 대부분은 거절하고 범위가 좁은 일부 청구항만 등록 가능하다고 인정하였을 경우, 발명가는 거절당한 청구항은 완전히 포기하고 심사관이 인정하는 청구항에 한하여 특허를 받는 경우도 있다. 물론 특허의 조기 등록이 발명가에게 대단히 중요한 경우이다. 하지만 이때에도 분할출원이나 계속출원제도를[20] 이용하여 범위가 넓은 청구항을 계속 청구하며 후속 특허 등록을 노리는 전략이 바람직하다.

다시 한 번 강조하지만 특허를 출원·등록하는 목적이 수익 창출이기 때문에 발명가는 가능한 한 넓은 권리범위를 확보하는 동시에 자신의 권리범위 부근에 공터가 발생하지 않도록 최선을 다해야만 한다. 따라서 특허를 출원할 때부터 청구항의 범위는 가능한 한 넓고 광활하게 시작하는 전략이 거의 대부분의 경우 발명가에게 유리하다. 그럼에도 불구하고 발명가가 반드시 원하는 좁은 범위의 청구발명이 있다면, 이러한 발명은 범위가 넓은 독립항의 종속항에 기재함으로써 앞서 설명한 두 가지 목적을 동시에 달성하는 전략을 활용함이 바람직하다. 다시 한 번 더 강조하지만 수익 창출을 목적으로 하는 특허이기에 특허에는 공격만이 존재하며, 따라서 특허의 권리범위야말로 특허의 핵심이라 할 수 있다.

(6) 특허 공개

특허제도의 특징 중 하나는 출원특허 및 등록특허의 '공개'이다. 즉 각국 특허청은 발명가가 출원한 출원특허는 물론 상기 특허청의 심사를 거쳐 등록된 등록특허를 공개함

20) 참고로 계속출원이나 일부계속출원은 미국 특허제도의 특징으로서, 우리나라를 포함한 대부분의 국가는 계속출원 제도를 운용하지 않는다. 이에 대한 자세한 내용은 제9장의 3-라절 "미국의 계속출원, 일부계속출원 및 서면기재 요건" 참고.

으로써 추후 경쟁자가 특허권자의 금지권을 침해하지 않도록 공지한다.[21] 또한 특허청은 특허권자의 청구범위 및 권리범위를 공개함으로써 이미 발명가가 특허출원한 발명 또는 특허로 등록한 발명을 경쟁자가 다시 재발명하기 위하여 시간과 재원을 중복 투자하는 실수를 방지함으로써 사회적 효율을 제고할 수도 있다.

하지만 출원특허 및 등록특허의 공개는 발명가에게는 치명적인 화를 불러올 수 있다. 왜냐하면 출원특허나 등록특허가 공개됨에 따라 발명가가 보유할 또는 보유한 금지권의 범위가 전 세계에 공지되기 때문이다. 이에 따라 발명가의 특허를 개량하려는 후발명가 또는 발명가의 특허를 우회·회피하려는 제조업체와 같은 경쟁자는 발명가가 운용하는 공수전략의 장단점과 허실을 쉽게 파악하고 대응책을 수립할 수 있는 반면, 발명가는 추후 어떤 경쟁자가 언제, 어디에서, 어떤 전략을 사용하여 자신의 영토 주변에서 공터를 확보하려할지 예측할 수 있는 방법이 전혀 없다.

그림4-13. 출원특허 및 등록특허 공개의 효과

따라서 출원특허 및 등록특허의 공개는 특허권자에게는 일종의 "one-way ticket"이다. 즉 특허권자는 그림 4-13과 같이 전 세계를 향하여 옷깃을 풀어 헤치고 자신의 장단점을 낱낱이 공개하는 "Burberry Man"이 되어버리는 것이다. 이것이 바로 발명가가 특허출원 시 청구항의 최대한의 범위를 확보하여야만 하는 또 다른 이유이다. 즉 경쟁자가 추후 언제, 어떻게 발명가의 영토 주변에 공터를 확보하려할지를 특허 출원 시점에 알 수 없다면, 발명가가 특허출원 시 실행할 수 있는 단 하나의 전

21) 물론 이는 특허청의 의도에 불과하다. 공개된 발명가의 출원특허나 등록특허를 읽는 경쟁자가 제일 먼저 확인하는 사항은 상기 특허의 권리범위에 대한 우회·회피 가능성이다. 따라서 특허청의 공개 제도의 목적은 경쟁자 및 공중에 대한 고지(notice)일 뿐이며, 이에 대한 경쟁자나 공중의 선택은 (1) 청구항의 무효화나 권리범위의 우회·회피가 불가능할 경우에는 발명가와 licensing 가능성 타진, (2) 청구항의 무효화 노력, (3) 우회·회피 노력, (4) 대놓고 침해 중 하나인 경우가 대부분이다.

략은 가능한 한 넓은 범위의 영토를 청구한 후, 심사관의 거절을 지혜롭게 극복하되 자신이 청구한 영토를 최소한으로 포기하는 형태로 청구항을 보정한 후, 자신의 권리범위 주변에서 경쟁자가 공터를 찾지 못하도록 하늘이 도와주기를 간절히 기도하는 방법뿐이다.

앞서 설명한 바와 같이 발명가가 아무리 노력하더라도 경쟁자가 추후 자신의 범위를 어떻게 우회·회피할지 예상하기는 현실적으로 불가능하다. 이러한 발명가의 일방적 약점에도 불구하고 최초 출원 시부터 협소한 범위만을 청구하는 발명가도 종종 볼 수 있다. 물론 이에 대한 이유로는 거절 이유의 극복 용이, 비용 절약 등을 꼽을 수도 있다. 하지만 이러한 발명가가 출원한 출원특허가 추후 등록되더라도 그 청구범위는 얼마나 넓을지, 이에 따라 권리범위 및 금지권은 얼마나 효력이 있을지는 충분히 미루어 짐작할 수 있다. 물론 시간과 재원을 투자하여 이러한 특허를 출원, 등록하는 행위 자체가 수익 창출이라는 특허 본연의 목적과 배치됨은 아무리 강조하여도 지나치지 않다.

요약하면 발명가는 추후 자신의 등록특허를 역으로 이용하여 수익을 창출하려는 경쟁자가 언제, 어디서, 어떤 방법으로 발명가의 영토(청구항의 권리범위) 주변의 공터에서 거주하거나, 상기 공터를 통과하려 시도할지 예측할 수 없다. 그러다 보니 발명가는 추후 자신의 등록특허를 우회·회피하거나 침해할지도 모르는 경쟁자에 대한 대응 전략을 수립할 수도 없다. 이는 마치 전쟁에 나가는 국가가 자신이 보유한 육·해·공군 병사의 수, 병사의 훈련 상태, 육군 기갑사단 및 보병의 무기 보유 상황, 해군의 함정·잠수함 보유 척수, 공군의 전투기·폭격기 보유 대수, 공중 급유기 보유 여부, 탄약 및 폭탄 비축량, 육·해·공군 병사의 이동 수단·경로 및 이동 시간 등은 물론 자국 연합사령부의 위치와 출입에 필요한 비밀번호와 같은 모든 고급 군사정보를 미리 적군에게 통지해준 후, 이미 적군에게 알려준 작전에 따라 전쟁에 임하는 경우와 동일하다. 물론 자국 군사력과 관련된 모든 비밀을 적군에게 통보한 국가는 전쟁에서 치명적으로 불리한 상황에 처할 것이 자명하며, 이러한 국가가 전쟁에서 승리하려면 각고의 노력이 필요할 것 역시 자명하다.

결국 특허의 목적은 수익 창출이며, 이를 위한 특허의 핵심은 금지권의 범위이다. 따라서 발명가가 경쟁자의 미래 전략에 대비하여 선제 대응할 수 있는 유일한 방법 역시 최대한 넓은 범위의 독립항과 이에 종속되는 다수의 청구항을 청구하는 청구항 전략의 전향적 활용이다. 또한 청구항에서 사용한 용어에 대한 의미를 제공하는 "발명의 설명"에도 넓은 범위를 지닌 단어나 문구를 사용함은 물론 다양한 범위 및 종류의 실시예를 기재하여 추후 필요할지도 모를 범위 확충에 최선을 기울여야 한다. 그 후 상기 출원특허가 등록되면 발명가는 자신의 영토 근처에 공터가 없기를 또는 예기치 않은 선행기술에 의하여 새로운 공터가 형성되지 않기를 바라는 수밖에 없다.

나. 발명가의 Action에 대한 경쟁자의 Counter-Action

특허가 등록되면 발명가는 특허권자로 격상된다. 또한 발명가는 등록특허 청구항에 기재한 발명에 한하여 경쟁자에 대한 금지권을 확보하며, 이에 근거하여 발명가는 다양한 방법을 활용하며 수익 창출을 도모할 수 있다. 발명가의 경쟁자 역시 발명가의 출원특허 또는 등록특허가 공개됨에 따라 상기 특허의 청구항 및 "발명의 설명"을 숙독하여 발명가의 권리범위의 허실을 파악할 수 있다. 그 후 경쟁자 역시 다양한 방법으로 발명가의 청구항을 무효화하거나, 우회·회피하거나, 침해하는 전략으로[22] 수익을 창출할 수 있다.

(1) 특허 초보 경쟁자의 침해

특허법에 문회한인 경쟁자는 별 생각 없이 발명가의 특허를 침해한다. 즉 신대륙에 도착한 경쟁자는 어떤 땅이 발명가의 영토인지 확인하지도 않고 발명가의 특허가 무엇인지도 모르는 채 나름대로 기술을 개발하고 제품을 제조·판매하는 것이다. 그러다 보니 본의 아니게 초보 경쟁자는 발명가 특허의 권리범위를 침해하기도 한다.

일예로 그림 4-14와 같이 "산 남쪽, 한강 동쪽, 두강 서쪽, 돌덩이가 보이는 땅"의 조건을 모두 만족하는 땅이 특허의 권리범위인 경우, 초보 경쟁자가 신대륙의 F_1 및 F_2

22) 경쟁자 제조업체가 발명가의 특허를 실시하려면 발명가와 license 계약을 체결해야 한다. 하지만 발명가가 요구하는 royalty가 비쌀 경우, 대부분의 제조업체는 license 계약을 체결하기 전 발명가가 보유한 특허의 무효 가능성, 발명가 특허의 권리범위의 우회·회피 가능성 등을 검토할 것이 당연하다.

지점에서 거주(경쟁제품을 제조·판매)하는 경우를 가정하자. 지점 F_1은 발명가 영토의 정중앙에 위치하므로 발명가의 영토(청구항 범위)는 경쟁자 거주지 F_1에 대비하여 "구성요소완비의 법칙"을 만족하며, 따라서 발명가의 영토(청구항 범위)는 경쟁자 거주지 F_1에 의하여 문언침해된다.

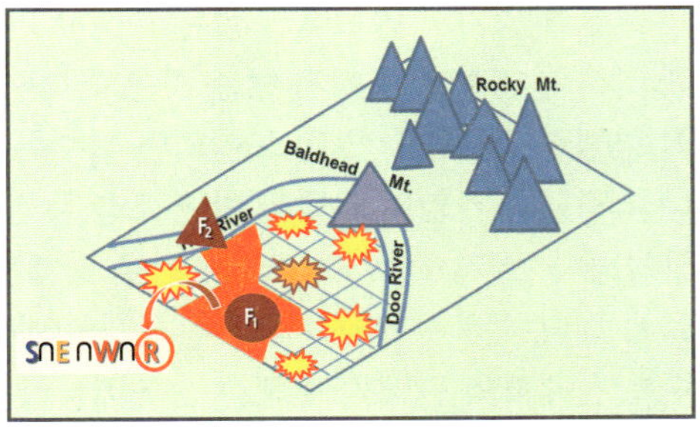

그림 4-14. 특허 초보 경쟁자의 특허침해

그렇다면 발명가의 영토 정중앙에 위치한 초보 경쟁자의 거주지 F_1과는 달리 발명가 영토 좌상부 끝부분에 걸칠까말까 하는 또 다른 초보 경쟁자의 다른 거주지 F_2는 청구항을 침해할까? 정답은 "역시 침해한다"이다. 왜냐하면 경쟁자 거주지 F_2의 우하부 끝부분이 "산 남쪽, 한강 동쪽, 두강 서쪽, 돌덩이가 보이는 땅"을 침범하여 "구성요소 완비의 법칙"을 만족하기 때문이다.

따라서 경쟁자가 거주지 F_2에 정원을 꾸미고, 도랑을 파고, 과일나무를 심는 등 발명가 영토의 속성과 관련 없는 요소나 제한조건을 아무리 많이 추가하더라도, 거주지 F_2의 일부분이라도 발명가의 영토를 침범하는 한 발명가의 청구항은 항상 F_2에 의하여 문언침해된다.[23] 왜냐하면 구성요소 완비의 법칙은 청구항의 요소와 제한조건 각각이 침해의심 거주지에 존재하는지에 따라 결정되는 반면 침해의심 거주지에 포함된 요소나 제한조건 각각이 청구항에 존재하는 지에 따라 결정되지는 않기 때문이다. 따라서 경쟁자 거주지 F_1과 F_2가 특허권자의 영토를 침범한 정도는 확연히 차이가 나지만, 경쟁자의 거주지 전체가 발명가의 영토를 침범하건 상기 거주지의 끝부분만이 발명가의 영토를 침범하건, 경쟁자가 발명가의 영토를 침범하는 순간 침범한 정도에 관계없이 문언침해가 성립된다.

23) 경쟁자 제품 F_1 및 F_2의 경우에 대한 위의 설명은 문언침해의 경우에 해당한다. 이와는 달리 경쟁자가 발명가의 청구항 요소나 제한조건 일부를 극히 미미할 정도로 변형·치환하여 발명가의 특허를 문언침해하지 않을 경우, 발명가는 경쟁자 제품에 대하여 "균등론에 의한 침해"를 주장할 수도 있다.

물론 발명가의 영토에 포함된 경쟁자 거주지 F_1과 F_2의 정도가 특허침해소송의 결과에 아무런 영향을 미치지 않는 것은 아니다. 직관적으로, 또 상식적으로 발명가의 영토에 경쟁자 거주지가 많이 포함되면 될수록 경쟁자가 발명가에게 지불해야 하는 손해배상금 역시 증가함이 타당한 반면 포함된 정도가 미미할수록 손해배상금 역시 감소함이 타당하다. 실제로 미국 판례의 경우 침해자가 발명가에게 지불해야 하는 합리적 실시료에 해당하는 손해배상금은 침해제품에서 청구발명이 차지하는 정도가 증가하면 할수록 침해자의 판매액에 대한 손해배상금의 할당액(apportionment) 역시 증가한다. 하지만 발명가 영토에 경쟁자의 거주지가 포함되는 한 그 정도에 관계없이 발명가의 청구항이 경쟁자 거주지에 의하여 문언침해됨은 불변의 사실이다.

(2) 특허 고수 경쟁자의 우회·회피

그림 4-14의 초보 경쟁자와는 달리 특허법을 사업에 활용할 줄 하는 경쟁자 또는 유능한 특허전문가의 조언을 받는 경쟁자는 발명가 영토(등록특허 청구항의 권리범위)를 침범하지 않으면서도 발명가의 청구발명을 부분적으로나마 구현하는 제품을 제조·판매함으로써 특허의 권리범위를 우회·회피할 수 있다. 물론 경쟁자는 발명가의 특허를 효과적으로 우회·회피하기 위하여 청구항을 면밀히 분석하고 권리범위를 확인한 후, 이에 근거하여 자신의 제품을 발명가의 영토 바깥쪽에 위치하도록 노력한다.

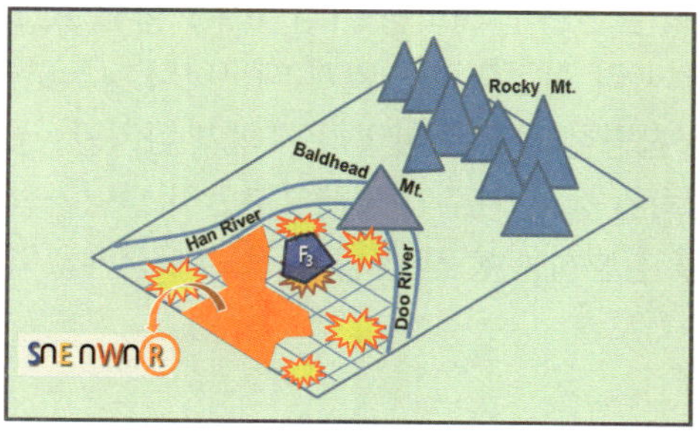

그림 4-15. 특허 고수 경쟁자의 효과적 우회·회피에 의한 비침해

그림 4-15에서와 같이 경쟁자가 발명가의 권리범위 외부의 땅 F_3에서 거주하는 경우를 가정하자. 즉 발명가의 영토는 "산 남쪽, 한강 동쪽, 두강 서쪽, 돌덩이가 보이는 땅" 등의 네 가지 조건을 모두 만족하는 땅인 반면 경쟁자 거주지 F_3는 "산 남쪽, 한강 동쪽, 두강 서쪽"의 조건은 만족하지만 "돌덩이가 보인다"는 조건은 만족하지 않는 경우이다.

따라서 발명가 청구항의 네 가지 요소 중 최소 1개의 요소는 거주지 F_3에 존재하지 않기 때문에, 발명가의 청구항은 경쟁자 거주지 F_3에 대비하여 "구성요소완비의 법칙"

을 만족하지 않는다. 즉 경쟁자 거주지 F_3는 발명가의 청구항 범위를 우회·회피한, 비침해 거주지이다. 바꾸어 말하면 경쟁자는 발명가의 영토의 북쪽, 서쪽, 동쪽에 형성된 공터를 확인한 후, 그 중에서 북쪽의 공터에 거주함으로써 발명가의 영토를 성공적으로 우회·회피한 경우에 해당한다.

(ㄱ) 우회·회피의 정도와 영향

앞의 그림 4-14에서는 경쟁자의 거주지 F_1과 F_2가 발명가의 영토를 침범하는 정도가 상이함에도 불구하고 침범의 정도와 관계없이 두 제품 모두 발명가 청구항의 범위를 문언침해한다고 설명하였다. 그렇다면 경쟁자가 발명가의 영토를 성공적으로 우회·회피하였을 경우 우회·회피의 정도는 어떤 영향을 미칠까?

그림 4-16. 우회·회피의 정도에 따르는 장점·단점

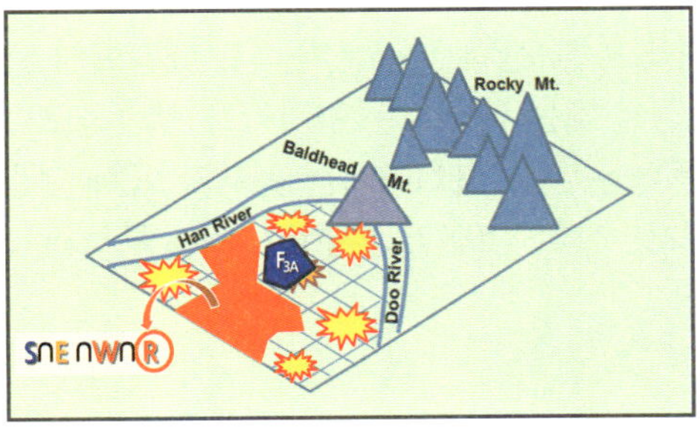

그림4-16(a)

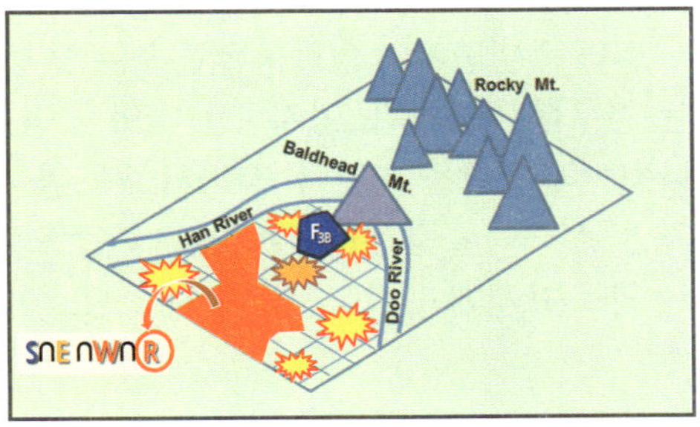

그림4-16(b)

일예로 그림 4-16(a)와 같이 발명가의 영토를 침범하지는 않지만 상기 영토에 가까운 경쟁자의 거주지 F_{3A}와 그림 4-16(b)와 같이 특허권자의 영토도 침범하지 않고 상기 영토로부터도 상대적으로 멀리 떨어진 거주지 F_{3B}를 비교하였을 경우 각각의 장단점을 살펴보자. 우선 경쟁자의 거주지 F_{3A}는 발명가의 영토와 가까운 만큼 거주지 F_{3A}의 토질, 환경은 발명가의 알짜배기 땅과 유사할 것이다. 따라서 거주지 F_{3A}는 발명가의 알짜배기 땅의 속성(일예로 청구발명 등)을 가장 유사하게 구현할 수 있다는 장점이 있다. 하지만 거주지 F_{3A}가 발명가의 영토와 가까워질수록 그만큼 발명가의 청구항 범위를 침해할 가능성 역시 높아진다는 단점이 있다.

반대로 경쟁자의 거주지 F_{3B}의 경우 발명가의 영토와 멀리 떨어진 만큼 토질, 환경 등이 발명가의 알짜배기 땅과 상이할 가능성이 높다. 따라서 거주지 F_{3B}는 발명가의 영토의 속성과 상대적으로 상이하므로 발명가 영토의 장점(일예로 청구발명 등)을 제대로 구현하지 못할 수 있다는 단점이 있다. 하지만 거주지 F_{3B}가 발명가의 영토와 멀면 멀수록 그만큼 발명가의 청구항 범위를 성공적으로 우회·회피할 가능성도 높아진다는 장점이 있다.

(ㄴ) 권리범위 우회·회피의 불확실성

그렇다고 경쟁자가 항상 발명가 특허의 청구항을 효과적으로 우회·회피할 수 있다는 보장도 없다. 이에 대한 가장 큰 이유는 바로 발명가의 영토에 대한 경계선이 불확실하기 때문이다. 이를 특허법으로 설명하자면 발명가의 권리범위를 확인하는 "청구항 해석" 자체에 여러 가지의 불확실성이 내재되어 있다는 말이다.

일예로 발명가의 영토를 결정하는 첫 번째 요소인 '산'에 ferrite가 다량 매장되어 있는 경우를 가정하자. 공지하는 바와 같이 자성을 띠는 ferrite는 자기장을 형성하므로 나침반에 영향을 미친다. 따라서 GPS를 사용하는 현대 사회에서는 문제가 되지 않겠지만, 신대륙을 탐험하던 17세기 기준으로 보면 상기 산에 매장된 ferrite는 특허권자의 영토 표시에 불확실성을 더하는 요소이다.

또한 발명가의 영토를 결정하는 두 번째 및 세 번째 요소인 한강과 두강 각각이 본류와 지류가 나뉘며, 지류의 수도 많고 장소에 따라 지류가 본류보다 폭이 넓을 경우를 가정하자. 이 경우 본류와 지류의 위치에 따라 한강의 가장 서쪽 지류와 두강의 가장 동쪽 지류 사이의 땅의 넓이와 한강의 가장 동쪽 지류와 두강의 가장 서쪽 지류 사이의 땅 넓이는 확연히 차이날 수도 있다. 또한 한강이나 두강의 지류가 강수량에 따라 변하거나 상기 지류가 발명가의 영토를 따라 흐른다면 발명가의 영토 역시 여러 가지 기준에 따라 상이한 해석이 가능해질 수도 있다.

마지막으로 발명가의 영토를 결정하는 네 번째 요소인 돌덩이 역시 발명가의 영토를 확정하는 데 수많은 불확실성을 추가할 수 있다. 일예로 "돌덩이가 보이는 땅"에서 돌덩이를 보는 주체는 누구이고 상기 주체의 시력이 어느 정도인지에 따라 돌덩이가 보이는 땅의 위치나 면적이 달라질 수 있다. 또한 "돌덩이가 보이는 땅"에서 돌덩이를 무엇으로 보는지도 논란의 소지를 제공할 수 있다. 즉 발명가가 현미경을 사용하며 정의한 "돌덩이가 보이는 땅"과 좌우 시력이 0.2에 불과한 근시 경쟁자가 볼 수 있는 "돌덩이가 보이는 땅" 역시 위치와 면적이 크게 차이날 수밖에 없기 때문이다.

그럼에도 불구하고 신대륙에서의 발명가의 영토가 확연히 정의되는 경우가 있는 바, 이것이 바로 출원특허 심사 시의 발명가의 '언행'이다. 일예로 특허청 심사관이 선행기술을 인용하며 출원특허의 청구항을 거절하였을 때, 발명가는 "돌덩이가 보이는 땅"이라는 요소를 추가하며 그 결과 자신의 보정 후 청구항이 선행기술에 대비하여 신규성과 진보성 요건을 만족한다고 주장하였다고 가정하자. 이러한 발명가의 주장은 "돌덩이가 보이지 않는 땅"은 선행기술에 포함되기 때문에 자신의 영토에 해당하지 않는다고 해석될 가능성이 농후하다. 또한 발명가가 심사관에게 "자신의 돌덩이는 무게가 1Kg 이상"이라고 설명하였다면, 발명가의 특허에 관한 한 무게가 1Kg 미만인 돌덩이는 더 이상 돌덩이가 아니라고 해석된다. 더 나아가 발명가가 일단 "돌덩이가 보이는 땅"이라는 요소를 추가하여 청구항 범위를 축소하여 특허를 받은 후, 추후 특허침해소송에서 돌덩이가 보이지 않는 땅에 거주하는 경쟁자의 침해를 입증하기 위하여 "사실은 돌덩이가 보이지 않는 땅도 자기 영토에 속한다"고 주장할 경우, 이는 "금반언의 원칙"을 위배하기 때문에 인정되지 않는다.[24] 따라서 앞서 설명한 바와 같이 발명가가 특허청 심사관의 거절 이유를 극복할 때에는 모든 언행에 주의를 기울여야만 한다.

(3) 특허 최고수 경쟁자의 침해

앞에서는 특허법을 사업에 활용할 줄 알거나 특허전문가의 조언을 받는 특허 고수 경쟁자가 발명가의 특허 청구항을 우회·회피하는 경우를 설명하였다. 하지만 특허 최고수 경쟁자는 발명가의 영토(등록특허 청구항의 권리범위)를 우회·회피하는 소극적 전략 대신 상기 권리범위를 침해하는 적극적 전략을 구사하기도 한다. 앞의 왕초보 침해자와 이러한 특허 최고수 침해자의 차이점은, 전자는 승패의 확률은 물론 자신의 침

24) 자세한 내용은 제5장의 4-나절 "특허권의 후천적 제한" 참고.

해 가능성조차 모른 채 특허를 침해하는 반면 후자는 발명가의 특허를 면밀히 분석한 후 수익(benefit)이 경비(cost)를 능가하는 경우에만 발명가의 특허를 침해한다는 점이다.

특허 최고수 경쟁자가 발명가의 권리범위를 침해하는 첫 번째 이유는 추후 발명가가 특허침해소송을 제기하더라도 청구항의 무효성을 입증할 수 있다고 판단한 경우이다. 일예로 최고수 경쟁자는 선행기술 검색을 통하여 청구항의 신규성 요건이나 진보성 요건을 뿌리째 흔들 수 있는 강력한 선행기술을 확보하였거나, 특허를 무효화할 수 있는 발명가의 비행[25] 등에 대한 증거를 입수하였을 수도 있다. 또한 최고수 경쟁자는 특허의 공동 소유권자를 찾아 그와 license 계약을 체결하였을 수도 있다.[26]

특허 최고수 경쟁자가 특허의 권리범위를 인지하면서도 침해하는 또 다른 이유는 발명가가 licensing에 요구하는 royalty보다 자신이 발명가가 제기하는 특허침해소송에서 패소함에 따라 발명가에게 지불할 손해배상금이 적을 경우이다. 발명가에게 지불하여야 할 royalty, 소송에서 패소하여 지불하여야 할 손해배상금, 법률 비용 등을 모두 감안하였을 때 소송과 관련된 cost를 benefit이 능가할 경우, 특허침해는 business의 기본 원리에 입각한 논리적, 합리적 해결책인 셈이다.

따라서 발명가는 자신의 권리범위를 침해하는 경쟁자의 속성을 파악해야 한다. 그 결과 경쟁자가 특허 최고수라면 발명가는 극히 조심하며 대응 전략을 수립해야만 한다. 단 발명가가 특허를 출원할 시점에는 추후 어떤 경쟁자가 등장할지는 예측할 수 없다. 이것이 바로 앞서 설명한 바 있는 "Burberry Man 발명가"의 선천적 불리함이며, 이것이 바로 발명가가 유능한 대리인을 선정한 후 합당한 보수를 지불하며 최선을 다

25) 앞주와 동일.

26) 국내 특허법에 의하면 공동소유권자 일방은 타공동소유권자의 동의 없이 자신의 공동소유권을 제3자에게 양도하거나 실시권을 허여(즉 license 계약 체결)할 수 없다. 하지만 미국 특허법에 의하면 공동소유권자 일방은 타공동소유권자의 동의가 없더라도 자신의 공동소유권을 제3자에게 양도하거나 실시권을 허여할 수 있다. 따라서 여기에서 가정한 예는 미국의 경우에 해당한다.

하여 광활하면서도 다양한 종류의 청구항을 작성함은 물론 이를 뒷받침하는 "발명의 설명"을 작성해야만 하는 또 다른 이유이다.

다. 경쟁자의 Counter-Action에 대한 발명가의 Reaction

경쟁자가 발명가의 특허를 알게 모르게 침해하였다고 판단될 경우 (제4장의 1-나절 제1항 및 제3항 참고), 발명가는 경쟁자를 상대로 특허침해소송을 제기할 수 있다. 만일 발명가가 승소하면 법원은 경쟁자의 침해로 인한 발명가의 손해에 대한 배상금을 산정한 후 경쟁자가 이를 발명가에게 지불하도록 하며, 경우에 따라 경쟁자가 침해제품을 더 이상 제조·판매하지 못하도록 금지처분(injunction)을 내릴 수도 있다.

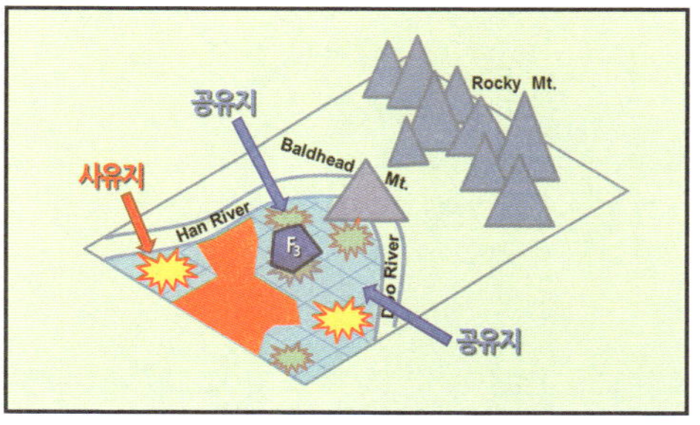

그림 4-17. 경쟁자의 우회·회피에 의한 청구항의 무력화

이와는 달리 경쟁자가 발명가의 청구항을 우회·회피한 경우 발명가는 더 복잡한 상황에 처한다. 이에 대한 예시가 그림 4-17로서, 그림에서 주황색 부분은 "산 남쪽, 한강 동쪽, 두강 서쪽 및 돌덩이가 보이는 땅"에 해당하는 발명가의 청구항의 권리범위인 반면, 노란색으로 표시된 땅은 경쟁자의 사유지, 하늘색 부분은 "돌덩이가 보이지 않는 땅"에 해당하는 공유지라고 가정하자. 이 경우는 경쟁자가 제품 F_3를 자신의 사유지 또는 공유지에 위치시킨 경우이다. 이에 따라 경쟁자의 우회 제품 F_3의 위치는 그림에서와 같이 선행기술과 최소한 일부 겹치게 된다.[27]

27) 하지만 선거주자의 거주지(즉 선행기술)가 경쟁자 또는 제3자 소유의 사유지(즉 등록특허)이건 공유지(즉 공지기술)이건 선거주자의 성격상의 상이점은 발명가의 입장에서는 아무런 의미가 없다. 왜냐하면 선거주자의 거주지가 경쟁자의 사유지이건 공중의 공유지이건 이들은 발명가에게는 자신이 등록한 특허의 권리범위에 대한 금지권을 행사할 수 없는 '공터'에 불과할 뿐이기 때문이다.

(1) 오로지 공격뿐인 응징

그림 4-17과같이 경쟁자가 공터에 속하는 F_3에서 거주하여 특허의 권리범위를 우회·회피함에 따라 발명가의 금지권은 최소한 거주지 F_3에 대해서는 무용지물로 전락한다. 발명가의 전략은 무엇일까? 둘 중 하나다. 즉 "운명에의 순응" 아니면 "도전 앞으로"이다.

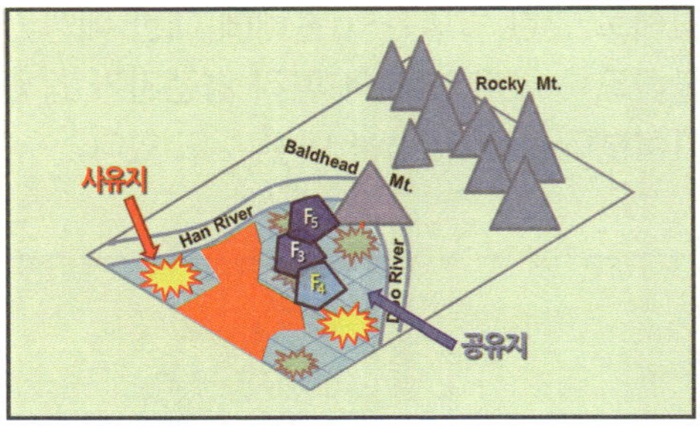

그림 4-18. 경쟁자의 우회·회피에 의한 청구항의 무력화

순응하는 발명가는 경쟁자의 우회·회피를 운명으로 받아들이고, 경쟁자 거주지 F_3에 대해서는 더 이상 미련을 갖지 않을 수 있다. 하지만 "운명에의 순응"이 발명가의 문제를 해결해주지는 않는다. 왜냐하면 그림 4-18에서와 같이 경쟁자는 F_3에서만 거주(경쟁 제품의 제조·판매)하지 않고, 그 부근의 유사 거주지인 F_4와 F_5에서도 거주하려할 것이기 때문이다. 이에 따라 발명가는 경쟁자 거주지 F_3는 물론 경쟁자가 선택하는 공터의 모든 거주지에 대하여 금지권을 행사하지 못하게 된다.

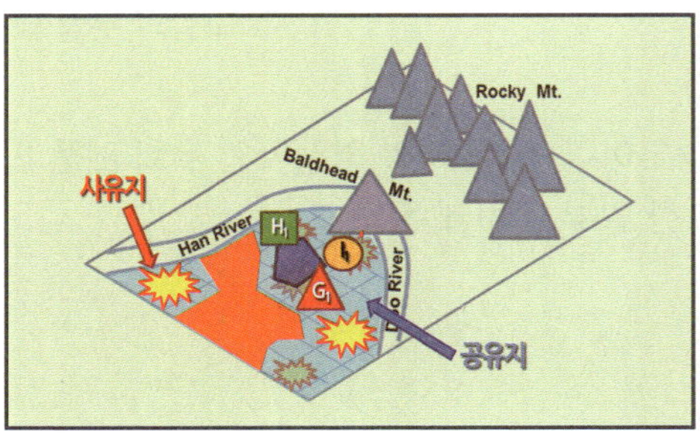

그림 4-19. 타인의 우회·회피에 의한 청구항의 무력화

이뿐만이 아니다. 발명가는 경쟁자 거주지 F_3의 우회·회피만을 운명으로 받아들이고 싶지만, 공터는 경쟁자는 물론 공중도 자유로이 사용할 수 있는 땅이다. 따라서 그림 4-19와 같이 결국 공터에는 경쟁자의 F_3는 물론 타인 G가 G_1에서 거주하고, 타인 H는 H_1에서, 타인 I는 I_1 등에서 거주하게 된다. 그 결과 발명가는 경쟁자 F는 물론 타인 G, H, I 등 불특정 다수의 타인에 대해서도 금지권을 행사하지 못하게 된다. 따라서 발명가의 금지권은 무용지물로 전락하고 만다.

(2) 청구항 재해석을 통한 권리범위의 확장

결국 경쟁자의 우회·회피에 대한 발명가의 두 번째 전략이자 유일한 전략은 법률적 근거를 찾아 청구항을 재해석함으로써 자신의 권리범위를 확대 재해석하는 "돌격 앞으로"이다. 그리고 발명가는 확대 재해석된 권리범위에 근거하여 자신의 권리범위가 경쟁자에 의하여 침해되었다고 주장할 수 있다. 물론 발명가는 자신이 원하는 권리범위 확장의 정도를 판단해야함은 물론 권리범위 확장을 위한 방법론도 결정해야 한다.

일예로 발명가가 "산 남쪽, 한강 동쪽, 두강 서쪽, 돌덩이가 보이는 땅"이라는 영토를 보유하고 경쟁자는 공터에서 거주하는 경우를 가정하자. 이 경우 "산 남쪽, 한강 동쪽, 두강 서쪽"이라는 요소들은 재해석 자체가 까다로울 뿐만 아니라 발명가의 권리범위를 확장하는 데 큰 도움이 되지 않는다고 가정하자. 따라서 발명가는 청구항 요소 중 "돌덩이가 보이는 땅"에 대해서 재해석을 시도하여 권리범위를 확장할 수밖에 없다.

그렇다면 발명가는 청구항의 권리범위를 어느 정도까지 확장해야 할까? 발명가는 권리범위를 그림 4-20의 C_1과 같이 무한정 확장할 필요는 없다. 그 대신 발명가는 경쟁자의 우회·회피 거주지인 F_3을 포획할 수 있을 정도로만 권리범위를 확장하면 충분하다. 그래야만 발명가는 경쟁자 거주지 F_3에 대하여 "구성요소 완비의 법칙"이 성립하므로 자신의 영토가 경쟁자 거주지 F_3에 의하여 문언침해되었다고 주장하는 동시에 확장된 범위 속에 숨어있을 수도 있는 예상치 못한 선행기술의 존재 가능성도 최소화할 수 있기 때문이다.

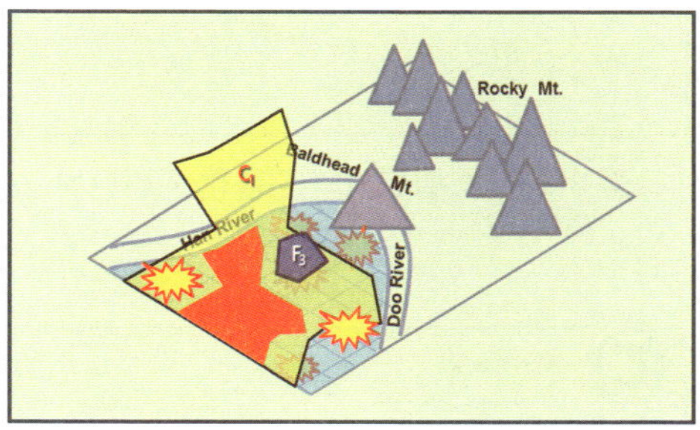

그림 4-20. 우회·회피제품을 포획하기 위한 발명가의 청구항 재해석

아래에서는 이러한 전략 하에 발명가가 청구항 요소 중 "돌덩이가 보이는 땅"에 대한 재해석을 시도하며 권리범위를 확장하는 경우를 살펴보자. 과연 발명가는 청구항 요소인 '돌덩이'에 대하여 어떤 방법으로 재해석을 시도할 수 있을까?

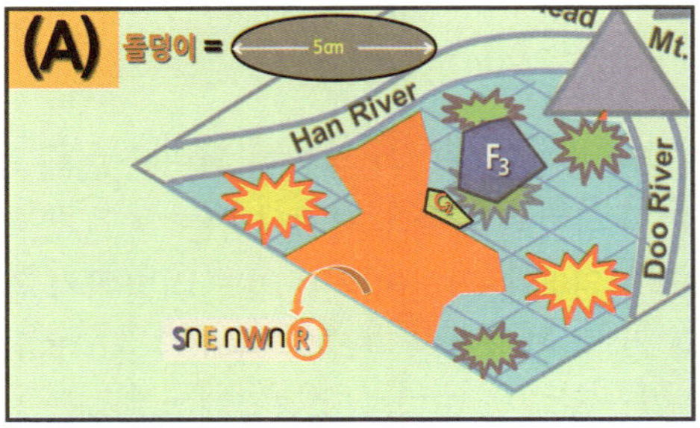

그림 4-21(a). 발명가의 미흡한 권리범위 (C_2) 확대 (1)

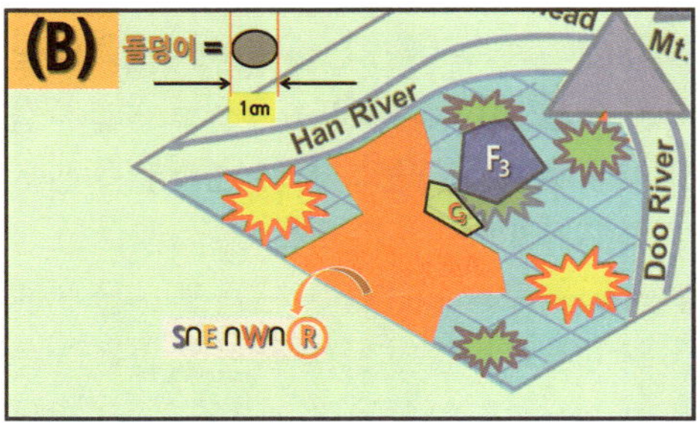

그림 4-21(b). 발명가의 미흡한 권리범위 (C_3) 확대 (2)

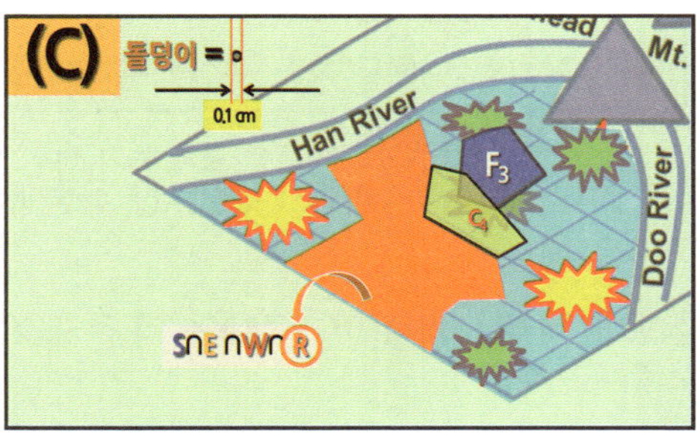

그림 4-21(c). 침해 주장을 위한 발명가의 권리범위 (C_4) 확대

이에 대한 첫 번째 전략이 그림 4-21(a)로서, 발명가는 자신의 말뚝(등록특허의 청구항)에 기재한 요소인 돌덩이란 “직경이 5cm 정도 또는 그 이상”이라고 주장하는 경우에 해당한다. 하지만 발명가의 영토가 대부분 평야일 경우, 직경이 5cm 정도 이상인 돌덩이를 찾기란 그리 쉽지 않을 것이다. 따라서 발명가가 자신의 돌덩이를 “직경이 5cm 이상”이라고 주장하더라도 이에 의하여 확대되는 청구항의 권리범위에 해당하는 C_2는 그리 넓지 않을 것이며, 그 결과 재해석된 권리범위 역시 경쟁자의 거주지 F_3을 포획하지 못한다.

따라서 발명가는 그림 4-21(b)와 같이 자신의 말뚝에 기재한 요소인 돌덩이란 직경이 5cm 정도 또는 그 이상의 큰 돌덩이가 아니라 “직경이 1cm 정도”인 중간 크기의 돌덩이라고 주장할 수 있다. 왜냐하면 발명가의 영토에는 당연히 직경이 1cm 정도인 돌덩이가 직경이 5cm 이상인 돌덩이보다는 많을 것이기 때문이다. 하지만 그림 4-21(b)와 같이 “직경이 1cm 정도”인 돌덩이에 의하여 확대되는 권리범위 C_3 역시 경쟁사의 우회·회피 거주지인 F_3를 포획할 정도로 넓어지지는 않는다.

결국 발명가는 그림 4-21(c)와 같이 자신이 말뚝에 기재한 돌덩이란 “직경이 0.1cm 정도인, 형체를 지닌 모든 고체”라고 주장할 수밖에 없다. 왜냐하면 발명가가 경쟁자의 우회·회피 거주지 F_3를 포획하기 위해서는 자신의 권리범위를 C_4까지 확장할 필요가 있으며, 이를 위해서는 직경이 5cm 정도 또는 1cm 정도이기 때문에 찾기 어려운 큰 돌덩이에 비하여, 더 찾기도 쉽고 더 흔한 작은 돌덩이라고 주장해야하기 때문이다.

(3) 권리범위 확장의 한계

그렇다고 발명가가 청구항의 특정 요소나 제한조건에 대한 재해석을 임의로 시도할 수는 없다. 왜냐하면 청구항의 권리범위는 발명가가 청구항에 기재한 요소나 제한조건, 상기 요소 및 제한조건에 대하여 발명가가 "발명의 설명"에 기재한 설명 및 각종 실시예, 발명가가 특허청 심사관과 주고받은 교신 내용 전부에 의하여 결정되기 때문이다.

일예로 발명가는 청구항 또는 "발명의 설명"에서 돌덩이의 직경은 2cm 이상 또는 '돌덩이'의 무게는 500g 이상이라는 등과 같이 돌덩이를 확실히 정의하였을 수도 있다. 또한 발명가는 "발명의 설명"에서 자신의 영토에서 발견할 수 있는 돌덩이에 대한 다양한 실시예를 개시하며 돌덩이는 모두 10m 거리에서도 육안으로 구별 가능한 크기라고 정의할 수도 있다. 이러한 경우 상기 기재 사항으로 말미암아 발명가는 그림 4-21(b)와 같이 돌덩이의 직경이 1cm 이하(청구범위 C_3)라고 주장하거나 그림 4-21(c)와 같이 돌덩이의 직경이 0.1cm 이하(청구범위 C_4)라고 주장할 수 없게 되는 경우도 발생한다.

이와는 반대로 추후 돌덩이에 대하여 자유로운 재해석을 시도할 수 있도록 발명가는 청구항이나 "발명의 설명"에서 돌덩이의 직경, 무게 등에 대하여 아무런 정의도 내리지 않거나 어떤 성질도 서술하지 않는 전략을 택할 수도 있다. 하지만 이러한 전략이 반드시 발명가에게 유리하지만은 않다. 왜냐하면 돌덩이에 대한 이 같은 애매모호한 표현은 추후 기재불비로 판명되어 심사관이 청구항을 거절하거나 법원이 청구항을 무효로 판정할 수 있는 근거를 제공하기 때문이다.

결국 돌덩이에 대한 너무 상세한 표현은 돌덩이의 범위를 축소시킬 수 있는 반면 돌덩이에 대한 너무 애매모호한 표현은 돌덩이의 범위를 불확실하게 만들 수 있다. 이러한 이유로 발명가는 청구항은 물론 "발명의 설명"을 작성할 때에도 항상 '범위'에 중점을 두어 이들을 체계적, 전략적으로 작성해야만 한다. 즉 다양한 실시예를 이용하여 가능한 한 다양한 크기, 모양, 성분의 돌덩이를 기재하는 전략이다.

따라서 유능한 변리사는 돌덩이를 일상적으로 정의하는 대신 발명가와 긴밀하게 상의함은 물론 “발명 상담”이라는 brain-storming session을 거쳐 돌덩이를 전략적으로 기술한다. 일예로 “본 발명에서의 돌덩이란 고체 상태이고, 비중은 1.0 이상인 광물의 입자에 해당하고, 돌덩이의 직경은 1m 이하이며, 특히 50cm 이하 또는 특히 25cm 이하 또는 특히 10cm 이하 또는 특히 5cm 이하 또는 특히 1cm 이하이다”는 등의 표현을 사용할 수 있다. 이러한 표현은 물론 일상생활에서 사용하거나 학술논문을 작성하기에는 어색한 표현임이 틀림없다. 하지만 특허법 상 이러한 표현은 넓은 범위에 걸쳐 상세한 구획을 설정하는 전략적 표현으로 간주할 수 있다.

(4) “과도한 권리범위 때문에 특허가 죽었다”는 주장의 모순

어떤 발명가는 특허침해소송 시 청구항이 “과도하게 넓은 권리범위” 때문에 쉽게 무효가 되는 경우를 지칭하며, 넓은 권리범위를 지닌 청구항의 폐해를 항변하는 동시에 적당한 또는 좁은 권리범위를 지닌 청구항의 당위성을 역설하기도 한다. 하지만 이러한 항변과 역설의 대부분은 본말이 전도된 주장일 가능성이 농후하다. 또한 이러한 본말의 전도에 따라 상기 항변과 역설에 근거한 특허전략 역시 정반대의 결과를 초래할 가능성이 높다.

우선 발명가의 청구항이 특허침해소송에 연루되었다는 사실은 상기 청구항이 출원특허의 청구항이 아니라 등록특허의 청구항임을 의미한다. 그렇다면 발명가는 무슨 방법을 통하여 과도하게 넓은 권리범위를 지닌 청구항을 특허로 등록시킬 수 있었을까? 설령 발명가가 특허를 출원하며 선행기술에 개의치 않을 정도로 과도한 청구범위를 가진 청구항을 청구하였더라도, 이러한 청구항은 당연히 특허청 심사관에 의하여 신규성 결여 또는 진보성 결여로 거절되었을 것이다.

즉 발명가와 심사관이 심각한 인척관계 또는 연인관계이거나, 발명가가 심사관에게 뇌물을 공여하였거나, 심사관이 심사 도중 중대한 오류를 저지르지 않는 한, 등록특허의 청구항이 과도하게 넓은 권리범위를 지닐 가능성은 상당히 낮다. 따라서 위에서 소개한 항변이나 역설의 “과도하게 넓은 권리범위”를 지닌 청구항이란 심사 후 등록된 상태의 특허 청구항을 지칭하지는 않을 것이다. 왜냐하면 현실적으로 이러한 청구항이 존재할 가능성은 극히 낮기 때문이다.

오히려 본말이 전도된 위의 항변과 역설에 등장하는 청구항은 권리범위가 아주 협소한 청구항일 가능성이 아주 높다. 이에 따라 경쟁자는 발명가의 협소한 권리범위를 상대적으로 용이하게 우회·회피하였을 것이며, 특허침해소송을 제기한 발명가는 자신의 협소한 권리범위를 우회·회피한 경쟁자를 재포획하기 위하여 울며 겨자 먹기 식으로 협소한 자신의 권리범위를 무리할 정도로 과도하게 확장함으로써 자신의 권리범위가 경쟁자에 의하여 침해되었다고 주장하였을 가능성이 무척 농후하다.

그림 4-22. 침해 주장을 위한 청구항의 권리범위 확장 폭

그림4-22(a)　　　그림4-22(b)

일예로 그림 4-22(a)는 청구항의 권리범위가 광활하지는 않지만 협소하지도 않은 중형지뢰를 나타내는 반면 그림 4-22(b)는 청구항의 권리범위가 협소한 소형지뢰를 나타낸다. 그림 4-22(a)와 같이 경쟁자가 산 남쪽, 한강 동쪽, 두강 서쪽의 공터에 위치한 F_3에서 거주하는 경우, 발명가가 거주지 F_3를 특허침해로 제소하려면 그림에 표시한 거리 D_1에 해당하는 만큼만 권리범위를 확장할 수 있도록 청구항 재해석을 시도하면 된다. 즉 청구항의 권리범위가 애당초 지나치게 협소하지는 않았기 때문에 침해를 주장하기 위하여 권리범위를 확장해야 하는 정도도 적은 경우이다.

이에 반하여 그림 4-22(b)의 경우 발명가가 경쟁자 거주지 F_3를 특허침해로 제소하려면 위의 D_1보다 훨씬 긴 D_2에 해당하는 거리만큼 권리범위가 확장될 수 있도록 청구항 재해석을 시도해야만 한다. 즉 등록특허의 권리범위가 처음부터 협소하였기 때문에 발명가는 경쟁자의 침해를 주장하기 위해서 무리를 해서라도 청구항의 권리범위를

과도할 정도로 확장할 수밖에 없다. 왜냐하면 이에 대한 대안은 "운명에의 순응"인 포기이기 때문이다.

권리범위를 과도하게 확장할 경우의 귀결은 무엇일까? 우선 청구항의 권리범위를 과도할 정도로 확장하다 보니 확장된 영토에서 예기치 못한 선행기술이 발견될 가능성이 증가하며, 이에 따라 청구항이 무효가 될 가능성도 높아진다. 이뿐만이 아니다. 청구항의 권리범위를 과도할 정도로 확장하다 보니 확장된 영토에는 예기치 않은 땅이 포함될 수밖에 없다. 하지만 발명가는 애당초 이 땅을 자신의 영토로 간주하지 않았기 때문에 발명가가 특허를 출원하며 제출한 "발명의 설명"에는 당연히 이 땅에 대한 설명이 기재되지 않았을 가능성이 높다. 그 결과 발명가가 확장한 청구항의 권리범위에 대한 내용은 "발명의 설명"에 충분히 설명되지 않았다는 기재불비로 인하여 무효로 처리될 가능성이 높아진다.

바꾸어 말하면 특허침해소송 시 발명가의 청구항이 쉽게 무효화되는 경우는 "과도하게 넓은 권리범위" 때문이 아니라 침해를 주장하기 위하여 "과도하게 권리범위를 확장"한 결과일 가능성이 압도적으로 높다. 즉 이에 대한 근본적 이유는 청구항의 권리범위가 애당초 과도하게 넓었기 때문이라기보다는, 청구항의 권리범위가 애당초 과도하게 협소하였기 때문일 가능성이 무척 높은 것이다. 따라서 특허출원 시 주의를 기울이지 않은 특허는 등록이 되더라도 협소한 권리범위밖에 부여받지 못하므로 타인이 보기에 그리고 실질적으로도 만인의 호구 특허로 전락할 수밖에 없다.

(5) 경쟁자의 침해에만 대비한다는 "방어용 특허"의 모순

어떤 발명가는 자신의 발명이 원천 발명이 아닌 개량 발명이므로 특허를 출원하는 목적 자체가 적극적 공격은 아니며, 오히려 경쟁자가 자신의 개량특허를 실시하지 못하도록 금지하는 소극적 방어라고 항변하며, 이를 위하여 좁은 권리범위를 지닌 방어용 특허의 당위성을 역설하기도 한다. 심지어 어떤 발명가는 방어용 특허의 경우 범위는 하등 중요치 않으므로, 이러한 특허는 독립항부터 협소한 범위를 가지도록 작성하여도 무방하다고 역설한다. 하지만 이러한 항변과 역설 역시 본말이 전도된 반쪽자리 주장이며, 이러한 항변과 역설에 근거한 특허전략 역시 정반대의 결과를 초래할 수밖에 없다.

우선 모든 특허는 공격용 특허인 동시에 방어용 특허이다. 바꾸어 말하면 공격을 위해서도 방어를 해야 하며, 방어를 위해서도 공격을 해야 한다는 말이다. 즉 방어용 특허도 공격용 특허의 속성을 충분히 보유해야 방어가 가능하다는 말이다.

일예로 발명가 제조업체는 경쟁자 제조업체가 자신의 개량 발명을 모방하여 경쟁제품을 생산하지 못하도록 청구항 범위가 협소한 특허를 출원·등록하였다고 가정하자. 우선 발명가가 출원한 협소한 범위의 청구항은 수많은 요소와 제한조건들을 포함하는 만큼 이를 모두 개시하는 선행기술이 존재하지 않을 가능성이 높다. 따라서 발명가는 비교적 용이하게 특허를 등록할 수 있다. 하지만 여기까지이다.

만일 경쟁자가 발명가의 특허기술을 모방한다면 발명가는 자신이 특허를 출원·등록한 목적을 달성하기 위해서라도 금지권을 행사할 수밖에 없다. 즉 경쟁자를 상대로 특허침해소송을 제기하는 경우이다. 이에 따라 경쟁자 역시 발명가의 특허가 무효이거나, 상기 특허가 유효하더라도 자신은 발명가의 권리범위를 침해하지 않았다고 주장할 수밖에 없다.

물론 발명가 청구항의 권리범위가 협소한 만큼 경쟁자가 발명가의 특허를 무효화시키기는 상대적으로 어려울 수밖에 없다. 하지만 발명가의 청구항 범위가 협소한 만큼 경쟁자는 청구항 요소 중 필수불가결하지 않은 요소나 제한조건 중 하나 이상을 누락시키고 상기 특허기술을 실시할 수 있으므로 발명가의 권리범위를 상대적으로 쉽게 우회·회피할 수 있다. 그 결과 발명가는 경쟁자의 침해를 입증하기 위하여 자신의 권리범위를 무리하게 확대할 수밖에 없으므로 그만큼 발명가 청구항의 무효 가능성 역시 증가하게 된다. 즉 방어용 특허의 권리범위가 좁은 만큼 자칭 "방어용 특허"로 경쟁자의 우회·회피를 통한 모방도 막기 어려울 수밖에 없다.

발명가가 특허로 공격을 개시하면 경쟁자는 특허에 대한 방어를 개시하게 되며, 경쟁자가 특허를 공격하면 발명가는 방어할 수밖에 없다. 따라서 심지어 방어용 특허에서도 공격이 방어이고 방어가 공격이므로, 공격용 특허이건 방어용 특허이건 권리범위가 가장 중요하며, 그 결과 모든 특허에서는 권리범위가 광활한 청구항이 제일일 수밖에 없다. 따라서 모든 특허 출원의 시작은 항상 넓은 범위의 독립항이어야만 한다. 또한 발명가가 자신의 개량 발명의 세세한 부분까지 경쟁자가 모방하지 못하도록 방지하고 싶다면 이에 대한 내용은 범위가 협소한 종속항으로 청구하면 된다.

따라서 방어용 특허이므로 무조건 권리범위가 협소하더라도 무방하다는 논리는 특허에 대한 이해 부족, 특허 출원 및 등록의 목적에 대한 본말 전도 및 구차한 책임 회피에 불과하다. 결국 이와 같이 권리범위가 협소한 방어용 특허로는 제대로 방어하기가 불가능한 경우가 대부분이다. 즉 권리범위가 과다하게 협소한 일명 "방어용 특허"의 실체는 제대로 된 방어도 불가능하며 수익 창출과도 아무런 관련이 없는 취미용 특허일 뿐이다. 바꾸어 말하면 그저 "돈이나 먹는 하마"에 불과하다.

(6) 면피용 청구항인 "Picture Claim"

공격을 위해서는 방어가 필요하고, 방어를 위해서도 공격이 필요함은 전쟁, sport는 물론 특허에도 통용되는 만고불변의 진리이다. 따라서 앞서 모든 특허는 공격용 특허인 동시에 방어용 특허이며, 방어용 특허도 공격용 특허의 속성을 충분히 보유하여야만 방어가 가능하다고 설명하였다. 물론 이러한 전략의 기본 가정은 발명가가 출원한 출원특허의 '등록'이다. 왜냐하면 발명가의 청구항이 특허로 등록되지 못하면 공격·방어 모두가 불가능하기 때문이다.

하지만 현실적으로 변리사나 출원전문 특허변호사와 같은 대리인은 발명가의 요청에 따라 특허 청구항의 범위와는 관계없이 특허를 등록해야 하는 경우가 발생한다. 일예로 발명가가 자신의 발명에 대한 특허를 받아야만 투자자가 투자할 경우, 대학교수나 연구소 연구원이 많은 특허를 등록해야만 승진하는 경우 등이다.

또한 이와는 다른 측면이지만, 대리인이 발명가의 발명을 특허로 출원하면 이를 등록시켜야 하는 심적 부담감을 가질 수밖에 없다. 특히 발명가로부터 합당한 보수를 받았음에도 불구하고 발명가가 출원한 특허가 특허청 심사관의 거듭된 거절로 인하여 등록될 수 없는 경우에는, 합당한 보수를 지급한 발명가는 물론 이를 수임한 대리인 모두 낯이 붉어지는 상황도 발생할 수 있기 때문이다.

이를 대비하여 대리인이 사용하는 청구항이 바로 "picture claim"이다. Picture claim이란 말 그대로 발명가가 자신의 발명을 구현한 제품을 대리인의 책상에 올려놓으면, 대리인이 상기 제품과 거의 동일하게 작성한 청구항을 뜻한다. 일예로 발명품이 time machine인 경우, 대리인은 time machine이라는 발명에 필수불가결한 모든 요소와 모든 제한조건은 물론 사용자가 time machine에 들어가기 위한 문과 손잡이는 물론 time machine의 문 위에 발명가가 부착한 "하면 된다"는 placard까지 포함하는, 청구범위가 아주 협소한 청구항을 작성하는 경우이다. 따라서 전형적인 picture claim은 10개, 20개 또는 수십 개 이상의 청구항 요소 및 각 요소에 대한 수많은 제한조건을 포함하게 된다. 따라서 이와 같은 picture claim은 거의 100% 특허로 등록될 수밖에 없다.

결국 picture claim은 경쟁자의 침해에 대한 방어용 청구항이 아니고, 경쟁자를 공격하기 위한 공격용 청구항은 더더욱 아니다. Picture claim이란 단지 면피용 청구항에 불과하다. 즉 예기치 못한 선행기술로 인하여 발명가의 모든 청구항이 최종 거절될 경우를 대비하여 대리인이 면피용으로 부득이 작성하는, 아주 청구범위가 협소한 청구항이 바로 picture claim이다. 물론 이러한 청구항으로부터는 특허를 등록하였다는 사실 이상 그 아무 것도 기대할 수 없음은 자명하다.

라. 발명가의 Reaction에 대한 경쟁자의 Counter-Reaction

앞서 제4장의 1-다절에서 설명한 발명가의 reaction의 특징은 series process라는 점이다. 일예로 발명가가 경쟁자에게 자신의 금지권을 행사하기 위한 전제 조건은 아래와 같다.

① 발명가 특허 청구항의 유효성; AND
② 발명가 특허 청구항의 권리범위에 대한 경쟁자의 침해 (즉 문언 또는 균등론)

즉 발명가가 경쟁자에게 실질적 금지권을 행사하려면 등록특허 청구항의 '유효성'을 입증해야함은 물론 경쟁자에 의한 '침해'를 동시에 입증해야만 한다. 만일 발명가가 이 중 하나라도 입증하지 못하면 발명가는 경쟁자에 대하여 금지권을 행사할 수 없다. 즉 발명가의 특허가 무효일 경우 경쟁자에 의한 침해 자체를 분석할 필요가 없어지며, 발명가의 특허가 유효이더라도 경쟁자가 이를 우회·회피하면 발명가가 자신의 유효 특허를 이용하여 할 수 있는 일이 없기 때문이다.

이에 반하여 발명가의 reaction에 대응하는 경쟁자의 counter-reaction은 상대적으로 간단명료하다.

① 발명가 특허 청구항의 무효성; **OR**
② 발명가 특허 청구항의 권리범위에 대한 경쟁자의 비침해 (즉 우회·회피)

따라서 경쟁자가 발명가의 금지권으로부터 해방되려면 발명가 청구항이 '무효'임을 입증하거나 또는 발명가의 청구항이 무효가 아니더라도 자신은 발명가 청구항의 권리범위를 우회·회피하였으므로 '비침해'라는 주장 중 하나만 입증하면 충분하다. 왜냐하면 앞서 설명하였듯이 발명가의 특허가 무효일 경우 침해 여부를 따질 필요가 없어지고, 발명가의 특허가 유효이더라도 비침해가 입증되면 경쟁자는 금지권으로부터 자유로워지기 때문이다. 아래에서는 이러한 경쟁자의 counter-reaction 중 주요 전략을 간략히 소개한다.

(1) 인용 선행기술의 재해석을 통한 무효화 전략

경쟁자는 출원특허 심사 시 특허청 심사관이 거절 이유로 활용하였던 인용 선행기술을 검토한 후, 상기 선행기술을 재해석하며 발명가 청구항의 신규성 요건이나 진보성 요건을 부정할 수 있다. 즉 심사관이 선행기술 해석, 청구항 해석 또는 선행기술과 청구항 비교 시 오류를 범하였으므로, 이를 시정할 경우 발명가의 권리범위에 선행기술이 일부라도 포함되므로 청구항이 신규성 요건이나 진보성 요건을 만족하지 못하므로 무효라는 주장이다.

그림 4-23. 인용 선행기술의 재해석을 이용한 특허 무효화 전략

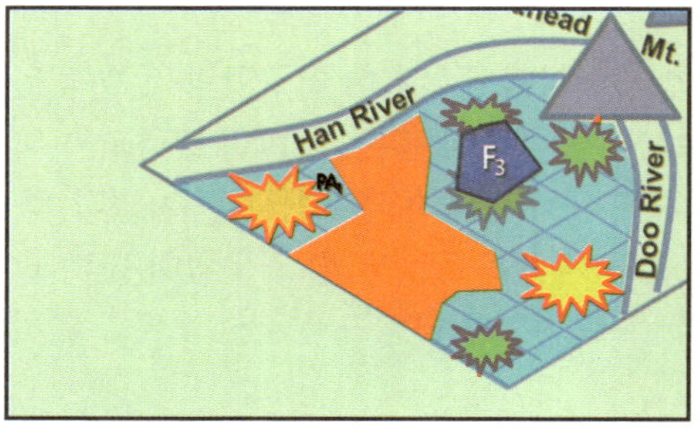

그림4-23(a)

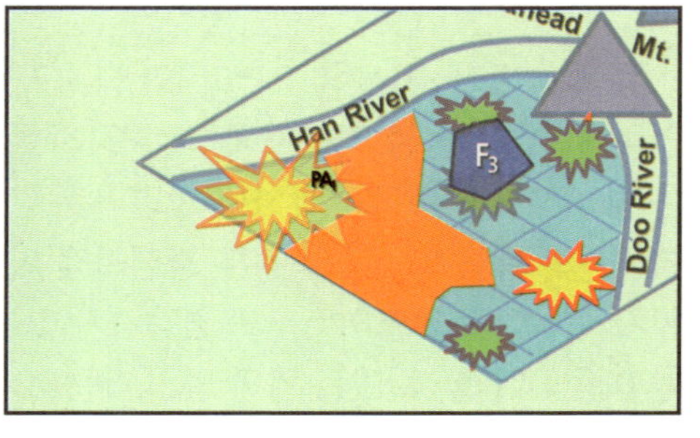

그림4-23(b)

그림 4-23(a) 및 4-23(b)가 이러한 경우를 예시한다. 그림 4-23(a)의 PA_1은 특허청 심사관이 발명가의 청구범위를 거절하기 위하여 인용한 선행기술을 나타내며, 발명가는 청구항 보정을 통하여 범위를 좁힘으로써 선행기술을 회피하여 특허를 등록한 경우를 예시한다. 그림 4-23(b)는 경쟁자가 심사관이 인용하였던 선행기술 PA_1을 재해석하고 범위를 확장한 경우를 예시한다. 즉 경쟁자는 발명가 청구항의 모든 요소 및 제한조건이 재해석을 통하여 범위가 확장된 선행기술 PA_1의 일부에 의해서라도 개시되므로 상기 청구항이 신규성 요건 또는 진보성 요건을 만족하지 못한다고 주장하는 경우이다.

하지만 인용 선행기술을 이용하여 특허권자의 청구항을 무효화시키는 작업은 용이한 작업이 아니다. 일반적으로 미국의 일반 민사소송에서 당사자 입증책임 기준은 "증명의 우월"로서,[28] 이는 대략 50:50 정도로 추정된다. 따라서 일방이 50% 이상의 확률로 자신의 주장을 입증할 경우, 법원은 이를 사실로 인정한다. 하지만 미국의 경우 등록특허의 청구항은 유효하다고 추정하기[29] 때문에 경쟁자가 상기 추정을 극복하기 위해서는 더 엄격한 입증책임 기준을 만족해야만 한다.

이러한 법률적 추정을 뒤엎기 위한 기준은 "명백하고 신뢰할만한 증거"로서,[30] 이는 대략 70:30 정도 또는 그 이상으로 추정된다. 따라서 경쟁자가 발명가 등록특허의 청구항이 무효임을 입증하려면 최소한 70% 정도의 확률 이상으로 상기 청구항이 신규성 요건 또는 진보성 요건을 만족하지 못함을 증명하여야 한다. 특히 경쟁자가 등록특허 청구항의 무효를 입증하기 위하여 선택한 선행기술이 특허청 심사관이 이미 한 번 인용하였던 선행기술일 경우, 경쟁자가 특허청 심사관의 오류를 명백하고 신뢰성 있을 정도로 입증하여 등록특허를 무효로 만들기는 용이한 작업이 아니다.

---

28) 영어로 "preponderance of evidence" 또는 "more likely than not"이며, 이의 직역이 "증명의 우월"에 해당한다.

29) 영어로는 "All issued patents are presumed to be valid"라고 표현한다.

30) 영어로 "clear and convincing evidence"이며, 이의 직역이 "명백하고 신뢰할만한 증거"이다.

(2) 신규 선행기술 발굴을 통한 무효화 전략

경쟁자는 특허청 심사관이 인용하였던 선행기술 대신 다른 선행기술을 발굴하여 발명가의 청구항이 무효라고 주장할 수도 있다. 즉 경쟁자는 심사관의 심사 기록에 없는 신규 선행기술을 발굴한 후, 상기 선행기술이 청구항의 모든 요소 및 제한조건을 개시하므로 청구항이 신규성 요건 또는 진보성 요건 등을 만족하지 못한다고 주장하는 전략이다.

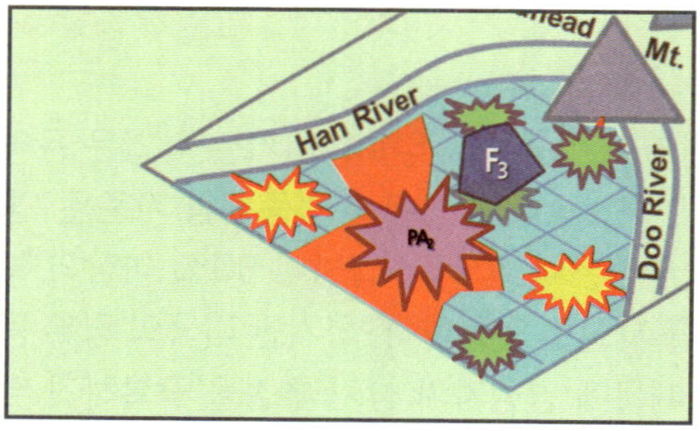

그림 4-24. 신규 선행기술 발굴을 통한 특허 무효화 전략

그림 4-24는 경쟁자가 발명가의 영토(등록특허의 권리범위)와 중첩되는 신규 선거주자(선행기술 PA_2)를 발굴하였다고 주장하는 경우이다. 즉 경쟁자는 발명가 영토의 일부에라도 선거주자가 존재하므로, "구성요소 완비의 법칙"에 따라 청구항의 모든 요소 및 제한조건이 신규 선행기술에 의하여 개시되고, 그 결과 청구항이 신규성 요건 또는 진보성 요건을 만족하지 못한다는 주장이다.

하지만 앞서 설명한 바와 같이 미국의 경우 등록특허는 유효하다고 추정되는 바, 경쟁자는 등록특허 청구항의 모든 요소 및 제한조건이 신규 선행기술에 의하여 개시됨을 "명백하고 신뢰할만한" 수준에서 입증해야 한다. 즉 경쟁자가 사용하는 특허가 이전에 특허청 심사관이 인용하였던 선행기술이건 아니면 경쟁자가 소송 진행 중 발굴한 신규 선행기술이건 상관없이 "명백하고 신뢰할만한" 수준의 입증 책임을 지는 것이다. 하지만 경쟁자가 발굴한 신규 선행기술은 심사관이 고려하지 않았던 기술이므로 경쟁자는 특허청 심사관의 오류를 입증하는 등의 부담으로부터는 해방될 수 있다.

(3) 기재불비를 이용한 무효화 전략

경쟁자는 선행기술에 근거하지 않은 채 발명가의 청구항을 무효화시킬 수도 있다. 즉 청구항의 권리범위가 불명확하거나, 청구항 또는 "발명의 설명"이 청구항에 기재된 청구발명을 명확히 기재하지 않았거나, 청구항 또는 "발명의 설명"이 청구발명을 실시 가능할 정도로 기재하지 않았으므로 청구항이 무효라는 주장이다.

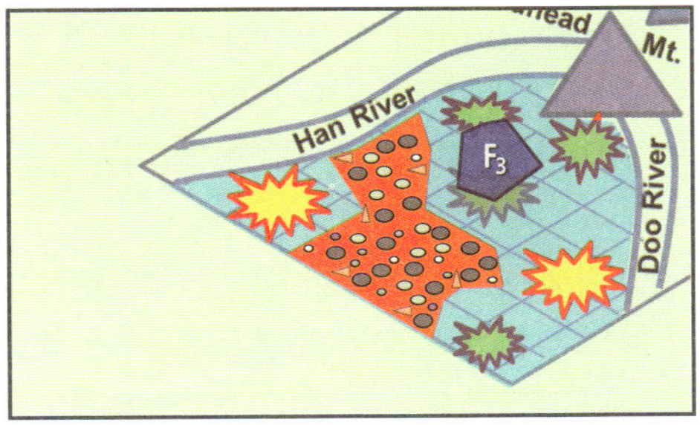

그림 4-25. 기재불비를 이용한 특허 무효화 전략

기재불비의 핵심은 그림 4-25와 같이 청구항의 권리범위에 대한 경계 또는 권리범위의 실체의 모호함이다. 일예로 경쟁자는 청구항이 권리범위를 명확히 기재하지 않으므로 권리범위의 경계가 모호하므로 명확성 요건을[31] 만족하지 못하였다거나, 청구발명이 속하는 분야의 통상적 지식을 가진 당업자가 청구항과 "발명의 설명"을 숙독해도 청구항에 기재된 발명을 "발명의 설명"에서 확인할 수 없으므로 서면기재 요건을[32] 충족하지 못하였다거나, 당업자가 청구항과 "발명의 설명"을 숙독한 후에도 청구항에 기재된 발명을 구현할 수 없으므로 실시가능 요건을[33] 충족하지 못하였으므로 청구항이 무효라고 주장하는 경우이다.

제9장에서 설명하겠지만 명확성 요건은 주로 청구항 자체에 대한 요건이다. 하지만 청구항의 권리범위가 명확한 지를 판단하려면 "발명의 설명"을 참고하지 않을 수 없다. 서면기재 요건도 발명가가 청구항에 기재한 발명이 "발명의 설명"에 포함되었는지에 따라 판단하므로 "발명의 설명"과 밀접한 관련이 있다. 또한 실시가능 요건도 발명가가 "발명의 설명"에 기재한 내용만으로 청구발명이 실시 가능한 지를 판단하므로 "발명의 설명"과 밀접하게 관련이 있다. 따라서 발명가가 자신의 금지권을 행사하는 데 또는 경쟁자가 발명가의 등록특허를 무력화하는 데 "발명의 설명"이 중요한 역할을 담당하게 된다.

31) 영어로는 "definiteness requirement"이며, 자세한 내용은 제9장의 2절 "명확성 요건" 참고.

32) 영어로는 "written description requirement"이며, 자세한 내용은 제9장의 3절 "서면기재 요건" 참고.

33) 영어로는 "enablement requirement"이며, 자세한 내용은 제9장의 4절 "실시가능 요건" 참고.

(4) 특허권자의 권리범위 확장을 역이용한 양자택일 강요 전략

앞서 제4장의 1-다절에서는 발명가의 영토(등록특허의 권리범위)를 우회·회피하는 경쟁자의 counter-action에 대응하여 발명가는 권리범위를 확장하여 침해를 주장할 수도 있다고 설명하였다. 이와 같은 발명가의 reaction에 대응하여 경쟁자는 발명가로 하여금 "청구항의 무효"와 "권리범위의 비침해" 중 양자택일을 강요할 수도 있다.

그림 4-26(a)는 발명가의 영토, 공터 및 경쟁자의 거주지에 대한 예시로서, 그림의 주황색 부분은 발명가의 영토를, 하늘색으로 표시된 부분은 발명가 영토 부근에 형성된 공터를, 청색으로 표시된 부분은 공터에 위치한 경쟁자의 거주지 F_3를 각각 나타낸다. 그림에서와 같이 경쟁자의 거주지 F_3는 특허권자의 영토와 D_3의 거리만큼 격리되어 있다. 즉 발명가 영토의 요소인 산 남쪽, 한강 동쪽, 두강 서쪽, 돌덩이 중 "돌덩이가 보인다"는 요소가 경쟁자의 거주지에는 존재하지 않는 경우이다. 따라서 그림 4-26(a)의 발명가의 영토는 경쟁자의 거주지 F_3에 의하여 침해되지 않는바, 경쟁자는 효과적으로 특허권자의 영토를 우회·회피하며 거주지 F_3에서 사업을 영위할 수 있다.

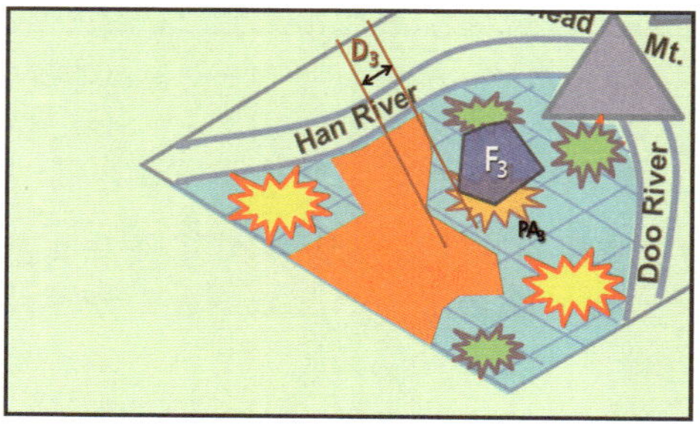

그림 4-26(a). 권리범위 확장의 당위성

그림 4-26(b)는 위의 그림 4-26(a)의 발명가가 고육지책으로 자신의 특허 권리범위를 확장함에 따른 경쟁자의 양자택일 강요 전략의 예시이다. 즉 발명가는 경쟁자의 침해를 유도하기 위하여 특허 청구항의 권리범위에 경쟁자의 거주지 F_3의 일부가 포함되도록 C_3만큼 자신의 범위를 확장한다. 하지만 발명가의 이러한 전략을 미리 예측한 경쟁자는 선거주자의 사유지 또는 공유지인 PA_3 부근에 자신의 거주지 F_3를 현명하게 선정함으로써, 발명가가 침해를 주장하기 위하여 영토를 C_3만큼 확장하면 필연적으로 선거주자의 땅 PA_3까지 포함하도록 덫을 쳐 놓은 경우이다.

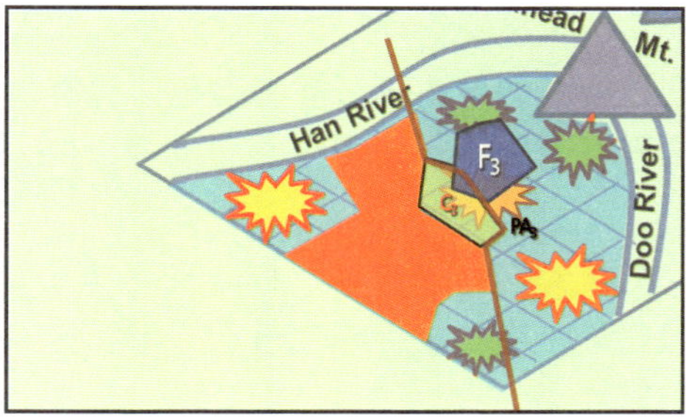

그림 4-26(b). 발명가의 권리범위 확장을 역이용한 특허 무효화 또는 비침해 전략

발명가에게는 두 가지 선택밖에 없다. 즉 "자포자기 전략" 또는 "앞으로, 앞으로 묵묵히 전진하는 전략"이다. 우선 자포자기 전략을 선택하는 발명가는 자신의 영토에 선거주자의 땅 PA_3를 포함함에 따라 청구항이 무효화되는 것이 두려운 나머지 자신의 영토를 C_3만큼 확장하지 않는다. 그 결과 발명가는 자신의 특허가 무효로 되는 불상사는 피하지만 경쟁자의 침해를 방지할 수는 없다. 즉 발명가는 특허를 유지하기는 했지만 상기 특허는 금지권을 발휘하지 못하는 무용지물 특허로 전락한 것이다. 한편 묵묵히 앞으로 전진하는 발명가는 자신의 특허가 무효가 되는 한이 있더라도 일단 자신의 영토를 C_3만큼 확장하여 경쟁자의 침해를 주장한다.

그렇다면 자신의 영토에 필연적으로 포함되는 선거주자의 땅 PA_3는 어떻게 처리할까?

현명한 대처가 유일한 길이다. 일예로 발명가는 선행특허 PA_3가 사실 발명가의 특허와 관련이 없다고 주장하거나, PA_3에 대비하여 자신의 특허는 신규성 요건과 진보성 요건을 만족한다는 논리를 개발하는 등의 전략을 활용하는 수밖에 없다. 결국 이 경우 발명가는 자신의 특허의 유효성을 입증하는 동시에 경쟁자의 침해를 입증해야만 하는 이중고를 극복해야만 한다.

그렇다면 경쟁자의 전략은 무엇일까? 앞서 설명한 바와 같이 경쟁자는 발명가의 등록특허의 무효 또는 권리범위의 비침해 중 하나만 입증하면 된다. 따라서 발명가에 비하여 경쟁자의 입증 부담은 경감될 수밖에 없다.

(5) 금반언의 원칙을 이용한 비침해 전략

발명가 영토(등록특허의 권리범위)를 우회·회피하려는 경쟁자의 counter-action에 대응하여 발명가는 제4장의 1-다절에서와 같이 자신의 권리범위를 확장하여 침해를 유도하는 전략을 사용할 수밖에 없다. 이러한 발명가의 reaction에 대응하는 경쟁자는 당연히 발명가가 영토를 확장하지 못하도록 저지하는 전략을 활용하며, 경쟁자가 발명가의 영토 확장을 가장 확실히 저지하는 방법이 "금반언의 원칙 (estoppel)"이다.

"금반언의 원칙"이란 신의성실 원칙으로부터 파생된 원칙으로서, 선행(先行)행위와 모순되는 후행(後行)행위를 금지하는 원칙이다. 그렇다면 "금반언의 원칙"은 발명가의 신의성실에만 의존하는 원칙일까? 이를 설명하기 위하여 발명가가 "산 남쪽, 한강 동쪽, 두강 서쪽"의 세 가지 요소를 포함한 청구항을 출원하였으나, 심사관은 선행기술 PA_1을 인용하며 청구항의 신규성, 진보성을 부정하였다고 가정하자.

선행기술 PA_1을 극복할 수 없는 발명가는 기존의 청구항에 "돌덩이가 보이는 땅"이라는 요소를 추가하여 청구범위를 축소하도록 청구항을 보정한다. 하지만 심사관은 직경 7cm 이하의 돌덩이가 보이는 땅을 개시한 추가 선행기술 PA_2를 인용하며 발명가가 보정한 청구항도 거절한다. 이에 발명가는 심사관의 추가 거절 이유를 극복하기 위하여 자신의 청구항에 포함된 '돌덩이'는 직경이 10cm 이상인 돌덩이만을 지칭한다고 주장하고, 심사관은 이를 인정하여 특허가 등록된다.

그 후 발명가의 등록특허 및 심사관과 발명가와의 교신 내용을 열람한 경쟁자는 발명가의 권리범위를 회피하기 위하여 직경 5cm 정도의 돌덩이가 있는 땅만을 골라 거주한다. 하지만 직경 5cm 정도의 돌덩이만 널려있는 땅에서 거주하는 경쟁자를 발견한 발명가는 경쟁자를 특허침해로 제소하며 자신의 영토는 사실 직경 5cm 정도인 돌덩이만 널려있는 땅도 포함한다고 주장한다.

만일 발명가의 주장을 인정한다면 심사관과 발명가와의 교신 내용에 의거하여 발명가의 영토를 우회·회피하려던 경쟁자의 노력은 헛수고가 될 것이다. 또한 이러한 판결을 접한 타발명가들은 등록특허의 권리범위에 수반되는 불확실성으로 말미암아 개량 기술 개발을 꺼리게 되며, 그 결과 사회적 차원에서도 혁신을 저해하는 결과도 초래하게 된다.

이러한 문제점을 해소하기 위한 법칙이 "금반언의 원칙"이다. 특허에서의 "금반언의 원칙"은 발명가가 특허를 받기 위하여 자신의 범위를 축소한 후, 추후 특허침해소송

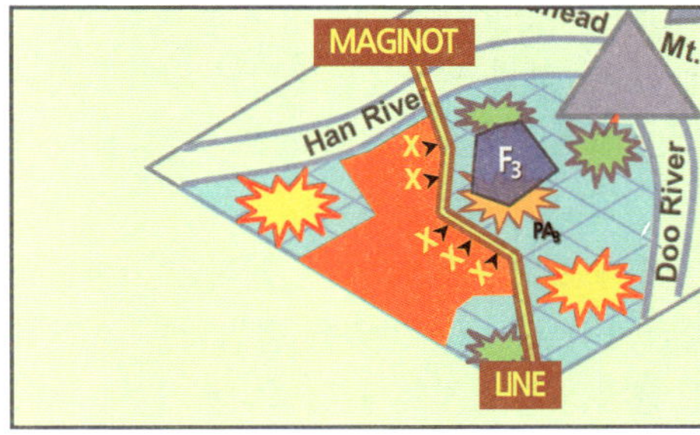

그림 4-27. 금반언의 원칙을 이용한 비침해 전략

에서 자신이 축소함으로써 포기하였던 범위를 재포획하지 못하도록 금지하는 원칙이다. 이러한 측면에서 보면 "금반언의 원칙"은 그림 4-27과 같이 발명가의 권리범위 확장을 저지하는 마지노선에 해당한다. 즉 경쟁자는 발명가의 청구항, "발명의 설명" 또는 발명가와 특허청 심사관 사이의 교신 내용에 근거하여 발명가의 권리범위 확장에 대한 마지노선을 확립한 후, 발명가가 마지노선을 넘어 자신의 권리범위를 확장하려 획책할 경우 이를 저지할 수 있게 된다.

물론 그림에서와 같이 경쟁자의 거주지 F_3는 마지노선 넘어 위치한다. 따라서 경쟁자가 마지노선을 사수할 수만 있다면, 권리범위의 마지노선 저편에 위치한 경쟁자의 거주지 F_3는 자동적으로 특허권자의 권리범위를 벗어나 비침해를 인정받을 수 있다.

마. 청구항 해석에 "All-In" 하는 이유

위에서 설명한 제4장의 1장 "역사의 반복: 발명가 (특허권자) vs. 경쟁자"의 각 절마다 빠짐없이 등장하는 용어가 바로 특허의 '청구항'이다. 또한 제4장의 1장 각 절의 주제는 청구항을 둘러싼 발명가와 경쟁자 사이의 갈등이다. 발명가는 선행기술에 의하여 무효가 되지 않는 범위 이내에서 가능한 한 넓은 청구범위의 청구항을 출원하여 가능한 한 넓은 권리범위의 특허를 확보하려고 노력하는 반면 경쟁자는 가능한 한 발명가 청구항의 권리범위 주변의 공터를 찾아 그 곳에서 거주하거나 그 곳을 거쳐 통행하기를 원한다.

이와 같은 발명가와 경쟁자의 모든 행동의 이유는 특허를 통한 수익 창출에 있다. 즉 발명가는 자신의 금지권을 행사하여 수익을 창출하려는 반면 경쟁자는 발명가의 금지권을 우회·회피하며 수익을 창출하려하기 때문이다. 이를 위하여 발명가는 특허 출원·등록 등의 action을 통하여 청구항의 권리범위를 확보하고, 경쟁자는 이에 대한 대응으로서 상기 범위를 우회·회피하는 counter-action을 취하며, 발명가가 경쟁자의

counter-action에 대응하여 등록특허의 권리범위를 확대하는 등의 reaction을 취하게 되면, 경쟁자는 등록특허를 무효화하거나 우회·회피를 통한 비침해를 확인하는 등의 counter-reaction을 취하게 된다.

따지고 보면 위의 모든 행위의 기본은 바로 발명가가 보유한 특허의 청구항의 권리범위이며, 이 권리범위를 결정하는 것이 바로 특허의 청구항이다. 따라서 경쟁자의 각종 행위가 발명가의 권리범위를 침해하였는지 여부는 물론 발명가의 권리범위 이내에 선행기술이 포함되었는지 여부도 모두 청구항의 해석에 따라 결정될 수밖에 없다.

그림 4-28. 청구항 해석에 의한 승패 판결

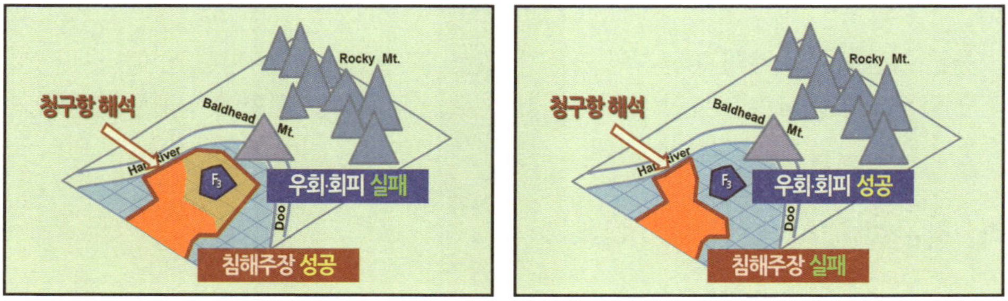

그림4-28(a) 그림4-28(b)

그 결과 발명가와 경쟁자 사이에 분쟁이 일어날 경우, 당사자 사이의 승패는 청구항 해석에 의하여 결정된다. 일예로 그림 4-28(a)와 같이 법원이 발명가가 주장하는 청구항 해석을 채택한다면, 상기 청구항 해석에 의한 발명가의 권리범위에는 경쟁자의 침해의심 제품·서비스가 포함되므로 침해가 인정되며, 그 결과 발명가가 승소하게 된다. 반면 그림 4-28(b)와 같이 법원이 경쟁자가 주장하는 청구항 해석을 채택할 경우, 상기 청구항의 권리범위에는 우회·회피가 가능하도록 제작된 경쟁자의 제품은 포함되지 않게 되며, 그 결과 경쟁자가 승소하게 된다.

따라서 청구항의 요소나 제한조건, 청구항의 단어나 구절에 대한 의미에 따라 청구항에 대한 법원의 해석이 내려지면, 이에 따라 상기 청구항의 특허성 여부는 물론 상기 청구항에 대한 경쟁자의 침해 여부가 거의 자동적으로 결정된다. 따라서 특허권자이건 경쟁자이건 특허침해소송이나 특허무효확인소송에서 승리하기 위해서는 무조건 청구항 해석에 “all-in”할 수밖에 없다. 이것이 바로 특허법의 상당한 부분은 물론 수많은 판례가 청구항 해석과 관련될 수밖에 없는 이유이다.[34)]

2. 강한 특허로도 수익을 창출하기 어려운 이유

앞서 발명가가 발명을 착상하기 위해서는 ‘신(神)내림’이 필요하지만 발명가에게 수익을 창출해줄 수 있는 특허는 철저히 인간이 인위적으로 제조한다고 설명하였다. 철저히 인간에 의하여 만들어진 특허의 핵심은 광활한 ‘범위’를 지닌 금지권인 바, 결국 강한 특허란 강한 청구항을 가진 특허이며, 강한 청구항이란 광활하면서도 다양한 종류의 ‘범위’를 지닌 청구항이다.

하지만 발명가가 강한 청구항, 강한 특허를 만들기란 쉬운 일이 아니며, 설령 강한 특허를 보유하게 되더라도 이를 활용하여 수익을 창출하기는 더더욱 어려운 일이다. 아래에서는 강한 청구항, 강한 특허로도 수익을 창출하기 어려운 이유를 특허의 권리성 측면, 비용편익 측면 및 책임회피 측면에서 살펴본다.

가. 권리성 측면에서 불리한 발명가

발명과 특허를 통하여 수익을 창출하기 위하여 발명가는 광활한 청구범위의 청구항을 가진 특허를 청구하고 이를 등록하여 광활한 권리범위를 확보함으로써 자신의 권리범위 주변에 생성될 수도 있는 공터를 원천적으로 방지해야 한다. 공터가 사라짐에 따라 발명가가 자신의 특허기술을 직접 실시하여 수익을 창출하더라도 경쟁자는 이를 방해하지 못하고, 발명가가 허락할 경우에 한하여 경쟁자는 발명가에게 royalty를 지불하며 특허기술을 실시할 수 있다. 즉 발명가는 자신의 권리범위 주변에 공터가 없어야

34) 자세한 내용은 제7장 “청구항 해석” 참고.

만 자신의 금지권의 활용을 극대화할 수 있다는 말이다.

하지만 발명가가 자신이 원하는 모든 범위를 획득하기는 무척 어렵다. 그 첫 번째 관문이 바로 특허청이다. 특허청 심사관은 다양한 선행기술을 인용함은 물론 다양한 특허성 요건을 검토하며 출원특허의 청구항을 거절한다. 따라서 발명가가 심사관이 인용한 모든 선행기술을 극복하는 극히 이례적인 경우를 제외하면, 거의 대부분의 경우 발명가는 심사관의 다양한 거절 이유를 극복하기 위하여 자신의 청구범위를 축소한 후에야 이를 등록할 수 있게 된다.[35)]

이뿐만이 아니다. 발명가는 항상 불리한 위치에서 경쟁자와 경쟁하게 되며, 그 이유는 특허청의 출원특허, 등록특허 공개제도 때문이다. 우선 특허청은 출원 후 18개월이 경과한 모든 출원특허를 공개한다. 또한 특허 청구항이 각종 특허성 요건을 만족하여 특허로 등록되면 특허청은 모든 등록특허도 공개한다. 따라서 경쟁자는 발명가의 원출원특허의 청구항과 등록특허의 청구항을 비교·검토할 수 있음은 물론 특허 심사 시 발명가와 특허청 심사관이 주고받은 모든 교신 내용도 열람할 수 있다. 그 결과 발명가가 보유한 특허의 권리범위는 물론 상기 특허의 장단점도 파악할 수 있는 경쟁자는 합리적 비용편익분석(cost-benefit analysis)을 통하여 발명가의 등록특허를 licensing할 것인지, 아니면 이를 우회·회피할 것인지, 아니면 이를 대놓고 침해할 것인지 결정할 수 있다.

반면 발명가는 누가 자신의 출원특허와 등록특허를 열람하는 지 알 수 없다. 또한 발명가는 자신의 권리범위를 누가 언제, 어디에서, 어떤 방법으로 우회·회피하려 하는지, 누가 자신의 청구항을 무효화하려 하는지도 알 수 없다. 즉 정보의 편파적, 비대칭적 분포에 따라 발명가는 항상 경쟁자보다 불리하며, 따라서 발명가는 항상 모든 잠재적 경쟁자의 활동을 예의주시할 수밖에 없다. 하지만 발명가는 경쟁자에 대하여 아무런 선제 조치도 취할 수 없다. 왜냐하면 경쟁자가 발명가의 특허와 관련된 아무런 행동도 취하지 않을 경우 발명가가 취할 방법은 전무하며, 일단 경쟁자가 발명가 특허의 권리범

35) 발명가는 특허를 출원하며 특허청 심사관이 자신의 청구항을 거절하리라고 예상한다. 따라서 발명가는 일반적으로 출원특허 청구항의 범위를 그만큼 더 넓게 설정하기도 한다.

위를 침해해야만 발명가와 경쟁자 사이의 본론이 시작되기 때문이다.

물론 발명가의 특허가 원천특허라면 상황은 달라진다. 왜냐하면 제대로 만들어진 원천특허의 권리범위는 관련 기술의 핵심을 포함하기 때문에, 경쟁자가 이를 우회·회피하며 상기 원천 기술을 구현하기는 만만치 않기 때문이다. 그렇다고 경쟁자가 마음 놓고 원천 기술의 개량 기술을 실시할 수도 없다. 왜냐하면 경쟁자가 원천특허의 핵심기술을 아무리 개량하더라도 경쟁자의 제품에 원천특허 청구항의 모든 핵심요소 및 제한조건이 존재하는 한 "구성요소 완비의 법칙"이 성립되므로, 원천특허는 경쟁자의 개량제품에 의하여 항상 침해되기 때문이다.

하지만 현실적으로 원천특허는 전체 특허의 1% 미만에 불과한 것으로 알려져 있으며, 혹자는 원천특허는 전체특허의 0.1% 미만이라고도 추정한다. 이를 바꾸어 말하면 대부분의 등록특허는 우회·회피가 가능한, 즉 상기 특허의 권리범위 주변 여기저기에 공터가 널려 있는 개량특허에 불과하다는 말이다. 그만큼 경쟁자의 우회·회피가 불가능한 강한 청구항과 이를 포함하는 강한 특허를 만들기는 용이한 작업이 아니다.

나. 비용편익 측면에서 불리한 발명가

발명가가 자신의 특허를 보호하기 어려운 또 다른 이유로는 경제적 이유, 즉 비용편익분석(cost-benefit analysis)의 불리함을 들 수 있다. 앞서 수차례에 걸쳐 설명하였듯이 특허의 목적은 수익 창출인 바, 특허와 관련된 모든 당사자들은 수익 창출 여부에 따라 행동하기 때문에 특허와 관련된 다양한 비용들을 분석해보면 권리성 외 측면에서의 수익 창출의 어려움을 이해할 수 있다.

제도적 차원에서 발명가의 비용편익을 분석하려면 특허의 출원·등록·유지는 물론 특허침해소송 등과 관련된 비용편익을 분석해야 한다. 우선 발명가가 특허를 출원·등록·유지하는 경우의 benefit은 예측 불가능한 미래에 발명가가 자신의 권리범위에 대한 금지권을 활용함으로써 창출할 수 있는 이익이다. 물론 보장은 전혀 없지만 그럼에도 불구하고 발명을 착상하고 특허를 출원하는 이들이 바로 발명가이다. 한편 발명가가 특허를 출원·등록·유지하는 경우의 cost는 특허의 출원·등록·유지와 관련된 비용 등이다. 또한 발명가가 발명을 착상하기 위하여 투자한 R&D 비용도 여기에 포함된다.

하지만 발명가가 특허를 이용하여 얻을 수 있는 benefit이 특허를 확보하는 데 소요되는 cost를 능가할 가능성은 그리 높지만은 않다. 실제로 특허보호의 강도가 가장 높은 미국에서도 등록특허 100개 중 수익 창출이 가능한 특허는 2~3개 정도에 불과하다는 것이 업계의 추정이기 때문이다.[36] 물론 제조업체가 특허를 보유할 경우 특허의 금지권에 힘입어 경쟁자의 맹목적 침해를 방지하는 등 실제로 돈으로 환산할 수 없는 이익까지 따진다면 특허의 가치는 증가할 수도 있다.[37] 하지만 비제조업체인 개인발명가나 대학교·연구소의 입장에서는 특허를 활용하여 현금을 창출해야 하므로, 특허를 이용하여 얻을 수 있는 benefit이 제조업체에 비하여 낮을 수밖에 없다. 이러한 측면에서 보면 특허를 이용한 수익 창출이야말로 "high-risk high-return business"라 할 수 있다. 즉 특허를 이용하여 수익을 창출하려면 cost 경감도 중요하며, 따라서 "선택과 집중" 전략의 중요성 역시 그만큼 증가하게 된다.

발명가의 특허를 우회·회피 또는 침해하는 경쟁자 제조업체의 benefit은 무임승차자로서의 비용 경감 및 이익이다. 즉 경쟁자 제조업체는 별도의 R&D 비용을 들이지 않고 동일한 또는 유사한 제품을 발명가보다 싼 가격에 판매하여 수익을 창출할 수 있다. 한편 발명가의 특허를 우회·회피하려다 실패하여 침해 판정을 받을 경우의 cost는 손해배상금 지급, 금지처분에 따르는 사업의 중단 및 변호사 비용 등과 같은 경제적 손실이다.

하지만 특허침해소송에서 국내 등록특허의 무효율은 거의 80%에 달하며, 소송에서 패소한 제조업체가 발명가에게 지급하는 손해배상금은 약 5,500만원(중앙값) 정도

36) 일반적으로 제조업체는 자신이 개발한 기술을 직접 실시할 수 있으므로, 제조업체의 특허 활용률은 개인발명가나 대학교·연구소의 특허 활용률보다 높을 수밖에 없다. 따라서 위와 같이 등록특허 100개중 수익 창출이 가능한 특허가 2~3개에 불과하다는 추정은 제조업체를 제외한, 개인발명가나 대학교·연구소가 보유한 특허에 대한 추정으로 생각된다.

37) 미국에서 일단 특허침해소송이 시작되면, 당사자 간의 증거조사가 완료될 때까지 대략 백만~이백만 달러 정도의 변호사 비용이 발생한다. 즉 비싼 법률 비용이 무절제한 침해를 방지하는 역할도 담당하는 것으로 생각된다.

에 불과하다.[38] 그 결과 국내 발명가는 경쟁자의 특허침해에 법적 대응을 하여 승소하더라도 benefit이 cost를 능가하지 않는 경우가 대부분인 반면 국내 제조업체는 발명가의 국내특허를 침해할 경우 benefit이 cost를 능가하는 경우가 대부분이다. 즉 국내 경쟁자는 발명가의 국내특허를 licensing하기 보다는 무임승차하는 편이 더 싸게 치는 경우가 대부분이라는 말이다.

특허보호 강국인 미국에서는 특허침해소송에서 등록특허가 무효로 처리될 확률이 1/3, 특허는 유효하지만 비침해 판결을 받을 확률이 1/3, 특허도 유효하고 침해도 인정받을 확률이 1/3 정도이다. 또한 발명가가 승소할 경우에는 약 1,000만 달러 정도의 손해배상금(중앙값)을 챙길 수 있다. 따라서 미국 발명가는 경쟁자의 침해에 법적 대응을 하여 승소할 경우 benefit이 cost를 능가하는 경우가 대부분이다.

물론 위의 통계에도 함정은 있다. 즉 미국 특허소송은 2011년 3,000건, 2012년 5,000건에 달하지만 이 중 97% 정도는 판결 이전 취하되거나 화해로 종결되기 때문에, 실제 연방지방법원에서 판결이 내려지는 건수는 매년 150여건 안팎이기 때문이다. 따라서 판결 전 취하되는 4,850여건의 사건에 대한 대차대조표를 확인하기 전에는 발명가나 경쟁자의 cost-benefit analysis 결과를 정확히 추정하기는 어렵다.

또한 앞서 설명한 바와 같이 정상적으로 비즈니스를 운영하는 경쟁자의 경우 특허침해소송에서 패소하더라도 어느 정도의 수익을 창출할 수 있다.[39] 왜냐하면 경쟁자가 주력 제품에 대한 금지처분을 받거나 또는 수입금지명령이 발동되지 않는 이상 경쟁자가 발명가에게 지불하여야 하는 손해배상금은 자신이 창출한 수익의 일부에 해당하는 경우가 대부분이기 때문이다. 그 결과 금지처분이나 수입금지명령 등을 회피할 수 있는 경쟁자는 발명가와 license 계약을 체결하며 royalty를 지불하는 대신 대놓고 특허를 침해하는 전략이 싸게 칠 수도 있다는 결론이 도출된다.

38) 자세한 내용은 제1장의 4-나절 "국내 특허의 후천적 한계 1 [등록특허의 높은 무효율]" 및 제1장의 4-다절 "국내 특허의 후천적 한계 2 [낮은 손해보상금]" 참고.

39) 자세한 내용은 제5장의 4-다절 "특허권의 제도적 제한" 참고.

다. 책임회피 측면에서 불리한 발명가

위에서 설명한 바와 같이 권리성 측면 및 비용편익 측면에서 발명가는 자신의 특허를 이용하여 수익을 창출하기가 매우 어렵다. 이뿐만이 아니다. 자신이 직접 자신의 특허기술을 구현한 제품을 제조·판매하지 않는 이상, 발명가는 책임회피 측면에서도 특허로 수익을 창출하기가 어렵다. 저자는 이에 대한 근본적 원인은 바로 특허의 핵심인 '금지권'이라는 무형자산의 가치 산정이 현실적으로 불가능하기 때문이 아닐까 생각한다.

(1) 가격 산정의 어려움에 따른 수익 창출의 어려움

발명가가 자신의 등록특허에 대한 licensing을 원하는 A기업의 B부장과 우호적인 분위기에서[40] license 협상을 진행하는 경우를 가정하자. 물론 발명가가 자신의 특허에 대한 충분한 보상을 요구하고 B부장이 이에 흔쾌히 동의할 경우 license 협상은 일사천리로 진행될 것이고, 그 결과 발명가는 특허를 이용한 수익 창출에 성공하고, A기업 역시 발명가의 특허기술을 이용하여 시장 점유율을 높이며 특허제품을 판매하여 수익을 창출할 수 있을 것이다.

하지만 현실과 이상 사이에는 큰 괴리가 있다.[41] 우선 발명가의 특허에 대한 객관적

40) 대부분의 경우 발명가와 제조업체가 우호적으로 license 협상을 진행할 수 있는 이유는 제조업체가 아직 발명가의 특허를 실시하고 있지 않기 때문이다. 즉 발명가의 기술은 아직 시장에서 구현되지 않은 기술이기 때문에 발명가는 그 누구도 특허침해로 제소할 수 없으며, 제조업체 역시 상기 특허를 실시하지 않기에 특허침해의 압박을 느낄 필요가 없다. 그 결과 발명가와 제조업체는 우호적 분위기에서 화기애애하게 협상을 진행할 수 있다.

41) 참고로 제조업체가 발명가의 특허를 실시하기 전 발명가와 협상 및 license를 통하여 기술을 이전받는 거래를 "사전적 거래 (ex ante transaction)"라고 지칭하는 반면 제조업체가 발명가의 특허를 실시한 이후 특허침해소송의 위협 하에서 또는 실제로 소송을 진행하며 이루어지는 기술이전을 "사후적 거래 (ex post transaction)"라고 지칭한다. 미국 연방통상위원회(U.S. Federal Trade Commission, FTC로 약칭)는 기술이전과 관련된 사전적 거래는 혁신을 도모하지만 사후적 거래는 혁신을 저해할 수 있다는 입장을 견지하고 있다. 물론 저자는 이와 같은 FTC의 견해는 수익 창출을 위한 특허라는 business를 이해하지 못한 naive한 성찰의 결과라고 생각한다. 자세한 내용은 제5장의 2-라절 "미국 FTC(연방통상위원회)와 특허" 참고.

가치 산정이 불가능하기 때문에 발명가나 B부장 모두 상기 특허에 대한 시장 가격을 합리적으로, 공정하게 파악할 수 있는 방법이 없다. 따라서 발명가나 B부장이 아무리 공정하게 협상을 진행하려 해도 "공정한 가격"에 대한 합의를 도출하기가 상당히 어렵다. 또한 협상의 대상이 특허, 금지권 등의 무형자산이므로 이를 창출한 발명가가 원하는 가격과 이를 가능한 한 싼 가격에 도입하여 수익을 창출해야 하는 제조업체가 지불하고자하는 가격 사이에도 큰 차이가 존재한다.

물론 이러한 현실과 이상의 괴리는 특허의 속성과 관련된 문제점이며, 이는 당사자인 발명가와 A기업 사이의 문제이다. 하지만 A기업의 B부장에게는 개인적 측면에서의 괴리가 더 중요할 수도 있다. 즉 A기업과 B부장의 이익이 항상 합치하지는 않기 때문이다.

우선 B부장이 발명가와 license 계약을 체결하며 지불하기로 약정한 royalty가 추후 과다하게 책정되었다고 밝혀지면 B부장은 A기업 내부에서 불리한 입장에 처할 수 있다. 이뿐만이 아니다. 비록 B부장이 발명가의 특허를 합리적으로 낮은 가격에 licensing하였더라도 추후 상기 특허의 사업화가 실패하거나 상기 사업으로 제조·판매한 제품의 매출 실적이 부진하면 B부장은 A기업 경영진으로부터 문책당할 수 있다.

그렇다면 B부장이 지금 발명가와 특허 license 협상을 벌이는 이유는 무엇일까? 마침 공교롭게도 B부장이 이 시점에 A기업의 특허 license 부서의 장으로 근무하고 있기 때문이다. 그 이상도 아니고 그 이하도 아니다. 내년이면 B부장은 상무로 승진하고, 상기 licensing 업무는 C과장이 부장으로 승진한 후 인수인계할 가능성이 크다. 따라서 이때부터 실무 책임자는 C과장일 것이고 자신은 관리자에 불과할 뿐이므로 설령 발명가에게 지불하기로 한 royalty가 과다하거나 상기 특허의 사업화가 실패하더라도 대부분의 책임은 C과장 몫이 되며, 미래의 B상무가 져야할 책임은 상당히 경감될 가능성이 높다.

또한 B부장이 내년 license 부서가 아닌 특허창출부서의 상무로 승진하면 앞으로는 발명가는 물론 C과장도 영영 보지 않고 지낼 수 있다. 그럼에도 불구하고 B부장이 이 시점에 반드시 발명가와 license 협상을 타결할 이유가 있을까? 그렇지 않은 경우가 대부분일 것이다. 따라서 B부장은 자신이 승진할 때까지 발명가와의 license 협상을 차일피일 미루며 지연작전을 쓸 수도 있다. 즉 license 협상의 결과에 대한 예측이 불가능하며 관련 risk가 크기 때문에 B부장의 입장에서는 '책임회피'가 상책일 수 있다.

(2) 미래의 특허침해소송에 따른 수익 창출의 어려움

만일 발명가가 보유한 특허가 A기업이 당장 실시해야만 하는 신기술 관련 특허라면 사정이 달라질까? 이에 대한 확실한 답도 없다. 만일 A기업 회장이 직접 발명가와의 협상을 진두지휘하거나 B부장에게 이에 대한 전폭적 지지를 표명하며 전권을 부여하는 경우, B부장의 어깨가 가벼워져 B부장도 발명가와 전향적으로 협상을 진행할 수 있다. 하지만 그렇지 않은 경우 B부장의 선택의 폭은 여전히 좁을 수밖에 없다. 왜냐하면 섣불리 license 협상을 체결하였다가 royalty와 관련하여 또는 신사업과 관련하여 잡음이 생기면 B부장은 거의 확실한 승진의 기회를 놓치게 됨은 물론 회사에서 해고당할 수도 있기 때문이다.

만일 B부장이 수수방관하는 사이 A기업이 알게 모르게 발명가의 특허를 침해하며 신제품을 개발하여 판매하기 시작하면 어떤 일이 발생할까? 발명가 역시 A기업의 특허침해를 인지하게 되고 특허침해소송이 시작될 것이다. 하지만 역시 중요한 변수는 timing이다. 우선 A기업이 발명가의 특허기술에 따라 공장의 생산 line을 upgrade하고 시제품을 생산하고 이를 test한 후 최종 제품을 시장에 출시하는 데에만 1~2년은 소요될 수밖에 없다. 또한 상기 제품이 시장에서 각광을 받고 A기업의 효자 상품으로 자리매김하는 데에도 최소한 1~2년이 소요된다. 따라서 B부장이 현재 진행 중인 발명가와의 license 협상을 질질 끈다손 치더라도, 발명가가 A기업을 상대로 특허침해소송을 제기하는 시점은 최소한 지금부터 2~3년 이후의 일이다.

그리고 2~3년 후면 B부장은 1년차 또는 2년차 상무이거나 A기업에서 해고당한 50대 초반 퇴직자일 것이다. 또한 발명가가 특허침해소송을 제기할 경우 상기 소송은 B부장이 속한 특허 license 부서의 업무가 아니라 옆 건물에서 근무하는, B부장이 별로 좋아하지도 않는 D상무가 지휘하는 특허소송부서의 업무가 된다. 따라서 B부장의 논리적 결론은 단순하다. "지금 당장 발명가와의 license 협상을 급히 진행할 필요가 없다"이다.

결국 가치 산정이 어려운 특허 license의 성사 여부는 license의 대상인 특허의 우수성, 유효성에도 달려 있지만, 위에서 설명한 바와 같이 licensing에 연루된 개개인의 조직 내 입지 및 이익에 따라서도 달라질 수 있다. 그렇다고 발명가가 A기업과 직원들을 일일이 파악한 후, 자신과 license 협상을 진행할 당사자를 선발할 권리가 있는 것도 아니다. 그 결과 발명가가 특정 제조업체가 관심을 가진 특허를 보유하고 있더라도, 상기 license 협상이 반드시 성사된다는 보장은 전무하다.

3. 특허 실패 사례

대부분의 발명가는 연구자로서, 우주의 진리를 탐구한 후 자신의 연구결과를 유수 학술지에 학술논문으로 게재하여 자신이 규명한 새로운 우주의 진리를 동료들에게 공표한다. 따라서 동료들은 연구자가 논문에 기재한 내용을 숙독하고 연구자의 독창성에 감탄하기도 하고, 연구자의 논리적 비약에 일침을 가하기도 한다. 즉 연구자에게 학술논문이란 자신이 규명한 우주의 진리에 대한 결과인 동시에 전문가로서의 의견이다. 따라서 연구자가 학술지에 게재한 학술논문의 경우, 연구자가 discussion에 기재한 내용이건 주석에 기재한 내용이건 이는 모두 연구자의 연구결과에 속한다.

그림 4-29. 동일한 신대륙, 상이한 Paradigm

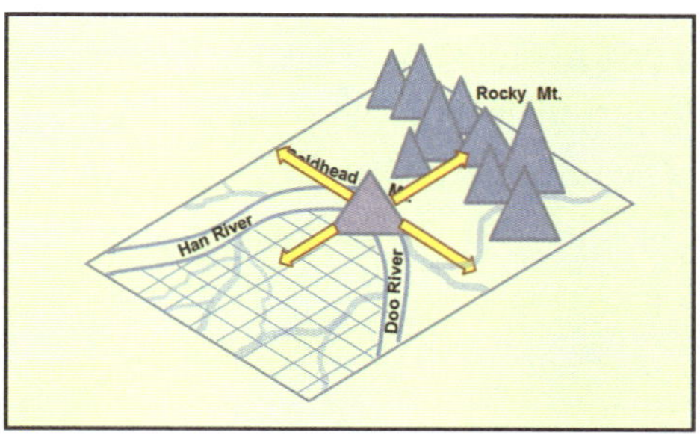

(a) 논문에 개시한 신대륙

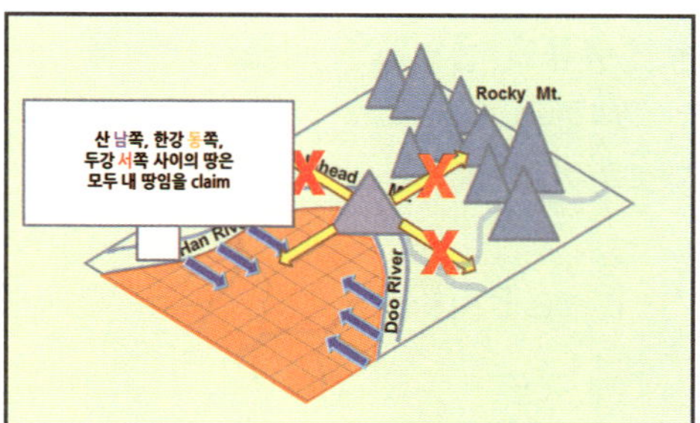

(b) 특허에 개시한 신대륙

하지만 앞서 설명한 바와 같이 특허의 paradigm과 논문의 paradigm은 달라도 너무 다르다. 일예로 발명가가 신대륙을 발견한 후, 신대륙의 '산'의 동서남북을 모두 답사함은 물론 그림 4-29(a)와 같이 한강, 두강, 세강, 네강 등 강이란 강은 모두 다 답사하고, 그것도 모자라 신대륙을 흐르는 모든 하천과 실개천까지 다 답사하더라도, 발명가가 신대륙의 땅을 자신의 영토로 인정받으려면 그림 4-29(b)와 같이 자신의 말뚝(특허의 청구항)에 이 모든 땅들을 자신의 영토라고 기입해야만 한다. 만일 발명가가 자세히 답사하였고 자신이 소유하고 싶은 땅이더라도, 그 땅을 자신의 말뚝에 기재하지 않는 한 그 땅이 자신의 영토가 될 가능성은 전무하다. 즉 발명가가 자신의 머리에 1,000가지 아이디어를 떠올렸다 하더라도 이를 특허명세서의 "발명의 설명"에서 상세히 설명한 후 청구항에 기재하여 청구하지 않는 한 발명가는 상기 발명에 대한 금지권을 확보할 수 없다.

하지만 논문의 paradigm과 특허의 paradigm의 차이를 인지하지 못하는 연구자는 논문 쓰듯 "발명의 설명"을 작성한 후 여기에 기재한 모든 내용에 대한 금지권을 확보하였다고 착각하는 경우가 대부분이다. 또한 대부분의 연구자는 청구항의 범위는 고려하지 않은 채 자신이 기재한 모든 기술은 물론 이와 관련된 모든 발명에 대한 금지권까지 획득하였다고 오해한다. 그 결과 대부분의 발명가는 신대륙의 위치와 방향을 공개한 후 정작 자신은 신대륙의 귀퉁이 땅만을 자신의 영토로 확보하고 마는 우(憂)를 저지르게 된다.

제4장의 3절 "특허 실패 사례"에서는 발명가는 '신(信)내림'을 받아 우수한 발명을 착상하였으나 특허의 출원·등록 과정과 같은 권리화 과정에서 광활한 '범위'는 물론 다양한 종류의 '범위'를 무시하는 바람에 수익 창출에 실패한 예를 살펴본다. 이에 근거하여 제4장의 4절 "특허 성공 사례"에서는 "광활한 범위"는 물론 다양한 종류의 '범위'를 확보하여 특허로 수익을 창출할 수 있는 전략을 설명한다.

가. In re Barker

In re Barker는 미국 연방항소법원인 CAFC의[42] 전신인 CCPA가[43] Barker라는 발

42) 미국 연방항소법원인 CAFC의 정식 명칭은 "U.S. Court of Appeals for the Federal Circuit"으로서, 종종 "Federal Circuit"이라고 약칭되기도 한다. CAFC는 미국 특허 관련 항소심에 대한 독점 관할권을 가진 법원이므로, CAFC의 판결은 매우 중요한 의미를 가진다.

43) CAFC의 전신인 CCPA의 정식 명칭은 "Court of Customs and Patent Appeals"이다.

명가의 출원특허에 대해 선고한 1977년 판결이다.[44] In re Barker는 "최선의 실시예"에 대한 최소한의 청구범위만을 확보한 발명가가 수익 창출에 실패할 수밖에 없었던 이유, 즉 발명가 Barker가 짖기만(bark-er) 하다가 "닭 쫓던 개" 신세가 된 이유를 여실히 보여준다.

그림 4-30. 주택의 목조 격자와 Shingle

그림4-30(a)

그림4-30(b)

주택은 터를 닦고, 기둥을 올리고, 지붕을 덮은 후, 내부를 마무리하여 완성된다. 목조건물을 선호하는 미국에서는 그림 4-30(a)와 같이 지붕의 목조 격자 위에 기와 대신 그림 4-30(b)의 'shingle'이라는 얇은 판을 덮는다. 이와 같은 shingle은 나무, asphalt, slate, plastic, 금속 등의 다양한 재료로 제작하며, 일반적으로 폭은 1m 정도, 높이는 30cm 정도이다. 하지만 인부들이 건축 중인 건물의 지붕에 올라가 shingle을 하나하나 깔며 지붕을 덮으려면 공기도 연장되며 인건비도 상승하기 마련이다. 이에 건축업자인 Barker는 여러 개의 shingle을 미리 결합한 후, 이러한 "shingle 결합물"을 지붕에 깔면 공기 단축을 통한 작업능률의 향상은 물론 인건비도 절약할 수 있다는 발명을 착상하였다.

44) In re Barker, 559 F.2d 588, 194 USPQ 470 (CCPA 1977).

그림 4-31. Barker의 4-by-4 및 4-by-2 Shingle 결합물

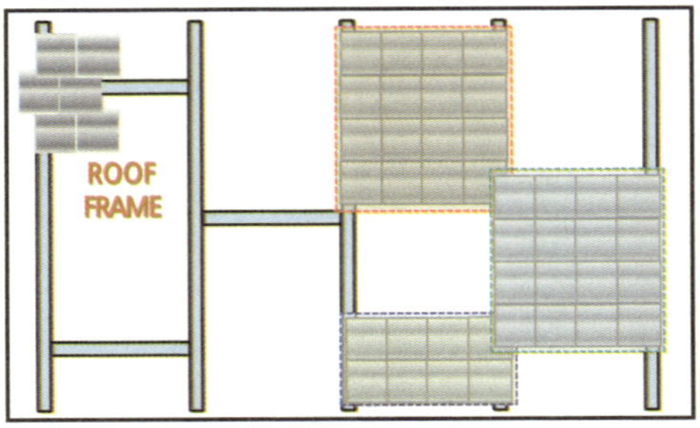

그림4-31(a)

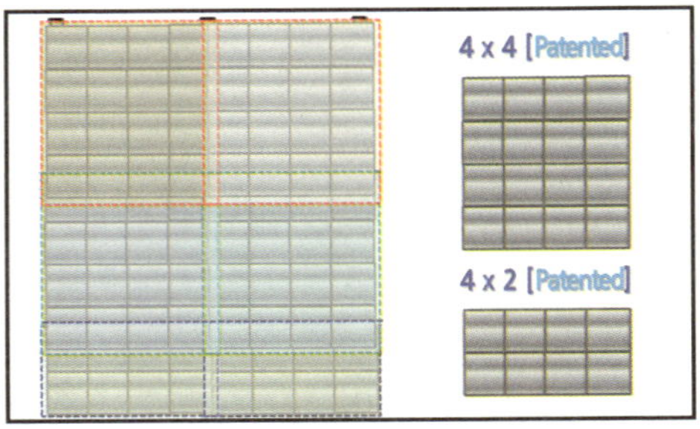

그림4-31(b)

이에 Barker는 건축법 상 허용되는 지붕의 목조 격자 사이의 상하좌우 간격들을 측정하고, shingle의 가로, 세로를 측정함은 물론 누수 방지를 위하여 shingle들 사이의 겹치는 부분의 길이도 고려하여 여러 개의 shingle을 미리 결합하여 사용할 경우의 최적 크기를 계산하였다. 그 결과 그림 4-31(a)와 같이 16개의 shingle을 4-by-4 (4x4) 형태로 미리 결합하여 판매하면 지붕의 목조 격자 사이의 공간을 가장 쉽게 덮을 수 있음을 확인하였다. 또한 그림 4-31(b)와 같이 지붕의 상단, 하단, 측단은 물론 곡면 등에서 자투리 부분을 절단할 경우 버리게 되는 부분을 최소화하기 위하여 위의 결합물의 반에 해당하도록 8개의 shingle을 4-by-2 (4x2) 형태로도 결합하였다. 이에 따라 사용자는 4-by-4 또는 4-by-2의 형태로 사전에 결합된 shingle 결합물을 필요에 따라 사용할 수 있게 되었다. Barker는 자신의 "pre-assembled shingle 결합물"에 대한 특허를 출원한 후, 이에 대한 판매망, 유통망을 확보하여 사업을 시작하였다.

Barker가 4-by-4 또는 4-by-2의 형태만 고집한 이유는 무엇일까? Barker는 4-by-4 또는 4-by-2 형태의 결합물 대신, 이보다 길이도 12배, 높이도 12배 정도인 48-by-48 형태의 초대형 shingle 결합물을 제작함으로써 인부들이 단 몇 번의 못질만으로 건물의 지붕 전체를 덮을 수 있도록 할 수 있었다. 하지만 이와 같은 초대형 shingle 결합물로 지붕을 덮고 자투리 부분을 잘라내다 보면 너무 낭비가 심할 것이다. 반대로 4-by-4 또는 4-by-2 형태의 결합물 대신, 2-by-2 형태의 소형 shingle 결합물을 제작하면 자투리 부분에 의한 낭비는 줄어들지 몰라도 작업 능률이 많이 향상되지는 않

을 것이다. 이러한 측면에서 보면 Barker의 4-by-4와 4-by-2의 형태는 건축 분야에서 Barker가 직시한 문제점을 가장 효율적으로 해결할 수 있는 "최선의 해결책"이었음을 알 수 있다. 물론 Barker의 shingle 결합물은 시장에서 큰 호응을 얻으며 Barker에게 상당한 수익을 안겨 주었다.

호사다마(好事多魔)일까?[45] Barker가 사업을 시작한 지 얼마 되지 않아 경쟁자는 그림 4-32와 같이 6개의 shingle을 3-by-2 (3x2) 형태로 결합한 유사 shingle 결합물을 판매하기 시작하였다. 물론 경쟁자의 3-by-2 제품의 기술적 특징은 Barker의 shingle 결합물 제품과 동일하다. 하지만 경쟁자의 유사제품은 시장에서 인기를 얻고, 그 결과 Barker의 shingle 결합물의 시장 점유율은 추락하였다. 이에 격분한 Barker는 아직 출원 중이던 자신의 특허가 등록되는 대로 경쟁자의 유사 결합물을 시장에서 축출하기로 도모하게 되며, 이를 위하여 심사 중인 출원특허에서 청구한 16개(4-by-4), 8개(4-by-2)의 shingle 결합물 외에도 6개(3-by-2)의 shingle 결합물을 포함하는 청구항을 추가하기 위하여 미국특허청에 청구항 보정서를 제출하였다.

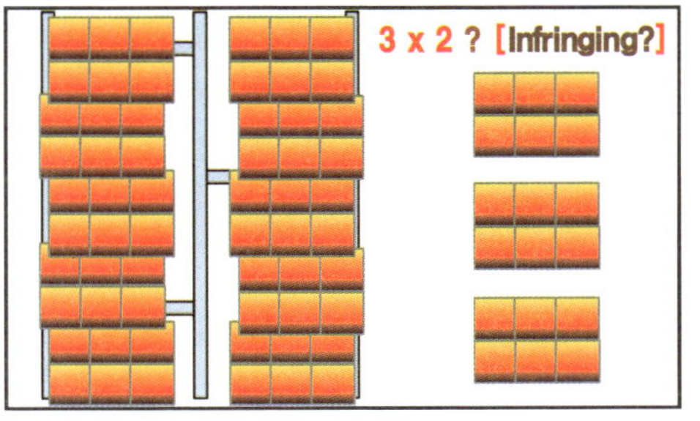

그림 4-32. Barker가 특허 출원한 Shingle 결합물에 대한 침해의심 제품

하지만 특허청 심사관은 서면기재 요건 위반이라며 Barker의 청구항 보정을 거절하였다. 왜냐하면 Barker가 미국특허청에 이미 제출한 원출원특허의 청구항 및 "발명의 설명"에서 Barker는 16개 및 8개의 shingle 결합물들만 예시하였고, 이외의 결합물을 개시하지 않았으므로, 이제 와서 자신의 청구범위에 6개(3-by-2)의 shingle 결합물을

45) 왜 항상 好事多魔일까? 그 이유는 '魔'가 끼려면 '好事'가 전제조건이기 때문이다. 발명가가 자신의 발명을 구현한 제품을 제작판매하였으나 시장에서 소비자가 이를 구입하지 않는다면, 발명가의 제품은 상용화에 실패한 제품이다. 이와 같이 상용화에 실패하여 수익을 창출하지 못하는 제품에 대한 특허를 침해하는 경쟁자는 이 세상에 없을 것이다. 왜냐하면 기껏 이와 같은 특허를 침해해봤자 경쟁자 역시 함께 실패할 것이 뻔하기 때문이다. 따라서 경쟁자에 의하여 침해되는 특허는 대부분 상용화에 성공한 특허일 수밖에 없다. 따라서 '好事'가 있기 때문에 '魔'가 '多'만큼 끼는 것이 아닐까?

추가할 수 없다는 이유였다. Barker는 심사관의 최종 거절을 미국특허청 심판원에 항소하였지만 심판원은 심사관의 최종 거절을 인용하였다. 이에 굴복하지 않은 Barker는 심판원 심결을 다시 미국 연방항소법원에 항소하였으나, 연방항소법원 역시 심판원 심결을 인용하며 Barker의 청구항 보정을 기각하였다.

그 결과 Barker의 경쟁자는 Barker로부터 license를 확보하지 않은 채, Barker에게 royalty를 지불하지 않고도 시장에서 3-by-2 형태의 shingle 결합물을 자유로이 판매할 수 있게 되었다. 물론 Barker는 경쟁자의 유사제품 때문에 골머리를 썩이며, 궁극적으로 자신의 사업을 포기하였다.

과연 Barker는 어떤 중차대한 실수를 저질렀기에 자신의 핵심 idea를 도용하는 경쟁자를 자신의 특허로 제압할 수 없었을까?

정답은 "자업자득이다"일 것이다. Barker의 가장 큰 실수는 자신의 "발명의 설명"에 자신이 최선이라고 생각하는 "최선의 실시예"만 기재한 후, 상기 최선의 실시예만을 청구항에 기재하여 청구하는 동시에 자신의 "발명의 설명"에 "차선의 실시예" 또는 "열등한 실시예"는 아예 언급도 하지 않았다는 점이다. 즉 신대륙을 발견한 발명가가 자신이 답사한 땅 중 가장 비옥하고 가장 교통의 요충지인 알짜배기 땅만을 선정하여 자신의 영토라고 말뚝(특허의 청구항)에 기재한 경우와 마찬가지이다.[46] 그 결과 발명가 영토(청구항의 범위) 주변에는 드넓고 광활한 공터가 자연적으로 형성되었으며, 덕분에 경쟁자는 힘도 들이지 않고 거저먹기로 신대륙을 찾아갔고, 그 곳에 널려있는 공터를 활

46) 알짜배기 땅에 대한 또 다른 예를 들어본다. 남녀가 서로 사랑하게 되었고, 남자연인은 첫 kiss 후 어여쁜 여자연인을 20년 동안 혼자서만 소유하기 위하여 특허를 출원한다고 가정하자. 남자연인은 여자연인의 동그랗고 까만 눈동자가 바로 여자연인의 매력 point라고 확신한 나머지, 특허 청구항에 "내 여자연인의 매력 point인 동그랗고 까만 눈동자 한 쌍이 내 것임을 청구한다"고 기재한다. 그리고 여자연인의 매혹적인 눈동자에 반한 특허청 심사관은 단 한 번의 거절 없이 특허를 등록시킨다. 과연 남자연인은 세상의 뭇남성들을 상대로 자신이 진실로 사랑하는 여자연인에 대하여 첫 kiss 후 20년 간 금지권을 행사할 수 있었을까? 어쩌면 남자연인은 여자연인의 한 쌍의 눈은 지킬 수 있었을지 모른다. 하지만 남자연인이 청구항에 기재하지 않은 여자연인의 얼굴, 뽀얀 손, 매혹적인 몸매 등은 아마도 공터로 전락하게 될 가능성이 무척 농후하다. 이것이 바로 특허의 원리인 동시에 특허 청구항의 권리범위의 중요성이다.

용할 수 있게 된 것이다.

물론 이는 발명가 Barker만의 실수는 아니다. 왜냐하면 Barker를 대리한 변리사 또는 출원전문 특허변호사의 실수도 무시하고 넘어갈 수준이 아니기 때문이다.

일반적인 경우 발명가가 4-by-4 또는 4-by-2 형태의 발명을 자신의 최선의 실시예라고 설명하면, 대부분의 대리인은 "발명의 설명"에 "최소 2개 이상, 일예로 2x2, 2x3, 2x4, 2x5, 2x6, 3x3, 3x4, 3x5, 3x6, 4x4, 4x5, 4x6 등"이라는, 어색하지만 넓은 범위를 포괄하는 방식으로 다양한 실시예를 기재하기 마련이다. 만일 대리인이 Barker의 원출원특허의 청구항 또는 "발명의 설명"에 "최소 2개 이상의 shingle" 또는 "다수의 shingle"이라는 구절만 사용했었더라도, 추후 Barker가 원출원특허의 청구범위에 6개(3-by-2)의 shingle 결합물을 추가하기는 훨씬 용이했을 것이다.

결국 In re Barker는 engineer로서의 발명가의 자부심과 최선의 실시예에 대한 발명가의 맹신 위에 대리인의 부주의함 또는 무지함이 부가됨으로써, 발명가의 발명이 우수한 시장성을 지녔음에도 불구하고 협소한 권리범위 밖에 확보하지 못한 전형적인 예이다. 발명가는 특허를 통하여 자신의 청구발명에 대한 핵심 idea를 공지하는 반면, 정작 자신은 신대륙 귀퉁이의 조그만 알짜배기 땅만 확보함으로써, 발명가의 영토 주변에는 드넓은 공터가 형성되었고, 경쟁자가 이러한 공터를 백분 활용한 사례가 바로 In re Barker이다.

앞서 "발명은 신(神)내림이 필요하지만 특허는 철저히 인간이 제조한다"고 설명하였다. 이러한 측면에서 보면, Barker case는 발명가인 Barker는 신(神)내림을 받아 자신의 임무를 수행하였으나, Barker는 물론 Barker의 대리인인 인간들이 제대로 특허를 창출하지 못하여 발생한, 비운의 특허 참사에 해당한다.

하지만 아직 한 가지 의문이 남아있다.

경쟁자의 shingle 결합물은 그림 4-32와 같이 3-by-2 형태의 결합물이다. 따라서 이를 지붕의 목조 격자 사이에 설치할 경우 shingle 결합물의 상하 간격을 맞추면 측면에 빈틈이 생기고, 반대로 shingle 결합물의 측면 간격을 맞추면 상하에 빈틈이 생기기 마련이다. 따라서 소비자가 Barker의 shingle 결합물을 사용하지 않고 경쟁자의 결합물을 사용할 경우, 소비자는 3-by-2 형태의 shingle 결합물들 사이의 공간을 막기 위하여 빈 틈 위에 추가 결합물을 덧대야 하며, 이에 따라 소비자는 최소한 몇 번의 못질을 더 할 수밖에 없다. 그럼에도 불구하고 왜 소비자들은 Barker의 shingle 결합물 대신 경쟁자의 결합물을 구매하였을까?

저자가 제안하는 정답은 그림 4-33과 같이 "가격 경쟁력"이다. 우선 Barker는 자신의 발명을 착상하기 위하여 자신의 시간과 자본을 투자하였으며, 시제품도 만들어 이 지붕, 저 지붕에서 test하였을 것이다. 따라서 Barker는 자신의 시간은 물론 시제품 제작 등에 자본도 투자하였을 것이다. 또한 Barker는 이에 대한 특허를 출원하고 사업을 시작하였으며, shingle 결합물을 판매하기 위한 판매처 확보는 물론 자신의 shingle 결합물을 위한 홍보 등에 추가 경비를 지출하였을 것이다.

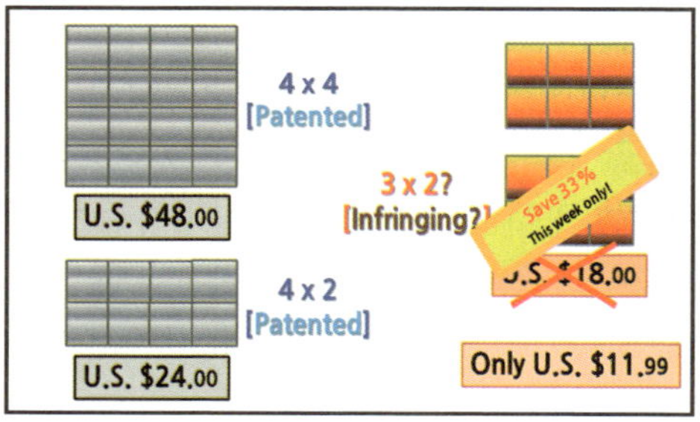

그림 4-33. Free-Rider의 가격 경쟁력

하지만 경쟁자는 Barker의 결합물을 인지한 후 이를 극히 미미한 정도로 개량하였으므로 R&D 비용도 들지 않았으며, 이미 Barker의 결합물을 판매하고 있는 소매업체에 자신의 제품을 납품함으로써 판매처 확보, 홍보 등에 큰 비용을 들일 필요도 없었을 가능성이 높다. 따라서 경쟁자는 그림 4-33과 같이 자신의 유사제품을 Barker의 특허제품에 비하여 파격적으로 싼 가격에 판매할 수 있었으며, 소비자는 효용 면에서는 Barker의 제품에 비하여 조금 불편하기는 하지만 가격 경쟁력이 강한 경쟁자의 제품을 선호하였을 가능성이 크다.[47]

47) 물론 저자는 Barker나 그의 경쟁자와 이에 대하여 토론한 적이 없다. 저자의 추측일 뿐이다.

이와 같은 free-rider의 이점은 경쟁자가 Barker가 설립한 기업보다 규모가 작은 기업일 경우에도 막강한 사업 경쟁력을 부여한다. 반대로 경쟁자가 Barker가 설립한 기업보다 규모가 큰 기업일 경우, free-rider로서의 이점은 더욱 부각된다. 일예로 경쟁자는 규모의 경제를 활용하여 동일한 shingle 결합물 제품을 Barker보다 더 싼 가격에 생산할 수도 있다. 여기에 경쟁자가 이미 보유하고 있는 인력, 재원은 물론 marketing 능력, sales 능력 등을 부가하여 3-by-2 형태의 shingle 결합물을 자신이 이미 보유하고 있는 유통망을 통하여 판매한다면, Barker의 창업기업이 규모가 큰 경쟁자를 상대하여 시장에서 승리할 가능성은 매우 희박할 수밖에 없다.

이와 같이 Barker의 경쟁자는 전형적인 free-rider로서의 이익을 만끽하며 유사제품을 팔아 수익을 창출하였다. 하지만 경쟁자가 free-ride를 즐길 수 있었던 가장 중요한 원인은 바로 Barker가 출원한 특허 청구항의 청구범위 주변에 널려있는 공터 때문이다.

결국 앞서 설명한 바와 같이 특허의 핵심은 청구항의 권리범위이다. Barker가 신(神)내림을 받아 shingle 결합물에 대한 발명을 착상할 수 있었는지는 모르겠지만, Barker와 그의 대리인이 특허를 제대로 제조하지 못한 만큼은 분명한 사실이다. 결국 제대로 된 권리범위를 확보하지 못한 특허는 발명가에게 수익을 창출해 주기는커녕 손실과 패배만을 초래하는, 후회막급의 애물단지로 전락하게 된다.

나. Unique Concept vs. Brown

Unique Concept vs. Brown은 미국 특허 관련 항소심에 대한 독점적 관할권을 가진 미국 연방항소법원인 CAFC의 1991년 사건이다.[48] Unique Concept 역시 발명가가 아무리 혼신의 힘을 기울여 확보한 특허라 할지라도 특허 청구항의 권리범위 주변에 조그마한 공터라도 형성되면 경쟁자는 이 공터를 이용하여 발명가의 권리범위를 현명하게 우회·회피할 수 있다는 사실을 재확인시켜주는 사건이다.

48) Unique Concepts, Inc. v. Brown, 939 F.2d 1558 (Fed. Cir. 1991).

행사를 위하여 또는 집 단장을 위하여 벽을 특정 색상 또는 무늬의 천으로 덮는 작업은 여러 사람을 필요로 한다. 한 사람이 천을 벽에 고정시키면 다른 사람은 그 위로 못을 박는 등 혼자하기에는 벅찬 일이기 때문이다. 또한 벽이 높을 경우에는 인부가 사다리를 타고 작업을 해야 하므로 작업의 단순성에 비하여 시간도 많이 걸릴 수 있다.

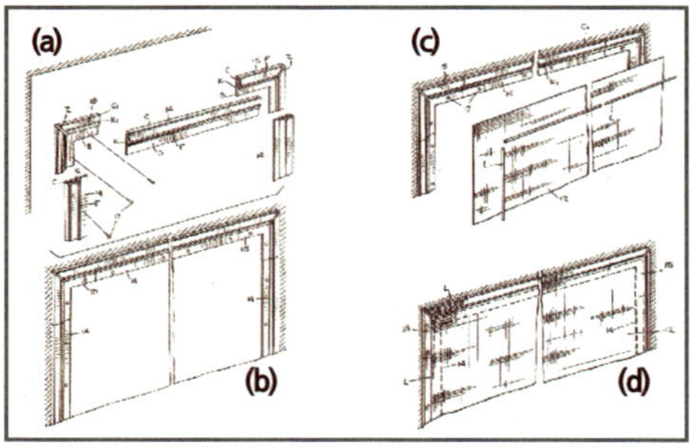

그림 4-34. Unique Concept의 특허 제품

이에 발명가 Baslow는 그림 4-34(a)와 같이 다수의 직선형 막대기와 중간에서 90°로 꺾어진 다수의 'ㄱ'자형 막대기를 이용하는 "wall frame 조립 장치"를 개발하였다. Baslow는 그림 4-34(b)와 같이 직선형 막대기와 'ㄱ'자형 막대기 양 끝에 요철을 만들어 모양에 관계없이 막대기끼리 서로 결합·탈착이 가능하도록 고안하였다. 따라서 사용자는 벽의 하단에서 상단까지는 다수의 직선형 막대기를 이용하고, 상단부에서는 'ㄱ'자 막대기를 이용하여 방향을 전환하는 등의 방법을 이용하며 벽의 가장자리에 frame을 설치할 수 있다. 또한 직선형 막대기와 'ㄱ'자형 막대기 측면에는 임시로 천을 끼워 고정시킬 수 있는 홈을 팠다. 따라서 그림 4-34(c)와 같이 사용자가 막대기 측면의 홈에 천을 끼워 넣어 임시로 고정하게 되면, 그림 4-34(d)와 같이 사용자 혼자서도 넓은 벽면을 천으로 쉽게 치장할 수 있게 되었다.

Baslow는 자신의 발명에 대한 특허를 출원하여 1997년 U.S. Pat. No. 4,018,260을[49] 등록하였다. Baslow의 대리인은 상기 특허의 독립항에 측면에 홈이 파인 다수의 "직선형 막대기" 및 측면에 홈이 파인 다수의"ㄱ자형 막대기"라는 두 가지 요소만 포함하여 권리범위의 극대화를 도모하였다. Baslow는 상기특허를 Unique Concept에 licensing하였고, Unique Concept(추후 'Unique'로 약칭)은 상기 특허를 구현한 제품을 제조·판매하였다.

49) U.S. Pat. No. 4,018,260 entitled "Fabric wall coverings," filed by Floyd M. Baslow on April 27, 1976, issued on April 19, 1977, and now expired.

그림 4-35. Unique Concept의 제품과 경쟁자의 유사제품

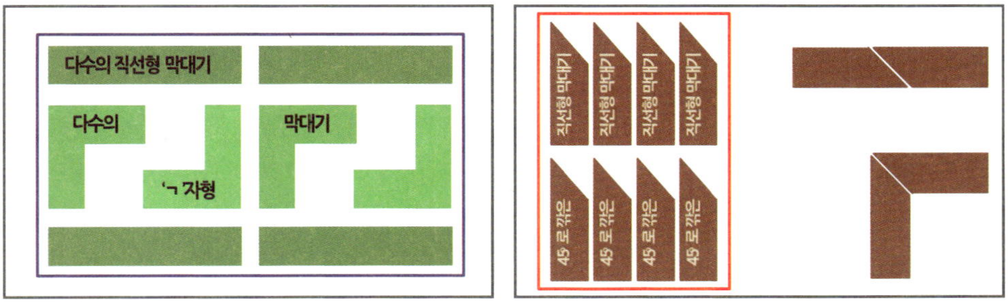

(a) Unique Concept의 제품　　(b) 경쟁자의 유사제품

역시 好事多魔이다! Baslow의 청구발명을 구현한 Unique의 제품에 깊은 영감을 얻은 경쟁자 Brown은 Unique의 특허제품과 상당히 유사한 제품을 고안하여 Baslow의 권리범위의 우회·회피를 시도하였다. 즉 그림 4-35(a)와 같이 Unique의 제품은 다수의 직선형 막대기 및 다수의 'ㄱ'자형 막대기로 구성되는 반면 그림 4-35(b)와 같이 경쟁자 Brown은 자신의 제품을 다수의 직선형 막대기로만 구성하되 'ㄱ'자형 막대기는 포함하지 않았다. 단 Brown은 자신의 직선형 막대기의 끝부분을 45°로 비스듬히 깎음으로서, 사용자가 직선형 막대기의 끝부분과 다른 막대기의 끝부분을 결합시키는 방향에 따라 두 막대기가 직선으로 연결되거나 아니면 90°로 꺾어지도록 구성하였다.

Unique는 Brown을 상대로 특허침해소송을 제기하였지만 미국 연방지방법원 및 연방항소법원은 경쟁자 Brown이 Unique의 권리범위를 침해하지 않았다고 판결하였다. Unique의 특허나 경쟁자의 제품이나 거의 동일한 원리에 근거하고 거의 동일한 기술임에도 불구하고 미국 법원이 비침해를 판결한 이유는 "구성요소 완비의 법칙" 및 claim chart를 통하여 쉽게 이해할 수 있다.

표 4-2. 침해 판단을 위한 Claim Chart

청구항 (요소, 제한조건)	침해의심 제품·방법 (부품·단계) 존재 여부
다수의 직선형 막대기 ⇒	Yes
다수의 'ㄱ'자형 막대기 ⇒	No

이를 위하여 표 4-2와 같이 claim chart의 좌측 열에는 Unique의 청구항 요소인 다수의 직선형 막대기와 다수의 'ㄱ'자형 막대기를 기입하고, 우측 행에는 경쟁자의 제품 중 상기 청구항 요소에 해당하는 침해의심 제품의 부품 또는 특징을 기재한다. 그 결과, 표에서와 같이 Unique의 특허 청구항의 요소인 "다수의 직선형 막대기"는 경쟁자의 침해의심 제품에 존재하지만 "다수의 'ㄱ'자형 막대기"는 침해의심 제품에 존재하지 않는다. 따라서 Unique의 청구항은 침해의심 제품에 대비하여 "구성요소 완비의 법칙"을 만족하지 않으며, 그 결과 Unique의 청구항은 경쟁자의 제품에 의하여 문언침해되지 않는다.

그렇다고 Baslow가 45°로 비스듬히 자른 막대기 여러 개를 상이한 방향으로 결합하여 직선형 막대기나 'ㄱ'자형 막대기를 만들 수 있음을 생각지 못했던 것도 아니다. Baslow도 이러한 경우를 예상하였으며, 실제로 그는 원출원특허의 "발명의 설명"에서 'ㄱ'자 막대기가 부족하면 직선형 막대기 끝을 45°로 자른 후 이를 결합하여 'ㄱ'자 막대기를 즉석에서 만들 수도 있다"고 개시하였다. 즉 끝이 45°로 잘린 다수의 직선형 막대기들을 이용하면 'ㄱ'자형 막대기를 제작할 수 있다고 개시한 셈이다.

표 4-3. 문언침해 입증을 위한 Unique Concept의 Claim Chart

청구항 (요소, 제한조건)	침해의심 제품·방법 (부품·단계) 존재 여부
다수의 끝이 0° or 45° 직선형 막대기 ⇒	Yes

이에 따라 Unique는 비록 자신의 청구항이 두 가지 요소를 포함하고 있는 것처럼 보이지만 청구항의 'ㄱ'자형 막대기라는 요소는 끝을 45°로 자른 두 개의 직선형 막대기를 결합하여 만들 수 있으므로, 자신의 청구항은 실질적으로 "끝을 0° 또는 45°로 자른 다수의 직선형 막대기"라는 단일의 요소만 포함한다고 주장하였다. 물론 이러한 주장의 목적은 분명하다. 즉 표 4-3의 claim chart와 같이 Unique의 청구항이 단일의 요소만을 포함한다고 해석되면, 상기 청구항은 경쟁자 제품에 대비하여 "구성요소 완비의 법칙"을 만족하며, 그 결과 상기 청구항은 경쟁자의 제품에 의하여 문언침해되기 때문이다.

하지만 연방항소법원은 Unique의 청구항은 "다수의 직선형 막대기"와 "다수의 'ㄱ'자형 막대기"라는 두 개의 상이한, 독립적 요소를 포함하기 때문에, 'ㄱ'자형 막대기를 직선형 막대기의 한 부분으로 인정할 수 없다고 해석하였으며, 특히 Unique의 'ㄱ'자형 막대기란 필요에 따라 사용자가 끝을 꺾고 붙여서 만드는 막대기가 아니라 공장에서 미리 성형된(pre-formed) 'ㄱ'자 막대기라고 판시하였다. 즉 연방항소법원은 Unique의 청구항이 침해되려면 경쟁자 제품을 구입하여 개봉하였을 때 그 안에 다수의 직선형 막대기와 다수의 'ㄱ'자형 막대기가 같이 존재해야 한다고 청구항을 해석하였다. 따라서 연방항소법원은 경쟁자의 제품에는 'ㄱ'자형 막대기가 존재하지 않으므로 Unique의 청구항에 대한 문언침해가 성립하지 않는다고 판결하였다.[50)]

결국 Unique Concept case는 발명가가 발명을 착상하고, 발명가와 특허변호사가 각종 가능한 실시예를 발굴하여 "발명의 설명"에 꼼꼼히 기재하고 "최선의 실시예"를 청구하였으나, "차선의 실시예"나 "열등한 실시예"를 청구항에 기재하지 않은 경우이다. 왜 발명가가 상기 45° 구성을 "발명의 설명"에는 기재하였으나 청구항에 기재하지 않은 지는 확실치 않다. 하지만 발명가가 자신의 "발명의 설명"에 상기 45° 구성을 기재한 후 이를 청구하지 않음에 따라 이에 대한 금지권을 확보하지 못하였고, 경쟁자는 발명가로부터 공터의 위치는 물론 공터를 활용하는 방법까지 배운 후 그 공터를 백분 활용할 수 있었다.

그렇다면 Unique Concept case의 발명가의 실수를 되풀이하지 않기 위하여 발명가는 자신이 상상할 수 있는 모든 실시예를 청구항에 기재하여 청구하여야만 하는가? 그러다보면 단일 특허에서 수십 개 또는 수백 개 이상의 청구항을 청구해야만 경쟁자가 공터를 악용하지 못하도록 방지할 수 있을까?

이에 대한 정답은 "반드시 그렇지만은 않다"이다. 즉 발명가가 대형지뢰(독립항의

---

50) 물론 미국 연방항소법원의 판결에 무리가 있다고 주장하는 학자들도 있다. 또한 연방항소법원의 판결 시 세 명의 배석판사 중 두 명은 위의 다수의견을, 나머지 한 명의 판사는 Unique Concept의 해석에 동의하며 다수의견에 반대하는 소수의견을 개진하였다.

범위) 상부에 중형지뢰(종속항의 범위)를 순차적으로 매설할 때, 타인이 지뢰를 매설하지 못하도록 자신의 대형지뢰 상부 빈틈 사이사이를 모두 중형지뢰로 덮을 필요까지는 없다. 왜냐하면 발명가가 자신의 대형지뢰 상부에 중형지뢰를 매설하다가 빈 공간이 생기더라도, 대형지뢰 및 중형지뢰들 사이의 진보성 요건이 대부분의 공간에 경쟁자가 지뢰를 매설하지 못하도록 발명가를 보호해주기 때문이다.

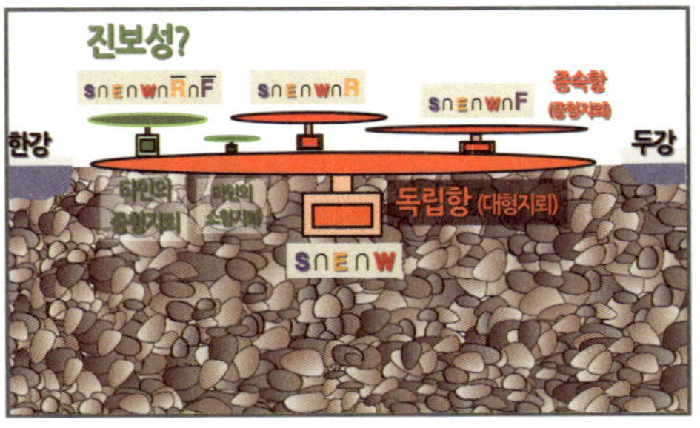

그림 4-36. 발명가를 타인으로부터 보호하는 진보성 요건

일예로 그림 4-36과 같이 발명가가 “산 남쪽 (S), 한강 동쪽 (E), 두강 서쪽 (W)”의 세 가지 요소를 포함하는 대형지뢰(독립항의 범위)를 매설하고, 대형지뢰의 상부에는 “돌덩이가 보이는 땅 (R)”의 추가 요소를 포함하는 첫 번째 중형지뢰(종속항의 청구범위)는 물론 “풀이 보이는 땅 (F)”이라는 추가 요소를 포함하는 두 번째 중형지뢰도 매설하였다고 가정하자. 이 같은 경우 “돌덩이가 보이는 땅 (R)”과 “풀이 보이는 땅 (F)” 사이에는 종속관계가 성립하지 않는다. 왜냐하면 돌덩이가 보이는 땅에서는 풀이 보일 수도 있고, 안 보일 수도 있기 때문이며, 마찬가지로 풀이 보이는 땅에서도 돌덩이가 보일 수도 있고, 안 보일 수도 있기 때문이다.

따라서 대형지뢰 상부의 공간은 첫 번째 중형지뢰가 매설된 땅, 두 번째 중형지뢰가 매설된 땅, 첫 번째 중형지뢰와 두 번째 중형지뢰가 겹치는 땅 (돌덩이가 보이며 풀도 보이는 땅) 및 첫 번째 중형지뢰와 두 번째 중형지뢰 사이의 빈 공간(돌덩이도 안 보이고 풀도 안 보이는 땅)으로 구분된다. 즉 아래와 같이 비록 대형지뢰의 상부이지만 중형지뢰 또는 소형지뢰 사이에는 아래와 같이 빈 공간이 형성될 수밖에 없다.

① 첫 번째 중형지뢰가 매설된 땅:
= S ∩ E ∩ W ∩ R

② 두 번째 중형지뢰가 매설된 땅:
= S ∩ E ∩ W ∩ F

③ 첫 번째 중형지뢰와 두 번째 중형지뢰가 겹치는 땅:
$= S \cap E \cap W \cap R \cap F$

④ 대형지뢰 상부 중 첫 번째 중형지뢰와 두 번째 중형지뢰 사이의 빈 공간:
$= S \cap E \cap W - S \cap E \cap W \cap (R \cup F)$
$= S \cap E \cap W - S \cap E \cap W \cap (R + F - R \cap F)$
$= S \cap E \cap W - S \cap E \cap W \cap R - S \cap E \cap W \cap F + S \cap E \cap W \cap R \cap F$
$= S \cap E \cap W \cap (1 - R) - S \cap E \cap W \cap F \cap (1 - R)$
$= S \cap E \cap W \cap (1 - R) \cap (1 - F)$
$= S \cap E \cap W \cap (\text{not } R) \cap (\text{not } F)$

물론 경쟁자는 위의 빈 공간을 활용하기 위하여 자신이 별도의 특허를 출원하고 상기 빈 공간을 자신의 사유지로 삼으려고 시도할 수는 있다. 하지만 상기 빈 공간은 이미 발명가가 대형지뢰(독립항의 범위)를 매설한 부분이다. 따라서 경쟁자는 발명가는 물론 공중이 인지하지 못한 상기 빈 공간의 신규 용도를 발명하거나, 공중이 상상한 것보다 탁월한 상기 빈 공간의 성능을 발명하는 경우 등을 제외하고는 진보성 요건을 만족하기가 쉽지는 않다. 따라서 발명가가 대형지뢰 상부의 모든 공간에 반드시 중형지뢰를 매설하지 않더라도 대부분의 경우 경쟁자가 대형지뢰 상부의 빈 공간에 자신의 지뢰를 매설하지 못하도록 막을 수 있다.

설령 경쟁자가 발명가의 대형지뢰 상부에 중형지뢰를 매설하는데 성공하더라도 중형지뢰는 발명가의 대형지뢰 상부에 매설된 종속지뢰이므로, 경쟁자는 발명가의 허락을 받아야만 자신의 중형지뢰 위에서 거주할 수 있다. 따라서 경쟁자가 빈 공간에서 별도의 특허를 받건 아니건 발명가는 Unique Concept case와 같은 직접적인 타격은 받지 않는다.

그렇다면 대형지뢰 상부의 빈 공간에 자신의 지뢰를 매설할 수 없는 경쟁자는 자신이 직접 상기 빈 공간에서 거주할 수 있을까? 이 또한 불가능하다. 왜냐하면 그림 4-37과 같이 경쟁자가 대형지뢰 상부의 빈 공간에 서는 순간 자신은 “산 남쪽 (S), 한강 동쪽 (E), 두강 서쪽 (W)”의 요소를 모두 만족하는 땅에 서기 때문에 “구성요소 완비의 법칙”이 적용되고, 이에 따라 발명가의 영토는 경쟁자에 의하여 문언침해되기 때문이다.

그림 4-37. 발명가를 타인으로부터 보호하는 권리범위

그렇다면 Unique Concept case의 발명가 또는 그의 대리인의 실수는 무엇일까? 가장 큰 실수는 그림 4-38(a)와 같이 발명가나 대리인이 출원특허의 "발명의 설명"에서 대형지뢰(가장 넓은 청구항의 범위)를 매설할 수 있는 모든 땅을 설명한 후 정작 발명가 자신은 중형지뢰(종속항의 범위)만 매설하였다는 점이다. 즉 사후재구성이겠지만 만일 발명가가 "다수의 직선형 막대기"라는 단일의 요소만을 포함한 대형지뢰를 독립항으로 작성한 후 여기에 "다수의 'ㄱ'자형 막대기"를 추가로 포함하는 중형지뢰를 종속항으로 청구하는 청구항 전략을 사용하였다면, 발명가는 위와 같은 수모를 피했을 것이다. 또한 발명가가 "다수의 직선형 막대기"와 "다수의 'ㄱ'자형 막대기"라는 두 개의 요소를 포함한 중형지뢰를 독립항으로 작성한 후, 자신이 "발명의 설명"에 기재한 45° 구성 역시 또 다른 독립항으로 작성했다면, 후자는 단일의 요소만으로 구성되므로 범위도 상당히 광활한 대형지뢰의 역할을 수행했을 것이다.

그림 4-38. Unique Concept case의 발명가의 실수

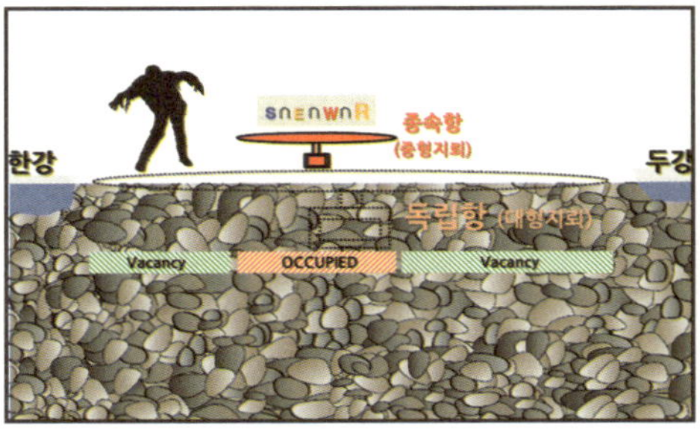

그림4-38(a)

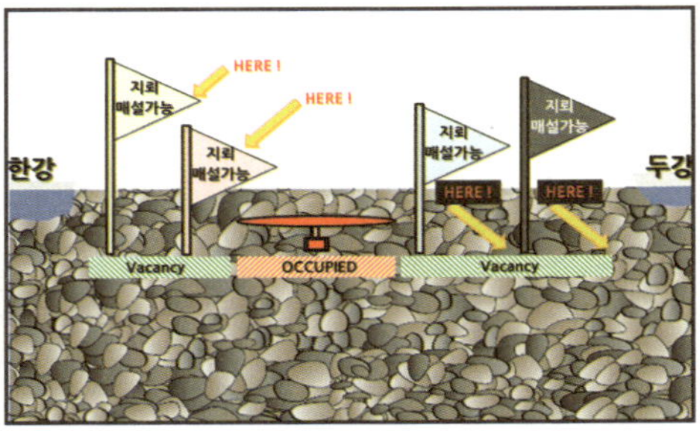

그림4-38(b)

하지만 발명가는 "다수의 직선형 막대기"와 "다수의 'ㄱ'자형 막대기"라는 두 개의 요소를 포함한 청구항만 청구한 결과, 자신이 "발명의 설명"에서 설명한 땅 중 중형지뢰

가 매설된 땅을 제외한 나머지 땅은 그림 4-38(a)와 같이 모두 공터로 전락하였으며, 그 결과 그림 4-38(b)에서와 같이 경쟁자는 발명가가 "발명의 설명"에 기재한 지도를 참고하여 공터를 찾아간 후 상기 공터를 자유로이 활용하며 발명가의 중형지뢰를 우회·회피할 수 있었다.

그림 4-39. 바람직한 독립항 범위

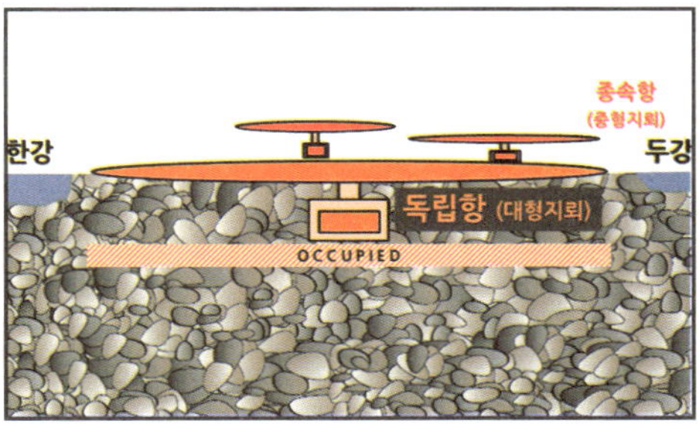

그림4-39(a)

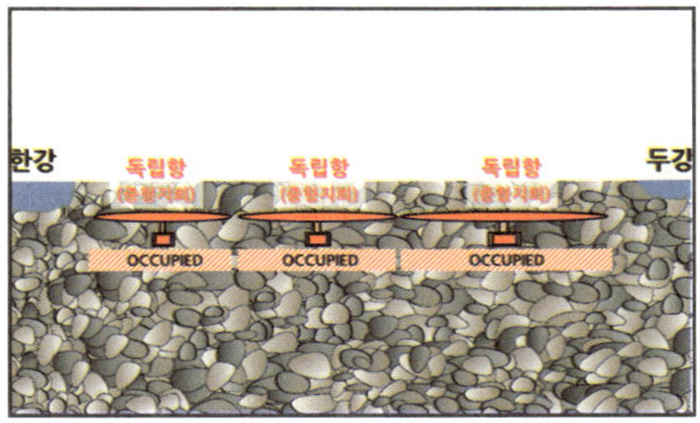

그림4-39(b)

결국 특허의 핵심은 금지권이며, 금지권의 범위는 청구항의 범위이다. 따라서 특허 청구항 중 범위가 가장 넓은 독립항의 범위는 특허의 핵심이며, 독립항의 범위는 가능한 한 그림 4-39(a)와 같이 "발명의 설명"에 기재한 모든 실시예를 포함하도록 광활하게 작성해야만 한다.

하지만 Unique Concept case와 같이 발명가가 "발명의 설명"에 기재한 실시예의 종류가 다양할 경우, 이를 모두 포괄할 수 있는 단일의 독립항을 작성할 수 없는 경우도 종종 발생한다. 물론 이러한 경우 발명가는 그림 4-39(b)와 같이 범위가 다소 협소하더라도 다양한 종류에 대한 다수의 독립항을 이용해서라도 자신의 영토 전체를 지켜야 한다.[51] 왜냐하면 미국 특허법 상 발명가가 "발명의 설명"에는 기재하였음에도 불구

51) 참고로 다수의 독립항을 이용하여 상이한 종류의 발명을 청구하였을 경우 심사관은 단일 특허에서 다수의 상이한 발명을 청구하였으므로, 이를 다수의 특허로 분할하라는 분할출원을 요구할 수 있다.

하고 이를 청구항에서 별도로 청구하지 않는 경우, 이러한 미(未)청구 기재 발명은 모두 발명가가 공중에 기증하였다고 추정하기 때문이다.

요약하면 Unique Concept case의 발명가는 “발명의 설명”에 다양한 실시예를 기재하였지만, 그 중 가장 범위가 넓은 실시예는 정작 청구하지 않고 이보다 범위가 좁은 실시예만을 청구함으로써 자신의 권리범위 주변에 눈에 확 띄는 공터를 남겨놓는 실수를 범하였다. 어쩌면 발명가나 대리인은 상식에만 의존하여 자신이 생각하기에 가장 합리적인 실시예를 나름대로 독립항으로 작성하였지만, 사실은 발명가나 대리인은 이보다 더 광활한 범위의 실시예를 “발명의 설명”에 기재하였다는 사실을 망각한 결과이다. 이에 경쟁자는 발명가가 “발명의 설명”에 기재하였으나 청구하지 않은 상이한 범위의 실시예를 이용하여 발명가의 권리범위를 아주 쉽게 우회·회피할 수 있었다.

다. 디지털 청진기

청진기는 의사가 환자의 심장 박동이나 심장 내에서의 혈류에 대한 음성신호, 폐 및 기도를 통한 호흡에 대한 음성신호를 얻을 수 있는, 원시적이지만 신뢰성이 높은 의료기구이다. 의사는 집음반 역할을 하는 청진기의 cup을 환자의 가슴, 복부, 등에 대고 신체 내부의 소리를 듣고, 환자의 상태를 진단한다. 하지만 이러한 청진기에도 단점이 있다. 즉 의사가 환자의 음성신호를 듣고 진단을 내린 후, 진단 결과를 소견서에 쓸 수는 있지만, 방금 의사가 들었던 음성신호는 서서히 잊혀진다는 점이다.

20세기 후반 analog 기기가 digital 기기로 대체됨에 따라, 내과전문의이자 발명가인 이박사는 그림 4-40(a)의 기존의 analog 청진기 대신 그림 4-40(b)와 같이 digital로 신호를 처리하는 digital 청진기를 고안하여 실용실안으로 등록하였다.[52] 물론 발명가 이박사는 digital 청진기를 이용하여 심장 박동이나 호흡과 관련된 음성신호를 저장

52) 1995년 3월 28일 출원, 1998년 9월 16일 등록된 실용신안 제0131518호.

하고 처리하는 다양한 방법도 발명하였다.

그림 4-40. 기존의 Analog 청진기와 발명가의 Digital 청진기

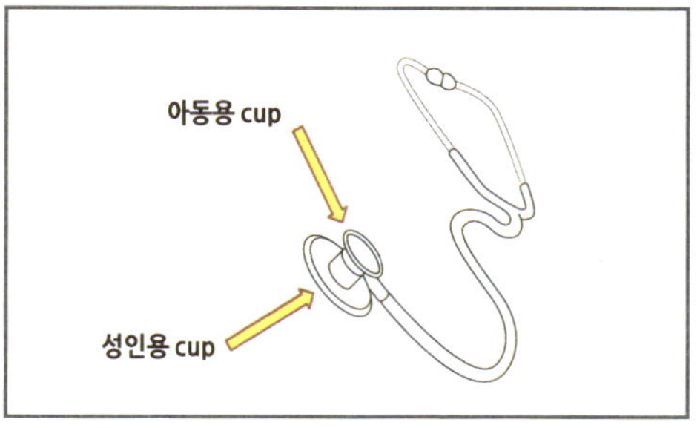

그림4-40(a)

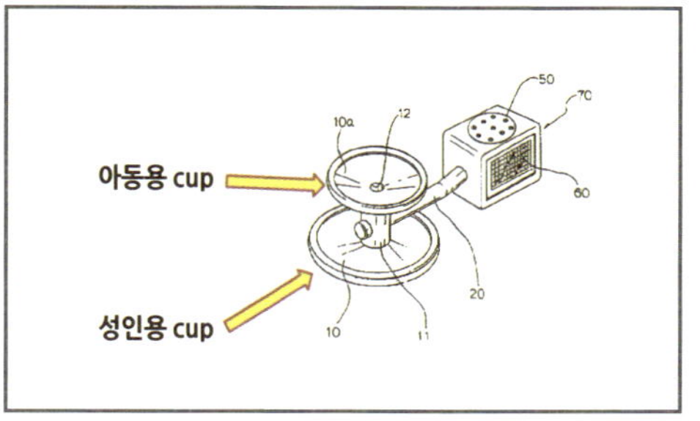

그림4-40(b)

현재 시장에는 그림 4-41과 같이 수많은 종류의 digital 청진기들이 판매되고 있다. 하지만 그림 4-41의 digital 청진기를 제조·판매하고 있는 경쟁자 중 발명가와 특허 license 계약을 체결한 경쟁자는 아직 한 업체도 없다. 그 이유는 무엇일까? 이를 위하여 발명가가 소유한 국내 실용신안의 정체를 살펴보자.

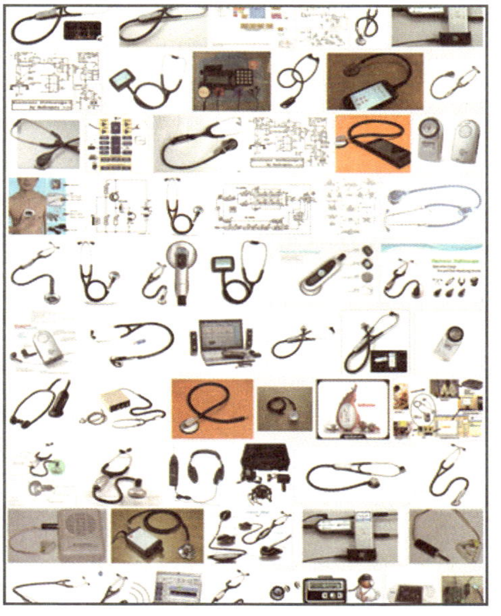

그림 4-41. 경쟁자들이 특허 License 없이 제조·판매하고 있는 Digital 청진기

표 4-4. 국내 실용신안의 청구항

1. 휴대용 시청형 청진기에 있어서
소리를 흡입하는 크고 작은 두 집음반(10)(10a)이 연결관(11)의 양단부에 결합되고 연결관(11)의 내부에 집음관(12)이 형성된 통상의 청진기에 있어서, 집음반(10)(10a)의 연결관(11)에 지지관(20)에 의하여 전자증폭회로와 스피커(50) 및 화상표시기(60)가 구비된 출력장치(70)를 일체로 결합하고 집음관(12)에 마이크(30)를 장착하여 출력장치(70)의 증폭회로에 연결되게 하여 청진음이 스피커와 화상표시기에 동시에 나타날 수 있게 구성된 것을 특징으로 하는 휴대용 시청형 청진기.

표 4-4는 발명가가 소유한 digital 청진기에 대한 국내 실용신안의 유일한, 즉 딱 하나뿐(!)인 청구항이다. 표에서와 같이 상기 독립항은 두 개의 집음반, 연결관, 집음관, 지지관, 전자증폭회로, 스피커, 화상표시기, 마이크, 증폭회로, 출력장치 등의 다수의 요소 및 다수의 제한조건들을 포함함을 알 수 있다.

여기에서 반드시 짚고 넘어가야만할 부분이 있다. 왜 이박사의 대리인은 상기 실용실안에 단 하나만의 청구항을 청구하였을까? 똑똑한 청구항 하나만 있으면 만사형통이라는 만용의 결과일까? 아니면 청구항이 몇 개이건 상관없다는 완전 무관심의 결과일까?

그렇다면 지뢰를 하나만 매설한 경우와 폭사 범위가 상이한 지뢰를 순차적으로 여러 개 매설하는 경우 어떤 전략이 더 유리할까? 물론 이러한 질문에는 어폐가 있다. 왜냐하면 누구에게 유리한지가 불분명하다는 점이다. 하지만 분명 한 가지 전략은 발명가에게 더 유리한 반면 나머지 전략은 경쟁자에게 더 유리함이 틀림없다.

그렇다면 상기 실용실안을 작성한 대리인은 누구의 대리인이었을까? 발명가의 대리인이었을까 아니면 불특정 다수인 경쟁자의 대리인이었을까? 분명 대리인에게 수임료를 지불한 사람은 발명가였을 텐데도 말이다.

표 4-5. Digital 청진기 실용신안의 단일 청구항에 대한 Claim Chart

청구항 (요소, 제한조건)			침해의심 제품 (부품)	
			존재 여부	적용 부위
통상의 청진기	큰 집음반 (10) (소리흡입)	⇒	?	?
	작은 집음반 (10a) (소리흡입)	⇒	No	-
	연결관 (집음반과 결합) (11)	⇒	?	?
	집음관 (연결관 내부) (12)	⇒	?	?
출력 장치 (70)	전자증폭회로	⇒	?	?
	스피커 (50)	⇒	?	?
	화상표시기 (60)	⇒	?	?
지지관 (20)		⇒	No?	?
마이크 (30)		⇒	?	?
지지관은 출력장치와 연결관 일체 결합		⇒	?	?
마이크는 집음관에 장착		⇒	No?	?
스피커, 화상표시기에 동시에 나타남		⇒	?	?

어쨌건 표 4-5는 표 4-4의 청구항이 포함하는 다양한 청구항 요소 및 청구항 제한조건을 기입한 claim chart이다. 상기 chart에서 알 수 있듯이 발명가의 청구항은 크게 통상의 청진기, 출력장치, 지지관, 마이크 등으로 구성된다. 하지만 위의 청구항을 더 자세히 분석하면 상기 청구항은 큰 집음반, 작은 집음반, 연결관 및 집음관 등의 기계적 요소와, 증폭회로, 스피커 및 화상표시기를 포함하는 출력장치, 지지관, 마이크 등 최소 9개의 요소를 포함함을 알 수 있다. 이 외에도 표 4-5의 하단에서와 같이 상기 청구항은 청구항 요소들 사이의 조합 및 상기 요소들 사이의 상호작용에 대한 최소 3개의 제한조건도 포함함을 알 수 있다.

그렇다면 표 4-5의 claim chart로부터 왜 digital 청진기를 제조·판매하고 있는 경쟁자들이 발명가와 특허 license 계약을 체결하지 않았는지 추측할 수 있을까? 당연히 있다. 그 이유는 claim chart야말로 발명가의 특허를 실시하고자 하는 경쟁자들이 발명가의 특허를 licensing하지 않고 우회·회피할 수 있는지를 가늠하는 첫 번째 관문이기 때문이다.

우선 눈에 띄는 것은 표 4-4 및 표 4-5의 발명가의 청구항은 그림 4-40(b)와 같이 큰 집음반 및 작은 집음반으로 구성된 한 쌍의 집음반을 포함하는 반면 발명가의 경쟁자들이 제작, 판매하는 digital 청진기들은 그림 4-41은 물론 그림 4-42(a) 및 4-42(b)와 같이 모두 단일의 집음반만을 포함하고 있다는 점이다. 따라서 최소 두 개의 집음반을 기재한 발명가의 청구항은 경쟁자들의 digital 청진기에 대비하여 “구성요소 완비의 법칙”을 만족하지 않으므로 당연히 발명가의 청구항은 현재 판매되고 있는 수많은 digital 청진기에 의하여 문언침해되지 않는다.[53)]

그림 4-42. 경쟁자의 Digital 청진기의 예

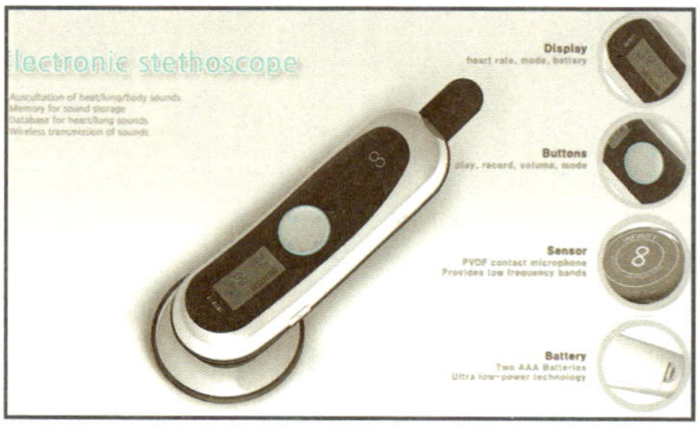

그림4-42(a)

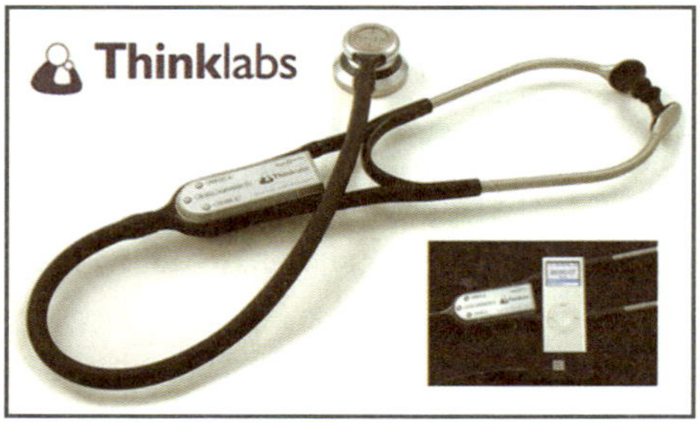

그림4-42(b)

또한 그림 4-42(a)의 digital 청진기는 청구항 요소 중 지지관(20)도 포함하지 않는 반면 그림 4-42(b)의 digital 청진기는 지지관(20)은 포함하고 있지만 집음관과 연결관이 한 몸체로 이루어지거나 마이크의 장착 위치가 집음관이 아닐 수도 있다. 즉 그림 4-42(a) 및 4-42(b)에서 예시한 경쟁자들의 digital 청진기는 발명가의 청구항이 기재한 한 쌍의 집음반 대신 모두 단일의 집음반을 포함하므로 쉽게 문언침해를 벗어날 수 있음은 물론, 청구항에 열거된 지지관, 연결관, 마이크 등에 대한 제한조건을 변

53) 그림 4-42(a)은 아래 URL 참고 (2014.08.31 최종 확인): http://www.unc-tech.com/eng/digital-electronic-stethoscope.php/; 그림 4-42(b)는 아래 URL 참고 (2014.08.31 최종 확인): http://www.medgadget.com/2007/01/2006_medical_blog_polls.html

형함으로써 비교적 용이하게 "균등론에 의한 침해"도 회피할 수도 있는 것이다.[54)]

표 4-6. Digital 청진기 미국특허의 단일 독립항

1. A portable viewable and audible stethoscope comprising:
a pair of sound absorption cups, each of said sound absorption cups provided with an annular rim to permit comfortable, close contact with a patient's body for absorbing sounds produced within the patient's body; said pair of sound absorption cups further including: a first sound absorption cup having a cup diameter sized sufficiently large for absorbing, sounds from a chest area of an adult; a second sound absorption cup having a cup diameter sized smaller than said cup diameter of said first sound absorption cup for absorbing sounds from a chest region of a child; a tubular connector for connecting said pair of sound absorption cups to opposite ends thereof such that said pair of sound absorption cups are disposed in back to back relationship to each other; a microphone for converting the absorbed sounds to electrical signals; an electronic circuit assembly for amplifying the electrical signals; a speaker for outputting sounds; a picture screen for displaying the curves of the absorbed sounds in graphs; a hand held case for accommodating said electronic circuit assembly, said speaker and said picture screen; and a rigid supporting tube including a first end portion, a middle portion and a second end portion, wherein: said first end portion is integrally coupled to said case; said second end portion is freely rotatably coupled to said tubular connector; and whereby rotation of said tubular connector about said supporting tube permits a desired one of said first and second sound absorption cups to be oriented in a downward position for close contact with the chest region of the patient's body while said case and picture screen are oriented in a desired upward, viewable position.

54) 만일 대리인이 청구항에 한 쌍의 집음반(즉 큰 집음반, 작은 집음반)이라고 기재하는 대신 "하나 이상의 집음반"이라고만 기재하였더라도 대부분의 경쟁자는 문언침해를 회피하기 위하여 각고의 노력을 기울여야 했을 것이다. 또한 상기 그림에서 예시한 제품들이 발명가의 권리범위에 대한 "균등론에 의한 침해"도 피해갈 수 있도록 경쟁자들은 피나는 노력을 기울여야만 하지 않았을까 사료된다.

국내에서 실용신안을 등록한 발명가는 미국에도 특허를 출원·등록하였다 ('429 특허로 약칭).[55] 표 4-6과 같이 '429 특허는 총 15개의 청구항을 포함하고 있지만, 이 중 범위가 넓은 독립항은 표에서 예시한 청구항 1, 단 한 개뿐이다. 또한 표 4-6에서 알 수 있듯이 '429 특허의 독립항 역시 실선으로 밑줄 친 10개의 요소는 물론 점선으로 밑줄 친 다수의 제한조건을 포함한다. 따라서 국내 실용신안과 마찬가지로 경쟁자들이 발명가의 미국 특허의 독립항을 우회·회피하기도 용이할 수밖에 없다.

비록 '429 특허는 위의 독립항 외에도 14개의 종속항을 포함하고 있지만, 경쟁자들이 독립항을 우회·회피한 이상 종속항의 침해 여부는 문제도 되지 않는다. 즉 종속항은 독립항에 포함되지 않은 추가 요소나 추가 제한조건을 최소한 하나 이상 포함한다는 점을 감안하면, 침해의심 제품이 독립항에 기재된 요소나 제한조건 중 하나 이상을 생략하였기 때문에, 당연히 종속항에 기재된 요소나 제한조건이 모두 침해의심 제품에 존재할 수 없기 때문이다.

요약하면 대한민국의 발명가 이박사는 digital 청진기를 착상한 후 자신이 가장 선호하는 최선의 실시예에 해당하는 digital 청진기에 대한 설명을 대리인에게 전달하였다. 하지만 대리인은 아무 생각 없이 수많은 요소와 제한조건을 포함한 발명가의 최선의 실시예를 그대로 청구항에, 그것도 독립항에 포함시켜 청구하고 말았다. 그 결과 이박사는 자신의 소중한 발명에 대한 정보를 전 세계의 경쟁자들에게 공지하였으나 정작 자신은 협소한 영토만을 차지하게 되어 수익 창출에 어려움을 겪고 있다.

누구를 탓해야 할까? 발명가일까, 대리인일까? 발명가의 발명을 구현하는 데 필수적 요소가 아닌 두 번째 집음반이나 지지관 등을 독립항에 기재하여 권리범위를 확연히 줄인 대리인의 부주의는 당연히 지적받아야 한다. 다행히도 이박사는 최근 digital 청진기의 소음제거 algorithm을 미국특허로 등록하였다. 이로서 이박사는 digital 청진기의 상용화에 있어서 없어서는 안될 길목특허를 확보한 셈이며, 이에 힘입어 상용화에 박차를 가하고 있다. Godspeed, Dr. Lee!

55) 1996년 3월 19일 출원, 1998년 4월 7일 등록된 U.S. Patent No. 5,737,429.

4. 특허 성공 사례

위의 “특허 실패 사례”에서 볼 수 있듯이 자신이 규명한 우주의 진리에 대한 최선의 실시예를 중심으로 논문 쓰듯이 특허를 쓴 연구자는 수백 건, 수천 건의 특허를 쓰더라도 수익 창출이 몹시 어려울 수밖에 없다. 마치 핵탄두도, 항법장치도 없는 대륙간 탄도 missile만 백만 대 보유한 경우와 흡사하다. 왜냐하면 자신이 유일하게 청구한 최선의 실시예 부근에는 경쟁자를 위해서 발명가가 정성껏 차린 차선의 실시예, 열등한 실시예 등 무수히 많은 공터가 밥상 위에 정갈하게 놓여 있기 때문이다.

그림 4-43. 특허 청구항의 권리범위 확보

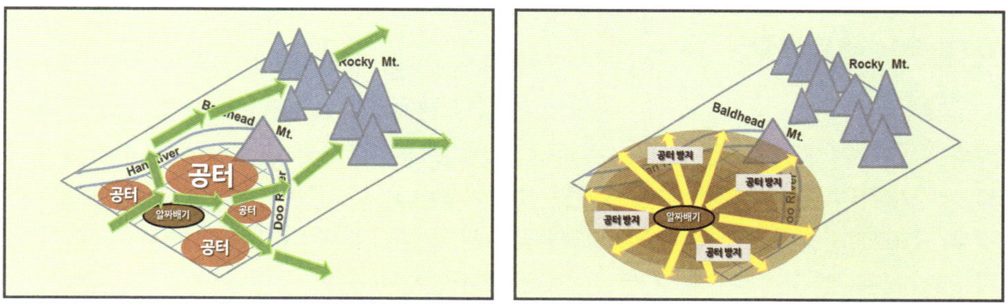

(a) 공터 방치　　　(b) 공터 방지

앞서 설명한 바와 같이 특허와 논문의 paradigm은 달라도 너무 다르다는 점을 인지하지 않고서는 특허를 출원·등록하는 의미가 없다. 왜냐하면 그림 4-43(a)와 같이 발명가의 권리범위 주변에 공터가 방치되어 있는 경우 발명가가 특허로 수익을 창출하기는 거의 불가능하기 때문이다. 따라서 발명가가 특허로 수익을 창출하기 위한 필요충분조건은 바로 그림 4-43(b)와 같이 공터 방지를 통한 ‘범위’의 극대화이다. 즉 그림에서와 같이 발명가는 자신의 “최선의 실시예”로부터 시작하여 부근의 “차선의 실시예”와 “열등한 실시예”는 물론 출원 당시에는 생각하지 못하였으나 특허출원 후 닷새면 머리에 떠오를 것이 확실한 “예상치 못한 실시예”까지 미리 생각하여 포함할 수 있는 “전향적 과장전략”을 반드시 사용해야 한다.

그렇다면 발명가는 구체적으로 어떤 식으로 청구항을 작성하고 무엇을 "발명의 설명"에 기재해야만 청구항의 권리범위를 극대화할 수 있을까? 이를 설명하기 위하여 곰국특허의 예를 들어보자. 물론 대중이 아직 곰국은[56] 물론이고 '국'이라는 음식을 아직 발명하지 않았을 경우를 가정한다.

가. 곰국특허

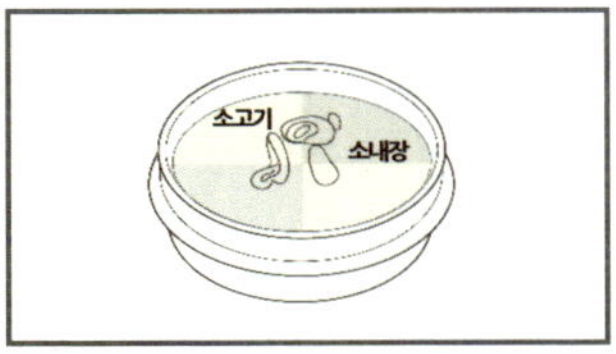

그림 4-44. 곰국 및 곰국 특허

요리사 발명가는 여러 종류의 고기로 국을 끓여본 후 곰국이 가장 영양가도 풍부하고 맛도 좋은 음식이라는 결론을 내린다. 이에 요리사는 곰국에 대한 특허를 출원하여 곰국 벤처 franchise를 창업하기로 결심한다. 다음 날 날이 밝자 요리사는 우선 자신의 조리법을 잘 정리하여 절친한 친구의 동생 변리사에게 전달한다. 단 요리사는 친구의 동생인 변리사에게 H Group 및 자회사의 선례를 설명하며 일금 35만 원을 수임료로 지급한 후, 자신과 변리사의 친형과의 우의를 상기시키며 변리사에게 성심성의껏 작성해달라고 부탁한다. 물론 특허가 등록되는 경우 요리사는 성공보수로 변리사에게 강남의 일식집에서 거하게 저녁을 대접하기로 약정한다. 즉 총 35만 원 및 거한(?) 저녁 식사에 특허 출원·등록을 의뢰한 셈이다.

표 4-7. 곰국특허의 독립항 (청구항 1)

[청구항 1]
소 육수; 소고기; 및 소 내장을 포함하는 국.

요리사로부터 곰국 recipe를 전달받은 변리사는 그림 4-44의 곰국에 대하여 요리사가 작성한 조리법을 일목요연하게 정리하여 "발명의 설명"을 작성한다. 또한 곰국의

56) '곰국'을 180° 회전하여 읽으면 '논문'이다. 즉 연구자가 '논문'을 쓸 때마다 '곰국'을 생각하며 지금까지의 실수를 되풀이하지 말기를 기원하며, 저자는 '곰탕'이라는 용어 대신 '곰국'을 사용하였다.

핵심 요소가 소 육수, 소고기(즉 수육) 및 소 내장(즉 양)임을 확인한 후, 표 4-7과 같이 세 가지 요소를 포함하는 곰국 청구항을 작성한다.

변리사는 곰국을 먹을 때 국물 맛을 돋우기 위하여 소금을 넣고 먹지 않는가? 소금, 후추, 파, 깍두기와 같은 양념이 없는 곰국은 맛이 떨어져 팔릴 리가 없다. 따라서 최소한 소금 정도는 청구항에 포함해야 하지 않을까?

정답은 "절대로 아니다"이다. 한국인들의 Na 섭취량이 월등히 높기 때문에 건강상의 이유로 소금을 청구항에 포함시키지 말자는 말이 아니다. 소금, 후추, 파, 깍두기는 모두 곰국의 필수요소가 아니라 부수적 요소, 즉 소비자의 기호에 따라 넣을 수도, 뺄 수도 있는 요소이므로 빼야만 한다는 말이다. 만일 이러한 부수적 요소를 청구항에 포함시키는 순간 요리사는 자신의 청구항 범위를 획기적으로 축소시키는 반면 자신의 권리범위 주변에는 경쟁자를 위한 드넓은 공터를 조성하게 된다.

표 4-8(a). 소금곰국특허에 대한 Claim Chart

소금곰국특허 청구항 (요소, 제한조건)		곰국 (재료)	
		존재 여부	적용 부위
소 육수	⇒	Yes	육수
소고기	⇒	Yes	고기
소 내장	⇒	Yes	내장
소금 (또는 파)	⇒	No	-

표 4-8(a)에서 예시한 claim chart는 청구항에 부수적 요소를 추가하였을 경우의 문제점에 대한 예시이다. 앞서 설명한 바와 같이 claim chart 각 행의 좌측에는 청구항 요소를 기입하고, 같은 행의 우측에는 침해 여부 판단의 대상인 침해의심 제품 중 청구항 요소에 해당하는 성분을 기입한다. 그 결과 표 4-8(a)와 같이 곰국특허의 독립항에 소금을 추가하면, 요리사의 발명은 소금곰국으로 범위가 축소된다. 왜냐하면 표에서와 같이 소금을 넣지 않은 곰국은 소금곰국에 포함된 소금을 포함하지 않으므로 "구성요소 완비의 법칙"을 만족하지 않고, 따라서 무소금 곰국은 소금곰국을 침해하지 않기 때문이다. 따라서 경쟁자는 소금을 넣지 않은 곰국이라는 공터를 찾아 침해를 회피하며 식당을 시작할 수 있다. 앞서 설명한 바와 같이 수익 창출이 목적인 특허의 핵심은 광

활한 청구항의 범위이다. 따라서 특허 청구항에는 소금을 넣어서는 절대 안 된다. 물론 실제로 요리사가 손님에게 곰국을 제공할 때에는 식탁에 소금을 비치하여 사용자가 적당한 양의 Na을 섭취하도록 해야 하지만 말이다.

그렇다면 요리사가 소금, 후추, 파, 깍두기와 같은 양념이 첨가되지 않은 청구항에 대한 특허를 받았을 경우, 위의 양념을 첨가한 곰국을 파는 경쟁자를 상대로 특허침해 소송을 제기하면 요리사는 승소할 수 있을까?

표 4-8(b). 곰국특허와 깍두기 곰국에 대한 Claim Chart

곰국특허 청구항 (요소, 제한조건)		깍두기 곰국 (재료)	
		존재 여부	적용 부위
소 육수	⇒	Yes	육수
소고기	⇒	Yes	고기
소 내장	⇒	Yes	내장
?	⇍	?	깍두기

정답은 "물론 그렇다"이다. 표 4-7의 독립항 1과 같이 소 육수, 소고기, 소 내장의 세 가지 요소만을 청구항 요소로 포함할 경우, 표 4-8(b)처럼 위의 세 가지 요소 외에 깍두기, 파, 치즈 등을 넣은 곰국들은 모두 "구성요소 완비의 법칙"을 만족한다. 즉 "구성요소 완비의 법칙"을 이용하여 침해 여부를 판단할 때에는 비교의 주체가 항상 좌측열의 청구항 요소이기 때문에 침해의심 제조업체가 침해의심 제품에 부가한 신규 요소나 신규 제한조건은 침해 여부의 결정에 아무런 영향도 미치지 않기 때문이다. 따라서 요리사의 곰국은 소금 곰국, 깍두기 곰국, 파곰국, 치즈 곰국은 물론 곰국에 어떤 첨가 요소를 부가하던지 경쟁자의 곰국에 의하여 항상 문언침해된다. 즉 곰국이 원천특허라면, 여기에 신규 요소를 부가한 그 어떤 국도 모두 원천특허를 침해하는 개량특허일 뿐이다.

다시 한 번 더 강조하지만 소비자가 기호에 따라 넣을 수도 있고 뺄 수도 있는 요소는 곰국의 필수요소가 아니다. 대신 변리사가 작성한 청구항의 소 육수, 소고기, 소 내장 등의 세 가지 요소는 곰국의 필수요소라 할 수 있다. 결국 발명가는 곰국 발명을 이용하여 수익을 창출하기 위하여 곰국특허를 출원·등록하며, 이는 제4장의 1-가절에서 설명한 "발명가의 action"에 해당한다.

나. 꼬리곰탕의 곰국특허 침해 여부

변리사가 출원한 곰국특허가 등록됨에 따라 요리사는 곰국특허 청구항에 대한 금지권을 확보하게 된다. 이에 고무된 요리사는 드디어 곰국 franchise를 설립하고 서서히 전국으로 사세를 확장해 나간다.

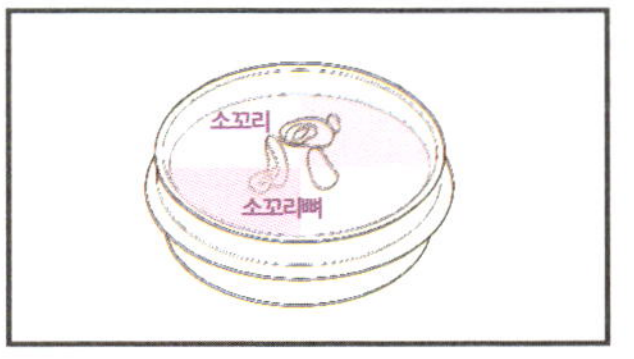

그림 4-45. 곰국 vs. 꼬리곰탕

하지만 요리사의 곰국에 영감을 받은 경쟁자 A 역시 연구에 연구를 거듭하여 그림 4-45와 같이 곰국에 버금가는 꼬리곰탕을 개발하여 조리·판매하기 시작하고, 이에 요리사의 곰국 사업이 큰 타격을 받게 된다고 가정하자. 곰국에 영감을 받은 경쟁자 A가 수익 창출을 위하여 꼬리곰탕을 개발하여 판매하는 활동은 제4장의 1-나절에서 설명한 바와 같이 발명가의 action에 대한 경쟁자의 counter-action에 해당한다. 이에 대한 reaction으로 요리사는 자신의 곰국특허를 이용하여 경쟁자 A의 꼬리곰탕 사업을 금지시킬 수 있을까? 이에 대한 답 역시 claim chart로 간단히 알 수 있다.

표 4-9. 곰국특허와 꼬리곰탕에 대한 Claim Chart

곰국특허 청구항 (요소, 제한조건)		꼬리곰탕 (재료)	
		존재 여부	적용 부위
소 육수	⇒	Yes	육수
소고기	⇒	Yes	고기
소 내장	⇒	No	-
?	⇍	?	소꼬리?

표 4-9와 같이 요리사의 곰국특허 청구항은 소 육수, 소고기, 소 내장의 세 가지 요소로 구성된다. 특히 이 중 곰국의 소 육수는 침해의심 제품인 꼬리곰탕의 국물에 해당하고, 곰국의 소고기는 꼬리곰탕에 들어있는 소꼬리에 붙은 고기에 해당한다고 할 수 있다.

하지만 곰국의 소 내장은 꼬리곰탕에 존재하지 않으므로 "구성요소 완비의 법칙"이

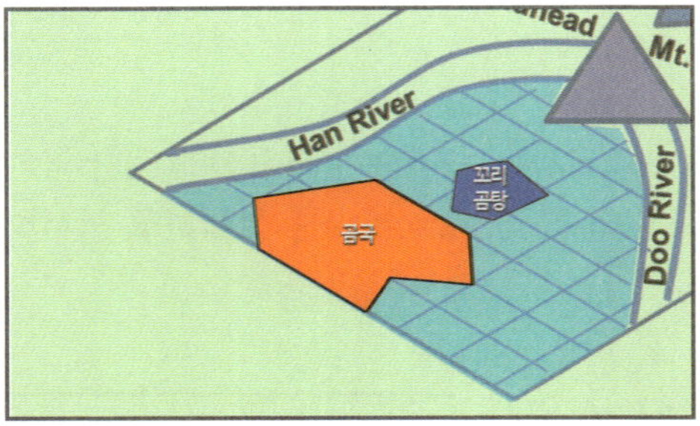

그림 4-46(a). 경쟁자 A의 꼬리곰탕에 대응하는 발명가의 권리범위 확장 전략

성립되지 않으며, 그 결과 곰국특허는 꼬리곰탕에 의하여 문언침해되지 않을 가능성이 상당히 높다. 즉 그림 4-46(a) 및 제4장의 1-나절에서 설명한 바와 같이 경쟁자 A는 요리사의 action에 대한 counter-action으로서 소 내장을 포함하지 않는 꼬리곰탕을 개발하여 요리사의 곰국특허 청구항의 권리범위를 우회·회피한 경우이다.

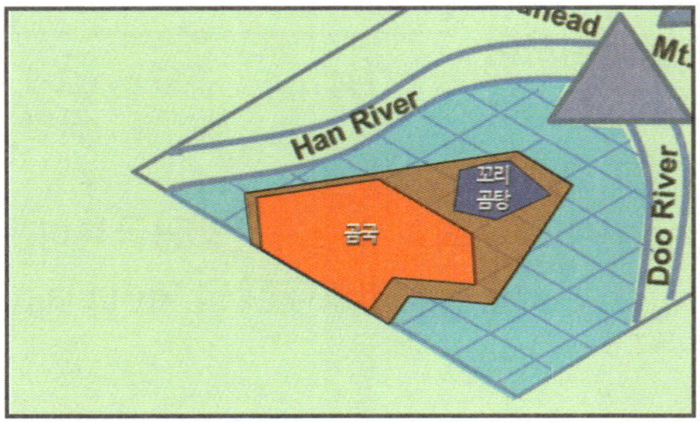

그림 4-46(b). 경쟁자 A의 꼬리곰탕에 대응하는 발명가의 권리범위 확장 전략

이러한 경쟁자 A의 counter-action에 대한 요리사의 reaction은 제4장의 1-다절에서 설명한 바와 같이 청구항 재해석을 통한 권리범위의 확장이다. 즉 요리사는 자신의 권리범위에 꼬리곰탕이 속하도록 청구항 재해석을 시도하는바, 이를 예시하는 도면이 그림 4-46(b)이다. 즉 요리사는 꼬리곰탕의 침해를 입증하기 위해서 표 4-9를 참고하여 곰국특허 청구항 요소인 소 내장에 해당하는 부분을 꼬리곰탕에서 찾아야만 한다. 그래야만 요리사가 곰국을 착상하기 위하여 R&D에 투자한 비용, 특허 출원·등록 및 유지비용 등을 보상받을 수 있으며, 더 나아가 경쟁자 A에게 금지처분을 내리거나 경쟁자 A로부터 손해배상금을 받아 수익을 창출할 수 있기 때문이다.

따라서 요리사를 대리하는 유능한 변호사는 소꼬리가 소 내장임이라고 판단하도록 법원을 납득시켜야만 한다. 일예로 요리사 측 변호사는 소꼬리란 결국 소 등뼈의 일부이므로 비록 소의 몸 한 쪽 끝에 붙어있기는 하지만 소 내장과 유사하다고 주장할 수 있다. 하지만 경쟁자 A의 유능한 변호사 역시 소 등뼈 중 소의 몸속에 위치한 부분은 내부기관이라 할 수 있지만 몸 밖으로 노출된 소 등뼈는 당연히 내장이 아닌 외부 기관이라고 주장한다. 이에 당황한 요리사 측 변호사는 판사에게 소의 뒤에서 소꼬리를 소의 몸 안쪽으로 밀어 넣으면 어느 정도는 몸 안으로 밀려 들어가는 것을 보면 소꼬리도 당연히 소 내장이라고 주장할 수밖에 없다. 물론 경쟁자 측 변호사 역시 판사가 소꼬리를 몇 cm 정도는 소의 몸속으로 밀어 넣을 수 있을지 몰라도, 판사가 손을 놓는 순간 몸 안으로 밀려들어간 소꼬리가 다시 소 밖으로 튀어 나오기 때문에 소꼬리는 분명히 소 내장이 아니라고 주장할 것이 분명하다.

물론 법원은 경쟁자 측 변호사의 주장을 인용할 것이며, 이에 따라 요리사의 곰국특허는 비록 청구항에 최소한의 요소 및 제한조건만을 포함하였다고 간주할 수 있음에도 불구하고, 곰국과 매우 유사한 꼬리곰탕에 의해서 문언침해되지 않게 된다. 그 결과 경쟁자 A는 성공적으로 곰국특허 청구항의 권리범위를 우회·회피할 수 있게 되며, 경쟁자는 발명가의 곰국특허 청구항의 권리범위와 무관하게 꼬리곰탕 사업을 지속할 수 있게 된다. 이와 동시에 요리사는 자신이 발명한 곰국과 매우 유사한 꼬리곰탕과 경쟁해야만 하므로 당연히 곰국 사업에서도 타격을 입을 수밖에 없다.

참고로 표 4-9와 같이 소꼬리는 꼬리곰탕의 핵심 요소이기는 하지만 곰국은 물론 곰국특허에도 포함되지 않는 요소이다. 그렇다면 꼬리곰탕의 소꼬리라는 요소는 곰국특허에 대한 침해여부 판단에 어떤 영향을 줄까?

정답은 "아무 영향도 주지 않는다"이다. 그 이유는 "구성요소 완비의 법칙"을 이용한 특허침해 판단 시 비교의 주체는 항상 곰국특허의 청구항 요소이기 때문이다. 즉 침해여부 판단을 위한 claim chart의 좌측 열에는 항상 곰국특허 청구항에 포함되는 모든 요소와 제한조건만을 기재하기 때문에, 상기 chart의 우측 열에 기재하였지만 청구항에는 포함되지 않은 부가 요소들은 특허침해 판단과는 무관하다.

물론 꼬리곰탕의 소꼬리가 아무런 소용이 없는 것은 아니다. 왜냐하면 경쟁자가 꼬리곰탕에 대한 특허를 출원할 경우, 소꼬리라는 청구항 요소는 곰국이라는 선행기술과 대비하여 꼬리곰탕 특허 청구항의 신규성 요건 및 진보성 요건을 판단할 때 고려하는 요소이기 때문이다. 또한 경쟁자가 꼬리곰탕에 대한 특허를 받은 후 꼬리곰탕을 침해하는 후경쟁자를 상대로 특허침해소송을 제기하게 되면, 소꼬리야말로 경쟁자의 꼬리곰탕 특허의 핵심 청구항 요소로 부각될 수밖에 없다. 즉 소꼬리는 꼬리곰탕을 주체로 한 특허의 출원·등록 및 꼬리곰탕을 주체로 한 특허침해소송에서는 핵심 청구항 요소이다. 하지만 꼬리곰탕에 의한 곰국특허의 문언침해 여부를 판단할 경우, 소꼬리는 곰국특허의 청구항 요소가 아니기 때문에 그 중요성이 감소된다.

다. 닭곰탕의 곰국특허 침해 여부

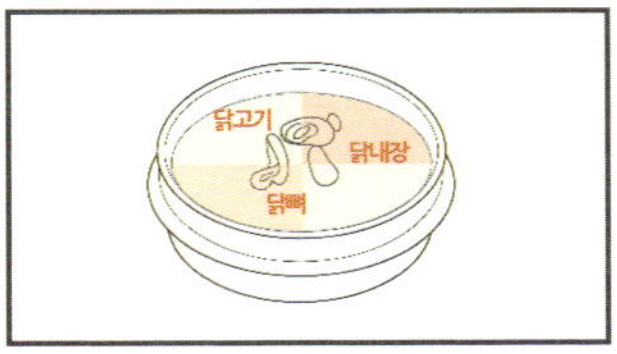

그림 4-47. 곰국 vs. 닭곰탕

앞서 요리사의 곰국에 영감을 받은 경쟁자 A가 꼬리곰탕을 조리, 판매하여 사업에 성공하였으며, 심지어 경쟁자 A는 요리사가 제기한 특허침해소송에서도 비침해 판결을 받게 되었다고 설명하였다. 이에 크게 고무된 경쟁자 B 역시 연구에 연구를 거듭하여 곰국과 꼬리곰탕에 버금가는 닭곰탕을 조리·판매하기 시작한다. 이에 꼬리곰탕에 타격을 입은 요리사의 곰국 사업은 더욱 큰 타격을 받게 된다.

막강해 보이는 곰국특허를 보유하였음에도 경쟁자 A의 꼬리곰탕의 침해 입증에 실패하고 꼬리곰탕 사업을 금지시키지는 못한 요리사이지만, 요리사는 경쟁자 B의 닭곰탕 사업만은 금지시킬 수 있기를 간절히 원한다. 과연 요리사는 그림 4-47의 경쟁자 B의 닭곰탕 사업만은 금지시킬 수 있을까? 이에 대한 답 역시 claim chart로 간단히 알 수 있다.

표 4-10. 곰국특허와 닭곰탕에 대한 Claim Chart

곰국특허 청구항 (요소, 제한조건)		닭곰탕 (재료)	
		존재 여부	적용 부위
소 육수	⇒	No	-
소고기	⇒	No	-
소 내장	⇒	No	-
?	⇍	?	닭고기?

표 4-10과 같이 요리사의 곰국특허 청구항은 소 육수, 소고기, 소 내장의 세 가지 요소로 구성된다. 하지만 그림 4-48(a)의 경쟁자 B의 닭곰탕에는 곰국의 소 육수에 해당하는 부분이 없으며, 곰국의 소고기에 해당하는 부분도 없을 뿐더러, 소 내장에 해당하는 부분은 더더욱 없다. 즉 곰국특허 청구항은 경쟁자 B의 침해의심 제품인 닭곰탕에 대비하였을 때 "구성요소 완비의 법칙"을 만족하지 않는 것이다.

그 결과 곰국특허는 경쟁자 B의 닭곰탕에 의해서도 침해되지 않는다. 즉 제4장의 1-나절과 같이 경쟁자 B는 요리사의 곰국특허라는 action에 대한 counter-action으로서 아예 소고기, 소 내장 등을 사용하지 않는 닭곰탕을 개발함으로써 요리사의 청구항의 권리범위를 성공적으로 우회·회피한 것이다.

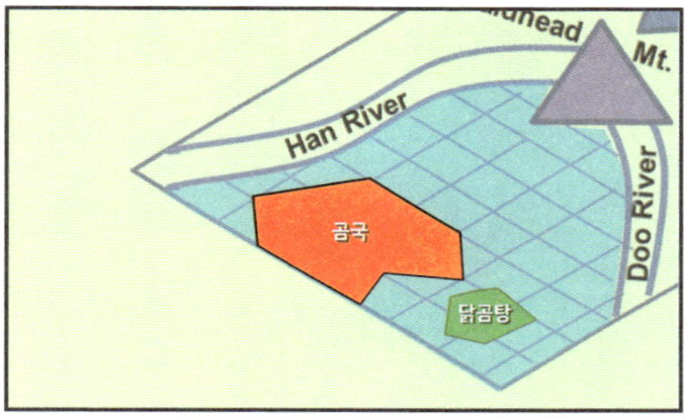

그림 4-48(a). 경쟁자 B의 닭곰탕에 대응하는 발명가의 권리범위 확장 전략

이러한 경쟁자 B의 counter-action에 대한 요리사의 reaction은 제4장의 1-다절에서 설명한 청구항 재해석을 통한 권리범위의 확장이다. 즉 발명가는 청구항의 재해석을 시도하여 자신의 권리범위에 닭곰탕이 속하도록 청구범위를 확장해야 하는 바, 이의 예시가 그림 4-48(b)이다. 하지만 표 4-10에서와 같이 요리사의 청구항 요소 중 경쟁자 B의 침해의심 제품에 존재하는 요소가 없으므로 요리사가 아무리 자신의 권리범위를 확장하려해도 소고기가 아예 들어있지 않은 닭곰탕을 자신의 영토에 포함시키려는 시도는 거의 불가능할 수밖에 없다.

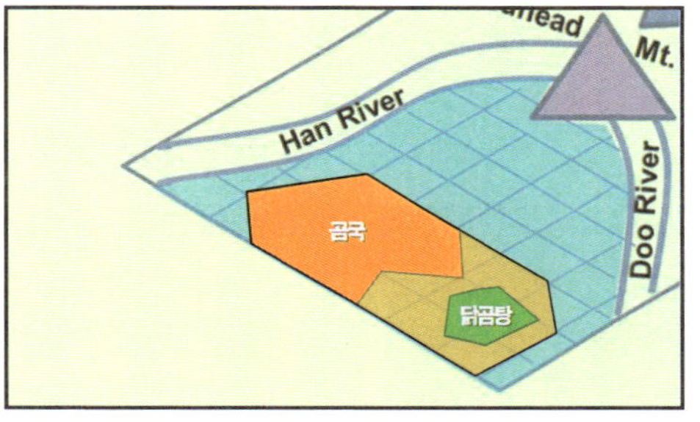

그림 4-48(b). 경쟁자 B의 닭곰탕에 대응하는 발명가의 권리범위 확장 전략

라. 곰국에 대한 올바른 특허

곰국을 착상한 요리사는 변리사를 통하여 소 육수, 소고기, 소 내장의 세 개의 요소만을 포함하는 청구항을 작성하여 특허를 출원하였다. 실질적으로 소 육수, 소고기 및 소 내장 중 한 가지만 빠지더라도 곰국을 구현할 수는 없다. 즉 이 세 가지 요소는 곰국에 필수불가결한 요소라고 간주할 수 있다. 하지만 적은 수효의 청구항 요소만큼 권리범위도 충분히 광활하리라 예상하였던 곰국 청구항은 꼬리곰탕이나 닭곰탕과 같은 경쟁자의 침해의심 제품에는 속수무책임이 밝혀졌다.

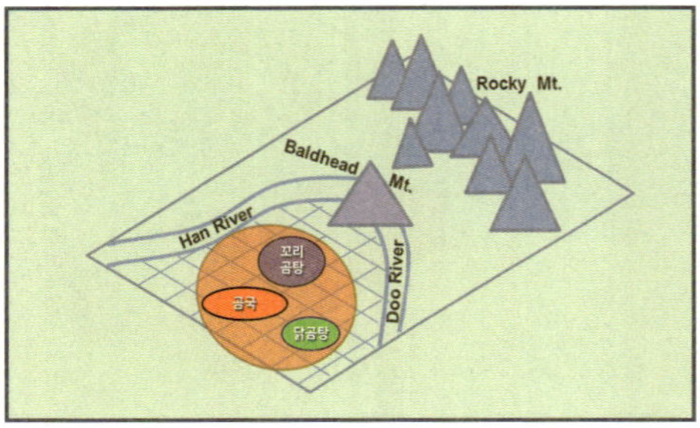

그림 4-49. 서로 상이한 지점에 위치한 곰국, 꼬리곰탕 및 닭곰탕

이에 대한 근본적 이유는 그림 4-49와 같이 곰국특허 청구항의 권리범위의 바깥쪽 공터에 꼬리곰탕과 닭곰탕이 위치하기 때문이다. 그렇다면 요리사는 아직 출원 중인 곰국특허의 청구항 보정을 통하여 지금이라도 청구범위를 전략적으로 확장함으로써 꼬리곰탕이나 닭곰탕에 의한 침해를 입증할 수 있을까?

(1) 명약관화한 "발명의 설명"

앞서 설명한 바와 같이 발명가가 일단 특허를 출원하면 "발명의 설명"을 보정하기는 매우 어렵다. 하지만 특허를 출원한 후 상기 출원특허가 등록되기 전까지 발명가는 "발명의 설명"에 기재한 범위 내에서 청구항 보정이 가능하다. 그렇다면 요리사는 자신의 곰국특허가 등록되기 전 "발명의 설명"에 근거한 청구항 보정을 통하여 경쟁자 A의 꼬리곰탕이나 경쟁자 B의 닭곰탕의 침해를 입증할 수 있을까?

정답은 "요리사와 변리사가 '발명의 설명'에 어떤 내용을 기재하였는지에 따라 답이 달라진다"이다. 바꾸어 말하면 요리사와 변리사가 얼마나 긴밀하게 협조를 했는지, 그리고 요리사가 변리사에게 얼마의 수임료를 지불하고, 이에 따라 변리사가 요리사가 지불한 수임료의 범위 내에서 얼마나 성실히 자신의 임무를 수행하며 "발명의 설명"을 작성하였느냐에 따라 답이 달라진다.

그림 4-50(a). 35만 원짜리 "발명의 설명"의 예시

우선 그림 4-50(a)는 요리사가 일금 35만 원을 투자하였을 경우 변리사가 작성한 "발명의 설명"의 예시이다. 그림 4-50(a)의 "발명의 설명"의 특징은 간단명료함이다. 즉 변리사는 요리사가 전달한 곰국 조리법을 특허출원 서식에 맞추어 "copy & paste"한 경우에 해당한다. 물론 이러한 "발명의 설명"은 요리사가 경쟁자 A의 꼬리곰

탕이나 경쟁자 B의 닭곰탕을 저지하는 데 전혀 도움이 되지 않는다. 왜냐하면 요리사의 "발명의 설명"은 곰국에 대하여 명약관화하도록 간단한 실시예만 개시하였을 뿐 소꼬리, 닭에 대한 실시예는 전혀 개시하지 않기 때문이다. 따라서 요리사가 아무리 출원특허의 청구항을 보정하더라도 자신의 청구항 범위에 꼬리곰탕이나 닭곰탕을 포함시킬 수는 없다.

그렇다면 변리사가 너무 무성의했나? 아무리 요리사가 곰국 recipe만 주었다고, 받은 만큼만 기재함은 상도의에 어긋남은 물론 공중에 service를 제공해야 하는 변리사의 윤리 규정에도 어긋나지 않을까?

이에 대한 저자의 확답은 "절대 그렇지 않다"이다. 왜냐하면 변리사는 법률 service업에 종사하는 특허 전문가이기 때문이다. 보통 기술 수준의 발명에 대한 특허 한 건 출원하는 데 기본적으로 10,000 달러 정도 소요되는 미국 특허변호사의 수임료에 비교하면, 아무리 인건비가 싸다 해도 35만 원, 즉 350 달러의 수임료는 아이들 장난 수준이다.

더 냉철하게 말하자면 service업인 법률 산업에 종사하는 변리사는 요리사가 지불한 금액에 상응하는 만큼의 service만 제공하면 자신의 임무를 수행했다고 간주할 수 있다. 만일 그 이상의 service를 기대한다면 저자는 이를 요리사의 명명백백한 잘못이라고 치부하고 싶다. 왜냐하면 변리사는 요리사가 전달한 곰국 조리법을 읽고, 이를 특허 출원서식에 맞추어 기재하고, 청구항을 작성하여 특허를 출원하면 되기 때문이다. 이것이 바로 정의로운 사회의 35만 원 어치의 service이다.

만일 변리사가 요리사로부터 35만 원을 받은 후 "발명의 설명"의 기재 내용이나 청구항에 대하여 고민하면 어떻게 될까? 생각하는 순간부터 변리사는 손해를 보기 시작하며, 생각을 더 하면 할수록 그만큼 손해만 커진다. 결국 변리사는 요리사가 지불한 만큼의 service만 제공하고, 요리사 역시 자신이 변리사에게 지불한 만큼만 거둬들임이 바로 정의로운 사회의 시장경제 원리이다.

(보)곰국 10,000원
(특)곰국 15,000원

그림 4-50(b). 100만 원짜리 "발명의 설명"의 예시

요리사가 변리사에게 수임료로 조금 더 지불하였다면 어떻게 될까? 역시 case-by-case이다. 그림 4-50(b)는

요리사가 곰국 100 그릇 어치에 해당하는 거금인 100만 원을 투자하였을 경우 변리사가 작성한 “발명의 설명”의 예이다. 그림 4-50(a)의 35만 원짜리 “발명의 설명”에 비하여 그림 4-50(b)의 “발명의 설명”은 ‘특곰국’이라는 메뉴를 개발한 점이 특이하지만, 그림 4-50(b)의 “발명의 설명” 역시 간단명료하다는 특징을 가진다. 그 결과 상기 “발명의 설명”은 곰국 실시예만 개시하고 소꼬리나 닭에 대한 실시예는 전혀 개시하지 않았으며, 이에 따라 이러한 “발명의 설명” 역시 요리사가 경쟁자 A의 꼬리곰탕이나 경쟁자 B의 닭곰탕을 금지시키는 데 전혀 도움이 되지 않는다.

(보)곰국 10,000원	수육추가 5,000원
(특)곰국 15,000원	내장추가 4,000원
밥추가 1,000원	

그림 4-50(c). 150만 원짜리 “발명의 설명”의 예시

기왕 쓰는 김에 요리사가 변리사에게 150만 원쯤을 수임료로 지불하면 사정은 좀 나아질까? 그림 4-50(c)에서와 같이 분명 차이는 날 것이다. 하지만 이러한 “발명의 설명”도 간단명료하다. 또한 상기 “발명의 설명” 역시 곰국 실시예만 개시하는 반면 소꼬리나 닭에 대한 실시예는 전혀 없기 때문에 요리사가 꼬리곰탕이나 닭곰탕의 판매를 금지하는 데 전혀 도움이 되지 않는다.

곰국	9,000원	수육	20,000원
특곰국	14,000원	특수육	30,000원
국밥	6,000원	내장	18,000원
육수	5,000원	특내장	35,000원
밥	1,000원		

그림 4-50(d). 250만 원짜리 “발명의 설명”의 예시

이러한 결과를 요리사가 미리 예측할 수 있었다면, 요리사는 변리사에게 자신과 변리사의 친형과의 우의를 상기시키는 대신 변리사에게 250만 원 정도는 흔쾌히 지불하며 “발명의 설명”을 자세히 잘 작성하도록 부탁하였을 것이다. 하지만 이에 대한 예시인 그림 4-50(d)에서와 같이 250만 원의 수임료를 받은 변리사가 작성한 “발명의 설명” 역시 그림 4-50(a)~(c)의 “발명의 설명”과 크게 달라진 점은 없다.

물론 혹자는 곰국, 특곰국은 물론 수육, 내장, 특수육, 특내장, 육수, 국밥 등 빠진 것이 없는 이러한 “발명의 설명”이야말로 ‘요리’라는 예술을 이해하는 전문가 변리사가 혼신의 힘을 기울여 작성한, 훌륭한 특허명세서라고 간주할 지도 모른다. 하지만 특허의 핵심은 범위이다. 따라서 범위 측면에서 보면 그림 4-50(d)의 “발명의 설명”이나 그림 4-50(a)의 “발명의 설명”이나 큰 차이가 없다. 왜냐하면 상기 설명에 기재된 모든 실시예는 곰국에만 집중되어 있기 때문이다. 반면 요리사가 필요로 하는 꼬리곰탕이나 닭

곰탕에 필요한 소꼬리나 닭에 대한 언급은 전혀 없다.

그림 4-51. 발명가 요리사의 곰국특허

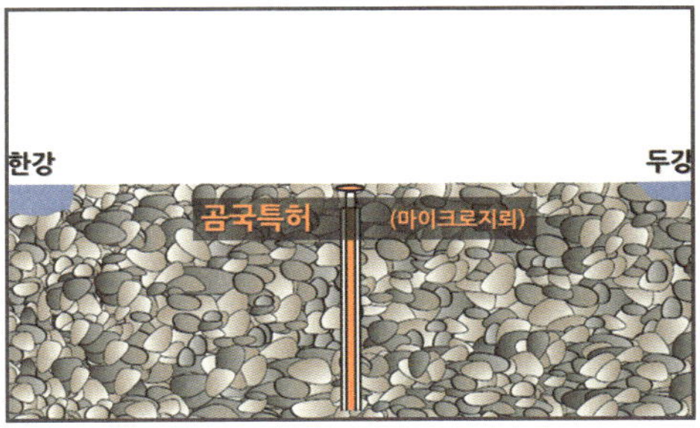

그림4-51(a)

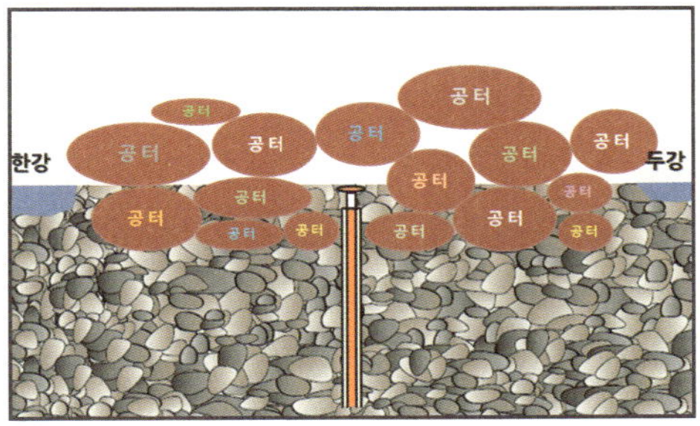

그림4-51(b)

요리사는 각고의 노력을 기울여 개발한 곰국에 대한 특허를 출원하며 나름대로 범위를 확대하려고 노력하였으나, 곰국과 관련된 다양한 실시예에만 집중한 결과 자신의 특허 청구항의 범위 역시 곰국 자체에 집중되었다. 그 결과 그림 4-51(a)와 같이 요리사의 곰국특허는 대형지뢰, 중형지뢰는커녕 곰국만 겨우 보호할 수 있는 정도의 마이크로지뢰로 전락하며, 그림 4-51(b)와 같이 그 주변에는 경쟁자에게 우회·회피라는 편의를 제공하는 수많은 공터가 형성되고 말았다.

앞서 제3장의 3-나절 "논문을 위한 논문용 발명"에서 설명한 바와 같이, 이는 논문에만 관심이 있는 연구자가 학술논문 쓰듯 특허를 작성하며 저지르는 전형적인 실수를 요리사 역시 범한 경우에 해당한다. 그 결과 경쟁자 A나 경쟁자 B는 요리사의 곰국을 소폭 변형함으로써 곰국특허의 권리범위를 용이하게 우회·회피할 수 있게 되었다.

(2) 올바른 "발명의 설명"

그렇다면 요소가 세 개 뿐인 곰국특허의 청구항을 이용하여 경쟁자 A의 꼬리곰탕이나 경쟁자 B의 닭곰탕을 억지하지 못한 원인은 무엇인가? 요리사나 변리사가 실수를 범했기 때문일까?

정답은 "당연히 큰 실수를 범했다"이다. 즉 요리사와 변리사는 '범위'를 간과하는 큰 실수를 저지른 것이다. 이들이 작성한 곰국특허 청구항은 깊이가 깊을지는 몰라도 범위는 무척 협소하며, 그 결과 경쟁자들은 협소한 발명가의 특허의 권리범위 주변의 공터를 자유로이 사용하여 꼬리곰탕과 닭곰탕을 활용할 수 있게 되었다. 물론 경쟁자 A나 경쟁자 B 모두 꼬리를 넣고 끓이는 탕과 닭을 넣고 끓이는 탕에 대한 idea는 발명가 요리사로부터 배웠는데도 말이다.

그렇다면 어떤 방법으로 특허 청구항의 범위를 확보할 수 있을까? 이에 대한 정답은 세 가지이다. 유능한 변리사의 선정이 첫 번째 관문이고, 상상력 풍부한 요리사와 유능한 변리사와의 소통을 통한 R&D-IP 연계가 두 번째 관문이라 할 수 있다. 그리고 마지막 관문은 바로 아무리 강조해도 지나치지 않은 "유능한 변리사에 대한 합당한 대우"이다.

요리사가 명실상부한 광활한 범위를 지닌 곰국특허를 제조하기 위하여 유능한 변리사를 발굴하고 합당한 수임료로 거금 천만 원을 지불하였다고 가정하자. 변리사는 발명 상담을 수행하기 위하여 요리사의 연구실을 찾아오고, 요리사는 변리사에게 곰국을 대접하여 맛을 보게 한 후, 일목요연하게 정리한 곰국 조리법을 건넨다. 그러자 요리사가 정성껏 준비한 곰국도 맛보고 요리사로부터 조리법을 건네받은 변리사는 묻는다.

유능한 변리사	요리사께서는 곰국 말고 다른 국은 끓여 보시지 않으셨나요?

요리사가 정성스레 준비한 비장의 음식인 곰국을 먹고 난 변리사는 왜 이런 엉뚱한 질문을 할까? 변리사가 곰국을 별로 좋아하지 않아서일까? 절대 아니다. 범위가 우선인 변리사에게 곰국은 요리사의 "최선의 실시예"에 불과하기 때문이다. 변리사가 요리사 특허의 범위를 확충하기 위해서는 요리사의 차선의 실시예, 열등한 실시예는 물론 실패한 실시예도 모두 확보해야만 한다.

이뿐만이 아니다. 변리사는 결과는 만족스러울지 몰라도 요리사 자신이 선호하지 않는 실시예는 물론 아직 요리사가 생각해보지는 않았지만 구현 가능한 실시예도 모두 확보해야만 한다. 그래야만 변리사는 이를 체계적으로 정리하여 넓은 범위를 가진 청구항으로부터 시작하는 청구항 전략을 실행할 수 있기 때문이다.

변리사의 질문을 받고 당황하던 요리사는 변리사의 의중을 파악한 후, 자신이 조리하였던 차선의 실시예로서 맛은 괜찮았지만 너무 기름이 많아 먹기 곤란한 삼겹살국, 육질은 양호하지만 친근감이 덜한 말고기국, 육질이 쫄깃쫄깃하지만 냄새를 제거하기 어려운 염소국 등에 대하여 설명한다. 그러자 대리인은 발명가에게 설명한다.

유능한 변리사	요리사께서 끓이신 국은 곰국이 아니라 '포유류국'입니다. 그리고 '포유류국'에 대한 다양한 실시예가 바로 소국 (곰국), 돼지국 (삼겹살국), 말국, 염소국에 해당합니다.

이와 같은 변리사의 전략이 바로 그림 4-52에서 예시한 "전향적 과장전략"이다. 물론 전향적 과장전략은 특허 쓰듯 특허를 쓰는 발명가에게는 익숙한 paradigm이지만, 우주의 진리를 규명하여 학술논문을 집필하는 연구자에게는 낯설기도 하며, 혹 연구자를 학계로부터 파문에 이르도록 하지 않을 까 두려워하는 paradigm이다. 왜냐하면 우주의 진리를 탐구하는 연구에서는 항상 예외를 생각하여야하므로, 부분만 보고 전체를 청구하지 못하기 때문이다. 하지만 특허 paradigm은 이와는 정반대이다. 즉 발명가의 대리인인 변리사는 그림 4-52와 같이 부분을 보는 순간 전체를 탐구할 수밖에 없다. 그렇지 않을 경우 그림 4-51(b)와 같이 발명가의 권리범위 주변에는 크고 작은 공터가 널려있게 되기 때문이다.

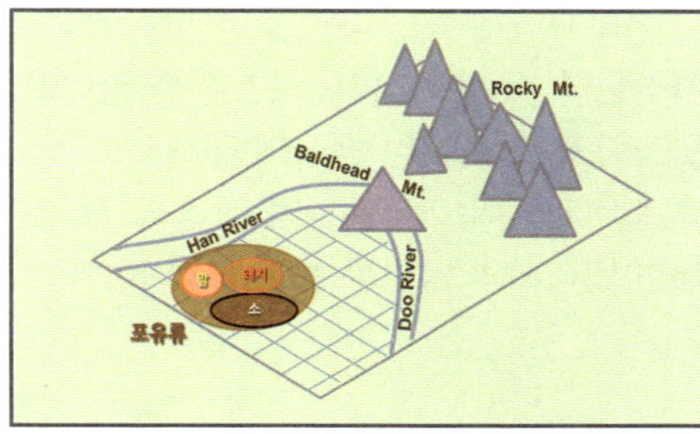

그림 4-52. 곰국으로부터 포유류국으로 확충하는 "전향적 과장전략"

다시 요리사의 예로 돌아가자. 요리사의 최선의 실시예인 곰국과 차선의 실시예인 돼지국, 말국을 포괄하여 포유류국까지 범위를 넓힌 변리사는 아직 만족하지 못한다. 왜냐하면 지금까지의 전향적 과장전략은 제1단계, 초동 전향적 과장전략에 불과하기 때문이다.

유능한 변리사	요리사께서는 '포유류'에 속하는 동물 이외의 다른 동물로 국을 끓이신 적은 없습니까? 참고로 끓이신 국의 맛은 관계없습니다.

즉 변리사는 요리사에게 최선의 실시예 외의 차선의 실시예는 물론 실패한 실시예 또

는 요리사 자신이 선호하지 않는 비선호 실시예 등에 대한 설명을 요청하는 것이다. 요리사는 자신이 조리하였으나 크게 만족하지 못한 닭국, 비둘기국을 설명한다. 그리고는 목소리를 낮춘 후 천연기념물이기 때문에 불법임에도 불구하고, 지인을 통해 힘들게 구해 끓여본 팔색조국에 대하여 설명한다. 그러자 변리사는 발명가에게 설명한다.

유능한 변리사	그렇다면 요리사께서는 '조류국'도 끓이셨습니다. 그리고 '조류국'에 대한 다양한 실시예가 바로 닭국, 비둘기국, 팔색조국입니다.

변리사의 전략을 파악한 영민한 요리사는 변리사가 묻지도 않은 질문에 대한 답변을 시작한다. 우선 요리사는 단 한 번 끓여보고 먹어본 후 좋아하게 되었지만 공중이 싫어할까봐 중도 포기한 뱀국에 대해서도 자세히 설명하고, 일본의 원자력 발전소 사고 이후 소비자들이 꺼리는 바람에 중도 포기한 연어국, 도미국에 대해서도 설명한다. 이에 대한 변리사의 답변은 동문서답이다.

유능한 변리사	혹 요리사께서는 개구리, 두꺼비, 도룡뇽 같은 동물을 끓여 국으로 만들어 보신 적은 없으신가요?

그림 4-53. 곰국으로부터 척추동물국으로 확충하는 "전향적 과장전략"

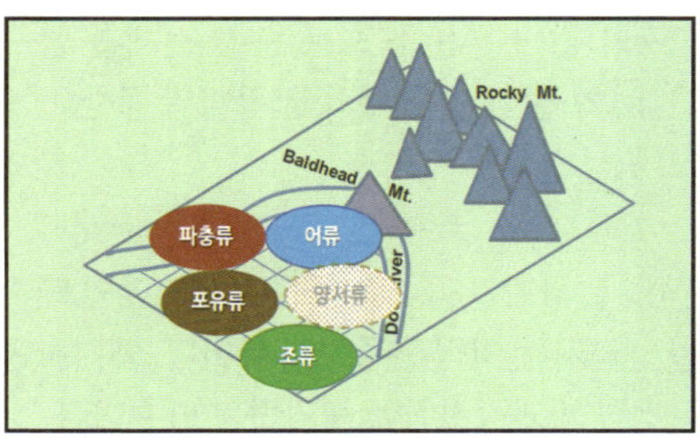

그림4-53(a)

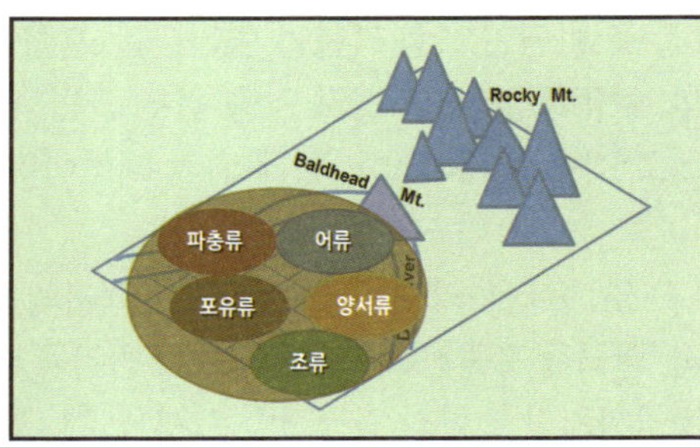

그림4-53(b)

예상치 않은 질문에 요리사는 당황할 수밖에 없다. 개구리, 두꺼비, 도룡뇽으로 끓인 국은 먹어본 적도 없거니와 끓일 생각도 한 적이 없기 때문이다. 요리사는 그런 역겨운 재료로 국을 끓여본 적은 평생 없다고 대답한다. 그래도 변리사는 포기하지 않는다.

유능한 변리사	요리사께서는 개구리, 두꺼비, 도룡뇽 중 최소한 한 가지를 선정하여 반드시 국을 끓여보시고, 그 자료를 제게 전달해 주세요. 정 개구리, 두꺼비, 도룡뇽을 끓이기 싫으시면 이러한 동물을 끓였다고 가정하시고 그 맛을 상상하며 자료를 작성하셔도 무방합니다.

유능한 변리사는 왜 갑자기 개구리, 두꺼비, 도룡뇽을 언급하였을까? 물론 '범위' 때문이다. 일예로 그림 4-53(a)와 같이 변리사는 요리사로부터 어류국, 파충류국, 조류국, 포유류국에 대한 실시예는 확보하였지만, 아직 양서류국에 대한 실시예를 확보하지 못했기 때문이다. 따라서 변리사가 요리사로부터 양서류국에 대한 실시예를 얻게 되면, 그림 4-53(b)에서와 같이 유능한 변리사는 요리사가 끓인 곰국에 대한 특허 청구항의 범위를 곰국이나 포유류국이 아닌 척추동물국까지 확장할 수 있게 된다.

표 4-11. 척추동물국 특허의 독립항 (그림 4-54의 청구항 11)

[청구항 11]
척추동물 육수; 척추동물 고기; 및 척추동물 내장을 포함하는 국.

그 결과 변리사는 표 4-11과 같이 척추동물 육수, 척추동물 고기, 척추동물 내장 등의 세 가지 핵심 요소를 포함하는 척추동물국에 대한 청구항을 작성할 수 있다. 즉 곰국만을 염두에 둔 요리사와의 전향적 R&D-IP 연계를 통하여 변리사는 곰국특허, 포유류국특허가 아닌 척추동물국 특허를 창출한 것이다. 물론 변리사는 그림 4-54와 같이 척추동물국에 대한 청구항을 독립항으로 작성한 후, 청구항 전략에 따라 척추동물국보다는 범위가 협소한 어류국 청구항, 양서류국 청구항, 파충류국

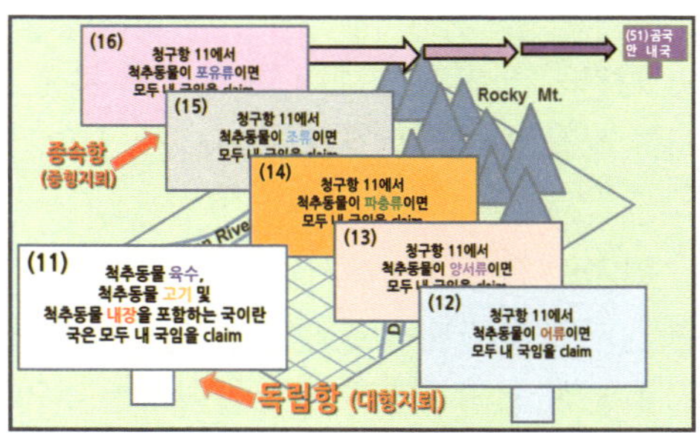

그림 4-54. 척추동물국 독립항과 어류국·양서류국·파충류국·조류국·포유류국 종속항

청구항, 조류국 청구항, 포유류국 청구항을 종속항으로 작성한다. 즉 척추동물국이라는 범위를 가진 대형지뢰(생물 분류체계의 '문(門)' 또는 'phylum'에 해당) 상부에 어류국, 양서류국, 파충류국, 조류국, 포유류국 각각의 범위를 가진 다수의 중형지뢰(생물 분류체계 상 각각 '강(綱)' 또는 'class'에 해당)를 매설하는 전략이다.

그렇다면 요리사의 회심의 작품이자 최선의 실시예인 곰국은 어떻게 처리해야 할까? 간단하다. 곰국에 대한 청구항은 그림 4-54의 우상귀에 위치한 조그만 말뚝과 같이 종속항의 종속항의 종속항 정도로 작성하여 청구하면 충분하다. 더 자세히 설명하면 곰국에 대한 종속항은 상기 '척추동물국'이라는 대형지뢰(門, phylum) 상부에 설치한 '포유류국'이라는 중형지뢰(綱, class) 상부에 설치한 '우제류국'이라는 소형지뢰(目, order) 상부에 설치한 '소과국'이라는 미니지뢰(科, family) 상부에 설치한 마이크로지뢰 정도로 청구하면 충분하다.

뼈 (척추동물)	국수 (당면 포함)
고기 (척추동물)	파, 마늘 (토종, 수입)
내장 (척추동물)	소금 (정제, 천일염)
쌀 (현미 포함)	장 (간장, 고추장)
보리	후추
잡곡	물 (생수, 약수)

그림 4-55. 거금 천만 원짜리 "발명의 설명"

어쨌건 요리사와의 brain-storming session을 마친 변리사는 어류, 양서류, 파충류, 조류, 포유류를 이용하여 만들 수 있는 모든 국에 대하여 설명하고, 이에 필요한 재료, 재료 손질 방법, 국의 조리 방법 등을 모두 기재하며 그림 4-55와 같은 목차에 따라 "발명의 설명"과 청구항 등을 포함하는 특허명세서를 작성한다. 물론 이러한 명세서를 작성하려면 요리사와의 brain-storm을 위한 회의에 몇 시간이 소요되고, 관련 자료를 이해하는 데 몇 시간 이상이 소요되며, 모든 자료를 소화하고 이를 전략적으로 정리하여 특허명세서를 작성하는 데 20시간, 50시간, 100시간 또는 그 이상이 소요될 수 있다.

하지만 유능한 변리사는 이 시간을 모두 할애하여 "발명의 설명"에 광활한 범위에 걸친 실시예를 기재하고, 광활한 청구범위를 지닌 청구항을 작성한다. 그 이유는 요리사가 유능한 변리사에게 이에 합당하는 수임료인 거금 천만 원을 지급하기 때문이다.

단 요리사가 이 같이 범위가 광활한 척추동물국 "발명의 설명"과 청구항을 작성하였다고 방심할 수만은 없다. 그 이유는 척추동물국에 반드시 추가되어야 하는 부가 요소가 있음에도 이를 "발명의 설명"에 기재하지 않는 경우, 경쟁자가 이를 먼저 청구하여 개량 발명에 대한 개량특허를 확보할 수도 있기 때문이다. 즉 경쟁자는 요리사가 매설한 대형지뢰 위의 비어있는 요충지에 중형지뢰를 매설하고, 비록 개량 발명이기는 하지만 신규성과 진보성을 인정받아 길목특허를 확보함으로써 요리사가 마음 놓고 곰탕을 개량하지 못하도록 방해할 수 있기 때문이다. 따라서 요리사와 변리사는 그림 4-55와 같이 소금, 파, 마늘, 쌀, 국수, 장은 물론 육수를 끓이는 데 사용할 수 있는 다양한 물 등과 같이 척추동물국에 부가될 수 있는 요소들에 대해서도 가능한 한 범위를 확대하여 "발명의 설명"에 기재하고, 필요에 따라 청구해야만 한다.

그렇다고 곰국을 청구하는 대신 곰국보다 권리범위가 수천 배는 족히 광활한 척추동물국을 청구한 요리사는 마냥 좋아만할 수는 없다. 왜냐하면 얻은 것이 있으니, 이번에는 확실히 잃을 차례이기 때문이다. 즉 요리사가 보유할 청구항의 광활한 범위에 근거한 공격력이 수천 배 배가된 만큼 요리사 청구항의 수비력 역시 이에 비례하여 취약해지기 때문이다. 바꾸어 말하면 청구항의 범위가 넓어진 만큼 확대된 영토 내에 숨어있을지도 모르는 선행기술의 수 역시 증가하게 되며, 그 결과 요리사가 자신이 출원한 척추동물국에 대한 청구항에 대한 특허를 받을 확률 역시 감소하게 된다.

일예로 요리사가 출원한 특허를 심사하는 특허청 심사관은 당연히 선행문헌을 찾아 요리사의 척추동물국 청구항을 거절하려 노력한다. 하지만 관련 선행기술을 찾지 못하던 심사관은 어느 날 우연히 자녀의 학교숙제를 도와주다가 큰 딸의 사회참고서에서 그림 4-56과 같이 B.C. 1세기의 동굴 벽화에서 전투에서 승리한 부족의 원주민이 패배한 부족의 포로를 뜨거운 물에 넣고 삶아 '국'을 만드는 선행기술을 발견하게 된다. 물론 심사관은 이를 근거로 요리사 청구항의 신규성을 부정하며 청구항을 거절한다. 그렇다면 요리사가 심사관이 발굴한 식인종 선행기술을 성공적으로 극복하지 못할 경우, 어떤 결과가 초래될까?

그림 4-56. 특허청 심사관이 발굴한 B.C. 1세기의 식인종 선행기술

정답은 "피해는 미미하다"이다. 왜 미미할까? 우선 그림 4-57과 같이 요리사는 척추

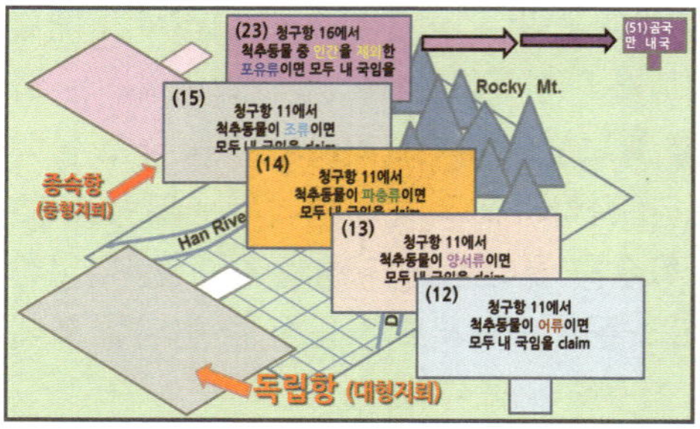

그림 4-57. 식인종 선행기술을 극복한 요리사의 청구항

동물국에 대한 독립항 11(표 4-11 참고)에 대한 특허성을 인정받지 못하며, 포유류국에 대한 종속항 16(그림 4-54 참고) 역시 신규성을 인정받지 못하게 된다. 하지만 발명가는 여전히 어류국에 대한 청구항 12, 양서류국에 대한 청구항 13, 파충류국에 대한 청구항 14, 조류국에 대한 청구항 15에 대한 특허성을 인정받을 수 있다. 또한 진보성 요건만 만족할 수 있다면 요리사는 심사관의 선행기술을 극복하는 청구항 23을 추가하여 "인간을 제외한 포유류국"에 대한 특허성을 인정받을 수도 있다. 이에 따라 요리사는 자신의 최선의 실시예에 해당하는 곰국에 대한 청구항 51에 대한 특허성도 인정받을 수 있다.

앞서 설명하였듯이 큰 덩어리로 시작하여 이리저리 파낸 구멍 뚫린 치즈는 시작부터 얇게 썬 치즈보다 양도 많고 부피도 클 수밖에 없다. 결국 특허는 범위에 대한 싸움이기에, 이 싸움에서 이기고 수익을 창출하려는 발명가는 반드시 광활한 범위의 청구항을 생각해야 하며, 이를 뒷받침할 수 있는 "발명의 설명"과 청구항 등을 포함하는 명세서를 작성해야만 한다.

마. 척추동물국 특허와 곰국 Business

척추동물국 청구항이라고 만사형통은 아니다. 왜냐하면 특허와 business 사이의 상관관계는 양방향성이 아니라 일방향성이기 때문이다. 즉 요리사가 출원·등록한 특허의 권리범위가 광활하면 분명 요리사의 business에 도움이 되기는 하지만, 그렇다고 광활한 범위의 특허 청구항으로 인하여 특허기술을 구현한 business가 항상 성공하리라는 보장은 없다. 즉 특허 청구항의 범위가 광활하다고 해서 business가 반드시 성공한다는 보장은 없지만, 특허 청구항의 범위가 광활하면 business에 반드시 도움이 된다는 말이다. 이러한 이유 때문에 특허는 business의 성패를 위한 충분조건이 아닌 필요조건으로서 일방향성이라고 할 수 있다.

다시 곰국으로 돌아가자. 요리사가 곰국식당을 차리고 곰국 franchise를 운영하여 business에 성공하려면 곰국의 육수도 진하고 구수하여야 하며, 곰국에 들어가는 소고기도 결 따라 정갈하게 잘라야 하고, 소 내장인 양도 깔끔하게 삶아야 한다. 그뿐만이 아니다. 곰국과 같이 나오는 김치, 깍두기도 곰국의 맛과 어울려져야 함은 물론 요리사가 소비자에게 제공하는 모든 음식이 정갈하고도 맛있어야 한다. 더불어 요리사의 식당과 주방도 청결하여야 하고, 종업원도 친절한 편이 좋다.

그렇다면 요리사는 이와 같이 곰국이나 포유류국 또는 척추동물국과는 직접적으로 관련은 없으나 식당 business를 운영하는 데 필수적인 사안들 역시 "발명의 설명"에 상세히 기재하고 청구항에 포함시켜야 할까?

이에 대한 정답은 "반드시 포함시켜야 하지만 심하게 자세할 필요는 없다"이다. 즉 척추동물국의 특허명세서의 "발명의 설명"이나 청구항에 위의 내용들을 기재할 수는 있으며, 곰국의 핵심인 육수의 재료, 육수의 성분, 육수 만드는 방법 역시 최소한 간략하게는 기재함이 바람직하다. 하지만 척추동물국 특허명세서의 "발명의 설명"에 육수를 만드는 모든 세부 절차까지 기재할 필요는 없다. 소고기 또한 마찬가지이다. 고기를 삶고 써는 방법을 "발명의 설명"에 기재할 필요는 있지만, 세세한 조리 방법이나 결 따라 써는 방법에 대해서도 모두 세세히 기재할 필요도 없다. 오히려 간단하게만 기재하면 충분한 경우가 대부분이다. 즉 실제로 곰국 business에 필요한 내용 중 대부분은 특허의 관점에서 보았을 때 척추동물국 특허와는 무관하기 때문이다.

하지만 요리사가 광활한 권리범위를 가진 척추동물국 특허를 보유하는 한, 요리사는 최소한의 수익 창출을 도모할 수 있다. 우선 요리사 자신의 business가 성공할 경우에는 자신이 보유한 특허를 자가실시하여 수익을 창출한다. 설령 경쟁자가 출현하고 경쟁자의 곰국이 요리사의 곰국과 맛이 비슷하여 치열한 경쟁을 벌이게 되더라도 요리사는 자신이 보유한 특허의 금지권을 이용하여 경쟁자를 시장에서 축출할 수도 있다. 최악의 경우 요리사의 곰국이 경쟁자의 곰국보다 맛이 덜해 요리사의 business가 실패하더라도 요리사는 경쟁자로부터 곰국에 대한 royalty를 받을 수도 있다.

요약하면 발명가의 특허가 원천 발명이건 원천특허이건, 발명가 특허의 청구항 범위가 광활하건 협소하건, 특허 자체는 business의 성공을 보장하는 충분조건은 아니다. 하지만 광활한 범위의 특허를 보유한 발명가는 그렇지 않은 경쟁자에게 특허의 금지권을 행사함으로써 자신의 business에 직접적 또는 간접적인 도움을 받을 수 있다는 만큼은 자명하다.

바. 척추동물국 특허의 치명적 약점 및 극복

위의 제4장의 4-라절에서 척추동물국에 대한 청구항은 척추동물 육수, 척추동물 고기 및 척추동물 내장이라는 세 가지 요소를 포함한다고 설명하였다. 즉 위의 표 4-11과 같이 척추동물국을 만들려면 이 세 가지 요소가 필수라는 말이다. 과연 그럴까?

정답은 "그렇지만은 않다"이다. 일예로 요리사가 표 4-11의 청구항을 포함한 척추동물국 특허를 등록하였지만, 이에 굴하지 않는 자랑스러운 경쟁자 C가 설렁탕을 제조·판매하고, 경쟁자 C의 동생인 경쟁자 D는 "여전히 형제는 용감하고 말았다"는 slogan을 내걸고 내장탕을 제조·판매하는 경우를 가정하자. 요리사는 용감한 형제들을 상대로 한 특허침해소송에서 승리할 수 있을까? 이에 대한 답 역시 척추동물국과 설렁탕, 척추동물국과 내장탕을 비교하는 claim chart로부터 간단히 알 수 있다.

표 4-12(a). 척추동물국 특허와 설렁탕에 대한 Claim Chart

곰국특허 청구항 (요소, 제한조건)	경쟁자 C의 설렁탕 (재료)	
	존재 여부	적용 부위
척추동물 육수 ⇒	Yes	육수
척추동물 고기 ⇒	Yes	고기
척추동물 내장 ⇒	No	-

표 4-12(b). 척추동물국 특허와 내장탕에 대한 Claim Chart

곰국특허 청구항 (요소, 제한조건)	경쟁자 D의 내장탕 (재료)	
	존재 여부	적용 부위
척추동물 육수 ⇒	Yes	육수
척추동물 고기 ⇒	No	-
척추동물 내장 ⇒	Yes	양, 곱창, 대창

표 4-12(a) 및 4-12(b)와 같이 요리사의 척추동물국 특허 청구항은 척추동물 육수, 척추동물 고기, 척추동물 내장의 세 가지 요소로 구성된다. 하지만 표 4-12(a)와 같이 경쟁자 C의 설렁탕에는 척추동물의 내장이 포함되지 않으며, 표 4-12(b)와 같이 경쟁자 C의 동생인 경쟁자 D의 내장탕에는 척추동물의 고기가 포함되지 않는다. 즉 척추동물국 특허 청구항과 경쟁자 C의 침해의심 제품인 설렁탕은 물론 경쟁자 D의 침해의심 제품인 내장탕 사이에는 "구성요소 완비의 법칙"이 성립되지 않으며, 그 결과 경쟁자 C의 설렁탕과 경쟁자 D의 내장탕은 모두 요리사가 보유한 막강한 척추동물국 특허 청구항의 권리범위를 성공적으로 우회·회피할 수 있다.

그렇다면 막강해 보이는 척추동물국 특허 청구항의 치명적 약점은 무엇일까? 이에 대한 정답은 "척추동물국 특허의 청구항 요소들 사이에는 상관관계가 존재한다"이다. 즉 척추동물국 특허의 청구항 요소들은 제4장의 3-다절 "디지털 청진기"의 한 쌍의 집음반과 같이 상호간에 비독립적 상관관계가 존재한다는 말이다.

그렇다면 청구항 요소들 사이의 상관관계가 대체 무슨 상관일까? 이에 대한 정답은 "상관관계가 존재하는 청구항 요소들로 이루어진 청구항은 그 보다 더 넓은 범위의 청구항이 항상 존재하기 때문에 금지권에 한계가 존재한다"이다. 즉 상관관계가 존재하는 위의 세 가지 요소들로부터 상관관계를 제거할 경우, 위의 세 가지 요소로 구성된 척추동물국을 두 가지의 요소만을 지닌 청구항으로도 청구할 수 있게 된다는 말이다. 이와 같이 범위가 더 넓은 청구항이 존재함에도 불구하고 상호 비독립적인 요소들을 청구항에서 사용함에 따라, 요리사의 척추동물국 청구항은 그 범위가 심각하게 축소되었으며, 자신도 모르는 사이에 그 주변에 광활한 공터가 형성되고 말았다.

요약하면 표 4-7의 곰국특허의 청구항 1에 비해 표 4-11의 척추동물국 특허 청구항 11은 막강한 권리범위를 보유한 만큼은 사실이다. 하지만 청구항 1이나 청구항 11의 치명적 약점은 바로 상호 독립적이지 않은, 선택 가능한 요소를 청구항에 포함하고 있다는 점이다. 즉 청구항 1이나 청구항 11의 권리범위와 관계없이 경쟁자는 요리사의 청구항 1이나 청구항 11로부터 필요 없는 요소 한 개만 제외하면, 언제라도 요리사의 권리범위를 벗어날 수 있다는 말이다.

다시 한 번 강조하지만, 선택 가능한 다수의 요소들을 청구항에 포함시킨 결과는 그

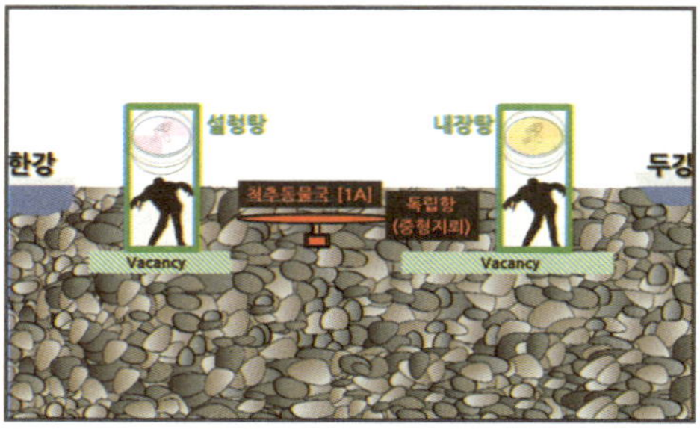

그림 4-58. 선택적 요소를 포함한 청구항과 공터

림 4-58과 같은 공터의 생성이다. 즉 요리사는 청구항 10이나 청구항 11의 범위를 청구하기 전 청구항 요소들 사이의 상관관계를 확인하고, 그 중 한 개의 요소를 제거하더라도 '국'이 가능한 지를 확인했어야 한다. 하지만 이러한 핵심을 놓친 결과 요리사는 신대륙의 일부 땅만을 자신의 영토(청구항 10이나 청구항 11의 범위)로 차지하며, 자신의 영토 주변에 형성된 드넓은 공터를 지나치는 실수를 범하였다. 한편 경쟁자는 곰국을 맛본 후 힘들이지 않고 척추동물국이라는 요리사의 영토를 우회·회피하는 설렁탕이나 곰탕이라는 "jack pot"을 힘도 들이지 않고 찾게 되었다.

표 4-13(a). 척추동물국 특허의 수정 (청구항 101)

[청구항 101]
척추동물의 육수; 및 상기 척추동물의 고기 및 내장의 최소 하나 이상을 포함하는 국.

변리사의 임무는 바로 척추동물국 특허의 청구항에서 필수불가결하지 않은, 선택 가능한 요소를 제거함으로써 최대한 넓은 권리범위를 확보하는 일이다. 바꾸어 말하자면 경쟁자가 척추동물국 특허를 우회·회피하기 위하여 청구항 요소 중 한 개라도 제거하면 '국'이 불가능할 정도로 청구항에는 필수불가결한 요소만을 포함하도록 청구항을 작성해야만 한다. 이러한 측면에서 표 4-13(a)의 청구항 101은 표 4-11의 청구항 11과 비교하였을 때, 청구항 요소의 개수도 적을뿐더러 요소들 사이에 상관관계도 존재하지 않는다. 즉 척추동물국은 척추동물의 육수 및 상기 척추동물의 "고기 and/or 내장"을 포함하는 국이라는 권리범위이다. 그 결과 요리사는 경쟁자가 우회·회피하기 힘든 영토를 확보할 수 있다.

하지만 표 4-13(a)의 청구항 101 역시 허점이 없지만은 않다. 일예로 경쟁자 E가 돼지머리국, 돼지귀국 또는 돼지코국을 끓여 팔 경우, 돼지의 머리, 귀, 코는 돼지의 내장은 아니며, 경우에 따라 돼지고기라고 하기에도 '거시기'하므로 요리사의 척추동물국 특허 청구항의 권리범위를 우회·회피할 수도 있기 때문이다.

표 4-13(b). 척추동물국 특허의 수정 (청구항 111)

[청구항 111]
척추동물의 최소한 일부로부터 얻은 육수; 및 상기 척추동물의 최소한 일부분을 포함하는 국.

한편 표 4-13(b)의 청구항 111은 척추동물국이란 "척추동물의 최소한 일부"로부터 얻은 육수 및 상기 척추동물의 "최소한 일부분"을 포함하는 국이라는 권리범위를 지닌다. 물론 상기 척추동물의 육수에는 우리가 알고 있는 육수는 물론 상기 척추동물의 피, 땀, 소변이나 고름도 모두 포함되며, 상기 척추동물의 일부분에는 척추동물의 고기, 내장은 물론 뼈, 사골까지도 포함됨은 물론 상기 동물의 머리, 귀, 코도 모두 포함된다. 따라서 청구항 111이야말로 광대한 범위를 확보할 수 있는 청구항이다.

물론 청구항 111의 범위가 확충된 만큼 상기 청구항의 신규성이나 진보성을 부정할 수 있는 선행기술 역시 늘어나게 된다. 하지만 이는 요리사가 특허를 출원한 후 특허청 심사관이 요리사나 변리사가 예상치 못한 선행기술을 발굴한 다음 또는 특허가 등록되고 침해된 후 침해의심 제조업체가 유사한 선행기술을 발굴한 다음 걱정할 일이다.

또한 제2장의 3-나절 "선행기술 검색의 한계"에서 설명한 바와 같이 요리사나 변리사가 아무리 많은 비용을 들여 선행기술을 검색하더라도 제도적, 현실적, 법적 한계가 존재하기 마련이다. 그리고 제4장의 1-가절의 제5항 "특허 등록"에서 설명한 바와 같이 어차피 요리사의 출원특허 및 등록특허는 공개되어 경쟁자에게 노출될 수밖에 없으며, 이에 따라 경쟁자가 청

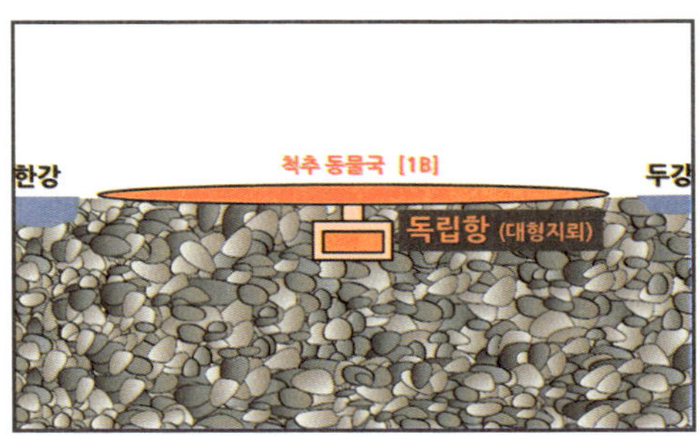

그림 4-59. 필수불가결한 요소로만 이루어진 청구항과 권리범위

구항을 우회·회피하는 전략을 수립하기도 전에 요리사나 변리사가 이에 완전히 대비하기는 불가능하다. 결국 요리사와 변리사가 할 수 있는 일은 앞서 설명한 바와 같이 발명가의 '무기고'라 할 수 있는 "발명의 설명"에 충분한 실시예를 기재하고, 추후 예측하지 못한 선행기술이 등장하더라도 이를 회피할 수 있는 청구항을 작성할 수 있는 가능성을 최대한 확보하는 수밖에 없다. 결국 이러한 측면에서 보더라도 청구항이건 "발명의 설명"이건 그림 4-59와 같이 역시 '범위'가 최우선일 수밖에 없다.

위에서 설명한 바와 같이 발명을 특허로 권리화하는 작업은 절대 간단하지도, 용이하지도 않은 작업이다. 또한 상기 권리화 작업은 발명의 속성에 의해서도 달라지며, 선행기술의 존재 여부에 따라서도 달라지는 등 이에 대한 정석이 존재하지도 않는다. 따라서 발명을 특허로 제대로 권리화하기 위해서는 유능한 변리사의 확보가 관건이다. 아래에서는 발명가에게 특허의 핵심인 광활한 '범위' 및 다양한 종류의 '범위'를 안겨줄 수 있는 유능한 변리사의 요건 및 선정 방법에 대하여 설명한다.

5. 유능한 변리사

발명가에게 "유능한 변리사" 또는 "유능한 출원전문 특허변호사"는 누구일까? 발명가가 미지의 신대륙을 찾아 긴 여정을 떠나는 탐험가라면 발명가에게 "유능한 변리사" 또는 "유능한 출원전문 특허변호사"란 발명가가 신대륙을 찾고 신대륙에서 영토를 확보하는 모든 과정에서 발명가에게 가장 합리적인 전략을 수립하고 제공하는,[57)] 발명가의 최고 전략가(CSO, Chief Strategy Officer)라 할 수 있다. 따라서 발명가를 삼국지의 유비라 비유한다면 "유능한 변리사"란 '제갈공명'이라 비유할 수 있다. 즉 "유능한 변리사"는 발명가와 유기적으로 접촉하며 발명가가 착상한 발명의 의미를 이해한 후 수단과 방법을 가리지 않고 발명가를 위하여 최대한의 권리범위를 확보하여 발명가가 수

57) 특허의 목적은 수익 창출이다. 따라서 발명가에게 합리적인 전략이란 발명가가 특허를 통하여 수익 창출을 달성할 수 있는 전략에 해당한다. 따라서 발명가에게 합리적인 전략에는 광활한 범위의 청구항 확보 및 다양한 종류의 범위를 지닌 청구항 확보 전략 등이 포함된다.

익을 창출할 수 있도록 보조하는 역할을 수행하는 책략가이다.[58)]

청운의 꿈을 품고 긴 여정을 떠나는 발명가에게 유능한 변리사란 최적의 항로(초기 발명 상담 등)를 구상하고, 이에 적합한 선박(연구 및 실험 계획)을 확보하고, 예기치 않은 해적 출현에 대비한 작전(선행기술 조사 등)도 수립하는 책사이다. 또한 발명가가 신대륙을 발견한 후에도 유능한 변리사는 경쟁자가 숨을 만한 공터를 모두 제거할 수 있는 전략을 수립하여 발명가가 최대한의 영토(특허 청구항의 범위)를 확보하고, 이를 수비할 수 있도록 조언한다. 또한 유능한 변리사는 경쟁자의 예기치 않은 측면 공격, 배후 공격에 대비하여 발명가를 위한 정규군은 물론 발명가에게 충성을 다짐하는 특공대, 돌격대 등의 특수군(범위도 광활하고 종류도 다양한 다수의 실시예)을 양성, 조련한다. 또한 유능한 변리사는 발명가의 특수군 역시 보병에만 주력하지 않고 상이한 공격력 및 수비력을 지닌 기마부대, 철갑부대, 해군 등으로 다양화하여 "발명의 설명"에 숨겨둔다.

삼국지에는 제갈공명과 같은 책사를 거절하거나 경시하는 지방 토호도 등장한다. 지금도 마찬가지이다. 일예로 어떤 연구자는 자신의 발명과 관련된 신기술은 자신만이 가장 잘 이해하므로 자신이야말로 자신의 발명을 특허출원하는 데 이 세상에서 유일한 적격자라고 우기기도 한다. 하지만 앞서 설명하였듯이 학술논문의 paradigm과 특허의 paradigm이 180° 상이하기 때문에 연구자가 논문 쓰듯이 쓴 특허로는 수익 창출에 실패할 수밖에 없다. 연구자의 이러한 특허는 기껏해야 경쟁자에게 신대륙의 위치와 접근 방법을 공지해주는 결과만 초래할 뿐이다. 마치 북 치고 꽹과리 치며 자신의 이름이 새겨진 깃발을 펄럭이며, 누구의 복병이 어디에 매복하고 있는지, 어떤 함정이 도사리고 있는지 개의치 않고 적진을 향해 돌격하는 삼국지의 장비와 다름없다.

또한 전쟁에서 패하였다고 항상 제갈공명에게 책임이 있는 것도 아니듯, 특허를 통

58) 단 제갈공명과 "유능한 변리사"의 차이점이라면, 전자는 삼국통일을 목적으로 하는 반면 후자는 특허를 이용한 발명가의 수익 창출을 목적으로 한다.

한 수익 창출 실패의 책임이 모두 변리사나 출원전문 특허변호사에게 있는 것은 물론 아니다. 어떤 발명가는 애초부터 수익과는 관련이 없는 발명으로 수익을 창출하려는 허황된 꿈을 꾸기도 하고, 어떤 발명가는 선행기술이 무궁무진한 지역에 뛰어들어 기껏해야 선발명가의 발명을 극히 미미할 정도로 개량한 개량 발명으로 수익을 창출하려는 비현실적 희망을 품기도 한다. 하지만 인간이 거주할 수 없는 신대륙의 발견은 수익 창출과는 무관할 뿐이며, 이미 수천 명, 수만 명의 선거주자들과 경쟁자들이 거주하고 있는 대륙은 이미 신대륙이 아닌 구대륙에 불과하다. 이러한 발명들은 애당초 수익 창출과는 거리가 먼 발명들이며, 현실적으로 특허를 출원하지 않거나, 아예 R&D를 시작하지 않는 편이 더 좋았을 수도 있다.

기왕 삼국지의 예를 들었으니 삼국지에 등장하는 삼고초려를 언급하지 않을 수 없다. 제갈공명과 같은 책사를 활용하려면 유비와 같이 제갈공명의 능력을 인정하고 이에 합당한 직위와 권한을 부여해야 한다. 물론 제갈공명 역시 자신을 등용하려는 모든 지방 토호들과 일하지 않고, 기왕이면 자신의 뜻과 맞을 뿐만 아니라 자신의 능력도 인정하는 유비와 일하기를 원하였다. 유능한 변리사도 마찬가지이다. 발명가가 유능한 변리사를 선임하고 발명가의 발명 또한 아무리 파급력이 높고 장래가 유망하더라도, 발명가가 유능한 변리사에게 합당한 수임료를 지불하지 않는 한 유능한 변리사가 자신의 능력을 최대한 발휘하여 발명가의 발명을 대형지뢰, 초대형지뢰, 메가톤급 시조지뢰로 창출해줄 이유는 없다. 더더욱 자신의 창의력을 발휘하여 claymore나 missile을 개발할 이유 역시 없다. 이는 상식이다.

요약하면 발명가가 발명으로 수익을 창출하기 위해서는 주변에서 공터를 제거할 수 있는 광활한 ‘범위’와 ‘범위’의 다양성이 핵심이며, 이러한 범위와 다양성을 지닌 청구항을 작성하기 위해서는 특허 전문가인 유능한 변리사의 확보가 필수이다. 하지만 발명가가 유능한 변리사를 확보하였다고 모든 문제가 해결되지는 않는다. 발명가와 유능한 변리사의 소통이 필요하며, 유능한 변리사에 대한 합당한 대우가 따라야지만, 광활하며 동시에 다양한 종류의 ‘범위’를 지닌 청구항을 확보할 수 있는 가능성이 높아지게 된다.

가. 유능한 변리사 요건

그렇다면 어떤 대리인이 유능한 변리사 또는 출원전문 특허변호사일까?[59] 발명가는 특허법 조항을 꿰고 있는 변리사가 필요할 때도 있고, 특허청에 제출하는 각종 서류의 서식과 제출 기한을 암기하고 있는 변리사가 필요할 때도 있다. 또한 발명가의 발명을 "발명의 설명"에 수려한 문장으로 기재함으로써 이를 읽는 특허청 심사관이 눈물을 흘리며 공감할 수 있는 문장력을 갖춘 변리사가 필요할 때도 있고,[60] 소송을 통하여 발명가의 특허를 지키거나 타발명가의 특허를 모조리 무효로 만들며 초토화하는 능력을 지닌 특허변호사가 필요할 때도 있다. 즉 대리인이라고 다 동일한 대리인이라 할 수 없으며, 대리인들도 각자 주전공 분야가 있다고 간주함이 타당하다.

하지만 특허법률사무소에는 변리사보다 특허법 조항을 더 확실히 꿰고 있는 직원이 있을 수 있으며, 특허청 제출 서류의 서식과 제출 기한을 암기하는 비서도 있을 수 있다. 또한 대학교에서의 전공도 비이공계이며 특허법에 대해서만은 문외한이지만, 특허 관련 소송절차는 물론 각 단계의 함정을 기가 막히게 파악하고 이를 백분 활용하여 특허침해소송에서 백전백승하는 변호사도 있을 수 있다. 하지만 이러한 대리인들은 일단 좋은 특허가 이미 존재하는 경우에나 유용할 뿐이다. 즉 발명가가 "발명의 설명"을 작성하는 초반부에 발명가에게 제대로 된 범위를 확보해주지 못하는 변리사, 기술자, 비서, 변호사는 발명가가 자신의 발명에 대한 범위를 획기적으로 확충하는 데 전혀 도움이 되지 못한다.

따라서 발명가에게는 발명 착상 및 특허 출원 초반부터 발명가가 간과할 수 있는 '범위'를 챙겨줌은 물론 체계적인 전략과 협업으로 발명가와 같이 신대륙의 빈 공터를 찾아 이것도 청구항 '범위'에 부가해줄 수 있는 변리사가 가장 유능한 변리사이다. 왜냐하

59) 미국의 특허변호사란 미국의 50개 주 중 1곳 이상에서 변호사 시험(bar examination)에 합격하고, 미국특허청의 변리사 시험(patent bar examination)에 합격한 변호사 겸 변리사를 지칭한다. 그렇다고 미국 특허변호사가 모두 특허출원에 일가견이 있지는 않다. 특허출원이란 도제 제도를 통하여 능력·경험을 겸비한 선배 특허변호사의 knowhow를 습득하는 과정이 거의 필수라 할 수 있다. 따라서 미국에서도 출원 업무를 담당하지 않고 특허소송을 전담해온 특허변호사는 출원전문 특허변호사가 아니라고 간주함이 타당하다.

60) 이런 변리사가 필요하다는 말이 절대, 절대 아니다.

면 강한 특허란 결국 강한 금지권을 보유한 특허를 말하며, 강한 금지권에는 '범위'가 핵심이기 때문이다. 물론 강한 금지권을 위한 '범위'를 확충하기 위해서는 변리사가 발명과 관련된 기술에 대한 기초 지식을 보유하는 경우 유리하며, 또한 강한 금지권을 위한 '다양성'을 갖추기 위해서는 변리사가 발명에 대한 호기심은 물론 풍부한 창의성을 보유하는 경우 금상첨화이다.[61)]

(1) 청구항 '범위'의 최대화

따라서 유능한 변리사의 첫 번째 조건은 발명가에게 가능한 한 넓은 '범위'를 확보해 줄 수 있는 능력이다. 앞서 설명한 제4장의 3절 "특허 실패 사례"의 경우는 모두 대리인이 발명가의 발명에 대한 최선의 실시예에만 중점을 두는 바람에 그 주변에 형성된 공터를 방치한 결과라고 볼 수 있다. 또한 앞서 설명한 곰국특허 역시 발명의 내용은 비슷하지만 범위를 무시함으로써 꼬리곰탕이나 닭곰탕은 물론 설렁탕이나 내장탕에 의한 우회·회피를 방지하지 못한 경우에 해당한다.

표 4-7. 곰국특허의 독립항 (청구항 1)

[청구항 1]
소 육수; 소고기; 및 소 내장을 포함하는 국.

61) 제4장의 5절 "유능한 변리사"에서 설명하는 "유능한 변리사"의 요건은 물론 저자의 의견에 불과하다. 따라서 발명가, 현재 변리업에 종사하고 있는 변리사는 물론 그 동안 국내 특허산업에 참여해온 특허청 임직원 및 관련 부처 실무자는 저자의 의견에 동의하지 않을 수도 있다.

하지만 저자가 제4장의 3절 "특허 실패 사례"는 물론 제4장의 2절 "강한 특허로도 수익을 창출하기 어려운 이유"에서 반복하여 자세히 설명한 바와 같이, 특허의 핵심은 결국 발명가의 수익 창출이다. 그리고 특허 청구항의 '권리범위'야말로 특허를 이용한 수익 창출의 핵심 요건임에는 이견의 여지가 없다. 따라서 그 누가 뭐라 하더라도 저자는 학벌, 직장, 성별, 연령과 관계없이 발명가에게 광활하면서도 다양한 종류의 '범위'를 확보해줄 수 있는 변리사야말로 유능한 변리사라고 확신한다. 그리고 궁극적으로는 대한민국의 영명한 발명가들이 저자의 확신이 옳음을 확인해주리라 기대한다.

표 4-13(a). 척추동물국 특허의 수정 (청구항 101)

[청구항 101]
척추동물의 육수; 및 상기 척추동물의 고기 및 내장의 최소 하나 이상을 포함하는 국.

표 4-13(b). 척추동물국 특허의 수정 (청구항 111)

[청구항 111]
척추동물의 최소한 일부로부터 얻은 육수; 및 상기 척추동물의 최소한 일부분을 포함하는 국.

그림 4-60. 범위 확충에 대한 예시도

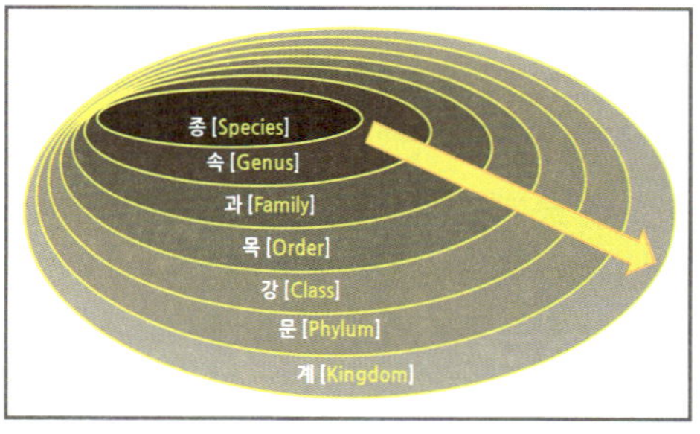

그림4-60(a)

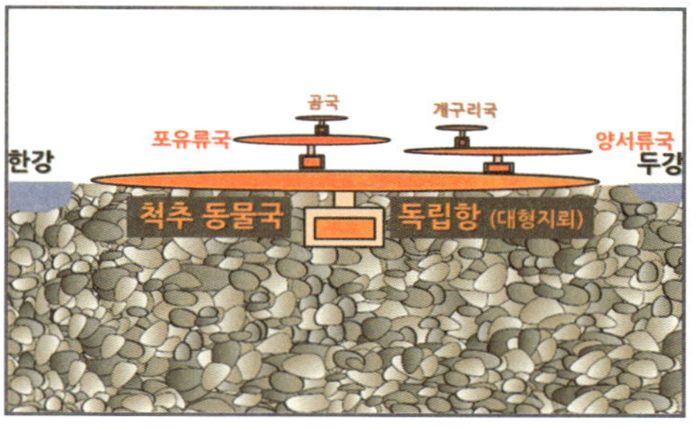

그림4-60(b)

결국 유능한 변리사의 첫 번째 요건은 표 4-7의 청구항 1의 곰국특허를 표 4-13(a)의 청구항 101의 척추동물국 특허로 또는 이를 수정하여 표 4-13(b)의 청구항 111의 척추동물국 특허로 작성함으로써 요리사가 자신의 발명에 대한 최대의 권리범위를 확보할 수 있도록 도와주는 전향적 범위 확충 능력이다. 이러한 범위 확충이야말로 제2장의 2-다절 "범위의 극대화를 추구하는 공격적 청구항 전략"에 해당하는 전향적 과장 전략의 구체화로 간주할 수 있다.

바꾸어 말하자면 곰국 청구항과 같이 발명가의 최선의 실시예가 그림 4-60(a)의 중앙에 있는 협소한 범위의 종(species)에 해당한다면, 유능한 변리사는 발명가 청구항의 범위를 이보다 넓은 속(genus) 또는 이보다 더 넓은 과(family) 정도에 해당하는 포유류국 청구항으로 확충하여야함은 물론 더 나아가 목(order)이나 강(class) 정도에 해당하는 척추동물국 청구항으로 확충할 수 있는 능력을 보유한 변리사이다. 또한 유능한 변리사는 청구항의 범위 자체에만 만족하지 않고 청구항의 요소 및 제한조건의 특성을 면밀히 분석함으로써 청구항, 특히 특허의 독립항에 청구발명에 필수불가결하지 않은 요소가 포함되지 않도록 하여 독립항의 범위를 그림 4-60(a)의 문(Phylum) 또는 계(kingdom) 정도로 확충할 수 있는 능력을 보유한 변리사이다.

그림 4-60(a)는 전향적 과장전략의 구체화인 범위 확충 전략을 예시하며, 그림 4-60(b)는 지뢰를 이용한 동일한 전략의 예시이다. 그림에서와 같이 전향적 과장전략이란 결국 발명가의 최선의 실시예는 물론 발명가의 차선의 실시예, 발명가가 실패하여 언급도 하고 싶지 않는 열등한 실시예 및 발명가가 직접 test해보지는 않았지만 예측할 수 있는 가상의 실시예까지 포함할 수 있는 대형지뢰를 매설한 후, 이의 부분집합에 해당하는 중형지뢰나 소형지뢰를 순차적으로 매설하는 전략으로 간주할 수도 있다.

물론 전향적 과장전략을 이용한 범위 확충 전략은 대리인이 발명가의 발명을 과학적으로 또는 기술적으로 이해하지 못할 경우에는 불가능한 경우가 대부분이다. 하지만 변리사가 발명가의 발명이 속하는 기술분야에 대한 기본 지식을 보유하였을 경우 그림 4-60(a)와 같은 범위 확충은 훈련을 통하여 습득할 수 있는, 그런대로 간단한 작업이라고 간주할 수 있다. 이러한 이유로 이공계를 전공한 대부분의 변리사들은 적당한 훈련을 거치게 되면 종-속-과-목-강-문-계의 순서로 연계되는 청구항 범위 확충 기법을 충분히 익힐 수도 있고 활용할 수도 있다.

(2) 다양한 종류의 청구항 '범위' 확보

다소 기계적일 수도 있는 범위 확충에 비하여 다양한 종류의 청구항 범위 또는 청구항 범위의 다양성 확보는 상당한 창의력을 요구한다. 즉 많은 변리사들이 발명가의 최선의 실시예를 시작으로 차선의 실시예, 열등한 실시예, 가상의 실시예 등을 포함하는 범위 확충에는 기여할 수 있지만, 발명가의 다양한 실시예를 검토하고 소화한 후 이로부터 발명가에게 다양한 종류의 범위를 가진 청구항을 선사할 수 있는 유능한 변리사는 그리 많지 않기 때문이다. 왜냐하면 범위의 다양성 확보는 기계적 훈련만으로 익힐 수 있는 덕목이라기보다는 유능한 변리사의 창의성과 호기심은 물론 기술적 통찰력도 요구하기 때문이다.

일예로 발명가의 발명에 대한 위의 그림 4-60(b)의 청구항의 범위는 대형지뢰, 중형지뢰, 소형지뢰 등으로 모두 지뢰에 한정된다. 따라서 제3장의 4-나절 "다양한 종류의 청구항의 당위성"에서 설명한 바와 같이 경쟁자가 멀리뛰기를 이용하여 또는 장대를 이용하여 지뢰를 밟지 않고 그 위를 넘어 가거나 기구를 타고 하늘을 날아간다면 발명가가 매설한 모든 지뢰는 그 범위와 관계없이 무용지물이 될 수밖에 없다.

따라서 유능한 변리사는 지뢰, 즉 음식 재료를 위주로 작성하는 '국'과 관련된 청구항 외에도 상이한 범위를 확보할 수 있는 공수전략을 수립할 수 있는 능력을 보유해야 한다. 일예로 유능한 변리사는 그림 4-61(a)의 지대공 missile처럼 각종 척추동물국의 조리 방법에 대한 청구항을 작성할 수 있다. 즉 경쟁자가 '국'에 사용되는 재료와 관련된 청구항 범위(각종 지뢰)를 교묘하게 우회·회피하더라도 상기 국을 만드는 방법청구항에 대한 특허의 권리범위를 침해할 경우, 이러한 경쟁자를 상대로 방법청구항의 권리범위에 근거한 금지권을 발동하기 위해서이다.

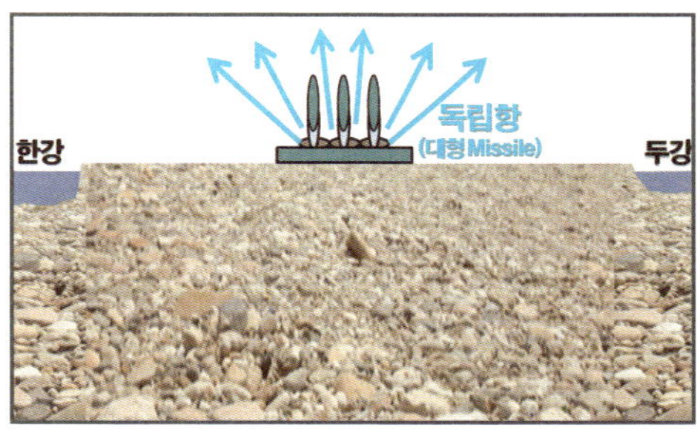

그림 4-61(a). 방법청구항을 이용한 범위의 다양성 확보

물론 상기 조리 방법에도 여러 수준이 존재한다. 조리 방법 청구항의 초보 수준은 요리사가 제공하는 조리법을 순서대로 나열하는 방법청구항이다. 물론 이러한 방법청구항은 글을 읽을 수 있는 변리사라면 누구나 작성할 수 있다. 조리 방법 청구항의 중급·고급 수준은 '국'의 특성을 감안한 방법청구항으로서, 유능한 변리사는 척추동물국을 조리할 때 필수불가결한 과정을 청구항에 포함하도록 한다. 즉 경쟁자가 이 필수불가결한 과정을 생략할 경우 척추동물국을 조리할 수 없도록 청구항을 작성함으로써 경

쟁자가 발명가의 방법청구항을 우회·회피하려할 경우, 국을 만들 수 없도록 방지하는 전략이다.

일예로 척추동물에 털이나 비늘이 있는 경우, 유능한 변리사는 털이나 비늘이 없는 척추동물의 부분만을 선택하여 삶는 조리 방법에 대한 청구항을 작성할 수 있다. 이와는 달리 유능한 변리사는 척추동물의 털이나 비늘의 전부나 일부를 제거한 후 척추동물의 일부나 전부를 삶는 방법청구항은 물론 척추동물의 일부나 전부를 삶은 후 털이나 비늘의 전부나 일부를 제거하는 방법청구항도 작성할 수 있다. 또한 유능한 변리사는 척추동물의 털이나 비늘 일부나 전부를 제거한 후 척추동물의 일부나 전부를 망 속에 넣어 삶으며 국물을 내는 방법청구항 등을 작성할 수도 있다.

이 외에도 유능한 변리사는 척추동물 일부만의 털이나 비늘을 제거하거나 제거하지 않은 채 삶은 후 이를 제거하여 육수를 만든 후, 식사 시 척추동물의 상기 일부 또는 나머지 부분을 첨가하여 국을 만드는 방법청구항을 작성할 수도 있다. 또한 유능한 변리사는 척추동물의 일부나 전부를 '국'의 단백질, 섬유질 또는 기타 성분의 양 또는 농도가 일정 수준 이상이 될 때까지 끓이는 방법청구항, '국'의 탁도가 일정 수준 이상이 될 때까지 끓이는 방법청구항, 성분이나 탁도와 관계없이 일정 시간 또는 일정 열량을 가할 때까지 끓이는 방법청구항을 작성할 수도 있다. 이와 같이 여러 가지 대안이 존재하는 국 끓이는 방법을 하나하나 청구항으로 작성하다보면, 궁극적으로는 경쟁자가 척추동물을 삶을 수 있는 모든 방법을 포괄하게 되어 경쟁자의 우회·회피를 원천적으로 방지할 수도 있다.

그림 4-61(b). 육수청구항을 이용한 범위의 다양성 확보

또한 유능한 변리사는 그림 4-61(b)의 claymore처럼 각종 척추동물국의 육수 또는 상기 육수의 제조 방법에 대한 청구항을 작성할 수도 있다. 즉 경쟁자가 '국'에 사용되는 재료와 관련된 청구항 범위(각종 지뢰)는 물론 척추동물국의 조리 방법에 대한 청구항 범위(각종 지대공 missile)를 교묘하게 우회·회피하더라도 상기 육수를 만드는 방법청구항의 권리범위를 침

해할 경우, 이러한 경쟁자를 상대로 방법청구항의 권리범위에 근거한 금지권을 발동하기 위해서이다.

일예로 유능한 변리사는 척추동물의 뼈, 고기 또는 내장을 고온고압으로 처리하여 추출한 진액에 대한 물건청구항은 물론 상기 진액 추출 과정 및 상기 진액을 희석하여 육수를 만드는 방법청구항을 작성할 수 있다. 또는 유능한 변리사는 공지의 농축 과정을 이용하되 단백질이나 섬유질의 양이 일정 농도 이상인 진액에 대한 물건청구항은 물론 상기 진액 추출 과정을 포함하는 방법청구항을 작성할 수 있다.

유능한 변리사는 이 외에도 척추동물국을 이용한 다양한 용도에 대한 청구항을 작성할 수도 있고, 척추동물 진액을 포함한 건강식품이나 의약품, 척추동물 진액을 고체화한 알약이나 분말 등에 대한 물건청구항 및 이와 관련된 방법청구항을 작성할 수도 있다. 또한 유능한 변리사는 발명가에게 척추동물국을 끓이고 난 뒤의 찌꺼기 활용 방법, 척추동물국을 끓이는 데 적합한 용기 등에 대한 각종 청구항을 작성할 수도 있다.

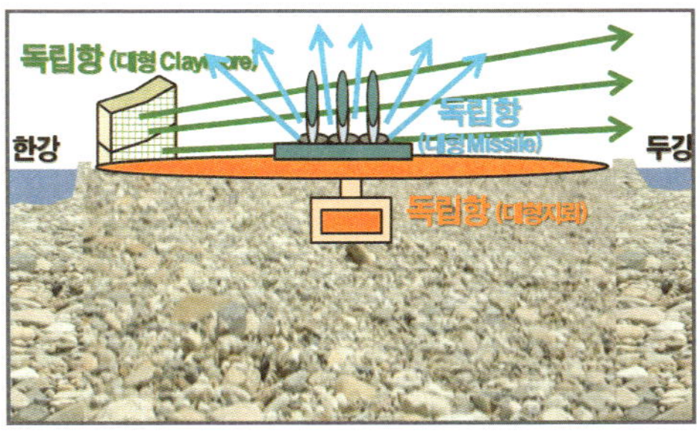

그림 4-61(c). 범위의 다양성에 대한 예시도

즉 유능한 변리사는 그림 4-61(c)에서와 같이 발명가를 위하여 다양한 종류의 범위를 가진 청구항을 작성하며, 이에 대한 다수의 특허로 구성된 특허 portfolio를 구축한다. 그 결과 경쟁자는 '국'에 사용되는 재료와 관련된 청구항의 권리범위 (각종 지뢰), 척추동물국의 조리 방법에 대한 청구항의 권리범위 (각종 지대공 missile), 척추동물국의 육수 또는 육수의 제조 방법에 대한 청구항의 권리범위 (각종 claymore) 등 발명가가 보유한 특허 portfolio에 속한 각각의 특허 청구항을 모두 우회·회피할 수 있어야만 침해를 면하게 된다. 반대로 경쟁자가 위의 특허 portfolio에 속한 대부분의 청구항의 권리범위를 피하더라도 그 중 하나라도 우회·회피하지 못하는 경우, 경쟁자는 발명가의 권리범위를 침해하게 된다. 따라서 유능한 변리사는 광활한 동시에 다양한 종류의 금지권을 발명가에게 제공하여 발명가가 특허로 수익을 창출할 수 있는 가능성을 극대화할 수 있어야 한다.

(3) 유능에 상응해야 하는 대우

변리사나 특허변호사와 같은 대리인이 인정하든 부인하든 특허 산업은 법률 service 산업이다. 발명가는 변리사에게 대가를 지불하며 특허 관련 법률 service를 요구하고, 변리사는 자신이 받은 대가에 상응하는 특허 관련 법률 service를 발명가에게 제공한다. 물론 양심적이며 합리적인 professional일 경우, 변리사는 최소한 자신이 받은 대가에 상응하는 법률 service를 제공할 수 있는 기본적 기술지식 및 법률지식을 지니고 이에 근거하여 양질의 service를 제공한다. 하지만 동일한 원리에 따르면 양심적이며 합리적인 professional 변리사라고해서 자신이 받은 대가를 초과하는 법률 service를 제공할 의무는 없다는 말이 성립함을 알 수 있다.

따라서 발명가가 변리사가 제공한 특허 법률 service의 질을 평가하지 못할 경우 특허 산업 전체가 왜곡될 수 있다. 발명가나 특허관리자가 고품질의 service를 통하여 창출된 우량특허와 저품질의 service를 통하여 창출된 불량특허를 구별하지 못하는 경우가 전형적인 예라 할 수 있다. 이러한 발명가는 모든 특허를 동일시하기 때문에, 경험과 실력은 물론 의욕도 부족한 변리사의 덤핑 전략에 따라 싼 가격에 특허를 출원한다. 하지만 이러한 발명가는 수익 창출을 목적으로 출원한 자신의 특허에 내재한 수많은 흠결로 말미암아 수익 창출은커녕 경쟁자에게 신대륙의 위치는 물론 공터의 위치까지도 친절하게 공지해줄 뿐이다. 또한 이러한 발명가가 자신이 보유한 특허의 치명적 약점을 인지하더라도 대부분의 경우 후회하기에는 너무 늦다.

악화가 양화를 구축하듯이 dumping 문화가 확산되어 고착화되면 유능한 변리사도 자신의 능력을 발휘할 이유, 필요 자체를 상실하게 된다. 결국 이러한 고질적인 병폐를 없애는 유일한 길이 바로 발명가가 특허의 핵심인 광활한 범위와 다양한 종류의 범위를 이해하고, 이를 대리할 수 있는 유능한 변리사를 선정한 후, 이들에게 실력에 상응하는 정당한 대가를 지불하는 방법이다.

(4) 잘 “아는” 변리사와 잘 “하는” 변리사

그럼에도 불구하고 발명가가 흔히 저지르는 실수가 몇 가지 있다. 우선 자신의 발명은 자신이 가장 잘 이해하기 때문에 자신이야말로 자신의 발명을 제대로 특허출원할 수 있는 유일한 적격자라고 우기는 경우이다. 하지만 앞서 수차례에 걸쳐 설명하였듯 학술 논문의 paradigm은 특허의 paradigm과는 180° 상이하기 때문에 발명가가 연구결과를 정리하듯 작성한 특허로는 수익 창출에 성공할 가능성이 몹시 희박하다. 이와 같은 발명가는 기껏해야 특허명세서의 "발명의 설명"과 청구항에 걸쳐 자신이 최선으로 여기는 실시예만 기재함으로써, 자신은 제대로 된 권리범위를 확보하지 못한 채 경쟁자에게는 신대륙의 위치와 공터의 위치나 알려주게 될 가능성이 높다.

두 번째는 발명가가 대학교수인 경우 자주 발생하는 실수로서, 자신의 지도학생이었던 변리사야말로 자신의 발명을 특허출원하는 데 유일한 적격자라고 우기는 경우이다. 물론 은사의 과목을 수강하였고 은사의 실험실에서 실험도 해보았기 때문에 대학교수의 제자 변리사는 다른 변리사들에 비하여 은사의 발명을 더 쉽게 이해할 가능성이 높은 만큼은 사실이다. 하지만 다른 변리사들이라고 해서 대학교수의 발명을 이해하지 못할 이유도 없을뿐더러, 대학교수의 제자라고 해서 다른 변리사들보다 경험과 실력은 물론 의욕까지 넘치리라는 보장도 없다. 특히 변리사가 대학교수의 제자라고 해서 은사가 제자의 무조건적인 service를 기대하며 상대적으로 낮은 보수를 제자에게 지불할 경우, 그 결과는 불을 보듯 뻔하다.[62)]

세 번째는 단 한 번 출원이면 무조건 특허가 등록된다는 용한 변리사이다. 즉 이러한 변리사가 손댄 특허는 출원하기만 하면 특허청 심사관이 단 한 번의 거절도 없이 특허로 등록시켜주는 경우이다. 하지만 앞서 설명한 바와 같이 심사관이 거절 한 번 없이 등록시켜주는 특허는 대부분의 경우 청구항의 범위가 워낙 협소한 경우가 대부분이다. 따라서 이러한 변리사가 대리한 특허로 발명가가 수익을 창출하기는 거의 불가능한 경우가 대부분이다.

물론 위에서 언급한 변리사가 반드시 유능하지 못하다는 말은 아니다. 왜냐하면 고

62) 물론 예외도 존재하겠지만 대학교수가 자신의 발명을 자신의 제자 변리사에게 의뢰하기 전 반드시 곰곰이 되씹어볼 사안이 있다. 자신의 제자 변리사가 다른 고객보다 자신을 우대할 이유가 있는가? 자신은 다른 고객과 비슷한 dumping 수준의 수임료를 지불하며 오히려 더 많은 요구를 하는 성가신, "영양가 없는 고객"은 아닌가? 그리고 자신의 제자가 변리사 시험을 준비하게 된 이유는 과연 무엇일까?

등학교나 대학을 졸업한 이상 은사가 한 명이라도 없는 변리사는 없을 것이고, 변리업에 종사하는 동안 한 번쯤은 선행기술이 전무한 원천 발명을 착상한 원천발명가로부터 특허출원 의뢰를 받아 심사관으로부터 한 번도 거절되지 않은 채 원천특허를 등록시킬 수도 있기 때문이다.

오히려 위에서 언급한 변리사 중 대부분이 유능하겠지만, 발명가가 이들에게 정당한 보상을 지불하지 않기 때문에 자신의 능력을 발휘하지 않기로 결정하였을 경우가 대부분일지도 모른다. 이러한 측면에서 보면 결국 유능한 변리사를 선정하는 것도 발명가의 몫이고 이들에게 합당한 수임료를 지불하는 것도 발명가의 몫이다. 유능하지 못한 변리사를 선정하여 dumping 수준의 수임료를 지불하여 자신의 원천 발명을 저급의 불량특허로 만든 후 후회하기에는 너무나 손실이 크기 때문이다.

나. 발명 상담의 중요성

앞서 발명가에게 유능한 변리사는 발명가가 신대륙을 찾고 신대륙에서 영토를 확보하는 모든 과정에서 발명가에게 가장 합리적인 전략을 수립하고 제공하는, 발명가의 최고 전략가라고 설명하였다. 따라서 유능한 변리사는 발명가가 착상한 발명의 목적과 이를 구현하는 기술을 이해한 후 수단과 방법을 가리지 않고 발명가가 발명을 이용하여 수익을 창출할 수 있는 책략을 제공하여야 한다.

이에 대한 방법론이 바로 청구항 범위의 확충과 청구항 범위에 대한 다양성 확보이다. 이를 위해서 유능한 변리사는 발명가와 유기적으로 접촉해야하며, 그 첫 번째 단계가 바로 발명가와 변리사 사이의 brain-storming session인 발명 상담이다. 물론 발명가는 발명 상담을 다양한 목적으로 활용할 수 있다. 일예로 자신이 특허출원을 의뢰하는 변리사가 자신이 받게 될 특허의 '범위'에 얼마나 도움을 줄 수 있는지 가늠하는 기회로 활용할 수 있다.

(1) Brain-Storming의 당위성

대부분이 대학교수, 연구소·기업의 연구원인 국내 발명가들은 자신의 연구 결과를 정리하여 학술논문 초고를 작성한 후 이를 변리사에게 전달하며 특허출원을 요청한다. 하지만 앞서 제3장의 3절 “논문 쓰듯 쓴 특허 vs. 특허 쓰듯 쓴 논문”에서 설명하였듯이 연구자가 작성한 논문 초고는 깊이는 깊지만 범위는 턱없이 협소한 경우가 대부분이다. 따라서 아무리 유능한 변리사라도 이러한 논문 초고로부터 청구항 범위를 가능한 한 확충하는 동시에 다양한 종류의 범위를 지닌 청구항을 작성하기는 거의 불가능하다.

그림 4-62. 발명 상담의 필요성

그림4-62(a)

그림4-62(b)

일예로 목에 통증을 느낀 환자가 병원을 방문한 경우를 가정하자. 그림 4-62(a)의 의사는 정확히 3초간 환자의 상태를 검진한 후 처방을 내린다. 이와 같은 속전속결 진단의 장점은 speed와 이에 따른 저렴한 진료비이다. 하지만 이러한 속전속결 의사의 단점은 바로 하늘을 찌르는 높은 오진률이다. 반면 그림 4-62(b)의 의사는 목이 아프다는 환자에게 전신 MRI와 전신 CT 등을 찍게 하고, 환자를 무려 두 시간이나 기다리게 한 후 진단을 내린다. 특히 MRI, CT 등을 분석한 장고형 의사는 환자가 목에 통증을 느끼는 이유는 허리 디스크 협착 때문이므로, 목통증을 없애려면 디스크 치료를 받아야한다고 권한다. 이러한 철저한 진단의 장점은 정확성이다. 반면 시간이 많이 소요되며 진료비도 높다는 단점이 있다.

특허도 마찬가지이다. 발명가가 저렴한 service를 통하여 범위와 관계없이 특허를 출원하려면 변리사에게 저렴한 비용을 지불하고 자신이 작성한 논문 초고를 email로 발송하면 그만이다. 물론 저렴한 비용에 저렴한 service를 제공하는 변리사는 발명가가 보내온 논문 초고를 copy, paste하여 "발명의 설명"과 청구항을 작성할 것이다. 물론 변리사는 청구항 범위를 확충하거나 다양한 청구항을 확보할 이유도, 시간도 없다. 왜냐하면 저렴한 비용에 저렴한 service를 제공할 수밖에 없는데도 불구하고 변리사가 청구항의 범위나 다양성을 추구하다가는 손해를 보기 때문이다.

물론 저렴한 비용을 지불하는 발명가도 유능한 변리사를 선정하고 발명 상담을 원할 수 있다. 하지만 발명가를 만나기 위한 출장비나 출장 시간을 고려해야만 하는 변리사는 발명 상담에 응할 리가 없으며, 설령 마지못해 발명가를 만나 상담을 진행하더라도 가능한 한 빠른 시간 내에 상담을 마치고 싶어 할 뿐이다. 따라서 저렴한 비용을 지불하는 발명가는 뿌린 만큼 거두게 되며, 그 결과 특허를 출원·등록하더라도 수익을 창출할 수 있는 정도의 권리범위를 확보할 수 없는 경우가 대부분일 수밖에 없다.

결국 청구항 범위를 가능한 한 확충하는 동시에 다양한 종류의 범위를 지닌 청구항을 작성하기 위해서는 특허 출원 전 발명가와 유능한 변리사의 발명 상담은 거의 필수이다. 물론 효율적인 발명 상담의 목적은 유능한 변리사가 발명가로부터 발명에 대한 기술적 설명을 듣기 위함이 아니라, 발명가와 변리사가 마주 앉아 선행기술이라는 한도 내에서 발명가가 간과한 권리범위를 찾아내고, 발명가가 생각지 못한 권리범위를 찾아내어 이 모든 범위에 대한 개시는 물론 청구하는 전략을 논의하기 위함이다.

유능한 변리사라면 방문 상담 대신 전화면담 등을 통하여 범위를 확충하고 다양한 범위를 만들 수도 있다. 하지만 아무리 유능한 변리사라도 발명가와 만나 직접 머리를 맞대고 논의하다보면 brain-storming을 통하여 더 강력한 청구항 범위를 확보하는 동시에 더 다양한 종류의 범위를 지닌 청구항을 작성할 수 있는 확률이 증가할 수밖에 없다. 다시 한 번 강조하지만 이러한 발명 상담을 위해서는 유능한 변리사의 확보 및 합당한 또는 충분한 보상이 필수이다.

그렇다면 유능한 변리사는 어떻게 선정하는가?

직접 발명 상담을 수행하며 평가하는 방법이 최선이다. 앞서 설명한 바와 같이 유능한 변리사란 발명가의 발명을 빨리 이해하는 변리사가 아니라 발명가와의 토론을 통하여 발명가가 간과하였거나 생각지 못한 권리범위를 찾아내고 청구하는 능력을 지닌 변리사이다. 따라서 이러한 능력의 보유 여부를 확인하기 위해서는 반드시 발명 상담이 필요하다.

(2) R&D-IP 연계의 중요성

이러한 측면에서 보았을 때 발명가에 대한 특허 공수전략 교육은 필수이다. 왜냐하면 일단 발명가가 특허의 공격적 속성과 수비적 속성을 인지하고 이에 대한 전략에 눈을 뜨게 되면 발명가의 머릿속에서는 real time으로 R&D와 IP가 연계되기 때문이다. 또한 일단 발명가의 머릿속에서 R&D와 IP가 연계되면, 이러한 발명가는 유능한 변리사를 쉽게 발견할 수 있게 된다. 이러한 면에서 발명가에 대한 특허 공수전략 교육은 일석이조, 일석삼조의 결과를 수확할 수 있는, 대한민국이 지식기반시대의 진정한 강자로 부상하기 위한 필수 전략이다.

지난 20~30년간 대한민국 정부만큼 발명가 교육에 앞장선 정부는 이 세상에 없다고 생각한다. 그만큼 대한민국 특허청과 유관기관들이 R&D-IP 교육의 중요성에 일찍 눈을 떴다는 말이다. 하지만 지금까지의 교육은 특허출원절차 및 특허명세서 작성에 치중되는 바람에 (1) 발명을 기술적으로 상세하게, 깊이 있게 설명한 특허명세서가 잘 작성한 특허명세서라는 오해는 물론 (2) 자신의 발명을 이해 못하는 변리사보다 자신의 발명을 가장 잘 이해하는 자신이 "발명의 설명"과 청구항을 포함한 특허명세서를 작성해야 한다는 오해를 심어준 만큼은 사실이다.

국내 대기업을 제외하면 대한민국 민간 부분에 구축되어 있는 특허 infra의 90% 이상은 특허청과 유관기관들이 피땀 흘려 구축한 자랑스러운 합작품이다. 그 동안 쌓아온 infra의 정량적 성과에 지금부터 전략적 교육을 수행하여 정성적 결과를 수확한다면 대한민국이 21세기 지식기반시대의 강자로 자리매김할 수 있을 것으로 확신한다.

6. "발명은 신(神)내림 vs. 특허는 인간이 제조"의 요약

앞서 발명은 신(神)내림이 있어야 가능할지 몰라도, 특허는 철저히 인간이 제조한다고 설명하였다. 즉 발명가가 발명을 착상하기 위해서는 신(神)의 도움이 필요할지 모르지만, 발명가에게 수익을 창출해줄 수 있는 특허는 철저히 변리사 또는 출원전문 특허변호사라는 인간이 인위적으로 광활한 '범위' 및 다양한 종류의 '범위'를 가지도록 제조해야 한다는 말이다. 왜냐하면 수익 창출의 성패가 바로 금지권의 광활한 '범위' 및 '범위'의 다양성에 의하여 결정되기 때문이다.

가. 청구항 범위 확충과 다양성 확보의 중요성

발명가가 발명을 착상하고 특허를 출원하는 목적은 수익 창출이다. 하지만 발명가가 특허를 이용하여 수익 창출을 도모하는 만큼 경쟁자도 발명가의 특허를 우회·회피함으로써 수익을 창출하기를 갈망하기 마련이다. 따라서 발명가와 경쟁자 사이의 반복되는 갈등은 결국 특허 청구항의 권리범위에 의하여 그 결말이 결정된다. 따라서 발명가는 자신의 권리범위를 우회·회피하려는 경쟁자를 재포획하기 위하여 자신의 범위를 확대해야 하는 한편 자신의 특허를 무효화하려는 경쟁자의 공격으로부터 자신의 권리범위를 효율적으로 방어해야만 한다. 반면 경쟁자는 침해로부터 벗어나기 위하여 혼신의 힘을 다하여 발명가의 특허를 무효화시키거나 이를 우회·회피하려 노력해야 한다.

따라서 발명가의 발명이 아무리 우수하더라도 발명가가 이를 넓은 범위를 지닌 특허 청구항으로 보호하지 못하면 경쟁자는 상기 범위 주변에 형성된 공터를 이용하여 자유로이 수익을 창출할 수 있다. 반대로 발명가의 발명이 보통 수준이라도 유능한 변리사가 이를 넓은 범위를 지닌 특허 청구항으로 보호할 수 있다면 발명가는 어느 정도의 수익을 창출할 수도 있다. 앞서 제4장의 3절 "특허 실패 사례"에서 설명한 여러 가지 사례는 범위의 중요성을 간과한 발명가는 실패할 수밖에 없다는 평범한 진리를 여실히 입증한다.

이러한 불상사를 방지하기 위해서는 발명가는 청구항뿐만 아니라 "발명의 설명"에서도 강력한 범위를 확보함은 물론 범위의 다양성을 확보해야만 한다. 즉 발명가는 각 종류의 청구항의 범위를 최대한 확충함은 물론 종류가 상이한 청구항을 작성함으로써, 경쟁자의 우회·회피를 최대한 억제하도록 노력해야 한다. 만일 이러한 목적을 달성하지 못할 경우, 경쟁자와 그의 유능한 대리인은 발명가의 권리범위 내에 숨어있는 흠결을 찾아내 집중적으로 공략할 것이며, 그 결과 발명가는 특허를 이용한 수익 창출에 실패할 수밖에 없다.

나. 유능한 변리사 요건 및 발명 상담의 중요성

이 모든 것을 실현하기 위해서 발명가는 반드시 유능한 변리사를 확보해야만 하며, 유능한 변리사를 선임하였더라도 유능한 변리사가 자신의 창의성을 백분 발휘할 inventive를 제공하기 위하여 유능한 변리사에게 유능한 대우를 제공해야만 한다. 결국 발명가가 특허 전략에 대한 눈을 키워야지만 유능한 변리사의 선임과 관리가 가능해지며, 발명가가 특허 전략에 대한 눈을 뜸으로써 부수적으로 얻을 수 있는 real-time R&D-IP도 발명가가 특허를 이용하여 수익을 창출하는 데 중요함을 다시 한 번 강조한다.

제5장 특허제도

특허제도는 발명가로 하여금 혁신(innovation)을 이루도록 장려함으로써 공중(public)이 혜택을 받도록 고안된 제도이다. 따라서 특허제도의 궁극적 수혜자는 공중이며, 특허제도에서의 발명가란 새로운 혁신을 창출하여 공중에 제공하는 '도구'에 불과하다. 하지만 혁신을 발명가가 창출하기 때문에 특허제도에서의 발명가는 핵심 '도구'이다.

그렇다고 특허제도가 핵심 '도구'인 발명가에게 무한한 권리를 부여할 수만은 없다. 왜냐하면 발명가가 과다한 권리를 보유할수록 그만큼 공중이 얻을 수 있는 혜택이 경감되기 때문이다. 이러한 상충된 목적을 동시에 달성하기 위하여 특허제도는 발명가는 물론 공중 각각에게 '당근'을 제공하는 동시에 각각에게 채찍을 가하여 견제와 균형을 추구한다.

발명가를 위한 당근은 특허 존속기간 (특허 출원 후 20년) 동안 경쟁자를 상대로 행사할 수 있는 금지권이다. 즉 특허 존속기간 동안 발명가는 자신의 특허를 경쟁자가 무단으로 실시하지 못하도록 금지하는 반면 (원천특허의 금지권을 침해하지 않는 범위 내에서) 자신만이 특허를 실시함으로써 투자한 시간과 비용에 대한 보상을 얻는다. 또는 발명가는 자신이 보유한 금지권의 일부나 전부를 경쟁자에게 양도하거나 licensing 하여 자신이 투자한 시간과 비용에 대한 보상을 얻을 수도 있다.

한편 발명가에 대한 채찍은 발명의 공개 및 제한된 기간의 금지권이다. 우선 발명을 특허로 등록하고 금지권을 획득하기 위하여 발명가는 각종 특허 요건을 만족할 수 있는 정도의 발명을 착상한 후 이를 특허출원서에 요건에 맞도록 출원하고 공개해야만 한다. 또한 특허 존속기간이 경과하면 발명가가 보유한 금지권은 소멸되고, 자신이 소유했던 특허발명은 공중이 자유로이 실시할 수 있도록 공공영역(public domain)에 귀속된다.

공중에 대한 채찍은 특허 존속기간 동안 발명가에게 대가를 지불하여 허락을 얻지 않는 한 상기 특허발명을 실시할 수 없다는 점이다. 반면 공중을 위한 당근은 특허 존속기간이 경과하면 공중은 소멸된 특허를 자유로이 실시할 수 있다는 점이다. 물론 특허 존속기간 중에도 공중은 발명가가 이룬 혁신을 개량하여 사용할 수도 있다.

그렇다면 특허제도는 꼭 필요한가? 특허제도 없이는 혁신을 달성할 수 없을까?

물론 특허제도 없이도 혁신을 달성할 수 있다. 하지만 특허제도를 운용할 경우에는 특허제도가 없는 경우보다 더 많은 양질의 혁신이 창출될 수 있음은 당연하다. 왜냐하면 특허제도가 작동하지 않을 경우, 발명가는 자신이 달성한 혁신에 대한 금지권을 확보할 수 없게 되며, 공중은 금지권이 없는 발명가의 혁신에 무임승차(free ride)할 수 있으며, 이에 따라 발명가는 자신의 시간과 비용에 대한 보상을 받을 수 없기 때문이다. 그 결과 아무도 더 이상 혁신에 자신의 노력과 시간과 비용을 투자하지 않게 되며, 그 피해는 고스란히 공중이 떠맡게 된다. 따라서 공중이 혁신의 혜택을 얻도록 하기 위하여 발명가에게 혁신에 대한 제한된 보상을 지급하는 제도가 특허제도인 셈이다.

결국 특허제도는 금지권이라는 당근을 활용하여 발명가가 의욕적으로 혁신을 달성하도록 유도하되, 채찍을 이용하여 발명가의 금지권에 의한 공중의 피해는 최소화하도록 운영된다. 왜냐하면 특허제도는 발명가를 위해서 만들어진 제도도 아니고, 제조업체를 위하여 만들어진 제도는 더더욱 아니며, 공중을 위하여 만들어진 제도이기 때문이다.

따라서 특허제도는 발명가에게 무소불위의 권력을 허용하는 제도가 절대로 아니다. 오히려 발명가로 하여금 자신의 노력과 시간과 자본을 투자하여 혁신을 추구하도록 쬐끄만 (즉 아주 "조그만") 당근으로 발명가를 유인하는 제도이다. 특히 저자가 생각하기에는 특허제도란 기술적으로는 영민하지만 자신의 발명을 과대평가하는 발명가가 비이성적이며 주관적 잣대로 수지타산을 따져보았을 경우에 한하여 혁신을 추구함이 유리할 수도 있다고 판단할 정도의 당근만을 제공하는 제도이다.[1] 왜냐하면 수많은 발명

---

1) 발명·특허가 "(very) high-risk, (may not be) high-return" 사업이라는 사실은 경험적으로도 쉽게 알 수 있다. 독자들은 주위에서 발명·특허로 수억 원, 수십억 원이 아닌 수백억 원 정도의 대박을 터뜨린 발명가를 몇 명이나 보았는가? 지난 10년간 또는 100년간 우리나라 또는 전 세계에서 발명·특허로 큰 돈 번 발명가를 몇 명이나 아는가? 심지어 발명·특허로 대박을 터뜨린 발명가의 수와 창업하여 대박을 터뜨린 창업가의 수 중 어느 쪽이 더 많은가? 어떻게 보면 발명·특허로 대박을 터뜨리기보다 창업을 하여 큰 돈 벌기가 쉬울 것 같다.

가들이 맹신하는 특허권을 유사한 사유재산의 재산권과 비교해보면 특허권, 즉 특허의 금지권은 실체적으로는 상당히 약한 사유재산권에 불과하기 때문이다.

제5장에서는 특허제도의 목적을 살펴보고 상당히 취약한 금지권만을 지닌 사유재산인 특허에 대한 각종 '채찍'을 상세히 설명한다. 이를 위하여 제5장의 1절에서는 국내 특허제도 및 목적을 소개하고 제5장의 2절에서는 미국 특허제도 및 목적을 소개한다. 제5장의 3절에서는 선출원주의와 선발명주의를 대비하여 설명한 후, 제4절에서는 발명가에 대한 '채찍'인 특허를 받기 위한 요건 및 특허권의 각종 제한에 대하여 설명하며, 이를 근거로 특허권이 굉장히 취약한 사유재산임을 확인한다. 그리고 제5절에서는 위에서 설명한 발명가의 당근과 채찍, 공중의 채찍과 당근을 요약한다.

1. 국내 특허제도

대한민국 특허법은 제1조에서 특허법은 "발명을 보호·장려"하고, "이용을 도모"함으로써, "기술 발전을 촉진"하여, "산업발전에 이바지"함을 목적으로 한다고 규정한다. 이를 말 그대로 해석하면 특허법의 목적은 산업발전에 이바지함이며, 이를 위한 수단과 방법이 바로 발명의 보호·장려, 이용의 도모 및 기술발전의 촉진인 셈이다.

가. "산업발전에 이바지"하지 않는 오해

다른 국가에 비하여 유독 우리나라에서는 특허의 공익성(公益性)을 주장하는 이들이 많고, 일반 대중 역시 이에 동조하는 분위기이다. 특허의 공익성 주장에는 여러 가지 이유가 있다. 후진국이었던 우리나라가 제조업 부흥과 수출입국 정책에 의하여 산업발전을 이루는 과정에서 국내기업들이 알게 모르게 선진국 경쟁기업의 특허를 침해하다 보니 미주나 유럽에서 벌어지는 특허침해소송의 단골 피고 신세가 되었고, 국내기업들은 번번이 소송에서 패하여 또는 소송에서 패하기 전 합의를 통하여 거액의 royalty를 지불할 수밖에 없었다. 그 결과 보유한 특허가 변변치 않던 국내기업들은 물론 일반 대중도 우량특허를 다수 보유한 선진국 경쟁기업들에 대한 시기심이나 반감을 가지게 되었고, 이것이 특허에 대한 반감으로 변질되지 않았나 생각된다.

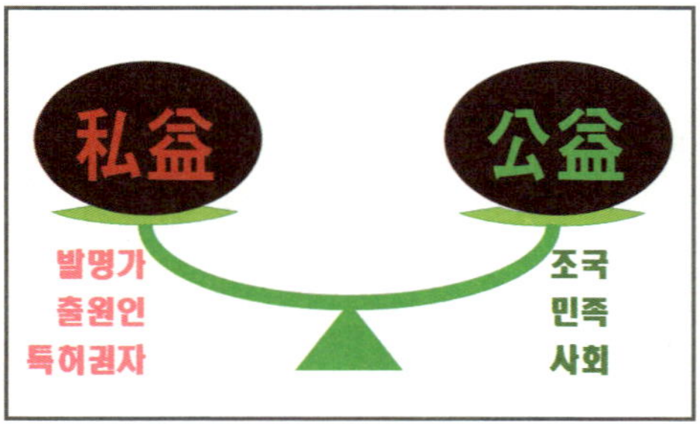

그림 5-1(a). 특허의 속성에 대한 대표적 오해인 특허의 공익성

특허의 공익성 주장에 대한 또 다른 이유는 국내 특허법 제1조의 "산업발전에 이바지"라는 구절이다. 일예로 어떤 학자들은 그림 5-1(a)와 같이 발명가는 발명·특허에 대한 자신의 私益을 고려하는 동시에 이를 통한 公益도 고려해야 한다고 주장하며, 어떤 이들은 심지어 발명가는 발명·특허를 이용한 수익 창출로 자신의 私益만을 채우려 하지 말고, 조국, 민족, 사회적 公益을 위하여 자신의 私益의 일부를 포기해야 한다고도 주장한다.

하지만 제1장의 4-라절 "사유재산인 특허에 대한 공익성 오해"에서 설명한 바와 같이 이러한 주장은 특허법의 기본 목적을 무시한 오해의 산물이다. 주택, 토지와 마찬가지로 특허도 철저히 사유재산이다. 특허제도는 high-return을 기대하는 발명가로 하여금 high-risk를 감수하면서도 노력, 시간 및 비용을 투자하여 혁신을 추구하도록 유인하는 제도이다. 그럼에도 불구하고 발명가의 혁신을 저렴한 가격에 찜하려는 제도 하에서도 혁신을 추구하는 발명가는 존재하지 않을 것이다. 따라서 위에서 설명한 특허의 공익성 주장은 특허제도 자체의 목적과도 배치되는 nonsense에 불과하다.

나. "산업발전에 이바지"하는 특허출원

그렇다면 우리나라 특허법 제1조의 "산업발전에 이바지"라는 구절의 진정한 의미는 무엇일까? 상기 구절의 진정한 의미는 제1장의 4-라절에서 이미 설명한 바와 같이 발명가가 자신의 발명을 타인에게 알리지 않은 채 영업비밀로만 지키는 대신 자신의 발명을 공개하는 특허출원 자체가 바로 "산업발전에 이바지"한다는[2] 뜻이다.

2) 황우택 변리사(전특허심판원장)와의 토론에서 확인한 내용으로서, 그 후 여러 명의 특허청 서기관, 국장들도 동의한 내용임을 밝힌다.

발명가가 자신의 발명을 지키는 방법은 크게 두 종류로 나뉘며, 그 첫 번째는 자신의 발명을 영업비밀로 지키는 경우이다. 영업비밀이란 공공연히 알려져 있지 않으며, 독립된 경제적 가치를 지니며, 상당한 노력에 의하여 비밀로 유지된 제조 방법, 판매 방법, 기타 영업 활동에 유용한 기술상 또는 경영상의 정보를 지칭한다. 따라서 영업비밀의 핵심은 비공개일 수밖에 없다. 발명가가 자신의 발명을 공중으로부터 비밀로 유지하며 사업을 운용할 경우 발명가의 발명은 공중에게 공개되지 않으므로 공중은 이를 이용하지 못하게 된다. 따라서 추후 공중이 동일한 발명을 이용하려면 동일한 R&D에 중복 투자할 수밖에 없게 된다. 하지만 이는 특정 발명에 대한 사회적 비용을 증가시키는 등 재원의 비효율적 배치를 초래한다. 따라서 발명가가 자신의 발명을 영업비밀로 지킬 경우, 상기 발명은 "산업발전에 이바지"하지 않는다.

발명가가 자신의 발명을 지키는 두 번째 방법은 특허출원을 통한 제도권 진입이다. 우선 발명가가 자신의 발명을 특허로 출원·등록하게 되면 상기 발명은 출원 후 18개월이 지난 후, 그리고 등록되며 공중에게 공개된다. 또한 특허권이 소멸되는 출원 후 20년부터는 공중이 상기 발명을 자유로이 사용함으로써 이를 이용한 개량 발명, 응용 발명 등이 쏟아져 나오게 되어 혁신이 이루어진다. 따라서 발명가가 자신의 발명을 공중에 공개한다는 조건 및 특허권 소멸 이후 공중에게 기증한다는 조건으로 특허로 출원하는 사실 자체가 바로 산업 발전에 대한 이바지이다. 결국 특허의 공익성 주장은 특허의 속성을 감안하지 않은, 본말이 전도된 주장에 불과하다.

그림 5-1(b). 근거 없는 특허의 공익성 주장

2. 미국 특허제도

표현이 간접적이며 모호하다할 수도 있는 국내 특허법에 비하여, 미국 특허법의 목적은 간단명료하다. 미국 연방헌법(U.S. Constitution)은 Article 1, Section 8, Clause 8에서 미국 연방의회는 발명가와 창작자에게 일정 기간 동안 각각의 발명과 저작물에 대하여 독점권을 부여함으로써 과학과 유용한 기술의 발전을 도모할 수 있다고 규정하며, 이에 따라 미국 연방의회가 제정한 법이 바로 미국 연방특허법이다.

그림 5-2. U.S. Constitution Article 1, Section 8, Clause 8

앞서 설명한 바와 같이 현재 미국은 전 세계에서 특허를 가장 강력하게 보호하는 국가이다. 또한 미국 국내시장은 아직까지 세계 1위의 규모를 자랑하는 바, 이러한 측면에서 미국특허의 중요성은 아무리 강조해도 지나치지 않다.

그렇다고 미국 특허제도 역시 발명가의 수익 창출을 위하여 제정된 것은 아니며, 제조업체의 수익 창출을 위하여 제정된 것은 더더욱 아니다. 오히려 경쟁에 입각한 자유시장경제를 신봉하는 미국은 공중에게 과학과 유용한 기술의 발전을 통하여 만들어진 새롭고 유용한 제품과 service를 제공하기 위하여 특허제도를 운용한다. 그렇다면 미국은 경쟁에 기초한 자유시장경제를 구현하기 위하여 이와는 상반된 개념인 금지권에 기초한 특허제도를 어떻게 운용할까?

가. 공공영역(Public Domain)의 보존과 확충을 위한 특허제도

공공영역이란 “public domain”을 지칭한다. 공공영역이란 단어는 그 사용 목적에 따라 다양한 의미를 가지는 바, 특허제도에 있어서의 공공영역이란 공중이 타인의 소유권에 의한 제약을 받지 않는 영역을 의미한다. 즉 공공영역이란 공중이 타인의 허락 없이 상기 영역에 축적된 지식이나 기술을 자유로이 사용할 수 있는 영역을 의미한다. 따라서 공중은 공공영역에 축적된 지식·기술을 이용하여 자유로이 혁신을 창출할 수 있다.

이에 반하여 발명가가 특허를 통하여 확보하는 금지권의 속성은 발명가의 허락 없이는 경쟁자(공중 포함)가 특허를 실시할 수 없도록 금지할 수 있는 권리이다. 직관적으로도 발명가의 금지권과 상기 공공영역은 일종의 반대 개념에 해당함을 알 수 있다. 따라서 특허제도는 필연적으로 공공영역과 대비하여 정의될 수밖에 없다.

(1) 공공영역(Public Domain)에 축적된 지식과 기술의 중요성

자유시장경제(free-market economy)란 분업에 의하여 생산된 제품이나 service를 수요와 공급 법칙에 의하여 결정되는 자유 가격체계에 근거하여 분배하는 사회체제를 지칭한다. 자유시장경제를 실현하기 위한 필수 요건은 시장에서의 경쟁 보장이다. 따라서 경쟁에 근거한 자유시장경제는 미국 국가정책의 기조이며, 이에 따라 공중은 개방된 시장에서 다양한 제품과 service를 이용할 수 있다.

그림 5-3. 공공영역에 축적된 지식과 기술의 상호 작용

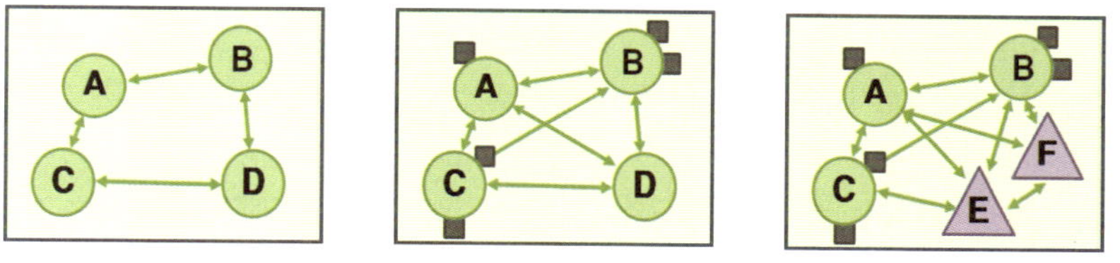

그림 5-3(a) 그림 5-3(b) 그림 5-3(c)

한편 대부분의 기술은 원천 기술을 응용한 개량 기술이다.[3] 즉 그림 5-3(a)와 5-3(b)에서와 같이 하나의 원천 기술이 개발되면 이를 응용한 수천 개 또는 수만 개의 응용 기술이 개발된다. 또한 그림 5-3(c)에서와 같이 응용 기술이 개발되면 될수록 원천 기술과 응용 기술의 융합이 가능해짐은 물론 응용 기술들끼리의 융합도 가능해지며, 이에 따라 다시 새로운 원천 기술과 응용 기술이 재창출된다.

따라서 공중이 자유로이 사용할 수 있는 지식과 기술의 양이 증가하면 할수록, 즉 공공영역(public domain)이 풍요로워질수록 혁신이 가속화되며, 혁신이 가속화될수록 공공영역에는 다시 더 많은 양의 지식과 service가 축적된다. 그 결과 공중이 시장에서 이용할 수 있는 양질의 제품과 service도 증가하게 된다.

---

3) 실제로 학계에서는 원천 기술(발명) 대 개량 기술(발명)의 비율이 1:1,000~1:10,000 정도에 불과하다고 추산하기도 한다. 물론 상기 비율은 학자에 따라 고무줄처럼 변하기도 한다.

이와 같이 공공영역(public domain)에 축적된 지식과 기술의 양은 자유시장경제의 근간이다. 공중이 자유로이 사용할 수 있는, 공공영역에 축적된 지식과 기술의 양을 확충하는 직접적인 방법으로는 (1) 일단 공공영역에 축적된 지식과 기술의 사유화를 금지하는 "공공영역의 보존(preservation)"과 (2) 새로이 창출되는 원천기술은 물론 기존 또는 신규 원천기술로부터 발생하는 응용지식이나 응용기술 역시 공공영역으로 귀속시키는"공공영역의 확충(expansion)"이다. 이와 같은 보존과 확충이야말로 공중이 공공영역에서 사용할 수 있는 지식과 기술의 양을 기하급수적으로 증가시킬 수 있는 전가의 보도이다.

(2) 시장 실패 (Market Failure)

하지만 경쟁을 중시하는 자유시장경제 체제에서는 새로이 창출되는 기술과 지식에 대한 사유권을 인정하지 않는다. 그 결과 발명가는 자신이 창출한 발명에 대하여 아무런 법적 권리도 보유하지 못하는 반면 경쟁자는 물론 공중은 발명가의 발명을 자유로이 사용할 수 있게 된다. 즉 무임승차(free ride) 문제가 필연적으로 발생하게 된다.

물론 발명가도 자신의 발명을 구현한 제품을 제작하거나 service를 제공하며 시장에서 무임승차자와 무한경쟁을 도모할 수는 있다. 하지만 발명이란 무형재산은 비배제성 상품인[4] 동시에 비경합성 상품이므로[5] 경쟁자는 발명가의 허락이 없더라도 무임승

4) 배제성 상품(excludable goods)이란 한 사람이 특정 상품을 소유하였을 때, 타인이 동일한 상품을 사용하거나 소비할 수 없도록 배제할 수 있는 특징을 지닌 상품을 지칭한다. 땅이나 집 등이 배제성 상품의 예이다. 배제성 상품의 반대가 비배제성 상품(non-excludable goods)으로서, 한 사람이 특정 상품을 소유하였더라도 타인은 상기 소유자의 허락 없이도 사용할 수 있는 특성을 지닌 상품을 지칭한다. 햇빛이나 경치가 비배제성 상품의 예이다. 특허권이 인정되지 않는 경우의 발명(또는 특허권은 인정되지만 특허로 등록하지 않은 발명)은 발명가가 타인이 상기 발명을 사용하지 못하도록 배제할 수 없으므로 비배제성 상품이다.

5) 경합성 상품(rivalrous goods)이란 한 사람이 특정 상품을 사용하거나 소비할 경우, 타인이 동일한 상품을 사용하거나 소비할 기회가 줄어든다는 특징을 지닌 상품을 지칭한다. 경합성 상품의 반대가 비경합성 상품(non-rivalrous goods)으로서, 햇빛이나 경치와 같이 한 사람이 사용하더라도 타인이 동일한 상품을 사용하거나 소비할 기회가 줄어들지 않는다. 특허권이 인정되지 않는 경우의 발명(또는 특허권은 인정되지만 특허로 등록하지 않은 발명)은 발명가가 사용하더라도 타인이 동일한 발명을 사용할 기회가 줄어들지 않으므로 비경합성 상품이다.

차를 통하여 상기 발명을 실시할 수 있다. 또한 무임승차자는 R&D나 발명을 위하여 많은 재원을 소진하지 않았기 때문에 발명가에 비하여 동일한 제품이나 service를 더 싼 가격에 소비자에게 제공할 수도 있다.

그림 5-4. 무임승차(Free Rider) 문제의 예시

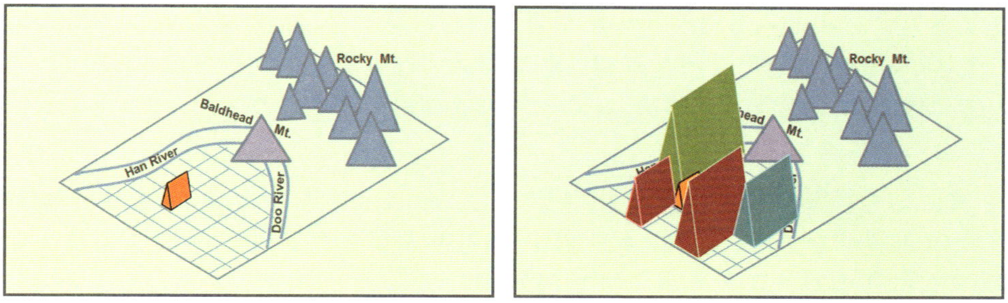

그림 5-4(a) 그림 5-4(b)

이러한 무임승차 문제는 발명가와 무임승차자의 규모가 상이할 경우, 즉 창업기업과 대기업의 경우 더욱 심화되는 경향이 있다. 일예로 그림 5-4(a)와 같이 규모가 영세한 발명가가 아무리 열심히 노력하더라도 무임승차자는 법적 권리가 부여되지 않은 발명가의 발명을 자유로이 실시할 수 있으며, 그 결과 무임승차자가 중견기업이나 대기업일 경우에는 그림 5-4(b)와 같이 발명가는 원가, 마케팅, 유통, 홍보 등 business의 거의 모든 측면에서 무임승차자에게 뒤질 수밖에 없다. 따라서 발명가가 무임승차자에 비하여 월등한 knowhow를 보유하지 않는 한, 발명가는 무임승차자와의 경쟁에서 패하는 경우가 대부분이다.

자유시장경제 체제에서 시간과 재원을 투자하여 발명을 착상하였으나 경쟁자의 무임승차로 인하여 자신이 착상한 발명에 대하여 아무런 보상을 받지 못하는 발명가는 더 이상 발명과 혁신을 추구하지 않을 것이 자명하다. 그 결과 발명과 혁신을 추구하는 발명가는 시장에서 사라지고, 시장은 발명가의 혁신을 모방하기 위하여 무한정 기다리는 무임승차자들로만 가득 차게 된다. 결국 아무도 발명하고 혁신할 incentive가 없으므로 발명과 혁신은 일어나지 않고, 공공영역에 축적된 지식과 기술의 양 또한 더 이상

증가하지 않게 되며, 공중은 더 이상 새롭고 유용한 제품과 service를 사용할 수 없게 된다. 즉 무임승차로 인한 시장의 실패(market failure)이다.

물론 그 수는 적겠지만 무임승차가 횡행하는 자유시장경제 체제에서도 발명을 추구하는 발명가는 존재하기 마련이다. 하지만 무임승차가 횡행하는 체제에서 발명을 착상한 발명가는 타인의 무임승차를 방지하기 위하여 수단과 방법을 가리지 않고 자신의 발명을 타인들이 인지하지 못하도록 발명과 관련된 정보를 영업비밀로 지킬 수밖에 없게 된다. 따라서 발명가가 자신의 발명을 절대로 공개하지 않는 한편 이를 대를 이어 비밀로 지키며 사업을 운용한다면, 공중은 영원히 이러한 발명을 이용할 수 없게 된다.

물론 공중은 발명가의 영업비밀, 발명 또는 knowhow를 reverse engineering을 통하여 재현한 후 이를 실시할 수도 있다. 하지만 사회 전체로 보았을 때 발명가가 이미 착상하고 실시하고 있는 동일한 발명에 대한 공중의 reverse engineering 자체가 동일한 발명에 대한 자원의 중복 투자에 해당한다. 즉 무임승차로 인하여 사회 전체의 효율도 저하될 수밖에 없다.

(3) 유인책으로서의 특허제도

공중은 새롭고 유용한 제품과 service를 향유하기 위하여 발명과 혁신을 필요로 한다. 하지만 발명과 혁신을 무료로는 얻을 수 없는바, 그 이유는 무임승차에 의한 시장 실패 때문이다. 따라서 공중이 발명과 혁신을 끊임없이 공급받는 방법은 무임승차로 인한 발명가의 피해 방지이며, 특허제도는 바로 이러한 목적을 위하여 도입된 제도이다.

따라서 특허제도는 그림 5-5(a)와 같이 공중이 미처 인지하지 못하였던 발명을 최초로 착상한 발명가에게는 상기 발명을 사유재산으로 인정하여 그림 5-5(b)와 같이 금지권을 부여한다. 이에 따라 발명가는 자신의 금지권을 이용하여 경쟁자의 무임승차를 방지하는 한편 자신의 발명을 구현한 제품이나 service를 이용하여 자신의 노력에 대한 보상을 받게 된다. 그 결과 발명가는 발명과 혁신을 추구하게 되므로 시장 실패도 방지할 수 있으며, 공중은 발명가가 제공하는 새롭고 유용한 제품이나 service를 향유할 수 있게 된다. 이것이 바로 특허제도가 발명가에게 제공하는 '당근'이다.

그림 5-5. 발명에 대한 금지권의 부여

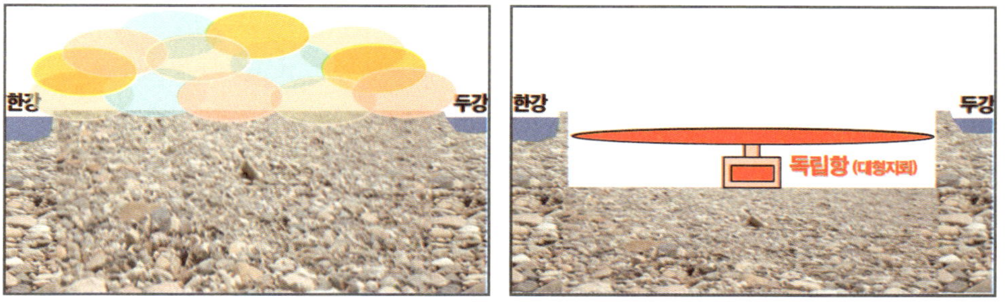

그림 5-5(a) 그림 5-5(b)

여기에서 주의할 점은 그림 5-5(b)의 지뢰의 크기이다. 아무리 발명가가 그림 5-5(a)와 같이 공중이 인지하지 못한 세기의 발명을 이루었더라도, 특허제도가 발명가에게 부여하는 금지권의 크기는 발명가가 거둬낸 그림 5-5(a)의 안개의 크기가 아니라, 발명가가 직접 매설한 그림 5-5(b)의 지뢰의 크기라는 점이다. 따라서 발명가가 획득하는 금지권은 발명가 자신이 대리인과 함께 청구한 범위에서 특허청 심사관이 공제한 범위를 제외한 범위에 해당한다. 이러한 이유야말로 발명가가 유능한 변리사나 유능한 특허출원 전문변호사의 도움을 받아야만 하는 또 다른 이유이다.

(4) 공공영역(Public Domain)의 보존(Preservation)과 확충(Expansion)

앞서 간략히 설명한 바와 같이 특허제도는 발명가에게 당근만 제공하는 것은 아니다. 왜냐하면 특허제도의 목적은 발명가의 복리후생 증진이 아니라 공공영역의 보존 및 확충을 통한 공중의 이익, 즉 더 좋은 제품과 service의 시장 공급이기 때문이다. 따라서 특허제도는 다양한 방식으로 작동하는 채찍 여러 개로 발명가의 금지권을 제한한다.

발명가에게 가해지는 첫 번째 채찍이 공공영역의 확충(expansion)이다. 즉 특허제도는 발명가에게 금지권이라는 당근을 부여함으로써 무임승차에 의한 시장 붕괴를 방지하는 한편 특허 존속기간(출원 후 20년)이 경과한 후에는 상기 특허를 소멸시켜 공공영역에 귀속시킴으로써 공공영역에 축적된 지식과 기술의 양을 확충한다. 즉 공중이 발명가의 허락 없이도 공공영역에 축적된 더 많은 지식과 기술을 자유로이 활용하도록

하여 더 많은 혁신이 이루어지도록 도모한다.

그림 5-6. 특허 존속기간 만료에 의한 금지권 소멸 및 공공영역으로의 귀속

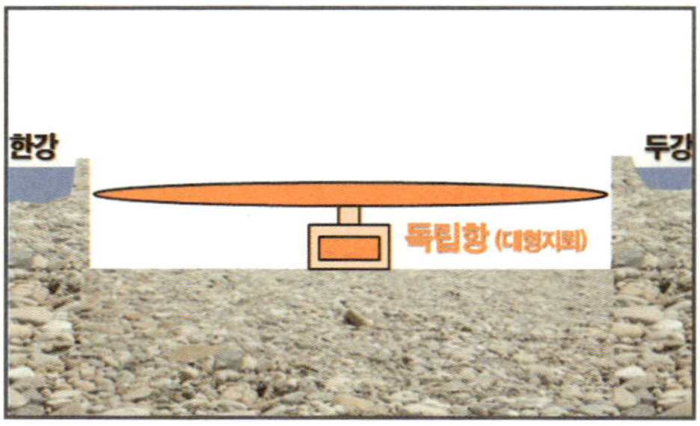

그림 5-6(a)

그림 5-6(b)

그림 5-6(a)은 이에 대한 예시로서, 발명가가 자신의 발명에 대한 특허의 금지권을 무한정 보유할 경우 공중은 발명가의 특허를 이용할 수 없으며, 이에 따라 공공영역에 축적되는 지식과 기술의 양 또한 증가하지 않는다. 따라서 특허제도는 발명가로 하여금 출원 후 20년이라는 존속기간 동안만 금지권을 활용할 수 있도록 허락하는 반면 그 후에는 그림 5-6(b)와 같이 상기 특허를 공공영역에 귀속시킨다. 그 결과 존속기간이라는 시간만큼 지연되기는 하지만 모든 특허는 궁극적으로 공공영역에 귀속되므로 공공영역의 지식과 기술의 양은 항상 증가하게 된다.

발명가에게 가해지는 두 번째 채찍은 공공영역의 보존(preservation)이다. 특허제도는 모든 발명에 대하여 당근을 제공하는 대신, 다양하고도 엄격한 요건을 설정한 후 상기 요건을 모두 충족하는 발명만을 특허로 등록시키고 금지권을 부여한다. 일예로 발명가가 발명을 착상하더라도 상기 발명이 이미 공공영역에 속한 기술일 경우에는 신규성 결여로, 상기 발명이 공공영역에 속하지는 않지만 공공영역에 속하는 기술과 비교하여 발명이 속하는 분야의 통상적 기술을 지닌 자('당업자'로 약칭)에게 자명할 경우에는 진보성 결여로 특허를 부여하지 않는다. 즉 발명가가 이미 공공영역에 귀속된 지식이나 기술은 물론 공공영역 바로 주변에 위치한 지식·기술을 자신의 발명으로 사유재산화하지 못하도록 금지하고 이러한 발명을 특허로 보호하지 않음으로써 공공영

역을 보존(preservation)한다. 또한 발명가가 자신이 착상한 발명을 특허명세서의 "발명의 설명"에서 당업자가 용이하게 실시할 수 있을 만큼 설명하지 않았을 경우에는 기재불비로 특허를 부여하지 않는다.

발명가에게 가해지는 세 번째 채찍은 위의 두 번째 채찍의 부수적 결과에 의한 공공영역의 확충이다. 미국 특허청 통계에 의하면 발명가가 출원한 특허 중 궁극적으로 절반 정도만이 특허로 등록되는 한편 나머지 절반은 최종 거절되거나 발명가가 중도 포기한다. 그 결과 출원특허 중 절반은 특허로 등록되어 특허 존속기간이라는 시간적 지연(delay)을 거쳐 공공영역에 귀속되는 반면 특허로 등록되지 못한 나머지 절반의 출원특허는 공개를 통하여 공공영역에 합류되며 공공영역에 축적된 지식과 기술의 양을 확충하게 된다.

이뿐만이 아니다. 발명가에게 가해지는 네 번째 채찍은 공개의 의무를 통한 공공영역의 확충이다. 특허제도는 발명가로 하여금 자신의 발명을 구현하는 데 필요한 모든 지식과 기술을 공개하도록 한다. 즉 상기 특허가 존속기간이 경과되어 공공영역에 귀속된 후 공중이 이를 재현하고 이를 이용하여 응용기술을 개발할 수 있으려면, 공중이 특허발명의 핵심 지식과 기술을 알아야만하기 때문이다. 따라서 자신이 특허 받은 발명을 추후 공중이 재현하지 못하도록 발명가가 의도적으로 발명에 대한 핵심 기술의 일부라도 공개하지 않았음이 입증될 경우 상기 특허는 무효가 된다.

한편 제3장의 2-가절 "원천특허를 항상 침해하는 개량특허"에서 모든 개량특허는 원천특허를 침해한다고 설명하였다. 여기에 특허제도의 목적이야말로 공공영역의 보존(preservation)과 확충(expansion)이라는 점을 감안한다면, 특허제도가 개량특허에 비하여 원천특허에 우월한 금지권을 부여하는 이유도 이해할 수 있다.

앞서 인류가 개발하는 대부분의 기술은 원천기술을 개량한 응용기술이며, 인류가 착상하는 대부분의 발명 역시 원천 발명을 응용한 개량 발명이라고 설명하였다. 따라서 원천특허가 존속기간이 경과되어 공공영역에 귀속되면, 그림 5-7(a)의 'D'와 같이 공중은 이를 이용하여 수천 개, 수만 개의 응용기술을 개발할 수 있게 됨은 물론 공중은 원천기술과 응용기술 또는 응용기술들을 융합하여 신기술을 개발할 수도 있다. 바꾸어 말하면 원천특허가 만료되는 경우 공공영역에 귀속되는 지식과 기술의 범위는 그림 5-7(b)와 같이 광활하기 때문에 공공영역에 미치는 영향은 물론 이로부터 공중이 받게 되는 혜택 또한 막대하다.

그림 5-7. 원천특허 만료에 의한 귀속 범위

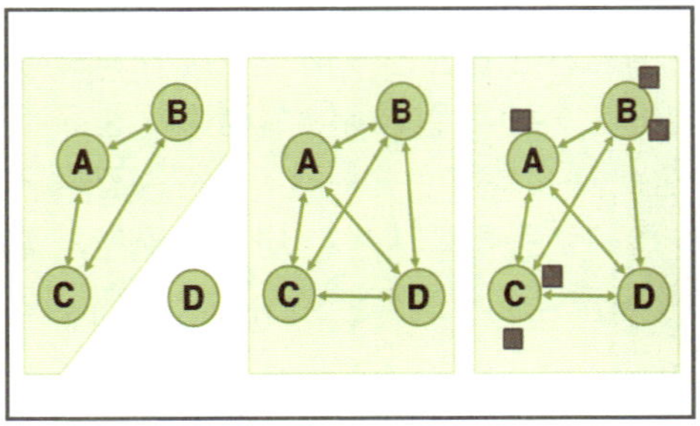

그림 5-7(a)

그림 5-7(b)

이에 반하여 개량특허가 존속기간이 경과되어 공공영역에 귀속되는 경우를 비교해 보자. 그림 5-8(a)의 'd'와 같이 개량특허의 범위는 항상 원천특허의 범위에 비하여 협소하다. 따라서 범위가 협소한 개량특허가 소멸되더라도 공공영역에 귀속되는 지식과 기술의 범위는 상대적으로 협소하며, 공중이 이를 이용하더라도 개량 기술을 활용할 수 있는 범위 또한 제한적이다. 따라서 개량특허가 소멸되어도 공공영역에 미치는 영향은 원천특허에 비교하여 미미하다.

그림 5-8. 개량특허 만료에 의한 귀속 범위

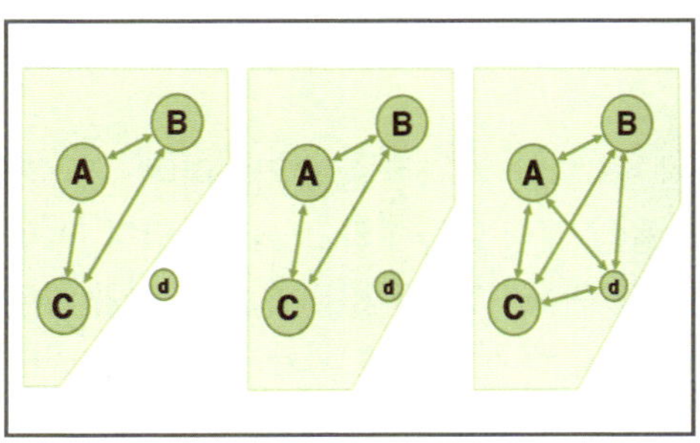

그림 5-8(a)

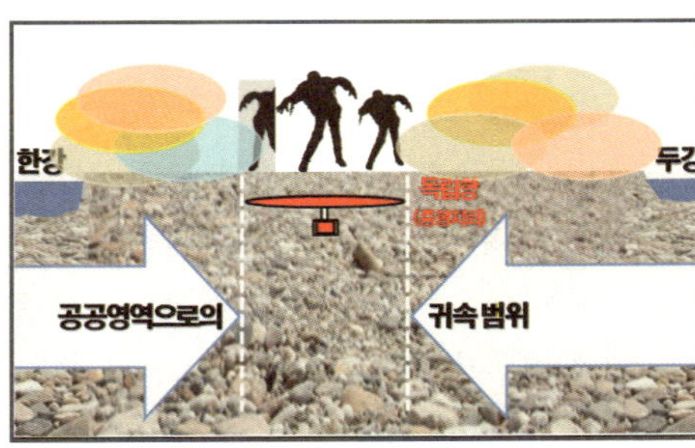

그림 5-8(b)

이와 같이 원천특허는 특허 존속기간 동안에는 발명가에게 많은 혜택을 줄 수 있지만 소멸되어 공공영역에 귀속된 후에도 공중에게 많은 혜택을 준다. 이에 반하여 개량특허는 특허 존속기간 중이건 상기 기간이 만료된 후이건 모두에게 제공하는 혜택이 제한적이다. 따라서 특허제도는 개량특허에 비하여 원천특허에 우월한 금지권을 부여하며, 따라서 모든 원천특허가 개량특허에 의하여 침해되도록 보장한다.

나. 우회 (Patenting Around) 장려에 의한 특허간의 경쟁 유도

발명가가 뛰어난 기술성은 물론 높은 시장 호응도를 지닌 발명을 특허로 등록하였다고 해서 특허 존속기간 동안 막대한 수익을 창출하거나, 이에 대한 차선책으로서 미미한 수익이나마 창출한다는 보장은 전무하다. 우선 제4장의 1-나절에서 설명한 바와 같이 경쟁자는 발명가의 특허를 실수로 또는 고의로 침해할 수 있으며, 발명가가 침해의심 경쟁자를 특허침해로 제소하면 경쟁자는 제4장의 1-라절에서 설명한 바와 같이 발명가의 특허가 무효이거나 자신이 발명가 특허의 권리범위를 우회·회피하였다고 주장할 수 있다.

그림 5-9. 경쟁자의 발명가 특허의 권리범위 우회·회피

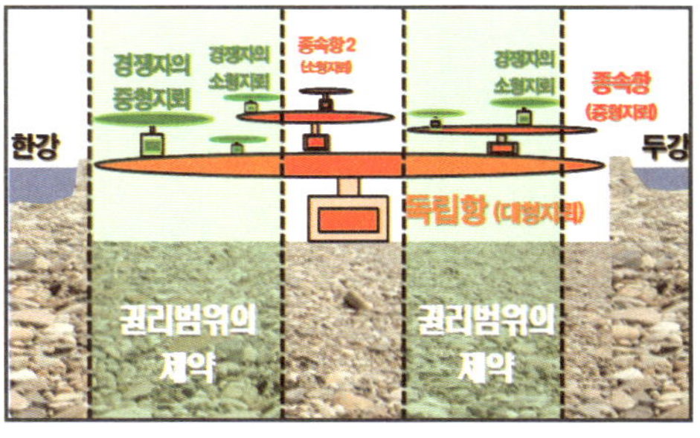

그림 5-9(a)

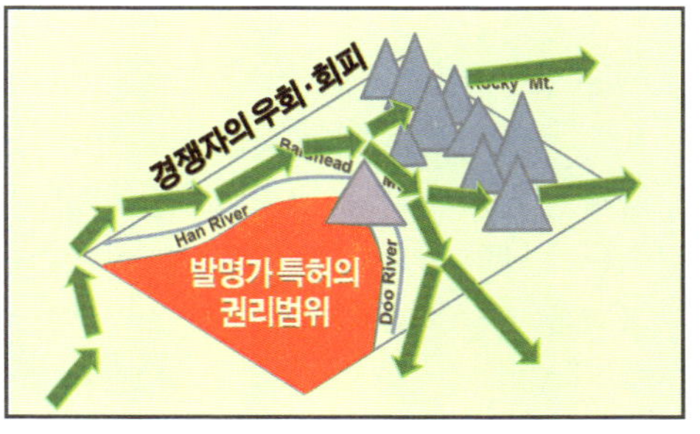

그림 5-9(b)

이뿐만이 아니다. 제3장의 2-나절 “허구의 배타적 독점권 vs. 실질적 금지권”에서 설명하였고 그림 5-9(a)에서 예시한 바와 같이 경쟁자는 발명가 특허의 권리범위 내에서 개량특허를 출원·등록할 수도 있다. 물론 경쟁자가 획득하게 될 개량특허는 실시 즉시 발명가의 원천특허를 침해하므로, 개량특허의 금지권에는 치명적 제한이 존재하는 것

이 사실이다. 하지만 자신의 몸을 던져 tackle하는 축구선수와 같이, 경쟁자는 이러한 개량특허를 통하여 발명가가 자신이 보유한 원천특허의 권리범위를 활용하는 데 제약을 가할 수도 있다. 또한 경쟁자는 발명가가 미처 완성하지 못하고 남겨둔 분야를 마무리함으로써, 발명가가 보유한 특허의 권리범위를 아슬아슬하게 우회·회피하거나 침해하는 대신 발명가의 권리범위를 벗어나는 발명을 착상함으로써 그림 5-9(b)에서와 같이 발명가 특허를 실질적으로 극복할 수도 있다.

그림 5-10. 발명가의 계속출원 특허 또는 신규 출원특허

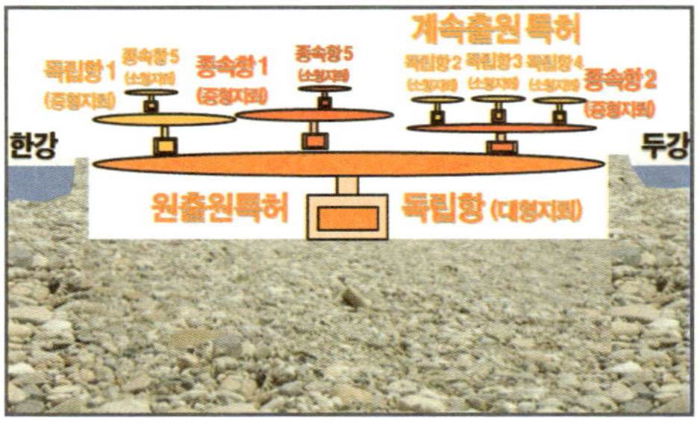

그림 5-10(a)

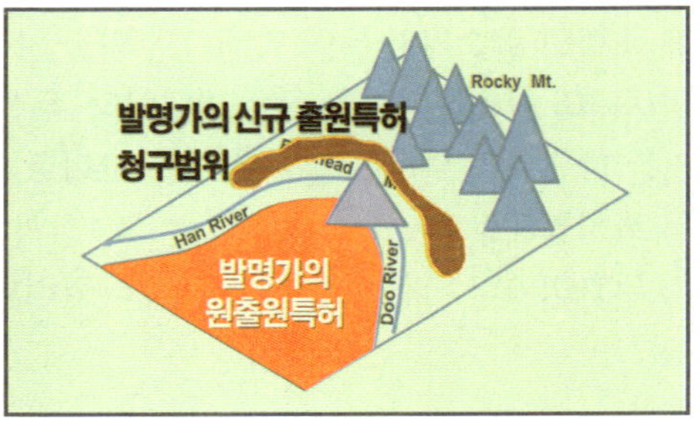

그림 5-10(b)

따라서 발명가는 이와 같은 경쟁자의 도전에 대비하여 자신의 발명을 개량·심화하여 경쟁자의 우회·회피를 방지해야만 한다. 즉 그림 5-10(a)와 같이 발명가는 자신의 출원특허에 대한 계속출원이나 일부계속출원을[6] 시도하며 원출원특허의 출원일에 대한 우선권을 주장하며 후속특허를 출원하거나, 그림 5-10(b)와 같이 자신이 특허를 이용하여 창출한 수익의 일부 또는 전부를 재투자하여 미처 완성하지 못한 후속 발명을 착상한 후 이에 대한 신규 특허를 출원해야 한다. 그렇지 않으면 발명가는 자신의 등록특허가 무효화되거나 경쟁자의 우회·회피에 대비할 방법이 없다.

요약하면 특허제도는 발명가에게 당근을 제공하는 동시에 발명가의 경쟁자에게는

6) 자세한 내용은 제9장의 3-라절 "미국의 계속출원, 일부계속출원 및 서면기재 요건" 참고.

carrot을 제공하는 제도이다. 특히 특허제도는 발명가에게 제공한 당근을 제한할 수 있는 carrot을 경쟁자에게 제공한다. 이와 같은 특허 채찍 때문에 발명가는 자신의 발명을 특허로 등록한 후에도 이를 즐기고만 있을 수 없다. 왜냐하면 경쟁자의 경쟁 발명에 대한 개량특허가 언제 자신의 영토를 침입할지 모르기 때문이다.

이러한 특허제도의 속성에 따라 발명가는 항상 경쟁자가 자신의 권리범위를 제한하는 발명을 착상할 지도 모른다는 압박감을 가질 수밖에 없으며, 이에 따라 발명가는 경쟁자와의 경쟁에서 승리하기 위하여 자신이 착상한 발명을 심화·개량하는 작업에 매진할 수밖에 없다. 이와 같이 특허제도는 발명가들 사이의 치열한 경쟁을 유도함으로써 시장의 효율을 증대시키는 동시에 공중이 더 유용한 제품과 더 편리한 service를 시장에서 제공받을 수 있도록 도모한다.

다. Abraham Lincoln의 불을 지피는 연료로서의 특허

미국 제16대 대통령인 Abraham Lincoln은 노예를 해방시키기 위한 남북전쟁을 승리로 이끈 대통령으로 유명하다. 특히 1863년 Lincoln 대통령이 남북전쟁 종료 직전의 격전지였던 Pennsylvania주 Gettysburg에서 행한 연설에서 남긴 “국민의, 국민을 위한, 국민에 의한”이라는 구절은 지금도 회자되고 있다.

하지만 Lincoln은 대통령이 되기 전인 1849년 발명을 착상하고 이를 특허로 등록한 발명가이며, 1855년에는 특허침해소송에서 피고(즉 침해의심업체)를 대리하였고, 1858년에는 수차례에 걸쳐 특허제도에 대한 강연도 하였다. 따라서 미국의 Obama 대통령이 잔여 임기 중 특허를 출원·등록하지 않는 한, Lincoln은 현재까지 특허를 보유하였던 유일한 미국 대통령으로 남을 것이다.

앞서 발명가가 특허를 이용하여 수익을 창출하기는 창업가가 startup company를 설립하여 수익을 창출하기보다 더 힘들 수 있다고 설명하였다. 이는 미국 대통령에게도 동일하게 적용되었던 것으로 추측된다. 왜냐하면 미국 대통령 선거에서도 초선, 재선, 두 번씩이나 승리하였고, 남북전쟁도 승리한 바 있는 Lincoln 대통령도 자신의 특허를 활용하여 수익을 창출하였다는 기록은 없기 때문이다!

(1) Abraham Lincoln의 U.S. Patent No. 6,469

추후 설명하겠지만 발명가가 특허를 받을 수 있는 요건 중 하나는 발명가가 청구항에서 청구한 발명과 관련된 분야의 통상적 지식을 가진 자가 발명가의 "발명의 설명"에 의거하여 발명가의 발명을 실시할 수 있어야 한다는 실시가능 요건(enablement requirement)이다. 이에 근거하여 과거 미국의 발명가들은 미국 특허청에 특허를 출원할 때 최소한 자신의 발명에 대한 시제품 또는 모형을 제출하여야 했다. 물론 미국 특허청에는 발명가들이 제출한 시제품 및 모형을 보관하는 Model Room이 있었다.

그림 5-11. Lincoln의 U.S. Patent No. 6,469에 대한 모형

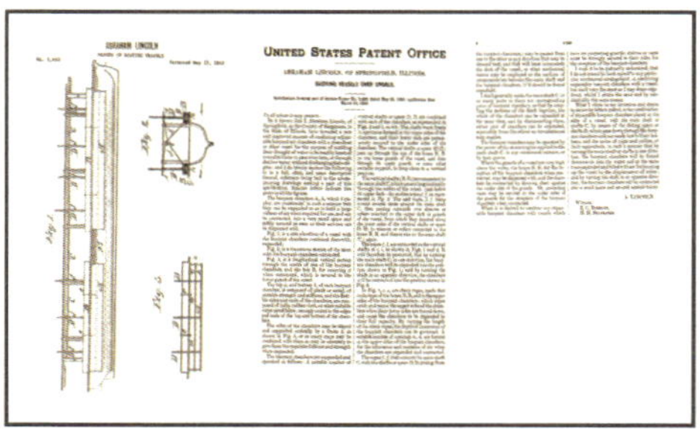

그림 5-12. Lincoln의 U.S. Patent No. 6,469 "Manner of Buoying Vessels"

그림 5-11은 미국 특허청이 아직 보관하고 있는 모형 중 "Manner of Buoying Vessels"이라는 제목의 U.S. Patent No. 6,469에 대한 모형[7]이다. 흥미로운 사실은 상기 특허의 단독 발명가가 바로 미국 제16대 대통령인 Abraham Lincoln이라는 점이다.

Lincoln은 유년 시절 Mississippi 강을 오르내리던 선박에서 잡역부로서 일하였으며, 그 시절의 경험을 바탕으로 선박 부양 보조기구에 대한 발명을 착상하였고, 이를 특허출원하여 U.S. Pat. No. 6,469로 등록하였으며, 그림 5-12는 Lincoln의 등록특허 전문이다. 물론 Lincoln이 자신의 특허기술을 사업화(즉 자가실시)하여 수익을 창출하였다거나, 자신의 특허를 선박 제조업체에 licensing하여 수익을 창

7) 자세한 내용은 아래의 URL 참고 (2014.08.31 최종 확인):http://en.wikipedia.org/wiki/File:Patent_Model_of_Abraham_Lincoln%27s_Invention.jpg

출하였다는 기록은 남아있지 않다. 천하무적의 Lincoln도 특허를 통한 수익 창출에는 실패한 셈이다.

(2) Patent System Adds the Fuel of Interest to the Fire of Genius

미국 대통령이 되기 전 Illinois주의 평범한 변호사였던 Lincoln은 특허변호사로도 활동하였다. 특히 Lincoln은 다양한 발명가들을 대리하여 여러 건의 특허를 출원·등록하였으며, 특허침해소송도 담당하였다고 전해진다.

표 5-1. 특허제도의 필요성에 대한 Lincoln의 강연 원고

> All creation is a mine, and every man, a miner.
>
> The whole earth, and all within it, upon it, and round about it, including himself, in his physical, moral, and intellectual nature, and his susceptabilities, are the infinitely various "leads" from which, man, from the first, was to dig out his destiny.
>
> ...
>
> I have already intimated my opinion that in the world's history, certain inventions and discoveries occurred, of peculiar value, on account of their great efficiency in facilitating all other inventions and discoveries. Of these were the arts of writing and of printing - the discovery of America, and the introduction of Patent-laws. The date of the first, as already stated, is unknown; but it certainly was as much as fifteen hundred years before the Christian era; the second - printing - came in 1436, or nearly three thousand years after the first ...
>
> Next came the Patent laws. These began in England in 1624; and, in this country, with the adoption of our constitution. Before then [these?], any man might instantly use what another had invented; so that the inventor had no special advantage from his own invention. The patent system changed this; secured to the inventor, for a limited time, the exclusive use of his invention; and thereby added the fuel of interest to the fire of genius, in the discovery and production of new and useful things.

1858년 Lincoln은 수차례에 걸쳐 특허제도의 필요성에 대한 강연도[8] 하였던 것으

8) 자세한 내용은 아래의 URL 참고 (2014.08.31 최종 확인):http://www.indianahistory.org/our-services/books-publications/railroad-symposia-essays-1/Abe%20Lincoln%20as%20a%20Railroad%20Attorney.pdf

로 알려진다. 이 때 Lincoln이 사용하였던 원고의 첫 부분과 마지막 부분이 표 5-1이다. 표에서와 같이 Lincoln은 모든 사물을 '광산'이라고 표현하였으며, 인간을 광산에서 무한히 다양한 광물을 캐는 '광부'로 비유하였다. Lincoln은 철의 발견과 응용, 해상 운송수단, 동물을 이용한 운송, 풍력, 수력 등을 언급하며 발명과 발견의 중요성에 대하여 언급한 후 "**특허제도는 발명가라는 불에 수익이라는 기름을 끼얹는 제도**"라고 설명하였다. 무려 150년 전 Illinois주의 시골 변호사 Lincoln도 특허의 핵심은 권리범위이며, 특허제도는 발명가로 하여금 수익을 창출하기 위하여 발명을 착상하도록 유인하는 제도임을 간파한 셈이다.

그림 5-13. 미국 연방정부 Department of Commerce의 측문 위의 현판

Lincoln 대통령이 1863년 미남북전쟁 종료 직전 Pennsylvania주 Gettysburg에서 행한 연설에서 남긴 "국민의, 국민을 위한, 국민에 의한"이라는 구절은 명언 중의 명언으로 꼽히며, 상기 구절은 지금도 책이나 연설에서 자주 회자된다. 또한 상기 구절은 미국의 수도인 Washington D.C.에 소재한 Lincoln Memorial에도 큰 글씨로 새겨져 있다.

하지만 Lincoln이 미국 대통령으로 취임하기 전인 1858년 강연한 "특허제도는 발명가라는 불에 수익이라는 기름을 끼얹는 제도"라는 명언은 그리 널리 알려져 있는 편은 아니다. 하지만 발명과 특허의 속성에 대한 Lincoln의 통찰력은 그림 5-13에서와 같이 지금도 미국 상무성의 측문 현판에 새겨져 있다.

물론 위의 현판이 걸려 있는 문은 미국 상무성의 정문이 아닌 측문에 불과하다. 하지만 상식적으로 발명과 특허에 대한 Lincoln의 정의는 미국 상무성보다는 미국특허청 정문의 현판에 새겨져야 더 타당하지 않을까 생각할 수 있다. 하지만 발명과 특허의 속성에 대한 Lincoln의 통찰력이 상무성 현판에 새겨졌다는 사실은 미국 행정부도 특허제도란 발명가만을 위한 제도가 아니라 국가 경제적 차원에서도 중요한 제도라는 점을 인식하고 있다는 증거라고 주장한다면 과찬일까?

우리 정부 역시 특허제도의 중요성 및 혁신의 중요성에 대해서 자주 언급하는 편이다. 하지만 제1장의 4절 "국내 특허 현황"에서 설명하였듯, 우리 정부는 일반적으로 특허제도를 선진국의 점유물로 간주하는 경향이 있으며, 일반 국민이나 대부분의 언론도 반특허적 정서로 특허 관련 기사를 다루는 경우가 비일비재하다. 언제쯤이나 우리나라 정부가 "특허제도는 발명가라는 불에 수익이라는 기름을 끼얹는 제도"임을 실감할 수 있는 날이 올지 궁금하다.

라. 미국 FTC(연방통상위원회)와 특허

미국 Federal Trade Commission(연방통상위원회, FTC로 약칭)은 1914년 FTC Act에 의하여 설립된 미국 연방행정부 산하 기관이다. 당시 미국 대통령이었던 Woodrow Wilson은 횡행하던 대기업의 독점을 FTC를 이용하여 성공적으로 규제한 바 있다.

FTC는 우리나라의 공정거래위원회에 상응하며, 공정거래위원회와 마찬가지로 FTC의 주요 목적 역시 소비자 보호 및 불공정 상행위 방지이다. 상기 목적에 따라 FTC는 소비자보호국 (Bureau of Consumer Protection), 경쟁국 (Bureau of Competition)은 물론 경제국 (Bureau of Economics) 등으로 구성되며, FTC는 법무성과 함께 연방 독점금지법을 위반한 개인이나 기업을 민형사상 제소할 수 있는 권한을 보유한다.

그림 5-14. FTC의 특허와 경쟁 관련 보고서

이러한 FTC가 2011년 그림 5-14에서와 같이 "The Evolving IP Marketplace"라는 보고서를[9] 출간하였다. 상기 보고서는 "혁신은 특허를 통하여 이루어지지만 경쟁을 통해서도 혁신을 이룰 수 있다"고 설명하며, 혁신을 효율적으로 달성하기 위해서는 '특허제도'와 "경쟁 제도"를 얼마나 효율적으로 합치시키는지가 중요하다고 설명하였다. 따라서 FTC 보고서의 부제 역시 "Aligning

9) 자세한 내용은 아래의 URL 참고 (2014.08.31 최종 확인):http://www.ftc.gov/sites/default/files/documents/reports/evolving-ip-marketplace-aligning-patent-notice-and-remedies-competition-report-federal-trade/110307patentreport.pdf

Patent Notice and Remedies with Competition"이다. 아래의 설명은 FTC의 2011년 보고서의 간단한 요약이다.

(1) 혁신의 중요성

혁신은 새로운 제품이나 service를 제공하여 소비자의 생활을 향상시키고 불편함을 해소하는 등의 혜택을 소비자에게 제공한다. 혁신은 에너지, 통신, 의료 등의 다양한 분야의 사회적 문제 해결에 핵심적 역할을 담당하기도 한다. 또한 혁신은 지속적인 경제성장과 국제 경쟁력 향상에도 필수이다.

하지만 혁신은 복합적 과정을 필요로 한다. 일예로 혁신을 이루려면 idea를 발명으로 변환하는 작업은 물론 상업화 과정도 필요로 한다. 하지만 혁신을 이루는 각각의 과정은 고비용을 필요로 하는 동시에 고위험을 수반하며, 그 결과를 예측하기도 어렵다.

(2) 혁신을 위한 '특허제도'와 '경쟁'의 중요성

고비용과 고위험에도 불구하고 특허제도는 혁신 달성을 목적으로 한다. 이를 위하여 특허제도는 발명가(즉 특허권자)에게 특허 출원 후 20년이라는 존속기간 동안 타인이 발명가의 발명을 제조하거나 사용하거나 판매하지 못하도록 금지할 수 있는 금지권을 부여한다. 이에 따라 발명가는 자신이 확보한 특허의 금지권을 활용하여 자신의 특허기술을 구현한 제품을 타인이 저가에 판매하지 못하도록 금지할 수 있으며, 그 결과 특허권자는 자신이 R&D에 투자한 비용을 회수할 수 있게 된다. 이와 같이 특허제도는 bio, nano 분야 등 다양한 분야의 발명을 착상하는 발명가는 물론 다양한 규모의 기업들이 혁신을 이루는 데 핵심 역할을 담당한다.

특허제도가 특허권자에게 금지권을 부여하여 혁신을 장려하듯 경쟁도 혁신을 장려한다. 즉 기업들은 새로운 제품과 service를 개발하고 이를 소비자에게 제공함으로써 시장에서의 우위를 점하기 위하여 경쟁할 수밖에 없다.

(3) 특허제도와 독점금지제도의 합치 (Alignment)

이러한 관점에서 보면 특허제도와 독점금지법은 소비자 복지와 혁신을 장려한다는 공통된 목적을 가진다. 따라서 상기 목적을 성공적으로 달성하는 법체계는 한 제도가 다른 제도의 효율성을 손상시키지 않도록 하는 동시에 특허제도와 독점금지제도를 합치시키는 제도이다.

이러한 합치의 첫 번째 측면은 **특허제도가 창출하는 혁신에 대한 incentive를 해치지 않는 독점금지법의 집행**이다. 따라서 특허권자에 의한 특허권의 효율적, 합법적 행사(즉 침해의심 제조업체에 대한 특허침해소송 제기)에 대한 **비난은 특허제도가 제공하는 혁신에 대한 incentive를 해치며 궁극적으로 소비자에게 해**를 줄 수 있다. 따라서 특허와 독점금지에 대한 2007년도 FTC/DOJ[10] 보고서에서도 독점금지 분석에 특허권의 혜택을 고려하는 데 중점을 둔 바 있다.

이러한 합치의 또 다른 측면은 **특허의 금지권과 독점금지법 간의 적절한 균형**이다. 왜냐하면 특허성이 결여되어 등록되지 말았어야할 무효특허나 권리범위가 과다하게 넓은 특허는 미래의 혁신을 억제하고 경쟁을 방해함은 물론 불필요한 licensing이나 특허침해소송을 통하여 제품이나 service의 가격을 상승시키기 때문이다. 따라서 FTC는 2003년도 보고서에서 금지권과 독점금지법의 균형을 위하여 **특허 품질(quality)을 향상시키도록 제안**한 바 있다.

특허 품질 외에도, 소비자 복리를 향상시킨다는 공동 목적을 가진 특허제도와 독점금지법 간의 적절한 균형을 달성하기 위한 특허제도의 또 다른 두 측면이 존재한다. 첫 번째는 특허제도가 특허 보호 대상 및 범위를 얼마나 효율적으로 공중에게 공지(notice)할 수 있는지에 대한 측면이며, 두 번째는 특허침해가 확인됨에 따른 손해배상금(damage) 및 금지처분 등과 같이 발명가(즉 특허권자)에 대한 보상(remedy)이다.

10) 'DOJ'는 Department of Justice의 약자이며, DOJ는 우리나라의 법무부에 해당한다.

(4) 특허들 사이의 경쟁으로 인하여 시장 지배력 없는 특허

그동안 알려진 바와는 달리 특허가 항상 시장 지배력(market power)을 보유하는 것은 아니다. 왜냐하면 동일한 문제를 해결하는 데 필요한 다수의 대체 기술에 대한 다수의 대체특허들이 시장에서 서로 경쟁하기 때문이다. 특허권자는 특허기술을 구현한 제품을 판매하는 자가실시로 수익을 창출할 수도 있으며, 타인에게 특허를 licensing 하여 수익을 창출할 수도 있다. 하지만 자가실시이건 licensing이건 **특허권자가 얻을 수 있는 수익**은 상기 특허의 경제적 가치는 물론 **시장의 소비자가 특정 특허를 경쟁 특허에 비하여 얼마나 더 선호하느냐에 따라 결정**된다.

물론 경제적 가치가 높으며 파괴적 혁신을 달성할 수 있는 특허는 시장에서 지배력을 획득할 수 있으며, 그 결과 발명가(즉 특허권자)는 막대한 수익을 창출할 수 있다. 하지만 대부분의 경우 특정 문제의 해결책에 대한 다수의 대체특허가 존재하며, 상기 특허들 사이의 경쟁으로 인하여 **특허권자가 얻을 수 있는 수익은 그리 크지 않다**.

혁신 초기에는 대체특허들끼리 경쟁을 하게 되므로 소비자는 저렴한 가격으로 다양한 고급 제품이나 service를 이용할 수 있으며, 상기 특허기술을 구현한 제품들도 소비자의 선택을 받기 위하여 경쟁한다. 또한 혁신 초기 기술들은 투자를 받기 위해서도 경쟁할 수밖에 없다. 물론 이러한 경쟁은 성숙한 기술들 사이에도 존재하며, 이들은 제조업체의 제품 생산 기술로 선정되기 위하여 경쟁한다. 또한 특허권자에 대한 보상과 소비자의 선호도를 합치시킴으로서 소비자가 선호하는 제품이나 service와 이에 대한 기술에 대한 투자도 이루어진다. 따라서 특허제도가 이러한 경쟁을 왜곡하지 않고 유도할 경우, 특허제도는 경쟁제도와 합치되고, 소비자에게 혜택을 제공할 수 있다.

(5) FTC 보고서 요약 및 검토

위에서 요약한 FTC 보고서는 여러 가지 시사점을 던진다. 특히 특허 자체가 시장 지배력, 즉 독점권을 의미하지는 않는다는 점과 그림 5-15와 같이 상이한 특허들 사이에서도 경쟁이 존재한다는 점이다.

또한 특허권자에 의한 특허권의 효율적, 합법적 행사에 대한 비난은 특허제도가 제공하는 혁신에 대한 incentive를 해치며 궁극적으로 소비자에게 해를 줄 수 있다는 견해도 신선하다. 따라서 FTC 보고서는 배타적 독점권을 특허의 내재적 속성으로 간주하며, 특허권 자체가 혁신을 억제한다는 국내의 중론과는 배치된다.

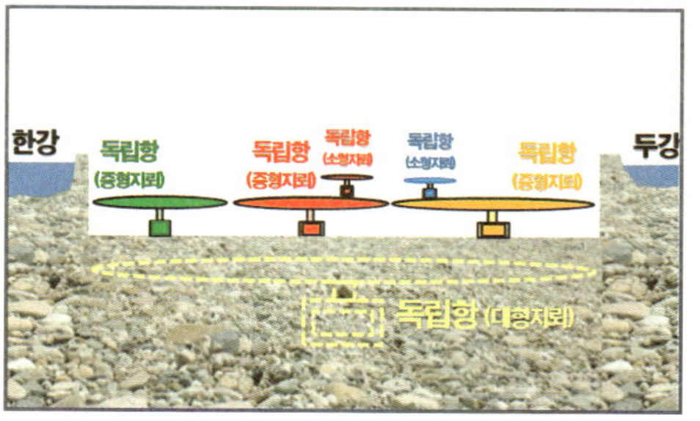

그림 5-15. 다수의 특허들의 경쟁

그 다음으로는 특허제도와 독점방지제도의 합치를 위한 방법론이다. FTC는 이미 2003년 보고서에서 특허의 금지권과 독점금지법 사이의 균형을 위하여 특허의 품질(quality)을 향상시키는 방법을 제안한 바 있으며, 2007년도에 출간한 DOJ와의 공동 보고서에서도 독점금지 분석에 특허권의 혜택을 고려하도록 제안한 바 있다. 또한 본 보고서는 특허 보호 대상 및 범위를 얼마나 효율적으로 공중에게 공지(notice)할 수 있는지, 특허침해에 따른 침해자의 손해배상금(damage) 및 금지처분 등과 같은 보상(remedy)이 얼마나 시장 가치를 반영하는 지가 중요하다고 지적하였다.

결국 FTC 보고서는 특허제도와 독점방지제도의 합치를 추구하는 또 하나의 방법을 제시하고 있다. 단 주의할 점은 미국 내에서의 독점행위 및 불공정행위 방지를 목적으로 하는 FTC가 특허제도의 개선점으로 내세운 점이 특허의 금지권을 제한하기는커녕 특허의 품질을 높이고 특허에 대한 보상이 시장 가치를 반영하여야 한다는 점에 초점을 맞추었다는 점이다.

3. 특허제도의 종류

특허제도는 속지법이므로 국가 간의 차이가 존재할 수밖에 없다. 하지만 동일한 특허를 다수의 발명가들이 출원할 경우 모든 국가는 단일 발명가에게만 특허 받을 수 있는 우선권을 부여한다. 왜냐하면 단일 발명을 다수의 특허로 보호할 경우, 공중은 다수의 특허권자에게 대가를 지불해야만 상기 특허를 실시할 수 있다는 사회적 비용 증가가 수반되기 때문이다.

하지만 동일한 발명을 착상하고 이를 특허로 출원한 다수의 발명가들 중 누구에게 특허 받을 수 있는 우선권을 부여하느냐는 각 국가의 제도에 따라 달라질 수 있다. 이러한 관점에서 특허제도는 크게 선발명주의와 선출원주의로 양분되는바, 선발명주의와 선출원주의의 특성 및 차이점을 이해하기 위해서는 우선 발명과 특허와 관련된 발명가의 다양한 행위의 속성 및 결과를 파악할 필요가 있다.

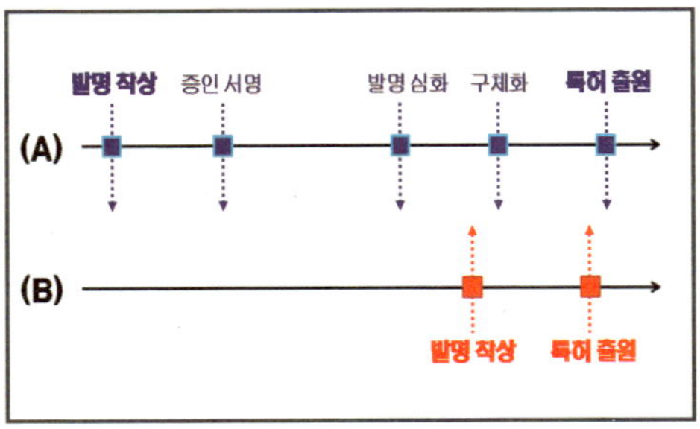

그림 5-16. 선발명주의와 선출원주의

그림 5-16에서와 같이 특정 발명을 먼저 착상한 선발명가 A와, 동일한 발명을 선발명가 A보다 나중에 착상한 후발명가 B를 가정하자. 선발명가 A는 후발명가 B보다 먼저 발명을 착상한 후, 증인에게 자신의 발명을 설명하고 증인으로부터 상기 발명의 착상 일자에 대한 서명을 받았다. 선발명가 A는 자신의 발명의 재현성을 확인하고 이론적 근거를 확립한 후에도 자신의 발명을 심화하는 과정을 거쳐 상기 발명을 구현하는 prototype도 제작하였다. 발명 심화에 예상보다 오랜 시간을 소모한 선발명가 A는 발명을 착상한 후 상당한 기간이 지나서야 특허를 출원할 수 있었다.

이에 반하여 후발명가 B는 선발명가 A가 착상한 발명과 동일한 발명을 선발명가 A보다 늦게 착상하였지만, 후발명가 B는 후속 작업이나 prototype 제작 없이 이를 즉시 특허로 출원하였다. 즉 발명가 B는 선발명가 A보다 나중에 동일한 발명을 착상한 후발명가에 불과하지만, 선발명가 A보다 먼저 특허를 출원한 선출원인이다. 이에 비하여 발명가 A는 발명을 먼저 착상한 선발명가이지만 특허에 관한 한 후출원인에 불과하다.

그렇다면 선발명가/후출원인 A와 후발명가/선출원인 B 중 누구에게 상기 발명에 대한 특허를 부여할까? 발명가의 발명 착상 시점을 중요시하여 기타 조건을 만족할 경우 선발명가에게 특허를 부여하는 제도를 선발명주의라고 지칭한다. 반면 발명 착상 시점과는 관계없이 출원일이 빠른 선출원인에게 특허를 부여하는 제도를 선출원주의라고 지칭한다. 이와 같이 상반된 성질을 지닌 선발명주의와 선출원주의는 아래의 장단점을 지닌다.

가. 선발명주의

선발명주의는 발명자주의 또는 “first-to-invent system”이라고도 지칭하며, 특허출원일과는 관계없이 진정한 선발명가에게 특허를 받을 수 있는 우선권을 부여하는 제도이다. 따라서 선발명주의는 동일한 발명을 착상한 다수의 발명가들 중 최초의 발명 착상 시점을 입증하는 발명가에게 특허 받을 수 있는 우선권을 부여한다.

선발명주의의 가장 큰 장점은 선발명가에게 특허 받을 수 있는 우선권을 부여하기 때문에 특허제도의 취지에 가장 잘 부합한다는 점이다. 현재와 같이 internet이나 email이 없던 19세기 미국의 경우, 선발명주의는 선출원주의에 비하여 매우 합리적인 제도였다. 일예로 서부에서 거주하는 선발명가가 특허출원서를 작성하여 Washington D.C.에 소재한 미국특허청으로 발송하였을 경우, 이를 운반하던 역마차가 인디언의 습격을 받아 불에 타기라도 하면, 또는 역마차가 불에 소실되지는 않았지만 역마차가 운반하던 서류 뭉치를 인디언이 탈취하기라도 하면, 선발명가의 특허출원서는 영원히 특허청에 도달하지 못하였다. 또한 설령 역마차가 인디언의 습격을 피하더라도, 역마차가 미국 서부를 출발하여 동부에 위치한 미국특허청에 도착하려면 최소한 한 달 이상의 기간이 소요될 수밖에 없었다. 이와는 달리 미국특허청에서 멀지 않은 Maryland주에 거주하는 후발명가는 서부의 선발명가와 동일한 발명을 나중에 착상했더라도, 특허출원서를 준비하자마자 말을 타고 쉬지 않고 달리면 당일 오후에는 특허청에 도착하여 상기 특허를 출원할 수 있었다. 이러한 부당함을 방지하기 위하여 미국은 선발명주의를 선택하였고, 2013년 3월 16일까지 이를 고수하였다.

선발명주의의 또 다른 장점은 대기업에 비하여 재원이 부족한 개인 발명가에게 유리하다는 점이다. 대기업은 재원이 충분하므로 종업원이 착상한 발명의 대부분을 특허로 출원할 수 있는 여력이 있는 반면 재원이 부족한 발명가는 자신의 발명을 모두 특허로 출원할만한 재원이 없다. 하지만 선발명주의 하의 발명가는 발명의 착상을 입증하면 그 후 부족한 재원을 선별적으로 투자하여 발명을 심화하고 구체화하여 발명이 실제로 작동하는지, 발명이 상업성을 지녔는지 등을 확인한 후 가능성이 있는 발명만 선택하여 집중적으로 출원할 수 있다는 장점이 있다.

이와 관련된 선발명주의의 또 다른 장점은 발명가가 자신의 발명을 충분히 완성한 후 특허를 출원하므로 등록특허의 품질이 향상된다는 점이다. 즉 출원 시점에 의하여 특허를 받을 수 있는 우선권을 부여받는 선출원주의에 비하여 선발명주의 하의 발명가는 일단 발명 착상 시점을 입증한 후에는 자신의 발명을 심화하거나 구체화함으로써 양질의 발명만을 선별하여 특허로 출원·등록할 수 있다.

하지만 선발명주의에도 여러 가지 단점이 있으며, 그 중 가장 큰 단점은 선발명주의가 발명의 조기 공개라는 특허법의 취지와 어긋난다는 점이다. 즉 발명가가 자신의 발명 착상 시점에 대한 증거를 확보하면 상기 발명가는 특허 출원을 서두를 필요가 없어지며, 이에 따라 공중은 물론 발명가의 경쟁자도 발명가가 특허를 출원하고 18개월이 경과하기 전까지는 발명가가 착상한 발명을 인지할 수 없다는 점이다.

따라서 발명가는 발명 착상 이후 즉시 특허를 출원하지 않고 기다리다가 시장에 자신의 발명을 구현한 제품이 출현하면 그 때 선발명 시점을 입증하며 특허를 출원하며 선발명가로서의 지위를 누릴 수 있다. 이를 후발명가의 입장에서 보면 자신이 발명을 가장 먼저 착상하고 가장 먼저 특허를 출원·등록한 것으로 알고 있었기에 상기 특허기술을 구현하는 제품을 제조·판매하였는데, 어느 날 갑자기 선발명가가 나타나 자신의 출원일보다 빠른 선발명 시점을 들이댈 경우, 자신은 선발명가, 특허권자라는 지위를 박탈당하는 동시에 특허침해자로 전락하고 마는 위험에 항상 노출된다. 따라서 선발명주의에서는 발명과 특허에 대한 예측성이 감소되어 특허의 금지권 자체가 불안정해질 수 있다는 단점이 있다.

이뿐만이 아니다. 선발명가와 동일한 발명을 나중에 착상한 후발명가가 선행 발명이 없다고 오판하게 될 경우, 후발명가는 자신의 발명을 구체화하기 위하여 시간과 재원을 투자하게 된다. 따라서 사회적으로는 중복 투자가 일어나고 그 결과 재원의 효율적 분배에도 실패하게 된다.

이러한 단점을 보완하기 위하여 미국 의회는 선발명가가 발명을 착상한 후 시제품을 제작하거나 특허를 출원하기 전 후발명가가 발명을 착상하게 되면 특허를 받을 수 있는 우선권을 후발명가에게 부여하는 등의 조항을 입법화하였다. 하지만 이러한 조항만으로 선발명주의의 단점을 완전히 보완할 수는 없었다.

선발명주의의 또 다른 단점은 발명의 착상 시점의 입증과 관련된 문제이다. 우선 발명가마다 발명을 입증하는 방법이 상이하므로 이를 입증하고 판단하기 곤란한 경우가 자주 발생한다. 또한 발명 착상 시점에 대한 증거도 개인이 작성한 문서를 타인이 서명하여 작성하므로 사후 조작의 문제점도 상존한다. 따라서 경제성이 높은 발명에 대한 발명가가 다수일 경우 발명 시점 입증에 대한 법정 소송이 발생하는 문제도 있다.

나. 선출원주의

선출원주의는 선원주의 또는 “first-to-file system”이라고도 부르며, 발명의 착상 시점과는 무관하게 선출원인에게 특허 받을 수 있는 우선권을 부여하는 제도이다. 앞서 설명한 바와 같이 동일한 발명을 착상한 다수의 발명가 중 누가 특허 받을 수 있는지를 결정하는 제도로는 선발명주의와 선출원주의의 두 가지 뿐이다. 따라서 일반적으로 선발명주의의 장점은 바로 선출원주의의 단점에 해당하는 반면 선발명주의의 단점은 바로 선출원주의의 장점에 해당하게 된다.

선출원주의의 첫 번째 장점은 발명의 조기 공개라는 특허법의 취지에 가장 부합한다는 점이다. 즉 발명을 착상한 발명가가 선발명가이더라도, 발명 착상 후 특허출원을 미루다 보면 후발명가가 먼저 특허를 출원하여 특허 받을 수 있는 우선권을 확보할 수 있는 반면 자신은 동일한 발명에 대한 특허를 받을 수 없게 된다. 따라서 선출원주의는 발명을 착상한 발명가로 하여금 가능한 한 빨리 특허를 출원하도록 유인하는 강력한 incentive를 제공한다. 또한 발명가로 하여금 특허출원을 서두르도록 한 결과, 발명가의 발명은 공중은 물론 경쟁자에게도 조속히 공개된다는 장점이 있으며, 조속히 출원된 상기 발명에 대한 특허 역시 조속히 소멸되어 공공영역에 귀속되기 때문에 공공영역의 기술과 지식을 조속히 확충할 수 있다는 장점도 있다.

선출원주의의 또 다른 장점은 특허를 받을 수 있는 우선권 판단이 선발명주의에 비하여 무척 용이하다는 점이다. 왜냐하면 발명을 착상하였다는 증거를 이용하여 발명의 착상 시점을 판단해야 하는 선발명주의와 달리, 선출원주의는 특허 출원일에만 근거하여 동일한 발명을 착상한 발명가 중 특허를 받을 수 있는 우선권을 판단하기 때문이다. 따라서 발명가는 자신이 발명을 착상한 시점을 입증할 필요 없이 특허청에 가능한 한 빨리 특허를 출원하면 선출원자로서의 지위를 확보할 수 있다.

하지만 선출원주의에도 여러 가지 단점이 있으며, 그 중 가장 중요한 단점은 선출원주의가 발명가의 보호라는 특허법의 취지와 어긋난다는 점이다. 즉 대기업은 재원이 충분하기 때문에 종업원들이 발명을 착상하였을 경우 이들을 검증하지 않고서도 모두 특허로 출원할 여력을 보유한다. 하지만 선출원주의의 개인발명가는 재원이 부족하기 때문에 자신이 착상한 발명이 실제로 작동하는지 또는 경제적 가치가 있는 지에 대하여 충분히 검토하지 못하고 특허출원을 서둘러야한다. 따라서 선출원주의의 개인발명가는 대기업에 비하여 상대적으로 불리한 처지에 놓인다.

이와 관련된 선출원주의의 또 다른 단점은 발명가가 발명을 착상하자마자 특허를 출원하게 되므로 등록되는 특허의 품질이 저하된다는 점이다. 즉 선출원주의 하의 선발명가는 후발명가가 자신보다 먼저 특허를 출원할 경우 동일한 발명에 대한 특허를 받을 수 있는 우선권을 상실할 가능성이 상존하므로, 선발명가는 자신의 발명에 대한 기술적 결함을 충분히 해결하지 못하였거나 발명의 작동 여부를 충분히 입증하기도 전, 미성숙 발명에 대한 특허를 출원해야만 하는 경우가 발생한다. 그 결과 상기 특허가 존속기간이 경과하여 소멸된 후 공공영역에 귀속되더라도, 공중이 이를 이용하여 얻을 수 있는 혜택이 줄어들 수 있다.

이와 관련된 선출원주의의 또 다른 단점은 발명가가 수많은 미성숙 발명들을 특허청에 출원함에 따라 특허청의 업무가 가중될 수밖에 없다는 점이다. 대부분 국가의 특허청이 심사기간 단축에 노력하고 있는 사정을 감안한다면 선출원주의는 특허 심사의 질을 저하하여 불량특허의 양산을 초래할 수도 있다.

이러한 단점에도 불구하고 대부분의 국가는 선출원주의를 채택하고 있으며, 이에 대한 가장 큰 이유는 행정상의 편리함이다. 또한 선발명주의를 고집하던 미국 역시 2011년 개정 특허법인 “America Invents Act”가 발효됨에 따라 2013년 3월 16일부터 선발명주의를 폐기하고 선출원주의를 채택하였다. 그 결과 선발명주의는 이제 역사의 유물로 전락하였다.

단 여기에도 주의할 점이 있다. 미국 특허제도가 선발명주의로부터 선출원주의로 전환하였다고 해서 선발명주의에 근거한 미국의 구특허법을 머리에서 지우기에는 아직 시기상조라는 점이다. 왜냐하면 미국이 선출원주의로 전환한 시점은 2013년 3월 16

일이므로, 2013년 3월 15일까지 출원된 미국특허는 구특허법의 선발명주의를 따르기 때문이다. 또한 2013년 3월 15일 출원된 특허가 미국특허청에 등록되면 상기 특허는 특허출원 후 20년의 존속기간을 가지므로, 상기 특허는 2033년 3월 15일까지 금지권을 행사할 수 있다.

이것으로 끝이 아니다. 만일 상기 특허의 출원인이 2032년 말경 상기 특허에 근거한 특허침해소송을 제기할 경우, 미국 연방지방법원은 빨라야 2034년은 되어야 판결을 내릴 수 있을 것이다. 만일 상기 1심 소송에서 패소한 당사자가 이를 미국 연방항소법원에 항소할 경우, 연방항소법원의 판결은 빨라야 2036년 정도에나 내려질 것이며, 상기 항소심에서 패소한 당사자가 이를 미국 연방대법원에 상고하고 연방대법원이 이를 받아들일 경우, 연방대법원의 판결은 2038년경에나 내려질 것이다. 또한 상급법원이 파기·환송한 사건에 대한 하급법원의 판결은 이로부터 또 1~2년이 경과해야만 얻을 수 있을 것이다. 따라서 비록 미국이 2013년 3월 16일 선출원주의로 공식적으로 전환하였지만, 선발명주의에 근거한 미국 구특허법은 2040년은 되어야 역사의 뒤안길로 완전히 사라지리라 추정된다. 즉 앞으로 약 24년 동안은 선발명주의에 근거한 미국 구특허법을 잊지 말아야 할 이유이다.

4. 특허권의 제한

앞서 발명가가 혁신을 이루도록 유인하여 공중이 혜택을 받도록 고안된 특허제도 하에서 궁극적 수혜자는 공중인 반면 발명가는 상기 제도를 위한 '도구'에 불과하다고 설명하였다. 따라서 특허제도는 '도구'인 발명가가 과다한 권리를 보유하지 못하도록 제한함으로써 공중이 얻을 수 있는 혜택을 극대화하도록 운용된다. 아래에서는 발명가가 보유한 특허의 금지권에 대하여 특허제도가 부가하는 다양한 선천적 제한 및 다양한 후천적 제한에 대하여 자세히 소개한다.

가. 선천적 제한

특허제도는 혁신을 통하여 공중에게 새롭고 유용한 제품과 service를 제공함을 목적으로 한다. 따라서 '공중'을 최우선으로 하는 특허제도 자체의 목적에 의하여 특허권자의 금지권은 '선천적'으로 제한된다고 간주할 수 있다. 이러한 선천적 제한의 예로는 특허제도가 발명가에게 부여하는 권리가 배타적 독점권이 아닌 금지권이라는 점, 특허권자의 금지권은 특허를 출원·등록한 국가에만 제한된다는 점, 금지권의 기간 역시 유한하다는 점 등이다.

(1) 특허권 ≈ 배타적 독점권이 절대 아닌 금지권

앞서 제3장의 2-나절 "허구의 배타적 독점권 vs. 실질적 금지권"에서 설명하였듯이 특허제도가 발명가에게 부여하는 보장된 권리는 배타적 독점권이 아닌 금지권이다. 즉 발명가는 자신이 획득한 권리범위의 크기와 상관없이 경쟁자가 자신의 권리범위를 침해하지 못하도록 금지할 수 있는 권리인 금지권은 항상 보유하지만, 발명가 자신의 특허기술을 자유로이 실시할 수 있는 실시권을 보장받지는 못한다. 왜냐하면 발명가가 보유한 특허의 권리범위가 선발명가의 원천특허의 권리범위에 속하는 경우, 발명가는 자신의 개량특허를 실시하는 즉시 선발명가의 원천특허를 침해하기 때문이다.

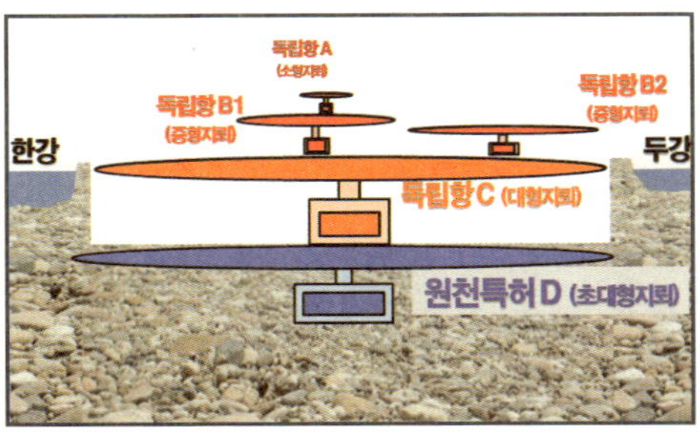

그림 5-17. 배타적 독점권이 아니라 금지권인 특허권의 선천적 한계

이에 대한 설명이 그림 5-17로서 발명가 A는 자신이 보유한 특허의 청구항 A와 같은 소형지뢰 A의 상부에서 자신의 경쟁자가 거주하지 못하도록 또는 경쟁자가 자신의 소형지뢰 A의 상부를 통과하지 못하도록 막을 수 있는 금지권을 소유한다. 하지만 발명가 A가 매설한 소형지뢰 A는 권리범위 자체가 협소하기 때문에 발명가 A가 이러한 특허를 이용하여 수익을 창출하기는 몹시 어려울 수밖에 없다.

이보다 더 중요한 점은 발명가 A의 소형지뢰 A가 발명가 B1의 특허인 중형지뢰 B1의 상부에 위치한다는 점이다. 따라서 발명가 B1의 허락이 없을 경우, 발명가 A는 자신의 지뢰 A를 이용하여 수익을 창출하기가 더 어려워진다. 마찬가지로 발명가 B1의 특허인 중형지뢰 B1은 발명가 C의 특허인 대형지뢰 C의 상부에 위치하므로 발명가 B1 역시 자신의 특허를 실시하는 즉시 발명가 C의 특허를 침해한다. 또한 발명가 C의 특허인 대형지뢰 C 역시 원천발명가 D의 원천특허인 초대형지뢰 D 상부에 위치하므로 발명가 C 역시 자신의 특허를 실시하는 즉시 원천특허를 침해하게 된다.

이러한 상황을 종합한 그림 5-17이야말로 특허권의 한계를 여실히 드러낸다. 우선 원천발명가 D가 원천특허를 보유하였다 하더라도 원천발명가 D가 보유한 권리는 절대로 배타적 독점권이 아니다. 그 이유는 원천발명가 D의 원천특허 바로 위에 개량발명가 C가 신규성과 진보성을 갖춘 개량 발명을 착상하고 특허출원하여 등록하였을 경우, 개량발명가 C 역시 독립적인 대형지뢰를 설치할 수 있기 때문이다. 물론 발명가 C의 대형지뢰는 실시 즉시 원천발명가 D의 초대형지뢰를 침해한다. 하지만 원천발명가 D 역시 자신의 초대형지뢰 중 개량발명가 C가 대형지뢰를 매설한 영역을 마음대로 사용할 수 없다. 왜냐하면 원천발명가 D도 개량발명가 C의 대형지뢰 위에 서면 다치기 때문이다. 이러한 법체계는 토지, 주택처럼 사용권 및 배타적 독점권을 지닌 유형재산에서는 상상도 할 수 없는 상황이다.[11] 하지만 특허제도는 원천발명가를 중시하는 동시에 이를 개량한 개량발명가에게도 어느 정도의 권리를 인정하는 제도이며, 이에 따라 특허권은 만인의 추정과는 달리 배타적 독점권이 아니다. 특허권은 그저 금지권에 불과하다.

그렇다면 특허제도는 왜 원천발명가는 물론 원천발명가의 원천 발명을 개량한 개량발명가에게도 어느 정도의 권리를 인정해줄까? 저자는 이에 대한 이유로 특허제도의 목적은 어차피 수단과 방법을 가리지 않고 공공영역에 축적된 기술과 지식의 양의 보존 및 확충이기 때문이라고 추정한다.

11) 이를 상세히 설명하기 위하여 발명가가 자신이 소유한 산에 잣나무를 심은 경우를 예를 들어보자. 발명가가 자신의 산에 잣나무를 심은 이유는 견과류인 잣이 건강에도 좋거니와 자신이 먹은 후 남은 잣을 시장에서 판매하여 수익도 창출할 수 있기 때문이다. 발명가가 산을 구입하고 잣나무를 심은 지 3년 후 발명가의 산을 산책하던 경쟁자는 잣나무 구석의 덤불에서 산삼을 발견한다. 이에 격하게 흥분한 경쟁자는 "심봤다, 심봤다"를 외친 후 자신이 발견한 산삼 두 뿌리를 캐서 자신이 먹는다. 이뿐만이 아니다. 경쟁자는 자신이 산삼을 발견한 땅이 알고 보니 무수히 많은 산삼의 은닉 장소라는 사실을 인류 역사 상 최초로 확인하였다고 주장하며 이 땅을 등기소에 자신의 땅이라고 신청하며, 이를 검토한 동사무소 직원은 경쟁자의 말이 옳다며 이 땅이 경쟁자의 땅이라고 등록해준다? 물론 이런 일은 현실 세계에서는 일어나지 않는다. 하지만 특허의 세계에서는 이러한 일이 비일비재하게 발생한다. 오히려 이러한 일은 특허제도의 목적과 부합된다.

일예로 특허제도가 원천특허의 존속기간 동안 원천특허의 권리범위에 어떤 경쟁자의 어떤 범접도 허용하지 않는다고 가정하자. 그렇다면 원천특허가 소멸된 후 공공영역에 귀속되는 기술은 원천특허 하나뿐이다. 왜냐하면 원천 발명의 개량 기술을 아무리 발명해보았자 특허를 받을 수 없으며, 그 결과 무임승차자로 인하여 한 푼의 수익도 창출할 수 없음을 인지하는 경쟁자 발명가들이 그럼에도 불구하고 자신의 재원, 시간 및 노력을 투자하여 원천 기술을 개량한 개량 발명에 매진할리 없기 때문이다.

이와는 반대로 원천특허의 존속기간 동안이라도 경쟁자가 원천특허의 권리범위에 속하기는 하지만 원천발명가가 생각지도 못했던 새로운 용도 등에 대한 개량 발명을 착상하였다고 가정하자. 만일 경쟁자의 개량 발명이 발명가의 원천 발명에 비하여 신규성 요건과 진보성 요건 등을 만족하여 이에 특허를 부여했다면 어떤 일이 발생할까?

비록 원천특허의 권리범위에 속하더라도 개량 발명이 신규성 요건과 진보성 요건 등을 만족하면 특허를 받을 수 있다는 사실을 인지하는 경쟁자 발명가들은 원천특허 소유권자와 cross-licensing할 수 있는 개량특허를 확보하기 위하여 또는 원천특허보다 경제성이 탁월한 길목특허를 확보하기 위하여 부단히 노력한다. 하지만 모든 개량특허 역시 출원 후 20년이라는 존속기간이 경과하면 모두 공공영역으로 귀속된다. 따라서 원천특허에 대한 개량특허를 인정할 경우, 원천특허의 존속기간 중에도 수많은 개량특허가 출원·등록되므로, 출원 후 20년이 경과하면 더 많은 특허들이 공공영역에 귀속된다. 이와 같이 특허제도의 목적이 공공영역의 보존 및 확충이기 때문에 특허제도는 원천 발명의 개량 발명을 권장하며, 이를 권장하기 위하여 특허제도는 원천특허의 권리범위 내에서도 경쟁자의 개량특허를 인정해주기도 한다.

물론 개량 발명의 범접을 원천적으로 차단하는 원천특허도 이론적으로는 존재할 수 있다. 즉 원천 발명을 착상한 원천발명가가 자신의 원천 발명의 모든 가능한 개량 발명을 미리 인지하고, 이를 특허로 출원한 후 등록하는 경우이다. 추후 이러한 원천특허에 대해서는 어떤 개량특허도 존재할 수 없기 때문에 이와 같은 원천발명가의 원천특허는 금지권은 물론 사용권까지 보유한 "배타적 독점권"이라고 간주할 수 있다. 하지만 이러한 원천특허는 현실 세계에서 상상하기 어려운 경우이며, 설령 존재하더라도 아주 극히 이례적인 경우에만 국한될 수밖에 없다. 그렇기 때문에 전 세계의 대부분의 발명은 원천 발명의 개량 발명이라고 간주함이 타당하며, 따라서 전 세계의 대부분의 특허 역시 개량특허라고 간주함이 타당하다.

그 결과 현존하는 대부분의 특허권은 배타적 독점권은커녕 소수의 원천특허의 금지권에 종속되는 개량특허의 금지권이라고 간주함이 현실적으로 타당하다. 따라서 대부분의 특허권은 절대로 배타적 독점권이 아니다. 그저 금지권일 뿐이다.

(2) 영토의 제한 ≡ 속지법

특허법은 속지법이다. 즉 특허제도는 각국의 특허청이 자신의 특허 요건에 따라 심사한 후 특허로 등록시킨 개별국의 금지권만을 인정한다. 따라서 특허제도에는 국제경쟁력을 지닌 발명을 '국제특허청'에 출원하여 등록한 '국제특허'에 의한 "국제 금지권"이란 개념은 아예 존재하지 않는다.

참고로 흔히들 PCT(Patent Cooperation Treaty) 제도에 따라 출원한 특허를 국제특허라고 혼동하여 지칭하기도 하지만 이는 사실과는 동떨어진 해석이다. 왜냐하면 PCT 제도란 발명가가 출원한 국제특허를 심사한 후 국제특허로 등록시키는 제도가 아니라, 발명가가 특정 국가에서 출원(즉 원출원)한 특허를 추후 타국가에 출원할 경우 우선 출원일 또는 우선권을 인정해 주는 국제 협약에 불과하기 때문이다. 따라서 발명가가 PCT 제도에 따라 특허를 출원하더라도 일정 기간이 도과하기 전 자신이 원하는 PCT 가입국가에 개별적으로 특허를 출원하지 않는 경우 상기 PCT 출원은 소멸되며, 발명가는 추후 PCT 가입국가에 원출원 특허의 출원일을 주장하며 특허를 출원할 수 있는 권리를 상실하게 된다. 따라서 PCT 제도에 따라 출원한 특허를 '국제특허'라고 지칭하는 대신 "등록되지는 않지만 해외 출원 시 우선권을 보장받는 특허"라 지칭함이 타당하다.

그렇다면 국내는 물론 전략적 주요 국가인 미국이나 유럽에서 자신의 발명을 보호받고자 하는 발명가는 어떤 방법으로 미국특허나 유럽특허를 취득할 수 있을까? 이에 대한 정답은 "국제 협약에 따라 각 국가에 개별적으로 특허를 출원하는 수밖에 없다"이다. 단 여기에도 한계가 존재한다. 즉 발명가가 자신의 발명을 보호받기 위해서는 발명가가 보호를 원하는 국가의 특허청에 반드시 특허를 출원·등록해야만 하며, 만일 발명가가 특정 국가에 특허를 출원·등록하지 않을 경우, 발명가는 상기 국가에서 자신의 발명에 대한 금지권을 확보할 수 없다는 사실이다.

그림 5-18. 속지법에 의한 특허권의 선천적 한계

따라서 제1장의 4-가절 "국내특허의 선천적 한계 [속지법]"에서 설명한 바와 같이 국내에서만 등록된 특허는 국내에서만 인정되는 금지권만을 보유할 뿐이다. 그 결과 아무리 기술성이 우수하고 상업성이 뛰어난 발명이라도 발명가가 이를 국내에서만 특허로 출원·등록하였을 경우, 상기 발명은 그림 5-18과 같이 5대양 6대주에서 무료로 자유로이 실시할 수 있는 호구 발명으로 전락한다.

속지법에 의한 특허권의 선천적 한계가 암시하는 바는 간단명료하다. 발명가가 시간과 자본을 투입하여 사유재산인 자신만의 영토를 확보하기 위해서는 기왕이면 땅값도 비싸며 침입자에 대한 벌금과 형량도 높은 국가, 즉 시장이 광활한 동시에 특허 보호 정도도 높은 국가에서 영토를 확보함이 수익 창출에 도움이 된다는 냉엄한 현실이다.

그렇다면 특허라는 땅값이 비싼 국가는 어디일까? 우선 특허라는 사유재산에 대한 소유권을 엄격히 보호해주는 국가가 바로 땅값이 비싼 국가이다. 또한 기왕이면 인구가 많고 시장 규모도 커서 많은 사람들이 발명가의 영토에서 거주하기를 원하고 발명가의 영토를 지나가기를 원하는 나라이어야 한다. 그래야만 발명가가 창출할 수 있는 수익도 극대화될 수 있기 때문이다. 작금의 상황을 감안하였을 때, 전 세계에서 위의 두 가지 조건을 가장 잘 충족하는 국가는 단연코 미국이라는 데에는 전 세계 특허전문가들이 동의한다. 또한 미국 다음으로 위의 두 가지 조건을 가장 잘 충족하는 곳이 유럽(3년 후에는 중국?)이라는 데에도 국내외 모든 전문가의 이견은 없다.

(3) 기간의 제한 ≡ 존속기간

그렇다고 대부분의 경우 배타적 독점권이 아니며 금지권에 불과한 특허권은 영속적 권리도 아니다. 소유권자가 보유하는 한 배타적 독점권을 행사할 수 있는 토지·주택과 같은 유형재산과는 달리 특허권은 출원 후 20년이라는 존속기간이 경과하면 자동적으로 소멸되어 공공영역에 귀속되는 유한한 금지권에 불과하다.

유한한 권리를 지닌 특허권은 또한 순장(殉葬)제도를 따른다. 일예로 그림 5-19의 (A)와 같이 발명가가 발명 A를 착상하고 특허를 출원하여 등록하였다고 가정하자. 상기 발명 A의 존속기간은 발명 A에 대한 특허출원 시점부터 딱 20년이다. 따라서 출원 후 20년이 경과하면 발명 A에 대한 특허는 자동적으로 소멸되고, 상기 발명은 공공영역에 귀속되어 공중이 자유로이 사용할 수 있게 된다.

발명가가 발명 A에 대한 특허를 출원한 후 추가 인력과 비용을 투입하여 5년간 연구를 계속한 결과, 그림 5-19의 (B)와 같이 발명 A를 대폭적으로 개량한 발명 B를 착상하고 특허를 출원하여 등록하였다고 가정하자. 또한 발명 B를 구현하여 만든 제품은 품질과 성능이 뛰어나며, 공중은 발명 B를 사용함으로써 전력 사용량도 50% 이상 낮출 수 있고 CO_2 배출량의 30%를 줄일 수 있다고 가정하자.

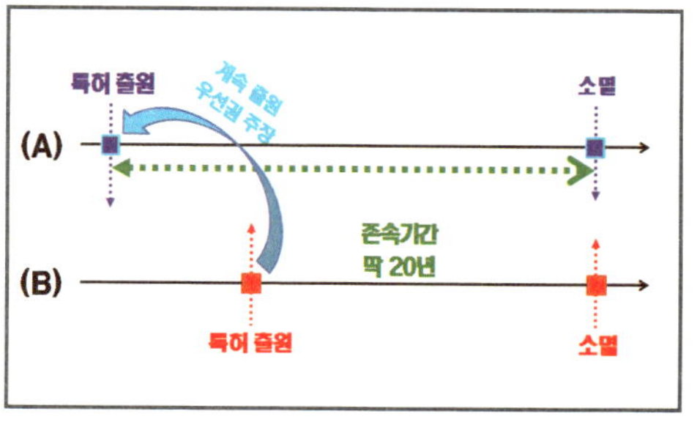

그림 5-19. 유한한 존속기간 및 순장(殉葬)에 의한 특허권의 선천적 한계

이에 고무된 발명가는 발명 B에 대한 특허를 출원한다. 하지만 발명 B는 발명 A와 동일한 원리에 기초하므로 발명 B는 그 특성에 따라 발명 A에 대비한 신규성 요건이나 진보성 요건을 만족하기 못하는 경우도 자주 발생한다. 발명가가 이러한 불상사를 피하는 방법은 미국의 경우 발명 A에 대한 특허가 등록되기 전 계속출원제도를[12] 이용하여 발명 A의 특허에 대한 우선권을 주장하는 방법이다. 이에 따라 발명가는 발명 B를 발명 A의 특허에 대한 계속특허 또는 일부계속특허로 등록할 수도 있다.

그렇다고 발명가는 발명 B에 대한 특허의 금지권을 발명 B의 특허출원 후 20년간 보유할 수는 없다. 대신 발명가가 발명 B를 출원하며 발명 A의 출원일에 대한 우선권을 주장하였으므로, 발명 B에 대한 특허는 발명 A에 대한 특허가 소멸되는 시점에 같

12) 자세한 내용은 제9장의 3-라절 "미국의 계속출원, 일부계속출원 및 서면기재 요건" 참고.

이 소멸된다. 즉 기원전 인류가 사용하던 순장(殉葬)제도와 동일하다.

나. 후천적 제한

특허제도는 공중에게 새롭고 유용한 제품과 service를 제공함을 목적으로 한다. 따라서 발명가가 보유한 금지권의 상당한 부분은 앞서 설명한 바와 같이 특허제도 자체의 목적에 의하여 '선천적'으로 제한된다. 따라서 수익을 창출하기 위하여 발명을 착상하고 특허를 출원하는 영민한 발명가는 물론 발명가를 대리하는 창의적 변리사 및 특허변호사는 이러한 선천적 제한을 극복하기 위하여 노력해야 한다.

그렇다면 자신의 수익 창출을 위하여 특허제도의 변두리를 헤매며 빈틈을 찾아 금지권을 최대한 활용하려는 발명가나 대리인의 행위는 적법한 행위일까? 발명가가 특허제도의 빈틈을 이용하여 자신이 초과 수익을 창출한 결과 타인의 인권이나 기본권이 훼손된다면 모르겠지만, 특허 자체의 금지권이 약하기는 하지만 사유재산이기 때문에 특허법 역시 상법, 재산법으로 간주함이 옳다. 이러한 측면에서 보면 자신의 발명에 대한 금지권을 확보하되 가능한 한 금지권의 범위를 확충하려는 발명가의 부단한 노력은 합법적 행위라고 간주함이 옳다. 대리인 역시 마찬가지이다. 다른 대리인과 동일한 법률 service를 제공하는 대리인과 발명가의 권리를 위해서 다른 대리인보다 더 노력하는 대리인 중 발명가가 어떤 대리인을 선호할 지는 자명하다.

그 결과 특허제도는 발명가 및 대리인이 특허의 금지권을 과다하게 확충하지 못하도록 방지하는 다양한 후천적 제한을 법령이나 판례를 통하여 운용한다. 아래에서는 발명가의 금지권을 더욱 한정하는 후천적 제한과 관련된 법령과 판례를 소개한다.

(1) 금지권을 제한하는 특허소진론 (Patent Exhaustion)

특허권은 금지권이다. 즉 원천특허를 보유한 발명가이건 개량특허를 보유한 발명가이건 발명가는 경쟁자가 자신의 특허를 자신의 동의 없이 무단으로 실시하지 못하도록 금지할 수 있는 금지권을 소유한다.

미국 특허법에서는 발명이나 특허의 '실시'를 'practice'라 지칭하며 "patented article 또는 process"를 "make, have made, use, sell, offer to sell, import"하는 행위들을 '실시'라고 지칭한다. 즉 청구발명에 기초한 제품이나 service를 제조하거나, 판매하거나, 판매를 위한 청약을 하거나, 수입하는 행위 등이다. 국내 특허법 역시 표 5-2와 같이 '실시'를 유사하게 정의한다.

표 5-2. 국내 특허법 제2조

특허법 제2조(정의)
3. 실시라 함은 다음 각목의 1에 해당하는 행위를 말한다. 가. 물건의 발명인 경우에는 그 물건을 생산·사용·양도·대여 또는 수입하거나 그 물건의 양도 또는 대여의 청약(양도 또는 대여를 위한 전시를 포함한다. 이하 같다)을 하는 행위 나. 방법의 발명인 경우에는 그 방법을 사용하는 행위 다. 물건을 생산하는 방법의 발명인 경우에는 '나'의 행위 외에 그 방법에 의하여 생산한 물건을 사용·양도·대여 또는 수입하거나 그 물건의 양도 또는 대여의 청약을 하는 행위

그림 5-20(a). 제조에서 소비까지의 Cycle

그렇다면 법령에서 정의한 특허는 현실에서는 어떤 방법으로 실시될까? 특허의 실시를 현실 세계에서 예시한 도면이 그림 5-20(a)이다. 우선 그림 5-20(a) 좌측의 부품 제조업체는 특허기술을 실시하여 부품을 제조(make)한 후, 이를 그림 상부의 완제품 제조업체에게 판매(sell)한다. 완제품 제조업체는 다수의 부품업체로부터 부품을 구입한 후 이들을 조립하여 완제품을 제작(make)하고, 이를 그림 우측의 소매업체에 판매(sell)한다. 소매업체는 완제품을 다시 그림 하부의 최종 소비자에게 판매(sell)하며, 소비자는 구입한 상기 완제품을 사용(use)한다.

물론 그림의 (부품)은 부품 제조업체가 아니라 완제품 제조업체일수 있으며, 이 경우 그림의 (완제품)은 도매업체에 해당한다. 또한 그림의 (소매)는 소매업체가 아니라

도매업체일 수 있고, 이 경우 그림의 (소비자)는 소매업체에 해당한다. 마찬가지로 그림의 (부품)은 제품의 제조(make) 대신 service의 제공(make)일 수도 있으며, 그림의 (완제품) 또는 (소매)의 개입 없이 상기 service를 직접 최종 소비자에게 판매(sell)할 수도 있다. 이러한 부분적 변형은 가능하지만 큰 맥락에서 보았을 때 그림 5-20(a)에서 예시한 제조에서 소비까지의 cycle에는 큰 변화는 없다.

발명가가 발명을 착상하여 특허를 출원, 등록하고, 이를 그림 5-20(a)의 부품 제조업체에게 licensing하였다고 가정하자. 상기 license 계약에 따라 부품업체는 발명가의 특허기술을 실시하여 부품을 제조하고, 이를 총 12개의 완제품업체에게 판매하며, 부품업체는 12개의 완제품업체로부터 지급받는 대금의 일부를 발명가에게 royalty로 지급한다. 한편 12개의 완제품업체들은 상기 부품을 이용하여 완제품을 조립한 후 이를 총 259개의 소매업체에게 판매하며 이익을 취하고, 259개의 소매업체는 이를 537,623명의 소비자에게 판매하여 이익을 취한다고 가정하자.

이러한 cycle은 일견 정상적으로 보이지만 발명가 입장에서는 불만이 생길 수밖에 없다. 왜냐하면 발명가는 단일의 부품업체에만 특허를 licensing하였으므로 상기 부품업체로부터만 royalty를 받는 반면, 12개의 완제품업체와 259개의 소매업체는 자신에게 royalty를 한 푼도 지급하지 않고 자신의 특허로 구현한 부품이 포함된 완제품을 판매(sell)하여 이익을 취하기 때문이다. 소비자도 마찬가지이다. 무려 537,623명에 이르는 소비자들이 자신에게 royalty를 한 푼도 지급하지 않고 자신의 특허로 구현한 제품을 포함하는 완제품을 사용(use)하기 때문이다.

물론 발명가는 12개의 완제품업체와 259개의 소매업체는 물론 537,623명의 소비자에게 경고장을 발송하여 이들이 조립, 판매, 사용하는 제품에 포함된 특정 기술에 대한 특허를 자신이 소유하므로 자신에게 royalty를 지불하도록 요구할 수 있다. 물론 이러한 경고장을 받은 소비자는 royalty는 소매업체가 알아서 할 일이라고 주장하며 발명가에게는 단 한 푼의 royalty도 지급하지 않을 것이다. 소매업체들 역시 마찬가지일 것이다. 왜냐하면 자신들은 완성품업체에서 공급받은 제품을 판매할 뿐이므로 royalty가 필요하면 완성품업체에게서 받으라는 핑계를 댈 것이며, 완제품업체는 royalty에 대해서는 아는 바도 없고 들은 바도 없으니 부품업체에게 물어보라며 발명가를 상대하지도 않을 것이다. 즉 완제품업체, 소매업체, 소비자 모두 발명가의 허락 없이 발명가의 특허를 실시함에도 불구하고 발명가에게는 한 푼의 royalty도 지급하지 않는 경우이다.

그렇다면 발명가는 완제품업체, 소매업체 또는 소비자를 상대로 특허침해소송을 제기하여 승소할 수 있을까?

만일 '특허소진론(特許消盡論)'이라는 제도가 없을 경우의 이론적 정답은 "물론 그렇다"이다. 왜냐하면 그림 5-20(b)와 같이 발명가는 완제품업체에게 자신의 발명을 구현한 부품을 구입하여 완제품을 제조하도록 별도로 허락한 적이 없고, 소매업체에게 상기 완제품을 구입하여 판매하도록 별도로 허락한 적도 없으며, 소비자에게 상기 완제품을 구입하여 사용하도록 별도로 허락한 적이 없기 때문이다. 따라서 발명가는 이론적으로는 자신의 허락 없이 특허를 실시한 완제품업체, 소매업체, 소비자들을 상대로 특허침해소송을 제기할 수 있다.

그림 5-20(b). 특허소진론이 없을 경우의 침해 가능성

하지만 이러한 발명가의 권리 행사는 관련 제품의 유통은 물론 상기 제품의 상업적 이용에 막대한 장애를 초래하게 된다. 왜냐하면 발명가가 자신의 특허에 대한 license 계약을 부품업체, 완제품업체, 도매업체, 소매업체 중 어느 하나와 체결하지 않을 경우 소비자는 상기 제품이나 service를 사용할 수 없기 때문이다. 또한 소비자 역시 소매업체에서 상기 제품을 구입하여 counter에서 대금을 지급하는 동시에 발명가와 별도의 계약을 체결하지 않으면 상기 제품을 사용할 수 없으며, 사용 후 이를 타인에게 양도할 수 없기 때문이다.

이러한 비효율에 따르는 부작용을 최소화하기 위하여 특허제도가 운용하는 특별한 규칙이 바로 특허권자의 금지권을 단 1회로 제한하는 '특허소진론(特許消盡論)'이다. 특허소진론은 영어로는 "doctrine of patent exhaustion"이라고 지칭하며, 특허권자가 특별한 제약 조건 없이 특허를 licensing하였을 경우, 상기 license를 이용하여 구현한 제품 또는 service에 대한 특허권자의 권리는 소진된다는 이론이다.

그림 5-20(c). 특허소진론을 적용할 경우의 침해 가능성

따라서 특허소진론을 감안한 위의 질문에 대한 정답은 그림 5-20(c)와 같이 "그렇지 않다"이다. 왜냐하면 특허소진론에 따라 발명가는 자신의 특허를 구현한 제품이나 service에 대하여 딱 한 번만 보상받을 수 있기 때문이다. 따라서 발명가가 특별한 제약 조건 없이 부품업체에게 자신의 특허를 licensing하였을 경우, 상기 license에 따라 부품업체가 제조한 부품을 구입하여 조립하는 완제품업체, 완제품을 구매하는 도매업체, 이를 다시 구입하는 소매업체 및 이를 구입하여 사용하는 소비자 등은 발명가와 별도의 license 계약을 체결하지 않고도 상기 제품을 자유로이 이용하거나 처분할 수 있게 된다.

그렇다면 발명가는 특허제도가 부과한 특허소진론이라는 후천적 제약으로부터 자신의 금지권을 지키며 수익 창출을 극대화할 수 있을까?

물론 정답은 "이론적으로는 가능하다"이다. 즉 특허소진론에 따라 발명가는 자신의 특허를 licensing하며 licensee에게 특별한 제약 조건을 부과하면 되기 때문이다. 하지만 이러한 전략은 현실적으로는 전혀 도움이 되지 않는다.

우선 발명가는 특허소진론에 의하여 자신의 금지권이 약화되지 않도록 부품업체 A에게 특정 조건을 요구할 수 있다. 일예로 발명가는 부품업체 A 와의 license 계약서에 본 계약은 발명가와 부품업체 A 사이에서만 유효하고, 제품 유통경로의 타업체에게는 적용되지 않는다는 조항을 삽입할 수 있다. 상기 계약을 체결한 부품업체 A는 완제품업체에게 자신의 부품을 판매하며 상기 특약조항을 통지할 것이다. 왜냐하면 추후 발명가가 완제품업체를 특허침해로 제소할 경우 완제품업체는 부품업체 A에게 책임을 물을 수도 있으며, 이러한 위험으로부터 면책되려면 부품업체 A는 완제품업체에게 특허침해 가능성을 알릴 수밖에 없기 때문이다.

따라서 완제품업체에게는 두 가지의 선택이 있다. 첫 번째 선택은 부품업체 A로부터 부품을 구입하기 전 발명가를 접촉하고 별도의 license 계약을 체결하는 경우이다. 하지만 여기에는 비용이 수반된다. 따라서 두 번째 선택은 부품업체 A와 계약을 체결하지 않으며, 대신 구조는 상이하지만 동일한 또는 유사한 기능을 수행하는 부품을 생산하는 다른 부품업체로부터 부품을 공급받는 경우이다. 그 결과 부품업체 A의 매출은 줄어들게 되고, 발명가가 부품업체 A로부터 받는 royalty 역시 감소할 수밖에 없다.

이러한 상황은 부품업체와 완제품업체 사이에만 국한되지 않는다. 동일한 상황이 완제품업체와 도매업체 사이에서는 물론 도매업체와 소매업체 사이에서도 발생한다. 이뿐만이 아니다. Best Buy를 방문하여 4차원 TV를 구입하려는 소비자는 TV를 구입하여 전원에 연결하고 사용하기 전 반드시 발명가와 별도의 license 계약을 체결하도록 요구하는 조건이 부가된 TV를 구입할 리가 없다.

결국 발명가는 이론적으로는 특허소진론이라는 후천적 제약으로부터 자신의 금지권을 지킬 수는 있다. 하지만 이러한 전략은 특허를 통한 수익 창출이라는 발명가의 목적과는 배치되는 경우가 대부분이다. 따라서 현실적으로 발명가가 특허소진론이라는 후천적 제약으로부터 자신의 금지권을 지킬 수 있는 방법은 거의 없다. 바꾸어 말하면 특허소진론에 의하여 우리는 특허로 보호받는 부품을 수십 개, 수백 개, 수천 개나 포함하는 전자제품이나 자동차를 상점에서 구입한 후, 발명가들로부터 소송당할 걱정 없이 사용할 수 있는 것이다.[13]

13) 특허소진론과 관련된 사안으로는 특허제품의 수리(repair)와 재조립(reconstruction) 등이 있다. 일예로 특허로 보호받는 완제품을 소비자가 구입하여 사용하던 중 고장이 났을 경우, 소비자는 상기 완제품을 보수하여 재사용할 수 있는가? 이 질문에 대하여 미국 연방법원은 소비자가 제품을 수리(repair)하는 행위는 특허침해가 아니라고 판결하였다.

그렇다면 특허로 보호받는 1회용 제품을 소비자가 구입하여 사용한 후 상기 제품을 재정비(reconstruct)하여 판매할 수 있는가? 즉 소비자는 용도가 소진된 상기 제품을 개비하여 재판매할 수 있는가? 이 질문에 대해서 미국 연방법원은 소비자가 특허로 보호받는 1회용 소모성 제품을 사용한 후, 이를 재정비하여 재판매하는 행위는 특허의 무단 실시(make 및 sell)에 해당하는 특허침해라고 판결하였다.

(2) 일(1)발명 일(1)특허 원칙

앞서 특허제도는 공공영역에 축적된 지식과 기술의 양을 확충하기 위하여 출원 후 20년의 존속기간이 경과한 등록특허를 소멸시키고 이를 공공영역에 귀속시킨다고 설명하였다. 이를 확인하기 위한 특허제도의 원칙이 "일(1)발명 일(1)특허 원칙"으로서, 상기 원칙은 특정 발명에 대해서 딱 한 번만 특허를 부여한다는 원칙이다.

만일 동일한 발명에 대하여 다수의 특허를 상이한 시점에 각각 부여한다면, 다수의 특허가 모두 소멸되어야만 특허기술이 공공영역에 귀속된다. 이에 따라 특정 특허기술이 공공영역에 귀속되는 시점이 그만큼 늦어짐에 따라 특허제도의 목적인 공공영역 확충에 장애가 될 수밖에 없다. 이러한 문제를 방지하기 위한 제도가 바로 "일발명 일특허 원칙"이며, 이에 따라 발명가는 물론 경쟁자도 일단 특허가 부여되었던 발명에 대해서는 다시 특허를 받을 수 없다.

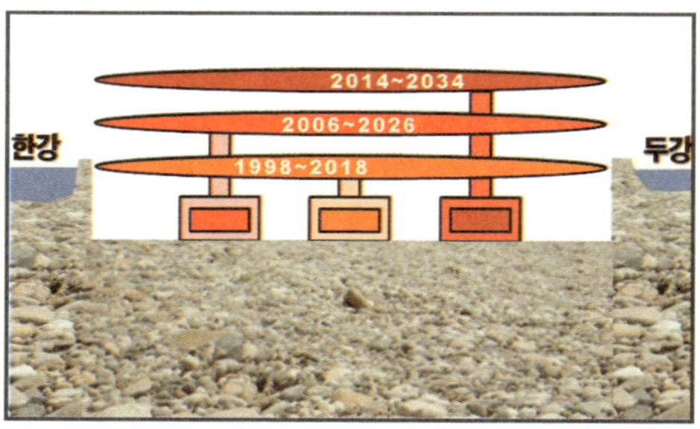

그림 5-21(a). 일(1)발명가 삼(3)특허와 공중의 피해

일예로 "일발명 일특허 원칙"이 없는 경우를 가정하자. 그림 5-21(a)는 발명가가 1998년 특허를 출원·등록한 경우로서, 상기 특허는 출원 후 20년 후인 2018년 소멸되고, 그 때부터 공중은 상기 특허를 자유로이 사용할 수 있게 된다. 하지만 자신의 발명에 애착을 가진 발명가는 첫 번째 특허를 출원한 후 8년이 경과한 2006년 동일한 발명에 대한 두 번째 특허를 출원한다. 상기 특허는 출원 후 20년인 2026년 소멸된다. 따라서 공중은 상기 발명에 대한 특허를 2018년이 아닌 2026년부터 자유로이 사용할 수 있게 된다. 만일 발명가가 자신은 2030년까지는 생존할 수 있다고 믿으며 두 번째 특허 출원 후 8년이 지난 2014년 동일한 발명에 대하여 세 번째 특허를 출원하면 어떻게 될까? 상기 특허가 등록되면 이는 2034년 소멸될 것이고, 따라서 공중은 2034년에야 상기 특허기술을 자유로이 사용할 수 있게 된다.

이에 따라 발명가는 최초 특허출원 후 20년인 존속기간이 경과한 후에도 일발명 다

특허 출원·등록을 통하여 특허의 금지권을 여러 번 활용하며 수익을 창출할 수 있는 반면 공중은 최초 특허 출원 후 20년이라는 기간이 지난 후에도 발명가에게 royalty를 지불해야만 특허기술을 실시할 수 있게 된다. 그 결과 공중이 상기 특허기술을 이용하는데 지불하여야 하는 비용이 증가하는 만큼 상기 발명에 대한 사회적 비용이 증가하고, 공중이 상기 특허를 이용하는 효율도 떨어지게 된다. 따라서 특허제도는 일발명 일특허 원칙을 이용하여 동일한 발명에 대해서는 특허를 딱 한 번 부여함으로써 공공영역의 확충에 대한 장애를 제거한다.

일발명 일특허 원칙은 동일한 발명을 여러 발명가들이 착상하였을 때 이들 중 1명에게만 특허를 부여한다는 원칙으로도 사용된다. 즉 선발명주의 또는 선출원주의에 따라 결정된 발명가가 특허를 받으면 그 후 누구도 상기 발명에 대한 특허를 다시 받을 수 없다.

만일 그림 5-21(b)에서와 같이 동일한 발명에 대하여 다수의 발명가가 특허를 받게 되면, 상기 특허를 실시하고자 하는 경쟁자는 다수의 특허권자들에게 royalty를 지불해야 하며, 상기 특허들의 출원일이 상이할 경우 공중은 동일한 발명에 대하여 가장 늦게 출원된 특허가 소멸한 후에야 이를 자유로이 사용할 수 있게 된다. 이에 따라 상기 발명에 대한 사회적 비용이 증가하고 특허의 이용 효율 역시 감소한다. 이를 방지하기 위하여 일발명 일특허 원칙은 동일한 발명을 착상한 다수의 발명가들 중 한 명(즉 선발명가 또는 선출원인)에게만 특허를 부여하여 공공영역에 축적된 지식과 기술의 확충에 대한 장애를 제거한다.

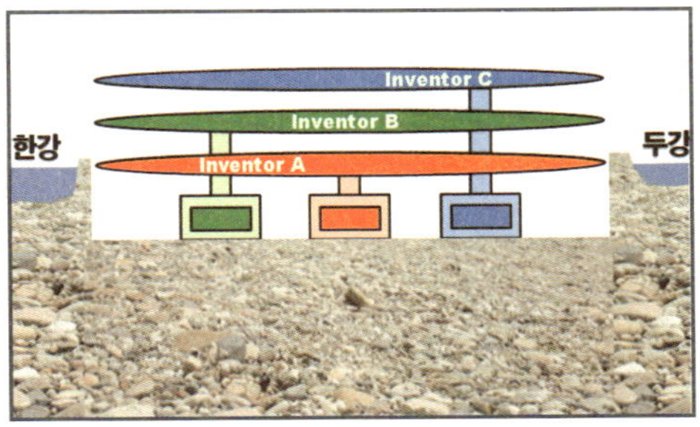

그림 5-21(b). 삼(3)발명가 삼(3)특허와 공중의 피해

(3) 부활 금지 원칙

부활 금지 원칙은 특정 발명에 대한 특허가 존속기간이 지나 소멸된 후에는 이를 재출원하여 특허를 받을 수 없다는 원칙이다. 발명가가 동일한 발명에 대한 특허를 여러

번 받을 수 있다면 발명가는 특허의 실질 존속기간을 한껏 연장하며 더 많은 수익을 창출할 수 있다. 하지만 공중은 발명가가 상기 발명에 대한 최초 출원 후 20년 이상이 경과해야만 상기 발명을 자유로이 사용할 수 있게 되므로, 공중의 이익은 줄어들고, 상기 발명을 이용하는 사회적 비용 역시 증가하게 되어, 사회적 효율은 저하된다. 이런 점에서 부활 금지 원칙은 위에서 설명한 일발명 일특허 원칙과도 일맥상통한다.

그림 5-22. 소멸 특허의 부활에 의한 공중의 피해

그림 5-22(a) 그림 5-22(b)

하지만 부활 금지 원칙은 일발명 일특허 원칙과는 상이한 방법으로 공중을 보호한다. 일예로 그림 5-22(a)와 같이 존속기간이 경과하여 소멸된 특허는 공공영역에 귀속되어 공공영역을 확충하며, 그 결과 공중은 이에 의존하여 인력과 자본을 투입하여 소멸된 특허기술을 사업화할 수 있다. 하지만 그림 5-22(b)와 같이 발명가가 소멸된 특허를 부활시키면 소멸된 특허에 의존한 공중은 부활한 특허를 침해하게 되며, 공중은 부활 특허를 보유한 발명가에게 royalty를 지불하던지 아니면 사업을 포기해야 한다. 부활 금지 원칙은 바로 이러한 불상사를 방지한다. 이러한 측면에서 부활 금지 원칙은 경우에 따라 공공영역에 귀속된 지식과 기술을 보존하는 원칙이라고 간주할 수도 있다.

(4) 이중특허 (Double Patenting) 금지 원칙

앞서 일발명 일특허 원칙은 특정 발명에 대해서 딱 한 번만 특허를 부여한다는 원칙이며, 상기 원칙의 목적은 동일한 발명에 하나 이상의 특허를 부여할 경우 그만큼 상기 특허가 공공영역에 귀속되는 시점이 늦어져 공공영역의 확충에 장애가 되는 문제를 방지하기 위함이라고 설명하였다. 그렇다고 자신의 금지권 연장을 쉽게 포기할 발명가는 아니다. 더더욱 영민한 대리인은 일발명 일특허 원칙을 벗어날 방법을 강구한다.

이에 대한 발명가의 작전이 바로 특정 발명에 대한 선행특허를 등록한 후, 다시 동일한 또는 유사한 발명에 대한 후속특허를 출원하되, 일발명 일특허 원칙을 저촉하지 않기 위하여 선행특허의 권리범위와 후속특허의 청구범위를 상이하도록 작성하는 전략이다. 따라서 선행특허의 권리범위와 후속특허의 청구범위는 문언 상 동일하지 않기 때문에 일발명 일특허 원칙을 저촉하지 않을 가능성이 높다. 따라서 운 좋은 발명가는 동일한 발명에 대한 상이한 청구항을 포함한 다수의 특허를 순차적으로 출원하여 자신의 발명에 대한 특허의 실질적 존속기간을 20년 이상으로 연장할 수도 있다.

발명가가 이와 같은 전략을 이용하여 금지권의 존속기간을 연장하지 못하도록 방지하기 위한 제도가 이중특허(double patenting) 금지 원칙이다. 상기 원칙이 적용되는 이중특허에는 두 가지 종류가 있는바, 첫 번째는 "동일발명 이중특허"이고, 두 번째는 "자명성 이중특허"이다.

우선 "동일발명 이중특허(same-invention double patenting)"는 선행특허의 권리범위와 후속특허의 청구범위가 상이하지만 서로 중첩되는 경우로서, "법정(statutory) 이중특허"라고도 지칭한다. 즉 발명가의 선행특허를 문언침해하지 않고는 후속특허를 문언침해할 수 없는 경우, 후속특허는 선행특허의 동일발명 이중특허에 해당한다.

동일발명 이중특허를 도식화한 예시가 그림 5-23으로서, 선행특허의 범위는 주황색으로 표시한바 "산 남쪽, 한강 동쪽, 두강 서쪽"이고, 후속특허 1의 범위는 적색으로 표시한 원이다. 즉 후속특허 1은 선행특허의 부분집합으로서 후속특허 1의 범위 전체가 선행특허의 범위에 속하는 경우이다. 따라서 경쟁자가 그림 5-23의 노란 점에 해당하는 제조·판매

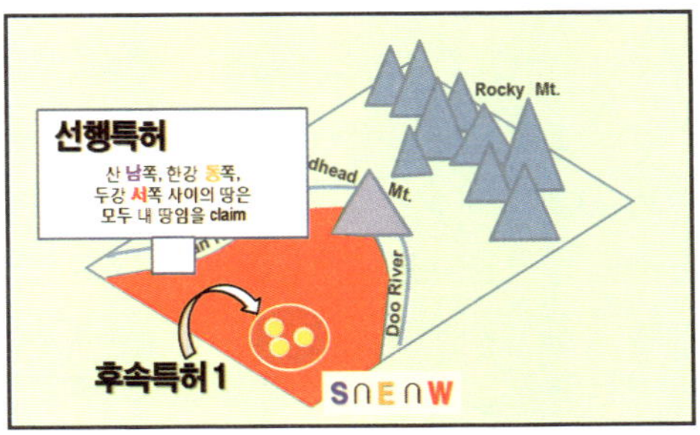

그림 5-23. 동일발명 이중특허인 후속특허의 예시

할 경우, 상기 제품은 후속특허 1을 문언침해하는 동시에 선행특허도 항상 문언침해한다. 즉 선행특허를 문언침해하지 않고는 후속특허를 문언침해하는 것이 불가능한 경우이다. 따라서 후속특허는 선행특허의 동일발명 이중특허에 해당하게 되므로, 특허청 심사관은 동일발명 이중특허 금지 원칙에 따라 후속특허 1을 거절한다.

그림 5-24. 동일발명 이중특허인 후속특허에 의한 특허 존속기간 연장

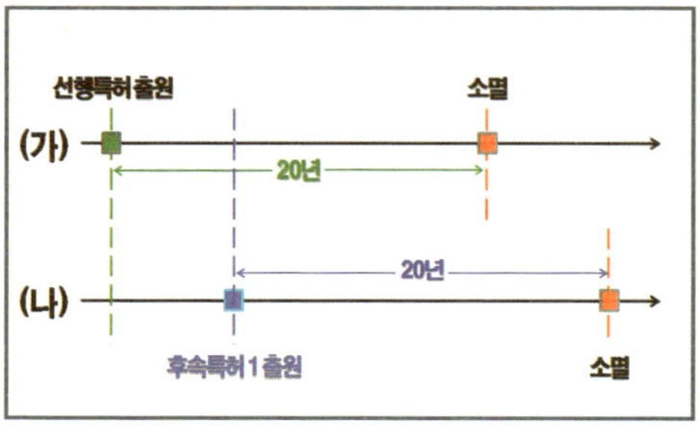

그림 5-24(a)

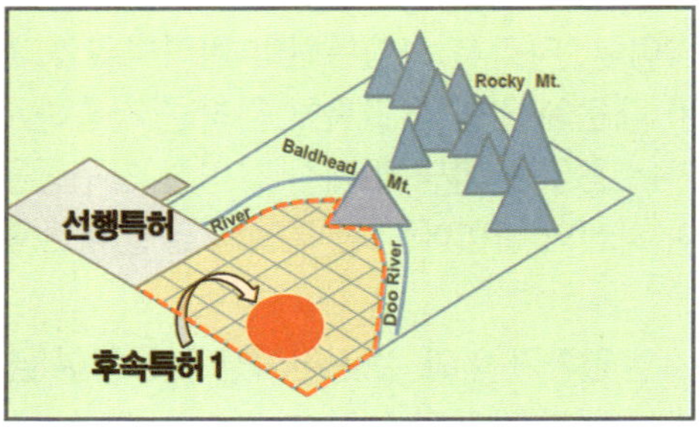

그림 5-24(b)

만일 동일발명 이중특허인 후속특허 1을 특허로 등록시킨다면 어떤 문제가 발생할까? 그림 5-24(a)와 같이 발명가는 자신의 선행특허가 소멸된 후에도 일정 기간 동안 자신의 두 번째 특허인 후속특허 1에 대한 금지권을 보유할 수 있다. 즉 그림 5-24(b)와 같이 선행특허가 출원 후 20년이 경과하여 존속기간이 만료되더라도 발명가는 후속특허 1을 이용하여 선행특허의 출원 시점과 자신의 출원 시점의 차이만큼 실질적 특허권을 연장할 수 있게 된다.

물론 후속특허는 범위가 협소하다. 하지만 후속특허의 존재로 말미암아 발명가는 자신의 선행특허가 소멸한 후에도 이의 권리범위의 일부를 사유화하게 되며, 이에 따라 공중은 공공영역에 귀속된 선행특허의 권리범위 중 후속특허 1의 권리범위 만큼은 자유로이 실시할 수 없게 된다. 즉 특허제도가 목표로 하는 공공영역의 확충에 배치된다. 따라서 특허청 심사관은 동일발명 이중특허인 후속특허 1을 거절하게 된다.

미국의 경우 특허청 심사관이 발명가가 출원한 후속특허를 발명가의 선행특허에 대

한 동일발명 이중특허란 이유로 거절할 경우, 발명가는 “terminal disclaimer” 제도를 이용하여 심사관의 거절을 극복할 수 있다. 즉 그림 5-25와 같이 발명가는 특허청에 자신의 후속특허를 등록시키도록 요청하되, 이에 대한 전제조건은 발명가의 선행특허 출원 후 20년이 지나 존속기간 만료로 선행특허가 소멸될 때, 발명가의 후속특허 1도 함께 소멸하는 데 동의하는 조건이다. 따라서 그림과 같이 후속특허 1이 선행특허의 공공영역 귀속을 방해하지 못하도록, 선행특허의 공공영역 귀속 시 후속특허 1 역시 공공영역에 귀속된다. 그 결과 일단 선행특허가 소멸되면 공중은 공공영역에 귀속된 선행특허의 권리범위 전체를 자유로이 실시할 수 있게 되므로 공중의 피해도 방지할 수 있다.

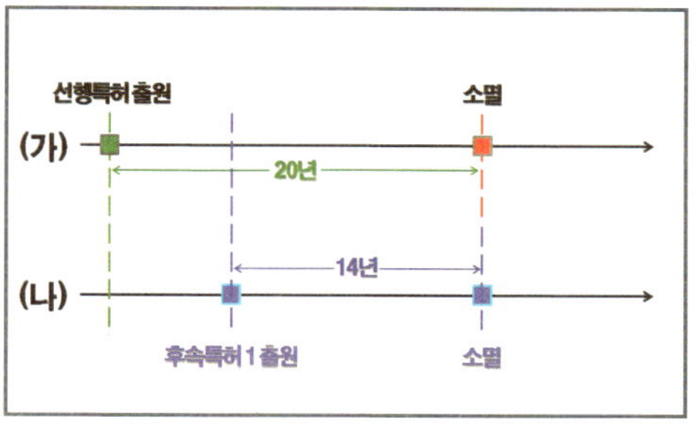

그림 5-25. Terminal Disclaimer의 효과

이에 반하여 그림 5-26의 경우 적색으로 표시한 후속특허 2의 범위는 일부는 선행특허의 범위와 중첩되지만 나머지 부분은 선행특허의 범위를 벗어난다. 따라서 그림 5-26의 노란 점에 해당하는 제품을 경쟁자가 제조·판매하면 후속특허 2를 문언침해하지만 선행특허는 문언침해하지 않는다. 따라서 후속특허 2는 선행특허의 동일발명 이중특허가 아니다.

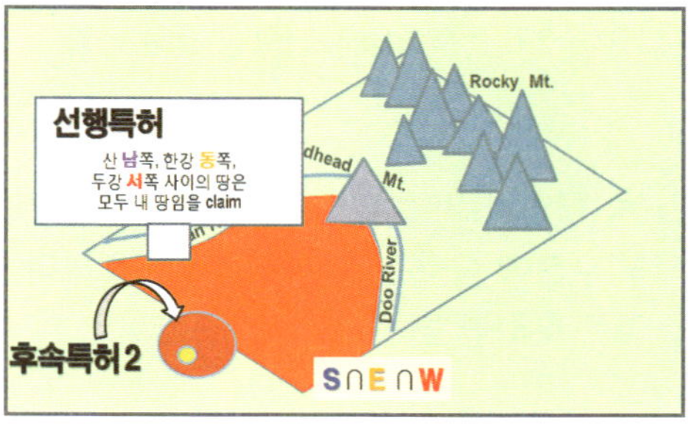

그림 5-26. 동일발명 이중특허는 아닌 후속특허의 예시

발명가가 출원한 후속특허가 동일발명 이중특허는 아니지만 후속특허의 청구범위의 일부가 선행특허의 권리범위와 중첩된다면, 대부분의 경우 발명가는 특허를 받을 수 없다. 왜냐하면 후속특허 2의 권리범위에 공개된 선행특허의 일부분이 포함되기 때문이다. 물론 상기 발명가는 최소한 미국에서는 아래의 제9장의 3-라절에서 설명할 ‘일부계속출원’을 이용하여 선행특허의 출원일을 소급하는 후속특허 2를 받을 수는 있다. 단 후속특허 2의 범위 중 선행특허에 속한 부분은 순장제도에 따라 선행특허가 소

멸될 때 같이 소멸된다.

동일발명 이중특허와는 상이한 "자명성 이중특허"는 "obviousness-type double patenting" 또는 "non-statutory double patenting"이라고 지칭한다. 자명성 이중특허는 후속특허의 청구범위와 선행특허의 권리범위가 상이하지만 선행특허와 후속특허의 범위의 차이가 미미한, 즉 후속특허의 청구범위가 선행특허의 권리범위의 자명한 개량·변형 정도인 경우이다.

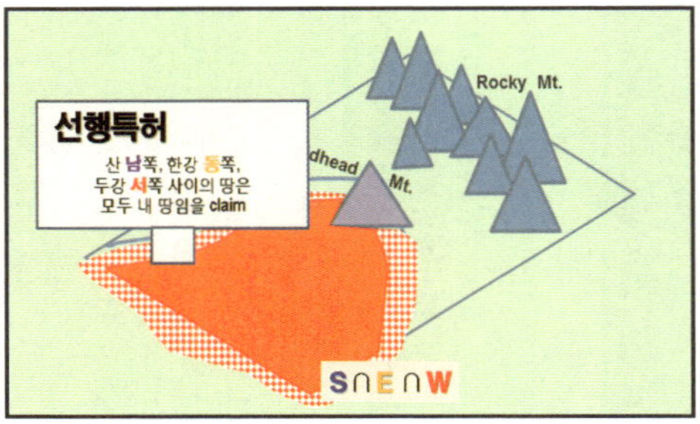

그림 5-27. 등록특허와 진보성 결여 범위

일예로 그림 5-27과 같이 발명가가 기 보유한 선행 영토(선행특허의 권리범위)는 "산 남쪽, 한강 동쪽, 두강 서쪽"의 영토에 해당하는 주황색으로 표시한 부분이라고 가정하자. 아래의 제8장의 2절 "청구항의 진보성 요건"에서 설명하겠지만 그림에서와 같이 발명가의 선행 영토 주변의 주황색 해칭 부분은 선행 영토에 속하지는 않지만, 해칭 부분과 선행 영토의 차이가 발명이 속하는 분야의 통상 지식을 가진 자(즉 당업자)가 보기에는 극히 미미하여 자명한 영역을 의미한다. 따라서 타인이 상기 해칭 부분에 속하는 범위를 특허출원하여 청구할 경우 타인의 출원특허는 진보성 요건 결여로 특허를 받지 못한다.

그림 5-28. 자명성 이중특허의 예시

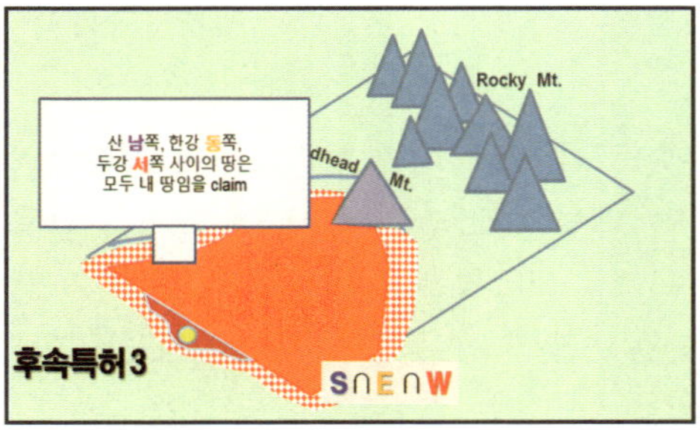

그림 5-28(a)

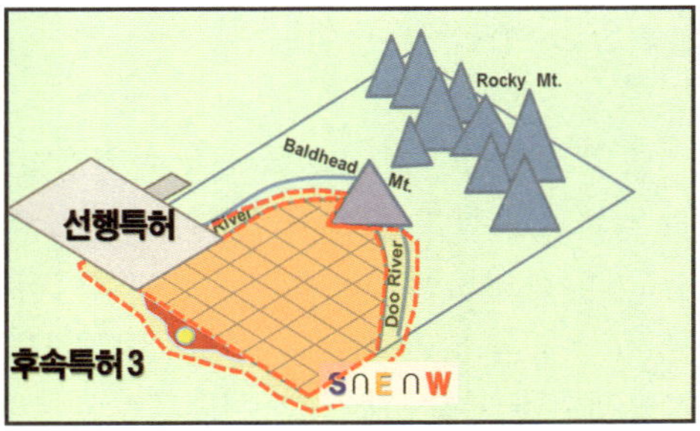

그림 5-28(b)

그렇다면 그림 5-28(a)와 같이 발명가가 선행특허를 출원한 후 적색으로 표시한 청구범위를 가진 후속특허 3을 출원하였다고 가정하자. 발명가의 후속특허 3의 권리범위는 발명가의 선행특허의 자명성 범위와 중첩되며, 이에 따라 후속특허 3은 선행특허의 자명성 이중특허에 해당한다. 이 경우 경쟁자가 그림의 노란 점에 해당하는 제품을 제조·판매할 경우, 상기 제품은 후속특허 3을 문언침해하지만 선행특허를 문언침해하지는 않는다.

하지만 자명성 이중특허인 후속특허 3이 특허로 등록될 경우에는 그림 5-28(b)와 같이 발명가는 자신의 선행특허가 소멸된 후에도 일정 기간 동안 자신의 후속특허 3에 대한 금지권을 보유할 수 있다. 물론 후속특허의 범위는 협소하지만 그 존재로 말미암아 공중은 공공영역에 귀속될 수 있었던 선행특허의 권리범위 및 자명성 범위 중 후속특허 3의 권리범위 만큼은 자유로이 실시할 수 없게 된다. 따라서 이는 특허제도가 목표로 하는 공공영역의 확충에 배치되므로 특허청 심사관은 자명성 이중특허 금지 원칙에 따라 후속특허를 거절하게 된다. 이 경우에도 발명가는 위에서 설명한 terminal disclaimer를 이용하여 심사관의 거절을 극복할 수 있다.

요약하면 "이중특허 금지 원칙"은 발명가가 다수의 특허를 출원할 때 선행특허의 권리범위와 후속특허의 청구범위가 상이하지만 서로 중첩되도록 작성하여 자신의 실질적 금지권을 선행특허 출원 후 20년 이상으로 연장하지 못하도록 방지하는 제도이다. 이러한 측면에서 보았을 때 자명성 이중특허 금지 제도는 선행특허가 소멸되었을 때 선행특허의 권리범위 전체는 물론 선행특허 주변에 위치한 자명성 부분도 공공영역에 귀속시키기 위한 제도로 간주할 수 있다.

(5) 불공정 행위 (Inequitable Conduct) 금지 원칙

특허심사는 발명가와 특허청 심사관만이 참여하는 과정으로서, 발명가는 특허를 출원하고, 심사관은 청구발명과 관련된 선행기술을 검색한다. 하지만 심사관이 출원특허의 청구발명과 관련된 모든 선행기술을 검색하고, 청구항의 신규성이나 진보성을 부정할 수 있는 모든 사실을 인지하기는 현실적으로 불가능하다. 또한 특허심사는 발명가와 심사관 사이의 절차이며, 심사에는 발명가의 미래 경쟁자들의 입장은 반영되지 않는다는 한계도 존재한다. 또한 특허 출원 이전 발명가는 자신의 발명을 공연 실시하였거나 이를 타인에게 판매하였을 수도 있으며,[14] 경쟁자 역시 상기 발명의 특허성을 부정할 수 있는 상업적 활동에 관여했을 수도 있지만, 당사자가 아닌 심사관이 이러한 사실을 모두 파악할 수 없음은 기정사실이다.

그림 5-29. 불공정 행위(Inequitable Conduct)의 예시

그림 5-29(a)

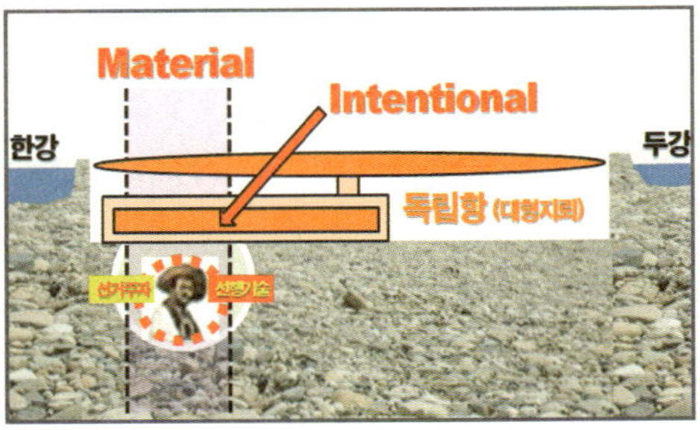

그림 5-29(b)

특히 그림 5-29(a)와 같이 발명가가 천신만고 끝에 발명을 착상하고 특허를 출원하였으나 추후 발명의 신규성이나 진보성을 부정할 수 있는 선행기술을 인지하는 경우, 발명가가 이를 심사관에게 알리면 심사관은 자신의 출원특허를 신규성 요건 또는 진보성 요건을 만족하지 못한다고 거절할 것이고, 선행기술에 의한 거절 이유를 극복하지 않는 한 발명가의 특허가 등록될 가능성은 극히 낮은 경우도 자주 발생한다. 물론 발명가는 선행기술을 피할 수 있도록 자신의 청구범위를 좁힐 수 있지만, 추후 발명가가 특허를 받더라도 상기 특허의 권리범위 주변에 공터가 형성되므로, 발명가가 수익을 창출하기는 몹시 어려워진다.

따라서 그림 5-29(b)에서 도시한 바와 같이 발명가는 청구발명의 특허성에 중대한

14) 발명가가 자신의 발명을 특허출원하기 이전에 자신의 발명을 간행물에 게재하거나 공연 실시하거나 공중이 실시하도록 하는 경우 상기 발명은 신규성을 상실하여 특허를 받을 수 없다. 자세한 내용은 제8장의 1절 "청구항의 신규성 요건" 참고.

영향(material)을 미칠 수 있는 선행기술을 인지하더라도 이를 심사관에게 통보하지 않거나, 자신의 출원특허의 특허성을 부정할 수 있는 사실관계를 자신에게 유리하도록 왜곡할 incentive를 지닌다. 특히 선행기술이 자신이 특허를 출원하기 전 타인에게 자신의 발명을 공개하였거나 매각하기 위하여 타인을 접촉하는 등 internet에서 검색하여 용이하게 찾을 수 있는 정보가 아닐 경우,[15] 발명가는 그림과 같이 이러한 선행기술이 마치 존재하지 않았던 듯 심사관에게 알리지 않거나 관련 사실을 왜곡할 수도 있다.

이와 같이 특허청 심사관을 상대로 발명가가 의도적으로 특허성에 중요한 사실관계를 오도하지 못하도록 방지하는 특허제도가 "불공정 행위 (inequitable conduct) 금지 원칙"이다. 특히 미국 법원은 이러한 불공정 행위 금지 원칙을 무척 엄격히 적용해왔으며, 판례에 의하면 (1) 발명가(즉 출원인)가 '의도적'으로 미국특허청에 중요한 사실을 밝히지 않거나 오도하였으며, (2) 상기 중요한 사실이 청구항의 특허성 판단에 중요할 경우에 한하여 "불공정 행위"가 성립된다.

법원이 발명가의 불공정 행위를 인정하게 되면, 법원은 상기 특허를 무효로 처리하는 대신 금지권 집행 불능(unenforceable)의 특허로 판결한다. 즉 그림 5-30(a)에서와 같이 발명가의 특허는 계속 유효하지만 발명가는 경쟁자의 침해에 대한 금지권 행사 권리를 상실하게 된다. 그 결과 그림 5-30(b)에서와 같이 경쟁자는 물론 공중은 상

15) 일예로 발명가가 특허를 출원하기 3년 전 이미 자신의 발명을 타인에게 공개 또는 공지하였거나 자신의 발명을 구현하여 상업행위에 종사하였던 경우, 상기 공개, 공지나 상업적 활동은 발명의 신규성을 부정하는 강력한 증거이다. 하지만 이에 대한 정보는 발명가와 타인 또는 발명가와 발명가로부터 제품을 구입한 타인만이 보유하는 경우가 대부분이다. 따라서 발명가가 특허청 심사관에게 관련 사실을 통지하지 않는 한 심사관이 이를 발견하기는 현실적으로 불가능하다. 또한 타인이 발명가가 상기 발명을 특허출원하는 사실을 인지하지 못하는 경우가 대부분이므로, 타인도 발명가가 출원한 특허의 심사 중 관련 사실을 심사관에게 통보할 수 있는 현실적인 방법은 존재하지 않는다.

따라서 발명가의 "불공정 행위"는 대부분 추후 특허침해소송을 통하여 확인된다. 즉 발명가로부터 특허침해로 제소당한 침해의심 제조업체가 관련 서류를 검토하다가 발명가의 불공정 행위를 발견하고, 이를 근거로 법원으로부터 상기 특허의 금지권 집행 불능(unenforceable) 판결을 얻어내는 경우이다. 물론 소송당사자가 상대방의 불공정 행위를 확인하려면 미국과 같이 강력한 증거조사제도(discovery process)가 뒷받침되어야 한다.

기 특허를 자유로이 실시할 수 있다. 결국 불공정 행위에 따르는 금지권 상실은 특허 무효화와 거의 동일한 효과를 지녔다고 간주할 수 있다.

그림 5-30. 불공정 행위(Inequitable Conduct)의 결과

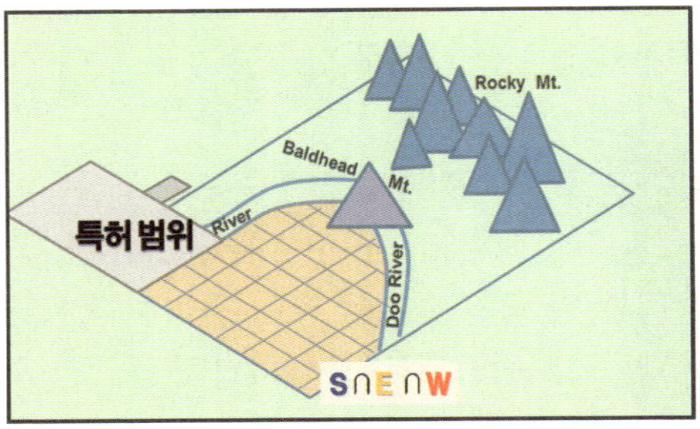

그림 5-30(a)

그림 5-30(b)

유의할 점은 발명가는 불공정 행위를 저지르지 않기 위하여 자신의 청구발명에 대한 모든 선행기술을 조사하여 특허청에 통지할 의무는 전혀 없다는 사실이다. 왜냐하면 불공정 행위 금지 원칙의 목적은 게으른 발명가를 처벌하기 위함이 아니라, 교활하고 부정직한 발명가를 처벌하기 위함이기 때문이다. 따라서 불공정 행위 금지 원칙은 발명가가 인지하지 못한 선행기술에는 적용되지 않으며, 이에 따라 발명가는 특허 출원 후 시간을 들여 모든 선행기술을 검색할 의무는 없다.

(6) 금반언의 원칙 (Estoppel)

앞서 제4장에서는 특허 청구항의 권리범위를 이용하여 수익을 창출하려는 발명가와 상기 권리범위를 우회·회피하여 수익을 창출하려는 경쟁자 사이의 쫓고 쫓기는 과정을 설명하였다. 또한 제4장의 1-가절 "역사의 반복: 발명가 vs. 경쟁자"에서는 발명가의 특허출원 및 청구범위와 이에 대한 특허청의 심사 과정을 설명하였다.

대부분의 발명가는 그림 5-31(a)와 같이 가능한 한 넓은 범위를 가진 청구항을 작성하고 이를 특허청에 청구한다. 과도한 권리범위의 특허를 등록시키기를 꺼리는 심사관은 청구발명과 관련된 선행기술을 검색하여 신규성 결여 또는 진보성 결여 등의 이유

로 발명가의 청구항을 거절한다. 물론 발명가가 심사관의 모든 거절 이유를 성공적으로 극복하면 문제가 없지만 이런 경우는 흔치 않다.

그림 5-31. 특허 출원 시의 청구범위와 등록 후 권리범위

그림 5-31(a)

그림 5-31(b)

따라서 대부분의 경우 발명가는 특허청 심사관의 거절 이유 중 일부는 극복하지만 출원 시의 청구범위로는 나머지 거절 이유를 극복하지 못한다. 따라서 대부분의 경우 발명가는 자신이 극복하지 못한 청구항을 회피하기 위하여 일부 영토를 '포기'하며 자신의 청구범위를 축소할 수밖에 없다. 그 결과 발명가는 그림 5-31(b)와 같이 자신이 특허 출원 시 요구하였던 청구범위 보다는 협소한 권리범위를 지닌 특허를 등록한다.

그림 5-32. 경쟁자의 우회·회피

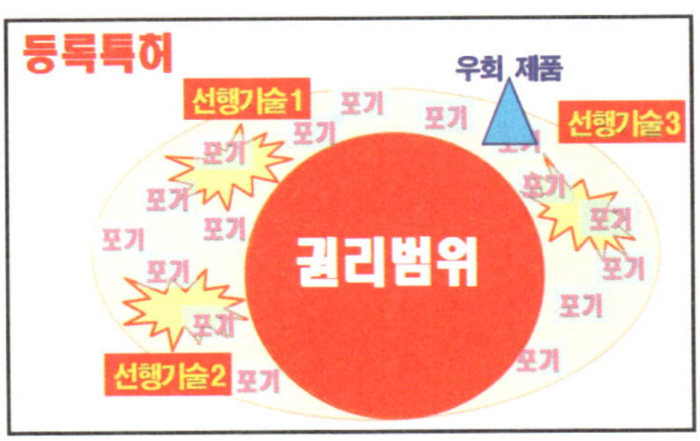

그림 5-32(a)

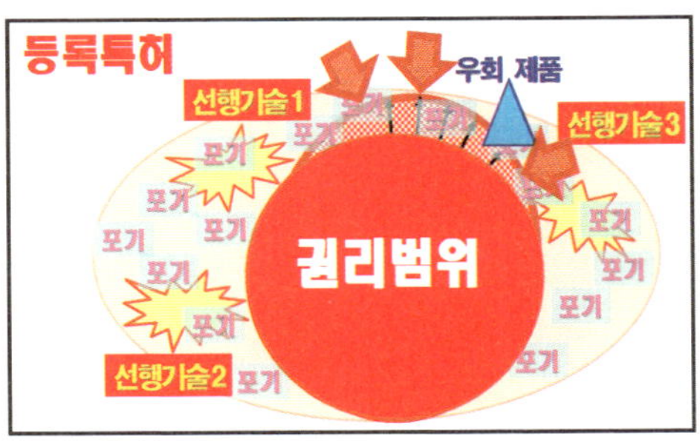

그림 5-32(b)

앞서 제4장의 1-라절 "발명가의 Reaction에 대한 경쟁자의 Counter-Reaction"에서 설명한 바와 같이 발명가만큼 영민한 경쟁자 역시 발명가 특허의 권리범위를 우회·회피하여 제품을 제조·판매하기를 원한다. 특히 경쟁자는 발명가가 최초 출원한 출원특허의 청구항 범위(즉 청구범위)와 등록특허의 청구항 범위(즉 권리범위)를 비교한 후 발명가가 특허를 받기 위하여 '포기'한 영토도 확인한 후 권리범위를 회피하여 그림 5-32(a)의 청색 삼각형의 위치에[16] 해당하는 제품을 제조·판매한다.

경쟁자의 우회·회피를 확인한 발명가는 선택의 기로에 놓인다. 운명론자 발명가는 모든 일을 자신의 탓으로 돌리고 경쟁자에 대한 침해소송을 포기할 수 있다. 하지만 수익 창출을 원하는 적극적 발명가는 그림 5-32(b)와 같이 자신의 영토에 경쟁자의 제품을 재포획하며 특허침해를 주장할 수 있을 정도로 자신의 권리범위를 확대해야 한다. 그 결과 그림 5-32(b)의 적색 화살표와 같이 발명가가 주장하는 확장된 권리범위는 발명가 자신이 특허 심사 중 선행기술을 극복하고 특허를 받기 위하여 포기하였던 땅을 포함하는 경우가 빈번하다.

이러한 발명가의 사후 권리범위 확장을 방지하는 제도가 바로 영어로는 'estoppel'이라고 불리는 "금반언의 원칙"이다. 발명가(또는 출원인, 특허권자, 대리인 등)가 특허심사 과정 중 특허를 받기 위하여 특허청에 청구발명이나 청구범위 등을 제한하는 언행으로 특허를 받은 후, 추후 특허침해소송에서는 자신의 청구범위를 확충하기 위하여 이전의 언행과 어긋나는 주장의 개진을 원천적으로 금지하는 원칙이 바로 "금반언의 원칙"이다.

금반언의 원칙 역시 공공영역에 포함된 지식과 기술을 보존하는 역할을 통하여 공중을 보호한다. 우선 발명가가 특허를 출원하며 일정 범위를 청구하였으나, 특허청 심사관의 거절 이유를 극복하고 특허 등록을 위하여 포기한 범위는 자연히 공공영역으로 귀속된다. 또한 발명가와 심사관 사이의 모든 기록은 공중에게 공개되기 때문에, 공중은 발명가가 최초로 청구한 범위로부터 특허가 등록되며 발명가가 확보한 범위를 빼

16) 경쟁자가 발명가의 특허를 우회·회피할 수 있는 범위에는 발명가가 출원특허 심사 중 선행기술을 극복하지 못하여 포기한 땅도 포함되는 만큼 선행기술이 개시한 내용을 포함하는 경우가 대부분이다.

면, 발명가가 출원 중 포기함으로써 공공영역에 귀속된 범위를 가늠할 수 있다. 따라서 공중은 이러한 기록에 의존하여 발명가 특허의 권리범위를 우회·회피할 수 있다.

요약하면 발명가가 자신이 출원특허 심사 도중 신규성 요건 또는 진보성 요건을 만족하기 위하여 포기한 영역을 특허침해소송 시 재확보할 수 있도록 허락할 경우, 공공영역은 축소될 수밖에 없다. 또한 발명가와 심사관 사이의 심사 기록에 의존하여 발명가가 포기한 기술을 실시하던 공중은 상기 기술을 다시 발명가가 사유재산으로 확보하게 될 경우 피해를 입게 된다. 이러한 불상사를 방지하기 위한 제도가 "금반언의 원칙"으로서, 발명가가 특허를 받기 위하여 포기한 땅을 추후 발명가가 다시 포획하지 못하도록 금지하는 제도이다.

(7) 재탈환 규칙 (Recapture Rule)

앞서 설명한 금반언의 원칙을 약간 수정한 법칙이 "recapture rule"이며, 이는 "재탈환 규칙" 정도로 번역할 수 있다. 재탈환 규칙이란 발명가가 특허를 등록한 후 자신의 권리범위를 축소하거나 확장하는 경우 적용되는 규칙이다. 미국의 경우 발명가는 특허등록 후 2년 이내에 특허청에 reissue patent를 청구할 수 있다.[17)]

일예로 발명가는 자신의 특허가 등록된 후에야 상기 특허 청구항의 신규성이나 진보성을 부정할 수 있는 새로운 선행기술을 발견하기도 한다. 따라서 발명가의 입장에서는 추후 특허침해소송 시 상기 선행기술에 의하여 자신의 특허가 무효로 될 가능성을 배제하기 위해서 권리범위를 축소하는 편이 바람직하다. 이 같이 발명가가 등록특허의 권리범위를 축소하기 위하여 reissue patent를 출원할 경우 일반적으로 큰 문제는 발생하지 않는다.

하지만 권리범위를 우회·회피한 경쟁자를 발견한 발명가는 부득이 자신이 특허 등록을 통하여 확보한 권리범위를 확장해야만 하는 경우가 자주 발생한다. 따라서 재탈

17) 미국특허법 35 U.S.C. § 251 참고.

환 규칙은 발명가가 특허 등록 후 자신의 권리범위를 확장하더라도, 자신이 최초 특허를 출원하며 청구하였던 원출원특허 청구항의 청구범위 이상으로는 확장할 수 없다는, 즉 권리범위 확장의 상한선을 제한하는 제도이다.

일예로 경쟁자는 발명가가 최초 출원한 청구범위에는 속하지만 등록특허의 권리범위에는 속하지 않도록 제품을 제조·판매함으로써 발명가 특허의 권리범위를 우회·회피할 수 있다. 특허권자는 당연히 자신의 권리범위를 확장하여 경쟁자의 우회제품을 포획하기를 원하지만, 선행기술이 권리범위와 워낙 근접할 경우에는 발명가가 권리범위 확장을 시도하는 즉시 자신의 청구항의 모든 요소 및 제한조건이 선행기술에 의하여 개시되므로 청구항이 무효가 될 수도 있다. 따라서 성공 확률은 낮지만 발명가는 심사관이 인용하였던 선행기술의 단점을 추궁하거나 이의 재해석을 통하여 선행기술의 범위를 축소한 후 자신의 권리범위를 확장하는 전략을 사용할 수 있다.

그림 5-33. Recapture를 통한 권리범위의 확대

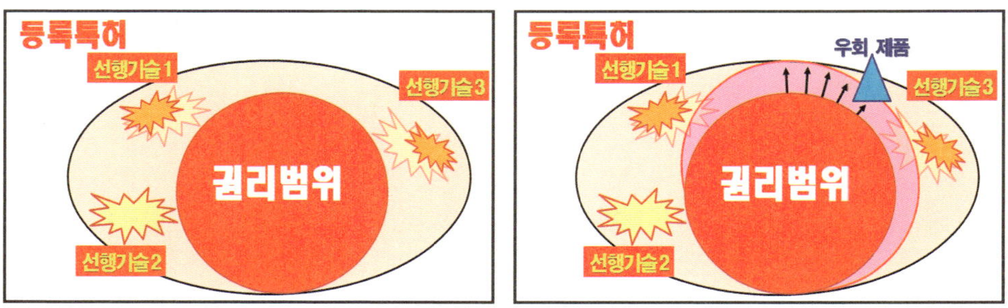

그림 5-33(a) 그림 5-33(b)

그림 5-33(a)가 이러한 전략의 예시로서, 발명가가 특허청 심사관이 인용하였던 선행기술 1과 선행기술 3의 범위를 피하여 청구항 범위를 축소하여 성공적으로 특허를 등록한 경우를 예시한다. 그 후 특허권자는 그림 5-33(b)와 같이 청색 삼각형으로 표시한 경쟁자의 제품을 포획하기 위하여 분홍색 원에 해당하는 만큼 자신의 권리범위를 확장할 수 있다. 그 결과 발명가 청구항의 모든 요소와 제한조건이 경쟁자 제품의 일부에라도 존재하게 되므로 발명가의 청구항은 상기 제품에 의하여 문언침해된다.

이와는 달리 그림 5-34는 경쟁자가 처음부터 특허권자의 최초 청구범위를 벗어나도록 제품을 제조·판매하는 경우를 예시한다. 경쟁자의 제품이 자신의 권리범위를 침해했다고 주장할 수밖에 없는 특허권자는 청색 삼각형으로 표시한 경쟁자의 제품을 포획할 만큼 자신의 권리범위를 확대하는 수밖에 없다. 하지만 경쟁자 제품이 자신이 원출원특허의 청구범위를 벗어나는 만큼 발명가 역시 자신의 권리범위를 원출원특허의 청구범위를 초과하여 확장해야 한다. 이 같이 발명가가 최초 출원 시 청구하였던 청구항의 범위 이상으로 권리범위를 확장하지 못하도록 방지하는 제도가 재탈환 규칙이다. 즉 재탈환 규칙은 특허권자가 애당초 청구하지 않았던 영토를 추후 자신의 영토에 편입하지 못하도록 함으로써 공공영역에 속한 지식과 기술을 보존하는, 발명가에 대한 특허제도의 또 다른 채찍이다.

그림 5-34. Recapture를 통한 권리범위의 확대 여부

다. 제도적 제한

제5장의 4-가절 "특허권의 선천적 제한"에서는 공중에게 새롭고 유용한 제품이나 service를 제공함을 목적으로 하는 특허제도가 발명가가 보유한 금지권에 가하는 다양한 제한을 설명하였다. 또한 제5장의 4-나절 "특허권의 후천적 제한"에서는 발명가 및 대리인이 특허의 금지권을 일정 한도 이상 확충하지 못하도록 방지하는 특허제도의 다양한 제한을 설명하였다.

하지만 특허제도는 이 외에도 "제도적 제한"이라는 추가 채찍을 이용하여 발명가와 경쟁자 사이의 균형을 취한다. 이와 같은 발명가에 대한 "제도적 제한"은 주로 발명가가 자신의 특허를 침해한 침해 제조업체로부터 받을 수 있는 금전적 배상에 해당하는 손해배상금을 제한하는 형태로 가해진다. 즉 침해 제조업체가 불법적으로 실시하는 청구발명을 착상한 사람이 비록 발명가라 할지라도, 발명가가 침해 제조업체로부터 받을 수 있는 손해배상금을 일실이익(lost profit)과 합리적 실시료(reasonable royalty)의 두 가지 형태로 구분하고, 발명가는 자신이 입증할 수 있는 형태의 손해배상금만을 받도록 규제한다. 따라서 많은 경우 특허제도는 발명가의 권리범위를 침해한 제조업체도 어느 정도의 이익을 챙길 수 있도록 보장해준다.

(1) 일실이익 (Lost Profit)

일실이익이란 "lost profit"을 의미한다. 즉 일실이익이란 발명가 제조업체가 침해 제조업체의 특허침해로 인하여 실현하지 못한 이익을 지칭한다. 따라서 일실이익의 최대값은 침해 제조업체의 침해가 없었을 경우 발명가 제조업체가 실현할 수 있는 최대 이익에 해당한다.

그림 5-35. 일실이익에 근거한 손해배상금의 예시

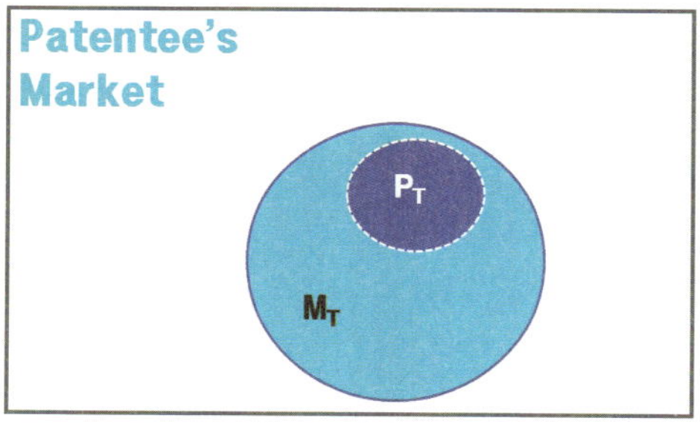

그림 5-35(a)

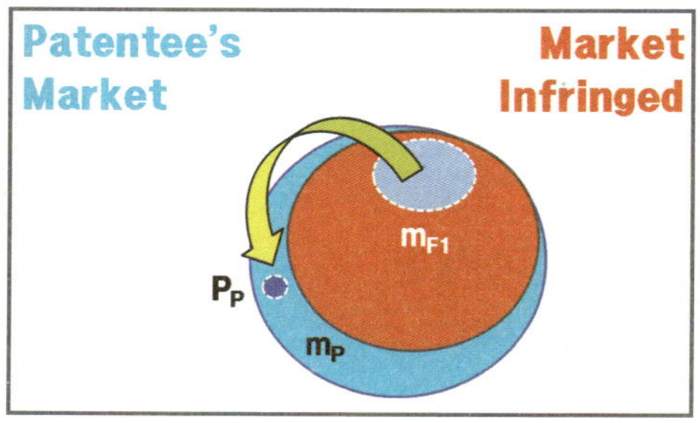

그림 5-35(b)

일예로 그림 5-35(a)는 발명가 제조업체가 청구발명을 구현한 제품을 제조·판매하여 확보한 시장(M_T)의 예시이다. 발명가는 시장(M_T)에서 제품을 판매한 금액 중 일부에 해당하는 P_T를 자신의 수익으로 창출할 수 있다. 단 그림 5-35(a)에는 내재된 조건이 있는 바, 특허권자의 최대 생산 또는 판매 능력은 M_T에 해당한다는 점이다.

그림 5-35(b)는 침해 제조업체가 발명가의 특허를 침해하여 침해제품을 더 싼 가격에 또는 월등한 영업망을 통하여 시장(M_T)에서 판매한 결과, 침해 제조업체는 m_{F1}에 해당하는 크기의 시장을 잠식하였고, 그 결과 발명가의 시장은 m_P로 줄어들고 발명가의 수익 역시 P_P로 감소한 경우이다. 그림 5-35(b)의 발명가는 침해 제조업체를 특허

침해로 제소할 수 있지만, 발명가가 침해 제조업체를 상대로 요구할 수 있는 손해배상금은 침해로 인하여 자신이 상실한 시장 m_{F1}에 해당하는 수익(그림의 엷은 청색 원)만으로 제한된다. 물론 이를 위하여 발명가는 자신의 제조·판매 능력은 물론 자신이 이루지 못한 매출과 이익을 증거로 입증하여야 함은 물론 침해 제조업체의 매출도 증거로 입증할 책임이 있다.

그렇다면 특허침해소송에서 패소한 침해 제조업체는 얼마나 손해를 볼까? 만일 무임승차자(free rider)인 침해 제조업체가 발명가의 시장을 잠식하기 위하여 침해제품의 가격을 원가 이하로 책정하는 등 무리한 영업에 의존하였다면 당연히 손실의 폭은 증가할 것이다. 하지만 침해 제조업체가 침해제품의 원가에 어느 정도의 수익을 얹은 정상 가격으로 상기 제품을 제조·판매하였다면 침해 제조업체는 자신이 잠식한 시장인 m_{F1}에서 얻은 수익(즉 발명가의 일실이익)을 발명가에게 돌려주고도 본전을 챙길 수도 있다. 따라서 법률 비용을 제외한다면 침해 제조업체의 손실은 크지 않을 수 있다. 또한 침해 제조업체가 원가를 절감하는 등의 방법으로 발명가보다 더 높은 수익을 창출하였다면, 발명가가 얻을 수 있었던 수익(즉 발명가의 일실이익)을 발명가에게 지불한 후에도 침해 제조업체는 어느 정도의 수익을 창출할 수 있다.

물론 이러한 결론은 특허 침해를 인정한 법원이 침해 제조업체에 대하여 더 이상의 침해를 중지하도록 명령하는 금지처분(injunction)을 내리지 않은 경우에 해당한다. 만일 법원이 침해 제조업체를 상대로 금지처분을 내릴 경우, 상기 업체는 침해제품을 생산하기 위하여 구축한 제조 시설을 사용하지 못하게 되므로 큰 타격을 입게 된다. 금지처분에 대한 설명은 제5장의 4-다절의 마지막으로 미룬다.

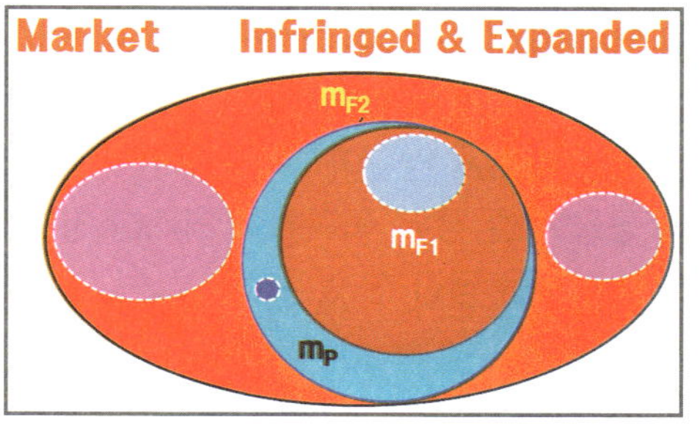

그림 5-36. 대규모 침해업체의 침해와 일실이익의 한계

앞의 그림 5-35는 침해 제조업체가 침해제품을 이용하여 발명가가 구축한 시장을 잠식하는 경우에 해당한다. 설상가상으로 침해 제조업체의 규모가 발명가의 규모를 월등히 능가하는 경우, 상기 업체는 발명가의 시장을 잠식하는 동시에 발명가가 구축하

지 못한 신규 시장을 확보하는 경우도 발생한다. 특히 발명가가 창업기업인 반면 침해 제조업체가 중견·대기업일 경우, 이러한 현상은 극명하게 나타난다. 이에 대한 예시가 그림 5-36이며, 그림에서 m_{F1}은 침해 제조업체가 잠식한 발명가의 시장, m_P는 침해 제조업체의 침해 후 발명가가 보유한 시장, m_{F2}는 침해 제조업체가 개발한 신규 시장을 나타낸다. 즉 그림의 침해 제조업체는 월등한 제조기술과 월등한 유통망, 마케팅을 이용하여 발명가가 미처 진출하지 못한 시장인 m_{F2}를 개발하여 막대한 매출을 달성한 경우에 해당한다.

이러한 경우 특허침해소송에서 패소한 침해 제조업체는 얼마나 손해를 볼까?

정답은 “거의 손해를 보지 않으며, 특별한 경우를 제외하면 이익을 창출한다”이다. 일예로 중소기업인 발명가 제조업체는 제조 능력 및 마케팅 부족으로 그림 5-35(a)의 시장 M_T에서 침해 이전에는 1년에 100개의 제품을 판매하였지만 침해 이후에는 그림 5-36과 같이 시장 m_P에서 10개만 판매한 반면, 월등히 규모가 큰 침해 제조업체는 자신이 잠식한 시장 m_{F1} 및 자신이 신규 창출한 시장 m_{F2}에서 총 1,000개의 제품을 판매한 경우를 가정하자. 특허침해소송에서 패소한 침해 제조업체는 자신이 달성한 이익 중 일부인 90개의 제품에 해당하는 이익만을 발명가에게 손해배상금으로 배상하지만 나머지 910개에 대한 이익은 취할 수 있다. 따라서 침해 제조업체가 발명가의 특허를 침해한 후 정상적 영업활동만 하더라도 특허침해소송 패소 후 입는 손해는 극미할 따름이다. 따라서 일실이익에 기초한 손해배상금 제도 하에서 침해 제조업체가 발명가보다 규모가 클 경우, 똑똑하고 영리한 침해 제조업체는 손해배상금을 지불한 후에도 막대한 이익을 챙길 수 있다.

(2) 합리적 실시료 (Reasonable Royalty)

손해배상금 산정의 또 다른 기준인 합리적 실시료 또한 결과가 크게 다르지 않다. 합리적 실시료란 “reasonable royalty”를 의미하며, 법원은 합리적 실시료를 산정하기 위하여 침해 제조업체가 침해를 개시하기 전 발명가와 우호적 분위기에서 license 계약을 체결하는 가상적 상황을 가정한다. 그리고 이 때 당사자들이 당시 업계에서 통용되는 합리적 기준에 따라 license 계약을 체결하였을 경우 특허기술 도입업체인 침해 제조업체가 발명가에게 지불하였어야 할 금액을 손해배상금으로 산정하는 방법이다. 즉 침해 제조업체가 원래 발명가에게 지불하였어야 할 기술료를 산정한 후 이를 특허침해소송에서 패소한 침해 제조업체가 원금에 이자를 부가하여 발명가에게 지불하도록 하는 방법이다.

앞서 설명한 일실이익과 합리적 실시료 사이에는 크게 두 가지 차이점이 있다. 첫 번째 차이점은 일실이익은 발명가가 실제로 제품을 제조하는 경우에만 주장할 수 있는 손해배상금인 반면 합리적 실시료는 비실시업체인 개인발명가, 대학교·연구소 등이 주장하는 손해배상금이다. 물론 발명가가 제조업체인 경우에도 자신의 제조·판매 능력은 물론 자신이 이루지 못한 매출 및 이익을 증거로 입증하기 어려운 경우, 합리적 실시료에 근거한 손해배상금을 요구할 수 있다. 두 번째 차이점은 대부분의 국가에서는 합리적 실시료에 근거한 손해배상금을 특허침해에 대한 손해배상금의 최저액으로 설정하고 있다는 점이다.

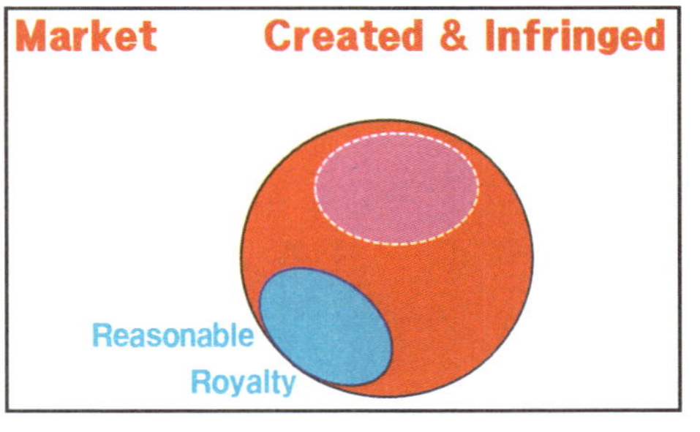

그림 5-37. 합리적 실시료에 근거한 손해배상금의 예시

그렇다면 왜 합리적 실시료에 근거한 손해배상금이 일실이익에 근거한 손해배상금보다 적을까? 이유는 간단하다. 일실이익의 경우 발명가 제조업체가 입증할 수 있는 제조·판매 능력의 범위 이내에서는 침해 제조업체가 창출한 이익 또는 그 이상을 받을 수 있는 반면 합리적 실시료는 대부분의 (또는 모든?) 경우 침해 제조업체가 창출한 이익의 일부만을 받기 때문이다. 이것이 합리적 실시료의 '합리적'이라는 단어의 숨은 의미이다. 즉 그림 5-37과 같이 합리적 license 계약에 의한 합리적 실시료란 특허기술 제공자인 licensor와 특허기술 도입업체인 licensee 간의 이익 공유(profit sharing)가 근본적 조건이다. 따라서 침해 제조업체가 침해 후 정상적 영업활동을 할 경우, 상기 업체가 특허침해소송 패소 후 발명가인 licensee에게 지불함에 따라 입는 손해는 극미할 수 있으며, 그 규모에 관계없이 침해 제조업체가 발명가에게 손해배상금을 지불한 후에도 막대한 이익을 챙기도록 보장해주는 방법이 합리적 실시료에 기초한 손해배상금 산정 방법이다.

(3) 침해 제조업체의 이익도 보장하는 특허제도

물론 위에서 설명한 일실이익 및 합리적 실시료와 관련된 일반적 원리에도 예외는 존재한다. 일예로 법원이 침해를 확인한 후 침해 제조업체에게 금지처분(injunction)을 내리는 경우이다. 즉 침해업체로 하여금 더 이상 침해제품을 생산하지 못하도록 하여 추후 침해를 방지하는 법원의 명령이다. 또한 금지처분과는 상이하지만 결과적으로 이와 유사한 제도로서 침해제품의 수입을 금지하는 수입금지 조치가 있다. 일예로 우리나라 무역위원회(KTC), 미국의 연방무역위원회(US ITC)가 결정하는 수입금지 조치는 침해제품의 수입을 원천적으로 금지하며, 기수입된 제품은 폐기 처리하는 명령이다. 일반적으로 금지처분 또는 수입금지 조치는 침해 제조업체에게 막대한 타격을 가할 수 있다. 따라서 침해 제조업체가 금지처분, 수입금지 조치에 대하여 현명하게 대처할 수 있는 차선책이 있다면, 특허침해소송에서 패소하더라도 큰 문제가 되지 않을 수 있다.

물론 예외에 대한 예외도 존재한다. 특히 기술수명이 수년에 불과할 정도로 짧은 IT 분야에서는 위에서 설명한 침해의 경제원리가 더욱 극명하게 나타난다. 일예로 시장을 선도하는 A사의 IT 제품에 사용되는 특허기술 P_P를 탐내는 B사가 A사의 특허기술 P_P를 도용, 침해하여 B_1을 시판하는 경우를 가정하자. 이에 격분한 A사는 B사를 특허침해로 제소하고, 2~3년에 걸친 지루한 법정 공방을 거쳐 법원은 B사의 특허침해를 인정하고 B사가 A사에게 손해배상금을 지급하도록 하는 동시에 B사가 P_P 기술을 탑재한 제품 B_1을 더 이상 제조·판매하지 못하도록 금지처분을 내린다. 물론 정상적 영업 활동을 영위해 온 B사는 자신이 얻은 이익 중 일부를 A사에게 손해배상금으로 지불하고, P_P 기술을 탑재한 제품 B_1의 제조·판매를 중단한다.

하지만 이러한 금지처분은 IT업체인 B사에게 결정적 타격을 입히지 못한다. 왜냐하면 B사는 금지처분이 내려지기 1년 전부터 이미 A사가 출시한 신제품에 탑재된 LE 기술을 침해하기 시작하였기 때문이다. 즉 기술 수명이 짧은 IT분야에서는 수년 동안 특허침해소송이 진행되는 동안에도 제품에 탑재되는 기술이 변하기 때문에 침해 제조업체가 상기 소송에서 패소하여 금지처분 또는 수입금지 조치를 받더라도 이러한 처분은 이미 철지난 구형 model에만 적용되며 지금 한참 팔고 있는 신제품에는 해당하지 않는 경우가 대부분이기 때문이다.

제품을 생산하고 시장에서 판매하여 수익을 창출하여야만 하는 제조업체들은 항상 경쟁업체의 제품, 특허기술과 자신의 제품, 기술을 평가한다. 이들은 경쟁업체의 특허기술을 침해하는 경우를 산정, 분석하며, 특허침해소송에서 패소할 경우 수반되는 비용(cost)보다 더 많은 수익(benefit)을 창출할 것으로 예상되면 경쟁사의 특허를 침해한다. 물론 상기 소송에서 승소한 발명가(개인 또는 제조업체)는 자신의 발명, 특허에 대한 보상을 받게 된다. 하지만 상기 소송에서 패소한 침해 제조업체도 어느 정도 또는 막대한 이익을 창출할 수도 있는 제도가 바로 특허제도이다.

5. “특허제도”의 요약

특허제도는 발명가로 하여금 혁신을 이루도록 장려함으로써 공중이 혜택을 받도록 고안된 제도이다. 따라서 특허제도의 궁극적 수혜자는 공중이며, 특허제도에서의 발명가란 새로운 혁신을 창출하여 공중에 제공하는 ‘도구’에 불과하다. 따라서 발명가에게 과다한 특허권을 제공할 경우 공중이 얻을 수 있는 혜택은 경감되기 때문에 특허제도는 발명가에게 다양한 당근과 채찍을 제공하며 공중의 이익과의 견제와 균형을 추구한다. 그 결과 앞서 설명한 특허권의 선천적 제한 및 후천적 제한을 살펴보면 알 수 있듯이 특허권은 상당히 취약한 권리에 불과한 ‘금지권’임을 알 수 있다.

우선 특허는 지식재산의 일종으로서 타 재산과 마찬가지로 사유재산이라는 속성을 가진다. 사유재산의 소유자는 상기 재산의 소유, 관리, 사용, 처분을 자신의 의사에 따라 자유롭게 결정할 수 있다. 따라서 사유재산의 소유자는 자신이 소유한 재산에 대한 배타적 독점권을 가진다. 즉 토지나 주택의 소유자는 물론 전자제품의 소유자 역시 자신이 소유한 토지, 주택, 전자제품을 자신의 결정에 따라 사용할 수 있는 사용권은 물론 자신의 토지, 주택, 전자제품에 대한 타인의 무단 침입, 무단 통행, 무단 사용을 방지할 수 있는 금지권을 보유한다.

이와 같이 일단 소유만 하면 사용권과 금지권이 보장되는 통상적 사유재산과는 달리, 특허제도는 선발명가의 원천특허의 권리범위 내에서도 후발명가가 개량특허를 획득할 수 있도록 보장해 준다. 그 결과 특허권자의 권리는 통상 사유재산 소유자의 권리의 반 또는 그 이하 정도에 해당할 뿐이다. 그 이유는 제5장의 4-가절 “특허권의 선천적 제한"에서 설명한 바와 같이 이 세상의 모든 발명은 극히 소수의 원천 발명과 대다수의 개량 발명으로 구성되는 바, 개량 발명에 대한 개량특허의 소유권자는 자신이 보유한 개량특허를 실시하는 순간 원천 발명에 대한 원천특허를 침해하기 때문이다. 그 결과 특허권은 절대로 사용권과 금지권을 동반하는 "배타적 독점권"이 아니며, 특허권은 금지권에 불과하다고 보는 것이 타당하다.

특허권의 또 다른 취약성은 존속기간에서도 알 수 있다. 사유재산의 소유자는 자신이 재산을 소유하는 한 상기 재산의 소유, 관리, 사용, 처분 등을 자신의 의사에 따라 자유롭게 결정할 수 있는 사용권 및 금지권을 보유한다. 이에 반하여 특허권자는 자신의 특허에 부여된 금지권을 특허 출원 후 20년 동안만 사용할 수 있다. 특허의 존속기간인 "출원 후 20년"은 같은 지식재산인 저작권의 존속기간인 "창작자 수명 + 70년"과 비교하더라도 극히 짧은 기간임을 알 수 있다.

특허권의 또 다른 취약성은 특허권자에게 부여된 금지권도 경우에 따라 그 일부를 경쟁자에게 빼앗길 수 있다는 점이다. 일예로 제5장의 2-나절 "우회 장려에 의한 특허간의 경쟁 유도"에서 설명한 바와 같이 특허제도는 발명가들 사이의 경쟁은 물론 특허 사이의 경쟁도 장려한다. 따라서 후발명가라도 선행특허가 개시하지 않은 신규 개량 발명을 착상하였을 경우 이에 대한 개량특허를 받을 수 있다.

일예로 원천발명가의 원천특허의 권리범위 내에서 개량발명가가 신규성과 진보성을 갖춘 개량 발명을 착상하고 특허를 출원하였을 경우 개량발명가 역시 독립적인 특허를 받을 수 있다. 물론 개량발명가의 개량특허는 실시 즉시 원천발명가의 원천특허를 침해하는 만큼은 사실이지만, 일단 개량발명가가 원천특허의 범위에 속한 개량 발명에 대한 특허를 받게 되면 원천발명가 역시 개량발명가의 개량특허를 실시할 수 없다. 이러한 법체계는 토지, 주택, 전자제품과 같이 순수한 독점적 배타권을 지닌 사유재산에서는 상상도 할 수 없는 일이다. 이와 같이 특허제도는 원천발명가를 중시하지만 이를 개량한 개량발명가에게도 어느 정도의 권리를 인정함으로써 원천 발명가의 원천 권리마저도 어느 정도 제한한다.

이것으로 끝이 아니다. 여기에 더하여 특허제도는 제5장의 4-나절 "특허권의 후천적 제한"에서 설명한 바와 같이 특허소진론, 일발명 일특허 원칙, 부활 금지 원칙, 이중특허 금지 원칙, 불공정 행위 (inequitable conduct) 금지 원칙, 금반언의 원칙, 재탈환 규칙 등을 통하여 특허권자의 금지권에 더욱 세부적으로 제한을 가한다.

결국 특허제도는 공중의 이익을 극대화하기 위하여 공공영역에 속한 지식과 기술의 보존(preservation)과 동시에 공공영역의 확충(expansion)을 목적으로 운용되는 제도이다. 따라서 특허제도는 특허권자가 보유한 유일한 권리인 금지권에 대해서도 상하 전후좌우로 제약을 가한다. 그럼에도 불구하고 어떤 학자들은 특허권이란 배타적 독점권을 의미하므로 특허를 인정하는 것 자체가 독점에 근거한 불공정 거래에 해당하므로, 특허권을 면밀히 감시하여 남용을 방지해야 한다고 주장한다. 하지만 이러한 주장은 결국 이론적으로나 현실적으로나 균형감을 잃은 주장에 불과하고, 이러한 주장은 특허제도의 세부 운용 장치를 제대로 이해하지 못한 결과이므로, 이러한 주장은 그저 nonsense에 불과할 뿐이다. 그리고 이러한 주장이야말로 21세기 지식기반시대의 대한민국의 global 경쟁력의 기반, IP 경쟁력의 기반을 파괴하는 반국가적 행위라고 생각한다.

제6장 청구항 기본 법칙

앞서 금지권의 범위야말로 특허의 핵심이며, 이러한 금지권의 범위는 특허 청구항에 의하여 결정된다고 설명하였다. 즉 발명가가 청구항에 기재한 단어와 문구 하나하나가 금지권의 범위를 결정하는 셈이다. 발명가는 최초 특허출원 시 청구항에 자신이 원하는 범위를 청구하지만 대부분의 경우 특허청 심사관의 거절 이유를 극복하기 위하여 일부 범위를 포기한 후 특허를 등록한다. 이와 같이 다양한 '범위들'과 관련된 혼동을 방지하기 위하여 출원특허 청구항의 범위는 '청구범위'라 하는 반면 등록특허 청구항의 범위는 '권리범위'라고 지칭하기로 한다.[1)]

그림 6-1과 같이 특허 청구항의 금지권의 범위, 또는 권리범위는 발명가가 청구항에 기재한 각각의 단어와 문구의 해석에 의하여 결정된다. 따라서 선행기술에 대비한 청구항의 신규성 요건, 진보성 요건의 만족 여부에 대한 판단은 물론 경쟁자 제품의 침해 여부 판단 모두 청구항의 단어와 문구의 해석에 의하여 결정된다.

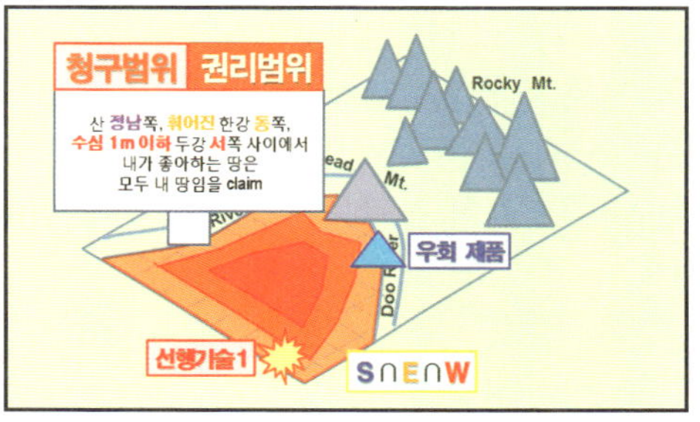

그림 6-1. 특허 청구항 및 청구범위 또는 권리범위

하지만 청구항 범위를 판단하기 위한 "청구항 해석"은 용이한 작업이 아니다. 왜냐하면 앞서 설명하였듯이 청구항에 기재된 모든 단어와 문구는 교집합의 형태로 청구범위나 권리범의를 결정하므로 발명가는 항상 필수불가결한 단어만을 이용하여 청구항을 작성하기 때문이다. 따라서 청구항에 기재한 함축된 단어와 문구의 모든 의미는 청구항만으로는 파악하지 못하

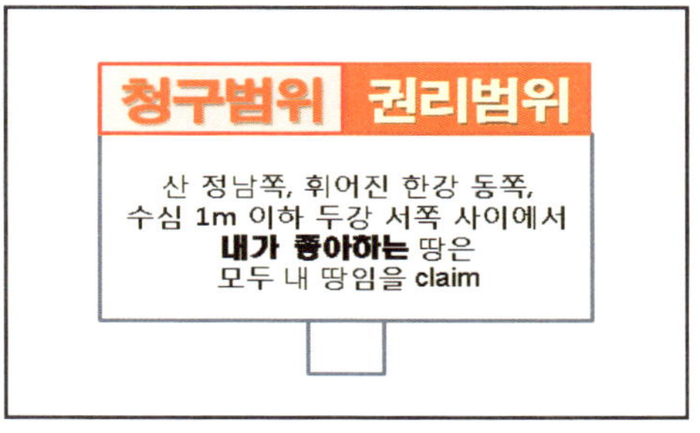

그림 6-2. 청구발명의 해석에 대한 예시

1) 청구범위와 권리범위는 혼용되는 것이 사실이나, 본문에서는 등록 전 출원특허와 등록 후 등록특허 사이의 차이점 및 각각의 범위의 의미를 정확하게 전달하기 위하여 출원특허 청구항의 범위는 '청구범위'로, 등록특허 청구항의 범위는 '권리범위'라고 지칭한다.

는 경우가 대부분이다.

또한 그림 6-2에서와 같이 청구항 단어와 문구를 모두 해석하였다고 해서 청구항에 기재된 청구발명이 자동적으로 해석된다는 보장도 없다. 특허출원서 중 청구항 이외의 "발명의 설명"이나 도면을 참고해야만 청구발명의 의미를 파악할 수 있는 경우가 대부분이기 때문이다.

더불어 청구발명이라고 해서 불변의 의미를 지닌다고 할 수도 없다. 왜냐하면 출원특허 심사 시에는 발명가(또는 출원인)와 심사관이 서로 다른 청구항 해석을 개진하며, 특허침해소송 시에는 발명가(또는 출원인)와 침해의심 제조업체가 서로 상반된 청구항 해석을 주장하기 때문이다. 물론 그 이유는 청구항 해석의 결과에 따라 청구항의 유·무효에 대한 판단이 가능해짐은 물론 침해의심 제품의 침해 여부도 결정되기 때문이다.

따라서 청구항 단어와 문구의 해석을 통한 청구항의 금지권을 판단하기 위해서는 청구항뿐만 아니라 특허출원서에 포함된 도면은 물론 "발명의 설명" 등이 총 동원될 수밖에 없다. 이것으로도 충분치 않은 경우, 법원은 백과사전, 기술사전을 동원함은 물론 전문가까지 동원하여 청구항의 특정 단어나 문구에 대한 증언을 청취하기도 한다.

하지만 그림 6-3과 같이 "발명의 설명"에 청구항 단어나 문구에 대하여 상이한 또는 상반된 설명이 존재할 경우[2] 해석의 불명확성 또는 우선순위에 대한 문제가 발생한다. 또한 청구항 단어에 대한 "발명의 설명"의 설명이 부족하고, 상기 단어에 대한 백과사전, 기술사전, 전문가 의견도 상이할 경우에도 동일한 문제가 발생할 수밖에 없다. 이러한 문제를 해결하는 동시에 일관성 있는 청구항 해석을 위해서는 결국 청구항 해석

2) 학술논문의 저자가 본문에서 완전히 상반된 다수의 결론들을 개진할 경우 이는 일관성 부족으로 간주될 것이며, 상기 논문을 검토하는 peer reviewer들은 시정을 요구할 것이다. 하지만 발명가가 특허명세서에서 상반된 발명을 기재할 경우 이는 (약간의 과장을 더한다면) 상이한 발명들로 간주될 수 있으며, 그 결과 발명가는 각각의 상반된 발명에 대하여 특허를 분할출원함으로써 상기 문제를 해결할 수도 있다.

에 대한 규칙이 필요하게 되며, 청구항 해석 시의 혼란을 최소화하기 위하여 청구항 자체에 대한 규칙도 필요하게 된다.

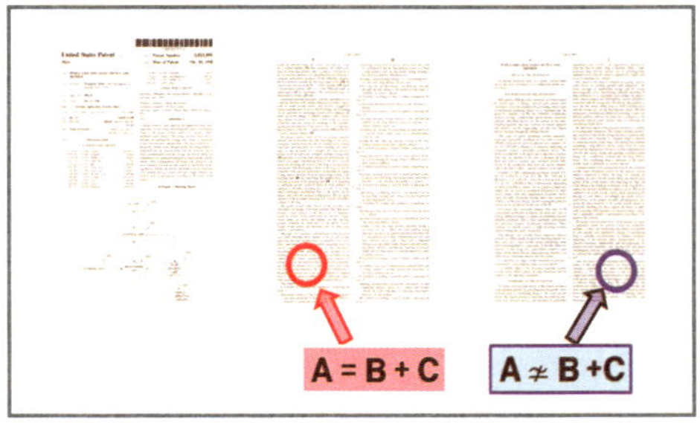

그림 6-3. 청구발명의 해석에 대한 예시

제6장에서는 청구항 해석의 기본인 청구항 기본 법칙을 설명한다. 이를 위하여 제6장의 1절에서는 특허의 구성을 살펴보고, 제6장의 2절에서는 청구항 작성 시 준용해야만 하는 청구항 기초 문법을 설명한다. 제6장의 3절에서는 물건, 방법, 조성물, 기능 등을 청구하는 다양한 형태의 청구항을 소개하며, 특허제도의 각종 규제를 우회·회피하기 위하여 고안된 신종 청구항인 Swiss claim 및 Beauregard claim을 소개하고, 제6장의 4절에서는 청구항 기본 법칙을 요약한다.

1. 특허의 구성

특허법 제42조는 발명가가 특허를 출원할 때 특허청에 제출해야하는 서류를 "특허출원서"라고 지칭한다. 또한 동법 제42조는 "특허출원서"에 첨부해야할 문서를 (a) 발명의 설명, (b) 특허청구범위 (즉 청구항), (c) 도면 및 (d) 요약서 등으로 규정한다. 특히 2015년 1월 1일부터 시행된 특허법 개정안은 "발명의 설명"과 "특허청구범위(즉 청구항)"를 합쳐서 "명세서"라고 규정한다. 이에 따라 "특허출원서"는 (1) 명세서 (또는 특허명세서), (2) 도면 및 (3) 요약서로 구성되며, 위의 (1) 명세서는 (1a) "발명의 설명"과 (1b) 특허청구범위, 즉 청구항으로 구성되는 것이다.

표 6-1(a)는 2015년 1월 1일 시행된 개정 특허법 제42조에 의한 특허출원서의 구성을 요약한 표이다. 물론 변리사들이 실제로 "특허출원서"의 "명세서(또는 특허명세서)"를 작성할 때에는 소제목이 필요하다. 따라서 변리사들은 표 6-1(a)와 같이 "발명의 설명" 부분에 (1) 발명의 명칭, (2) 도면의 간단한 설명, (3) 발명의 상세한 설명 등을 기재하지만, 변리사에 따라 "발명의 설명"의 세부 목차는 약간씩 상이한 편이다.

표 6-1(a). 국내 특허출원서의 구성

<table>
<tr><th colspan="2">구분</th><th>목차</th><th colspan="2">세부 목차</th></tr>
<tr><td rowspan="9">명세서</td><td rowspan="8">발명의 설명</td><td>발명의 명칭</td><td colspan="2">-</td></tr>
<tr><td>도면의 간단한 설명</td><td colspan="2">-</td></tr>
<tr><td rowspan="6">발명의 상세한 설명</td><td colspan="2">기술 분야</td></tr>
<tr><td colspan="2">배경기술</td></tr>
<tr><td rowspan="3">발명의 내용</td><td>해결하려는 과제</td></tr>
<tr><td>과제 해결 수단</td></tr>
<tr><td>효과</td></tr>
<tr><td colspan="2">실시를 위한 구체적인 내용</td></tr>
<tr><td>특허청구범위</td><td>특허청구범위</td><td colspan="2">청구항</td></tr>
<tr><td>도면</td><td>도면</td><td>도면</td><td colspan="2">-</td></tr>
<tr><td>요약서</td><td>요약서</td><td>요약서</td><td colspan="2">-</td></tr>
</table>

표 6-1(b). 미국 특허출원서의 구성

목차	비고
Title of the invention	-
Cross-references to related applications	우선권, 계속출원 등 표기
Statement regarding federal funding	-
Reference to a “sequence listing”	CD에 수록하였을 경우
Background of the invention	-
Brief summary of the invention	-
Brief description of the drawings	-
Detailed description of the invention	-
A claim or claims	-
Abstract of the disclosure	-
A drawing or drawings	-

미국 특허출원서의 구성 역시 국내 특허출원서와 유사하며, 표 6-1(b)는 미국 특허출원서 구성의 일예이다. 단 표 6-1(b)의 “Cross-references to related applications”는 국내 특허출원서에는 포함되지 않은 부분이다. 상기 부분은 발명가가 특허를 출원하며 출원일 이전의 시점에 대한 우선권을 주장하는 경우 상기 특허와 관련된 선행 등

록특허 및 선행 출원특허와의 상관관계를 기재하는 부분으로서, 이는 미국의 계속출원 및 일부계속출원과 같은 계속출원제도와도[3] 상관이 있다.

표 6-2. 상이한 국가·제도의 특허출원서의 구성

구분		발명의 설명 부분	권리서 부분	도면
현행 특허법	제42조	명세서		도면
		발명의 간단한 설명	특허청구범위	
	제201조	명세서	청구의 범위	도면
일본 제36조		明細書	特許請求の範囲	圖面
중국 제26조		설명서(说明书)	권리요구서(权利要求书)	도면(附图)
PCT 제3조		Description	Claim(s)	Drawing(s)
EPC 제78조		Description	Claim(s)	Drawing(s)
미국 제112조		Specification		
		Description	Claim(s)	Drawing(s)
IP5 표준서식		Description	Claim(s)	Drawing(s)
PLT 제5조		Description	Claim(s)	
특허법 개정안 (제42조 & 제201조)		명세서		도면 도면
		발명의 설명	청구범위	

표 6-2는 특허청이 2014년 6월 배포한 "특허법 일부개정법률 설명자료"에 포함된 표로서 2015년 1월부터 시행된 개정 내용을 포함한 표이다. 표에서와 같이 미국 특허출원서의 'specification'은[4] 국내 특허출원서의 "명세서 또는 특허명세서"에 해당하며, 미국 특허출원서의 'description'은 국내 특허출원서의 "발명의 설명"에 해당함을 알 수 있다.

하지만 미국 연방법원 판사들을 포함한 대부분의 특허전문가들은 'specification'이

3) 제9장의 3-라절 "미국의 계속출원, 일부계속출원 및 서면기재 요건" 참고.

4) "Claims must be read in view of the specification, of which they are a part," Autogiro Co. of America vs. United States, 384 F.2d 391 (CCPA 1967).

라는 단어를 관습 상 "청구범위 또는 청구항 (claim)"을 제외한 "명세서 또는 특허명세서"를 지칭한다. 따라서 본문에서도 미국 특허전문가들의 관습에 따라 'specification' 이라는 단어는 "발명의 설명"을 지칭하는 것으로 한다.

2. 청구항 구성

국내특허이건 미국특허이건 특허 청구항(claim)은 특허를 받고자 하는 청구발명의 성격에 따라 구체적인 형태가 조금씩 달라진다. 하지만 모든 청구항은 청구항 서문 (preamble), 청구항 전환구 (transition phrase) 및 청구항 본문 (body)이라는 세 가지 부분으로 구성된다.

청구항 서문은 일반적으로 청구하는 발명의 종류, 용도 등을 설명하는 데 사용되며, 서문에 기재한 내용은 일반적으로 청구항의 범위를 제한하지 않는다는 특징이 있다. 청구항 전환구는 청구항 범위에 직접적인 영향을 주며, 청구항의 범위가 청구항 본문에 기재한 요소와 제한조건 이외의 요소나 제한조건도 포함하는지 (개방형) 아니면 청구항 본문에 기재한 요소 및 제한조건에만 한정되는지를 (폐쇄형) 결정하는 역할을 한다. 청구항 본문은 발명가가 금지권을 설정하고자 하는 청구발명에 대한 청구항 요소 (element) 및 청구항 제한조건(limitation)을 기재하는 부분이다. 아래에서는 예시 청구항을 이용하여 청구항 서문, 청구항 전환구 및 청구항 본문을 구분하여 본다.

표 6-3. 국내특허 물건청구항 예시 (청구항 1)

1. 윗면과 아랫면을 갖는 본체를 포함하는 그릴의 가열부에 의한 가열을 통해 조리되고, 컨테이너 내에 배치되는 음식의 조리의 정도를 검출하는 그릴 제어시스템으로서,
상기 그릴의 하나 이상의 부분과 동작적으로 연결되는 하나 이상의 센서를 포함하고, 상기 컨테이너 내의 상기 음식의 양을 모니터하는 하나 이상의 센서부 및 상기 가열 전에 상기 음식의 초기 양 및 상기 가열 후에 상기 음식의 제1양(量)을 수신하고, 상기 초기 양을 상기 제1양과 비교하고, 상기 초기 및 제1양 사이의 차이로부터 상기 음식의 조리의 정도를 검출하도록 구성되는 하나 이상의 제어부를 포함하는, 그릴 제어시스템.

표 6-3의 국내특허 청구항 1의 경우, 적색으로 표시한 청구항의 시작 부분은 청구항 서문에 해당하고, 청색으로 표시한 끝 부분은 청구항 전환구에 해당하며, 녹색으로 표시한 중간 부분이 청구항 본문에 해당한다. 참고로 청구항 1의 마지막 적색 부분인 "그릴 제어시스템" 역시 청구발명을 지칭하는 청구항 서문의 일부로 간주할 수 있다. 청구항 1의 본문의 '센서부'와 '제어부'는 청구항 요소이다. 또한 센서부는 "하나 이상의 센서"를 부속 요소로 포함한다는 등 상기 청구항 요소를 수식하는 구절 및 제어부를 수식하는 구절은 모두 청구항 제한조건에 해당한다.

표 6-4. 미국특허 물건청구항 (Apparatus Claim) 예시 (청구항 2)

2. A writing tool which includes a portion designed to be held by a hand of a user comprising:
an elongated case; a cartridge which is (configured to be) supported by said case; and a tip that is provided in one end of said cartridge and configured to dispense ink therethrough.

한편 표 6-4의 미국특허 청구항 2의 경우, 적색으로 표시한 청구항의 시작 부분이 청구항 서문에 해당하고, 그 다음 청색으로 표시한 'comprising'이 청구항 전환구에 해당하며, 녹색으로 표시한 나머지 부분이 청구항 본문에 해당한다. 청구항 본문을 참고할 경우 상기 청구항 2는 case, cartridge, tip 등의 세 개의 청구항 요소를 포함하며, 상기 요소를 수식하는 나머지 부분은 모두 청구항 제한조건에 해당한다.

청구항 1과 2의 공통점은 두 청구항 모두 물건인 "그릴 제어시스템"과 "writing tool"이 청구발명이며, 따라서 두 청구항 모두 상기 물건의 부품들을 청구항 요소로 포함한다는 점이다. 단 청구항 1과 2의 차이점은 청구항 서문, 전환구, 본문의 배열이다. 미국특허 청구항 2의 경우 청구항은 항상 서문, 전환구, 본문의 순서로 배열되지만, 국내특허 청구항 1은 서문, 전환구, 본문이 항상 순서대로 배열되지는 않는다는 점이며,

이는 언어상의 차이로 인한 선천적 특성이므로[5] 유의할 필요가 있다.

표 6-5. 국내특허 방법청구항 예시 (청구항 3)

3. 발광소자 제조방법으로서
(a) 가시광선 영역의 빛을 방출하는 발광소자를 준비하는 단계 (b) 코어 블록에 제1 형광체가 도입된 블록공중합체 마이셀 용액을 제조하는 단계 (c) 코어 블록에 제2 형광체가 도입된 블록공중합체 마이셀 용액을 제조하는 단계 (d) 상기 제1 형광체가 도입된 블록공중합체 마이셀 용액과 상기 제2 형광체가 도입된 블록공중합체 마이셀 용액을 혼합하는 단계 및 (e) 상기 발광소자의 발광부 상에 혼합된 용액을 도포하여 형광층 박막을 형성하는 단계를 포함하며, 상기 발광소자가 방출하는 일정 파장 대역의 가시광선은 상기 제1 및 제2 형광체에 의해 형광되는 2개의 색과 조합되어 다른 파장 대역의 가시광선으로 변환되어 외부로 방출되는 것을 특징으로 하는 광변환 발광소자의 제조방법.

표 6-5의 국내특허 청구항 3의 경우, 적색으로 표시한 시작 부분이 청구항 서문에 해당하며, 녹색으로 표시한 (a)부터 (e)까지가 청구항 본문, 청색으로 표시한 부분인 '포함하며'는 청구항 전환구에 해당한다. 또한 전환구 뒷부분의 녹색 부분도 청구항 본문이며, 적색으로 표시한 청구항의 마지막 부분 역시 청구항 서문으로 간주할 수 있다. 또한 청구항 3의 본문 중 (a)의 단계, (b)의 단계, (c)의 단계, (d)의 단계 및 (e)의 단계는 모두 청구항 요소이며, 전환구인 '포함하며' 뒤의 "상기 발광소자가 ... 외부로 방출"은 물론 청구항 요소인 (a)~(e)의 나머지 부분들은 모두 청구항 제한조건에 해당한다.

5) 일반적으로 한국어는 중요한 부분이 문장의 뒤에 배치되는 반면 영어는 중요한 부분을 문장의 앞에 배치한다. 일예로 한국어는 "신대륙 한강과 두강 사이의 내 땅을 가로질러 Boldhead산 넘어 좁은 평야를 지나 Rocky 산맥의 봉우리들 사이의 협곡 건너편에서 드레스를 입고 혼자 서있는 저 소녀"라고 표시하는 반면 같은 내용을 영어로는 "That girl in a dress standing alone beyond the valley between the peaks of the Rockies across the plain behind the Mount Boldhead at the end of my land between the Ease River and the West River in the new continent"라고 표기한다. 따라서 미국특허 청구항에 비하여 국내특허 청구항은 서문, 전환구, 본문이 순서대로 기재되지 않는 경우가 대부분이다.

표 6-6. 미국특허 방법청구항 (Process claim 또는 Method claim) 예시 (청구항 4)

4. A method of displaying stereographic 3-dimensional images of celestial objects on a display device, said objects having celestial coordinates on the celestial sphere, comprising the steps of:
(1) selecting at least a portion of the celestial sphere to display; (2) determining the celestial coordinates for each celestial object within this portion of the celestial sphere; (3) mapping the celestial coordinates of each celestial object within the selected portion of the celestial sphere into a planar coordinate system forming a first part of the display device so as to be viewable in this first part of the display device; (4) determining the distance from the earth of each celestial object at least within the selected portion of the celestial sphere; and (5) mapping the celestial coordinates of each celestial object within the selected portion of the celestial sphere into a planar coordinate system forming a second part of the display device so as to be viewable in this second part of the display device.

표 6-6의 미국특허 청구항 4는 적색의 시작 부분이 청구항 서문, 청색의 'comprising'이 청구항 전환구, 녹색의 나머지 부분이 청구항 본문에 해당한다. 청구항 4의 청구항 요소들은 (1)의 selecting, (2)의 determining, (3)의 mapping, (4)의 determining 및 (5)의 mapping이며, (1)~(5)의 나머지 부분들은 모두 청구항 제한조건에 해당한다.

위의 국내특허 청구항 3과 미국특허 청구항 4의 공통점은 두 청구항 모두 발명의 대상이 방법(process 또는 method)이라는 점이다. 즉 청구항 3은 발광소자를 제조하는 방법을, 청구항 4는 "method of displaying"이 청구발명이다. 따라서 청구항 3과 4는 상기 방법을 수행하는 각각의 단계(step)들을 청구항 요소로 포함한다.

가. 청구항 서문 (Preamble)

청구항의 범위, 즉 특허의 청구범위 또는 권리범위는 청구항 '본문'에 기재된 요소와 제한조건에 의하여 결정되기 때문에, 청구항 '서문'에 기재된 내용은 원칙적으로 청구항 범위에 영향을 주지 않는다. 따라서 청구항 서문은 청구항 본문에서 청구발명을 자세히 기재하기 전, 청구발명의 종류나 용도 등을 설명하는 데 사용된다.

참고로 미국특허법은 특허를 받을 수 있는 특허보호대상 발명들을 machine (대형 물건), article of manufacture (부품 등과 같은 소형 물건), composition of matter (조성물), process (방법) 등으로 규정한다. 일예로 표 6-3의 청구항 1과 표 6-4의 청구항 2의 청구발명은 각각 물건인 시스템과 writing tool과 같은 물건인 반면 표 6-5의 청구항 3 및 표 6-6의 청구항 4의 청구발명은 각각 방법이다.

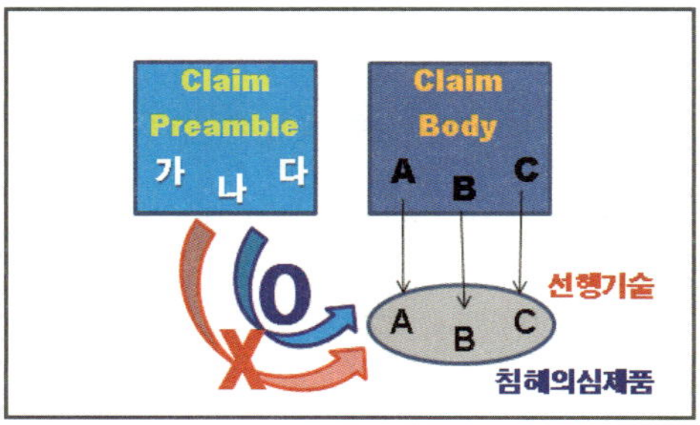

그림 6-4. 청구항 서문과 청구항 범위

하지만 그림 6-4와 같이 청구항 서문의 단어나 구절이 청구항의 범위를 제한하는 경우도 존재한다. 일예로 미국 판례에서는 청구항 서문이 청구항 본문에 "최소한의 의미나 중요성"을 제공할 경우 또는 청구항 서문이 청구항 본문의 청구발명을 "해석하는 데 필수적"인 경우 청구항 서문의 단어나 문구 일부를 청구항 요소나 제한조건으로 간주한다.

(1) 청구항 서문과 청구항 범위

그렇다면 청구항 서문의 단어가 청구항 요소로 간주되건 말건 무슨 영향이 있을까? 정답은 "대부분의 경우 무지막지한 영향을 준다"이다. 왜냐하면 청구항 서문의 단어나 문구가 청구항 본문으로 편입될 경우, 그만큼 청구항 요소 또는 청구항 제한조건의 개수가 증가하여 청구항 범위가 축소되기 때문이다.

그렇다면 누가 청구항 서문의 일부를 청구항 요소 또는 제한조건으로 해석하려고 노력할까? 발명가일까 아니면 침해의심 제조업체일까?

정답은 "경우에 따라 다르다"이다. 왜냐하면 세상만사와 마찬가지로 특허 세계에서도 모든 것은 상대적이기 때문이다. 따라서 발명가도 청구항 서문의 일부가 청구항 요소 또는 제한조건으로 간주되어 청구항의 권리범위가 축소되기를 바랄 때가 있는 반면

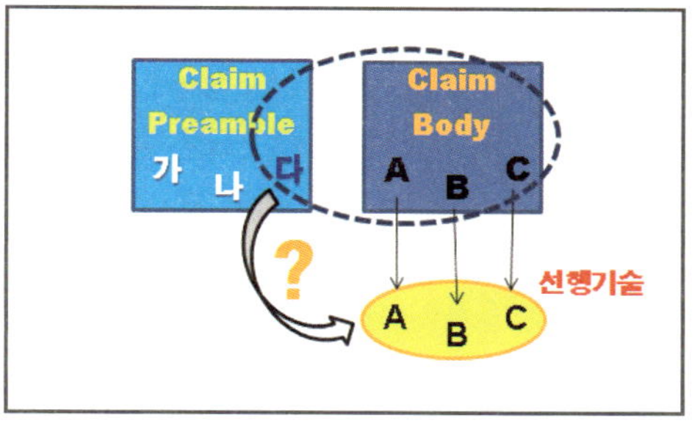

그림 6-5. 선행기술 대비 청구항 서문과 청구항 범위

이와는 반대로 청구항 서문의 일부가 청구항 본문으로 편입되지 않음으로써 청구항의 권리범위를 그대로 유지하기를 간절히 원할 때도 있다. 이는 침해의심 제조업체의 입장에서도 마찬가지이다. 즉 청구항 서문의 일부가 청구항 요소 또는 제한조건으로 간주되어 청구항의 권리범위가 축소되어 침해를 면하고 싶을 때가 있는가하면, 이와는 반대로 청구항 서문의 일부가 청구항 본문으로 편입되지 않음으로써 청구항의 권리범위를 확대된 상태로 유지함으로써 선행기술에 의하여 청구항의 신규성이나 진보성이 부정되기를 바랄 때도 있다.

표 6-7(a). 청구항 서문과 신규성에 대한 Claim Chart (1)

청구항 (요소, 제한조건)	선행기술 개시 사항 (부품·단계)	
	존재 여부	적용 부위
A ⇒	Yes	선행기술 논문의 3쪽
B ⇒	Yes	선행기술 논문의 초록
C ⇒	Yes	선행기술 논문의 5쪽

청구항의 신규성 요건과 청구항 서문 사이의 관계에 대한 설명이 그림 6-5와 표 6-7(a)이다. 그림 6-5와 같이 청구항 본문은 A, B, C의 세 가지 요소를 포함하고 선행기술 역시 요소 A, B, C를 개시하며, 청구항 서문에는 '가,' '나,' '다'가 포함되지만 이들은 모두 청구항 범위에 속하지 않으며 선행기술에 의해서도 개시되지 않는다고 가정하자. 상기 청구항은 요소인 A, B, C가 모두 선행기술에 의하여 개시되므로 표 6-7(a)와 같이 "구성요소 완비의 법칙"이 성립된다. 따라서 상기 청구항은 신규성 요건을 만족하지 못하므로 특허를 받을 수 없다. 따라서 발명가에게는 불리한 반면 경쟁자 제조업체에게는 유리한 상황이다.

하지만 그림 6-5와 같이 발명가가 성공적으로 청구항 서문에 개시된 '다'를 청구항 요소로 인정받고 이를 청구항 본문에 편입시키면 어떻게 될까? 표 6-7(b)와 같이 선행기술은 청구항 요소인 A, B, C는 개시하지만 방금 서문으로부터 편입된 요소인 '다'를 개시하지는 않는다. 따라서 청구항의 모든 요소가 단일의 선행기술에 의하여 개시되지 않는 상기 청구항은 신규성 요건을 만족하게 된다.[6] 따라서 발명가에게는 유리한 반면 경쟁자 제조업체에게는 불리한 상황이다.

표 6-7(b). 청구항 서문과 신규성에 대한 Claim Chart (2)

청구항 (요소, 제한조건)		선행기술 개시 사항 (부품·단계)	
		존재 여부	적용 부위
A	⇒	Yes	선행기술 논문의 3쪽
B	⇒	Yes	선행기술 논문의 초록
C	⇒	Yes	선행기술 논문의 5쪽
다	⇒	No	-

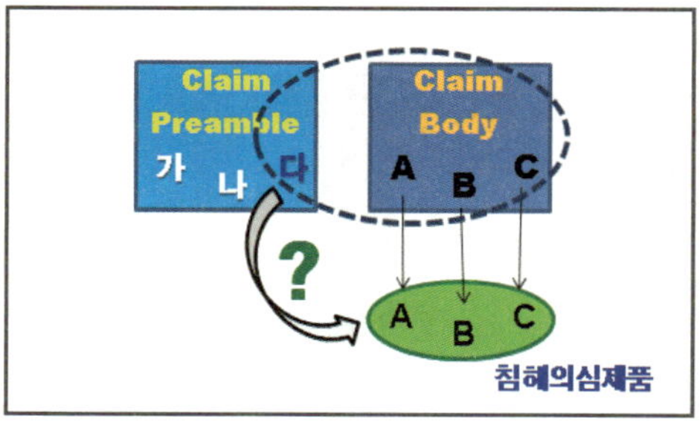

그림 6-6. 침해의심 제품 대비 청구항 서문과 청구항 범위

하지만 얻는 것이 있으면 잃는 것이 있다. 앞서 설명한 바와 같이 다른 모든 조건이 동일할 경우, 청구항의 범위는 청구항에 포함된 요소나 제한요건의 개수에 반비례한다. 따라서 발명가는 필요에 따라 청구항 서문에 있는 단어 등을 신규 청구항 요소라고 주장함으로써 자신의 청구항의 신규성을 확보할 수도 있지만, 이에 비례하여 발명가의 청구항의 범위 또한 축소된다.

청구항 범위 축소에 따른 침해의심 제품의 침해 여부와 청구항 서문 사이의 관계를 살펴보자. 그림 6-6의 청구항은 그림 6-5의 청구항과 동일하며, 침해의심 제품은 요소 A, B, C를 포함한다. 이 경우 청구항 요소 A, B, C가 모두 침해의심 제품의 일부에라도 존재하므로 표 6-8(a)와 같이 "구성요소 완비의 법칙"이 성립되고, 이에 따라 청구항은 상기 제품에 의하여 문언침해된다. 따라서 발명가에게는 유리한 상황인 반면 침해의심

6) 신규성 요건을 만족한 청구항이 특허로 등록되려면 진보성 요건, 각종 기재요건 등도 만족해야 한다.

제조업체에게는 불리한 상황이다.

표 6-8(a). 청구항 서문과 침해 여부에 대한 Claim Chart (1)

청구항 (요소, 제한조건)	침해의심 제품·방법 (부품·단계)	
	존재 여부	적용 부위
A ⇒	Yes	침해제품의 processor
B ⇒	Yes	침해제품의 I/O module
C ⇒	Yes	침해제품의 controller

표 6-8(b). 청구항 서문과 침해 여부에 대한 Claim Chart (2)

청구항 (요소, 제한조건)	침해의심 제품·방법 (부품·단계)	
	존재 여부	적용 부위
A ⇒	Yes	침해제품의 processor
B ⇒	Yes	침해제품의 I/O module
C ⇒	Yes	침해제품의 controller
다 ⇒	No	-

하지만 침해의심 제조업체가 발명가의 청구항 서문에 개시된 '다'를 성공적으로 청구항 본문에 편입시킨다면 어떻게 될까? 표 6-8(b)와 같이 침해의심 제품은 청구항 요소인 A, B, C는 포함하지만 마지막 요소인 '다'를 포함하지는 않는다. 따라서 모든 요소가 침해의심 제품에 존재하지는 않는 상기 청구항은 상기 제품에 의하여 문언침해되지 않는다. 따라서 발명가에게는 불리한 반면 침해의심 제조업체에게는 유리한 상황이다.

다시 반복하지만 다른 모든 조건이 동일할 경우, 청구항의 범위는 청구항에 포함된 요소 및 제한요건의 개수에 반비례한다. 따라서 침해의심 제조업체는 특허의 권리범위를 우회·회피하기 위하여 청구항 서문에 있는 단어나 문구 등을 신규 청구항 요소 또는 제한조건이라고 주장하며 발명가의 권리범위를 축소할 수 있다.

(2) 청구항 서문과 범위 관련 미국 판례 (Marrin vs. Griffin)

아래에서는 청구항 서문을 이용한 특허전략을 여실히 보여주는 미국 판례를 살펴본다. Marrin vs. Griffin은 2010년도 미국연방항소법원(CAFC 또는 Court of Appeals for the Federal Circuit) 사건으로서, 침해의심 제조업체(Marrin)는 신규 선행기술을 발굴하여 자신을 특허침해로 제소할 가능성이 농후한 발명가(Griffin) 특허의 신규성 결여를 주장하였고, 발명가는 이에 대한 대응책으로 청구항 서문의 단어가 청구항 요소라 주장하며 청구항의 신규성을 확보하려다 실패한 사건이다.[7)]

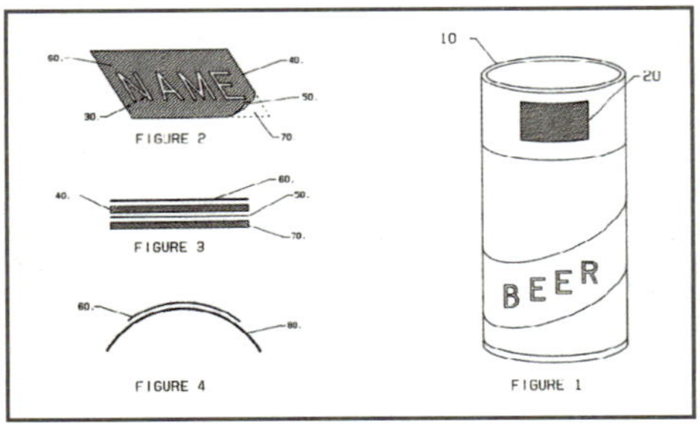

그림 6-7. Griffin의 U.S. Pat. No. 5,154,448의 발명

발명가인 Jeffrey Griffin과 Claudia Griffin은 많은 사람들이 모인 장소에서 필기도구를 사용하지 않고도 자신의 cup을 표시할 수 있는 scratch-off label을 발명하였다. Griffin의 발명은 그림 6-7의 좌측 도면들과 같이 sticker 형태의 label로서, 일정 색상을 가지며 손톱 등으로 긁어서 벗겨낼 수 있는 물질로 coating한 최상부(60), 최상부(60)와는 다른 색상을 가지며 최상부(60) 하부에 결합된 기판(40), 기판(40)에 부착된 접착층(50) 및 떼어낼 수 있는 비접착성 받침(70) 등이 순차적으로 적층된 유연한 label이다.

우선 사용자는 label로부터 받침(70)을 벗겨 접착층(50)을 노출시킨 뒤, 접착층(50)을 음료수 병이나 can, 음료수 잔의 표면에 부착한다. 사용자는 label 최상부(60)의 표면을 손톱이나 북어포, 마른 멸치 꼬리 등의 뾰족한 물체로 긁어서 긁은 부분의 coating 물질을 최상부(60)로부터 제거한다. 이에 따라 최상부(60)의 긁어낸 부분을 통하여 바로 밑 기판(40)의 색상이 노출된다. 따라서 그림 6-7의 우측 도면에서와 같이 일정 색상을 가진 최상부(60) 표면에 사용자가 긁은 부분은 기판(40)의 다른 색상으로 표시됨으로써, 사용자는 pen 등의 필기도구를 사용하지 않고도 자신의 음료수나 잔에 자신의 이름 등을 표시할 수 있다. Griffin은 자신의 발명을 1991년 특허 출원하였다.

7) Michael Marrin v. Jeffrey Griffin and Claudia Griffin, 599 F.3d 1290 (Fed. Cir. 2010).

표 6-9(a). Griffin의 미국 출원특허 U.S. Serial No. 07/685,190의 청구항 1 (독립항)

1. A scratch off marking label, comprising:
(a) a layer of scratch off non-transparent coating, and; (b) a permanent base layer of such color so as to contrast with said scratch off coating; (c) said scratch off coating being applied directly onto said permanent layer of contrasting color, (d) whereby upon scratching through of said scratch off coating reveals the contrasting color of said permanent layer in legible lines, thereby providing a writing means whereby a person can mark on the label without the need for a writing implement.

표 6-9(a)는 Griffin의 미국 출원특허의 청구항 1이다. 표에서와 같이 청구항 1의 서문은 청구발명의 범주를 표시하며, 청구항 본문에는 (a) scratch-off layer 및 (b) base layer의 두 가지 요소가 포함되었고, (a)와 (b)의 구성 요소 사이의 조합에 대한 (c), (d) 등의 제한조건을 추가하였다.

표 6-9(b). Griffin의 미국 등록특허 5,154,448의 청구항 1 (독립항)

1. A scratch-off label for permitting a user to write thereon without the use of a marking implement, comprising:
a permanent base having a colored near side which is normally visible to the user and having a far side; and a coating of scratch-off non-transparent material having a color which contrasts with the color of the near side of the permanent base, which coating is applied directly onto the near side of the permanent base with sufficient thickness so as to obscure the color of the permanent base, and which when scratched off reveals the color of the near side of the permanent base.

특허청 심사관은 Griffin의 청구항을 여러 가지 이유로 거절하였고, Griffin은 이를 극복하기 위하여 표 6-9(a)에 기재한 청구항 1의 (d)의 writing means가 독립적인 청구항 요소가 아니라고 주장하며 삭제하였다. 또한 Griffin은 표 6-9(a)의 청구항 1에서 청색으로 표시한 부분을 본문으로부터 삭제하고 이를 서문에 기재하여 청구발명의 목적 또는 용도를 표시하는 등 표 6-9(b)와 같이 청구항을 보정하였다. Griffin의 출원특허는 1992년 10월 미국특허 5,154,448('448 특허)로 등록되었다.

한편 Upardi라는 회사를 운영하던 Marrin은 '448 특허에 관심을 가지게 되었고 2002년 Griffin과 상기 특허에 대한 license 계약을 체결하였다.[8)] 하지만 얼마 되지 않아 Griffin과 Marrin은 royalty와 관련하여 다투게 되었으며, 이에 격분한 Griffin은 2006년 Marrin에게 license 계약 해지를 통보하였다.

Griffin과의 license 계약이 해지됨에 따라 특허침해소송 위협을 느낀 Marrin은 변호사를 고용하여 Griffin의 '448 특허와 관련된 선행기술 검색을 의뢰하였고, 변호사는 '448 특허 심사 시 심사관이 인용하지 않았던 여덟 개의 신규 선행기술을 발굴하였다. Marrin은 이를 근거로 '448 특허의 신규성 결여를 주장하며 미국 연방지방법원에 특허무효확인소송을 제기하였고, 이에 대응하여 Griffin 역시 2007년 Marrin을 상대로 특허침해소송을 제기하였다.

표 6-10. Malinovitz 선행특허 대비 '448 특허의 신규성에 대한 Claim Chart

Griffin의 청구항 (요소, 제한조건)	Malinovitz 개시 사항 (부품·단계)	
	존재 여부	적용 부위
a permanent base ⇒	Yes	Teaches a "base card" (Col.4 ll.63) that the removable coating is applied to. The base card's surface is not removed when the coating is scratched off. (Col.3 ll.40-4)
a coating of scratch off non-transparent material ⇒	Yes	The scratch off coating must be non-transparent since the coating "covers" dates which are only revealed when removed. (Col.3 ll.36-41)
having a color which contrasts with the color of the near side of the permanent base ⇒	Yes	The friable removable coating is of a different color, usually silver, than the underlying color of the card ... (Col.2 ll.34-35)
permitting a user to write thereon without the use of a marking implement ⇒	No	-

8) 이는 Griffin의 '448 특허 등록 시점인 1992년으로부터 만 10년이 경과한 시점이다.

표 6-10은 Marrin이 Griffin 특허의 신규성을 부정하기 위하여 사용한 선행기술 중의 하나인 Malinovitz 선행기술과 Griffin의 '448 특허 청구항 1에 대한 claim chart이다. 표의 적색 부분과 같이 Griffin의 청구항 1의 모든 요소는 Malinovitz 선행기술에 의하여 개시되므로 Marrin은 청구항 1이 "구성요소 완비의 법칙"에 따라 신규성 요건을 만족하지 못한다고 주장하였다. 이를 극복하기 어려워진 Griffin은 표 6-10의 좌측 열의 마지막 행(청색으로 표시)에서와 같이 자신이 특허 심사 시 보정을 통하여 청구항 1의 서문에 기재한 청구발명의 용도(즉 필기도구 없이도 필기 가능)가 사실은 청구항의 추가 제한조건에 해당한다고 주장하였다. 물론 Griffin이 이러한 주장을 개진한 이유는 상기 제한조건이 Malinovitz 선행기술에 의하여 개시되지 않기 때문에 자신의 청구항 1은 Malinovitz 선행기술에 대비하여 신규하다고 주장하기 위함이었다. 하지만 미국 연방지방법원은 청구항 서문에 기재한 청구발명의 용도는 청구항 본문을 제한하지 않으므로 상기 용도는 청구항 요소가 아니라고 확인하며, Griffin의 특허는 신규성 결여로 무효라고 판결하였다.

미국 연방항소법원 역시 연방지방법원의 판결을 인용하였다. 특히 연방항소법원은 Griffin 특허와 같은 물건청구항의 특허성은 구조에 의하여 결정되며, 따라서 상기 구조에 대한 용도나 목적은 청구항 요소로 간주할 수 없다고 판결하였다. 또한 청구항 서문의 'label' 역시 상기 단어가 청구항 본문에도 포함되었다고 해서 label을 설명하는 서문의 구절인 "필기도구 없이 필기가 가능한"이라는 구절이 자동적으로 청구항의 제한조건이라는 보장도 없다고 판시하였다.

또한 미국 연방항소법원은 2002년 판례인 Catalina case에서[9] 청구항 서문과 본문이 모두 system이라는 단어를 포함하였으나 상기 단어는 청구항 본문의 제한조건이 아니라고 판결한 바 있으며, 2004년의 Intirtool case에서는[10] 청구항 서문과 본문이 hand-held punch pliers라는 구절을 포함하였으나 이 역시 청구항 본문의 제한

9) Catalina Marketing Int'l v. Coolsavings.com, Inc., 289 F.3d 801, 810 (Fed. Cir. 2002).

10) Intirtool, Ltd. v. Texar Corp., 369 F.3d 1289, 1296 (Fed. Cir. 2004).

조건이 아니라고 판시하였으며, 1991년 Vaupel case[11] 역시 청구항 서문과 본문이 weaving machine이라는 구절을 포함하였지만 서문에 포함된 weaving machine의 이동 방향에 대한 서술은 청구항 본문의 제한조건이 아니라고 판결한 바 있다고 언급하였다. 따라서 미국 연방항소법원은 Griffin의 청구항 1의 모든 요소가 Malinovitz 선행기술에 의하여 개시되기 때문에 "구성요소 완비의 법칙"이 성립하며, 그 결과 Griffin 청구항 1은 신규성 결여로 무효이며, 청구항이 무효이므로 Marrin은 Griffin의 특허를 침해하지 않았다고 판결하였다.

(3) 청구항 서문과 특허전략

특허의 핵심은 금지권의 범위, 즉 청구항의 범위이며, 따라서 특허 금지권의 범위는 특허의 청구항 본문에 의하여 결정된다. 즉 발명가가 청구항 본문에 기재한 단어 하나하나, 문구 하나하나가 특허의 금지권의 범위를 결정하는 셈이다.

그렇다면 청구항 작성 시 발명가가 청구하고자 하는 청구발명과 관련하여 중요한 단어와 문구는 모두 청구항 본문에 기재하고, 청구항 서문에는 발명의 종류와 용도 등 발명가의 청구발명을 설명하는 하찮은 단어나 문구만 사용하면 해결될 문제를 왜 복잡하게 만드는 걸까?

이유는 간단하다. 이는 가능한 한 특허의 권리범위를 확충하려는 발명가와 대리인의 부단한 노력 때문이다. 우선 대리인이 청구항 본문을 작성하다 보면[12] 청구항에서는 함축된 용어를 사용하면서도 제9장에서 설명할 각종 기재요건을 만족해야 한다. 또

11) Vaupel Textilmaschinen KG v. Meccanica Euro Italia S.P.A., 944 F.2d 870, 880 (Fed. Cir. 1991).

12) 특허 청구항은 발명가의 권리범위를 결정하는 특허의 핵심이다. 따라서 청구항은 발명가가 아니라 대리인, 그것도 유능한 대리인만이 작성함이 옳다. 어떤 발명가는 자신이 특허명세서를 많이 작성해 보았으므로 자신이야말로 청구항을 잘 작성하는 전문가라고 믿는 경우도 있다. 하지만 자신이 많이 써 보았고 자신이 잘 작성한다고 믿는 발명가가 실제로 특허를 이용하여 아직 막대한 수익을 창출하지 않았다면 (또는 못했다면), 지금부터라도 대리인, 그것도 유능한 대리인을 현명하게 선정하고, 매우 현명할 정도로 합당하게 대우하며 청구항 작성을 의뢰함이 옳다.

한 대리인이 선행기술을 검색한 후 청구발명과 선행기술을 구분함으로써 청구항이 신규성 요건과 진보성 요건을 만족하도록 하기 위해서는 청구항 본문에 포함시켜야만 할 단어와 문구가 증가할 수밖에 없다. 하지만 그림 6-8(a)와 같이 청구항 본문에 너무 많은 단어나 문구를 사용하게 되면, 이러한 청구항의 범위는 그림 6-8(b)와 같이 그만큼 협소해질 수밖에 없다.

그림 6-8. 본문에 많은 요소를 포함한 청구항의 권리 범위

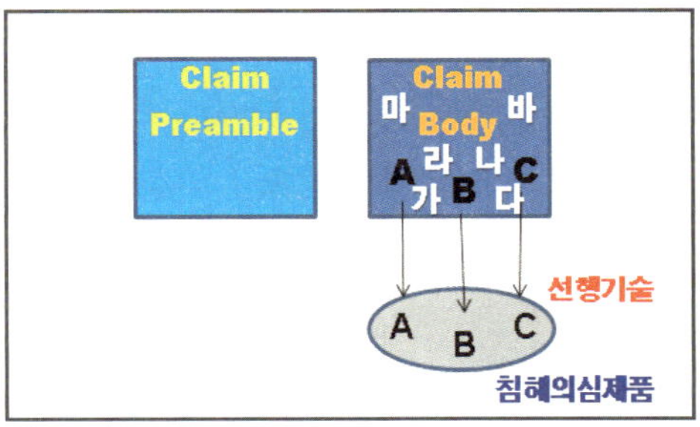

그림 6-8(a)

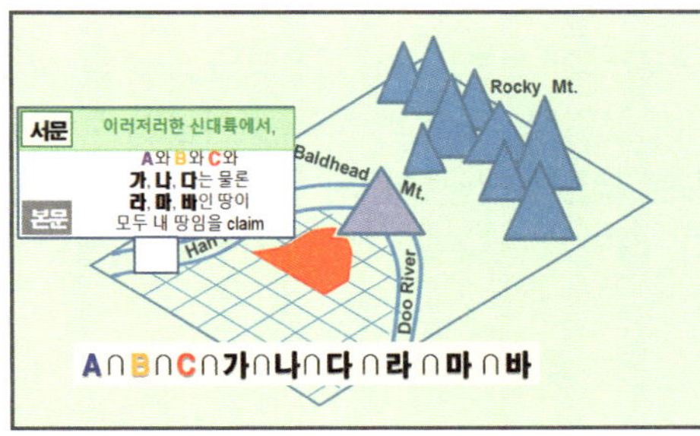

그림 6-8(b)

청구항에 수많은 단어와 문구를 포함시키되 가능한 한 넓은 범위를 확보하는 한 가지 방법이 바로 청구항 본문의 기재 사항 중 일부를 청구항 서문에 기재하는 전략이다. 즉 청구항 전체에 포함된 단어와 문구의 개수는 일정하지만 본문에 포함된 단어와 문구 중 일부를 서문으로 옮김으로써 청구항의 범위를 확충하는 전략이다.

그림 6-9. 본문의 단어 및 문구 일부를 서문으로 편입한 청구항의 권리 범위

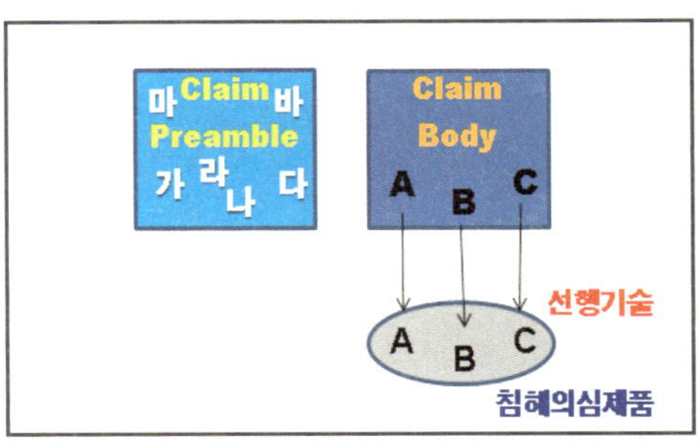

그림 6-9(a)

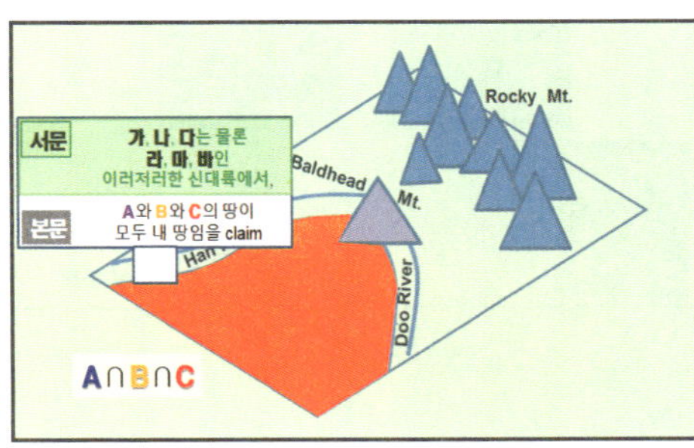

그림 6-9(b)

일예로 청구항 본문의 단어나 문구의 일부를 청구항 서문으로 옮겨 놓은 청구항인 그림 6-9(a)를 그림 6-8(a)와 비교하였을 경우, 그림 6-9(a)의 청구항은 청구항의 단어나 문구인 가, 나, 다, 라, 마, 바를 청구항 서문에 포함함을 알 수 있다. 그 결과 그림에서와 같이 청구항 본문은 상대적으로 적은 수의 단어만을 포함하여 간단하게 되며, 그림 6-9(b)와 같이 청구항의 범위 역시 넓어지게 된다.

물론 이러한 경우 청구항 본문에서 청구항 서문으로 옮긴 부분이 다시 청구항 본문에 대한 제한조건으로 해석되지 않도록 주의하여야 한다. 하지만 청구항 본문의 내용을 청구항 서문에 옮기다 보면 청구항 서문과 본문의 단어나 문구가 중첩되는 경우가 대부분이다. 그 결과 청구항 서문에 끼워 넣은 단어와 문구가 청구항 본문의 요소 또는 제한조건에 해당하는지 여부가 특허성은 물론 특허침해 여부의 쟁점으로 부상할 수 있다. 따라서 청구항 서문을 작성할 때에도 주의가 필요하다.

그림 6-10. 종속항을 이용하는 청구항 전략

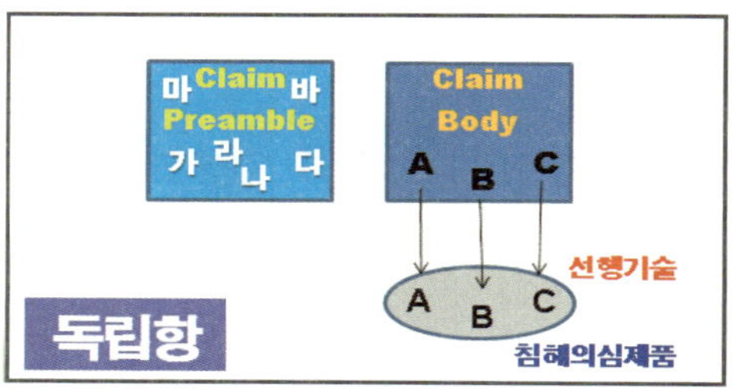

그림 6-10(a)

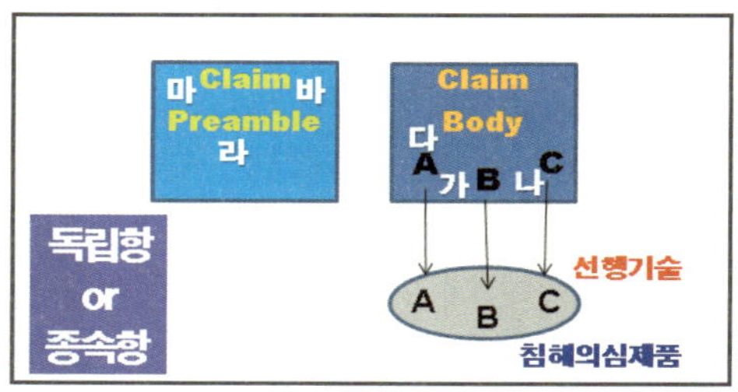

그림 6-10(b)

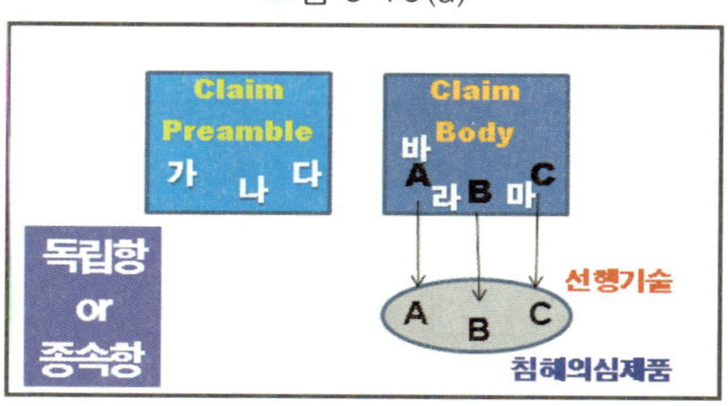

그림 6-10(c)

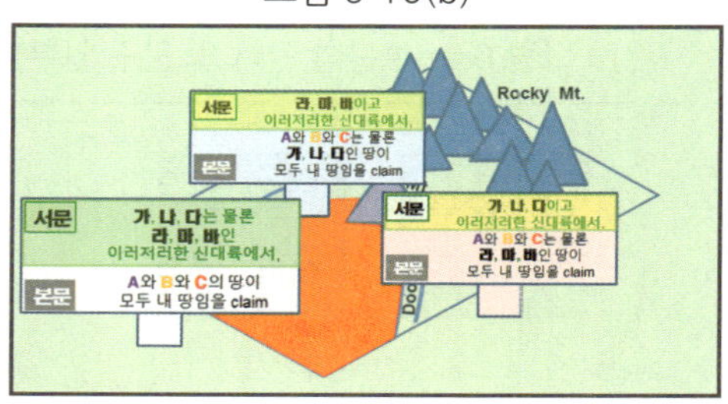

그림 6-10(d)

그렇다면 위의 Marrin vs. Griffin case에서와 같이 발명가가 특허 출원 시에는 청구항 범위를 넓히기 위하여 청구항 본문에서 청구항 서문으로 옮긴 단어나 문구를 추후 특허침해소송에서 청구항 범위를 축소하기 위해서 청구항 요소나 청구항 제한조건이라고 주장하려면 어떤 전략을 사용할까?

해답은 간단하다. 그림 6-10(b)와 6-10(c)에서와 같이 다수의 청구항을 이용하는 청구항 전략을 사용하면 된다. 즉 그림 6-10(a)의 독립항에서는 가능한 한 많은 단어와 문구를 청구항 서문에 기재하고 청구항 본문에서는 최소한의 단어와 문구만을 사용한 후, 만일의 경우를 대비하여 그림 6-10(b) 및 6-10(c)에서와 같이 청구항 서문에 기재한 내용의 일부를 청구항 본문에 포함하는 다수의 독립항 또는 이에 종속되는 종속항을 별도로 작성함으로써 그림 6-10(d)와 같이 대형지뢰, 중형지뢰들을 순차적으로 매설하는 전략이다. 따라서 추후 침해의심 제조업체가 독립항의 본문에 기재된 청구발명의 목적이나 용도가 청구항의 요소나 제한조건에 해당된다고 주장하며 권리범위를 우회·회피하려해도, 상기 목적이나 용도가 청구항 서문에만 포함된 독립항 또는 종속항의 침해는 피하지 못하도록 만전을 기하는 전략이다.

또한 다수의 청구항을 이용하는 전략을 효율적으로 활용할 경우, 발명가는 “청구항 차별 (claim differentiation) 규칙”에 의거하여 독립항의 범위를 상대적으로 확충시키는 이득을 볼 수도 있다. “청구항 차별 규칙”은 국내 판례에서는 인정하지 않는 것으로 생각되지만 미국에서는 자주 활용되는 규칙으로서, 제7장의 2-사절에서 자세히 설명한다.

요약하면 미국 연방항소법원은 청구항 서문에 기재한 단어나 문구가 청구항 본문에 “생명(life)과 (삶의) 의미(meaning)”를 불어 넣는 경우에만 상기 단어나 문구가 청구항 요소나 청구항 제한조건에 해당한다고 판시하였다.[13)] 따라서 국내특허는 차치하고

13) 미국 판례에서 청구항 A의 서문의 단어를 본문의 요소나 제한조건이라 해석하였을 경우, 동일한 특허의 청구항 B에서도 서문의 동일한 단어가 상기 청구항 B의 본문의 요소나 제한조건인지에 대한 판례는 아직 없는 것으로 안다. 하지만 각 청구항은 독립적이므로 청구항 또한 각각 독립적으로 해석함이 원칙이며, 또한 청구항들 사이에서는 청구항 차별 규칙(doctrine of claim differentiation)이 적용됨이 원칙이다. 따라서 한 청구항의 서문의 단어를 본문의 요소나 제한조건이라 해석하였다고 해서, 다른 청구항에 포함된 동일한 단어 역시 자동적으로 다른 청구항의 본문의 요소나 제한조건이라고 해석하지는 않을 가능성이 높다.

최소한 미국특허에서만은 청구항 서문과 본문을 이용하여 독립항의 금지권에 대한 범위를 확충하며, 동시에 서문으로 옮긴 단어나 문구에 대한 금지권은 종속항이나 타독립항에서 확보하는 전략을 효율적으로 활용하도록 적극 권장한다.[14)]

나. 청구항 전환구 (Transition Phrase)

위에서는 하찮아 보이는 청구항 서문의 역할과 청구항 서문을 이용한 다양한 전략을 소개하였다. 위의 청구항 서문에 이어 아래에서는 청구항 서문(claim preamble)과 청구항 본문(claim body)의 사이에 위치한 청구항 전환구(claim transition phrase)를[15)] 설명한다. 청구항 전환구는 간단해 보일 수도 있지만, 청구항 전환구야말로 청구항의 권리범위에 지대한 영향을 미치는 중요한 부분이다.

법적으로 허용된 청구항 전환구로는 크게 “포함하는 (comprise)”이라는 개방형 전환구, “구성되는 (consist of)”이라는 폐쇄형 전환구 및 “주로 (또는 필수적으로) 구성되는 (consist essentially of)”이라는 부분 폐쇄형 전환구 등이 있다. 경우에 따라 대리인들은 “함유하는 (include)”이나 ‘이루어진’ 등을 청구항 전환구로 사용하는 경우도

14) 물론 기껏해야 100~200만 원 정도, 심지어는 일금 35만 원의 수임료를 지불하는 국내 현실을 감안하면 과연 국내 대리인이 이 정도의 성의를 보일지 극히 의문이다. 수십만 원 정도의 수임료를 지불하는 국내기업, 연구소·대학, 특히 청구항 수에 따라 수임료를 지불하는 발명가나 발명가 소속 기관의 특허 관리자는 대리인의 직원이 수임료를 현실화하기 위하여 작성한 수많은, 의미 없는 청구항은 기대할 수 있어도, 대리인의 영민한 창조성이 담긴 청구항 전략은 기대하지 않음이 상식이다. 누차 강조하지만 특허산업은 service업이다. 따라서 발명가가 아무리 우량 발명을 창출하였다고 해서, 이에 대한 특허 역시 자동적으로 우량특허로 재창출되는 일은 절대 없다. 결국 발명가이건 특허 관리자이건 자신이 뿌린 만큼만 거둔다는 속담을 명심해야 한다. 따라서 발명가이건 특허 관리자이건 “선택과 집중” 전략을 이용하여 수많은 발명 중 우량 발명을 선정해야하며, 유능한 변리사를 선임하여 이들에게 우량 특허를 창출하도록 의뢰해야 하되, 이들에게 합당한 수임료를 지불해야만 한다.

15) 앞서 설명한 바와 같이 미국 청구항의 경우 청구항 전환구는 항상 청구항 서문과 청구항 본문 사이에 위치한다. 하지만 국내 청구항의 경우 청구항 전환구는 청구항 서문과 청구항 본문 사이에 위치할 수도 있지만 이와는 달리 청구항 후반부에 위치하는 경우도 있다. 물론 이는 미국 청구항과 국내 청구항의 권리범위와는 상관없으며 언어 상의 특성 때문이다.

있지만 '포함하는'과 '구성되는'이 가장 보편적인 동시에 법원의 판례에 의해서도 그 의미가 보장된 전환구이다. 따라서 위에서 열거한 개방형 전환구, 폐쇄형 전환구 및 부분 폐쇄형 전환구 이외의 전환구를 사용하는 경우 법원이 이를 어떻게 해석할지 예측하기 어렵다. 따라서 발명가나 대리인은 개방형 전환구, 폐쇄형 전환구 및 부분 폐쇄형 전환구 외의 전환구는 무조건 피해야만 한다.

(1) 개방형 전환구

개방형 전환구는 '포함하는' 또는 "comprise ('comprising'도 포함)"로서, 개방형 전환구로 전환되는 청구항은 개방형 청구항(open-ended claim)이라 지칭한다. 개방형 전환구란 특허의 범위, 더 자세히 말하자면 청구항의 범위 또는 금지권의 범위가 개방되었다는 의미이다. 따라서 대부분의 특허 청구항은 권리범위의 극대화를 위하여 개방형 전환구를 사용한다. 아래에서는 이와 같이 중요한 개방형 전환구의 작동 원리, 특성 및 장·단점을 설명한다.

개방형 전환구를 사용한 청구항은 범위가 개방된다. 하지만 이 말이 개방형 전환구를 사용한 청구항의 범위가 자유자재로 확충된다는 말은 아니다. "청구항의 범위가 개방된다"는 의미는 그림 6-11(a)의 우하부의 점선으로 표시한 타원과 같이 금지권의 대상인 침해의심 제품 또는 신규성의 비교 대상인 선행기술에 다른 요소나 다른 제한조건의 부가가 가능하다는 말이다. 이를 표 6-11 및 6-12, 그림 6-11~6-14를 이용하여 자세히 설명한다.

표 6-11(a). "개방형 전환구"를 사용한 청구항과 침해 여부에 대한 Claim Chart

청구항 (요소, 제한조건)	침해의심 제품·방법 (부품·단계)	
	존재 여부	적용 부위
A ⇒	Yes	침해제품의 processor
B ⇒	Yes	침해제품의 I/O module
C ⇒	Yes	침해제품의 controller

우선 표 6-11(a)와 같이 개방형 청구항은 공격 시, "구성요소 완비의 법칙"에 따라 청구항 본문에 포함된 모든 요소와 제한조건이 침해의심 제품의 일부에라도 존재하

면 상기 청구항은 상기 제품에 의하여 문언침해된다. 즉 그림 6-12(a)와 같이 청구항(대형지뢰) 상부에 위치한 경쟁자의 침해의심 제품은 상기 청구항을 문언침해한다.

그림 6-11. "개방형 전환구"를 사용한 청구항의 일반적 특성

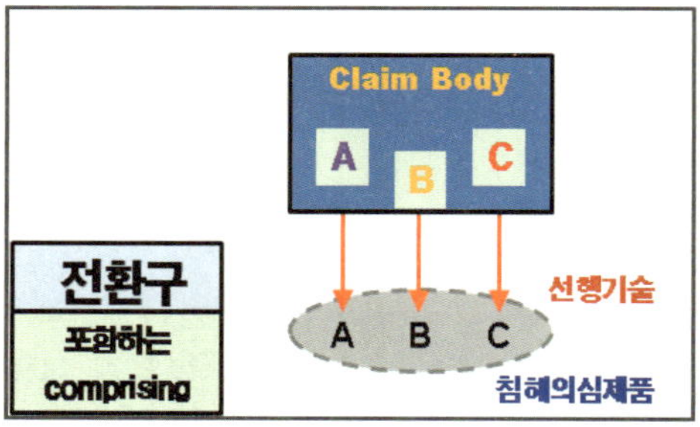

그림 6-11(a)

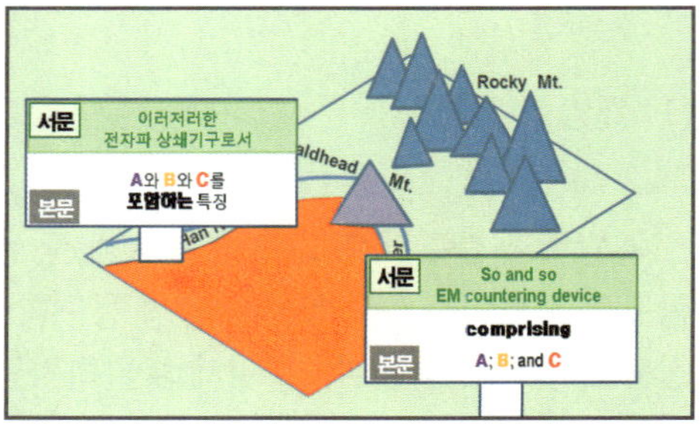

그림 6-11(b)

표 6-11(b). "개방형 전환구"를 사용한 청구항과 신규성에 대한 Claim Chart

청구항 (요소, 제한조건)	선행기술 개시 사항 (부품·단계)	
	존재 여부	적용 부위
A ⇒	Yes	선행기술 논문의 3쪽
B ⇒	Yes	선행기술 논문의 초록
C ⇒	Yes	선행기술 논문의 5쪽

그림 6-12(a). "개방형 전환구"를 사용한 대형지뢰와 침해

또한 표 6-11(b)와 같이 개방형 청구항을 사용한 수비에서는, "구성요소 완비의 법칙"에 따라 청구항 본문에 포함된 모든 요소와 제한조건이 단일의 선행기술에 의하여 개시되면 상기 청구항은 신규성 요건을 만족하지 못한다. 그 결과 그림 6-12(b)와 같이 청구항(대형지뢰) 범위에 선행기술이 속할 경우 상기 청구항은 신규성을 상실하여 심사관에 의하여 거절되거

나 법원에 의하여 무효 판결을 받게 된다.

이와 같은 표 6-11(a) 및 6-11(b), 그림 6-12(a) 및 6-12(b)의 설명은 개방형 전환구를 사용한 개방형 청구항은 물론 아래에서 설명할 폐쇄형 전환구를 사용한 폐쇄형 청구항에도 적용된다. 하지만 개방형 전환구를 사용한 개방형 청구항에는 아래와 같이 위의 설명 이상의 특성이 있다.

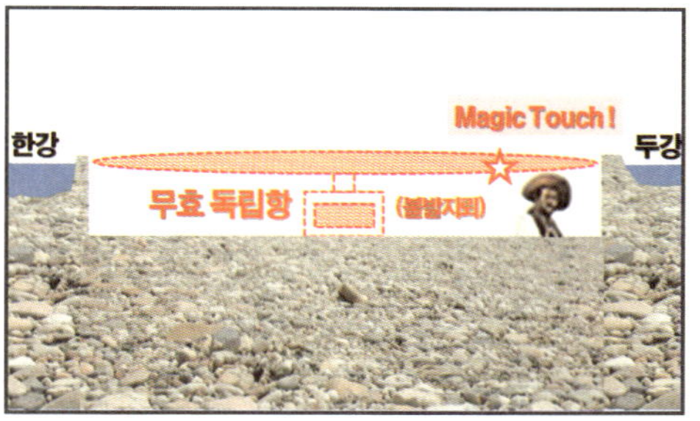

그림 6-12(b). "개방형 전환구"를 사용한 대형지뢰와 신규성

그림 6-13. "개방형 전환구"를 사용한 청구항의 장점

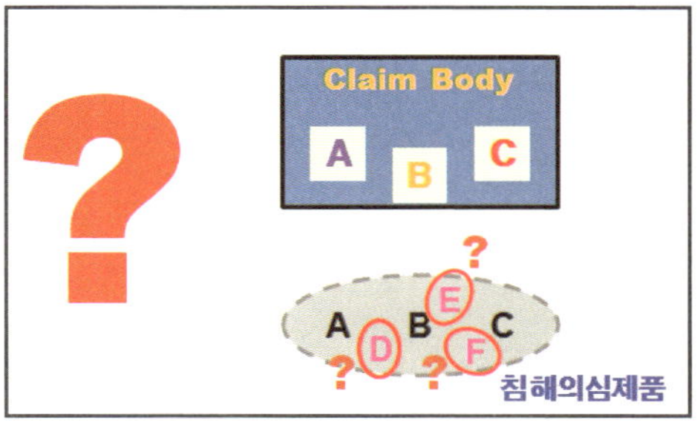

그림 6-13(a)

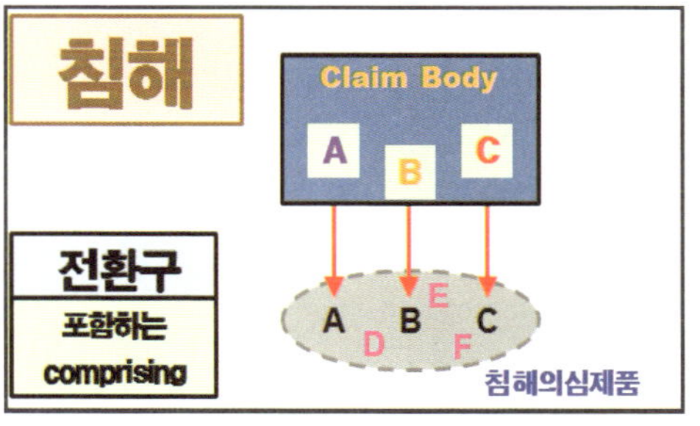

그림 6-13(b)

우선 그림 6-13(a)와 같이 청구항 본문이 A, B, C의 세 가지 요소만을 포함하는 경우를 가정하자. 만일 발명가의 권리범위를 우회·회피하려는 경쟁자가 자신의 제품에 A, B, C 이외에 D, E, F 등과 같이 발명가의 청구항에 포함되지 않은 요소를 추가하였을 경우, 경쟁자는 발명가의 권리범위를 우회·회피할까? 바꾸어 말하면 발명가의 청구항은 경쟁자의 제품에 의하여 문언침해되었을까?

이에 대한 답을 결정하는 핵심 요소가 바로 청구항의 전환구이다. 그림 6-13(b)와 같이 청구항이 '포함하는,' 'comprise' 또는 'comprising'과 같은 개방형 전환구를 사용했을 경우 상기 청구항은 경쟁자의 제품에 의하여 문언침해되지만, 발명가가 폐쇄형 전환구를 사용하였을 경우 상기 청구항은 상기 제품에 의하여 문언침해되지 않는다. 즉 발명가는 청구항에 개방형 전환구를 사용함으로써 자신의 특허를 문언침해하는 제품의 범위를 최대한 확충할 수 있다. 이것이 바로 발명가가 개방형 전환구를 이용함으로써 얻을 수 있는 공격 측면의 장점이다.

즉 개방형 전환구를 사용하는 그림 6-13의 청구항의 권리범위에는 A, B, C를 포함하는 제품은 물론 A, B, C, D, E, F와 같이 A, B, C 및 다른 부품들을 포함하는 제품도 모두 다 포함된다. 즉 청구항 전환구가 개방되었으므로, 상기 청구항을 문언침해하는 제품의 범위 역시 A, B, C를 포함하는 모든 제품으로 확충된다고 간주할 수 있다.

표 6-12(a). "개방형 전환구"를 사용한 청구항과 침해 여부에 대한 Claim Chart

청구항 (요소, 제한조건)		침해의심 제품·방법 (부품·단계)	
		존재 여부	적용 부위
A	⇒	Yes	침해제품의 processor
B	⇒	Yes	침해제품의 I/O module
C	⇒	Yes	침해제품의 controller
-	⇍	D	침해제품의 case
-	⇍	E	침해제품의 cover glass
-	⇍	F	침해제품의 전원

표 6-12(a)는 claim chart를 이용한 동일한 설명이다. 일예로 A, B, C의 요소를 포함한 청구항을 경쟁자가 우회·회피하기 위하여 자신의 침해의심 제품에 D, E 및 F와 같이 발명가의 청구항에는 포함되지 않은 요소들을 아무리 많이 추가하더라도, 표에서와 같이 개방형 전환구를 사용한 청구항의 문언침해 여부를 판단하는 claim chart에서는 항상 좌측 열의 청구항 요소들이 우측 열의 침해의심 제품에 존재하는 지만을 확인한다. 즉 개방형 전환구를 사용하는 청구항의 문언침해 여부를 판단하는 방향은 항상 좌측에서 우측이다. 따라서 제조업체가 자신의 침해의심 제품에 아무리 많은 요소나 제한조건을 부가하더라도, 청구항이 개방형 전환구를 사용하는 경우 청구항의 모든 요소와 제한조건이 침해의심 제품의 일부에라도 존재하는 한, 경쟁자는 상기 청구항에 대한 문언침해를 벗어날 수 없다.

그림 6-14(a). "개방형 전환구"를 사용한 대형지뢰의 장점

그림 6-14(a)는 이를 설명하는 예시도이다. 우선 (가), (나)와 같은 제품은 모든 부분이 발명가의 대형지뢰 상부에 위치하므로 청구항 전환구의 종류에 상관없이 문언침해를 벗어나지 못한다. 하지만 청구항이 개방형 전환구를 사용할 경우에는 대형지뢰의 폭사영역이 넓어진다. 즉 그림의 (다), (라)와 같은 제품은 자신의 일부만이 대형지뢰를 걸치고 있고 다른 부분은 대형지뢰 바깥쪽에 위치하더라도 청구항의 모든 요소가 상기 제품의 일부에라도 존재하기 때문에, 상기 제품은 특허의 권리범위를 문언침해하게 된다. 이것이 바로 개방형 전환구를 이용함으로써 침해 제품의 범위가 확대된다는 공격 측면의 장점이다.

하지만 세상만사가 그렇듯 얻는 것이 있으면 잃는 것도 있다. 즉 개방형 전환구를 사용하는 청구항은 공격력이 강화된 만큼 수비력을 상실한다.

표 6-12(b). "개방형 전환구"를 사용한 청구항과 신규성에 대한 Claim Chart

청구항 (요소, 제한조건)		선행기술 개시 사항 (부품·단계)	
		존재 여부	적용 부위
A	⇒	Yes	선행기술 논문의 3쪽
B	⇒	Yes	선행기술 논문의 초록
C	⇒	Yes	선행기술 논문의 5쪽
-	⇍	D	선행기술 논문의 표지
-	⇍	E	선행기술 논문의 그림 3
-	⇍	F	선행기술 논문의 23쪽

일예로 발명가가 A, B, C, D, E, F로 구성된 발명을 착상하였으나 이를 모두 개시하는 선행기술을 발견하였고, 발명가는 자신의 발명에 대한 특허를 받기 위하여 선행기술이 개시하는 요소 중 D, E, F는 제외하고 A, B, C만 청구항 본문에 포함하는 특허를 출원하였다고 가정하자. 하지만 표 6-12(b)에서와 같이 개방형 전환구를 사용한 청

구항의 신규성을 판단하는 claim chart에서는 항상 좌측 열의 청구항 요소들이 우측 열의 선행기술에 의하여 개시되는 지만을 확인한다. 따라서 발명가가 선행기술이 개시하는 요소나 제한조건 중 아무리 많은 요소나 제한조건을 누락한 청구항을 작성하더라도, 청구항의 모든 요소와 제한조건이 선행기술에 의하여 개시되는 한 상기 청구항은 신규성 요건을 만족하지 못하게 되어 발명가는 상기 청구항에 대한 특허를 받을 수 없다.

그림 6-14(b). "개방형 전환구"를 사용한 대형지뢰의 단점

그림 6-14(b)는 이를 설명하는 예시도이다. 앞서 설명한 바와 같이 그림의 (가)와 같은 선행기술은 모든 부분이 발명가가 매설한 대형지뢰의 폭사 영역 이내에 위치하므로 청구항 전환구의 종류에 상관없이 발명가는 상기 청구항에 대한 특허를 받을 수 없다. 또한 청구항이 개방형 전환구를 사용할 경우, 그림의 (나)와 같이 선행기술의 일부만이 발명가의 대형지뢰에 걸치더라도 발명가 청구항의 모든 요소나 제한조건을 개시하므로 발명가는 상기 청구항에 대한 특허를 받을 수 없다. 이것이 바로 개방형 전환구를 이용할 경우 신규성 요건 확보가 어려워진다는 수비 측면의 단점이다.

그래도 발명가 입장에서는 개방형 전환구가 최선인 경우가 대부분이다. 특허의 목적이 수익 창출인 만큼 특허는 일단 범위가 우선이다. 따라서 범위 확충을 위해서는 개방형 전환구를 사용할 수밖에 없다.

개방형 전환구를 사용함에 따라 넓어지는 선행기술의 범위는 어떻게 처리할까? 간단하다. 다수의 종속항을 전략적으로 이용하는 청구항 전략이다. 즉 독립항을 이용하여 일단 충분한 범위를 청구한 후, 개방형 전환구는 물론 넓은 범위의 독립항에 따라 덩달아 넓어진 선행기술의 범위에 따르는 신규성 요건 또는 진보성 요건을 만족하지 못하는 경우에 대비하여 독립항보다는 범위가 협소한 종속항을 전략적으로 배치하는 전략이다. 다시 한 번 강조하지만 처음부터 얇고 작게 썬 치즈 조각보다는 구멍이 뚫리더라도 부피가 더 나가는 치즈조각이 더 무거울 것은 만고불변의 진리이다. 따라서 발명가는 항상 특허청 심사관이 당연히 거절하지는 않을 정도로 넓은 범위의 청구항으로 시작해야만 한다.

(2) 폐쇄형 전환구

개방형 전환구의 반대 개념이 바로 '구성되는,' "consist of ('consisting of'도 포함)"라는 폐쇄형 전환구이다. 폐쇄형 전환구로 전환되는 청구항은 폐쇄형 청구항, 이를 영어로는 "closed claim"이라고 지칭하며, 특허의 범위, 더 자세히 말하자면 청구항의 범위와 금지권의 범위가 폐쇄되었다는 의미이다. 따라서 이와 같이 공격력에 심각한 제한을 받는 폐쇄형 전환구는 극히 제한적으로 사용된다.

우선 위에서 설명한 개방형 전환구와 폐쇄형 전환구 사이에는 공통점이 있다. 즉 폐쇄형 전환구를 사용한 청구항의 공격 시에도 상기 청구항의 본문에 포함된 모든 요소와 모든 제한조건만이[16] 침해의심 제품에 존재하면 "구성요소 완비의 법칙"에 따라 청구항은 상기 제품에 의하여 문언침해된다는 점이다. 즉 발명가의 지뢰 상부에만 위치한 경쟁자의 제품은 모조리 발명가의 청구항을 문언침해한다는 말이다. 마찬가지로 폐쇄형 전환구를 사용한 청구항의 수비 시에도 청구항 본문에 포함된 모든 요소와 모든 제한조건만이[17] 단일의 선행기술에 의하여 개시되면, 상기 청구항은 "구성요소 완비의 법칙"에 따라 상기 선행기술에 대비하여 신규성 요건을 만족하지 못한다. 그 결과 청구항 범위에 이러한 선행기술이 속할 경우 상기 청구항은 신규성을 상실하여 심사관에 의하여 거절되거나 법원에 의하여 무효 판결을 받게 된다.

하지만 개방형 전환구와 폐쇄형 전환구 사이에는 중요한 차이점이 존재한다. 즉 폐쇄형 전환구를 사용한 그림 6-15(a)의 폐쇄형 청구항은 범위가 폐쇄되어 있다는 점이다. 위의 설명은 폐쇄형 전환구를 사용한 청구항이 폐쇄된다는 말로 해석할 수도 있지만,

16) "모든 요소와 모든 제한조건만이"에서 '만이'가 중요하다. 즉 폐쇄형 청구항을 이용한 공격 시의 문언침해 요건은 개방형 청구항을 이용한 공격 시의 문언침해 요건보다 몹시 엄격하다. 따라서 경쟁자는 더 쉽게 발명가의 권리범위를 우회·회피할 수 있게 된다.

17) "모든 요소와 모든 제한조건만이"에서 '만이'가 중요하다. 즉 폐쇄형 청구항을 이용한 수비 시 신규성을 부정하는 선행기술의 요건은 개방형 청구항을 이용한 수비 시의 상기 요건보다 훨씬 엄격하다. 따라서 발명가는 더 쉽게 선행기술을 우회·회피하여 신규성 요건을 만족할 수 있게 된다.

더 정확히 말하자면 그림 6-15(b)에서 경계를 이중선으로 표시한 타원과 같이 금지권의 대상인 침해의심 제품 또는 신규성의 비교 대상인 선행기술이 폐쇄됨으로써, "구성요소 완비의 법칙"이 성립하려면 다른 요소나 제한조건의 부가가 불가능하다는 말이다.

그림 6-15. "폐쇄형 전환구"를 사용한 청구항의 일반적 특성

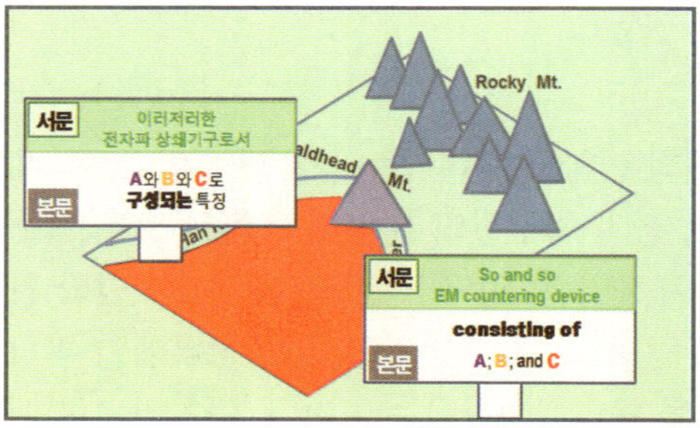

그림 6-15(a)

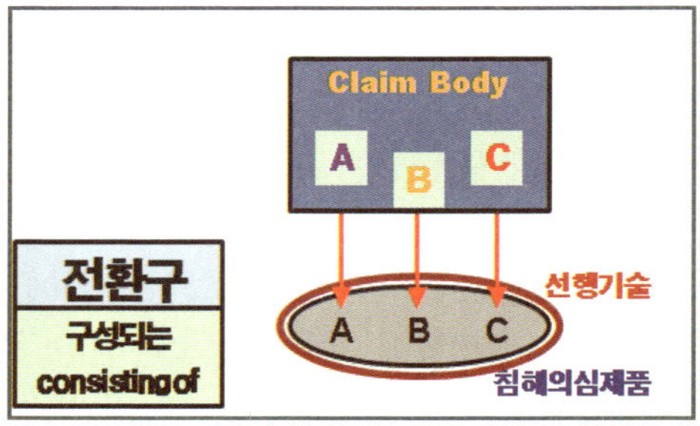

그림 6-15(b)

즉 공격측면에서는 청구항의 모든 요소 및 제한조건"만이" 침해의심 제품에 존재하는 경우에만 청구항이 문언침해되며, 수비측면에서는 선행기술이 청구항의 모든 요소 및 제한조건"만을" 개시하는 경우에만 청구항의 신규성이 부정된다는 의미이다. 이에 따라 청구항이 개방형 전환구를 사용할 경우 문언침해가 성립하는 제품도 청구항이 폐쇄형 전환구를 사용할 경우 문언침해를 우회·회피할 수 있으며, 개방형 전환구를 사용할 경우 선행기술에 의하여 신규성이 부정되는 청구항도 폐쇄형 전환구를 사용할 경우 신규성을 확보할 수도 있다. 바로 이러한 특성이 개방형 전환구에 비하여 권리범위가 무척 협소한 폐쇄형 전환구를 발명가가 때때로 사용하는 이유이다.

이를 더 자세히 설명하기 위하여 그림 6-16(a)와 같이 특허 청구항 본문은 A, B, C의 세 가지 요소를 포함하고, 경쟁자는 발명가의 특허를 우회·회피하기 위하여 자신의 제품에 A, B, C는 물론 D, E, F 등과 같이 청구항에 포함되지 않은 요소를 추가한다고 가정하자. 청구항은 경쟁자의 우회·회피 제품에 의하여 문언침해되었을까?

그림 6-16. "폐쇄형 전환구"를 사용한 청구항의 단점

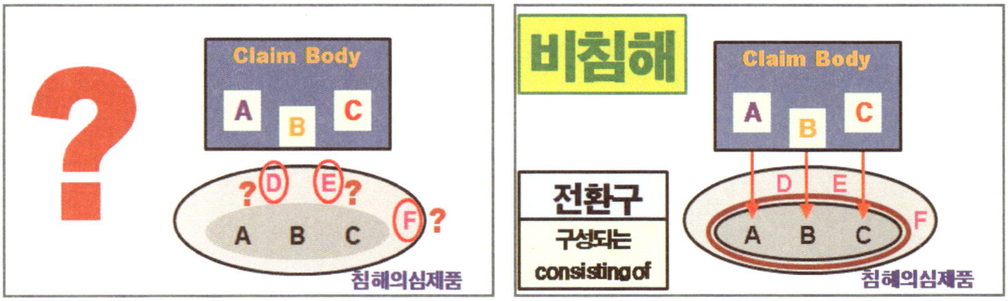

그림 6-16(a) 그림 6-16(b)

정답은 "청구항 전환구에 따라 결론이 달라진다"이다. 앞서 그림 6-13에서 설명한 바와 같이 청구항 전환구가 개방형이면 문언침해가 성립한다. 하지만 위의 그림 6-16(b)와 같이 청구항 전환구가 '구성되는,' 'consist of' 또는 'consisting of'이면, 이러한 폐쇄형 청구항은 경쟁자의 제품에 의하여 문언침해되지 않는다. 왜냐하면 폐쇄형 전환구를 이용하는 청구항이 문언침해되려면 침해의심 제품 역시 청구항의 요소와 제한조건 이외의 추가 요소나 제한조건을 포함하지 말아야하기 때문이다. 즉 발명가는 청구항에 폐쇄형 전환구를 사용함으로써 자신의 특허를 문언침해하는 제품의 범위를 대폭적으로 축소하는 바, 이것이 바로 발명가가 폐쇄형 전환구를 이용함으로써 잃게 되는 공격 측면의 단점이다.

청구항의 폐쇄형 전환구와 문언침해 여부를 지뢰를 통하여 설명하면 이해가 용이하다. 일예로 그림 6-17의 (가), (나)와 같은 제품은 모든 부분이 발명가의 대형지뢰 상부에만 위치하므로 청구항 전환구의 종류에 상관없이 문언침해를 벗어나지 못한다. 반면 그림의 (다), (라)와 같은 제품은 자신의 일부는 대형지뢰 밖에 위치하므로 청구항 전환구에 따라 문언침해 여부에 대한 판단이 달라진다.

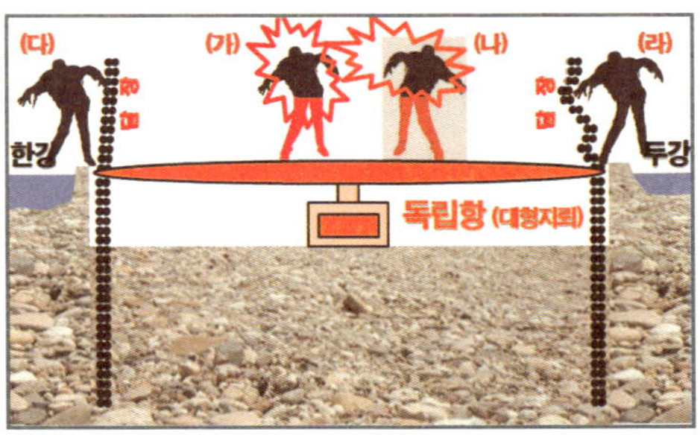

그림 6-17. "폐쇄형 전환구"를 사용한 대형지뢰의 단점

이를 바꾸어 말하면 폐쇄형 전환구의 역할이란 대형지뢰의 주변에 일종의 담장을 구축하는 경우에 해당한다. 즉 경쟁자의 제품으로 하여금 담장을 넘어옴으로써 모든 부분이 대형지뢰 상부에 위치하던지 아니면 모든 부분을 담장 밖에 방치하여 대형지뢰 밖에 위치하도록 하던지 양자택일이다. 따라서 그림 6-17의 (다), (라)의 제품은 일부가 대형지뢰 밖에 위치하므로 담장을 넘어오지 못하며, 그 결과 청구항은 (다), (라)에 의하여 문언침해되지 않는다. 이것이 바로 침해 제품 범위의 축소로서, 폐쇄형 전환구를 이용할 때 잃게 되는 공격 측면의 단점이다.

표 6-13(a). "폐쇄형 전환구"를 사용한 청구항과 침해 여부에 대한 Claim Chart

청구항 (요소, 제한조건)		침해의심 제품·방법 (부품·단계)	
		존재 여부	적용 부위
A	⇒	Yes	침해제품의 processor
B	⇒	Yes	침해제품의 I/O module
C	⇒	Yes	침해제품의 controller
NO	⇐	D	침해제품의 case
NO	⇐	E	침해제품의 cover glass
NO	⇐	F	침해제품의 전원

이를 "구성요소 완비의 법칙"을 이용한 claim chart에 응용하면 표 6-13(a)와 같으며, 이는 경쟁자가 발명가의 특허를 우회·회피하기 위하여 자신의 제품에 D, E, F 등과 같이 발명가의 청구항에 포함되지 않은 요소를 추가한 경우이다. 표에서와 같이 폐쇄형 전환구를 사용한 청구항의 침해 여부를 판단하는 claim chart에서는 좌측 열의 청구항 요소들이 우측 열의 침해의심 제품에 존재하여야 함은 물론 우측 열의 침해의심 제품의 모든 부품·단계 역시 좌측 열에 존재하여야만 "구성요소 완비의 법칙"이 성립한다. 즉 청구항이 폐쇄형 전환구를 사용할 경우 claim chart를 이용한 비교 방향은 좌측으로부터 우측으로의 방향은 물론 우측으로부터 좌측으로의 방향을 모두 포함하는 "쌍방향"이다. 이것이 개방형 전환구를 이용하는 개방형 청구항에 대한 claim chart의 작동 원리와 폐쇄형 전환구를 이용하는 폐쇄형 청구항에 대한 claim chart의 작동 원리 사이의 근본적 차이점이다. 즉 개방형 청구항의 경우 항상 좌측에서 우측으로 향하는 일방향성 비교만 성립하면 "구성요소 완비의 법칙"이 만족되는 반면 폐쇄형 청구항의 경우에는 좌측에서 우측 및 우측에서 좌측으로 향하는 양방향성 비교가 모두 성립해야만 "구성요소 완비의 법칙"이 만족되는 것이다.

따라서 표 6-13(a)의 경우 좌측 열의 청구항 요소들은 모두 우측 열의 침해의심 제품에 존재하지만, 우측 열의 침해의심 제품의 모든 부품들이 좌측 열의 청구항에 존재하지 않는다. 그 결과 "구성요소 완비의 법칙"이 성립하지 않으므로 청구항은 침해의심 제품에 의하여 문언침해되지 않는다고 해석할 수 있다.

세상만사가 그렇듯 잃은 것이 있으니 얻는 것도 있어야만 한다. 그렇다면 폐쇄형 청구항을 사용하는 발명가가 얻는 이점은 무엇일까? 발명가가 청구항에 폐쇄형 전환구를 사용함으로써 자신의 특허를 침해하는 제품의 범위가 축소되는 만큼 발명가는 자신의 청구항의 신규성이나 진보성을 부정할 수 있는 선행기술의 범위도 축소시킬 수 있다. 이것이 바로 발명가가 폐쇄형 전환구를 이용함으로써 얻게 되는 수비 측면의 장점이다.

그림 6-18. "폐쇄형 전환구"를 사용한 청구항의 장점

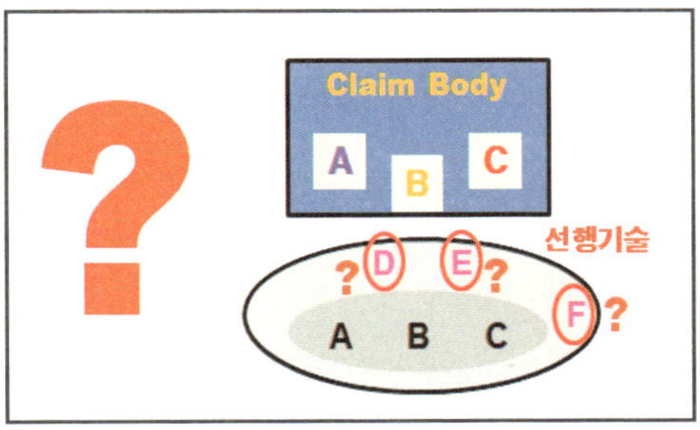

그림 6-18(a)

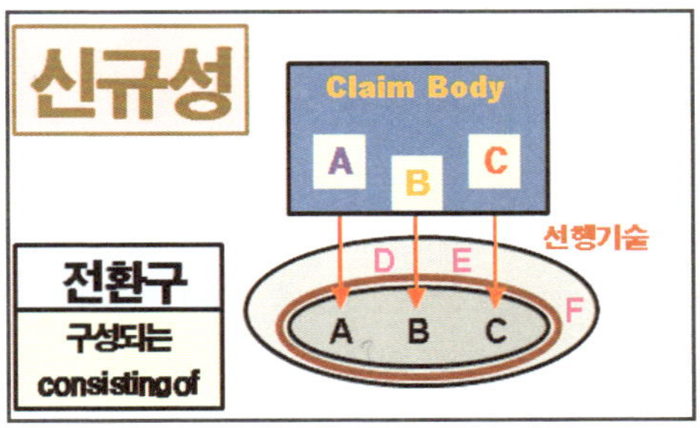

그림 6-18(b)

이를 자세히 설명하기 위하여 그림 6-18(a)와 같이 발명가 특허의 청구항 본문은 A, B, C의 세 가지 요소를 포함하고, 선행기술은 청구항 요소인 A, B, C를 개시함은 물론 청구항에는 포함되지 않은 D, E, F도 개시한다고 가정하자. 발명가의 청구항은 선행기술에 대비하여 신규성 요건 또는 진보성 요건을 만족할까?

정답은 "청구항 전환구에 따라 결론이 달라진다"이다. 앞서 그림 6-13의 개방형 전환구에서는 청구항 전환구가 개방형이었으므로 청구항은 선행기술에 대비하여 신규성 또는 진보성이 부정되었다. 하지만 그림 6-18(b)와 같이 청구항의 전환구가 폐쇄형

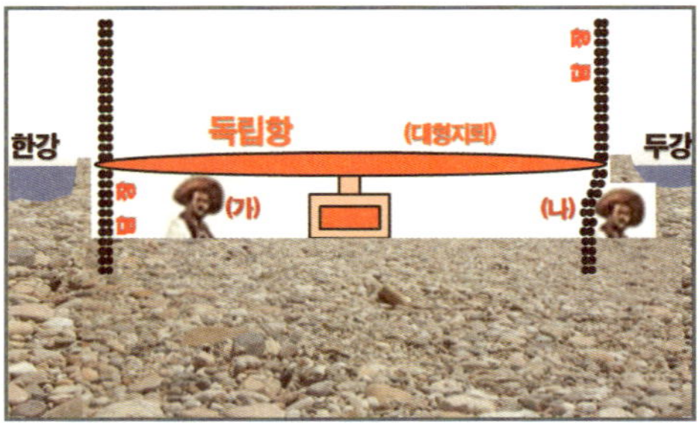

그림 6-19(a). "폐쇄형 전환구"를 사용한 대형지뢰의 장점

이면 발명가의 청구항은 선행기술에 의하여 폐쇄적으로 개시되지 않는다. 왜냐하면 폐쇄형 전환구를 이용하는 청구항의 신규성 또는 진보성이 부정되려면 선행기술 역시 청구항의 요소와 제한조건 이외의 추가 요소나 제한조건을 개시할 수 없기 때문이다. 즉 발명가는 청구항에 폐쇄형 전환구를 사용함으로써 자신의 청구항의 신규성 요건 또는 진보성 요건을 부정할 수 있는 선행기술의 범위를 대폭적으로 축소시킬 수 있게 된다. 이것이 바로 발명가가 폐쇄형 전환구를 이용함으로써 얻는 수비 측면의 예기치 못한 장점이다.

청구항의 폐쇄형 전환구와 특허성 여부 역시 지뢰를 통하여 설명하면 이해가 용이하며, 그림 6-19(a)는 이의 예시도이다. 그림의 (가)와 같은 선행기술은 모든 부분이 발명가 대형지뢰의 폭사 영역에 위치하므로 청구항 전환구의 종류에 상관없이 발명가는 청구항에 대한 특허를 받을 수 없다. 하지만 그림 6-19(a)의 (나)와 같은 선행기술은 자신의 일부가 대형지뢰 밖에 위치한다. 앞서 설명한 바와 같이 폐쇄형 전환구는 대형지뢰의 주변에 일종의 담장을 구축한다. 즉 선행기술을 담장을 넘어와 모든 부분이 대형지뢰의 폭사 영역에 위치하는 선행기술과 모든 부분이 대형지뢰 밖에 위치한 선행기술로 양분한다. 따라서 그림의 (나)의 선행기술은 일부가 대형지뢰 밖에 위치하므로 담장을 넘어오지 못하며, 그 결과 청구항은 선행기술 (나)에 의하여 개시되지 않는다. 즉 비록 선행기술 (나)의 일부가 청구항의 요소 A, B, C를 모두 개시하지만 여전히 청구항은 선행기술 (나)에 대비하여 신규성 요건을 만족할 수 있다. 이것이 바로 폐쇄형 전환구를 이용할 때 얻는 장점인 선행기술의 축소이다.

표 6-13(b)는 "구성요소 완비의 법칙"을 이용한 claim chart로서, 선행기술이 발명가 청구항의 요소나 제한조건인 A, B, C를 모두 개시하는 동시에 발명가 청구항에 포함되지 않는 D, E, F도 추가로 개시한 경우이다. 표 6-13(b)와 같이 폐쇄형 전환구를 사용한 청구항의 신규성 요건 만족 여부를 판단하는 claim chart 역시 좌측 열의 청구항 요소들이 우측 열의 선행기술에 의하여 모두 개시되어야 함은 물론 우측 열의 선행

기술의 모든 개시 내용 역시 좌측 열에 존재하여야만 "구성요소 완비의 법칙"이 성립한다. 즉 폐쇄형 전환구를 사용한 청구항에 claim chart를 이용할 경우, 비교 방향은 좌측에서 우측으로의 방향은 물론 우측에서 좌측으로의 방향을 모두 포함하는 "쌍방향"이다. 하지만 표 6-13(b)의 경우 좌측 열의 청구항 요소들은 모두 우측 열의 선행기술에 의하여 개시되지만, 우측 열의 선행기술의 모든 개시 사항들이 좌측 열의 청구항에 존재하지는 않는다. 따라서 "구성요소 완비의 법칙"이 성립하지 않으므로, 그 결과 청구항은 선행기술 대비 신규성 요건을 만족할 수 있다.

표 6-13(b). "폐쇄형 전환구"를 사용한 청구항과 신규성에 대한 Claim Chart

청구항 (요소, 제한조건)		선행기술 개시 사항 (부품·단계)	
		존재 여부	적용 부위
A	⇒	Yes	선행기술 논문의 3쪽
B	⇒	Yes	선행기술 논문의 초록
C	⇒	Yes	선행기술 논문의 5쪽
NO	⇐	D	선행기술 논문의 표지
NO	⇐	E	선행기술 논문의 그림 3
NO	⇐	F	선행기술 논문의 23쪽

요약하면 특허는 수익 창출이 목적인만큼 일단 범위가 우선이 되어야 하므로, 넓은 범위를 보장하는 개방형 전환구가 최선인 경우가 대부분이다. 즉 수단과 방법을 가리지 않고 발명가 청구항의 범위를 우회·회피하려는 경쟁자가 어떤 부가 요소를 첨부할지 전혀 예측할 수 없는 발명가의 입장에서는 자신의 청구항에 포함된 모든 요소 및 제한조건을 사용하는 한 문언침해가 성립하는 개방형 청구항이 최선의 선택인 셈이다.

하지만 발명가도 할 수 없이 폐쇄형 전환구를 사용해야만 하는 경우도 발생하는 바, 청구발명과 관련된 많은 선행기술이 존재하거나 선행기술이 워낙 막강하여 이를 쉽사리 극복하기 어려운 경우이다. 일예로 그림 6-19(b)와 같이 발명가는 선행기술(P_1, P_2, P_3, P_4, P_5 및 P_6)이 산재한 분야에서도 폐쇄형 청구항을 이용하여 특허를 출원·등록할 수 있다. 왜냐하면 발명가의 청구항이 폐쇄형 청구항일 경우, 상기 청구항과 중첩되는 선행기술 P_1, P_4, P_5 및 P_6는 모두 청구항의 권리범위 이외의 요소나 제한조건을 포함

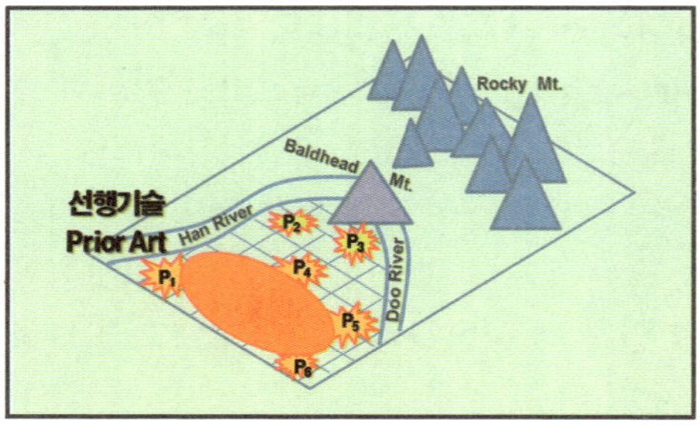

그림 6-19(b). "폐쇄형 전환구"를 사용한 대형지뢰의 장점

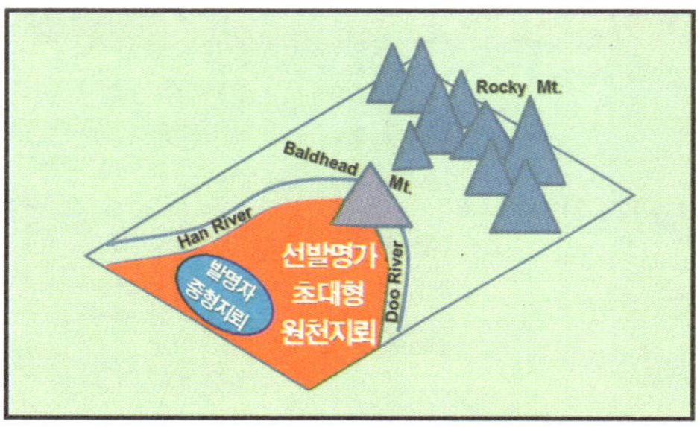

그림 6-19(c). "폐쇄형 전환구"를 사용한 대형지뢰의 장점

하므로 상기 청구항의 신규성이나 진보성을 부정하지 못할 수 있기 때문이다.[18] 이러한 이유로 폐쇄형 전환구는 주로 화학, 제약, 재료 분야의 특허 청구항에서 주로 사용된다.

비슷한 이치로 폐쇄형 전환구는 선발명가의 원천 발명을 개량하여 개량 발명을 착상할 때 원천특허의 권리범위에 속하는 개량특허를 획득하기 위하여 사용될 수도 있다. 일예로 그림 6-19(c)와 같이 발명가는 원천특허의 권리범위 이내에서도 폐쇄형 청구항을 이용하여 개량특허를 출원·등록할 수 있다. 즉 발명가의 청구항이 폐쇄형 청구항인 반면 상기 청구항과 중첩되는 원천특허는 청구항의 권리범위 이외의 요소나 제한조건을 포함하므로 상기 청구항의 신규성이나 진보성을 부정하지 못할 수 있기 때문이다.

청구항에 폐쇄형 전환구를 사용할 경우 주의하여야 할 사항은 특허침해소송 시의 제약이다. 개방형 전환구를 사용할 경우, 발명가는 추후 침해의심 제조업체를 상대로 문언침해를 주장할 수 있음은 물론 "균등론에 의한 침해"도 주장할 수 있다. 즉 침해의심 제조업체가 청구항 요소를 유사한 요소로 대체하더라도 발명가는 균등론을 이용하여 제조업체에 대하여 침해를 주장할 수 있다. 하지만 미국의 경우 청구항에 폐쇄형 전환구를 사용하면 발명가가 주장할 수 있는 침해 양태 역시 문언침해에 국한된다. 즉 법

18) 이와 같이 선행기술에 중첩되는 발명이 신규성 요건 이외의 진보성 요건을 만족하기 위해서는 발명가가 폐쇄형 청구항에 기재한 청구발명이 선행기술과 대비하였을 때 예기치 못한 장점 (unexpected results)을 지닌다는 등의 부가적 장점이 필요할 수도 있다.

원은 폐쇄형 전환구를 사용한 청구항의 범위를 엄격히 규제하기 때문에 발명가는 자신의 청구항 범위를 벗어날 수 없으며, 그 결과 발명가는 "균등론에 의한 침해"를 주장할 수 없게 된다.

(3) 부분 폐쇄형 전환구

앞서 설명한 폐쇄형 전환구를 사용할 경우, 금지권의 비교 대상인 침해의심 제품 또는 특허성의 비교 대상인 선행기술에 다른 요소나 제한조건이 부가되면 "구성요소 완비의 법칙"이 성립하지 않는다. 따라서 이러한 청구항은 수비 측면에서는 막강할 수 있지만 공격 측면에서는 몹시 취약하다. 또한 법원은 폐쇄형 청구항의 폐쇄성을 상당히 엄격히 해석한다. 따라서 경쟁자는 이를 활용하여 청구발명과는 직접적으로 관련 없는 부수적 물질을 자신의 경쟁제품에 미량만 부가함으로써 폐쇄형 전환구를 사용한 청구항에 대한 침해를 상대적으로 용이하게 우회·회피할 수 있다. 그렇다면 발명가에게는 이러한 불상사를 막을 수 있는 실효적 방법이 있을까?

폐쇄형 전환구를 포함하는 청구항의 실효적 금지권을 어느 정도 보완하기 위한 전환구가 바로 부분 폐쇄형 전환구이다. 부분 폐쇄형 전환구란 폐쇄용 전환구의 변형으로서 "주로 구성되는" 또는 "consist essentially of ('consisting essentially of'도 포함)"에 해당한다. 이러한 부분 폐쇄형 전환구로 전환되는 청구항은 부분 폐쇄형 청구항이라고 지칭하며, 영어로는 "partially closed claim"이다. 즉 부분 폐쇄형 청구항 특허의 범위, 더 자세히 말하자면 부분 폐쇄형 청구항의 범위 및 금지권의 범위가 부분적으로 폐쇄되었다는 의미이다. 부분 폐쇄형 전환구 역시 제한적으로 사용된다.

일예로 그림 6-20(a)와 같이 경쟁자가 청구발명과는 상관없는 부수 요소 D를 침해의심 제품에 소량 추가한 경우를 가정하자. 만일 청구항이 폐쇄형 전환구를 사용하였다면 경쟁자 제품은 청구항에 포함되지 않은 D를 포함하므로 당연히 문언침해를 회피한다. 하지만 그림 6-20(b)와 같이 부분 폐쇄형 전환구를 사용한 청구항의 경우, 경쟁자가 청구항의 범위를 우회·회피하기 위하여 침해의심 제품에 부수적 요소를 부가하더라도, 상기 부수적 요소가 청구발명과 직접적 관련이 없고, 또한 부수적 요소의 양도 극히 소량인 경우, 상기 제품은 청구항의 권리범위에 속하여 특허를 침해하게 된다.

그림 6-20. “부분 폐쇄형 전환구”를 사용한 청구항의 장점

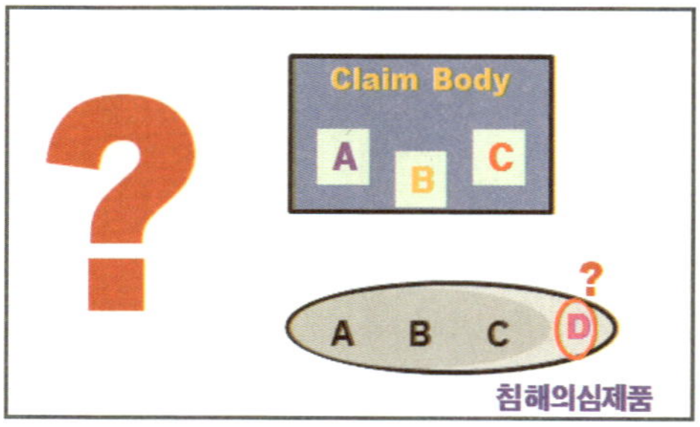

그림 6-20(a)

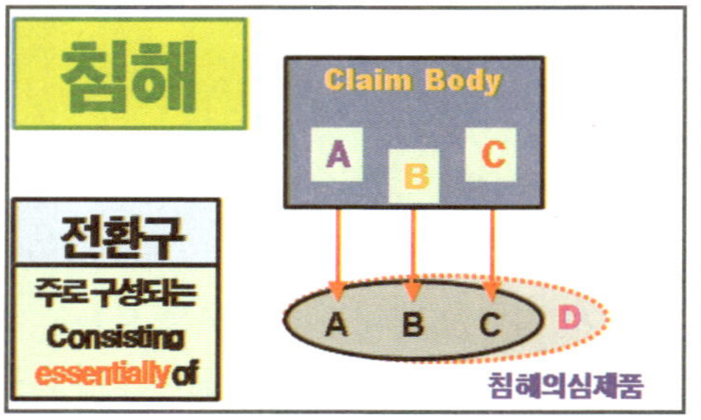

그림 6-20(b)

그렇다면 부분 폐쇄형 전환구가 적용되는 “부수적 요소”란 정확히 어떤 요소인가? 미국 연방법원 판례에 따르면 부분 폐쇄형 전환구를 사용한 청구항의 범위에 속하는 “부수적 요소”란 청구발명의 작용이나 동작에 기여하지 않거나 상기 청구발명의 작용이나 동작을 방해하지 않는 물질에 해당한다. 즉 “부수적 요소”란 청구발명이라는 대세에 영향을 주지 않는 요소이다.

따라서 특허제품인 꿀호떡에 시금치나 단무지를 극히 미량만 썰어 넣어 제품의 섬유소 함량을 높이거나, smart-phone 표면에 earphone 사용 시 소리가 잘 들릴 수 있도록 귀지 제거를 위한 면봉을 부착하여 사용자의 편의를 돌보거나, Pfizer의 Viagra에 vitamin C를 미량 첨가함으로써 환자의 발기부전증을 치료하는 동시에 항산화작용도 증대시키거나, internet을 이용한 상업적 방법에 사용자가 중간 중간 거울을 보며 화장 상태가 양호한 지 확인하는 절차를 부가하는 것 등이 부수적 요소를 부가한 예이다.

부분 폐쇄형 전환구를 사용한 청구항을 지뢰를 통하여 설명하면 그림 6-21과 같다. 그림의 (가)와 (나)의 제품은 모든 부분이 발명가의 대형지뢰 상부에 위치하므로 청구항 전환구의 종류에 상관없이 침해를 벗어나지 못한다. 반면 그림의 (다), (라)와 같은 제품들은 자신의 일부는 대형지뢰 밖에 위치한다. 이 때 부분 폐쇄형 전환구는 대형지뢰의 주변에 일종의 담장을 구축하되, 상기 담장을 유연한 재질의 물질로 제작함으로써 경쟁자의 제품으로 하여금 담장 안 또는 바깥에 위치하도록 하지만 담장 자체가 유

연하기 때문에 담장 바로 근처에서는 어느 정도 변형하며 휘도록 한다. 따라서 그림의 (다), (라)와 같은 제품은 일부가 대형지뢰 밖에 위치하지만 나머지 부분은 유연한 담장 때문에 대형지뢰 상부에 위치하므로 청구항은 (다)와 (라)에 의하여 침해된다. 이것이 바로 폐쇄형 청구항의 침해 제품 범위의 부분 확대로서, 부분 폐쇄형 전환구가 폐쇄형 전환구에 비하여 공격 측면에서 유리한[19] 점이다.

그림 6-21. “부분 폐쇄형 전환구”를 사용한 대형지뢰의 장점

얻은 것을 설명하였으니 잃은 것을 설명할 차례이다. 그렇다. 발명가가 공격력을 향상시켰으니 수비력이 약해질 차례이다. 일예로 발명가가 청구항에 부분 폐쇄형 전환구를 사용함으로써 자신의 특허를 침해하는 제품의 범위를 확대한 만큼 발명가 자신의 청구항의 신규성이나 진보성을 부정할 수 있는 선행기술의 범위 역시 확대된다. 이것이 바로 발명가가 부분 폐쇄형 전환구를 이용함에 따른 수비 측면의 단점이다.

일예로 그림 6-22(a)와 같이 발명가의 청구항은 A, B, C를 포함하는 반면 선행기술은 A, B, C 및 청구항에는 포함되지 않은 D도 개시한다고 가정하자. 청구항의 전환구가 폐쇄형이면 발명가의 청구항은 선행기술에 의하여 개시되지 않는다. 따라서 발명가는 청구항의 신규성 또는 진보성을 주장하며 특허를 받을 수 있다. 하지만 청구항이 부분 폐쇄형 전환구를 사용하였고 선행기술이 개시한 요소 D가 청구발명과는 상관없는 부수적 요소에 불과할 경우, 청구항과 선행기술은 거의 동일한 반면 둘 사이의 차이점이라고는 청구발명과 상관없는 부수적 요소에 불과하다. 특허법은 이러한 청구발명까지 특허로 보호하지 않는다. 따라서 특허제도는 이러한 부분 폐쇄형 청구항의 신규성은 상기 선행기술을 이용하여 부정한다.

19) 공격 측면에서 보면 가장 넓은 범위를 허락하는 개방형 전환구가 가장 유리함에는 이견이 없다. 따라서 위의 설명은 모든 조건이 동일할 경우, 폐쇄형 전환구에 비하여 부분 폐쇄형 전환구가 공격 측면에서 유리하다는 말이다. 같은 맥락으로 개방형 전환구는 부분 폐쇄형 전환구에 비하여 공격적으로 유리하다.

그림 6-22. “부분 폐쇄형 전환구”를 사용한 청구항의 단점

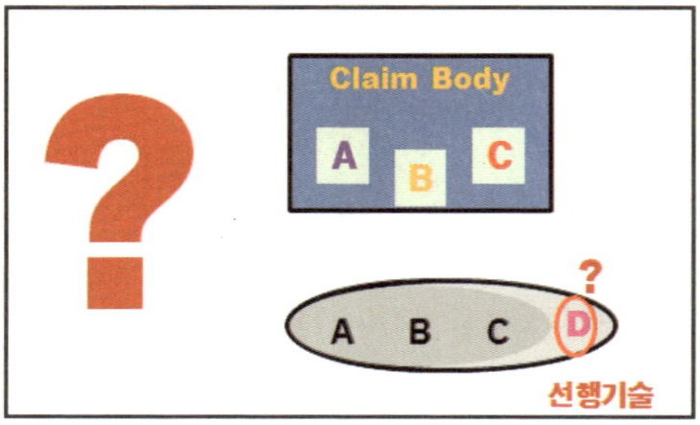

그림 6-22(a)

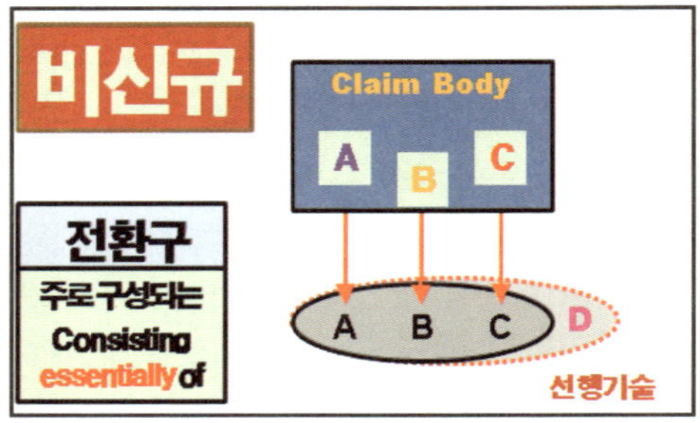

그림 6-22(b)

요약하면 부분 폐쇄형 청구항을 이용하는 발명가는 공격 측면에서는 경쟁자가 청구발명과 상관없는 미미한 부수 요소를 첨가하여 청구항을 우회·회피하지 못하도록 금지할 수 있는 공격력을 확보할 수 있다. 반면 수비 측면에서는 발명가가 선행기술의 개시사항 중 청구발명과는 상관없는 미미한 부수 요소를 삭제한 청구항을 이용하여 신규성을 주장할 수도 없게 된다. 따라서 부분 폐쇄형 청구항은 공수 측면 모두에서 개방형 청구항과 폐쇄형 청구항의 중간에 해당한다고 간주할 수 있다.

(4) 청구항 전환구와 특허전략

앞서 특허의 핵심은 청구항의 범위이며, 청구항 범위에 해당하는 금지권의 범위는 청구항에 포함된 단어 하나하나, 문구 하나하나에 의하여 결정된다고 설명하였다. 이러한 맥락에서 제6장의 2-가절에서는 하찮아 보이는 청구항의 서문의 역할 및 청구항 서문을 이용한 전략을 소개하였고, 본 절에서는 청구항의 금지권이 적용되는 문언침해의 범위는 물론 청구항의 신규성 요건 및 진보성 요건에 결정적 영향을 미치는 선행기술의 범위를 결정하는 청구항 전환구의 역할 및 이를 이용한 전략을 설명하였다.

이를 요약하면 아무리 청구항 서문과 청구항 본문이 중요하다하더라도, 이들의 적

용 범위를 결정하는 청구항의 전환구야말로 상기 청구항의 구속력(즉 금지권)의 범위 및 유효성(즉 신규성 및 진보성) 여부에 결정적 영향을 미치는 중요한 요소임에 틀림없다. 하지만 특허의 목적이 수익 창출이며, 수익 창출의 기본 요건이 광활한 범위의 확보 및 공터 형성의 방지이기 때문에, 대부분의 청구항은 개방형 전환구를 사용한 개방형 청구항이다. 게다가 청구항 전환구는 개방형 전환구, 폐쇄형 전환구 및 부분 폐쇄형 전환구를 사용하기 때문에 불명확성도 적은 편이다. 따라서 청구항의 전환구와 관련된 사안은 자주 발생하지 않는 편이다.

단 발명가가 선행기술이 개시는 하였으나 미처 파악하지 못한 신규 특성이나 신규 용도에 대한 발명을 착상하였을 경우에는 폐쇄형 전환구 또는 부분 폐쇄형 전환구를 사용할 수밖에 없는 경우도 종종 발생한다. 특히 화학, 의학, 제약, 재료 분야 등에서는 이러한 신규 농도나 조성 등에 대한 발명이 자주 착상되므로 폐쇄형 전환구 또는 부분 폐쇄형 전환구를 유효적절하게 사용할 필요성이 대두된다.

단 폐쇄형 전환구 또는 부분 폐쇄형 전환구의 범위는 상당히 협소하기 때문에 이들을 사용할 경우에는 각별한 주의가 필요하다. 또한 폐쇄형 전환구를 사용하는 청구항을 반드시 독립항으로만 사용하는 대신 개방형 전환구를 사용하는 독립항의 종속항으로 사용할 수도 있다. 특히 후자의 전략은 제4장의 6-가절 “청구항 범위 확충과 다양성 확보의 중요성”에서 설명한 범위의 다양성 확보와도 직결된 문제이기 때문에 금지권 설정 및 금지권의 다양화에 중요한 영향을 미칠 수 있다.

결국 발명가가 착상한 발명을 기술하는 청구항 본문 이외에도 청구항 서문이나 청구항 전환구에 발명가 또는 대리인이 기재하는 모든 단어나 모든 문구 하나하나는 나름대로의 중요성을 가진다. 바꾸어 말하자면 발명과 특허로 수익을 창출하려는 발명가야말로 청구항에 아무리 주의를 기울여도 지나치지 않다. 하지만 이러한 청구항을 특허에 대한 전문지식이 부족한 발명가가 작성할 경우, 비용 측면의 부담은 줄지 몰라도, 이로 인한 청구항 범위의 축소 또는 비예측성은 최악의 경우 청구항을 무효로 만들거나 권리범위 주변에 공터를 형성하여 경쟁자가 이를 무료로 활용할 수 있도록 도와줄 뿐이다. 따라서 청구항 작성은 반드시 유능한 대리인, 특히 관련 분야의 기초 지식을 지닌 유능한 대리인에게 위임함이 최선이다.

다. 청구항 본문 (Body)

청구항에서 서문과 전환구를 제외한 모든 부분이 청구항 본문에 해당한다. 청구항 본문은 "claim body"라고 지칭하며, 발명가가 자신이 금지권을 요청하는 청구발명에 대한 모든 요소와 모든 제한조건을 기재하는 부분에 해당한다. 또한 청구항이 다수의 요소들을 포함할 경우, 본문은 상기 요소들을 나열만 하는 것이 아니라 각 요소들 사이의 구조적 조합(combination) 또는 기능적 조합을 명시해야 한다. 즉 청구항 본문에는 청구항의 요소들이 어떻게 조합되고 결합하여 청구발명을 구현하는지에 대하여 기재해야 한다. 단 앞서 설명한 바와 같이 청구항 본문에 많은 요소와 많은 제한조건을 기재하면 할수록 상기 청구항의 범위는 좁아지며, 반대로 청구항 본문에 포함된 요소와 제한조건의 수효를 줄이면 줄일수록 상기 청구항의 범위는 넓어진다. 따라서 청구항 본문에는 필수불가결한 요소 및 필수불가결한 제한조건만을 기재해야만 한다.

앞서 설명하였지만 발명가가 청구항 본문에 기재하는 청구발명이야말로 발명가가 획득하는 금지권의 범위는 물론 신규성이나 진보성과 같은 특허성도 결정한다. 또한 경쟁자가 발명가 특허의 권리범위를 우회·회피하려는 모든 노력 또한 금지권의 범위를 벗어나는 데 초점이 맞춰진다. 이와 같이 중요한 청구항 본문을 발명가가 원하는 대로 발명가 자신의 표현 방식에 따라 자유분방하게 작성할 경우, 심사관이나 법원이 청구항을 해석하기는 더욱 어려워진다. 또한 이와 같은 청구항에 대한 해석 역시 예측성 역시 떨어질 수밖에 없다. 따라서 각 국가 특허청은 청구항 본문 작성에 대한 갖가지 규칙을 정하고 운용하는 바, 이들을 모두 "청구항 문법"으로 통칭하기도 한다.

(1) 청구항 기본 문법

청구항 문법의 기본은 각 청구항을 단일의 '문장'(sentence)으로 기재한다는 점이다. 따라서 소수점 등을 제외하면 각 청구항에는 딱 하나의 '마침표'(period)만 있어야 한다. 그 결과 청구항 본문에 다수의 청구항 요소와 다수의 청구항 제한조건을 기재하며 이들 사이의 구조적·기능적 조합이나 결합을 명시하다보면 청구항이라는 단일의 문장에 다수의 구절이 복잡하게 배열되는 경우가 흔히 발생한다.

청구항을 단일의 문장으로 기재하는 만큼 각 청구항 요소는 일반적으로 단일 또는 복수의 "구 (phrase)"로 기재한다. 또한 각 청구항 요소를 구별하기 위해서 요소와 요소 사이에는 "; (semi-colon)"을 사용함이 원칙이지만, 대리인에 따라 'comma'를 사용하는 경우도 흔하다. 또한 앞서 표 6-5 및 표 6-6에서 예시한 바와 같이 다수의 청구항 요소를 식별하기 쉽도록 각 요소 앞에 1, 2, 3 또는 (a), (b), (c) 또는 (1), (2), (3) 등과 같은 reference label을 기입할 수도 있다.

청구항의 목적은 발명가의 청구발명을 명확히 기재하는 데 있다. 따라서 청구항 본문은 항상 청구항 요소들의 연결 형태(conjunctive)를 나타내는 'and'를 사용하는 반면 대안 형태(alternative)를 나타내는 'or'은 원칙적으로 사용하지 않는다. 따라서 "A or B"라는 표현을 사용하는 대신 "at least one of A and B"라는 표현을 쓰는 것이 원칙이다. 하지만 선택의 폭이 넓지 않은 경우에는 "at least one of A and B" 대신 "A or B"의 표현도 용인된다.

(2) 선행 근거 (Antecedent Basis)

앞서 청구항의 목적은 청구발명의 명확한 기재라고 설명하였다. 그렇다면 발명가가 청구항 본문에서 동일한 단어를 여러 번 사용하는 경우, 각각의 단어는 청구항의 범위에 어떤 영향을 줄까? 바꾸어 말하자면 발명가가 청구항 본문에서 동일한 단어를 중복 사용할 경우, 청구항은 어떤 방법으로 해석이 가능할까?

표 6-14(a). 선행 근거를 사용하지 않는 경우의 청구항

2. A writing tool which includes a portion designed to be held by a hand of a user comprising:
an elongated case (1); a cartridge (1) which is supported by a case (2); and a tip that is provided in one end of a cartridge (2) and that is configured to dispense ink through a cartridge (3).

청구항 본문에서 동일한 단어가 중복 사용되는 경우에 대한 예시가 표 6-14(a)이다. 표에서와 같이 청구항 2는 "writing tool"에 대한 청구항으로서, 청구항 본문에서

청구항 요소인 case는 두 번, 또 다른 요소인 cartridge는 세 번 사용되었음을 알 수 있다. 만일 첫 번째 case (1)과 두 번째 case (2)가 상이하고, 각각의 cartridge (1), (2), (3)이 모두 상이할 경우, 상기 청구항의 청구발명은 두 개의 case와 세 개의 cartridge, 즉 최소한 다섯 개의 청구항 요소를 포함한다고 해석할 수 있다. 만일 경쟁자가 청구항 2를 숙독한 후 상기 청구항의 "writing tool"을 우회·회피하기 위한 목적으로 단일의 case와 단일의 cartridge만을 포함한 제품을 제조·판매하면 어떻게 될까?

표 6-14(b). 선행 근거를 사용하지 않는 경우의 Claim Chart

청구항 (요소, 제한조건)	침해의심 제품·방법 (부품·단계)	
	존재 여부	적용 부위
case (1) ⇒	Yes	침해제품의 case
cartridge (1) ⇒	Yes	침해제품의 cartrridge
case (2) ⇒	No	-
cartridge (2) ⇒	No	-
cartridge (3) ⇒	No	-

표 6-14(b)와 같이 청구항의 case (1)과 cartridge (1)은 침해의심 제품에 존재하지만, 나머지 요소인 case (2)와 cartridge (2) 및 (3)은 침해의심 제품에 존재하지 않는다고 해석할 수 있다. 따라서 writing tool에 대한 청구항 2는 "구성요소 완비의 법칙"에 따라 침해의심 제품에 의하여 문언침해되지 않는다는 해석도 가능해진다. 즉 경쟁자는 비교적 용이하게 발명가의 청구항을 우회·회피할 수도 있다.

하지만 발명가가 자신의 청구항에서 두 번 사용한 case가 사실은 동일한 case이고, 세 번 사용한 cartridge 역시 동일한 cartridge라면, 표 6-14(a)는 발명가의 청구발명을 명확하게 기재하지 못한 청구항이다. 또한 표 6-14(b)에서와 같이 동일한 요소를 다수의 상이한 요소로 기재함에 따라 writing tool에 대한 청구항의 범위는 필요 이상으로 협소해진다. 이러한 청구발명의 불명확한 기재와 청구범위의 불필요한 협소화를 방지하는 문법이 바로 "선행 근거 (antecedent basis)"를 이용하는 전략이다.

청구항 요소에 대한 선행 근거 관련 문법은 크게 두 가지이다. 첫 번째는 청구항 요소를 처음 사용할 때에는 반드시 부정관사('a' 또는 'an')를 사용하며, 상기 요소가 복수일 경우에는 관사를 사용하지 않는다는 것이다. 물론 청구항에서 다수의 요소들의 개수를 명시할 수도 있다. 일예로 'two' 또는 'three'와 같은 수사를 사용할 수 있으며, 두 개 이상의 요소들을 지칭할 때에는 "more than one," "at least two" 또는 "a plurality of" 등을 사용할 수 있다. 하지만 구어체에서 관용적으로 사용되는 many, numerous, several 등은 의미가 불명확하다는 이유로 청구항에서는 사용이 금지된다.

표 6-14(c). 선행 근거를 사용하는 경우의 청구항

2. A writing tool which includes a portion designed to be held by a hand of a user comprising:
an elongated case; a cartridge which is supported by said case; and a tip that is provided in one end of said cartridge and configured to dispense ink through said cartridge.

선행 근거 관련 두 번째 문법은 표 6-14(c)와 같이 청구항에서 이미 소개한 바 있는 요소나 제한조건을 다시 사용할 때에는 상기 요소 앞에 반드시 'the' 또는 'said'라는 단어를 사용함으로써, 상기 요소가 동일한 청구항에서 이전에 사용되었음을 명시하는 것이다. 따라서 표와 같이 cartridge라는 요소가 이미 사용되었다면 "said cartridge"라고 기재한다. 이와는 반대로 특정 요소가 청구항에서 처음 기재되지만 그 앞에 'the' 또는 'said'를 사용하면 의미가 불명확(indefinite)해진다. 즉 청구항에 기재된 "said cartridge"의 선행 단어가 누락되었으므로 청구항의 범위가 불명확해지며, 이는 청구항 거절의 이유가 된다.

표 6-15. 선행 근거를 사용하는 경우의 국내특허 청구항

1. 윗면과 아랫면을 갖는 본체를 포함하는 그릴의 가열부에 의한 가열을 통해 조리되고, 컨테이너 내에 배치되는 음식의 조리의 정도를 검출하는 그릴 제어시스템으로서,
상기 그릴의 하나 이상의 부분과 동작적으로 연결되는 하나 이상의 센서를 포함하고, 상기 컨테이너 내의 상기 음식의 양을 모니터하는 하나 이상의 센서부 및 상기 가열 전에 상기 음식의 초기 양 및 상기 가열 후에 상기 음식의 제1양(量)을 수신하고, 상기 초기 양을 상기 제1양과 비교하고, 상기 초기 양 및 제1양 사이의 차이로부터 상기 음식의 조리의 정도를 검출하도록 구성되는 하나 이상의 제어부를 포함하는, 그릴 제어시스템.

국내특허도 미국특허와 동일한 청구항 문법을 사용한다. 즉 표 6-15에서와 같이 청구항 전체에서 특정 청구항 요소를 처음 소개할 때에는 반드시 부정관사를 사용하거나 이를 생략하며, 청구항에서 이미 소개하였던 요소를 다시 사용할 경우에는 이러한 요소 앞에 반드시 '상기'라는 단어를 기재함으로써, 상기 요소가 앞에서 이미 사용된 적이 있음을 명시한다.

위에서 설명한 선행 근거 문법은 청구항 본문에만 적용되는 것이 아니라 청구항 전체에 적용된다. 따라서 청구항 서문에서 청구항 요소를 처음 소개하였고 청구항 본문에서 상기 요소가 재차 사용될 경우에는 청구항 서문에서는 부정관사를 상기 용어 앞에 기재하고, 청구항 본문에서는 선행 근거로서 'the' 또는 'said'를 사용한다.

또한 위에서 설명한 선행 근거 문법은 개별 청구항에만 적용되는 것이 아니라 독립항과 이에 종속하는 종속항 사이에서도 적용된다. 따라서 청구항 1에서 "a writing tool"을 사용하였다면, 이에 종속하는 청구항 2에서 동일한 "writing tool"을 언급할 경우 그 앞에는 반드시 'the' 또는 'said'를 사용하여 선행 근거를 밝혀야 한다. 단 다수의 독립항과 종속항을 사용할 경우 선행 근거 문법은 독립항 별로 적용한다. 따라서 청구항 1이 독립항, 청구항 2~8이 이에 종속하는 종속항, 청구항 9가 독립항, 청구항 10~18이 이에 종속하는 종속항일 경우, 청구항 9부터는 새로이 선행 근거 문법을 적용해야 한다. 따라서 청구항 1에서 "a writing tool"을 사용하고 이에 종속하는 청구항 2~8에서 동일한 "writing tool"을 언급할 경우, 그 앞에는 반드시 'the' 또는 'said'를 사용하지만, 청구항 9~18의 경우 "writing tool"을 처음 사용할 때에는 그 앞에 부정관사 'a'를 사용해야 한다.

(3) 명시적 청구방법 vs. 추론적 청구방법

선행 근거와 관련 있는 다른 청구항 문법으로 "positive claiming"과 "inferential claiming"이 있다. 부득이 해석을 하자면 "positive claiming"은 "명시적 청구방법" 정도로 해석이 가능한 반면 "inferential claiming"은 "추론적 청구방법"으로 해석할 수 있다.

표 6-16(a). 미국특허 청구항의 명시적 청구방법과 추론적 청구방법의 차이

2. A writing tool which includes a portion designed to be held by a hand of a user comprising:

Positive Claiming 명시적 청구방법	Inferential Claiming 추론적 청구방법
an elongated case; a cartridge which is supported by said case; and a tip that is provided in one end of said cartridge and configured to dispense ink through said cartridge.	an elongated case; said case is configured to support a cartridge therein; and said cartridge includes a tip in one end thereof, where said tip is configured to dispense ink through said cartridge.

명시적 청구방법이란 앞서 설명한 바와 같이 청구항 본문에 청구항 요소가 처음 등장할 때[20] 청구항 본문의 해당 "구 (phrase)"의 제일 앞부분에 상기 요소를 명시적으로 기재함으로써 청구항 요소의 식별이 용이하도록 청구하는 기법을 지칭한다. 일예로 표 6-16(a)의 좌측 열에서와 같이 청구항 2는 case, cartridge 및 tip이 상기 청구항의 요소임을 각 구의 제일 앞에서 명시적으로 기재한 명시적 청구방법을 예시한다.

반면 추론적 청구방법이란 청구항 요소가 처음 등장할 때 이를 청구항 본문의 해당 '구'의 제일 앞에 기재하지 않는 기법을 지칭한다.[21] 일예로 표 6-16(a)의 우측 열과 같이 청구항 2는 첫 번째 요소인 case를 명시적으로 기재한 후 나머지 요소인 cartridge와 tip은 해당 '구'의 중간에 등장하도록 서술적으로 기재하는 추론적 청구방법을 예시한다.

20) 청구항 요소는 청구항 본문이 아닌 서문에 최초로 등장하는 경우도 많다. 일반적으로 청구항 서문에서는 최초로 등장하는 청구항 요소를 위하여 별도의 '구'를 작성하지는 않는다.

21) 대리인이 의도적으로 추론적 청구방법을 이용하는 경우는 드물다. 현실적으로 대리인이 추론적 청구방법을 이용하는 대부분의 경우는 명시적 청구방법을 이용하기 어렵기 때문이다. 따라서 대리인이 청구항을 작성할 때 경험 부족이나 능력 부족으로 명시적 청구방법을 사용하지 못하는 경우, 상기 청구항은 거의 대부분의 경우 추론적 청구방법으로 작성된다.

명시적 청구방법은 해당 청구항의 요소가 몇 개이며, 요소가 무엇인지 명시적으로 기재하기 때문에 청구항 작성 시 전략을 수립하는 데 유용하며, 청구항 해석 시에도 편리하다는 장점이 있다. 하지만 다수의 요소들과 제한조건들이 얽혀있는 청구발명을 명시적 청구방법에 따라 요소별로 구분하고 순서대로 기재하기는 용이한 작업이 아니다.[22] 이와는 반대인 추론적 청구방법의 장점은 작성의 용이성이다. 왜냐하면 인간이 사용하는 대부분의 문장은 추론적 청구방법이기 때문이다. 하지만 추론적 청구방법의 단점은 바로 불확실성이다. 또한 명시적 청구방법 대신 추론적 청구방법을 이용하여 서술식으로 청구항을 작성하다보면 본의 아니게 불필요한 요소가 삽입되는 경우가 허다하다.

참고로 추론적 청구방법을 청구항 거절 이유로 삼아왔던 미국특허청은 최근 이를 용인하고 있다. 하지만 청구항 작성 및 해석의 기본이 되는 청구항 요소 및 이들에 대한 제한조건을 일목요연하게 개시하는 명시적 청구방법은 여전히 전략적·체계적 청구항 작성은 물론 청구항 작성 시 본의 아닌 실수를 방지할 수 있다는 장점이 있다.

미국특허 청구항 작성 시 발명가는 비교적 용이하게 명시적 청구방법을 사용할 수 있다. 하지만 명시적 청구방법을 국내특허 청구항에 사용하기는 무척 까다롭다. 물론 이러한 차이점은 표현의 대상을 문장의 앞부분에 배치하는 영어와 표현의 대상을 문장의 뒷부분에 주로 배치하는 한국어의 문법상의 상이성 때문이다.

그럼에도 불구하고 추론적 청구방법에 따라 작성된 국내특허 청구항을 약간 어색하지만 명시적 청구방법으로 전환한 예시가 표 6-16(b)이다. 표의 좌측 열과 우측 열을 비교하면 알 수 있듯이 국내특허 청구항을 명시적 청구방법으로 변환할 경우, 표현이 어색해지거나 중복되는 느낌이 있으며, 청구항의 길이도 길어지는 경향이 있다. 그렇다고 국내특허 청구항 작성 시 명시적 청구방법을 포기하기보다 최소한 청구항 작성 전 청구항에 포함될 요소의 개수와 종류를 선정할 때 명시적 청구방법을 이용할 수 있다.

---

22) 거의 모든 미국 특허변호사들은 law school을 졸업하고 특허 law firm에 취직한 후 partner와 1:1 도제제도를 통하여 positive claiming, 특허청구항과 특허명세서 작성 전략은 물론 기타 특허전략을 익히게 된다. 따라서 law school을 졸업하고 유명 law firm에 취직하지 못하는 경우에는 모든 실무를 자신이 직접 시행착오를 거치며 체득해야 한다.

표 6-16(b). 국내특허 청구항의 명시적 청구방법과 추론적 청구방법의 차이

<table>
<tr><td colspan="2">1. 윗면과 아랫면을 갖는 본체를 포함하는 그릴의 가열부에 의한 가열을 통해 조리되고, 컨테이너 내에 배치되는 음식의 조리의 정도를 검출하는 그릴 제어시스템으로서,</td></tr>
<tr><th>Inferential Claiming
추론적 청구방법</th><th>Positive Claiming
명시적 청구방법</th></tr>
<tr><td>상기 그릴의 하나 이상의 부분과 동작적으로 연결되는 하나 이상의 센서를 포함하는 하나 이상의 센서부는 상기 컨테이너 내의 상기 음식의 양을 모니터하며
상기 가열 전에 상기 음식의 초기 양 및 상기 가열 후에 상기 음식의 제1양(量)을 수신하는 하나 이상의 제어부는 상기 초기 양을 상기 제1양과 비교하고, 상기 초기 양 및 제1양 사이의 차이로부터 상기 음식의 조리의 정도를 검출하는 것을 특징으로 하는 그릴 제어시스템.</td><td>하나 이상의 센서부를 포함하되 상기 센서부는 상기 컨테이너 내의 상기 음식의 양을 모니터하며, 하나 이상의 센서를 포함하여 상기 그릴의 하나 이상의 부분과 동작적으로 연결되고,
하나 이상의 제어부를 포함하되 상기 제어부는 상기 가열 전에 상기 음식의 초기 양 및 상기 가열 후에 상기 음식의 제1양(量)을 수신하고, 상기 초기 양을 상기 제1양과 비교하고, 상기 초기 양 및 제1양 사이의 차이로부터 상기 음식의 조리의 정도를 검출하는, 그릴 제어시스템.</td></tr>
</table>

(4) 조합 (Combination) vs. 집합 (Aggregation)

청구항 본문은 청구항 요소와 제한조건 사이의 또는 청구항 요소들 사이의 구조적(structural) 또는 기능적(functional) 조합(combination)을 명시하여 청구발명을 설명하는 동시에 금지권의 범위를 설정한다. 즉 청구항 요소는 무작위로 선택하는 것이 아니라, 다른 요소와의 조합을 통하여 청구발명의 목적을 달성하고, 금지권의 범위를 설정하도록 선택한다.

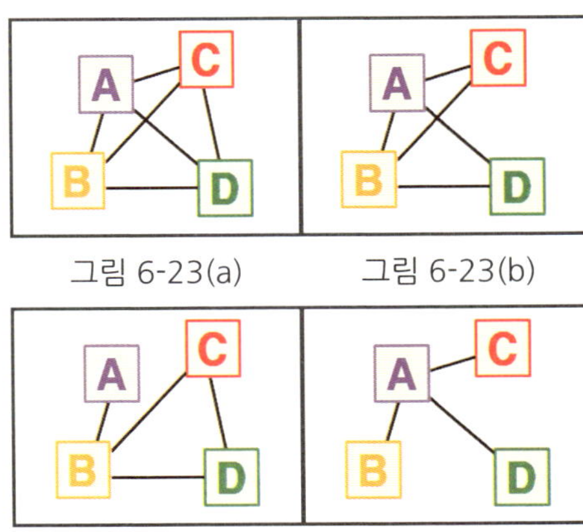

그림 6-23(a) 그림 6-23(b)

그림 6-23(c) 그림 6-23(d)

그림 6-23. 청구항 요소들 사이의 조합 (Combination)

일예로 그림 6-23(a)의 청구항은 A, B, C, D의 네 개의 요소로 이루어지며, 요소 A는 요소 B, C, D와, 요소 B는 요소 C, D, A

와, 요소 C는 요소 D, A, B와, 요소 D는 요소 A, B, C와 각각 서로 조합하며 유기적으로 작동하여 청구발명의 목적을 달성한다. 한편 그림 6-23(b)의 청구항은 그림 6-23(a)의 청구항과 유사하지만 요소 C와 D는 직접적으로 조합하지 않는 대신 요소 A와 B를 통하여 간접적으로 조합된다. 또한 그림 6-23(c)의 경우 A는 C 및 D와 직접 조합하지 않으며, 그림 6-23(d)의 경우 B, C 및 D는 모두 A를 통하여 간접적으로 조합된다. 특히 중요한 점은 그림 6-23(a) 내지 6-23(d)의 경우 모든 요소들이 조합을 통하여 청구발명의 목적을 달성한다는 점이다. 즉 음식점의 종업원으로 구성된 team, 야구 team, 축구 team의 각 팀원들이 자신만의 고유 임무를 지니는 것과 마찬가지로, 청구항 요소들 역시 자신의 고유 임무를 가진다.

그렇다면 발명가는 청구항 요소들의 조합을 어떤 방법으로 청구항에 기재할 수 있을까?

정답은 "청구항 제한조건을 사용한다"이다. 즉 발명가는 청구항 본문의 각종 제한조건을 이용하여 청구항 요소들 사이의 조합을 기재한다. 따라서 청구항 요소 각각의 특성이나 한정, 청구항 요소들 사이의 관계에 대한 특성이나 한정 등의 청구항 제한조건들에 따라 그림 6-23(a)~(d)의 요소 A, B, C, D는 상이한 형태로 조합되며, 그 결과 상기 청구항들은 상이한 청구발명의 목적을 달성할 수 있게 된다.

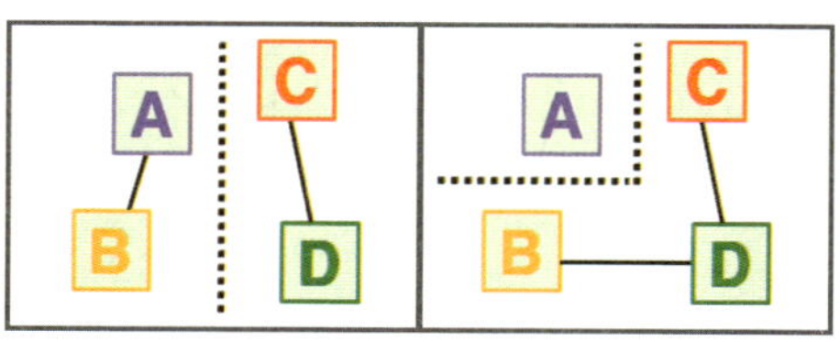

그림 6-24(a) 그림 6-24(b)

그림 6-24. 청구항 요소들의 집합 (Aggregation)

반면 그림 6-24(a)의 청구항은 그림 6-23과 같이 A, B, C, D의 네 개의 요소로 이루어지지만, 요소 A, B는 요소 C, D와 직접적으로든 간접적으로든 조합하지 않는다. 따라서 그림 6-24(a)의 청구항은 요소 A-B-C-D의 조합(combination)이 아니라 요소 A-B와 이와 조합하지 않은 요소 C-D의 집합(aggregation)이라고 할 수 있다. 그림 6-24(b)의 청구항 역시 A, B, C, D의 네 개의 요소로 이루어지지만 요소 B-C-D의 조합과 요소 A 사이의 집합에 불과할 뿐이다. 따라서 그림 6-24(a) 및 6-24(b)의 청구항은 청구항 요소들이 상호 조합하지 않으므로 청구항 문법을 만족하지 못한다.

단 청구항 요소들이 서로 얼마나 긴밀하게 조합되어야 위의 조합 관련 청구항 문법을 만족할 수 있는지는 청구항에 달려 있다. 일예로 beam projector용 remote controller (remocon으로 약칭)에 대한 특허를 받고 싶지만 워낙 선행기술이 많아 특허를 받기 어려운 발명가를 가정하자. 오로지 특허만이 목적인 발명가가 remocon의 측부에 이쑤시개를 scotch tape으로 부착한 청구발명에 대한 청구항을 포함한 특허를 출원하였을 경우, 상기 청구항의 특허 등록 여부는 청구항, 특히 청구발명에 달려 있다.

만일 청구발명이 remocon의 beam projector의 원격 조정과 관련된 구조나 기능일 경우에는 remocon 측부에 부착된 이쑤시개는 부가적인 요소에 불과하다. 따라서 비록 이쑤시개가 물리적으로는 remocon 본체에 조합되지만, 기능적 측면에서 보았을 때 이쑤시개는 조합이 아니라 집합으로 간주될 수도 있다. 반대로 청구발명이 beam projector를 사용하는 강사가 치아 사이에 낀 음식물 때문에 강의에 불편을 느낄 때 청중 몰래 뒤로 돌아서 remocon 측부에 부착된 이쑤시개를 이용하여 이물질을 제거하는 방법이라면, 이쑤시개는 청구발명과 구조적으로, 기능적으로 긴밀하게 조합되었다고 간주할 수도 있다.

결국 청구항의 특정 요소가 다른 요소들과 긴밀하게 조합되었는지 아니면 다른 요소들과는 조합되지 않고 집합 형태로 부가되었는지는 상기 요소가 청구발명의 목적 달성에 기여하는 정도에 의해서 결정된다. 그 결과가 바로 청구발명을 정의하는 청구항이 조합인지 아니면 집합인지를 결정하는 데 결정적 역할을 담당하게 된다.

요약하면 청구항의 요소 중 다른 요소들과 조합하지 못하는 요소는 청구발명과 구조적 또는 기능적 조합이 결여된 요소이다. 즉 상기 요소는 청구발명의 목적을 달성하기 위하여 다른 요소들과 함께 기능하지 않는 요소에 해당한다. 일예로 이러한 요소는 bowling 팀, track 팀 등의 경우와 같이 경기 중 팀원들의 고유 임무가 없는 요소이다. 미국 특허법에서는 이와 같이 다른 요소들과 조합하지 않는 요소를 포함한 청구항은 특허성이 없는 발명으로 간주하여 특허를 부여하지 않는다.

(5) 청구항 요소의 순서

앞서 단일 문장으로 기재하는 청구항은 단일 또는 다수의 청구항 요소를 포함하며,

다수의 청구항 요소들을 식별하기 쉽도록 1, 2, 3 또는 (a), (b), (c) 등의 label을 각 요소들 앞에 기입할 수 있다고 설명하였다. 그러면 청구항이 다수의 요소들을 포함할 경우 어떤 순서로 기재할까? 이에 대한 정답은 "경우에 따라 다르다"이다.

우선 물건청구항(apparatus claim)은 청구항 요소들을 각각 개시하므로, 금지권의 범위는 청구항 본문에 청구항 요소들을 기재하는 순서와는 무관한 경우가 대부분이다. 따라서 원칙적으로 청구항 요소를 배열하는 순서는 논리적이면 모두 가능하다. 일예로 다수의 요소를 배열하는 첫 번째 방법은 기능적 배열로서, 장치의 각 요소의 기능에 따른 또는 특정 소재에 접촉하는 요소의 순서에 따른 청구항 요소들의 배열 등이 이에 해당한다. 기능적 배열과 반대되는 개념은 구조적 배열로서 일예로 기판, 기저로부터 시작하여 특정 장치를 구성해 나가는 순서에 따라, 또는 상기 장치를 조립해가는 순서 등 공중이 이해하기 용이한 순서에 따른 청구항 요소들의 배열이다.

표 6-17(a). 세 개의 Step들로 이루어진 방법청구항의 범위

Step 1부터 시작	Step 2부터 시작	Step 3부터 시작
1 → 2 → 3	2 → 3 → 1	3 → 1 → 2
1 → 3 → 2	2 → 1 → 3	3 → 2 → 1

물건청구항의 요소가 물건의 부품인 반면 방법청구항(process claim)의 요소는 상기 방법을 구성하는 각각의 공정 단계(step)들에 해당한다. 원칙적으로 방법청구항은 청구항 본문에 열거한 step들의 순서만을 따르지는 않는다. 일예로 표 6-17(a)와 같이 방법청구항이 세 개의 단계인 step 1, step 2, step 3을 포함하는 경우, 청구항의 금지권 범위에는 모든 가능한 방법들이 모두 포함된다. 즉 방법청구항의 범위에는 표 6-17(a)와 같이 청구항 본문에 기재한 step들의 순서는 물론 기타 모든 순서들을 포함하게 된다.

표 6-17(b). 세 개의 Step들로 이루어진 방법청구항의 범위

Step 1부터 시작	Step 2부터 시작	Step 3부터 시작
1 → 2 · 3 (동시)	2 → 1 · 3 (동시)	3 → 1 · 2 (동시)
1 · 2 (동시) → 3	2 · 3 (동시) → 1	3 · 1 (동시) → 2
1 · 2 · 3 (동시)	-	-

이뿐만이 아니다. 위의 방법청구항의 금지권에는 두 개 이상의 step을 동시에 수행하는 경우도 포함된다. 따라서 표 6-17(b)와 같이 '·'를 동시에 일어나는 step들이라고 표시한다면, 청구항 범위에는 단일의 step을 먼저 수행한 후 나머지 두 개의 step들을 동시에 수행하는 방법, 두 step들을 동시에 수행한 후 나머지 step을 수행하는 방법은 물론 세 개의 step들을 동시에 수행하는 방법 등이 모두 포함된다.

실제로 청구발명이 다수의 step들을 포함하는 화학 반응인 경우, 상기 반응에서는 다수의 step들이 거의 동시에 일어날 수도 있으며, 반응 경로가 다양한 경우에는 발명가가 생각하는 경로와는 다는 경로로 반응이 일어날 수도 있다. 이러한 다양성을 고려한 결과, 특허제도는 다수의 step들로 이루어진 방법청구항의 범위에 청구항 본문에 기재된 순서는 물론 상기 step들의 모든 가능한 조합들이 포함된다고 간주한다. 이러한 융통성 있는 청구범위 해석(liberal interpretation)에 따라 발명가는 자신이 청구항 본문에 기재한 순서는 물론 모든 조합을 다 자신의 권리범위 이내에 확보할 수 있으며, 그 결과 특허의 금지권 범위 또한 확충된다.

얻는 게 있으니 당연히 잃을 차례이다. 즉 선행기술의 범위의 확충이다. 따라서 발명가가 청구항에 개시한 step들의 순서와는 상이하지만 상기 step들을 모두 개시한 선행기술이 존재할 경우, 발명가의 청구항은 신규성 또는 진보성을 상실할 가능성이 높아진다.

따라서 경우에 따라 발명가는 청구항에 적용될 수 있는 선행기술의 범위를 줄이거나 선행기술 극복을 위하여 자신이 기재한 step들의 순서를 정해야만할 필요성이 대두된다. 이를 위한 첫 번째 방법은 "first 1, then 2," "2 before 1," "1 simultaneously with 2" 등으로 자신의 step들의 순서를 지정하는 방법이다. 두 번째는 청구항 서문에서 청구항 본문에 기재한 순서대로 step들을 진행한다고 지정하는 방법이다. 물론 이러한 문구를 사용함에 따라 청구항의 범위는 협소해지지만 이에 비례하여 청구항의 신규성, 진보성 확보는 용이해진다.

이와는 달리 발명가가 청구항 본문에서 다수의 step들의 순서를 지정하지 않더라도 모든 또는 특정 step들의 순서가 자연히 결정되는 경우도 있다. 일예로 반도체 공정에서 순차적으로 layer들을 적층하거나 가공하는 경우에는 하부 layer 없이 그 위에 상부

layer를 적층할 수 없기 때문이며, 화학반응에서 중간 반응물질을 생성하지 않고 최종 물질을 합성할 수 없기 때문이다.

(6) 기타 청구항 문법

청구항, 특히 물건청구항을 작성하다보면 특정 요소를 자세히 묘사해야 하는 경우가 빈번히 발생하며, 특정 요소의 각 부분을 묘사하다 보면 선행 근거로 말미암아 불필요할 정도로 자세한 묘사가 필요할 때도 있다. 즉 상기 요소가 특정 형상을 가질 경우, 상기 형상에 필연적으로 내재되는(inherent) 속성 때문이다.

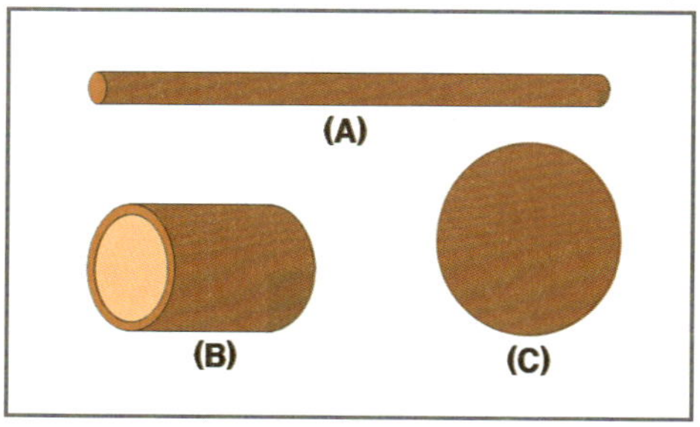

그림 6-25. 청구항 요소의 내재적 부분

일예로 그림 6-25의 (A)는 막대(rod)로서 재질, 색상, 길이, 두께 등과 관계없이 항상 두 개의 끝부분(end)을 가진다. 이 경우 굳이 “상기 막대는 두 개의 끝부분인 우측단과 좌측단을 가진다”고 서술하여 선행 근거를 마련한 후, “상기 우측단, 상기 좌측단”이라고 기재할 필요까지는 없다. 대신 “상기 막대의 우측단”이라는 표현으로 부정관사 없이 ‘우측단’이라고 소개해도 무방하다. 또한 그림 6-25의 (B)는 관(tube 또는 hollow cylinder)으로서 강도, 유연성, 내경, 외경 등과 관계없이 항상 내부 표면(interior surface), 외부 표면(exterior surface) 및 단면을 가진다. 따라서 굳이 “상기 관은 내부와 외부에 표면을 가진다”고 서술하여 선행 근거를 마련할 필요까지는 없다. 마찬가지로 그림 6-25(C)의 구(sphere)의 직경, 표면적, 부피 등도 굳이 선행 근거를 마련할 필요가 없다. 이와 관련하여 그림 6-25(B) 관의 내부 공간과 같이 틈, 구멍 등의 빈 공간은 청구항 요소가 될 수 없다는 문법이 있다. 즉 물건청구항의 각 요소는 물건의 구조이어야 하므로 물건의 상이한 부분들 사이의 빈 공간을 요소로 기재할 수는 없다는 이론이다.

또한 미국특허청에서 내부적으로 통용되지만 미국 특허법, 미국특허청의 심사기준은 물론 그 어디에도 명시적으로 기재되지 않은 "집게손가락 법칙 (index finger rule)" 이 있다. 즉 그림 6-26과 같이 발명가가 출원한 특허의 독립항에 심사관이 자기 집게 손가락을 댄 후, 서면에 기재한 독립항의 높이가 심사관의 집게손가락보다 짧을 경우 상기 청구항을 거절한다는 법칙이다.[23] 특허청 심사관들이 길이가 짧아 범위가 광활할 수도 있는 독립항을 특허를 등록시킬 때 느끼는 심적 부담을 잘 나타내는 법칙이다.

그림 6-26. 미국 특허청의 "집게손가락 법칙"

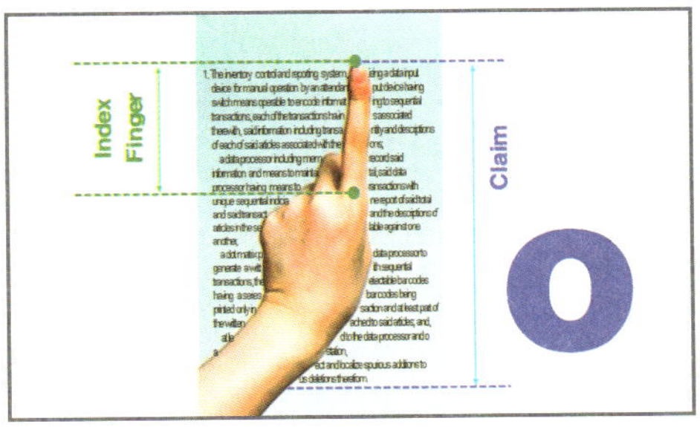

그림 6-26(a)

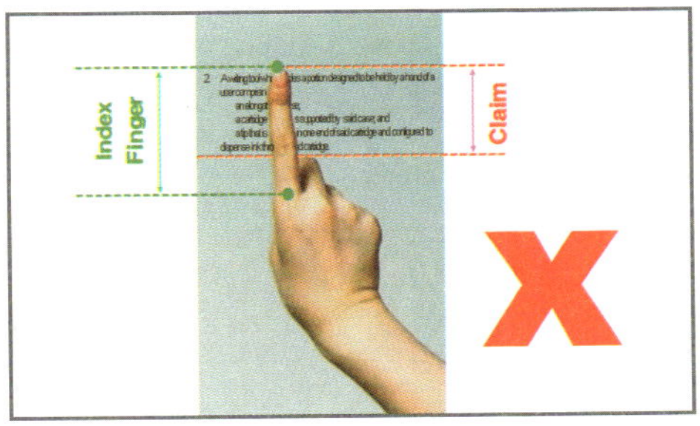

그림 6-26(b)

하지만 청구항 요소의 내재적 성질을 이용하면 "집게손가락 법칙"을 극복하는 작업은 일도 아니다. 일예로 표 6-18는 표 6-4 및 표 6-14(c)의 미국특허 청구항과 동일한 청구항에 녹색으로 표시한 내재적 성질을 부가함으로써, 서면 상의 청구항의 높이가 특허청 심사관의 집게손가락보다 길어지도록 만든 청구항이다. 표에서 알 수 있듯이 녹색으로 표시한 부분의 특징은 길이는 길고 수많은 제한조건이 부가된 것처럼 보여도 실질적으로 녹색 부분에 의하여 청구항의 범위가 협소해지지는 않는다.

왜냐하면 writing tool의 case는 작대 모양으로 양쪽 끝에 우측 끝부분 및 좌측 끝부분이 존재하고, case 내부에는 빈 공간이 있고, case는 사용자가 손으로 잡았을

23) 물론 저자가 개인적으로 교류하는 미국특허청 심사관들은 물론 미국특허청장, 부청장은 모두 상기 "집게손가락 법칙"의 존재를 부인하고 있다.

때 가해지는 기계적 힘을 견딜 수 있는 물질로 제작하고, case의 길이는 내부에 장착할 cartridge 길이보다 길어야하고, case의 재질은 전기전도 물질 또는 비전도물질이며, case 재질은 투명하거나 반투명하거나 불투명한 물질로 제작하고, case 재질은 polymer나 비-polymer 물질로 제작하되, 상기 case의 우측 끝부분은 case의 좌측 끝부분의 반대편에 위치하고, 우측 끝부분의 직경은 상기 tip이 노출될 수 있을 정도여야 하며, 좌측 끝부분의 직경은 cartridge를 삽입하거나 제거할 수 있을 정도여야 하며, case의 내부 공간은 cartridge의 부피보다 커야한다는 정도이다. 즉 아무리 기재사항이 많은 것처럼 보여도 실제로 이러한 청구항 제한조건들은 권리범위를 전혀 축소하지 않는다.[24)]

표 6-18. "집게손가락 법칙"을 극복하는 청구항

2. A writing tool which includes a portion designed to be held by a hand of a user comprising:
an elongated **case** which is shaped and sized as a rod which defines at least one longitudinal axis and defines at least one right-side end and at least one left-side end, which defines an interior volume therein, at least one of which is made of and includes at least one material with a mechanical property to endure a force exerted by said user while said user holds said case, which has a length at least greater than that of said cartridge, which includes therein at least one of an electrically conductive material and an electrically insulating material, which includes at least one of a transparent material, a semi-transparent material, a translucent material, and an opaque material, and which includes at least one of a polymeric material and a non-polymeric material, wherein said right-side end of said case is disposed on an opposite side of said left-side end of said case along said axis, wherein said right-side end defines a first diameter enough to dispose said tip therethrough, wherein said left-side end defines a second diameter enough to receive and dispense said cartridge therethrough, and wherein said volume of said case exceeds a volume of said cartridge; a cartridge which is supported by said case; and a tip that is provided in one end of said cartridge and configured to dispense ink through said cartridge.

24) 누차 강조하지만 법률산업은 서비스 산업이다. 아무리 유능한 변리사를 발굴한 발명가라도 변리사 수임료로 100~200만 원 정도만 지불한 경우 많은 서비스를 기대하지 말아야 한다. 뿌린 만큼 거두기 때문이다. 이것이 "수임료 대비 품질" 불변의 법칙이다.

이와 같이 청구항 본문 작성은 각종 문법에 따라야 하며, 그 이유는 청구항 해석 시 발명가가 의도한 청구발명을 보다 명확하게 해석하기 위함이다. 이렇게 복잡다단한 청구항 문법을 감안하면, 청구항은 절대로 비전문가인 발명가가 함부로 작성하지 말아야 하며, 대신 유능한 대리인에게 합당한 수임료를 지급하고 작성해야만 한다.

3. 청구항 종류

아무리 발명가가 자신이 착상한 발명에 대하여 특허를 받더라도 경쟁자가 특허의 권리범위를 우회·회피할 수만 있으면, 경쟁자는 발명가에게 royalty를 지불하지 않더라도 발명가의 청구발명을 유사하게 실시할 수 있다. 또한 발명가가 힘들여 등록한 특허도 특허침해소송을 통하여 무효가 될 수 있으며, 제1장의 4-나절 “국내특허의 후천적 한계 1”에서 설명한 바와 같이 국내 등록특허의 무효율은 약 78%에 달하며, 미국 등록특허도 대략 1/3 정도가 법원에서 무효가 된다. 또한 발명가는 자신의 발명을 다수의 특허로 보호받고 싶지만 제5장의 4-나절에서 소개한 바 있는 “일(1)발명 일(1)특허” 원칙에 따라 발명가는 발명 하나에 대하여 하나의 특허만 등록할 수 있다. 이 때 발명가가 활용할 수 있는 전략이 바로 제3장의 4-나절 “다양한 종류의 청구항의 당위성”에서 설명한 바와 같이 다양한 종류의 청구항이다.

일반적으로 발명가가 착상하는 발명은 새로운 물건, 조성물이다. 하지만 발명가는 단일의 발명에 대해서도 여러 종류의 특허를 출원·등록할 수 있다. 그 이유는 특허보호 대상인 발명에는 물건이나 조성물은 물론 방법, 용도 등도 포함되기 때문이다. 따라서 제5장의 4-나절의 일(1)발명 일(1)특허 원칙은 단일의 물건 발명에 대해서는 단일의 물건특허를 받을 수 있다는 의미이며, 단일의 발명에 대하여 물건특허, 방법특허, 용도특허 등 다수의 특허를 받을 수 없다는 말은 아니다.

그 결과 앞서 제3장의 4-나절의 그림 3-28에서 설명한 바와 같이 발명가는 자신의 영토(특허의 범위)에 대하여 다양한 방어체계를 삼중사중으로 구축할 수 있으며, 이에 따라 경쟁자가 발명가의 방어망들을 대부분 우회·회피하거나 무효화하더라도 이 중 딱 ‘하나’만에라도 걸리게 되면 경쟁자는 발명가의 청구항을 침해한다. 즉 경쟁자의 제품이 지뢰(일예로 완제품에 대한 물건특허) 방어망을 뛰어넘어 피하고, missile(일예로 부품에 대한 방법특허) 방어망을 저공비행으로 피하더라도, 마지막 claymore(부품에 대한 물건특허) 방어망에 걸리기만 하면, 경쟁자는 특허를 침해하게 되며, 이에 따라 발명가는 법원에 경쟁자의 침해의심 제품에 대한 금지처분을 신청하거나 손해배상금을 요구할 수 있다.

그림 3-28. 다수의 무기 체계를 이용한 금지권 확보

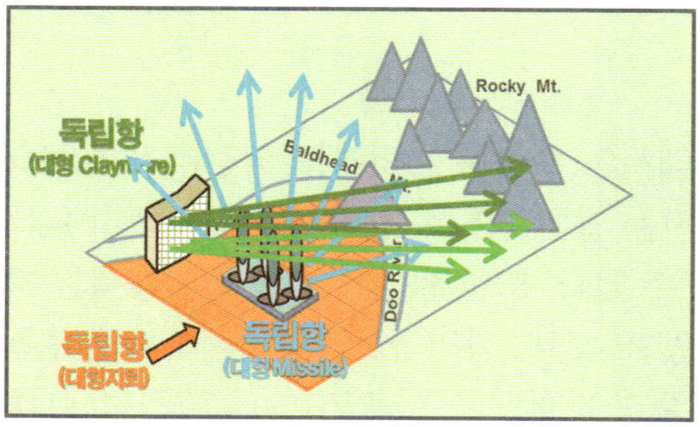

그림 3-28(a)

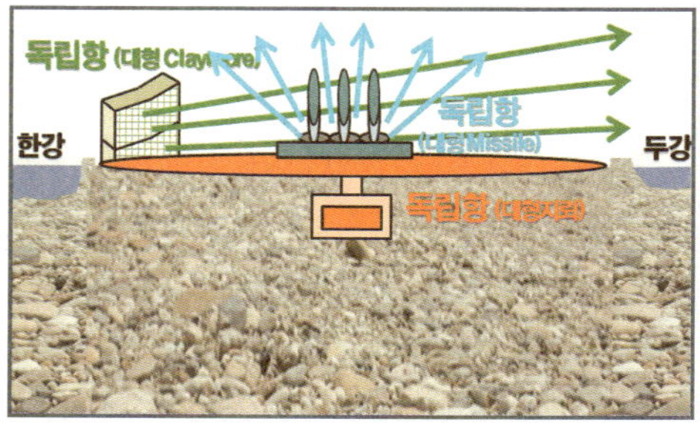

그림 3-28(b)

이와 같이 특정 발명에 대한 상류·하류는 물론 관련 분야의 발명들에 대해서도 특허를 출원·등록함으로써 다양한 권리범위를 보유한 다양한 특허를 창출하고 활용하는 전략이 바로 전형적인 특허 portfolio 전략이다. 즉 단일의 기술 또는 연관 기술에 대하여 상이한 종류와 범위를 지닌 다수의 특허를 등록하고 이들을 하나의 군(群)으로 관리하는 전략이다. 이에 따라 발명가는 경쟁가가 자신의 특허 portfolio에 속한 특허 모두를 무효화하거나 우회·회피하지 못하는 이상 경쟁자에게 특허침해에 대한 책임을 물을 수 있게 되므로 그만큼 강력한 금지권을 행사할 수 있게 된다. 경쟁자의 입장에서도 마찬가지이다. 발명가가 보유한 특허 portfolio에 속한 모든 특허를 무력화하거나 우회하지 못하는 이상 어차피 발명가의 특허를 하나 이상 침해하게 되므로, 경쟁자는 발명가의 영토를 침입할 생각을 포기하거나 발명가와 license 계약을 체결하게 된다.

일예로 발명가가 부피도 작아지고 성능도 몇 배 향상된 3차원 구조의 신형 반도체를 착상하였다고 가정하자. 발명가는 3차원 반도체의 구조에 대한 물건특허를 출원·등록할 수 있다. 또한 발명가는 3차원 구조를 이용한 메모리 반도체, 3차원 구조를 가진 연산용 반도체 등은 물론 3차원 반도체를 장착한 전자기구나 통신단말기 등의 완제품에

대한 특허도 출원·등록할 수 있다. 이뿐만이 아니다. 발명가가 새로운 반도체 공정을 이용하여 3차원 적층구조를 만들었을 경우, 발명가는 상기 공정에 대한 방법특허도 출원·등록할 수 있으며, 상기 공정을 포함하는 메모리 반도체 제조 공정, 상기 공정을 포함하는 연산용 반도체 제조 공정에 대한 특허도 출원·등록할 수 있다. 또한 3차원 반도체를 이용하여 저전압에서도 전자 기구를 작동하는 방법에 대한 특허, 3차원 반도체를 이용하여 무선 통신 시 잡음을 최소화하는 방법에 대한 특허도 출원·등록할 수 있다. 즉 발명가는 단일의 발명을 착상하였지만 이를 다양한 관점으로 청구하는 전략으로 다수의 특허를 출원·등록함으로써 특허 portfolio를 구축할 수 있게 된다.

물론 특허 portfolio 전략에도 약점은 있다. 즉 특허 portfolio를 구축하는 데 소요되는 막대한 비용이다. 따라서 발명가의 입장에서는 "선택과 집중" 전략을 구사하며 실질적으로 필수적인 기술 또는 향후 잠재성이 높은 기술에 대한 유효 발명을 위주로 특허 portfolio를 구축할 수밖에 없다.

이와 같이 특정 발명에 대하여 다양한 방어체계를 구축하려면 우선 다양한 방어망에 대한 속성을 파악함이 우선이다. 따라서 아래에서는 청구항의 기본이 되는 청구항 요소와 제한조건에 대하여 자세히 설명한 후, 물건청구항, 방법청구항, 조성물청구항, 기능청구항, 혼합 청구항, 신종 청구항 등 다양한 종류의 청구항에 대해서 살펴본다.

가. 청구항 요소 (Claim Element) 및 제한조건 (Claim Limitation)

(1) 청구항 요소 (Claim Element)

청구항 범위를 결정하는 청구항 요소(claim element)는 청구항의 본문에 기재하는 것이 원칙이다.[25] 앞서 설명한 바와 같이 청구항 요소에 해당하는 각각의 단어는 "구성요소 완비의 법칙"을 적용하는 claim chart의 좌측 열에 하나하나 기입한다. 따

25) 청구항 요소와 제한조건은 청구항 본문에 기재하며, 청구항 서문에 명시한 내용은 원칙적으로 청구항 요소나 제한조건이 아니다. 단 미국 판례에 의하면 청구항 서문의 단어나 문구가 청구항 본문에 생명과 의미를 불어넣는 경우, 상기 단어나 문구는 청구항 요소 또는 청구항 제한조건으로 간주된다.

라서 청구항 요소는 청구항의 범위를 결정하며,[26] 이에 따라 침해의심 제품의 침해 여부도 결정한다. 또한 claim chart 좌측 열에 기입한 각각의 청구항 요소에 의하여 결정되는 청구항 범위는 선행기술에 대비한 신규성 및 진보성도 결정한다. 따라서 청구항에는 필수불가결한 요소만 기재하여 요소의 수를 최소화해야 한다. 또한 가능한 한 포괄적 의미를 지닌 단어를 청구항 요소로 사용함으로써, 청구항 요소 당 범위를 최대한 확충해야 한다.

국내 특허법은 제29조 제1항에서 특허요건을 "산업상 이용할 수 있는 발명으로서 다음 각 호의 어느 하나에 해당하는 것을 제외하고는 그 발명에 대하여 특허를 받을 수 있다"고 규정하며, 동조 제2항부터 신규성 요건과 진보성 요건 등을 만족하지 못하는 경우를 나열한다. 이에 반하여 미국 특허법 35 U.S.C. § 101는 특허를 받을 수 있는 특허보호대상 발명으로 아래의 네 가지 범주를 설정한다.

① machine
② article of manufacture
③ composition of matter
④ process

특허보호대상의 첫 번째 범주인 'machine'은 지금의 기준으로 보면 복잡한 장치·제품에 해당하는 반면 두 번째 범주인 "article of manufacture"는 machine의 부품 또는 복잡하지 않은 장치·제품 등에 해당한다. 따라서 둘 사이의 경계는 모호한 편이다. 통상적으로 상기 두 개의 범주를 합쳐서 '물건' 또는 'apparatus'라고 지칭하며, 이 두 가지 범주에 속하는 발명을 통칭하여 "물건 발명"으로, 상기 발명에 대한 특허의 청구항을 "물건청구항" 또는 "apparatus claim"이라고 지칭하기도 한다.

특허보호대상의 세 번째 범주인 "composition of matter"는 조성물을 의미하므로 이 범주에 속하는 발명을 "조성물 발명"으로, 상기 발명에 대한 특허의 청구항을 "조성물청구항" 또는 "composition of matter claim"이라고 부른다. 물론 조성물청구항은 물건청구항의 특수한 형태로 간주할 수도 있다.

26) 청구항의 범위를 결정하는 청구항 요소는 역으로 상기 청구항 범위 주변에 형성된 공터도 정의한다. 바꾸어 말하면 대략 "신대륙의 땅 - 발명가의 영토 ≡ 공터"라는 등식이 성립된다.

특허보호대상의 마지막 범주인 'process'는 '방법'을 의미하므로, 상기 발명에 대한 발명은 "방법 발명"으로, 상기 "방법 발명"에 대한 특허의 청구항은 "방법청구항" 또는 "process claim"으로 지칭한다. 또한 방법청구항인 "process claim"을 "method claim"으로 혼용하는 경향이 있다.

위의 발명 범주에 따른 청구항은 조금씩 상이하며, 각 범주에 따라 청구항 요소 역시 상이한 속성을 가진다. 우선 "machine claim" 및 "article of manufacture claim"과 같은 물건청구항의 경우, 청구항 요소는 육안으로 식별할 수 있는 물건이나 부품인 경우가 대부분인 반면 조성물청구항의 청구항 요소는 원소, 화합물 등의 성분이다. 이와는 달리 방법청구항의 경우에는 청구항 요소는 항상 상기 방법을 달성하는 단계(step)들이다.

(2) 청구항 제한조건 (Claim Limitation)

앞서 설명한 바와 같이 청구항의 범위 및 이에 근거한 경쟁자 제품의 침해 여부, 선행기술과 대비한 신규성, 진보성 등은 우선적으로 청구항 요소에 의하여 결정된다. 하지만 청구항 요소만으로 범위가 확정되는 것은 아니다. 그 이유는 경쟁자 제품의 침해 여부나 선행기술과 대비한 신규성, 진보성 요건 등의 만족 여부는 청구항 요소들은 물론 청구발명의 목적을 달성하기 위한 상기 요소들 사이의 조합, 한정, 기능 등을 나타내는 청구항 제한조건(claim limitation)에 의해서도 결정되기 때문이다.

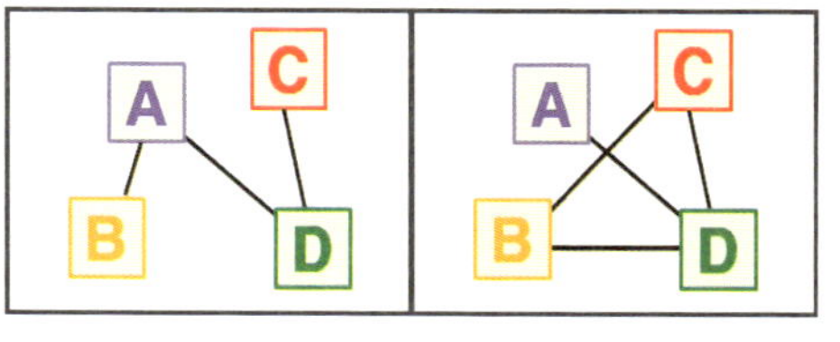

그림 6-27(a) 그림 6-27(b)

그림 6-27. 청구항 제한조건의 속성 및 청구항 범위

일예로 그림 6-27(a)의 청구항은 요소 A가 요소 B와 조합하며, 요소 D와 조합한 후 요소 D가 요소 C와 조합하는 경우로서, 상기 청구항의 경우 요소 A와 C, 요소 B와 C, 요소 B와 D 사이에는 직접적인 조합이 존재하지 않는다. 반면 그림 6-27(b)의 청구항은 요소 D는 요소 B, C와 조합하는 동시에 요소 A와도 조합하는 경우로서, 요소 A와 B, 요소 A와 C 사이에는 직접적인 조합이 존재하지 않는다. 따라서 그림 6-27(a)의 청구항과 그림 6-27(b)의 청구항은 비록 동일한 요소들로 구성되어 있지만, 상기 요소들 사이의 조합에 해당하는 청구항 제

한조건이 상이하므로 상이한 범위를 가질 가능성이 높고, 이에 따라 상기 청구항을 침해하는 제품 역시 상이하며, 상기 청구항의 신규성 및 진보성 요건을 부정하는 선행기술 역시 상이할 가능성이 높다.

표 6-19. 청구항 요소와 제한조건

2. A writing tool which includes a portion designed to be held by a hand of a user comprising:
an elongated case; a cartridge which is supported by said case; and a tip that is provided in one end of said cartridge and configured to dispense ink through said cartridge.

그렇다면 청구항 제한조건의 정의는 무엇일까? 원칙적으로 청구항 본문은 청구항 요소와 청구항 제한조건으로 이루어지는 바, 청구항 본문에서 청구항 요소의 특성을 명시하지만 자신이 직접 청구항 요소가 될 수 없는 모든 단어나 문구를 청구항 제한조건으로 간주할 수 있다. 일예로 표 6-19와 같이 청구항 본문에서 적색으로 표시된 부분을 제외한, 녹색으로 표시된 모든 부분이 청구항 제한조건에 해당한다.[27)]

이 같이 청구항 제한조건은 청구항 요소의 특성이나 청구발명이 작동하기 위한 요소들 간의 조합(또는 결합), 상호 관계를 명시하는 경우가 대부분이다. 따라서 물건청구항의 경우에는 청구항 요소의 구조나 특성 및 이에 해당하는 하위 구조(sub-element), 상기 요소나 하위 구조의 크기, 모양, 재질, 조성물 등의 특성이 제한조건이고, 방법청구항의 경우에는 온도, 압력, 농도, 시간 등 각 step의 조건이 제한조건이며, 조성물청구항의 경우에는 구조, 분자량, 조성비 등이 제한조건이라고 할 수 있다.

27) 쉽게 말하면 물건청구항의 경우 청구항 요소란 일반적으로 청구항 본문에 기재된 단어 중 “명사”에 해당한다고 간주할 수 있는 반면 청구항 제한조건이란 일반적으로 청구항 본문에 기재된 단어 중 “형용사”나 “부사” 및 수식구 또는 수식절에 해당한다고 간주할 수도 있다. 또한 물건청구항 본문에 기재된 단어 중 동사 역시 청구항 요소로는 부적합한 만큼 청구항 제한조건으로 간주할 수 있다.

앞서 "구성요소 완비의 법칙"을 적용하는 claim chart를 언급하며 청구항에는 필수 불가결한 요소만 기재하여 요소의 수를 최소화하는 동시에 가능한 한 포괄적 의미를 지닌 단어를 청구항 요소로 사용함으로써, 청구항 요소 당 범위를 최대한 확충할 수 있다고 설명하였다. 청구항 제한조건도 마찬가지이다.

또한 경우에 따라 단일의 제한조건에 의하여 축소되는 청구항 범위가 단일의 요소에 의하여 축소되는 청구항 범위보다 넓을 수도 있다. 일예로 제4장의 3절 "특허 실패 사례" 중 디지털 청진기의 경우와 같이 "한 쌍의 집음반"이라는 구절에서 '집음반'이라는 청구항 요소에 대한 "한 쌍의"라는 제한조건에 따라 발명가는 어마어마한 규모의 공터를 조성하였다고 설명하였다. 그 결과 경쟁자들은 현재 상기 공터를 이용하여 발명가에게 한 푼의 royalty도 지불하지 않고 사업을 운용하고 있다.

그림 6-28에서 알 수 있듯이, 제한조건을 많이 포함한 그림 6-28(b)의 청구항은 당연히 그림 6-28(a)의 청구항에 비하여 범위가 좁을 수밖에 없다. 따라서 충분한 청구항 범위를 확보하려면 청구항 요소는 물론 청구항 제한조건의 개수도 가능한 한 최소화해야 하며, 제한조건에 해당하는 단어나 문구도 포괄적 의미를 지니도록 주의해야 한다.

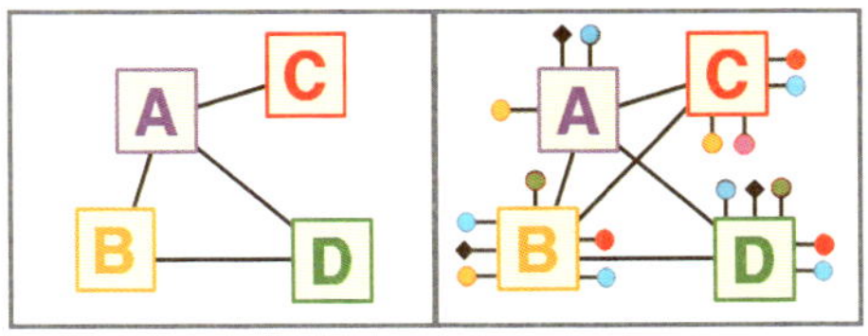

그림 6-28(a) 그림 6-28(b)

그림 6-28. 청구항 제한조건의 개수 및 청구항 범위

앞서 틈(gap), 구멍(hole, opening) 등의 빈 공간은 청구항 요소가 될 수 없다고 설명하였다. 특히 물건청구항의 경우 청구항 요소는 물건의 구조를 명시하는 것이지 구조가 없는 사실을 명시하는 것이 아니기 때문이다. 따라서 이러한 빈 공간은 결국 청구항 요소가 아니기 때문에 청구항 제한조건으로 해석할 수밖에 없다.

나. 물건청구항 (Apparatus Claim)

물건청구항은 "apparatus claim"으로서, 이는 "장치청구항 또는 제품청구항"이라 할 수 있는 "machine claim"과 "물품청구항"이라 할 수 있는 "article of manufacture claim"을 총칭한다. 물론 이러한 명칭은 산업혁명이 일어나며 다양한 제품을 제조하는 장치를 일반적으로 machine이라 부르며, 이러한 장치에 의하여 제조되는 물건을 article이라 부르던 관행에 기인한다. 따라서 지식기반시대인 21세기에는 상기 청구항들 사이의 경계는 모호한 편이다. 아래에서는 장치청구항과 물품청구항에 대하여 각각 상세히 설명한다.

(1) 장치청구항 (Machine Claim)

장치청구항은 대부분 대규모 제조장치에 대한 청구항이다. 대부분의 제조장치가 기존 부품과 새로운 부품의 조합으로 이루어지기 때문에 장치청구항 역시 상기 장치를 구성하는 수많은 요소 및 상기 요소들 사이의 조합을 명시하는 수많은 제한조건을 포함한다. 따라서 장치청구항은 대부분 복잡하다는 특징이 있다.

장치청구항의 또 다른 특징은 바로 대부분의 청구항 요소가 일상적 명칭을 사용하기보다는 기능성 명칭을 사용한다는 점이다. 제조장치 자체가 복잡하기 때문에 장치의 각 부분 자체도 다수의 부품으로 이루어지는 경우가 대부분이며, 따라서 청구항의 범위를 확대하기 위하여 장치청구항의 요소 역시 기능적 명칭을 사용한다.

만일 장치청구항의 특허기술인 특정 제조장치에 대한 선행기술이 존재할 경우, 발명가는 상기 장치의 신규 부품에 대한 청구항을 작성하거나, 신규 부품과 기존 부품의 조합에 대한 청구항을 작성하거나, 상기 장치의 신규 용도에 대한 청구항을 작성할 수 있다. 즉 장치 자체가 수많은 부품의 조합이기 때문에 장치 전체가 신규하지 않더라도 장치의 신규한 일부분에 대한 특허를 받을 수 있다.

장치청구항의 예로서 U.S. Pat. No. 5,289,978('978 특허)을[28] 살펴보자. '978 특허는 폐플라스틱을 파쇄한 후 이를 녹여 재활용이 가능한 pellet의 형태로 재생하

28) U.S. Pat. No. 5,289,978 entitled "Apparatus for continuous container label removal," filed by Lynn C. Lundquist on July 8, 1991, issued on March 1, 1994, and now expired.

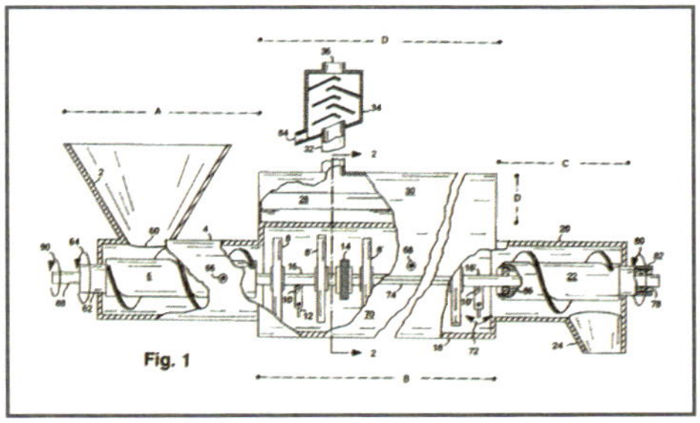

그림 6-29. U.S. Pat. No. 5,289,978의 대표 도면

는 장치에 대한 특허이다. 일반적으로 폐 플라스틱을 활용하기 위해서는 이에 부착된 label과 접착제를 제거해야 하므로, 플라스틱을 파쇄하고 가열하며 교반하는 batch process로[29] 불순물을 제거한다. 하지만 batch process를 이용할 경우 파쇄 플라스틱을 batch에서 일정 시간 동안 처리한 후에야 다음 공정을 진행할 수 있기 때문에 장시간을 요한다는 단점이 있었다. 따라서 '978 특허는 batch process 대신 연속 공정(continuous process)을 적용하여 기존의 batch process에 따르는 비효율을 개선하였다.

그림 6-29는 '978 특허의 대표 도면이며 표 6-20은 '978 특허의 독립항인 청구항 1이다. 장치청구항인 상기 독립항은 대부분의 요소를 member, means, mechanism 등의 포괄적인 단어로 명시하였다. 또한 각 member는 rotating member, stationary member 등으로, means는 air classification means 등으로, mechanism은 injection mechanism 등과 같이 기능을 수행하는 모듈로 표현하였으며, 기타 요소인 상기 injection mechanism은 air supply, air injector, exit path, exit opening 등의 하위 구조(sub-element)로 구성하였다.

물건청구항의 또 다른 특징은 수많은 제한조건이다. 표 6-20과 같이 청구항 본문 중 청구항 요소를 제외한 나머지 부분은 모두 제한조건에 해당하며, 이에 대한 이유는 물론 물건청구항 자체가 수많은 요소와 하위 구조의 결합체이기 때문에 물건청구항 요소들 사이의 결합을 명시하는 제한조건 역시 복잡할 수밖에 없기 때문이다. 국내특허의 물건청구항 역시 표 6-20에 예시한 미국특허의 물건청구항과 동일한 특성을 가진다. 일예로 앞서 설명하였던 표 6-3의 청구항이 물건청구항이다.

29) 회분공정에 해당하는 batch process는 일련의 공정을 한 단위 씩 수행한 후 다음 공정으로 진행하는 방식을 지칭한다. 회분공정(batch process)의 반대 개념이 연속공정(continuous process)이다.

표 6-20. U.S. Pat. No. 5,289,978의 장치 발명의 독립항

1. A substantially continuous granulated material processing apparatus in which adhesive and affixed product labels are removed from granulated plastic container material wherein continuous defines an apparatus whereby said apparatus progressively effects the processing action in the absence of holding or batching stages, said continuous granulated material processing apparatus comprising:
a) a rotating **central shaft** with substantially a horizontal orientation; b) at least two **rotating members** axially attached to said rotating shaft; c) each of said rotating members cooperating with at least two **stationary members** mounted on the same plane relative to each other when perpendicular to said rotating central shaft, and in a same axial plane with said rotating members whereby an impacting force is imparted to said granulated material unto which is affixed said product label; d) an **air classification means** employing an air **injection mechanism** having a mechanical air supply, and at least one air injector cooperating with a labyrinth exit path and an air exit opening, said labyrinth exit path substantially distinct from the exit path of said granulated material, all of which is incorporated into the processing section wherein at least two of said rotating members and at least four of said stationary members are located; and e) wherein the rate of movement of said granulated container material being processed is controlled within the process area while maintaining said rotating central shaft at a constant rate of rotational speed so as to determine the length of time said granulated container material is subject to the forces of at least two of said rotating members in cooperation with at least four of said stationary members.

물건청구항은 수많은 요소와 제한조건으로 이루어지므로 청구항 작성 시 많은 주의가 필요하다. 특히 표 6-20과 같이 폐플라스틱 장치 전체를 청구할지, 아니면 상기 장치 중 신규성이나 진보성을 갖춘 특정 모듈을 청구할지에 따라 이에 필요한 청구항 요소와 제한조건의 수가 결정되는 만큼 청구발명의 범위 선정이 중요하다. 또한 대부분의 장치 발명은 기존의 다양한 모듈들의 조합이기 때문에 수많은 청구항 요소와 제한조건을 포함할 수밖에 없다. 따라서 권리범위가 과도하게 좁아지거나, 상기 권리범위 주변에 공터가 생성되지 않도록 주의할 필요가 있다.

(2) 물품청구항 (Article of Manufacture Claim)

물품청구항은 물건청구항의 일종이며, 대부분의 경우 단일 물품에 대한 청구항으로서 새로운 요소 또는 기존 요소들의 새로운 조합을 이용한 새로운 구성이나 기능에 대한 발명이다. 따라서 대부분의 물품청구항은 위에서 설명한 장치청구항에 비하여 비교적 간단하다는 특징을 가진다. 또한 물품 발명 자체가 간단하므로, 물품청구항 요소는 주로 일상적 명칭을 사용한다.

물품청구항의 예로서 U.S. Pat. No. 4,000,003('003 특허)을[30] 살펴보자. 기존에 사용하던 fuel cell은 operating range가 60~249 watt 정도로 높고, 연료인 H_2 gas를 고압으로 저장하기 때문에 무게도 30~32 lb나 되는 단점이 있었다. 반면 '003 특허는 낮은 range에서 사용할 수 있으며 에너지원인 fuel과 oxidant source를 내장한 경량의 hybrid fuel cell이라는 특징이 있다. 특히 '003 특허는 H를 함유한 화합물인 CaH_2를 내장하고 CaH_2가 물과 반응할 때 발생하는 H_2 gas를 직접 fuel로 사용한다는 특징이 있다.

그림 6-30은 '003 특허의 대표 도면으로서, Fig. 1은 fuel cell system의 주요 부품을 나타내는 구성도이며, Fig. 2는 상기 system의 개략도이다. 흥미로운 점은 Fig. 1에서 숫자로 표시한 각 부위가 '003 특허의 독립항의 구성요소와 일치한다는 점이다.

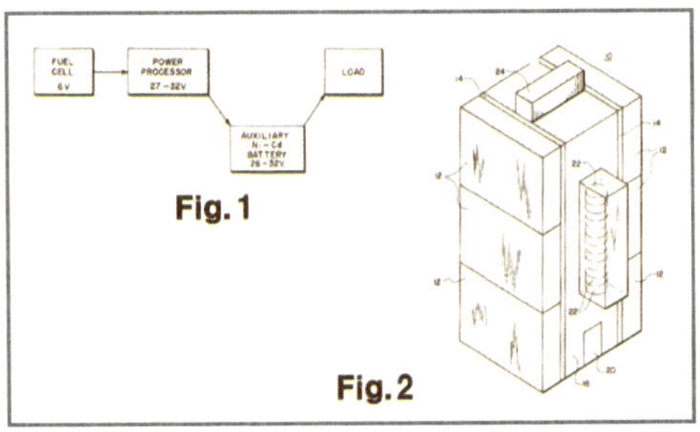

그림 6-30. U.S. Pat. No. 4,000,003의 대표 도면

표 6-21은 '003 특허의 독립항인 청구항 1이며, 청구항의 요소는 fuel cell,

30) U.S. Pat. No. 4,000,003 entitled "Fuel cell-secondary cell combination," filed by Bernard S. Baker et al. on Jan. 2, 1976, issued on Dec. 28, 1976, and now expired.

fuel-oxidant source, power processor 및 secondary battery 등이다. 앞서 설명한 장치청구항과는 달리 물품청구항의 요소는 표와 같이 일상적 단어를 사용한다. 따라서 청구항 본문 중 기타 부분은 청구항 제한조건으로 간주할 수 있다.

표 6-21. U.S. Pat. No. 4,000,003의 물품 발명의 독립항

1. A hybrid fuel cell secondary battery system comprising in combination,
a fuel cell, a fully contained fuel and oxidant source for said fuel cell, a DC to DC power processor for boosting the voltage output from said fuel cell, and a secondary battery in parallel with the output from the DC to DC processor to sustain peak power drains of 12 watt 60 msec. pulses.

위의 물품청구항의 특징은 기능적 제한조건을 이용하여 hybrid fuel cell system을 명시한 점이다. 즉 source와 processor 등의 요소들에 대한 제한조건은 다른 요소들과의 조합, 기능에 대한 구조적 조건임에 반하여, secondary battery는 DC-DC processor와 조합함으로써 hybrid system의 peak power drain이 12 watt 60 msec pulse를 유지할 수 있다고 기능적으로 명시하였다. 이와 같이 기능적 제한조건을 사용할 경우의 장점은 기계적 세부 구성이나 전기적 세부 구성이 상이한 경쟁자의 제품이라도 peak power drain이 12 watt 60 msec의 pulse를 유지할 경우 상기 청구항을 침해할 가능성이 무척 높다는 점이다.

물론 기능적 제한조건을 사용하더라도 상기 물품청구항의 system은 "발명의 설명"에 기재된 실시예 등을 포함할 뿐만 아니라 상기 실시예의 변형으로서 위의 pulse를 유지할 수 있는 구성과 형태의 system을 포함하는 동시에 이에 의하여 제한된다. 하지만 기계적, 전기적 구성만으로 청구항을 작성할 경우, 영민한 경쟁자는 미세한 구성의 차이를 활용하여 청구항 범위를 벗어날 수도 있다. 하지만 기능적 청구항의 경우에는 기능 자체에 범위가 설정되기 때문에 미세한 구성의 차이로 특허 범위를 우회·회피하려는 경쟁자를 효과적으로 억제할 수 있다는 장점이 있다.

표 6-21의 물품청구항의 또 하나의 특징은 청구항 본문에 숫자가 포함되었다는 점

이다. 특히 상기 청구항의 범위는 12 watt 60 msec pulse가 최대 출력이라는 제한조건에[31] 국한된다. 이러한 경우는 대부분 청구발명을 선행기술과 구분하여 신규성 및 진보성을 확보하기 위한 수비전략의 결과로 간주할 수 있다.

다. 방법청구항 (Process 또는 Method Claim)

방법청구항은 “process claim” 또는 “method claim”이라 지칭된다. 방법청구항의 금지권의 대상은 청구항 본문에 명시한 방법이지 물건이 아니다. 이에 따라 발명가는 경쟁자가 방법청구항에 기재된 방법을 실시하지 못하도록 금지할 수 있는 권리를 가지게 된다.

물건이 청구발명인 물건청구항과 방법이 청구발명인 방법청구항의 가장 큰 차이점은 물건청구항의 요소가 청구발명의 목적을 달성하기 위한 장치 또는 부품인 반면 방법청구항의 요소는 청구발명의 목적을 달성하기 위한 각각의 공정 단계(step)라는 점이다. 따라서 물건청구항의 요소가 ‘명사’라면 방법청구항의 요소는 “동사~ing”의 형태인 동명사 또는 현재분사이다.

(1) 방법청구항의 특성

앞서 설명한 바와 같이 청구항의 권리범위는 청구항 요소에 의하여 결정되므로 청

31) Secondary battery에 대한 제한조건 중 'to sustain ...'이라는 문구는 '12 watt 60 msec'라는 상한선을 명시한다. 그렇다면 상기 독립항의 요소를 포함하며 peak power drain이 12 watt 60 msec 이하인 fuel cell system은 모두 상기 독립항의 권리범위에 속할까? 반드시 그렇지만은 않으며, 이 역시 청구항 본문의 요소나 제한조건은 물론 “발명의 설명”에 의하여 결정된다. 일예로 '003 특허의 “발명의 설명”의 Column 2, Line 51은 “designed to operate at low current densities of about 1 to 3mA/cm^2 ...”라고 개시하고, Column 2, Lines 54-55, Column 3, Lines 6~7 및 Column 3, Lines 8~10 역시 다양한 범위를 개시한다. 따라서 상기 청구항의 범위는 이러한 구체적 실시예에 근거하여 추정할 수 있다. 또한 secondary battery의 성능에 따라 peak power drain이 영향을 받으므로 이 역시 청구항의 범위에 어느 정도의 융통성을 제공하지만, “발명의 설명”은 secondary battery의 operating range를 26~32V로 제한하므로 범위가 제한될 수도 있다.

구항 요소의 명칭은 청구항 범위에 결정적 영향을 미칠 수밖에 없다. 그 결과 물건청구항을 작성할 때에는 청구항 요소의 명칭을 선정하는 데 상당한 주의가 필요하다. 이에 반하여 방법청구항의 요소는 각각의 단계를 나타내는 "동사~ing"이다. 따라서 특별히 의미가 좁은 동사를 의도적으로 선정하지 않는 한, 방법청구항의 경우에는 청구항 요소의 명칭을 결정하기가 상대적으로 용이하다.

표 6-22. 미국특허 방법청구항 예시 (표 6-6 참고)

4. A method of displaying stereographic 3-dimensional images of celestial objects on a display device, said objects having celestial coordinates on the celestial sphere, comprising the steps of:
selecting at least a portion of the celestial sphere to display; determining the celestial coordinates for ... ; mapping the celestial coordinates of each celestial object ... ; determining the distance from the earth ... ; and mapping the celestial coordinates of each celestial object ...

표 6-22는 앞서 표 6-6에서 설명하였던 미국특허의 방법청구항의 요약으로서, 방법청구항의 요소에 해당하는 각 step들은 selecting, determining, mapping 등과 같이 '조작'을 의미함을 알 수 있다. 물론 방법청구항 요소가 동일한 동사를 활용하더라도 'selecting'이라고 표현할 수도 있고 이와는 달리 "randomly selecting" 또는 "sequentially selecting" 등과 같이 제한조건을 추가할 수도 있다. 하지만 방법청구항 요소로 범위가 좁은 동사를 사용하거나 동사 앞에 과도하게 범위를 제한하는 부사를 사용하지 않는 한 방법청구항은 일반적으로 물건청구항에 비하여 광활한 권리범위를 확보할 수 있다.

(2) 방법청구항의 단점

하지만 얻은 것이 있으니 잃는 것도 있다. 즉 방법청구항은 상대적으로 넓은 범위를 가질 수 있지만, 정작 방법청구항을 소유한 발명가는 경쟁자가 자신이 보유한 방법청구항의 금지권을 침해하였는지 식별하기가 용이하지 않다는 점이다. 일예로 물건특허를 보유한 발명가는 경쟁자의 침해의심 제품을 발견할 경우 "구성요소 완비의 법칙"을 이용하여 물건청구항의 모든 요소가 침해의심 제품에 존재하는지를 용이하게 확인할 수 있다. 하지만 방법특허를 보유한 발명가는 경쟁자의 침해의심 제품을 발견하더라도 경쟁자가 자신의 방법청구항을 침해하였는지 판단하기가 몹시 곤란하다. 왜냐하면 침해의심 제품만 보고 경쟁자가 어떤 방법으로 상기 제품을 제조하였는지를 추측하기는 어려운 경우가 대부분이기 때문이다.

이와 같이 발명가가 방법청구항을 이용하여 경쟁자의 침해를 입증하려면 증거가 필수 요건이므로 증거조사제도가 취약한 국내에서는 방법청구항의 실효가 상대적으로 낮은 편이다. 하지만 증거조사제도가 강력한 미국에서는 특허침해소송을 통하여 침해의심 제조업체의 제조방법에 대한 증거를 확보할 수 있기 때문에 권리범위가 넓게 작성한 방법청구항은 상당한 억제력을 지닐 수 있다.

(3) 방법청구항 작성 방법

일반적으로 대리인은 발명가가 착상한 발명의 핵심을 파악한 후 청구항을 작성한다. 또한 대리인은 자신이 작성한 한 형태의 청구항을 참고하여 다른 형태의 청구항을 작성하기도 한다. 특히 발명가가 착상한 발명이 장치나 물품과 같은 물건이거나 조성물일 경우 대리인은 먼저 물건청구항이나 조성물청구항을 작성한 후 이를 변환하여 방법청구항을 작성한다. 하지만 물건청구항의 요소는 부품이나 물질인 반면 방법청구항의 요소는 step들이다. 따라서 주의를 기울이지 않고 물건청구항을 방법청구항으로 변환할 경우, 방법청구항에는 수없이 많은 물건 요소 및 물건 제한조건이 포함되는 바람에 상기 청구항의 범위가 필요 이상으로 협소해질 수 있다. 즉 굳이 방법청구항을 작성하고 청구할 필요가 없을 정도로 범위가 협소해지는 것이다.

일예로 표 6-23(a)는 표 6-21의 물건청구항을 왕초보 수준으로 방법청구항으로 변환한 예이다. 우선 표 6-23(a) 좌측 열의 물건청구항과 우측 열의 방법청구항은 동일한 물건청구항 요소를 포함한다. 즉 청구발명을 충분히 이해하지 못하였기에 또는 수임료를 충분히 받지 못하였기 때문에 시간에 쫓기며 방법청구항을 작성함에 따라 방법청구항은 청구발명에 필수불가결한 step만 포함하는 것이 아니라 불필요한 물건청구항의 요소까지 모두 포함하고 말았다. 따라서 표 6-23(a) 우측 열의 방법청구항은 방법의 특징을 나타내지 못하고 물건청구항의 요소들을 나열함에 따라 방법청구항의 요소와 물건청구항의 요소가 범벅이 되며 그만큼 범위도 협소해진, '과오'의 연속인 청구항이다.

표 6-23(a). U.S. Pat. No. 4,000,003의 물품청구항의 왕초보 변환

1. A hybrid fuel cell secondary battery system comprising in combination,	1. A process of providing a hybrid fuel cell secondary battery system comprising the steps of:
a fuel cell, a fully contained fuel and oxidant source for said fuel cell, a DC to DC power processor for boosting the voltage output from said fuel cell, and a secondary battery in parallel with the output from the DC to DC processor to sustain peak power drains of 12 watt 60 msec. pulses.	forming a fuel cell,; providing a fully contained fuel and oxidant source for said fuel cell; constructing a DC to DC power processor for boosting the voltage output from said fuel cell; including a secondary battery; and disposing said second battery in parallel with the output from the DC to DC processor to sustain peak power drains of 12 watt 60 msec. pulses.

표 6-23(b). U.S. Pat. No. 4,000,003의 물품청구항의 정상적 변환

1. A hybrid fuel cell secondary battery system comprising in combination,	1. A method of producing electric power comprising the steps of:
a fuel cell, a fully contained fuel and oxidant source for said fuel cell, a DC to DC power processor for boosting the voltage output from said fuel cell, and a secondary battery in parallel with the output from the DC to DC processor to sustain peak power drains of 12 watt 60 msec. pulses.	storing a fuel adjacent to an oxidant source; generating a first DC voltage from a chemical reaction between said fuel and oxidant source; boosting said first DC voltage; coupling said first DC voltage in parallel with a second DC voltage; and sustaining peak power drain of 12 watt 60 msec pulses by at least one of said coupling and boosting.

이에 비하여 표 6-23(b)는 표 6-21의 물건청구항을 정상적으로 방법청구항으로 변환한 예이다. 즉 표의 물건청구항과 방법청구항을 비교하면 물건청구항의 요소인 fuel cell, power processor 및 secondary battery가 방법청구항에는 명시되지 않았음을 알 수 있다. 즉 표 6-23(b)의 방법청구항은 물건청구항의 요소를 기능으로 해석한 후 이를 구현하는 방법을 각각의 단계로 기재함으로써 물건 요소의 수를 획기적으로 줄인 청구항이다. 일예로 표의 방법청구항은 물건청구항의 요소인 power processor 대신 청구발명의 주안점인 “voltage boosting”을 명시하였고, 다른 물건 요소인 secondary battery 대신 주요 기능인 “voltage coupling”을 명시하였으며, fully contained fuel 및 source 대신 이들 사이의 “화학반응에 의한 H_2 생성”에 주안점을 두었다. 즉 청구발명에 대한 충분히 이해가 선행되었기에 물건 요소들을 명시하는 대신 청구발명의 특징을 기능적으로 묘사한 방법청구항에 해당한다.

표 6-24. 국내특허 물건청구항의 정상적 변환

1. 윗면과 아랫면을 갖는 본체를 포함하는 그릴의 가열부에 의한 가열을 통해 조리되고, 컨테이너 내에 배치되는 음식의 조리의 정도를 검출하는 그릴 제어시스템으로서	1. 컨테이너 내에 배치되는 음식을 그릴로 가열하며 상기 음식의 조리의 정도를 검출하는 방법으로서
상기 그릴의 하나 이상의 부분과 동작적으로 연결되는 하나 이상의 센서를 포함하고, 상기 컨테이너 내의 상기 음식의 양을 모니터하는 하나 이상의 센서부 및 상기 가열 전에 상기 음식의 초기 양 및 상기 가열 후에 상기 음식의 제1양(量)을 수신하고, 상기 초기 양을 상기 제1양과 비교하고, 상기 초기 양 및 제1양 사이의 차이로부터 상기 음식의 조리의 정도를 검출하도록 구성되는 하나 이상의 제어부를 포함하는, 그릴 제어시스템.	상기 컨테이너 내의 상기 음식의 양을 모니터하는 단계; 상기 가열 전에 상기 음식의 초기 양 및 상기 가열 후에 상기 음식의 제1양(量)을 수신하는 단계; 및 상기 초기 양을 상기 제1양과 비교하고 그 차이로부터 상기 음식의 조리의 정도를 검출하는 단계를 포함하는 그릴 제어 방법.

국내특허의 방법청구항 작성 방법도 미국특허의 방법청구항 작성 방법과 동일하다. 일예로 표 6-24는 표 6-15의 물건청구항을 방법청구항으로 변환한 예이다. 표 6-24의 좌측 열과 우측 열을 비교하면 알 수 있듯이 방법청구항은 센서부 및 제어부와 같은

물건청구항의 요소를 포함하지 않는다. 즉 표 6-24는 종류를 변환하며 범위도 충분히 확충한 전형적 방법청구항의 예에 해당한다.

요약하면 물건청구항을 방법청구항으로 변환할 때에는 표 6-23(a)와 같이 왕초보 변환을 조심해야 한다. 왜냐하면 방법청구항의 최대 장점은 바로 최소한의 물건 요소를 이용한 청구발명의 묘사임에도 불구하고, 방법청구항에서 물건청구항 요소들을 일일이 명시한다면 굳이 방법청구항을 사용할 필요가 없기 때문이다. 결국 청구발명의 충분한 이해가 있어야만 의미 있는 청구항 변환이 가능하며, 따라서 청구발명 분야의 기본적 지식은 물론 창의성을 지닌 유능한 변리사 선임이 필수이다.

앞서 물건청구항을 방법청구항으로 변환할 경우에는 권리범위가 무척 협소해지지 않도록 많은 주의가 필요하다고 설명하였다. 하지만 이와는 반대로 방법청구항을 물건청구항으로 변환할 경우에는 양질의 물건청구항을 작성하기가 용이하다. 왜냐하면 방법청구항 자체에 포함된 물건 요소의 개수가 많지 않기 때문에, 이를 전환한 물건청구항 역시 과다한 수의 청구항 요소나 제한조건을 포함하지 않는 경우가 대부분이기 때문이다. 단 제대로 작성된 방법청구항이 전제조건임은 물론이다.

라. 방법특정 물건청구항 (Product-by-Process Claim)

국내에서는 거의 사용되지 않지만, 특허 종주국 미국에서 통용되는 또 다른 청구항 형태로 “product-by-process claim”이 있다. 이를 굳이 번역하자면 “방법특정 물건청구항”이라 할 수 있다. 즉 상기 청구항의 청구발명은 물건이지만 청구항 본문에서는 상기 물건을 생산하거나 사용하는 방법에 대한 단계(step)들을 청구항 요소로 사용하는 특이한 청구항이다. 따라서 방법특정 물건청구항은 방법에 대한 금지권을 부여하는 청구항이 아니라 물건에 대한 금지권을 부여하는 청구항이다.

그렇다면 방법특정 물건청구항은 어떤 경우에 사용할까? 일반적으로 발명가는 아래의 두 가지 경우 방법특정 물건청구항에 의존하면 유리하다.

이에 대한 첫 번째 경우는 발명에 대한 발명가의 이해가 부족할 경우이다. 일예로 발명가가 수많은 시행착오를 거쳐 신규 화합물을 합성하거나 신규 장치를 발명하였지만,

적합한 분석기기가 없어서 화합물의 조성이 무엇인지 확인할 수 없거나, 또는 상기 발명에 대한 과학적 지식 또는 기술적 이해가 부족하여 상기 장치의 작동 원리가 무엇인지 인지하지 못하는 경우를 가정하자. 발명가는 자신이 착상한 발명의 정체를 모르기 때문에 물건청구항이나 조성물청구항을 이용하여 특허를 출원할 수 없다. 또한 이러한 발명가는 자신이 무엇을 어떻게 구현했는지 확실히 이해하지 못하므로 방법청구항을 이용하여 특허를 받기도 어렵다. 또한 발명가가 자신이 착상한 발명을 완전히 이해하지 못하였기 때문에 특허를 출원하더라도 어디에 어떤 공터를 남겨 두는지 알 수 없으며, 발명가가 상기 화합물을 합성한 방법이 선행기술과 유사하거나 상기 장치를 구성하는 부품들이 선행기술과 유사한 경우에는 방법청구항을 이용하기도 어려워진다. 물론 발명가가 적합한 분석기기를 보유하고 상당한 수준의 분석 기술에 능하더라도 화합물의 조성을 확인하거나 상기 장치의 작동 원리를 밝히는데 수개월 이상의 기간이 소요될 수 있으며, 발명가가 화합물이나 장치의 정체를 확인하는 동안 후발명가가 동일한 발명에 대한 특허를 출원함으로서 발명가는 선출원권을 상실할 수도 있다.

발명가가 방법특정 물건청구항에 의존하게 되는 두 번째 경우는 너무나 많은 별의별 발명을 착상하였을 경우이다. 일예로 반도체 제조공정을 연구하던 발명가가 각고의 노력 끝에 신제조공정을 발명하였으나, 상기 공정의 온도나 압력을 바꿀 때마다 doping의 깊이, 균일도, polarity 등의 특성이 변하여 다양한 기능을 수행하는 반도체 processor를 제작할 수 있는 경우를 가정하자. 물론 발명가는 성분 검사, 화학 실험 등을 통하여 각 공정 변수의 영향을 확인하고 이를 각각 특허로 출원할 수 있다. 하지만 이러한 실험에는 시간이 소요되며, 운이 없는 경우 후속 실험을 수행하는 사이에 후발명가가 동일한 발명에 대한 특허를 출원함으로서 선출원권을 상실할 수도 있다. 또한 발명가는 자신이 착상한 동일한 공정으로 제조할 수 있는 각종 물건에 대해서 각각 특허를 출원할 수도 있지만, 이를 위해서는 수십 개의 특허를 출원해야만하므로 막대한 비용을 지출하게 된다.

위에서 설명한 두 가지 경우에 처한 발명가를 구제하기 위한 제도가 바로 “방법특정 물건청구항”이다. 이에 따라 발명가는 특정 방법을 통하여 제조할 수 있는 물건에 대한 특허를 출원할 수 있게 된다. 물론 발명가가 출원하는 청구발명은 물건 발명이며, 상기 물건 발명에 대한 특허의 범위 역시 발명가가 “발명의 설명”에 기재한 방법에 한정된다. 하지만 발명가는 자신이 착상한 방법에 의하여 생성되는 화합물의 정체를 충분히 확인하기 전 또는 발명가가 착상한 장치의 작동 원리를 충분히 확인하기 전 특허를 출원하여 자신의 발명을 보호받을 수 있다는 이점을 백분 활용할 수 있다.

표 6-25. U.S. Pat. No. 4,674,204의 "방법특정 물건청구항" 예시

24. A molded innersole produced by a method of manufacturing a shock-absorbing, molded innersole for insertion in footwear, which method comprises: (a) introducing an expandable, polyurethane into a mold; and (b) recovering from the mold an innersole which comprises a contoured heel and arch section composed of a substantially open-celled polyurethane foam material, **the improvement (of) which comprises**:
(i) placing an elastomeric insert material into the mold, the insert material having greater shock-absorbing properties and being less resilient than the molded, open-celled polyurethane foam material ...; and (ii) recovering a molded innersole with the insert material having a tacky surface forming a part of the exposed bottom surface of the recovered innersole.

표 6-25는 "방법특정 물건청구항"의 예로서 U.S. Pat. No. 4,674,204의[32] claim 24이다.[33] 표에서와 같이 "방법특정 물건청구항"은 물건이나 조성물을 청구발명으로 지정하는 청구항 서문, 청구항 전환구 및 하나 이상의 단계(step)로 이루어진 청구항 본문으로 이루어진다. 특히 청구항 서문에는 "... produced by a method ..."라는 관용구를 사용하여 특정 방법에 의하여 만들어지는 물건을 지정한다. 또 표 6-25의 청구

32) U.S. Pat. No. 4,674,204 entitled "Shock absorbing innersole and method for preparing same," filed by James Sullivan et al. on Oct. 9, 1985, issued on June 23, 1987, and now expired.

33) '204 특허 claim 24의 원문은 "24. The molded innersole produced by the method of claim 1"이며, 상기 표 6-25는 종속항인 claim 24에 상기 특허의 독립항인 claim 1을 대입하여 작성하였다. '204 특허의 특허권자는 Atlantic Thermoplastics Co.이며, Atlantic은 상기 특허의 침해를 주장하며 Faytex Corp.을 제소한 바 있다. Atlantic Thermoplastics Co. v. Faytex Corp., 970 F.2d 834 (Fed. Cir. 1992). Federal Circuit의 판결문은 아래의 URL 참고 (2014.08.31 최종 확인):http://law.justia.com/cases/federal/appellate-courts/F2/970/834/269621/

항은 Jepson claim으로서,[34] 적색의 "the improvement of which comprises"가 청구항 전환구이며, 그 전 부분은 청구항 서문, 다음 부분이 placing 및 recovering의 두 단계를 포함하는 청구항 본문에 해당한다.

미국 특허제도가 "방법특정 물건청구항"을 인정하는 이유는 무엇일까? 공공영역에 축적된 지식과 기술을 보존하고 확충한다는 특허제도의 목적을 고려하면 "방법특정 물건청구항"을 허용하는 것은 상기 목적에 부합되는가 아니면 배치되는가?

일반적으로 "방법특정 물건청구항"은 재원과 인력이 풍부한 대기업보다 재원도, 인력도 부족한 개인발명가를 위한 제도로 간주된다. 발명가가 새로운 화합물을 합성하였거나 새로운 장치를 발명하였지만 조성이나 원리를 이해하지 못한 경우를 가정하자. 재원과 인력이 풍부한 대기업은 보유한 분석기기와 연구 인력을 활용하여 이를 빨리 확인할 수 있지만 개인발명가는 이를 수행할만한 재원이 없는 경우가 대부분이다.

물론 자신이 발명한 화합물의 조성도 모르고 장치의 작동 원리도 이해하지 못한 발명가에게 특허를 부여한다는 사실 자체가 특허제도의 원리와 배치된다고 간주할 수도 있다. 하지만 발명가가 신규 화합물이나 장치를 착상한 만큼은 사실이며, 동일한 발명을 착상한 발명가들 중에서 재원이 풍부한 발명가와 그렇지 못한 발명가를 동등하게 보호하기 위한 미국 특허제도 중 하나가 바로 "방법특정 물건청구항"이다.

미국 특허제도의 의도와는 달리 "방법특정 물건청구항"은 널리 사용되지는 않는다. 하지만 상기 청구항을 물건청구항, 방법청구항 및 아래에서 설명할 조성물청구항과 함께 사용하면 동일한 발명에 대하여 다양한 권리범위를 확보할 수 있다는 장점이 있다.

마. 조성물청구항 (Composition of Matter Claim)

조성물청구항은 "composition of matter claim"이라 지칭되며, 조성물청구항은

34) 자세한 내용은 제6장의 3-사절 "특수 청구항" 참고.

실질적으로 물건청구항의 일종이다. 단 미국 특허법의 경우 조성물 발명이 35 U.S.C. § 101이 명시한 네 가지 특허보호대상의 범주에 속하기 때문에 조성물청구항을 물건청구항에 귀속시키는 대신 별도의 청구항 형태로 분류하기도 한다. 하지만 아래에서 설명하는 여러 가지 속성을 고려해보면 조성물청구항은 물건청구항의 특별한 형태로 간주할 수 있다.

우선 물건청구항과 마찬가지로 조성물청구항의 청구발명은 물건이며, 청구항 요소 역시 물건이다. 단 부품이나 장치가 요소인 물건청구항과 달리 조성물청구항은 신규 또는 기존의 화합물 또는 혼합물이 청구항 요소라는 특징이 있다. 하지만 지구상에 존재하는 원소의 수는 제한되어 있으며, 인류가 자주 활용하는 대부분의 원소들은 발견된 지가 이미 오래 전이고. 최근 발견된 원소들은 극한 상황에서 존재하는 물질들이 대부분이다. 따라서 조성물청구항은 대부분 신규 화합물 또는 기존 화합물과 신규 화합물의 조합에 대한 청구항이며, 상기 청구항의 요소 역시 신규 화합물 또는 기존의 원소, 기존 화합물 및 기존 화합물과 신규 화합물의 조합이다.

조성물청구항의 또 다른 특징으로는 폐쇄형 전환구(closed claim)에 해당하는 "구성되는" 또는 "consist of"를 사용하거나 부분 폐쇄형 전환구(partially closed claim)인 "주로 구성되는" 또는 "consist essentially of"를 사용한다는 점이다. 즉 이미 알려진 원소와 화합물의 신규 조합을 청구하다보니 수많은 선행기술을 극복해야 하고, 이를 위하여 개방형 전환구 대신 폐쇄형 전환구 또는 부분 폐쇄형 전환구를 이용하여 신규성 및 진보성 요건을 만족해야하기 때문이다. 이러한 이유로 조성물청구항은 Markush claim을[35] 사용하기도 한다. 물론 선행기술이 존재하더라도 발명가의 발명이 상기 조성물의 신규 용도일 경우에는 방법청구항을 작성하여 상기 용도에 대한 별도의 방법특허를 확보할 수 있다.

조성물청구항은 특허출원서에 첨부 도면이 없는 경우도 많다는 특징을 가진다. 즉 발명가가 신규 조성물을 합성하는 공정에 대한 도면을 첨부하거나 신규 화합물의 구조식

35) 자세한 내용은 제6장의 3-사절 "특수 청구항" 참고.

을 도면으로 첨부하지 않는 한, 대부분의 조성물특허는 도면이 필요 없기 때문이다.[36]

조성물청구항의 또 다른 특징은 기재요건이[37] 까다롭다는 점이다. 즉 조성물 발명은 화학, 의학, 약학, 재료 등 예측불가능 분야(unpredictable art)의 발명이 대부분이기 때문에 명확성 요건, 서면기재 요건, 실시가능 요건 등의 기재요건을 만족하기가 상당히 까다로운 편이다. 바꾸어 말하면, 광활한 범위를 지닌 청구항을 확보하기 위해서는 이에 상응하는 "발명의 설명"을 작성하기가 상대적으로 어려운 분야이다.

이와 같이 조성물청구항은 외관상으로는 간단해보이지만, 물건청구항이나 방법청구항에 비하여 특이한 측면이 많다. 따라서 조성물청구항 및 이를 뒷받침하는 "발명의 설명"의 작성 역시 발명가가 직접 적성할 것이 아니라 해당 분야의 전문성을 지닌 유능한 변리사에게 의뢰함이 상책이다.

표 6-26. U.S. Pat. No. 4,000,016의 조성물청구항 예시

1. A fluxing composition comprising:
from about 2 to 8 percent by weight of a chelating agent, and from about 92 to 97 percent by weight of glycerol.

표 6-26은 U.S. Pat. No. 4,000,016('016 특허)의[38] 조성물청구항의 예시이다. 상기 특허의 분야는 반도체 공정, 특히 immersion bath soldering에 사용되는 flux로서, flux란 납땜 전 금속 표면의 산화물을 제거하여 납땜의 효율을 높이는 데 사용되는 물질이다. 기존 flux는 사용가능한 온도 범위가 낮기 때문에 납땜 온도에서 불안정하

36) 물론 "발명의 설명"에서 청구발명의 실시예를 설명하며 도면을 사용하는 경우도 많다.

37) 자세한 내용은 제9장 "기재요건" 참고.

38) U.S. Pat. No. 4,000,016 entitled "Water soluble fluxes" filed by David J. Lazzarini et al. on Nov. 29, 1974, issued on Dec. 28, 1976, assigned to IBM Corp., and now expired.

고, 사용 후 금속 표면에 생성되는 불순물은 제거하기도 어려우며, 불순물을 제거하려면 유기 용매가 필요하며, 상기 용매는 납땜 온도에서 증발한다는 단점이 있었다. 이에 반하여 '016 특허의 flux는 chelating agent와 glycerol로 구성되어 기존 flux의 단점을 보완한다. '016 특허의 조성물청구항 1의 경우 청구항 요소는 chelating agent와 glycerol이고, 나머지 부분은 모두 청구항 제한조건이다.

표 6-26의 청구항의 특징은 chelating agent와 glycerol의 조성이 모두 범위로 명시된다는 점이며, 그것도 상기 범위에 'about'이[39] 포함된다는 점이다. 그렇다면 상기 청구항 요소인 chelating agent의 범위인 "about 2 to 8 percent"에는 2.0%, 1.9%, 1.8% 는 포함될까?

이에 대한 정답은 "경우에 따라 달라진다"이다. 왜냐하면 청구항에 범위가 포함될 경우, 상기 범위는 "발명의 설명"의 기재 내용에 따라 해석함이 원칙이기 때문이며, 또한 "발명의 설명" 외에도 선행기술 및 당업자(즉 해당 분야의 통상 지식을 가진 자)의 수준에 따라서도 청구항의 범위가 달라질 수도 있기 때문이다. 물론 넓어질 수도 있고 좁아질 수도 있는 이러한 청구항의 범위는 경우에 따라 발명가에게 유리할 수도 있지만 반대로 침해의심 제조업체에 유리할 수도 있다.

표 6-26의 청구항에서 특이한 점은 chelating agent의 최대 조성인 8%와 glycerol의 최대 조성인 97%를 합치면 105%로서 이는 100%를 초과하는 반면, chelating agent의 최저 조성인 2%와 glycerol의 최저 조성인 92%를 합치면 94%로서 이는 100%에 미달된다는 점이다. 하지만 이는 문제가 되지 않는바, 그 이유는 청구항 본문에는 명시되어 있지 않지만 이러한 표현은 한 성분이 8%이면 다른 성분이 92% 또는 그 이하로, 한 성분이 2%이면 다른 성분이 98% 또는 그 이하로 해석될 수 있기 때문이다. 또한 상기 조성물청구항의 전환구는 개방형인 'comprising'이므로 chelating agent와 glycerol의 조성을 합쳐서 100%에 미달되더라도 그 차이만큼 제3의 물질을 포함할 수 있으므로 전혀 문제가 되지 않는다.

---

39) 대한민국 특허청은 청구항에 '약'이라는 정도를 나타내는 단어를 사용할 경우 기재불비로 거절하는 경향이 있다. 반면 미국 특허청은 'about'이나 'approximately' 등의 사용을 어느 정도는 용인하는 편이다.

표 6-27. 신규 화합물에 대한 조성물청구항 예시

1. A compound of the formula:
$CH_2R_1(CH_2)_X$-R_2 wherein R_1 is selected from the group consisting of hydrogen and alkyl having from 1 to 12 carbon atoms; R_2 is selected from the group consisting of cycloalkyl having from 1 to 8 carbon atoms and phenyl; and x is in the range of 1 to 5.

표 6-26의 조성물청구항이 청구항 요소에 해당하는 화합물들의 범위를 명시하는 형식으로 조성물 발명을 청구하였다면, 이와는 달리 화학식 또는 구조식을 이용하여 조성물청구항을 작성할 수도 있으며, 이러한 조성물청구항의 예시가 화학식을 이용한 표 6-27의 조성물청구항이다. 상기 청구항의 특징은 청구발명인 "$CH_2R_1(CH_2)_X$-R_2"가 실제 물질에 대한 화학식이 아니며, 다수의 C와 다수의 H로 이루어진 기본 골격에 H 원자 또는 alkyl에 해당하는 R_1과 cycloalkyl에 해당하는 R_2를 포함하는 화합물이라는 점이다. 특히 상기 화합물은 R_1과 R_2 외에도 x개의 CH_2를 포함하며, x는 1~5의 자연수임을 알 수 있다. 즉 단일의 화학식, 구조식으로 표시된 청구발명 "$CH_2R_1(CH_2)_X$-R_2"이라도 위의 식의 'R'이나 'x'의 포괄성에 따라 실제로는 그 권리범위에 수백 개 내지는 수천 개의 화합물을 포함할 수 있다. 이뿐만이 아니다. 탄소원자 1~12개를 가진 alkyl인 R_1이나 탄소원자 1~8개를 가진 cycloalky인 R_2가 R_3나 R_4를 포함하며, 다시 R_3나 R_4가 또 다른 R_5나 R_6를 포함한다면, 상기 화학식, 구조식의 청구발명은 수십만 개 내지는 수백만 개 이상의 화합물을 포함할 수도 있다.

조성물청구항이 이 같이 화학식 또는 구조식을 이용하여 다수의 화합물을 청구하는 이유는 간단하다. 발명가가 아무리 공을 들여 신규 화합물을 합성하고 이를 특허로 출원·등록하더라도, 경쟁자는 상기 화합물의 골격을 하찮을 정도로 수정하거나, 동일한 골격에 상이한 원자 1~2개를 치환하는 등의 방법을 통하여 쉽게 상기 청구항의 권리범위를 우회·회피할 수 있기 때문이다. 이러한 이유로 화학, 재료, 약학 분야의 조성물 발명을 착상한 발명가는 특허명세서의 "발명의 설명"에서 수십 장에 걸쳐 상상 가능한 유도체나 치환 물질을 열거하는 경우가 많다. 따라서 조성물 발명에 대한 특허 역시 해당 분야의 전공 지식을 갖춘 유능한 변리사에게 작성을 의뢰함이 상책이다.

바. 기능청구항 (Functional Claim) 및 기능 제한조건

장치청구항과 물품청구항으로 구성되는 물건청구항은 청구발명을 달성하기 위한 물건의 구성·구조 등을 청구항 요소로 포함하는 반면 방법청구항은 청구발명을 달성하기 위한 방법의 공정 단계(step)를 청구항 요소로 포함한다. 하지만 물건청구항은 구성·구조에 대한 청구항 요소를 명시하는 대신 청구발명을 구현하기 위한 기능·수단을 청구항 요소로 명시할 수 있다. 이러한 청구항을 기능청구항 또는 "functional claim"이라 지칭한다.

발명가와 대리인이 기능청구항을 이용하는 이유는 간단하다. 많은 경우 경쟁자가 물건청구항의 요소나 방법청구항의 단계를 우회·회피하며 청구발명을 유사하게 구현하기는 용이한 반면 청구발명의 기능을 우회·회피하며 청구발명을 유사하게 구현하기는 몹시 어렵기 때문이다. 따라서 물건청구항의 요소나 방법청구항 단계의 일부를 기능적으로 표현하는 기능적 청구항 요소나 기능적 청구항 제한조건을 물건청구항이나 방법청구항과 병행하여 또는 별도의 기능청구항으로 청구할 경우, 발명가는 다양한 종류의 권리범위를 확보할 수 있다. 이와 같이 청구항의 요소나 제한조건을 구조나 단계만으로 표현하지 않고 기능을 위주로 표현한 경우, 이를 미국 특허업계에서는 기능적 서술 또는 "functional expression"이라고 지칭한다.

(1) Means-Plus-Function Claim

미국 특허제도의 전형적 기능청구항은 "means-plus-function 청구항"이다. 상기 기능청구항은 19세기부터 사용되어 왔으며, 원칙적으로 상기 청구항의 권리범위는 청구항에 명시한 기능을 수행하는 모든 구성·구조는 물론 발명가가 특허 출원 시 "발명의 설명"에 기재하지 않았더라도 발명가가 청구항에 기재한 청구발명을 구현할 수 있는 모든 구성·구조를 포함한다고 해석되었다. 즉 means-plus-function 청구항은 발명가가 특허 출원 시 생각하지도 못한 구성·구조도 추후 권리범위에 포함할 수 있는, 발명가에게는 굉장히 유리한, 요술 지팡이 같은 청구항이었다.

표 6-28은 U.S. Pat. No. 2,156,519의[40] 독립항인 청구항 1로서, 상기 청구항은 전형적인 means-plus-function 청구항이다. 일예로 청구항 요소인 "means communicating"과 "echo receiving means"는 "발명의 설명"의 기재 내용과 관계없이 'means'라는 단어 뒤에 기재된 기능을 수행하는 모든 구성·구조를 포함하는 것으로 해석되었다. 하지만 이와 같이 means-plus-function 청구항의 과다한 권리범위에 불만을 지녔던 미국 연방대법원은 1946년 Halliburton case에서[41] means-plus-function 청구항의 권리범위는 특허남용에 해당할 만큼 불명확하다고 판시하며, means-plus-function 청구항을 원천 무효로 판결하였다.

표 6-28. U.S. Pat. No. 2,156,519의 기능청구항

1. In apparatus for determining the location of an obstruction in a well having therein
a string of assembled tubing sections ... , means communicating with said well for creating a pressure impulse in said well, echo receiving means including a pressure responsive device exposed to said well for receiving pressure impulses ... and means associated with said pressure responsive device for tuning ... .

미국 연방대법원의 Halliburton 판결에 따라 means-plus-function 청구항을 포함한 수많은 미국 등록특허가 무효가 될 위기에 처하였다. 이에 경악한 미국 특허업계는 꾸준한 로비를 통하여 미국 연방상원의원 및 연방하원의원들을 설득하였다. 그 결과 미국 연방상하원은 1949년 Halliburton 판결이 특허제도에 미치는 영향을 조사하였고, 1952년 35 U.S.C. §112 ¶6를[42] 제정함으로써 "means-plus-function" 기능청구항을 합법화하였다.

40) U.S. Pat. No. 2,156,518 entitled "Means for measuring the locations of obstructions in wells" filed by Cranford P. Walker on Sep. 9, 1937, issued on May 2, 1939, and now expired.

41) Halliburton Oil Well Cementing Co. v. Walker, 329 U.S. 1 (S.Ct. 1946).

42) '§'은 'section'을, '¶'는 'paragraph'를 의미한다.

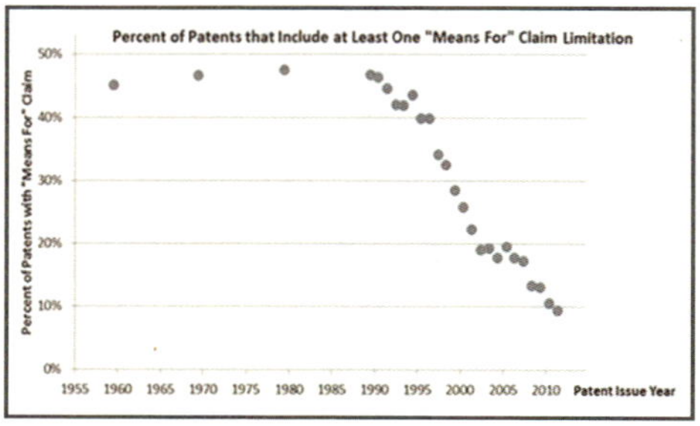

그림 6-31. Means-Plus-Function 청구항의 사용 빈도

하지만 1990년대 이후 means-plus-function 청구항의 권리범위는 발명가가 "발명의 설명"에 기재한 실시예에 국한된다는 미국 연방지방법원 및 항소법원의 판결이 잇따르며, 현재 means-plus-function 형태의 기능청구항은 거의 사용되지 않는 경향이다. 일예로 그림 6-31은 means-plus-function 청구항의 사용빈도에 대한 미국특허청 자료로서,[43] 1990년대 초반까지만 해도 등록특허의 절반 정도에서 사용되던 means-plus-function 청구항은 법원의 권리범위 축소에 따라 1990년대 초반부터 사용빈도가 급격히 감소하여 현재는 10%에도 미치지 못한다. 따라서 본문에서도 means-plus-function에 대한 자세한 설명은 생략한다.

(2) 기능청구항 및 기능 제한조건

앞서 설명한 바와 같이 means-plus-function 청구항의 사용빈도가 급격히 감소하였음에도 불구하고, 미국특허업계는 여전히 기능 제한조건을 포함하는 청구항을 애용한다. 그 이유는 청구항 요소로 물건의 구조·구성만을 사용할 경우, 권리범위도 한정되고 경쟁자의 우회·회피도 방지하기 어려운 상황이 자주 발생하지만, 기능 제한조건을 적절히 활용하면 구조·구성이 상이한 경쟁자의 제품이더라도 동일한 또는 유사한 기능을 수행할 경우 침해를 입증할 수 있기 때문이다.

일예로 표 6-29는 표 6-26에서 설명한 U.S. Pat. No. 4,000,016의[44] 청구항 12

43) 자세한 내용은 아래의 URL 참고 (2014.08.31 최종 확인):http://patentlyo.com/patent/2011/07/the-frequency-of-means-plus-function-claims.html

44) U.S. Pat. No. 4,000,016 entitled "Water soluble fluxes" filed by David J. Lazzarini et al. on Nov. 29, 1974, issued on Dec. 28, 1976, assigned to IBM Corp., and now expired.

이다. 상기 청구항의 flux는 chelating agent 및 glycerol 외에도 inorganic acid(무기산)를 포함할 수 있으나, 상기 청구항은 inorganic acid 양이나 조성을 명시하는 대신 flux의 pH를 4~6으로 유지할 만큼의 inorganic acid를 포함한다고 청구하였다. 그 결과 상기 청구항은 flux의 pH가 4~6으로 유지되는 한 flux의 chelating agent 또는 glycerol의 조성 등에 알맞는 inorganic acid를 포함할 수 있으므로 inorganic acid의 양을 명시하는 경우에 비하여 더 넓은 권리범위를 가질 수 있다.

표 6-29. U.S. Pat. No. 4,000,016의 기능 제한조건 예시

12. The composition of claim 2,
wherein the composition includes the inorganic acid in an amount sufficient to adjust pH of the composition between about 4 and 6.

이러한 기능 제한조건은 whereby, such that, so that, in order to, capable of 등의 관용구를 이용하여 명시할 수도 있다. 즉 특정 성분의 조성을 명시하기 어려운 경우 기능 제한조건을 활용하면 오히려 청구항의 범위를 확충할 수 있다.

사. 특수 청구항

위의 다양한 청구항들은 미국 특허법에서 특허보호대상의 범주에 따른 청구항이며, 기능청구항은 위의 청구항의 요소나 제한조건을 기능적으로 표현한 경우이다. 반면 아래의 Jepson claim과 Markush claim은 발명가가 특허를 받고자 하는 청구발명의 속성에 근거한 특별한 종류의 청구항이라 할 수 있다.

(1) Jepson Claim

Jepson claim은 미국특허청이 1917년 In re Jepson에서[45] 합법화한 청구항으로

45) In re Jepson, 1917 Comm. Dec. 62, 243 O.G. 525 (Assistant Commissioner Pat. 1917).

서, 발명가가 자신이 선행기술이라고 인정하는 내용을 명시한 후 이에 대비한 자신의 개량 발명을 명시하는 형태의 특수 청구항이다. 따라서 지금까지 설명한 각종 청구항과는 달리 Jepson claim은 청구항 서문에 발명가가 자신의 청구발명의 선행기술에 해당하는 사항을 기재하고, Jepson claim 특유의 청구항 전환구를 이용한 후, 청구항 본문에는 신규성 요건과 진보성 요건을 만족할 수 있는 청구발명을 기재한다. 따라서 발명가가 Jepson claim을 사용할 경우, 발명가는 청구항 서문에 기재한 내용이 자신의 청구발명에 대한 선행기술임을 인정하는 것으로 추정한다.

표 6-30. Jepson Claim의 예시

1. An improved kitchen utensil including an elongated rod and a shallow bowl attached to one of said rod, the improvement of which comprises
a hinge which is disposed between said rod and bowl and configured to pivot about said hinge so that said user respectively folds and unfolds said rod closer to and away from said bowl.

표 6-25. U.S. Pat. No. 4,674,204의 "방법특정 물건청구항" 예시

24. A molded innersole produced by a method of manufacturing a shock-absorbing, molded innersole for insertion in footwear, which method comprises: (a) introducing an expandable, polyurethane into a mold; and (b) recovering from the mold an innersole which comprises a contoured heel and arch section composed of a substantially open-celled polyurethane foam material, the improvement (of) which comprises:
(i) placing an elastomeric insert material into the mold ...; and (ii) recovering a molded innersole with the insert material ...

표 6-30은 주방용 기구에 대한 Jepson claim이다. 표에서와 같이 Jepson claim은 청구항 전환구로서 "the improvement of which comprises"를 사용한다. 따라서 발명가는 상기 claim의 청구항 서문에 기재한 바와 같이 "기존의 조리용 기구는 가늘고

긴 막대기와 사발 모양의 부분을 포함한다"는 내용을 기재함으로써 상기 구조를 자신의 청구발명에 대한 선행기술로서 인정한다고 추정되며, 발명가는 상기 전환구 뒷부분의 청구항 본문에 기재한 발명이 상기 선행기술에 대비하여 신규성, 진보성 요건을 만족하기에 특허를 청구한다고 추정된다.

앞의 제6장의 3-라절의 표 6-25 또한 Jepson claim이다. 단 위의 표 6-25와 표 6-30을 비교하면, 표 6-30의 Jepson claim은 청구발명의 구성에 대한 선행기술을 기재하는 반면 표 6-25의 Jepson claim은 청구발명의 방법에 대한 선행기술을 기재함을 알 수 있다.

그렇다면 Jepson claim을 사용하는 발명가는 무엇을 특별히 얻을 수 있을까? 정답은 "아무 것도 없다"이다. 그 이유는 발명가의 청구항 서문은 발명에 대한 확실한 선행기술이자 제한조건이기 때문이다. 따라서 Jepson claim의 청구항 서문은 항상 발명가의 청구발명에 대한 발명가 자신의 처절한 고백이자 자인이며, 그 결과 Jepson claim은 (약간 과장하면) 거의 항상 발명가에게 불리한 청구항이다.

이를 입장을 바꾸어 표현한다면 Jepson claim은 항상 좁은 권리범위만을 부여하려는 특허청 심사관에게 유리하다. 이뿐만이 아니다. Jepson claim은 발명가의 청구범위를 우회·회피하려는 발명가의 경쟁자에게도 항상 유리할 수밖에 없는 청구항이다.

그렇다면 발명가가 실수로 자신의 청구발명에 대한 선행기술이 아닌 자료를 선행기술로 오인하여 Jepson claim의 서문에 기재하였다면 어떻게 될까? 미국 판례에서는 이 경우에도 발명가가 기재한 사항을 청구발명의 선행기술로 추정하며, 심지어 발명가가 Jepson claim 서문에 기재한 내용에 대한 선행기술이 실제로 존재하지 않는 경우에도 이를 선행기술로 추정한다.

발명가가 Jepson claim을 사용하면 특허청 심사관은 발명가가 Jepson claim 서문에서 자인한 선행기술에 대비하여 Jepson claim 본문에 기재한 청구발명이 진보성이 있는지를 결정하여 청구항의 거절 여부를 결정할 수 있다. 따라서 Jepson claim은 심사관에게 진보성 요건 불만족에 의한 거절 이유 확립을 용이하게 도와주는 형태라고 간주할 수 있다. 미국은 예외이나 많은 외국 특허청, 특히 European Patent Office는

Jepson claim을 적극적으로 권장한다. 하지만 특별한 사정이 없는 한 발명가는 무조건 Jepson claim을 피하는 것이 상책이다. 왜냐하면 일반적인 경우 특허청 심사관이나 경쟁자에게 유리할수록 발명가에게는 불리하기 때문이다.[46)]

(2) Markush Claim

Markush claim은 미국특허청이 1924년 Ex parte Markush에서[47)] 합법화한 청구항이다. 일반적으로 Markush claim의 서문이나 전환구에 대한 정형은 없다. 대신 모든 Markush claim은 청구항 본문에 다수의 청구항 요소들로 구성된 group의 공통 특징을 명시한 후 상기 group에 속하는 청구항 요소들을 나열하는 형태를 가진다.

따라서 Markush claim은 일반적으로 청구발명의 범위에 적합한 다수의 청구항 요소들을 통칭할만한 마땅한 명칭이 없을 경우 청구항 본문에 Markush group을 설정하여 다수의 청구항 요소들을 통칭하는 목적으로 사용된다. 따라서 Markush claim은 통상적으로 화학, 의학, 약학, 재료 등의 분야에 국한되어 사용되어왔으나, 현재는 전기전자, 기계 등 화학과 동떨어진 분야에서도 종종 사용된다.

Markush claim의 형태는 일반적으로 Markush group에서 결합성 접속사인 'and'를 사용하는 결합성(conjunctive) 형태와 상기 group에서 분리성 접속사인 'or'을 사용하는 분리성(disjunctive) 형태로 구분한다. Markush claim의 각 형태는 표 6-31(a) 및 6-31(b)의 형식에 따른다. 유의할 점은 표에서와 같이 결합성 Markush claim을 사용할 경우 Markush group은 반드시 폐쇄형 전환구인 "consisting of"를 사용해야 한다는 점이다.

---

46) 물론 이에 대한 역도 성립한다. 즉 넓은 권리범위를 확보하려는 발명가에게 유리할수록 일반적으로 좁은 권리범위만을 허여하려는 특허청 심사관이나 발명가의 권리범위를 우회·회피하려는 경쟁자에게 불리하다.

47) Ex parte Markush, 1925 C.D. 126, 340 O.G. 839 (Comm'r Pat. 1924).

표 6-31(a). 결합성(Conjunctive) Markush Claim 예시

결합성 (Conjunctive) Markush Claim의 형태: ... selected from the group consisting of ... and ...
1. A utensil comprising A and B,
wherein A is selected from the group consisting of A1, A2, and A3.
2. A compound of the formula C_6H_5-R,
wherein R is selected from the group consisting of C_nH_{2n+1} and wherein n in the range of 1 and 25.
3. A compound of the formula C_6H_5-R,
wherein R is selected from the group consisting of H, CH_3, C_2H_5, C_3H_7, COO, CH_3COO, C_6H_5, and a mixture thereof.

표 6-31(b). 분리성(Disjunctive) Markush Claim 예시

분리성 (Disjunctive) Markush Claim의 형태: ... selected from ... or ...
1. A utensil comprising A and B,
wherein A is selected from A1, A2 or A3.
2. A compound of the formula C6H5-R,
wherein R is selected from H, CH3, C2H5, C3H7, COO, CH3COO, C6H5 or a mixture thereof.

결국 Markush claim은 Markush group이라는 가상의 group을 설정한 후 상기 group에 다수의 대체 요소를 열거하여 청구항 범위를 확충하는 목적으로 사용된다. 앞서 설명하였듯이 청구항의 범위는 청구항 요소의 개수가 증가할수록 좁아진다. 하지만 Markush claim의 경우 Markush group에 속한 요소의 개수가 늘어날수록 청구항 범위가 확충된다. 이러한 측면에서 Markush claim은 특허에 관한 한 청구항 요소나 제한조건의 수가 증가할수록 이에 비례하여 범위도 확충되는 유일한 경우이다.

그렇다면 Markush claim을 사용하는 발명가는 무엇을 특별히 얻을 수 있을까? 우선 Markush group을 설정하고 상기 group에 속하는 다수의 대체 요소를 열거함으로써 발명가는 어느 정도의 범위를 확보할 수 있다. 또한 발명가는 Markush group을 이용하는 단일의 특허를 출원함으로써 다수의 특허를 출원하여야 하는 수고를 덜 수 있다.

하지만 얻은 것이 있으니 잃을 차례이다. 즉 발명가가 Markush claim을 사용할 경우 법원은 발명가가 선정한 Markush group을 대단히 엄격하게, 좁게 해석한다는 점이다. 그 결과 청구항 본문에 Markush group을 포함하는 Markush claim의 범위는 대부분 발명가가 자신의 Markush group에 기재한 요소로 국한된다. 그 결과 특허침해소송 시 발명가는 경쟁자의 침해의심 제품에 대하여 문언침해를 주장할 수는 있지만 "균등론(doctrine of equivalents)에 의한 침해"는 주장할 수 없다. 단 발명가가 표 6-31(a) 및 표 6-31(b)의 제일 아래 열에서 녹색으로 표시한 바와 같이 "a mixture thereof"를 사용하면 이러한 불상사를 어느 정도 피할 수는 있다.

아. 혼합 청구항 (Mixed Claim) 금지 원칙

특허제도는 공중에게 특허의 권리범위를 공지하여 공중이 불필요하게 특허권자의 특허를 침해하거나 중복 R&D 수행에 의한 사회적 효율의 저하를 방지한다. 이를 위하여 발명가는 자신의 청구범위나 권리범위를 명확히 청구할 의무를 지닌다.

이러한 맥락에 근거한 규칙이 바로 "혼합 청구항 (mixed claim) 금지 원칙"이다. 즉 발명가가 혼합 청구항을 이용하여 자신의 범위를 청구할 경우, 공중은 특허의 권리범위를 명확히 이해할 수 없으므로 이러한 혼합 청구항은 무효로 처리한다.[48)]

(1) 청구항 요소 혼합 (Mixed Claim Elements) 금지 원칙

혼합 청구항이란 범주가 상이한 청구항 요소를 포함하는 청구항을 지칭한다. 미

48) 제9장의 2절 "명확성 요건 (Definiteness Requirement)" 참고.

국 특허법은 35 U.S.C. §101에서 방법(process), 장치(machine), 물품(article of manufacture), 조성물(composition of matter) 및 이들의 신규하고 유용한 개량(improvement thereof)을 특허보호대상 발명이라고 정의한다. 따라서 원칙적으로 단일 청구항의 본문에 장치 발명의 요소, 물품 발명의 요소, 조성물 발명의 요소, 방법 발명의 요소 (즉 단계) 중 상이한 요소가 두 개 이상 포함될 경우, 이러한 청구항은 혼합 청구항이라 할 수 있다.

하지만 지금까지의 미국 판례를 보면 미국 법원이 금지하는 혼합 청구항은 단일 청구항의 본문에 물건특허(즉 장치특허, 물품특허 및 조성물특허) 요소와 방법특허의 요소가 혼재한 경우로 제한된다. 따라서 위에서 설명한 바와 같이 미국 연방법원 판례에 따른 혼합 청구항의 사용금지는 단일 청구항에서 "물건특허의 요소"와 "방법특허의 요소"의 혼용을 금지한다고 요약할 수 있다.

(ㄱ) 미국 판례 1 - IPXI vs. Amazon (Fed. Cir. 2005)

혼합 청구항을 조금 더 자세히 설명하기 위하여 2005년 미국 연방항소법원 사건인 IPXI Holdings vs. Amazon.com을[49] 살펴보자. IPXI는 전자금융 사용 시 사용자가 미리 저장한 정보를 화면에 띄워 사용자의 편의를 도모하는 전자금융 system에 대한 특허를 출원하여 이를 U.S. Pat. No. 6,149,055('055 특허)로[50] 등록하였다. 한편 Amazon은 사용자가 자신의 신용카드 번호나 주소 등을 입력하면 상기 정보를 90분간 저장함으로써 사용자가 자신의 정보를 재입력하지 않고도 전자금융 서비스를 편리하게 이용할 수 있는 1-click system을 운용하였다.

IPXI는 Amazon이 '055 특허의 청구항 1, 2, 9, 15 및 25(표 6-32 참고)를 침해하였다고 제소하였으나, 미국 연방지방법원은 claim 1, 2, 9, 15는 신규성 결여로, claim

49) IPXI Holdings, LLC v. Amazon.com, 403 F.3d 1377 (Fed. Cir. 2005).

50) U.S. Pat. No. 6,149,055 entitled "Electronic fund transfer or transaction system" filed by James G. Gatto on June 26, 1996, and issued on Nov. 21, 2000.

25는 청구범위가 불명확한 혼합 청구항이므로 무효라고 판결하였다. 이에 IPXI는 항소하였지만 연방항소법원은 하급심 판결을 인용하였다.

표 6-32. 혼합 청구항인 U.S. Pat. No. 6,149,055의 Claim 25

1. An electronic financial transaction system for executing financial transactions, the transactions characterized by a transaction type and a plurality of transaction parameters, the system comprising:
a central controller; a communications network; a terminal device selectively connectable to the central controller through the communications network, the terminal device comprising: a processor; a display connected to the processor; an input mechanism for providing input to the processor; the system further comprising: means for storing user defined transaction information, the transaction information comprising at least one of user defined transactions and user defined transaction parameters; the processor causing the display to display on a single screen stored transaction information; the input mechanism enabling a user to use the displayed transaction information to execute a financial transaction or to enter selections to specify one or more transaction parameters.
2. The system of claim 1,
wherein the system predicts transaction information that a user of the terminal will desire based on stored data for that user.
25. The system of claim 2 wherein the predicted transaction information comprises:
both a transaction type and transaction parameters associated with that transaction type, and **the user uses the input means** to either change the predicted transaction information or accept the displayed transaction type and transaction parameters.

그렇다면 표 6-32의 claim 25는 왜 혼합 청구항일까? 상기 청구항을 해부해 보면 청구항 서문에서는 청구발명의 분야가 'system'이라는 물건이고, 청구항 전환구로는 개방형 전환구인 'comprise'를 사용하였음을 알 수 있다. 또 청구항 본문은 세 개의 요소로 구성되며, 첫 번째 요소인 "transaction type"와 두 번째 요소인 "transaction parameter"는 물건 발명의 요소인 반면 마지막 요소는 "the user uses the input means"로서 물건 발명의 요소가 아니라 방법 발명의 요소인 단계임을 알 수 있다.

혼합 청구항의 문제는 무엇일까? 미국 특허법 35 U.S.C. §112는 출원인은 자신이 발명으로 간주하는 대상(subject matter)을 특별히 지적(particularly point out)하고 분명히 청구(distinctly claim)하도록 규정한다. 만일 해당 분야의 통상 지식을 지닌 자(즉 당업자)가 청구항을 읽고도 청구발명을 이해할 수 없다면 특허의 권리범위를 파악할 수 없으며, 그 결과 어떤 행위가 상기 청구항의 권리범위를 침해하는지도 알 수 없기 때문에 청구항의 명확성 요건을 위배하게 된다.

IPXI의 claim 25가 바로 이러한 경우이다. 표 6-32의 claim 25를 읽은 경쟁자는 청구항의 물건 요소를 실시해야 자신이 상기 특허를 침해하는지 아니면 청구항의 단계를 실시해야 특허를 침해하는지 알 수 없게 된다. 따라서 claim 25는 무효이다.

(ㄴ) 미국 판례 2 - HTC vs. IPCom (Fed. Cir. 2012)

미국 연방항소법원의 2012년 사건인 HTC Corp. vs. IPCom[51)] 역시 혼합 청구항에 대한 case이다. 하지만 HTC v. IPCom case는 상이한 종류의 청구항 제한조건이 청구항 서문(?)이나 청구항 본문(?)에 혼재하는 혼합 청구항에 대한 흥미로운 case이다.

기존의 cell phone은 항상 기지국의 tower 또는 base station과 접속되어 있다. 만일 cell phone 사용자가 장소를 이동하게 되면 cell phone 역시 한 base station 지역에서 다른 base station 지역으로 이동하며, base station을 바꾸는 'handover'가 발생한다.

51) HTC Corp. and HTC America, Inc. v. IPCom GmbH &Co., KG, 667 F.3d 1270 (Fed. Cir.(2012).

IPCom은 handover 시 service 중단을 최소화하는 방법을 발명하고 이를 특허 출원하여 표 6-33(a)의 청구항을 포함하는 U.S. Pat. No. 6,879,830('830 특허)을[52] 등록하였다. 그 후 IPCom은 HTC가 '830 특허의 claim 1 및 18을 침해하였다고 HTC를 제소하였다.

표 6-33(a). U.S. Pat. No. 6,879,830의 Claim 1 (1)

1. **A mobile station** for use with a network **including**
a first base station and a second base station that achieves a handover from the first base station to the second base station by: storing link data for a link in a first base station, holding in reserve for the link resources of the first base station, and when the link is to be handed over to the second base station: initially maintaining a storage of the link data in the first base station, initially causing the resources of the first base station to remain held in reserve, and at a later timepoint determined by a fixed period of time predefined at a beginning of the handover, deleting the link data from the first base station and freeing up the resources of the first base station, the mobile station comprising: an arrangement for reactivating the link with the first base station if the handover is unsuccessful.

미국 연방지방법원은 IPCom의 '830 특허의 청구항 1의 청구발명은 mobile station이고, 청구항 전환구는 including인 반면 청구항 요소는 1st base station, 2nd base station, arrangement 등의 물건 발명 요소는 물론 storing, holding, causing, maintaining 등과 같이 방법 발명의 요소들을 포함하는 혼합 청구항이므로 IPCom의 청구항 1이 무효라고 판결하였다. 연방지방법원은 이에 대한 근거로 청구항 전환구 including의 주어는 mobile station이라고 청구항을 해석하였다.

패소한 HTC는 이를 미국 연방항소법원에 항소하였으며, 연방항소법원은 연방지

52) U.S. Pat. No. 6,879,830 entitled "Method for handover, mobile station for handover and base station for handover" filed by Vasco Vollmer et al. on Jan. 6, 2000, and issued on April 12, 2005.

방법원의 판결을 파기, 환송하였다. 특히 연방항소법원은 '830 특허의 청구항 1에서 including의 주어는 mobile station이 아니라 including의 바로 앞에 있는 단어인 network라고 해석하였으며, including 뒤의 구문은 mobile station이 아니라 network의 구성 및 방법을 설명한다고 청구항을 해석하였다. 그 결과 표 6-33(b)와 같이 '830 특허 청구항 1의 전환구는 comprising이고, 청구항 요소는 arrangement 하나이므로, claim 1은 혼합 청구항이 아니라고 판결하였다.

표 6-33(b). U.S. Pat. No. 6,879,830의 Claim 1 (2)

1. A mobile station for use with a network including a first base station and a second base station that achieves a handover from the first base station to the second base station by: storing link data for a link in a first base station, holding in reserve for the link resources of the first base station, and when the link is to be handed over to the second base station: initially maintaining a storage of the link data in the first base station, initially causing the resources of the first base station to remain held in reserve, and at a later timepoint determined by a fixed period of time predefined at a beginning of the handover, deleting the link data from the first base station and freeing up the resources of the first base station, the mobile station comprising:
an arrangement for reactivating the link with the first base station if the handover is unsuccessful.

그래도 의문은 남는다. 표 6-33(b)의 claim 1은 서문에서 물건 요소인 station들과 방법 요소인 step들을 동시에 청구하였으므로 claim 1은 여전히 무효이지 않을까? 정답은 "그렇지 않다"이며, 그 이유는 제6장의 2-가절 "청구항 서문"에서 설명한 바와 같이 청구항 서문에 기재한 내용은 원칙적으로 청구항 요소가 아니기 때문이다.

(2) 청구항 제한조건 혼합 (Mixed Claim Limitations) 허용

앞서 설명한 바와 같이 단일 청구항의 본문에서 물건청구항 요소와 방법청구항 요소를 혼용하면 상기 청구항의 권리범위를 파악할 수 없게 된다. 따라서 이러한 청구항은 무효이다. 하지만 발명가는 단일 청구항에서 상이한 청구항 제한조건들은 혼합하여 사용할 수 있다.

자. 신종 청구항

미국 연방대법원은 1979년 Dr. Chakrabarty가 유전자 조작을 통하여 창출한 bacteria에 대한 특허 보호 여부를 놓고 고심하였다. 기존의 미국 판례에 의하면 자연계에 존재하는 물건(product of nature)은 특허보호대상 발명이 아니었던 바, 상기 사건의 쟁점은 유전자 조작을 통하여 창출한 bacteria가 자연계에 존재하는 물건인지에 대한 여부였다.

표 6-34(a). 미국 연방대법원의 Warren E. Burger 대법관의 특허보호대상 발명 (Before)

Anything under the sun that is made by man is patentable!

미국 연방대법원의 Warren E. Burger 대법관은 1980년 Diamond vs. Chakrabarty에서 유전자 조작 기법을 이용하여 Dr. Chakrabarty가 창출한 bacteria는 특허 받을 수 있는 발명이라고 판시하며, 특허보호대상의 범주에 대하여 표 6-34(a)와 같이 정의하였다.[53] 즉 자연에 존재하는 그 무엇이라도 일단 인간이 응용을 하면 특허 받을 수 있는 발명으로 승화될 수 있다는 말이다.

하지만 표 6-34(a)의 Burger 대법관의 정의는 'almost' 정확할 뿐이다. 왜냐하면 자연계에 존재하는 물건을 이용하여 인간이 만든 물건 중에서도 특허를 받을 수 없는 물건이 있기 때문이다. 따라서 특허보호대상의 범주에 대한 Burger 대법관의 정의 역시 아래와 같이 수정할 필요가 있다.

53) Diamond vs. Chakrabarty, 447 U.S. 303 (S.Ct. 1980).

표 6-34(b). 미국 연방대법원의 Warren E. Burger 대법관의 특허보호대상 발명 (After)

Almost everything under the sun that is made by man is patentable!

바꾸어 말하면 종종 발명가가 힘들게 착상한 발명이 현행법 상 특허보호대상의 범주에 속하지 않는 경우도 있다. 이에 대한 발명가의 선택은 두 가지이다. 첫 번째 선택은 운명에의 순응으로서, 자신의 발명에 대한 특허출원의 '포기'이다. 발명가의 두 번째 선택은 최근 '신내렸다'는 또는 '용하다'는 대리인(즉 변리사나 출원전문 특허변호사)을 찾아가 굿이라도 한 판 벌이는 것이다. 최근에 신이 내렸다거나 용하다고들 하니 혹시 발명가에게 특허를 받아줄 수 있을까해서다.

(1) 신종 청구항 정의

신종 청구항은 창의적 청구항과 일맥상통한다. 여기서 '창의적'이라는 의미는 특허보호대상의 범주의 언저리에 걸쳐있는 듯이 보이는 발명이나 상기 범주 밖에 위치한 것으로 보이는 발명을 창의적으로 청구항에 기술하여 특허법이 정의한 특허보호대상 발명의 범주에 속하도록 새로운 방식으로 청구한다는 의미이다. 즉 발명가가 발명을 착상하듯이 영민한 대리인 역시 특허청과 법원이 허락할 수밖에 없는 새로운 형태의 청구항을 재창출한다는 의미이다.[54)]

변리사나 출원전문 특허변호사 등의 대리인은 특허청을 상대로 발명가를 대리하여 발명가의 발명에 대한 특허를 출원·등록시키는 동시에, 상기 특허 청구항의 권리범위를 최대화할 의무가 있다. 하지만 발명가의 청구항 특허의 권리범위를 최대화하기 위해서는 먼저 상기 특허의 등록이 선행되어야만 한다.

---

54) 물론 소도 웃을 35만 원, 기껏해야 200~300만 원을 수임료로 지급하는 국내에서 영민한 대리인이 신종 청구항을 개발한다는 것은 "꿈이며, 이상이며, 현실이 아니다"가 현실이다. 하지만 특허출원하는 데 많게는 수만 달러의 비용을 변호사 비용으로 소진해야하는 미국이나 유럽의 경우 영민한 대리인은 "꿈이며, 이상이며, 현실이 아닌 일"을 현실로 만들기도 한다. Sometimes dreams come true!

만일 발명가가 착상한 발명이 현행 특허법 및 판례에 의하여 특허보호대상 발명에 속하지 않을 경우 대리인의 선택은 무엇일까? 물론 첫 번째 선택은 발명가에게 발명가가 착상한 발명은 특허 받을 수 없는 발명이라는 비보를 전한 후 그를 위로하고 돌려보내는 일이다. 하지만 이 정도는 어떤 대리인이라도 할 수 있다. 따라서 영민한 대리인은 현행 특허법의 울타리를 자세히 분석한 후 그 사이의 좁은 틈을 파헤쳐 발명가의 발명을 울타리 안으로 끌고 들어가려 노력한다.

어차피 특허란 기술을 언어로 변환한 법률 문서이다. 따라서 청구항에 기재한 청구발명의 특허등록 여부는 청구항의 형태 및 기재 방식에 의하여 좌우될 수밖에 없다. 즉 동일한 발명이라도 대부분의 대리인은 특허를 받을 수 없지만, 극히 창의적인 대리인은 창의적 청구항을 작성하여 가끔씩은 특허법의 제한을 극복할 수도 있다. 즉 발명가가 착상한 발명을 새로운 형태로 표현하여 특허법의 제한을 극복하려는 대리인과 특허청, 법원 사이의 game이다.

그렇다면 영민한 대리인이 창의적 청구항을 창작하여 현행 특허법의 좁은 틈을 파헤치는 행태는 합법일까 불법일까? 설령 합법이라 하더라도 발명가는 이렇게까지 해서라도 꼭 특허를 등록시켜야할까? 아래에서는 신종 청구항의 예로서 Swiss claim과 Beauregard claim을 소개한다. 그 후 신종 청구항에 대한 미국 연방항소법원의 Randall Rader 전판사장의 비판을 소개하고, 이에 대한 발명가 및 대리인의 전략을 제안한다.

(2) Swiss Claim

EPO(European Patent Office, 유럽특허청)는 전통적으로 공지 물질을 이용한 환자 치료방법(medical treatment method)에 대한 신규 발명을 특허보호대상으로 인정하지 않았다. 즉 EPO는 발명가가 신규 물질을 발명하였을 경우 이에 대한 물질특허를 부여하는 동시에 상기 물질을 이용한 모든 치료방법("1st medical use"라고 지칭)에 대한 금지권을 인정하지만,[55] 상기 물질의 신규 용도에 의한 치료방법에 대한 발명

55) European Patent Convention, Art. 52(4).

은 특허보호대상으로 인정하지 않았다. 바꾸어 말하면 이미 발명된 공지 물질을 이용한 환자 치료방법은 상기 물질을 이용한 "2nd medical use"에 속하기 때문에 신규성 요건을 만족하지 못하며, 그 결과 특허보호대상 발명이 아니라는 견해이다.

Swiss claim이란 이러한 EPO의 규제를 벗어나기 위하여 창의적인 독일 특허변호사들이 개발한 청구항 형태이다. Swiss claim의 효시는 1984년 Bayer의 특허이다. Bayer는 심혈관 치료제를 뇌질환 치료제로도 사용할 수 있다는 용도 발명을 출원하였지만 독일특허청은 Bayer의 청구항을 거절하였고, 이에 불복한 Bayer가 동일한 용도 발명에 대한 청구항을 Swiss claim 형태로 작성함에 따라 추후 독일 연방대법원은 Bayer의 발명을 특허보호대상으로 인정하였다. 즉 Bayer의 치료방법은 원칙적으로는 특허보호대상 발명이 아니었지만, Swiss claim이라는 형태의 제조 발명은 특허보호대상이라는 판결이다.

표 6-35. Swiss Claim의 기본 Format

1. Use of compound X in the **manufacture** of a medicament for the treatment or prevention of disease Y, where X is a known compound novel in the treatment of disease Y.

이러한 연혁에 따라 Swiss claim은 "2nd medical use claim"이라고도 지칭되며, 표 6-35는 Swiss claim의 기본 형태를 나타낸다.[56] 이러한 Swiss claim의 특징은 표에서와 같이 청구발명의 범주를 '치료'가 아닌 '제조'로 청구하였다는 점이다. 즉 동일한 공지의 물질을 신규 질병 치료 목적으로 사용하지만, 이를 치료방법으로 출원하면 특허를 받지 못하고, 대신 '제조'로 청구하면 특허를 받을 수 있다.

56) Swiss claim의 기본 형태는 EPC 2000 Amendment를 통하여 "substance X for use in treatment of Y"로 변경되었다. 자세한 내용은 아래의 URL 참고 (2014.08.31 최종 확인):https://www.aippi.org/download/helsinki13/presentations/Pres_Pharma_2_AHess_020913.pdf / http://www.leemock.co.kr/dataroom/data_paper_view.asp?rno_idx=710&select_book=59&total_books=113

혹자는 Swiss claim이야말로 유럽 각국의 특허청과 EPO의 합작에 의한 특허제도의 편법 운용이라고 비난하기도 한다. 즉 뻔히 공지의 물질을 이용한 치료방법이 확실함에도 불구하고, 청구항에 'manufacture'라는 단어가 포함되어있지 않으면 청구항을 거절하지만, 청구항에 'manufacture'라는 단어가 포함되면 특허를 주는 심사방식이야말로 유럽이 자국의 의약업체들을 보호하기 위한 정치적 고려의 산물이라는 주장이다.

그렇다면 유럽 각국의 특허청과 EPO의 결정은 잘못일까? 잘못이라면 무엇에 비하여 잘못되었다는 말일까?

Internet이 보편적으로 사용되기 전에는 그 누구도 internet 상의 contents에 대한 소유권 및 이에 대한 법적 보호를 상상하지 못했다. 그렇다면 internet contents를 보호하는 작금의 법률은 internet 산업이 발달한 국가들이 자국 기업들을 보호하기 위하여 만든 잘못된 제도인가? 이러한 제도는 internet 업체만을 위한 지식재산법 체계의 편법적 운용일까?

그렇지는 않다고 생각한다. 결국 특허제도란 공공영역에 축적된 지식과 기술의 보존과 확충을 통하여 공중에게 혜택을 제공하기 위한 제도이다. 따라서 공공영역의 지식과 기술의 양을 확충하기 위하여 특허제도는 부득이 지식과 기술의 창조자인 발명가에게 극히 제한적인 기간 동안 극히 제한적인 범위의 금지권을 부여한다. 따라서 각국의 특허제도 운용은 각국 산업의 발전 분야와 발전 방향은 물론 혁신을 통한 발전 속도에도 막대한 영향을 미칠 수밖에 없다. 왜냐하면 준만큼 받아내기 때문이다.

결국 특허법은 지식재산법의 한 종류이며, 지식재산법은 재산법의 일종이다. 따라서 특허법은 만고불변의 진리인 인간의 존엄성에 대한 인권법과는 본질적인 차이가 있을 수밖에 없다. 그럼에도 불구하고 국내에는 아직도 특허제도를 인권법과 동일시하고, 변해서는 안 될 만고불변의 진리로 간주하는 경향이 있다. 더불어 산업구조의 변화 및 국제 환경의 변화에 특허제도를 합치시키는 대신 19~20세기 특허법을 신성시하고, 당시의 특허보호대상 범주를 작금의 21세기에도 고수하려는 착상은 국가, 기업, 개인의 발전에 합치하지 않는 발상으로 생각된다.

유럽과 미국의 biotech 산업 변천 추이야말로 특허제도의 진화와 산업 발전 사이의 상관관계에 대한 좋은 예이다. 1980년 이전까지는 유럽이 전 세계 biotech 산업의 mecca였다. 하지만 EPO는 biotech 산업에서 개발되는 유전공학 관련 발명을 특허보호대상으로 인정하지 않은 반면 미국 연방대법원은 앞서 설명한 Diamond vs. Chakrabarty case에서와 같이 유전자 조작을 통한 생물체를 특허보호대상 발명으로 인정하였다. 그 결과 수많은 biotech 기업들이 자신의 발명을 특허로 인정해주는 미국으로 이주하였고, 이에 따라 수많은 biotech 분야의 석학은 물론 biotech 산업에 투자하는 venture capital 역시 미국으로 이주하였다. 그 결과 미국은 지금까지도 전 세계 biotech 산업을 주도하고 있다.[57]

한편 Bayer가 사용하기 시작한 Swiss claim의 결말은 무엇일까? 1984년 독일 연방법원이 Swiss claim을 인정함에 따라 유럽 각국의 특허청도 하나 둘씩 Swiss claim을 인정하기 시작하였다. 그 결과 1990년 European Patent Council은 더 이상 Swiss claim이 필요하지 않도록 공지 물질을 이용한 second medical use에 대한 특허를 용인하였다.[58]

(3) Beauregard Claim

Computer가 PC 형태로 보급됨에 따라 새로운 computer software가 속속 개발되었다. 하지만 1980~90년대까지만 해도 computer 연산을 위한 instruction에 불과한 software는 추상적 개념(abstract idea) 또는 출판물(printed matter)로 취급되며 특허보호대상 발명에서 철저히 제외되었다. 따라서 software를 특허로 보호할 수 있는 신종 청구항 창출에 골몰해오던 software 개발자와 이들을 대리하는 특허변호사는 floppy disk, CD 등과 같은 다양한 종류의 data 보관 장치인

---

57) "Additional View" by Chief Judge Randall Rader in Classen Immunotherapies, Inc. v. Biogen IDEC, 659 F.3d 1058 (Fed. Cir. 2011).

58) Preparatory Documents to Revision of EPC art. 54(5), CA/PL 4/00 (EPO Jan. 24, 2000).

"computer-readable medium"에 주목하였고, 이에 따라 등장한 신종 청구항이 바로 Beauregard claim이다.

표 6-36. Beauregard Claim의 기본 Format

1. A computer-readable medium including
contents that are **configured to cause** a computing system to sort data by performing a method comprising: receiving an indication of an array of data items; when the array has fewer than a specified number of elements, iteratively sorting the array, otherwise, partitioning the array into two portions; and recursively sorting each of the two portions.

표 6-36과 같이 Beauregard claim은 청구항 서문에서 computer-readable medium을 발명 대상으로 지정하며, 본문에서 상기 medium에 저장된 contents가 수행하는 연산 방법을 청구하였다. 따라서 Beauregard claim은 특정 instruction을 수행하는 contents를 수록한 물품청구항(article of manufacture claim)에 해당하게 되었으며,[59] 특허보호대상 발명이 아닌 수학적 연산에 대한 범용 software를 특허보호대상 발명으로 전환하기 위하여 무형(intangible)의 software나 computer code를 유형의(tangible) medium에 저장하는 청구항에 해당한다.

하지만 미국특허청이 처음부터 Beauregard claim을 인정한 것은 물론 아니다. 미국특허청은 Beauregard가 출원한 청구항들을 모두 거절하였고, Beauregard는 이

59) 표 6-36의 청구항을 다르게 해석할 수 있다. 즉 "A computer-readable medium including contents that are configured to cause a computing system to sort data by performing a method"을 청구항 서문으로, comprising을 전환구로 해석하면 상기 청구항의 본문은 "receiving an indication of an array of data items; when the array has fewer than a specified number of elements, iteratively sorting the array, otherwise, partitioning the array into two portions; and recursively sorting each of the two portions"에 해당한다. 이러한 해석에 따르면 상기 청구항은 방법청구항으로 해석할 수 있다.

를 미국 연방항소법원에 항소하였다.[60] 이에 연방항소법원은 computer-readable medium에 기록된 무형의 instruction을 물품청구항으로 판단하여 연방지방법원의 판결을 파기, 환송하였고, 이에 따라 미국특허청은 Beauregard의 청구발명을 특허보호대상 발명으로 간주하기 시작하였다.

따라서 정확히 법적으로 따지자면 미국 법원은 Beauregard claim의 합법성 여부에 대하여 직접 판결을 내린 적이 없다. 즉 미국 법원은 Beauregard claim을 물품청구항으로 판단하여 미국특허청에 재심사를 요청하였고, 이러한 instruction에 의거하여 미국특허청은 상기 claim을 특허로 인정하였다. 따라서 Beauregard claim이 미국특허법에 부합되는 청구항 형태인지에 대한 의심과 우려는 아직 남아있기는 하다. 단 여기에서 주의할 점은 CD-ROM이나 DVD-ROM과 같이 다양한 형태의 computer-readable medium이 사용되던 당시에는 Beauregard claim이 무척 중요하였었지만, network 활용이 대세인 현 시점에서는 Beauregard claim의 중요성 또한 반감된 것도 사실이다.[61]

(4) 양날의 칼인 신종 청구항

한편 미국 연방항소법원(CAFC)의 Randall Rader 전판사장은[62] 2011년 Classen Immunotherapies vs. Biogen 판결문에 이례적으로 “Additional View”라는 견해서

60) In re Beauregard, 53 F.3d 1583 (Fed. Cir. 1995).

61) 자세한 내용은 아래의 URL 참고 (2014.08.31 최종 확인):http://itlaw.wikia.com/wiki/Beauregard_claim

62) Randall Ray Rader 판사는 1990년 미국 연방항소법원 판사로 임명되었고, 2001년 Paul Michel 연방항소법원 판사장이 은퇴하며 후임 판사장으로 임명되었다. Rader 판사장은 2014년 5월 23일 사직을 발표하고 당해년도 5월 30일 사직하였다.

를 첨부하며 신종 청구항을 비판하였다.[63] Rader 전판사장은 창의적 청구항 작성기법(claim drafting)에 의하여 새로운 청구항 format이 개발됨에 따라 특허보호대상의 범주(patent eligibility doctrine)의 실효성이 전무해졌다고 지적하였다.

따라서 청구항에 대한 전문지식이 부족한 발명가는 부적합한 대리인을 선정하고 상기 대리인의 미숙한 청구항 작성기법(claim drafting)으로 인하여 피해를 보게 되는 반면, 특허보호대상의 범주에 대한 교묘한 회피(claim drafting evasion)는 특허출원 비용을 증가시키고 특허침해소송도 증가시킨다고 지적하였다. 또한 국가 혁신정책도 혁신을 보상하기보다는 game에 능한 청구항 작성자(claim drafter)를 보상하게 되는 결과를 초래할 수 있다고도 지적하였다.

표 6-37. 신종 청구항에 대한 Randall Rader 미국연방항소법원 판사장의 견해

When careful claim drafting or new claim formats avoid eligibility restrictions, the doctrine becomes very hollow. Excluding categories of subject matter from the patent system achieves no substantive improvement in the patent landscape. Yet, these language games impose high costs on patent prosecution and litigation. At the same time, the new games can cheat naïve inventors out of their inventions due to poor claim drafting. Moreover, our national innovation policy takes on characteristics of rewarding gamesmanship.

과연 Rader 전판사장의 견해가 옳고, 이에 따라 발명가 및 발명가의 대리인은 영민한 청구항 작성 기법의 개발을 중지하여야 할까?

이에 대한 정답은 "입장에 따라 다르다" 또는 "때에 따라 곳에 따라 달라질 수 있다" 일 것이며, 저자는 오히려 "상황 및 입장에 따라 지금보다도 더 영민한 또는 더 교묘한 청구항 작성 기법을 개발해야만 할 수도 있다"고 강변하고 싶다. 왜냐하면 특허의 목적

63) "Additional View" by Chief Judge Randall Rader in Classen Immunotherapies, Inc. v. Biogen IDEC, 659 F.3d 1058 (Fed. Cir. 2011).

은 수익 창출이기 때문이다. 물론 특허를 이용하여 수익을 창출할지 아니면 특허를 우회·회피하여 수익을 창출할지는 입장에 따라 달라질 수밖에 없다.

수익 창출을 목적으로 혁신을 창출하고 특허를 출원하는 발명가와 발명가의 대리인은 발명가가 착상한 발명이 특허보호대상 발명이 아닐 경우 특허보호대상 범주의 회피(claim drafting evasion)에 대한 관심이 지극히 높을 수밖에 없다. 특히 발명가의 발명이 특허보호대상 범주의 언저리에 있거나 범주 밖에 위치할 경우 claim drafter들은 항상 새로운 claim format을 만들어 발명가의 발명이 특허로 보호받을 수 있도록 노력할 수밖에 없다. 이러한 노력이 없을 경우 발명가는 자신이 창출한 혁신에 대한 보상을 받을 수 있는 기회를 원천적으로 상실하기 때문이다. 또한 이러한 노력은 발명가에 대한 대리인의 의무이기도[64) 하다.

결국 법의 테두리 안에서 자신의 발명을 보호하여 수익 창출을 도모하는 발명가에게 특허보호대상의 범주를 회피(claim drafting evasion)하려는 노력은 발명가의 권리일 수도 있다. 이러한 측면에서 보았을 때 발명가가 자신의 발명을 특허로 등록하기 위하여 특허보호대상의 범주를 회피(claim drafting evasion)하려는 노력 역시 특허제도의 도전과 이에 대한 발명가의 응전으로 간주함이 타당하지 않을까?

4. “청구항 기본 법칙”의 요약

특허의 목적은 수익 창출이므로, 특허의 핵심은 권리범위이다. 특허 청구항의 권리범위, 즉 특허의 권리범위는 청구항 본문뿐만 아니라 청구항 전환구에 의해서도 큰 영향을 받으며, 경우에 따라 청구항 서문도 청구항 요소나 제한조건으로 간주되어 특허의 권리범위를 축소하는 경우도 있다.

그렇다고 청구항이 만능은 아니다. 왜냐하면 그림 6-32와 같이 특허 청구항이 전쟁

64) 물론 대리인에게 합당한 수임료를 지불한 발명가에 한한다.

에 투입되는 군인이라면 "발명의 설명 또는 specification"은[65] 무기고이기 때문이다. 그만큼 "발명의 설명" 역시 특허의 권리범위에 지대한 영향을 미친다. 따라서 "발명의 설명"에는 발명가가 직접 수행한 실험 결과는 물론 발명가가 추론 또는 상상할 수 있는 가상의 실시예도 전향적으로 기재할 필요가 있다. 결국 발명가는 여러 가지 경우를 상상하며 전략을 수립한 후 "발명의 설명"을 작성하고, "발명의 설명"에 근거한 청구항을 작성해야 한다.

제6장에서 설명한 바와 같이 특허 청구항은 그 종류가 다양하며, 각각의 종류마다 속성 또한 다양하다. 하지만 발명가는 이와 같이 상이한 종류의 청구항을 다수 작성함으로써 육해공을 섭렵하는 첨단 방어 system으로 자신의 영토를 수호할 수 있다.

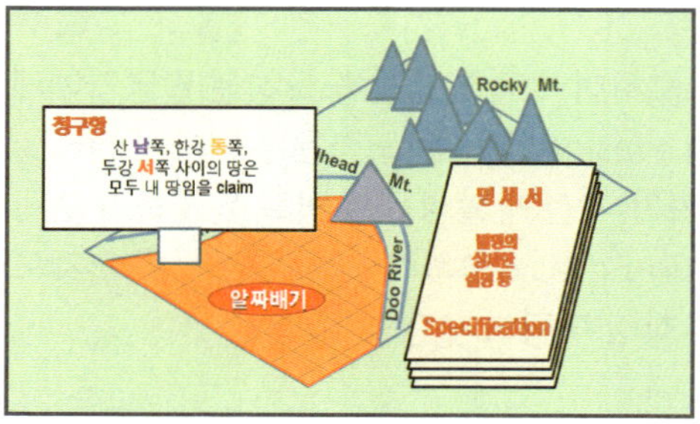

그림 6-32. 특허 권리범위를 결정하는 청구항과 "발명의 설명 (Specification)"

그렇다면 "발명의 설명"은 물론 이와 같이 다양한 종류의 청구항은 누가 작성하여야 할까? 정답은 변리사, 특허출원 전문변호사 등의 특허전문가이다. 특히 이러한 유능한 전문가를 선정하려면 발명 분야의 전문 지식은 최소한의 필수 요건이며, 창의성과 영민함의 유무를 반드시 확인해야 한다. 물론 유능한 변리사의 선행조건은 전문적 대우이다. Service 업인 특허산업에서도 발명가는 뿌린 만큼 거두기 때문이다.

그럼에도 불구하고 자신의 발명을 자신이 가장 잘 알기에 자신이 "발명의 설명"은 물론 청구항도 직접 작성하겠다는 발명가들은 항상 존재하기 마련이다. 또한 국내에서는 단기간의 교육 또는 1~2학기 강의를 수강하면 "발명의 설명"은 물론 청구항도 직접 작성할 수 있다고 홍보하는 교육 프로그램이 즐비하다. 물론 이러한 발명가들도 전문가

65) 앞서 표 6-2에서 미국 특허출원서의 'specification'은 국내 특허출원서의 '특허명세서'에 해당한다고 설명하였다. 하지만 미국 특허전문가들은 'specification'을 관습 상 청구항을 제외한 '특허명세서'로 지칭하는바 본문에서도 'specification'이라는 단어는 "발명의 설명"만을 지칭하는 것으로 한다.

가 작성한 특허명세서를 참고하여 비슷하게 보이는 청구항과 "발명의 설명"을 작성할 수는 있을지 모른다. 하지만 상기 특허의 경제성이 입증되고, 이를 우회·회피하려는 또는 무효로 만들려는 경쟁자가 나타났을 때 과연 발명가가 작성한 청구항과 "발명의 설명"이 어느 정도의 생존력을 발휘할 수 있을지는 극히 의문스럽다. 어쩌면 독자 주위에 특허로 떼돈을 번 발명가가 없는 이유가 바로 이런 이유 때문이 아닐까?

발명가가 논문 초고를 작성한 후 자신이 가장 자랑스럽게 여기는 실시예를 "발명의 설명"에 기입한 후 이를 간단히 정리하여 독립항을 작성하고, 이에 종속되는 종속항을 작성한 경우를 가정하자. 이러한 발명가가 작성하는 독립항은 기껏해야 물건청구항 또는 방법청구항 1~2개 정도이다. 하지만 제6장에서 설명한 바와 같이 청구항의 종류는 각양각색이며 이를 적절히 활용할 경우 발명가는 자신의 발명을 다양한 종류의 청구항으로 2중3중으로 보호할 수도 있다. 하지만 이러한 기회를 저버리고 간단한 독립항 1~2개만으로 자신의 특허를 지키는 동시에 이를 이용하여 수익을 창출하겠다는 발명가가 있다면 이는 만용일 뿐이다.

그럼에도 불구하고 아직도 청구항만은 자신이 작성하겠다고 생각하는 발명가를 위하여 마지막으로 입장을 바꿔 아래의 질문을 생각해보도록 강력히 추천한다. 만일 발명가의 발명이 진실로 엄청난 경제적 가치를 지닌 원천 발명이라면 어떤 일이 일어날까?

발명의 가치가 높으면 높을수록 경쟁자는 발명가에게 royalty를 지불하지 않고 발명가의 특허를 무료로 실시하기를 갈망하기 마련이다. 단 80%에 달하는 국내 등록특허의 무효율이나 변호사 수임료보다도 낮을 수 있는 손해배상액 등을 감안하여 국내 경쟁자의 경우는 고려 대상에서 제외하고, 특허 천국이라 할 수 있는 미국 경쟁자를 가정하자. 미국의 경쟁자는 우선 발명가의 미국특허를 손에 들고 유능한 특허변호사를 찾아간다. 경쟁자는 최소한 수만 달러를 지불하고[66] 특허변호사에게 발명가의 권리범위를 우회·회피할 수 있는 방법에 대한 opinion letter를 부탁하며, 특허변호사는 발명가가 손수 작성한 미국 특허명세서를 분석한 후 상기 특허를 쉽게 우회·회피할 수 있

66) 자세한 내용은 아래의 URL 참고 (2014.08.31 최종 확인):http://law.unh.edu/assets/images/uploads/publications/idea-vol52-no1-oswald.pdf

는 방법을 제안한다.

과연 발명가가 손수 작성한 특허는 이와 같이 고액을 지급받은 미국 특허변호사의 분석으로부터 안전할 수 있을까? 정답은 “결코 아니다”이다. 앞서 설명하였듯이 아무리 잘 쓴 특허더라도 권리범위 주변 한 두 곳에 공터가 형성되면 상기 특허의 가치는 곤두박질칠 수밖에 없기 때문이다.

그렇다고 발명가들은 손 놓고 자신이 힘들게 착상한 발명의 운명을 대리인에게 전적으로 위탁하라는 말은 아니다. 발명가가 특허전략에 대하여 알면 알수록 유능한 대리인을 선임할 수 있을 뿐만 아니라 유능한 대리인과의 협업 효율도 제고할 수 있다.[67] 이러한 측면에서 제6장에서 설명한 다양한 청구항의 형태 및 속성을 발명가가 숙지할 경우, 추후 “선택과 집중”을 통하여 선정한 자신의 우량 발명을 우량특허로 창출하는데 큰 도움이 되리라 확신한다.

67) 물론 대리인에게 합당한 수임료를 지불한 발명가에 한할 것이다.

색인 (INDEX)

ㄱ

가상 실시예 ⇒⇒⇒⇒⇒ "실시예" 참고

강영호 1,128

개량 발명 ⇒⇒⇒⇒⇒ "발명" 참고

개량특허 ⇒⇒⇒⇒⇒ "특허 (범위 기준)" 참고

개방형 전환구 ⇒⇒⇒⇒⇒ "청구항 전환구" 참고

개방형 청구항 ⇒⇒⇒⇒⇒ "청구항 종류 (전환구 기준)" 참고

거래 (기술, 특허)

- ▷ 사전적 거래 282
- ▷ 사후적 거래 282

거부권 69

경부고속도로 1,048, 1,086

경상기술료 ⇒⇒⇒⇒⇒ "기술료" 참고

경쟁 (특허) 11, 13, 62, 369, 371, 376~379, 420, 808, 884, 885, 901, 907, 925

경쟁 우위 5

경쟁자의 모방 ⇒⇒⇒⇒⇒ "시장반응 고려사항" 참고

경쟁자의 licensing ⇒⇒⇒⇒⇒ "시장반응 고려사항" 참고

경제개발5개년계획 27, 1,086

계속출원 ⇒⇒⇒⇒⇒ "계속출원제도" 참고

계속출원제도

- ▷ 계속출원 235, 247, 370, 391, 428, 429, 584, **748**~753, 755
- ▷ 일부계속출원 235, 247, 370, 391, 403, 429, 748, **752**~758

계약 자유 원칙 ⇒⇒⇒⇒⇒ "원칙" 참고

계약서 해석 원칙 ⇒⇒⇒⇒⇒ "원칙" 참고

고백 (admission)

- ▷ 고백 511, 559~563, 570, 580, 603, 680, 697, 769, 776, 777, 1,076
- ▷ 고해성사 560

고아원 962, 964, 965, 969, 1,104
고의 침해 ⇒⇒⇒⇒⇒ "침해" 참고
고해 성사 ⇒⇒⇒⇒⇒ "고백" 참고
곰국
▷ 곰국특허 11, 224, 310~332, 338~340, 565, 712
▷ 꼬리곰탕 313~322, 338, 565
▷ 내장탕 330, 331, 338
▷ 닭곰탕 316~322, 338, 565
▷ 설렁탕 330, 331, 338
▷ 척추동물국 324~333, 339~343, 712
곰국특허 ⇒⇒⇒⇒⇒ "곰국" 참고
공격전략 10, 83, 84, 96, 109, 110, 120, 129, 130, 135, 136, 143, 148, 175, 339, 774, 912, 914~916, 1,029
공공영역 11, 42~44, 355, 360~363, 366~369, 383, 384, 387, 388, 391, 398, 399~403, 405, 410~413, 539, 587, 614~617, 760
▷ 공공영역 보존 11, 166, **360**, 362, 365~367, 388, 421, 501, 514, 524, 535, 536, 613, 1,084
▷ 공공영역 확충 11, 166, 360, 362, 365, 367, 383, 388, 398~402, 405, 421, 501, 514, 524, 535, 536, 613, 760, 761, 769, 1,084
공동발명 798~801, 818, 820, 822, 828~830, 843, 879
▷ 공동발명가 775, 798, 799, 808~810, 816~829, 837, 838, 842, 843, 879, 927
▷ 시공간 초월 (공동발명) 828
▷ 집단적 노력 (공동발명) 828
공동발명가 ⇒⇒⇒⇒⇒ "공동발명" 참고
공동소유권 ⇒⇒⇒⇒⇒ "소유권" 참고
공수전략 10, 79, 84, 129, 132~138, 142, 175, 178, 180, 204, 248, 341, 349, 699, 911~914, 918, 935, 997, 1,003~1,005, 1,051, 1,053~1,057, 1,083, 1,118, 1,146
공익 41, 357~359

공익성　40, 41, 43, 88

공정거래위원회　89, 375~379

공지 (notice)　4, 87, 89, 159, 161, 164, 169, 198, 215, 247, 248, 254, 344, 377, 379, 407, 514, 522, 564, 588, 607, 618, 619, 645, 647, 653, 715, 754, 914, 940, 1,138

공터　7, 8, 37, 38, 83, 89, 91, 92, 94~96, 102~110, 119, 123~126, 129, 133, 136, 137, 141, 149, 160, 181, 185, 194, 196~199, 203~205, 211, 226~229, 232, 236, 243, 245, 247~250, 253, 257~259, 263, 272, 275, 277, 279, 290, 291, 293, 297, 301, 302, 309, 311, 318, 321, 323, 331, 332, 335~337, 344, 345, 350, 406, 465, 484, 487, 490, 499, 532, 568, 585, 590, 591, 605, 607, 608, 610, 613, 615, 616, 699, 706, 710, 713, 714, 728, 731, 744, 756, 773, 774, 890, 907, 915, 917, 919, 921~924, 926, 997, 998, 1,000, 1,018, 1,021, 1,022, 1,057

과도한 실험 ⇒⇒⇒⇒⇒ "실험" 참고

관련 분야　12, 113, 132, 145, 207, 372, 537, 561, 617, 620, 645, 646, 654~660, 666~668, 670~**671**, **674**, 680~682, 694, 736, 761, 762, 819, 823

광활한 범위 ⇒⇒⇒⇒⇒ "범위" 참고

교집합 ⇒⇒⇒⇒⇒ "집합" 참고

구성요소 완비의 법칙　10, **142**~150, 152~154, 160, 161, 163~165, 167, 170, 172, 173, 175~180, 182~184, 186, 188, 189, 191, 200, 201, 233, 241, 251, 252, 259, 270, 279, 295, 296, 299, 306, 311~313, 315, 316, 331, 435, 436, 441, 442, 447, 448, 453, 456~459, 461, 468, 483, 487, 495, 543~548, 615, 617, 620, 621, 627, 646, 656, 662~665, 667

구체화　12, 107, 381, 382, 801, 811~814, 816~820, 822~824, 841, 842

▷ 실질적 구체화 **814**, 815
▷ 추정적 구체화 **815**, 816
국가지식재산위원회 36, 1,127
국내 특허제도 ⟹ "특허제도" 참고
국내특허 무용론 30, 33, 35, 39, 1,078, 1,081, 1,140
국제경영개발연구원 30, 45
국회의원의 재산권 남용 41
굴욕 1,005, 1,020
▷ 의존에 수반되는 필연적 굴욕 1,020
권리범위 ⟹ "범위" 참고
권리범위 전체에 대한 실시가능 요건 ⟹ "기재요건"의 "실시가능 요건" 참고
규칙
▷ 재탈환 규칙 11, 243, **411**~413, 421
▷ 청구항 차별 규칙 12, 445, 540, **573**, 574~577, 579~582, 602
균등론에 의한 침해 10, 149, 152, 155, 157~**158**~160, 167, 174, 175, 251, 267, 307, 460, 461, 514, 544, 576, 711, 742
금반언의 원칙 ⟹ "원칙" 참고
금지권 4, 5, 7~11, 15, 17~25, 29, 32, 33, 42, 65, 76~78, 83~85, 89, 92, 95, 102, 104, 107, 110, 112, 121, 123~127, 129, 131~133, 136, 137, 141~143, 148~150, 152, 154~162, 167, 170~173, 176, 179, 182, 185~189, 190~194, 201, 204, 210~213, 217, 221~224, 226, 232, 240, 243, 246, 248~250, 257, 258, 264~268, 271, 273~275, 277~281, 283, 286, 290, 297, 301, 313~316, 320, 329~331, 337, 338, 341, 343, 350, 355~357, 360, 364~367, 369, 376, 379, 382, 385~393, 395~397, 399, 401, 402, 405, 408, 413, 419~421, 425, 426, 430, 442, 446, 453, 454, 461, 464~466, 473, 476, 477, 482, 493, 494, 498, 522, 524, 535, 536, 543, 546, 569, 583, 618, 649, 652, 655, 706, 709, 740, 760, 765, 785, 791, 801, 822, 841, 844, 883, 890, 892, 900, 903, 905,

911, 913, 914, 916, 932, 940, 1,007, 1,008, 1,012, 1,013, 1,017, 1,022, 1,060, 1,068, 1,081

금지권 집행 불능 407, 790

금지처분 23, 39, 67, 79, 213, 257, 280, 281, 314, 377, 379, 415, 418, 482, 674, 903, 905, 1,016, 1,021~1,023, 1,029, 1,030, 1,037, 1,071, 1,093

기능 제한조건 ⇒⇒⇒⇒⇒ "청구항 구성" 참고

기능 청구항 ⇒⇒⇒⇒⇒ "청구항 종류 (기타)" 참고

기술료 851, 892, 903, 936, 941~943, 959, 968, 973, 986, 987, 992~994, 1,012, 1,014, 1,024, 1,026, 1,030~1,035, 1,045, 1,060, 1,065, 1,096, 1,114~1,116, 1,118

▷ 경상기술료 851

▷ 선급기술료 851

기술무역수지 27

기술심리관 61~63, 77

기재불비 106, 110, 161, 230, 231, 233~235, 261, 264, 270, 271, 367, 504, 703, 725, 735, 640, 792

기재요건 12, 83, 109, 110, 115, 193, 223, 230, 231, 233, 235, 246, 436, 442, 503, **703**~705, 707, 711, 792, 793, 815, 918, 922, 1,041, 1,076, 1,082, 1,084, 1,085, 1,123

▷ 명확성 요건 12, 217, 271, 503, 514, 517, 563, 70**4**, **714**~716, 718~721, 723, 724, 918, 921, 922

▷ 서면기재 요건 12, 217, 235, 247, 271, 289, 370, 391, 429, 503, 588, **704**, 707, 724~**726**~731, 735~741, 743, 745, 747, 748, 753~755, 757, 758, 792, 793, 918, 921, 922

▷ 실시가능 요건 12, 271, 372, 645, 648, 649, **705**, 707, **758**~763, 766~770, 780, 781, 788, 789, 792, 793, 815, 822, 827, 918, 921, 922

△권리범위 전체 **770**, 773~776, 778, 927

▷ 최적 실시예 기재요건 12, 568, **705**, 707, 791, 792
기축통화 4, 20, 21, 23, 26, 27, 57, 77, 1,048, 1,133, 1,146
길목특허 185, 201, **206~207**~209, 327, 388, 1,019, 1,021
김경환 992, 993
김광준 1,131
김두규 36, 1,127
김문주 1,052, 1,055
김봉섭 34
깊이 10, 112, 141, 142, 194~199, 203, 204, 322, 347, 590, 918, 954
꼬리곰탕 ⇒⇒⇒ "곰국" 참고
끈끈한 특허 214~217

ㄴ

남대문 특허 13, 1,014, 1,017~1,020, 1,022, 1,023, 1,066, 1,096
남용 41, 507, 860
내장탕 ⇒⇒⇒ "곰국" 참고
내재성 원칙 ⇒⇒⇒ "원칙" 참고
논문 10, 45~48, 113~116, 141, 142, 163, 194~204, 262, 285, 286, 309, 310, 321, 323, 335, 345, 347, 348, 426, 531, 552, 561, 565, 570, 586, 590, 609, 619, 637, 645~647, 650, 680, 698, 709, 762, 781, 785, 839, 914, 918, 938, 940, 1,020, 1,049~1,051, 1,058, 1,076, 1,137, 1,139

ㄷ

다양한 종류 (청구항) 9~11, 127, 138, 209~214, 224, 277, 334, 336, 338, 340, 341, 343, 344, 348, 350, 427, 465, 481, 483, 506, 530~532, 681, 706, 706, 751, 914, 918, 925~928, 931, 942, 1,003, 1,025, 1,051, 1,057

단독발명 372, 801, 805, 817, 818, 820, 821, 829, 843, 927

단독소유권 ⇒⇒⇒⇒⇒ "소유권" 참고

닭곰탕 ⇒⇒⇒⇒⇒ "곰국" 참고

당사자 제도 60, 542

당업자 12, 160, 175, 271, 366, 367, 404, 504, 517, 617, 641, 654~**657**, 660~663, 666~670, 681, 682, 686, 692~694, 703, 704, 716, 725~728, 731, 754, 757~762, 770, 776, 783, 788, 789, 812~815, 821, 823, 825, 827, 841

대가(代價) 8, 23, 39, 43, 66, 89, 92, 104, 133, 344, 355, 379, 535, 536, 655, 797, 801, 804, 824, 857, 872, 873, 876, 877, 895, 906, 927, 1,012, 1,024

대한민국 3, 5, 9, 10, 27~31, 35, 39~41, 44~46, 53, 57~59, 66, 72, 78, 79, 86, 338, 349, 784, 812, 879, 885, 887, 889~901, 907, 911, 918, 919, 931, 932, 934, 935, 938, 946, 950, 954, 964~966, 971, 973, 980, 983, 989~992, 994, 996~1,000, 1,003, 1,008~1,011, 1,015, 1,046, 1,047, 1,049, 1,050, 1,056, 1,058~1,064, 1,066~1,072, 1,077, 1,080, 1,081, 1,087, 1,088, 1,094, 1,096, 1,099, 1,100, 1,102, 1,104, 1,106, 1,109, 1,116, 1,117, 1,119, 1,122, 1,124, 1,126, 1,128, 1,129, 1,131~1,139, 1,143, 1,144, 1,146~1,149

대~한민국	991, 1,049, 1,058, 1,059, 1,064, 1,066, 1,068, 1,079, 1,082
대형지뢰 ⇒⇒⇒⇒ "지뢰" 참고	
덤핑 (dumping)	48, 49, 51~53, 70, 74, 244, 344~346, 709, 1,060
도사	681, 686, 715, **1,095**, 1,108, 1,109, 1,130
도제제도	52, 337, 472, 1,108
독립항	84, 103, 119~**120**~129, 131, 137, 138, 182~184, 187, 188, 190, 204, 205, 209~212, 217, 229, 230, 237~240, 242, 247, 249, 264, 265, 294, 297~302, 304, 307, 308, 310~312, 325, 328, 338, 340, 439, 446, 452, 465, 470, 479, 491, 531, 538, 573, 582, 626, 631, 636, 639, 684, 699, 759, 813, 834, 915, 916
동대문 특허	13, 1,014, 1,017~1,019, 1,021, 1,023, 1,066, 1,096
동북아시아 균형자론	1,136, 1,137
동북아시아 금융 Hub	1,136, 1,137
동일발명 이중특허 ⇒⇒⇒⇒ "원칙"의 "이중특허 금지원칙" 참고	

ㅁ

마이크로지뢰 ⇒⇒⇒⇒ "지뢰" 참고	
말뚝 (청구항)	89, 92~98, 100, 101, 103~107, 109~112, 115, 120, 122~124, 127, 129, 150~152, 162, 164~169, 182~184, 188, 192, 197, 202, 205, 226~230, 233, 239, 259, 260, 285, 286, 290, 326, 588, 589, 613, 614, 616, 736, 902, 1,018, 1,022, 1,023
말뚝작전	120
메가톤 특허	193, 194, 1,015

명백하고 신뢰할만한 증거 ⇒⇒⇒⇒⇒ "입증책임" 참고

명세서 (특허명세서) 7, 65, 70, 73~75, 109, 160, 205, 216, 228, 234, 244, 280, 326, 328, 329, 345, 349, 367, 426~430, 442, 472, 505, 530~532, **553**, 554, 562, 563, 566, 569~572, 584, 585, 592, 605, 608, 610, 704, 758, 785, 786, 801, 886, 889, 890, 933, 957, 1,003, 1,008, 1,009, 1,050, 1,071, 1,074, 1,075, 1,083, 1,085

명시적 청구방법 11, 470~**471**~473, 479, **584**

명약관화한 특허 17, 214~217, 318, 319

명확성 요건 ⇒⇒⇒⇒⇒ "기재요건" 참고

모방 ⇒⇒⇒⇒⇒ "시장반응 고려사항" 참고

무단 실시 23, 42, 77, 83, 85, 149, 151, 159, 160, 167, 172, 175, 187, 188, 193, 204, 213, 393, 397, 891, 903, 924

무덤덤 전략 570, 786, 1,000

무임승차 16, 17, 31, 70, 356, 362~365, 388, 649, 906

무학대사 929, 1,001

무형자산 (재산) 14, 17, 21, 71, 76, 118, 362, 797~799, 817, 841, 876, 973, 1,031, 1,045, 1,090~1,092, 1,125

무효율 33~35, 39, 40, 45, 49~52, 55, 56, 61, 63~65, 280, 281, 481, 531, 692, 693, 898~900, 931

문언침해 10, 144, 147~150~159, 171~180, 183, 184, 189, 201, 251~253, 259, 267, 296, 297, 299, 306, 307, 312, 313, 315, 401~403, 405, 412, 436, 437, 448~451, 453~457, 459~461, 464, 468, 514, 543~545, 674, 711, 742, 750, 751

물건청구항 ⇒⇒⇒⇒⇒ "청구항 종류 (청구발명 기준)" 참고

물건특허 213, 481, 482, 494, 515, 633, 637

물품청구항 ⇒⇒⇒⇒⇒ "청구항 종류 (청구발명 기준)"의 "물건청구항" 참고

미국 특허제도 ⇒⇒⇒⇒⇒ "특허제도" 참고

미래창조과학부 45, 1,061, 1,116~1,121

ㅂ

박성수 36, 1,127

박정희 950, 1,048, 1,058, 1,086

박준석 36, 1,127

발명 85, 141, 142, 154, 161, 164, 166, 182, 185, 186, 198, 200~203, 221, 231, 356, 359, **362**, 371, 420, 446, 481~483, **484**, **485**, 520, 535, 536, 591, 613~615, 617~619, 654~656, 703, 711, 724, 725, 728, 753, 754, 760, 797~801, 809~**811**, 813, 818~824, 840, 871, 876, 927, 943, 1,075, 1,091, 1,092

▷ 개량 발명 43, 48, 57, 142, 167, 182, 185, 188, 191, 192, 200, 202, 203, 209, 231, 232, 264, 265, 327, 336, 359, 361, 367, 387~389, 420, 460, 510, 536, 616, 617, 619, 652, 655, 698, 760, 924, 925, 927, 939, 943, 998, 1,017, 1,019, 1,024, 1,034

▷ 속(genus)발명 12, 340, 604, 650~**651**~654, 681, 728, 729, 731, 735, 737, 739, 740, 813

▷ 원천 발명 7, 31, 114, 130, 142, 182, 185~188, 207~209, **231**, 264, 329, 346, 361, 367, 388, 389, 420, 460, 531, 619, 687, 698, 943, 1,017, 1,018, 1,022

▷ 종(species)발명 12, 339, 340, 604, 650~654, 681, 728, 729, 733~735, 739, 740, 813

▷ 청구발명 85, 118, 145, 146, 160, 161, 163, 164, 167, 173, 175, 176, 179, 186, 205, 231, 233, 236, 247, 252~254, 271, 291, 340, 393, 405, 406, 408, 410, 413, 414, 425~427, 430, 431, 433, 434, 439, 442, 443, 445, 449, 460~464, 466~468, 472~475, 477,

481, 493, 498, 499, 502, 506, 509, 510, 512, 535, 537, 540, 542, 552, 554, 555, 562, 570, 587, 591, 596, 604, 607, 609, 618, 619, 621, 622, 624, 625, 628, 646, 648, 649, 654~664, 666~670, 673, 681, 686~688, 692, 694~699, 703~705, 707~712, 714~716, 724~728, 730, 731, 740, 748, 754~763, 770, 780, 782~784, 793, 801, 809, 812~815, 819, 820, 822, 828~830, 837, 843~847, 849~851, 917, 1,076, 1,123

발명 상담 ⇒⇒⇒⇒⇒ "유능한 변리사" 참고

발명 제조업체 ⇒⇒⇒⇒⇒ "제조업체" 참고

발명+ 제조업체 ⇒⇒⇒⇒⇒ "제조업체" 참고

발명가 기재 801, 816

발명가 요건 12, **800**, 801, 803, 806, 808, 810~812, 816, 819~829, 831, 837, 838, 852, 927

발명가 의병 1,145

발명의 설명 7, 8, 10~13, 75, 106, 109, 136, 160, 205, 216, 217, 223~228, 230~235, 250, 261, 264, 270, 271, 275, 286, 289~291, 296, 297, 300~302, 310, 319~321, 326~329, 335, 337, 345, 348~350, 367, 372, 426~**429**~430, 492, 493, 499, 503~508, 530, 531, 535, 537, 540, 636, 680, 681, 698, 703~715, 719, 721, 724~731, 741, 748~753, 755, 757~763, 770, 780~786, 792, 793, 801, 810~813, 886, 889, 890, 914, 915, 918~922, 924~926, 933, 934, 960, 967, 999, 1,000, 1,003, 1,004, 1,008~1,010, 1,033, 1,050, 1,051, 1,057, 1,074~1,077, 1,084, 1,113, 1,123

▷ (출원 후) 보정 불가 12, 234, 318, 585, 588~**589**~590, 889

발명의 설명 참고 원칙 ⇒⇒⇒⇒⇒ "원칙" 참고

발명의 설명의 청구항 편입불가 원칙 ⇒⇒⇒⇒⇒ "원칙" 참고

방법청구항 ⇒⇒⇒⇒⇒ "청구항 종류 (청구발명 기준)" 참고

방법특정 물건청구항 ⇒⇒⇒⇒⇒ "청구항 종류 (청구발명 기준)" 참고

방어용 특허 13, 264~266, 916, 1,014~**1,015**~1,017
방어체계 210, 212~215, 481, 483
배제권 15, 16
배제성 102
배타적 독점권 10, 21, 89, 142, 154, 182, 186, 189, 194, 369, 379, 386~391, 419~421, 536, 1,013
백강진 36, 1,128
범법 행위 965, 966, 969~972, 979, 980
범위 7~13, 17, 36, 37, 47, 51, 52, 59, 68, 76, 78, 83~**86**, 91~98, 100~115, 118~133, 136~138, 141~143, 148~153, 160~162, 166, 168, 172~180, 182~184, 187, 190, 191, 193~199, 201~210, 212, 213, 216, 217, 221~**226**~230, 234, 235, 237, 239~242, 244~251, 253, 255, 259, 261, 264~266, 268, 269, 272, 274, 275, 277, 278, 286, 290, 298~302, 308, 309, 311, 312, 318~323, 325~328, 330~333, 335~338, 340~344, 346~348, 350, 355, 365~368, 377, 379, 392, 401~405, 408, 410, 412, 413, 417, 419, 425, 430, 433~437, 442~448, 450~459, 461~469, 473, 476, 477, 479, 481~488, 490, 492~496, 498, 499, 503~505, 509, 512~514, 524, 535~538, 540~549, 551, 553, 557, 558, 563, 565~567, 570, 572, 573, 580~583, 586~590, 601~604, 607~609, 652, 680, 698, 699, 705, 708~712, 716, 728~730, 738, 740, 750, 751, 757, 761, 762, 784, 810, 822, 830, 849, 914~917, 920, 921, 924, 926~928, 998, 1,003, 1,049, 1,050, 1,094
▷ 광활한 범위 7~10, 85, 109, 150, 175, 176, 188~190, 194, 203, 205, 221, 223, 229, 230, 232, 236, 243, 247, 263, 265, 277, 286, 290, 300~302, 317, 322, 326~331, 334~336, 338, 343, 344, 350, 465, 494, 503, 650, 681, 707, 710, 763, 766, 783, 967, 1,057

▷ 권리범위 7, 12, 36, 37, 47, 76, 78, 83~**86**, 87~89, 92, 93, 96, 98, 101, 102, 110, 111, 118, 124, 133, 135~137, 149, 150, 152, 153, 155~157, 159, 161, 162, 167, 172, 175~181, 185, 193, 194, 199, 204~208, 210, 212, 214, 216, 217, 221~**226**, 230, 231, 235~239, 243, 244, 246, 247~249, 251, 252, 254, 256~268, 270, 272~277, 279, 290, 291, 293, 295, 300, 302, 307~309, 311, 314, 315, 317, 318, 321~323, 328, 329, 331~335, 338, 339, 341~343, 345, 348, 350, 369~371, 374, 377, 386, 388, 401~406, 408~414, 419, 425, 433~435, 437, 442, 445, 446, 449, 450, 453, 454, 459~461, 465, 466, 477, 480~482, 490, 492~495, 498, 501, 505~509, 511, 513, 514, 517, 519, 521, 529~532, 536~540, 542~548, 559, 560, 564~570, 573, 575, 577, 582, 585, 587, 589~591, 602~604, 607~609, 651, 654, 680, 686, 699, 706~715, 724, 727~731, 737, 740, 744, 758, 759, 763, 770, 780~786, 788, 789, 792, 793, 810, 883, 884, 888, 890~896, 903, 905~907, 909, 911, 913~918, 921~927, 931, 934, 938~941, 966, 973, 980, 997~1,000, 1,003~1,005, 1,009~1,011, 1,015~1,017, 1,027, 1,033~1,036, 1,050, 1,051, 1,053~1,058, 1,074, 1,075, 1,083, 1,084, 1,106, 1,124, 1,136, 1,146

▷ 청구범위 84, **86**, 89, 92, 93, 96, 98, 101, 102, 105, 110, 111, 113, 118, 119, 128, 159, **226**, 227, 232, 233, 242, 243, 246, 247, 261, 262, 266, 267, 269, 274, 275, 277, 278, 287, 289, 291, 293, 298, 317, 318, 326, 401, 403~406, 408~410, 412~413, 425, 427~430, 468, 511, 515, 537, 538, 542, 546, 584, 607, 622, 680, 713, 728, 744, 745, 750~752, 770, 783, 785, 786, 829, 830, 921

법정 이중특허 ⇒⇒⇒⇒⇒ "원칙"의 "이중특허 금지원칙" 참고

보수 ⇒ "유능한 변리사" 참고
보정 12, 233, 234, 236~239, 241~246, 249, 255, 269, 274, 318, 319, 439, 441, 588, 589, 606, 705, 707, 713, 725, 726, 730, 740, 741, 750, 751, 757, 834, 838
보정 불가 ⇒ "발명의 설명" 참고
보정 청구항 ⇒ "청구항 종류 (기타)" 참고
복지 4, 377, 980
본문 ⇒ "청구항 구성" 참고
부당할 정도로 과도한 실험 ⇒ "실험" 참고
부분 폐쇄형 전환구 ⇒ "청구항 전환구" 참고
부분 폐쇄형 청구항 ⇒ "청구항 종류 (전환구 기준)" 참고
부분집합 ⇒ "집합" 참고
부활 금지 원칙 ⇒ "원칙" 참고
불공정 행위 금지 원칙 ⇒ "원칙" 참고
불량 발명 44, 48, 898, 899, 956, 960, 986
불량특허 48, 49, 344, 346, 384, 898, 899, 928, 944, 957, 960, 986, 988, 1,001, 1,002, 1,004, 1,005, 1,041, 1,049
불량화 45, 90, 938, 956
비관적 견해 ⇒ "시장반응 고려사항" 참고
비용편익 10, 277, 279, 282, 892
비용편익분석 76, 77, 278, 279, 883~885
뼈아픈 후회 ⇒ "후회" 참고

ㅅ

사용권 4, 14~17, 187, 189, 194, 387, 388, 419, 420, 1,013

사유재산	14, 16, 22, 40~43, 76, 83, 87~92, 95, 96, 102, 108, 111, 112, 118, 162, 207, 221, 222, 224, 356~358, 364, 366, 390, 392, 411, 419, 420, 539, 614, 883, 887, 903, 1,013
사유재산제도	14, 16
사전적 거래 ⇒⇒⇒⇒⇒ "거래" 참고	
사전편찬자 원칙 ⇒⇒⇒⇒⇒ "원칙" 참고	
사후재구성	300, 687, **688**, 690, 693, 774, 967
사후적 거래 ⇒⇒⇒⇒⇒ "거래" 참고	
산업발전에 이바지	40~43, 357~359
산업자본시대	4, 9, 19~23, 25~27, 29, 1,047
산업저작권	18
산업통상자원부	13, 887, 1,061, 1,079, 1,080, 1,088~1,090, 1,092~1,102, 1,104~1,106, 1,111, 1,116~1,121
산학협력	831, 838, 839, 848, 938, 945~952, 970, 976, 980, 1,115, 1,119
산학협력단	849, 945~953, 955~957, 961~964, 966, 967, 969, 970~972, 974~978, 980~982, 984, 989, 990, 994, 995, 1,001, 1,052~1,054, 1,104, 1,105, 1,113, 1,122
산학협력재단	945~950, 957, 961, 964, 970, 1,106
삼극특허	56
삼승보패 (三 寶貝)	1,111
상담 ⇒⇒⇒⇒⇒ "유능한 변리사" 참고	
상식 test	12, 170, 660, 665, **692**, 693
상업적 성공 ⇒⇒⇒⇒⇒ "시장반응 고려사항" 참고	
상표	9, 17, 18, 21, 535
상한선	412, 493, 929
서면기재 요건 ⇒⇒⇒⇒⇒ "기재요건" 참고	
서문 ⇒⇒⇒⇒⇒ "청구항 구성" 참고	
선거주자 (先居住者)	95, 96, 108, **110**~115, 120, 126, 130, 142, 162, 164, 166, 167, 173, 227~229, 238, 257, 270, 272, 273, 336, 903, 905

선급기술료 ⇒⇒⇒⇒⇒ "기술료" 참고

선매 738, 765, 766

선발명주의 11, 114, 174, 357, 380~385, 399, 640, 816, 827

선순환적 특허생태계 ⇒⇒⇒⇒⇒ "특허생태계" 참고

선천적 결함 199

선천적 제한 (한계) 3, 6, 9, 11, 13, 16, 30, 31, 33, 39, 70~72, 89, 385, 392, 413, 419, 420, 931, 970, 998~1,000, 1,008, 1,070, 1,071, 1,081, 1,133, 1,140, 1,141

선출원주의 11, 113, 114, 174, 229, 357, 380~385, 399, 648, 812, 816, 827, 925, 1,017

선출원특허 ⇒⇒⇒⇒⇒ "출원특허" 참고

선택과 집중 13, 33, 48, 72, 84, 134, 137, 138, 214, 217, 233, 446, 483, 532, 886, 889, 943, 944, 955, 966, 979, 995, 996, 1,005, 1,007, 1,062, 1,118

선행 근거 11, 467~470, 478

선행기술 6, 12, 47, 54, 70, 106, 110, 111, 113~120, 123~135, 137, 143~148, 159~175, 177, 179~181, 191, 200, 201, 203~205, 211, 212, 227~233, 236~239, 241, 242, 245, 250, 255~257, 259, 262, 264~270, 273~276, 315, 327, 328, 333~335, 346, 348, 381, 401, 405~408, 410~412, 425, 435, 436, 443, 447, 451~454, 457~461, 463, 465, 475, 477, 485, 486, 493, 499, 502, 504, 510, 521, 538, 546~550, 560~563, 569~571, 580, 581, 587, 606, 607, 609, 615, 617~625, 628, 633, 634, 642, 644~649, 653~671, 680, 681, 687, 688, 693, 698, 699, 713, 720, 721, 735, 748, 754, 756, 761, 762, 765, 770, 776, 781, 790, 864, 903, 915, 917, 1,003, 1,033, 1,034, 1,040, 1,051, 1,057, 1,058, 1,076, 1,081, 1,123

선행특허 401~405, 420, 650, 1,040

설렁탕 ⇒⇒⇒⇒⇒ "곰국" 참고

성공보수 (수수료) 51, 52, 243, 244, 310, 931, 965

세계지식재산권기구 (WIPO) 27

세계화 3, 7, 25, 1,078

소유권 12, 14~17, 34, 360, 390, 524, 614, 800, 801, 811, 817, 818, 824, 827, 829, 830, 840~843, 853, 857, 864, 879, 903, 905, 927, 972, 979, 985, 986

▷ 공동소유권 12, 256, 800, 829, 842, 843, 845, 848, 852

▷ 단독소유권 12, 800, 842

소형지뢰 ⇒⇒⇒⇒⇒ "지뢰" 참고

속(genus)발명 ⇒⇒⇒⇒⇒ "발명" 참고

속발명과 종발명 원칙 ⇒⇒⇒⇒⇒ "원칙" 참고

속지법 6, 11, 30, 31, 33, 39, 77, 379, 389, 390, 785, 931, 998, 1,070, 1,072, 1,090

손자 912

손해배상금 8, 11, 23, 29, 30, 36~41, 44, 45, 50, 52, 56, 67, 78, 117, 213, 215, 223, 252, 256, 257, 280, 281, 314, 377, 379, 413~418, 482, 531, 542, 591, 601, 674, 840, 871, 872, 884, 892, 893, 898~900, 903, 905, 932, 994, 1,012, 1,014, 1,018, 1,024, 1,025, 1,027, 1,028, 1,030, 1,031, 1,037, 1,043, 1,096, 1,125~1,127, 1,140

수리 (repair) ⇒⇒⇒⇒⇒ "특허소진론" 참고

수비전략 10, 84, 95, 110, 119, 120, 125, 129, 130, 135, 137, 143, 148, 175, 238, 493, 774, 914, 916, 1,024

수익 창출 4~8, 10, 11, 13, 19, 20, 22, 24~26, 29, 33~35, 38, 39, 43, 44, 47, 48, 50, 65, 67, 71, 72, 76, 78, 83, 84, 87~92, 94, 96, 101~105, 108~110, 119, 130~138, 141, 142, 148, 149, 160, 172, 173, 181, 185, 194, 195, 203~206, 221~226, 229, 235, 243~249, 265, 275, 279~283, 286, 308, 309, 314, 328, 329, 334~336, 338, 344~346, 348~351, 358, 360, 369, 370~374, 378, 386~388, 390, 392, 396, 397, 408, 410, 419, 442, 452, 459, 464, 465, 528, 529, 535, 541, 542, 562, 569, 583, 591, 604, 605, 610, 628, 637, 649, 680, 681, 695, 699, 706, 710, 714, 730,

741, 745, 758, 761, 781, 784, 797~799, 811, 824, 830, 843~848, 850, 852, 859, 874, 875, 877, 879, 883, 885, 887~899, 907, 911, 913~915, 917, 920, 921, 925, 932, 934, 935, 937, 939~945, 948, 952, 955~958, 960, 962, 963, 970~974, 976, 980~983, 985~991, 994~996, 1,000, 1,002, 1,011, 1,013, 1,014, 1,049, 1,056, 1,059, 1,060, 1,062, 1,065, 1,068, 1,069, 1,072, 1,088~1,094, 1,098~1,100, 1,102~1,106, 1,110, 1,111, 1,116, 1,118, 1,124, 1,125, 1,132, 1,141, 1,143~1,146, 1,148

수임료 ⇒⇒⇒⇒⇒ "유능한 변리사" 참고

수입금지 67, 69, 79, 281, **418**, 1,021~1,023, 1,025, 1,029, 1,037

수출입국 3, 13, 27, 357, 886, 1,048, 1,059

순환보직 58, 59, 63, 947, **954**, 963, 970, 975, 981

시공간 초월 ⇒⇒⇒⇒⇒ "공동발명" 참고

시장 실패 16, 17, 362, 364

시장반응 고려사항 12, 617, **694**~697

- ▷ (경쟁자의) 모방 695, 696
- ▷ 비관적 견해 695, 697, 698
- ▷ 상업적 성공 695, 696
- ▷ 장기간의 비충족 수요 695~697
- ▷ (경쟁자의) licensing 696

시조지뢰 ⇒⇒⇒⇒⇒ "지뢰" 참고

신규성 53, 54, 84, 106, 115, 117, 119, 128, 133, 137, 165, 174, 177, 193, 387, 405, 408, 420, 435, 447, 453, 454, 463, 466, 477, 483, 515, 549, 564, 593, 606, 609, **618**, 633, 634, 645~650, 656~661, 663~666, 668, 680, 738, 765, 770, 784, 792, 812, 830, 918, 924, 1,034, 1,041, 1,057, 1,058

- ▷ 신규성 요건 10, 12, 44, 65, 83, 111, 143, 145, 147, 148, 150, 161, 162~64, 166~175, 180, 181, 191, 192, 200, 223, 230, 231, 235~237, 240, 241, 245, 255,

256, 268~270, 316, 388, 391, 406, 411, 425, 435, 436, 443, 448, 451, 452, 457~460, 464, 484~486, 502, 510, 511, 523, 538, 545~548, 550, 555, 587, 613~615, 617~619, **620**~625, 628, 637, 638, 653~655, 662, 698, 699, 703, 721, 811, 903, 905, 916, 925, 1,084, 1,085, 1,123

▷ 신규성 의제 617, 619, **647**, 648

신내림 7, 10, 219, 221, 231, 277, 286, 291, 293, 349, 521, 585, 793, 800, 820, 887~890, 1,011

신데렐라 1,112

신의성실 원칙 ⇒⇒⇒⇒⇒ "원칙" 참고

신종 청구항 ⇒⇒⇒⇒⇒ "청구항 종류 (청구발명 기준)" 참고

신지식재산 17, 18

실사 811

실시 (특허) **186**, 256, 264, 282, 355, 390, **393**, 397, 402, 403, 407, 408, 420, 536, 703~705, 712, 715, 725, 726, 731, 736, 739, 751, 760, 761, 814, 841, 843, 844, 847, 852, 891, 894, 919, 1,098

실시가능 요건 ⇒⇒⇒⇒⇒ "기재요건" 참고

실시예 106, 107, 109, 202, 205, 216, 228, 250, 261, 291, 297, 319~322, 325, 326, 334, 338, 341, 345, 421, 481, 491, 493, 503, 508, 531, 561, 567, 568, 571, 572, 576, 586, 587, 596, 603, 604, 606, 607, 609, 618, 619, 759, 763, 764, 773, **780**, 792, 814, 815, 918, 921, 924, 925, 927, 967, 1,010, 1,051

▷ 가상 실시예 10, 12, 106, 109, 136, 205, 228, 340, 530, 710, 710, 713, 714, 731, 751, 759, 780, **781**~786, 793, 814, 915, 920, 921, 923, 926, 927, 967, 999, 1,000, 1,057, 1,074, 1,075, 1,077

▷ 실제 실시예 106, 109, 751, 759, 761, 762, **780**, 781, 783~786, 814, 921, 922

▷ 열등(한) 실시예 107, 109, 136, 202, 205, 228, 290, 297, 309, 322, 340, 566, 568, 590, 710, 711, 713, 714, 730, 780, 786, 793, 915, 920, 921, 923, 926, 927, 967, 1,057, 1,075, 1,077

▷ 차선(의) 실시예 107, 109, 136, 202, 205, 228, 290, 297, 309, 322, 323, 340, 566, 568, 590, 710, 711, 713, 714, 730, 742, 780, 786, 793, 915, 920, 921, 923, 926, 927, 967, 1,057, 1,074, 1,075, 1,077

▷ 최선(의) 실시예 107, 109, 136, 202, 203, 205, 228, 287, 290, 291, 297, 308, 309, 322, 323, 325, 328, 340, 540, 565~569, 573, 577, 590, 603, 709~711, 713~715, 721, 730, 741, 742, 744, 780, 786, 793, 915, 918~920, 923, 926, 927, 967, 1,000, 1,051, 1,057, 1,074, 1,075, 1,077

▷ 최적 실시예 568, 705, 707, 791~793

실용신안 17, 18, 32, 33, 302~305, 308, 858, 860

실제 실시예 ⟹⟹⟹⟹⟹ "실시예" 참고

(과도한) 실험 761, 766, 769, 773, 779, 783, 789, 814

심사관 35, 44, 49, 51, 53~58, 61, 65, 70, 72~77, 86, 110, 112, 115, 118, 119, 133, 137, 147, 148, 179, 217, 223, 225, 230~247, 249, 255, 261, 262, 268~270, 278, 289, 290, 327, 328, 337, 345, 365, 402, 403, 405, 407~412, 452, 466, 479, 511, 512, 537, 538, 541, 553, 554, 570, 618, 669, 680, 688, 693, 716, 730, 754, 756, 757, 815, 816, 822, 889, 915, 926, 1,033, 1,074, 1,078, 1,084, 1,087, 1,119, 1,120, 1,129, 1,132

심영택 36, 978, 992, 993, 1,127

10만 발명가 13, 886, 1,020, 1,046~1,050, 1,056~1,058, 1,070, 1,082~1,084, 1,120, 1,145

ㅇ

아는 만큼 보인다! 929, 931

악순환적 특허생태계 ⇒⇒⇒⇒⇒ "특허생태계" 참고

악화특허 10

R&D-IP 연계 886, 925, 1,047, 1,050, 1,051, 1,054, 1,056, 1,083

알짜배기 90~96, 103~108, 136, 202, 229, 253, 254, 290, 291, 513, 616, 652, 902, 904, 915, 919~921, 967, 1018

양도 15~17, 256, 355, 393, 395, 775, 800, 811, 817, 829, 830, 842, 843, 845~847, 849~853, 855, 860, 872, 873, 875, 877, 881, 891, 910, 927, 932, 944, 958, 971~973, 1,011, 1,037, 1,062, 1,063, 1,113, 1,116

양로원장 64

양화특허 10

엄격한 동일성 12, 623, **624**, 625, 633, 660, 699, 720

여집합 ⇒⇒⇒⇒⇒ "집합" 참고

연관성 (nexus) 696, 697

연구 195, **285**, 286, 310, 323, 335, 345, 561, 565, 570, 590, 591, 642, 715, 762, 798, 828~830, 839~841, 918, 919, 1,000

연구처 945, 949~957, 960~964, 969, 970, 975~977, 979, 980, 983, 984, 988, 1,104, 1,122

연방기관 (미국)

- ▷ 연방대법원 63, 118, 385, 507, 520, 521, 525, 571, 609, 639~641, 660, 688, 692, 716
- ▷ 연방무역위원회 69, 418
- ▷ 연방의회 55, 359, 360, 507
- ▷ 연방지방법원 63, 118, 281, 295, 385, 441, 508, 515, 518, 527, 540, 549~551, 575, 579, 595, 601, 636, 637, 673, 674, 684, 688, 692, 693, 716, 1,129~1,131

▷ 연방통상위원회 89, 282, 375, 907

▷ 연방항소법원 49, 58~63, 118, 286, 290, 293, 295, 297, 385, 438, 445, 508, 515~518, 522, 527, 528, 540, 571, 574, 577, 592, 597, 620, 625_629, 631~634, 636, 637, 641, 642, 671, 674, 675, 679, 680, 684, 685, 688~691, 693~695, 716, 725, 726, 730, 740, 759, 761, 783, 801, 861, 1,041

▷ 연방행정부 55, 374, 375, 1,129

열등(한) 실시예 ⟹⟹⟹ "실시예" 참고

염호준 1,125

영업비밀 17, 18, 42, 43, 358, **359**, 364, 853~857, 871, 876~879, 900, 958

영토 (청구범위, 권리범위) 88, 89, 91~115, 119, 120, 123, 125, 126, 129~131, 133, 137, 142, 143, 149~153, 155~157, 159, 160, 164, 166~169, 172, 173, 175, 181, 183~185, 187~193, 198, 202, 204~207, 209~215, 221, 226~232, 237~239, 248~255, 259~261, 264, 270, 272~274, 285, 286, 290, 291, 299, 301, 308, 317, 327, 332, 334, 335, 346, 371, 389, 390, 404, 409, 410, 413, 482, 484, 530, 560, 577, 588, 631, 614, 616, 698, 706, 900, 902, 919~924, 1,000, 1,017, 1,018, 1,020, 1,047, 1,071, 1,072, 1,091, 1,092, 1,099, 1,123, 1,133, 1,147

예측가능 (분야) 572, 607, 649, 650, **762**, 763, **782**, 783, 814, 821, **826**

예측불가능 (분야) 503, 572, 607, 637, 649, 650, 721, 736, **762**, 763, 782, **783**, 814, 819~821, 827

완벽 96, 113, 118, 211, 212, 215, 216, 591, 714, 737, 815, 988, 989, 1,040, 1,058, 1,118, 1,135

완충지대 167, 175, 655

요소 ⟹⟹⟹ "청구항 구성" 참고

우회·회피 7, 8, 10, 34, 38, 76~78, 83, 85, 88, 92, 107, 120, 136, 137, 149~151, 153, 155, 157, 159, 171, 172, 176~181, 204, 209, 213, 215, 222~226, 239,

248~250, 252~255, 257~260, 263, 265~268, 272~276, 278~280, 293, 295, 301, 302, 305, 308, 314, 315, 321, 331~334, 338, 341~343, 350, 369, 370, 408~412, 427, 437, 445, 449, 450, 453, 454, 456, 459, 461, 464, 466, 468, 481, 482, 492, 505, 506, 511, 512, 528, 531, 532, 538, 541, 542, 559, 569, 570, 577, 583, 591, 609, 699, 706, 707, 710, 713, 714, 728, 740, 750~752, 758, 869, 883, 884, 901, 905~908, 911, 913~917, 920, 922~924, 937, 944, 967, 985, 991, 998, 1,000, 1,016, 1,027, 1,033, 1,040, 1,057, 1,113, 1,124

원천 발명 ⇒⇒⇒⇒⇒ "발명" 참고

원천특허 ⇒⇒⇒⇒⇒ "특허 (범위 기준)" 참고

원출원특허 ⇒⇒⇒⇒⇒ "출원특허" 참고

원칙

▷ 계약 자유 원칙 873

▷ 계약서 해석 원칙 559, 867

△ 작성자 불이익의 원칙 559, 867

▷ 금반언의 원칙 11, 255, 273~**274**~275, 408, **410**, 411, 420, 564, 680

▷ 내재성 원칙 12, **638**~640, 645

▷ 발명의 설명 참고 원칙 12, 540, **571**, 573, 574, 582, 583

▷ 부활 금지 원칙 11, 399, 400, 420

▷ 불공정 행위 금지 원칙 11, 405, 407, 408, 410, 411, 420, 618, 903

▷ 사전편찬자 원칙 12, 540, **556**, 573, 603, 697

▷ 속발명과 종발명 원칙 650~**652**~653, 729

▷ 신의성실 원칙 274

▷ 우리가 남이가 원칙 910

▷ 의미의 일관성 원칙 12, 540, **563**, **564**, 573

▷ 이중특허 금지 원칙 11, 400~402, 405, 420

△ 동일발명 (법정) 이중특허 **401**~404

△ 자명성 이중특허 401, **404**, 405

▷ 일발명 일특허 원칙 11, 398~401, 420, 481, 573

▷ 일상적 관습적 의미 원칙 12, 540, **562**
▷ 작성자 불이익의 원칙 559
▷ (발명의 설명의) 청구항 편입 불가 원칙 12, 540, **572**~574, 582, 583
▷ 최선 실시예 포함 원칙 12, 540, **565**, 573, 603, 714
▷ 혼합 청구항 금지 원칙 11, 514, **515**
유능한 변리사 7, 8, 11, 13, 72, 74, 187, 215, 224, 233, 245, 261, 308, 322~326, **334**~351, 365, 442, 446, 465, 480, 481, 498, 503, 505, 530~532, 541, 551, 597, 604, 628, 634, 645, 654, 681, 687, 688, 699, 712, 713, 751, 755~757, 786, 793, 886, 891, 925~929, 931, 933~935, 942, 967, 973, 986, 996~1,001, 1,003~1,006, 1,009, 1,010, 1,023, 1,041, 1,062, 1,071, 1,073, 1,083, 1,085 1,106, 1,146
▷ 발명 상담 11, 261, 322, 335, 346~349, 353, 608, 628, 634, 654, 681, 712, 786, 925~927, 929, 957, 999, 1,036, 1,038
▷ 보수 215, 233, 243~245, 266, 310, 345, 597, 628, 681, 687, 713, 793, 803, 890, 927, 929, 934, 935, 960, 1,000~1,002, 1,041, 1,146
▷ 수임료 8, 32, 48~53, 58, 70~72, 74, 75, 117, 233, 234, 245, 304, 310, 318~320, 322, 326, 336, 345, 346, 446, 480, 481, 495, 521, 529, 531, 532, 591, 604, 605, 709, 745, 775, 894, 898, 899, 928~931, 934, 939, 956, 960, 965~967, 970, 986, 996, 997, 999~1,003, 1,005, 1,006, 1,008, 1,011, 1,020, 1,043, 1,051, 1,071, 1,140
▷ 수임료 대비 품질 불변의 법칙 480
유동성 13, 937, 983~985, 992, 995, 1,104, 1,105
유인이론 16, 356, 364, 374, 385, 535
유인전략 757, 758
유체재산 17
유형자산 (재산) 17, 71, 387, 391, 973, 1,090~1,092

유효성 36, 38, 110, 111, 120, 224, 257, 267, 273, 284, 407, 465, 539, 723, 1,041

융합 (제조업과 지식재산) 3, 5, 13, 71, 78, 881, 886, 932, 1,014, 1,047, 1,059~1,065, 1,067, 1,069, 1,087~1,089, 1,096~1,098, 1,116, 1,143~1,146, 1,155

융합형 전문가 946, 1,107~1,109

은닉 216, 387, 618, 756, 757

은닉 전략 216, 756~758

의뢰인 계몽 13, 997, 1,000~1,008, 1,054, 1,055, 1,109

의장 17, 18, 745~748, 757

이극특허 56

이두형 870

이용 발명 182

이용특허 182, 184

이이무라 도시아키 (飯村敏明) 49

이중특허 ⇒⇒⇒⇒⇒ "원칙"의 "이중특허 금지 원칙" 참고

이중특허 금지 원칙 ⇒⇒⇒⇒⇒ "원칙" 참고

인간이 제조 7, 10, 219, 221, 277, 291, 349, 350, 585, 801, 888~890, 1,098

일발명 일특허 원칙 ⇒⇒⇒⇒⇒ "원칙" 참고

일부계속출원 ⇒⇒⇒⇒⇒ "계속출원제도" 참고

일상적 관습적 의미 원칙 ⇒⇒⇒⇒⇒ "원칙" 참고

일실이익 (lost profit) 11, 67, 215, 413~**414**~418, 892, 903, 905, 932, 1,127

입증책임 269, 270, 788, 837, 838

▷ 명백, 신뢰할만한 증거 269, 270, 562, 724, 788, 837, 838

▷ 증명의 우월 269, 562, 838

ㅈ

자가실시 88, 94, 102, 132, 221, 329, 372, 378, 706, 843, 859, 891, 920, 973, 997, 1,011~1,013, 1,044, 1,098, 1,099, 1,143

자명성 이중특허 ⇒ "원칙"의 "이중특허 금지원칙" 참고

작성자 불이익의 원칙 ⇒ "원칙"의 "계약서 해석 원칙" 참고

장기간의 비충족 수요 ⇒ "시장반응 고려사항" 참고

장치청구항 ⇒ "청구항 종류 (청구발명 기준)"의 "물건청구항" 참고

재발행 (reissue) 105, 206, 243, 411, 539, 593, 718

재심사 (reexamination) 527, 680, 781

재조립 (reconstruction) ⇒ "특허소진론" 참고

재창출 44, 53, 58, 71, 134, 187, 243, 361, 446, 521, 883~885, 889, 892, 895, 896, 937, 979, 980, 987, 989, 996, 997, 1,005~1,007, 1,011, 1,012, 1,023, 1,026 1,031, 1,034, 1,036, 1,038, 1,039, 1,057, 1,067, 1,068, 1,074, 1,077, 1,078, 1,080, 1,082, 1,084, 1,085, 1,087, 1,104~1,106, 1,110, 1,122, 1,143, 1,146, 1,155

재탈환 규칙 ⇒ "규칙" 참고

저작권 9, 17, 18, 21, 360, 420, 535

저작인접권 18

적법 행위 (전략) 392, 757, 758, 966, 967, 970~972, 979, 1,084

전략적 주요 국가 5~7, 13, 30, 33, 65, 71~74, 78, 134, 245, 389, 785, 797

전향적 과장전략 105, 106, 108~110, 136, 141, 194, 198, 206, 228, 309, 323, 324, 339, 340, 585, 731, 782~784, 786, 793, 918, 925~927, 1,051, 1,057

전환구 ⇒ "청구항 전환구" 참고

정량적 (평가)지표 13, 30, 46, 90, 928, 938, 940, 941, 996, 1,000, 1,090, 1,096, 1,109, 1,114, 1,118

정보재산권 18
정상조 978
정의 (正義) 76
정의로운 사회 319
제도적 제한 (한계) 16, 67, 113~115, 129, 281, 413, 932, 1,021, 1,040, 1,057
제조업체
▷ 발명 제조업체 23~25, 414, 416, 417, 1012, 1,013, 1,064~1,067, 1,095
▷ 발명+ 제조업체 1,064, 1,094~**1,096**, 1,098, 1,127
▷ 침해 제조업체 11, 23, 24, 25, 67, 77, 143, 144, 146~149, 171, 173, 174, 180, 414~419, 436, 437, 460, 495, 504, 564, 892, 899, 1,012, 1,013, 1,064~1,066, 1,094, 1,095
▷ 침해+ 제조업체 1,094~**1,096**, 1,127
▷ 침해 제조업체의 이익 보장 11, **418**, 419, 1,021
제한조건 ⇒⇒⇒⇒⇒ "청구항 구성" 참고
조성물청구항 ⇒⇒⇒⇒⇒ "청구항 종류 (청구발명 기준)" 참고
조합 11, 98, 154, 165, 169, 170, 177, 202, 305, 439, 466, **473**~475, 477, 485, 486, 547, 561, 620, 624, 625, 632~634, 646, 660, 665, 666, 668, 669, 684, 687, 688, 690~692, 748, 787, 801
존속기간 11, 17, 111, **355**, 365~369, 376, 385, 388, 390, 391, 398~403, 410, 535, 536, 597, 690, 749, 753, 754, 761
종(species)발명 ⇒⇒⇒⇒⇒ "발명" 참고
종속항 84, 119, **120**~129, 131, 137, 138, 182~184, 187, 190, 205, 210, 212, 229, 235, 238, 240, 247, 265, 298, 300, 308, 325, 326, 444~446, 452, 470, 531, 573, 681, 699, 813, 916
종속항의 종속항 121, 125~128, 235, 326, 328
종신직 63

종업원 이직 13, 877

죽 쑤어서 개준다 12

중형지리 → "지리" 참고

증거조사 제도 63, 280, 407, 495, 550, 872, 900, 1,100, 1,126

증명의 우월 → "입증책임" 참고

지리 142, 149, 157, 185~187, 190, 193, 194, 197, 209~214, 216, 304, 342, 365, 453, 481, 590, 655, 926

▷ 대형지리 103, 112, 119, **120**~122, 124, 126~129, 176, 177, 182~184, 187~194, 196, 198, 201, 204, 206, 209~211, 227, 237, 297~300, 321, 326, 327, 336, 340, 341, 386, 387, 445, 448, 449, 451, 452, 455, 456, 458, 460, 462, 463, 774

▷ 마이크로지리 196~199, 202, 203, 321, 326, 590

▷ 소형지리 104, 119, **120**, 125, 126, 128, 129, 178, 179, 182~185, 187, 188, 192, 194, 206, 209~211, 229, 263, 298, 326, 340, 341, 386

▷ 시조지리 193, 194, 336

▷ 중형지리 119, **120~122**, 124~126, 128, 129, 182~184, 187, 188, 190~194, 206, 209~211, 229, 263, 298~301, 321, 326, 327, 340, 341, 386, 445, 774, 1,017

▷ 초대형지리 188~194, 206, 207, 336, 387, 1,017

지분 12, 13, 681, 775, 797~800, 808, 818, 824, 842~**852**~853, 879

지식기반경제 18, 1,020

지식기반시대 4, 5, 9, 10, 13, 18, 19, 21~30, 41, 44, 56~58, 67, 69~71, 77~79, 349, 488, 877, 879, 885, 895, 900, 932, 935, 954, 980, 983, 994, 997, 999, 1,000, 1,006, 1,014, 1,020, 1,046~1,049, 1,058~1,061, 1,066~1,068, 1,077, 1,080, 1,087, 1,088, 1,094, 1,098, 1,104, 1,116, 1,117, 1,120, 1,122~1,127, 1,132, 1,135, 1,143~1,147

지식재산 3, 4, 5, 9, 14, 16, 17, 20, 21~30, 72, 76~79, 524, 797, 799, 817, 887, 946, 997, 999, 1,000, 1,029, 1,032, 1,046, 1,048, 1,049, 1,055, 1,062~1,064, 1,088, 1,098, 1,119, 1,120, 1,122
지적재산고등재판소 49, 50, 56, 58, 59, 61
직무발명 12, 13, 221, 800, 830, 849, **853**~855, **856**~863, 867~869, 875~879, 939, 393, 944, 945, 949, 951, 956, 963, 964, 971, 974, 976, 979, 981, 983~986, 988, 990, 992, 995, 1,032, 1,105, 1,114, 1,118
▷ 직무발명 보상제도 13, 800, 870~875
직무유기 39
진보성 (비자명성) 53, 54, 84, 106, 115, 117, 119, 128, 133, 137, 145~147, **166**, 167, 170, 175, 191~193, 366, 387, 404, 406, 408, 420, 435, 463, 465, 466, 477, 493, 549, 560~562, 564, 587, 609, 620, 646, **654**~658, 660~665, 667~671, 680~682, 686~688, 692~695, 696~699, 735, 770, 784, 790, 792, 822, 830, 918, 924, 1,034, 1,041, 1,057
▷ 진보성 근사치 145, 167, 233, 666, **667**
▷ 진보성 요건 10, 12, 44, 49, 65, 83, 111, 143, 145, 147, 148, 150, 161, **166**~172, 175180, 181, 191, 192, 200, 201, 223, 230, 231, 233, 235~237, 240, 241, 245, 255, 256, 268~270, 273, 298, 299, 315, 328, 388, 405, 408, 411, 425, 436, 443, 452, 457, 458, 460, 464, 484~486, 502, 510, 511, 538, 545~548, 550, 555, **615**~618, 625, 637, 648, 654, **655**, 663~665, 693, 695, 696~699, 703, 720, 721, 903, 905, 916, 925, 1,084, 1,085, 1,123
집단적 노력 ⇒⇒⇒⇒⇒ "공동발명" 참고
집합 474~475
▷ 교집합 93, 94, 96, 97, 100, 122, 150, 162, 168, 425, 854
▷ 부분집합 121, 122, 188, 340, 401
▷ 여집합 123, 124, 855

징검다리 72~75

ㅊ

차선(의) 실시예 ⇒ "실시예" 참고

차세대 먹을거리 20, 26, 116, 885, 936, 944

착상 4, 6~8, 12, 33, 34, 42~44, 57, 71, 74, 76, 77, 83, 87, 92, 102, 107, 110, 113, 114, 116~118, 129~131, 133~135, 141, 149, 160, 173, 185, 191, 194, 197, 198, 203~205, 208, 209, 212, 355, 363, 364, 370~372, 376, 380~384, 399, 406, 413, 420, 451, 460, 465, 481~483, 495, 499, 501, 505, 521, 522, 529, 532, 536, 551, 556, 560~562, 569, 585, 587, 589, 591, 610, 614, 624, 628, 634, 638, 642, 645, 650, 652~654, 682, 686, 687, 692, 695, 698, 724~726, 728~731, 759, 761, 775, 800, 801, 808, **812**~814, 817~830, 839~843, 852~857, 860, 861, 869~872, 874~879, 883, 884, 887~889, 896, 897, 907, 909, 914, 924, 927, 932, 997, 998, 1,018, 1,047, 1,049, 1,062, 1,075, 1,092

창의적 청구항 ⇒ "청구항 종류 (청구발명 기준)" 참고

책임회피 10, 265, 277, 282, 283, 892, 965, 1,016

척추동물국 ⇒ "공국" 참고

첫 단추 134, 135, 888, 889, 895, 1,046

첨단산업재산권 18

청구발명 ⇒ "발명" 참고

청구범위 ⇒ "범위" 참고

청구항 구성

▷ (청구항) 본문 11, 430~435, 437, 442~449, 451, 453, 454, 464~467, 473, 474, 476, 477, 481, 483, 486, 493, 498, 511, 512, 514, 517, 536, 529, 530, 567
▷ (청구항) 서문 11, 430~430, 441~446, 464~466, 470, 471, 477, 483, 500, 501, 510~512, 517, 519, 526, 529
▷ (청구항) 요소 11, 84, 96~98, 101, 110, 121, 122, 125, 128, 129, 136, 142~148, 151~158, 163~165, 167~185, 187, 189, 200~202, 233, 238~243, 251, 252, 254, 255, 259~261, 265~22, 274, 296~300, 304~306, 311~317, 325~327, 330~333, 340, 412, 430~437, 439~445, 447~476, 478, **483**~485, **486**~498, 502~509, 512~515, 517~519, 529, 537, 544, 565, 567, 572, 573, 591, 615, 617, 619~622, 624, 625, 633, 634, 637, 646, 654, 656, 658, 660~667, 669, 708~710, 714, 715, 735, 810, 814, 918
▷ (청구항) 제한조건 11, 84, 96, 98~101, 109, 110, 121, 122, 125, 128, 129, 136, 142~148, 151~158, 160, 163~165, 167, 168~185, 188, 189, 232, 233, 238~243, 251, 265~267, 269, 270, 295, 296, 305, 306, 308, 311~313, 315, 316, 330, 340, 412, 430~437, 444~448, 450, 452~456, 458~461, 464, 466, 468, 472~474, 479~480, 485, **486**, 487, 493~496, 502, 504, 506, 508, 509, 511, 517~520, 529, 537, 543, 565, 567, 572, 573, 587, 615, 617, 619~622, 624, 625, 633, 634, 646, 654, 656, 658, 661~667, 669, 708~710, 715, 810, 814, 918
▷ 기능 제한조건 11, 492, **506**, 508, 509, 720, 722, 739
청구항 법칙 11, 224, 427
청구항 본문 ⇒⇒⇒⇒⇒ "청구항 구성" 참고
청구항 서문 ⇒⇒⇒⇒⇒ "청구항 구성" 참고
청구항 요소 ⇒⇒⇒⇒⇒ "청구항 구성" 참고

청구항 전략 79, **84**, 102, 119~121, 123~129, 131, 137, 187, 205, 211, 212, 229, 238, 240, 249, 300, 322, 339, 444~446, 452, 699, 774, 793, 916, 927

청구항 전환구 11, 145, 146, 150, 177, 544, 602, 615, 617, 620, 622, 623, 660, 661

▷ 개방형 전환구 144~146, 150, 176, 544

▷ 부분 폐쇄형 전환구 177, **461~462**

▷ 폐쇄형 전환구 144, 150, 177

청구항 제한조건 ⇒⇒⇒⇒ "청구항 구성" 참고

청구항 종류 (기타)

▷ 기능 청구항 11, 506~509, 718

△ means-plus-function 청구항 **506**, 507, 563

▷ 보정 청구항 439, 725, 726, 729, 730, 740

▷ 혼합 청구항 11, **515**

청구항 종류 (전환구 기준)

▷ 개방형 청구항 144, 150, 176, **447**~449, **451**

▷ 부분 폐쇄형 청구항 177, 460, **461**, **463**, 464

▷ 폐쇄형 청구항 144, 150, 177, **453**~**456**~457, 459, 460

청구항 종류 (청구발명 기준)

▷ 물건청구항 11, 212, 343, 430, 431, 476, 478, 484~**487**~490, 493~498, 502, 506, 519, 531

△ 물품청구항 487, 488, **491**, 492, 506

△ 장치청구항 487, **488**, 489, 506

▷ 방법청구항 11, 341~343, 432, 433, 476, 477, **485**, 486, **493**~498, 502, 506, 519, 531

▷ 방법특정 물건청구항 11, 498~501, 510

▷ 신종 (창의적) 청구항 11, 427, 520, **521**, 522, 527~529

△ Beauregard 청구항 11, 525~527

△ Swiss 청구항 11, 522~525

▷ 조성물청구항 11, **484**~486, 501~505, 636

▷ 특수 청구항 11, 501, 502, 509, 510

△ Jepson 청구항 11, 509, 501, 509~512

△ Markush 청구항 11, 512~514

청구항 차별 규칙 ⇒⇒⇒⇒⇒⇒ "규칙" 참고
청구항 편입불가 원칙 ⇒⇒⇒⇒⇒⇒ "원칙" 참고
청구항 해석 11, 12, 118, 150, 21, 217, 224, 268, 275~277, 297, 425~427, 434, 444~447, 466~468, 472, 477, 481, 536~543, 547~556, 560, 565~567, 569, 571~574, 577, 583~587, 597, 608, 610, 632, 637, 708, 709, 711, 714, 716, 723, 724, 728, 763, 769, 785, 922, 1,034, 1,123, 1,124
초대형지뢰 ⇒⇒⇒⇒⇒⇒ "지뢰" 참고
최빈국 3, 1,058, 1,142
최선(의) 실시예 ⇒⇒⇒⇒⇒⇒ "실시예" 참고
최선(의) 실시예 포함 원칙 ⇒⇒⇒⇒⇒⇒ "원칙" 참고
최소공배수 전략 1,070, 1,073, 1,077, 1,081, 1,085
최승재 36, 1,127
최적 실시예 ⇒⇒⇒⇒⇒⇒ "실시예" 참고
최적 실시예 기재요건 ⇒⇒⇒⇒⇒⇒ "기재요건" 참고
추론적 청구방법 11, 470~**471**~473
출원 후 보정 불가 ⇒⇒⇒⇒⇒⇒ "발명의 설명" 참고
출원특허 **83**, 147, 199, 206, 216, 217, 226, 227, 230, 231, 233, 238, 240, 244, 246~250, 255, 266, 268, 278, 287, 318, 319, 333, 367, 370, 404~407, 410, 411, 425, 426, 429, 538, 539, 541, 553, 564, 590, 693, 695, 703, 713, 725, 726, 781, 822, 938~941, 956, 1,007, 1,057, 1,070, 1,087
▷ 선출원특허 589
▷ 원출원특허 725~730, 739, 740, 748~758
▷ 후출원특허 748, 749
침소봉대 68
침해 11, 23, 36~41, 44, 48, 67, 77~79, 86, 88, 117, 120, 142, 149~157, 162, 172, 174, 176, 178, 180, 182, 184, 185, 187, 188, 201~203, 207, 208, 213~215, 221, 222, 225, 243, 246, 248, 250, 253, 255~257,

260, 264, 265, 267, 273, 276~279, 350, 355, 367, 369, 370, 386, 387, 395, 396, 401, 407, 413, 420, 425, 426, 444~447, 453, 456, 461, 468, 482, 485, 495, 508, 542, 564, 570, 577, 682, 696, 711, 728, 751, 808, 871, 872, 877, 883, 884, 892, 924, 927

▷ 고의 침해 8, 38, 39, 67

침해 제조업체 ⟹ "제조업체" 참고

침해 제조업체의 이익 보장 ⟹ "제조업체" 참고

침해+ 제조업체 ⟹ "제조업체" 참고

침해 판단 ⟹ "침해" 참고

E

택도 없다 66, 1,086

특허 (범위 기준)

▷ 개량특허 10, 48, 132, 133, **154**, 182, 184, 185, 187~193, 202, 206~209, 264, 279, 312, 327, 367~371, 383, 389, 392, 419, 420, 460, 535, 924, 925, 938, 943, 1,015, 1,019, 1,021, 1,024, 1,034

▷ 원천특허 10, 48, 78, 154, 182, 184~193, 201~203, 206~209, 231, 279, 312, 329, 355, 367~370, 386~389, 392, 419, 420, 460, 535, 650, 652, 924, 938, 943, 989, 1,015, 1,017~1,023, 1,065

특허 고속도로 1,087

특허 부서

▷ 특허관리 부서 48, 52, 72, 244, 245, 937, 1,002, 1,113

▷ 특허소송부서 13, 283, 284, 1,014, 1,023, 1,025~1,029, 1,032, 1,033

▷ 특허창출부서 13, 1,014, 1,024, 1,032~1,039

▷ 특허 Licensing 부서 13, 283, 284, 1,014, 1,024, 1,031~1,033
특허 생산성 30, 45, 900, 939, 940, 996, 1,070
특허 출원(심사)기록 270, 410, 411, 537, 541, **553**~555, 563, 564, 602
특허 Hub 1,008~1,010, 1,118, 1,129, 1,131~1,141, 1,152
특허 Licensing 부서 ⇒⇒⇒⇒⇒ "특허 부서" 참고
특허 portfolio 전략 213, 214, 482, 483, 926, 927, 942, 974, 1,013, 1,053, 1,065, 1,113
특허강국 30, 1,070, 1,145
특허관리 부서 ⇒⇒⇒⇒⇒ "특허 부서" 참고
특허권자 (출원인) 4, 34, 50, 67, **83**, 207, **221**, 376~379, 382, 385, 395, 396, 410, 412~414, 419~421, 426, 517, 671, **800**, 817, 843, 847, 899, 907, 910, 911, 932, 1,024, 1,030, 1,031, 1,037, 1,071, 1,114, 1,129, 1,130, 1,134, 1,140
특허내적 증거 11, 540, **552**, **553**~556, 563, 571, 586, 596
특허법원 13, 34~36, 49, 55, 58~65, 70, 72, 217, 784, 786, 932, 1,041, 1,061, 1,124, 1,128, 1,129, 1,138
특허생태계 13, 30, 33, 39, 50, 53, 58, 65, 70~72, 79, 785, 883~901, 926, 928, 931, 932, 934, 935, 937, 956, 960, 973, 996, 997, 1,005, 1,006, 1,011~1,013, 1,015, 1,044~1,047, 1,049, 1,051, 1,059, 1,061, 1,062, 1,070, 1,076, 1,082~1,090, 1,092, 1,094, 1,110, 1,111, 1,115, 1,116, 1,118~1,124, 1,136, 1,137, 1,144, 1,148
▷ 선순환적 특허생태계 13, 50, 53, 65, 70, 884~886, 895~897, 899~901, 931, 971, 973, 979, 989, 997, 1,005, 1,023, 1,046, 1,056, 1,059, 1,061, 1,062, 1,065, 1,068~1,070, 1,072, 1,083, 1,084, 1,087, 1,092, 1,096~1,098, 1,116, 1,119, 1,124, 1,129, 1,136, 1,142, 1,143, 1,145, 1,146, 1,148
▷ 악순환적 특허생태계 71, 895, 897~899, 934, 940, 955, 980, 991, 1,005, 1,010, 1,062, 1,065, 1,068~1,070, 1,094

특허성 11, 36, 44, 65, 135, 142, 143, 146, 148, 150, 160, 161, 171~175, 177~181, 191, 200, 234, 235, 276, 278, 328, 377, 406, 407, 441, 444, 458, 461, 466, 475, 545, 554, 618, 625, 790, 889, 1,076, 1,084~1,086, 1,124, 1,125

특허소송부서 ⟹ "특허 부서" 참고

특허소진론 11, 392, **395**~397, 420

▷ 수리 (repair) 397

▷ 재조립 (reconstruction) 397

특허수출입국 886, 887, 1,047, 1,048

특허심사 고속도로 1,087

특허외적 증거 11, 540, 552, 554~**555**~556, 559, 563, 564, 571, 586, 596

특허입국 13, 71, 881, 886, 1,047, 1,048, 1,058, 1,119, 1,120, 1,122

특허제도 6, 9, 11, 16, 42~44, 53, 63, 67, 69, 77, 92, 113, 114, 157, 167, 192, 247, 355~358, 364~367, 370~371, 380, 385~389, 392, 395, 396, 398, 399, 402, 405, 407, 413, 418~421, 501, 516, 517, 524, 525, 529, 535, 536, 564, 569, 588, 613, 613, 638, 645, 647, 649, 651, 653, 687, 695, 706, 707, 714, 760~762, 786, 791, 816, 869, 883, 907, 1,017, 1,021, 1,050, 1,070, 1,074, 1,083, 1,101, 1,125, 1,131, 1,132, 1,134, 1,140, 1,141

▷ 국내 특허제도 11, 42, 357, 375, 1,073, 1,074, 1,076, 1,077~1,082, 1,085, 1,087, 1,137~1,139

▷ 미국 특허제도 9, 11, 174, 235, 247, 357~360, 373~379, 384, 748, 757, 827, 1,073, 1,074, 1,077~1,082, 1,085, 1,087, 1,098, 1,100

특허창출부서 ⟹ "특허 부서" 참고

특허출원 8, 13, 31, 32, 33, 42, 43, 45, 48, 51, 55, **83**, 102, 113~115, 116, 133, 135, 141, 142, 161, 205, 207, 232~234, 238, 244, 248, 264, 308, 309, 335, 337,

345~348, 358, 359, 383~385, 387, 391, 406~408, 425, 427, 463, 521, 528, 530, 535, 538, 542, 546, 553, 555, 568, 589, 628, 648, 652, 656, 670, 699, 703, 707, 724~728, 730, 739~741, 748, 757, 759, 760, 784, 785, 815, 862, 889, 927, 929, 941, 956, 984~986, 1,008, 1,019

ㅍ

평가제도 (지표) 45~48, 72, 90, 938, 940~943, 856, 1,002, 1,020, 1,118
폐쇄형 전환구 ⇒⇒⇒⇒⇒ "청구항 전환구" 참고
폐쇄형 청구항 ⇒⇒⇒⇒⇒ "청구항 종류 (전환구 기준)" 참고
폭사지역 (범위) 167, 175, 304, 451, 452, 458, 707
폭풍신고 (暴風申告) 전략 984~989, 992, 1,105

ㅎ

하면 된다 3, 5, 29, 785, 1,047, 1,058, 1,059, 1,142, 1,154, 1,155
▷ 해보니 되더라 1,048
▷ 하면 되고 마는 1,129
▷ 우량 발명·특허면 된다 1,155
▷ 또 해보자 1,155
하한선 763~766

한 줄 (중요성) **592**, 595, 597
한국발명진흥회 1,052, 1,053, 1,055, 1,056, 1,058, 1,082
한국지식재산전략원 1,053, 1,064, 1,058, 1,082
할당(액) 905
합리적 실시료 11, 67, 215, 252, 413, **416**~418, 892, 903, 905, 932, 1,127
합법적 기술유출 32, 33, 931, 1,072
합치(合致) 전략 1,064, 1,065, 1,070, 1,073, 1,076~1,082, 1,085, 1,088, 1,116, 1,145
헌법개정한계 14
호구 발명 (특허) 32, 264, 390
혼합 청구항 ⇒⇒⇒⇒⇒ "청구항 종류 (기타)" 참고
혼합 청구항 금지 원칙 ⇒⇒⇒⇒⇒ "원칙" 참고
홍국선 945~948, 961
홍익인간 1,109
황우택 42, 358
후천적 제한 (한계) 9, 11, 16, 30, 33, 36, 70, 71, 75, 105, 159, 206, 243, 255, 281, 385, 392, 396, 397, 413, 419, 420, 481, 618, 870, 898, 899, 931, 1,113, 1,127
후출원특허 ⇒⇒⇒⇒⇒ "출원특허" 참고
후회
▷ (보통의) 후회 293, 344, 346, 569, 570, 777, 859
▷ (뼈아픈) 후회 **559**, 603, 697, 769, 875, 1,076
휴면특허 활용 사업 1,090, 1,111~1,116
흑묘백묘론 971, 972

A

Abraham Lincoln 11, 371~**374**, 1,141

actual reduction to practice ⇒⇒⇒⇒⇒ "구체화"의 "실질적 구체화" 참고

adversarial system ⇒⇒⇒⇒⇒ "당사자 제도" 참고

all element rule ⇒⇒⇒⇒⇒ "구성요소 완비의 법칙" 참고

America Invents Act 114, 384, 568, 705, 792, 812, 837

antecedent basis ⇒⇒⇒⇒⇒ "선행 근거" 참고

apparatus claim ⇒⇒⇒⇒⇒ "청구항 종류 (청구발명 기준)"의 "물건청구항" 참고

article of manufacture claim ⇒⇒⇒⇒⇒ "청구항 종류 (청구발명 기준)"의 "장치청구항" 참고

assignee ⇒⇒⇒⇒⇒ "특허권자 (출원인)" 참고

B

Beauregard 청구항 ⇒⇒⇒⇒⇒ "청구항 종류 (청구발명 기준)"의 "신종 청구항" 참고

best-mode requirement ⇒⇒⇒⇒⇒ "기재요건"의 "최적 실시예 기재요건" 참고

C

CAFC ⇒⇒⇒⇒⇒ "연방항소법원" 참고

CIPO (Chief IP Officer) 13, 910, 1,039, 1,044, 1,045

claim body ⇒⇒⇒⇒⇒ "청구항 본문" 참고

claim chart 142, **146**~148, 150~154, 158, 159, 161~165, 168~170, 172~174, 176~179, 183, 184, 188, 189, 191, 200, 201, 233, 241, 295, 296, 305, 311~313, 315, 316, 330, 425, 436, 437, 440, 441, 442, 447, 448, 450~452, 456, 458, 459, 468, 484, 487, 544, 547, 620, 621, 627, 662~667

claim construction ⟹ "청구항 해석" 참고

claim differentiation doctrine ⟹ "청구항 차별 규칙" 참고

claim interpretation ⟹ "청구항 해석" 참고

claim preamble ⟹ "청구항 서문" 참고

claim transition phrase ⟹ "청구항 전환구" 참고

claimed invention ⟹ "발명"의 "청구발명" 참고

claymore 210~214, 216, 336, 342, 333, 482, 926

clear and convincing evidence ⟹ "입증책임"의 "명백하고 신뢰할만한 증거" 참고

closed claim ⟹ "청구항 종류 (전환구 기준)"의 "폐쇄형 청구항" 참고

combination ⟹ "조합" 참고

commercial success ⟹ "시장반응 고려사항"의 "상업적 성공" 참고

commonsense test ⟹ "상식 test" 참고

composition of matter claim ⟹ "청구항 종류 (청구발명 기준)"의 "조성물 청구항" 참고

conception ⟹ "착상" 참고

constructive reduction to practice ⟹ "구체화"의 "추정적 구체화" 참고

continuation application ⟹ "계속출원" 참고

continuation-in-part application ⟹ "일부계속출원" 참고

cost-benefit analysis ⟹ "비용편익분석" 참고

crowded art 131, 132, 917

D

damage ⇒⇒⇒⇒⇒ "손해배상금" 참고
deep-pocket 67, 1,095
defensive patent ⇒⇒⇒⇒⇒ "방어용 특허" 참고
definiteness requirement ⇒⇒⇒⇒⇒ "기재요건"의 "명확성 요건" 참고
dependent claim ⇒⇒⇒⇒⇒ "종속항" 참고
discovery ⇒⇒⇒⇒⇒ "증거조사 제도" 참고
District Court ⇒⇒⇒⇒⇒ "연방지방법원" 참고
doctrine of claim differentiation ⇒⇒⇒⇒⇒ "규칙"의 "청구항 차별 규칙" 참고
doctrine of estoppel ⇒⇒⇒⇒⇒ "원칙"의 "금반언의 원칙" 참고
doctrine of genus and species ⇒⇒⇒⇒⇒ "원칙"의 "속발명과 종발명 원칙" 참고
doctrine of inherency ⇒⇒⇒⇒⇒ "원칙"의 "내재성 원칙" 참고
doctrine of lexicographer ⇒⇒⇒⇒⇒ "원칙"의 "사전편찬자 원칙" 참고
doctrine of patent exhaustion ⇒⇒⇒⇒⇒ "특허소진론" 참고
double patenting ⇒⇒⇒⇒⇒ "이중특허 금지 원칙" 참고
due diligence ⇒⇒⇒⇒⇒ "실사" 참고

E

employee invention ⇒⇒⇒⇒⇒ "직무발명" 참고
enablement requirement ⇒⇒⇒⇒⇒ "기재요건"의 "실시가능 요건" 참고
estoppel ⇒⇒⇒⇒⇒ "원칙"의 "금반언의 원칙" 참고
ex ante transaction ⇒⇒⇒⇒⇒ "거래"의 "사전적 거래" 참고
ex post transaction ⇒⇒⇒⇒⇒ "거래"의 "사후적 거래" 참고
extrinsic evidence ⇒⇒⇒⇒⇒ "특허외적 증거" 참고

F

fast follower 5, 785, 1,059, 1,064

Federal Trade Commission ⇒⇒⇒⇒ "연방통상위원회" 참고

first medical use 522

first-to-file system ⇒⇒⇒⇒ "선출원주의" 참고

first-to-invent system ⇒⇒⇒⇒ "선발명주의" 참고

Fish & Richardson 9

FTC ⇒⇒⇒⇒ "연방통상위원회" 참고

full-scope enablement ⇒⇒⇒⇒ "기재요건"의 "권리범위 전체 실시가능 요건" 참고

functional claim ⇒⇒⇒⇒ "청구항 종류 (기타)"의 "기능 청구항" 참고

functional limitation ⇒⇒⇒⇒ "청구항 구성"의 "기능 제한조건" 참고

G

genus and species ⇒⇒⇒⇒ "원칙"의 "속발명과 종발명 원칙" 참고

genus invention ⇒⇒⇒⇒ "발명"의 "속발명" 참고

H

hindsight reconstruction ⇒⇒⇒⇒ "사후재구성" 참고

I

IF (impact factor) 46, 47, 938

improvement invention ⇒⇒⇒⇒⇒ "발명"의 "개량 발명" 참고

improvement patent ⇒⇒⇒⇒⇒ "특허 (범위 기준)"의 "개량특허" 참고

independent claim ⇒⇒⇒⇒⇒ "독립항" 참고

inferential claiming ⇒⇒⇒⇒⇒ "추론적 청구방법" 참고

infringement ⇒⇒⇒⇒⇒ "침해" 참고

infringement under the doctrine of equivalents ⇒⇒⇒⇒⇒ "균등론에 의한 침해" 참고

inherency doctrine ⇒⇒⇒⇒⇒ "원칙"의 "내재성 원칙" 참고

injunction ⇒⇒⇒⇒⇒ "금지처분" 참고

International Trade Commission ⇒⇒⇒⇒⇒ "연방무역위원회" 참고

intrinsic evidence ⇒⇒⇒⇒⇒ "특허내적 증거" 참고

invention ⇒⇒⇒⇒⇒ "발명" 참고

ITC ⇒⇒⇒⇒⇒ "연방무역위원회" 참고

J

Jepson 청구항 ⇒⇒⇒⇒⇒ "청구항 종류 (청구발명 기준)"의 "특수 청구항" 참고

JMOL (judgment as a matter of law) 61

K

KAIST 9, 34, 946, 950
keyword 116, 131, 133
KSR case 12, 170

L

law clerk 62, 63
less-crowded art 130, 917
lexicographer ⇒ "원칙"의 "사전편찬자 원칙" 참고
literal infringement ⇒ "문언침해" 참고
long-felt need ⇒ "시장반응 고려사항"의 "장기간의 비충족 수요" 참고
lost profit ⇒ "일실이익" 참고

M

machine claim ⇒ "청구항 종류 (청구발명 기준)"의 "물품청구항" 참고
Markush 청구항 ⇒ "청구항 종류 (청구발명 기준)"의 "특수 청구항" 참고
means-plus-function 청구항 ⇒ "청구항 종류 (기타)"의 "기능 청구항" 참고
method claim ⇒ "청구항 종류 (청구발명 기준)"의 "방법청구항" 참고
missile 211~214, 336, 341~343, 481, 926, 1,075
mixed claim ⇒ "청구항 종류 (기타)"의 "혼합 청구항" 참고
more likely than not ⇒ "입증책임"의 "증명의 우월" 참고

N

(no) new matter 726, 729, 749, 753
nexus ⇒⇒⇒⇒⇒ "연관성" 참고
nonobviousness ⇒⇒⇒⇒⇒ "진보성" 참고
nonobviousness requirement ⇒⇒⇒⇒⇒ "진보성"의 "진보성 요건" 참고
notice ⇒⇒⇒⇒⇒ "공지" 참고
novelty ⇒⇒⇒⇒⇒ "신규성" 참고
novelty requirement ⇒⇒⇒⇒⇒ "신규성"의 "신규성 요건" 참고

O

Obama 69, 371
obviousness-type double patenting ⇒⇒⇒⇒⇒ "이중특허 금지 원칙"의 "자명성 이중특허" 참고
open-ended claim ⇒⇒⇒⇒⇒ "청구항 종류 (전환구 기준)"의 "개방형 청구항" 참고

P

partially closed claim ⇒⇒⇒⇒⇒ "청구항 종류 (전환구 기준)"의 "부분 폐쇄형 청구항" 참고
patent ecosystem ⇒⇒⇒⇒⇒ "특허생태계" 참고
patent owner ⇒⇒⇒⇒⇒ "특허권자 (출원인)" 참고

patent prosecution highway ⇒⇒⇒⇒⇒ "특허심사 고속도로" 참고
patentability ⇒⇒⇒⇒⇒ "특허성" 참고
PCT (Patent Cooperation Treaty) 389
Pennie & Edmonds 9, 1,131
person of ordinary skill in the art ⇒⇒⇒⇒⇒ "당업자" 참고
picture claim 266, 267
pioneer invention ⇒⇒⇒⇒⇒ "발명"의 "원천 발명" 참고
pioneer patent ⇒⇒⇒⇒⇒ "특허 (범위 기준)"의 "원천특허" 참고
PLT (Patent Law Treaty) 27
POSITA ⇒⇒⇒⇒⇒ "당업자" 참고
positive claiming ⇒⇒⇒⇒⇒ "명시적 청구방법" 참고
practice ⇒⇒⇒⇒⇒ "실시" 참고
predictable art ⇒⇒⇒⇒⇒ "예측가능 (분야)" 참고
preempt ⇒⇒⇒⇒⇒ "선매" 참고
preponderance of evidence ⇒⇒⇒⇒⇒ "입증책임"의 "증명의 우월" 참고
process claim ⇒⇒⇒⇒⇒ "청구항 종류 (청구발명 기준)"의 "방법청구항" 참고
product-by-process claim ⇒⇒⇒⇒⇒ "청구항 종류 (청구발명 기준)"의 "방법특정 물건청구항" 참고
prophetic example ⇒⇒⇒⇒⇒ "실시예"의 "가상 실시예" 참고
prosecution history ⇒⇒⇒⇒⇒ "특허 출원(심사)기록" 참고
public domain ⇒⇒⇒⇒⇒ "공공영역" 참고

R

Rader, Randall 522, 525, 527, 528, 576, 577, 597, 685, 686, 693
read on 144, 147
reasonable royalty ⇒⇒⇒⇒⇒ "합리적 실시료" 참고
recapture rule ⇒⇒⇒⇒⇒ "규칙"의 "재탈환 규칙" 참고
reconstruct ⇒⇒⇒⇒⇒ "특허소진론"의 "재조립" 참고

reduction to practice ⇒⇒⇒⇒⇒ "구체화" 참고
reexamination ⇒⇒⇒⇒⇒ "재심사" 참고
reissue ⇒⇒⇒⇒⇒ "재발행" 참고
repair ⇒⇒⇒⇒⇒ "특허소진론"의 "수리" 참고
royalty ⇒⇒⇒⇒⇒ "기술료" 참고
running royalty ⇒⇒⇒⇒⇒ "기술료"의 "경상기술료" 참고

S

SCI (Scientific Citation Index) 46, 47, 938
scope ⇒⇒⇒⇒⇒ "범위" 참고
second medical use 523, 525
secondary consideration ⇒⇒⇒⇒⇒ "시장반응 고려사항" 참고
sixty(60)% 789
species invention ⇒⇒⇒⇒⇒ "발명"의 "종발명" 참고
specification ⇒⇒⇒⇒⇒ "발명의 설명" 참고
specification ⇒⇒⇒⇒⇒ "명세서" 참고
statutory double patenting ⇒⇒⇒⇒⇒ "이중특허 금지 원칙"의 "동일발명 (법정) 이중특허" 참고
strict identity ⇒⇒⇒⇒⇒ "엄격한 동일성" 참고
super-invent 775, 927
Supreme Court ⇒⇒⇒⇒⇒ "연방대법원" 참고
Swiss 청구항 ⇒⇒⇒⇒⇒ "청구항 종류 (청구발명 기준)"의 "신종 청구항" 참고

T

teach-away ⇒ "시장반응 고려사항"의 "비관적 견해" 참고

terminal disclaimer **403**, 405

TLO (Technology Licensing Office) 13, 887, 937, 939, 944, 945, 948, 949, 951~967, 969~972, 974~986, 988~992, 994, 995, 1,001, 1,002, 1,052, 1,054, 1,090, 1,104~1,106, 1,113, 1,115, 1,122

TSM (test) 12, 170, **688**

U

undue experiment ⇒ "실험"의 "(부당할 정도로) 과도한 실험" 참고

unenforceable ⇒ "금지권 집행 불능" 참고

unpredictable art ⇒ "예측불가능 (분야)" 참고

upfront royalty ⇒ "기술료"의 "선급기술료" 참고

US Court of Appeals for the Federal Circuit ⇒ "연방항소법원" 참고

US District Court ⇒ "연방지방법원" 참고

US Federal District Court ⇒ "연방지방법원" 참고

US Federal Trade Commission ⇒ "연방통상위원회" 참고

US FTC ⇒ "연방통상위원회" 참고

US International Trade Commission ⇒ "연방무역위원회" 참고

US ITC ⇒ "연방무역위원회" 참고

US Supreme Court ⇒ "연방대법원" 참고

V

vicious patent ecosystem ⇒⇒⇒⇒⇒ "특허생태계"의 "악순환적 특허생태계" 참고
virtuous patent ecosystem ⇒⇒⇒⇒⇒ "특허생태계"의 "선순환적 특허생태계" 참고

W

Wands factor 759, **761**, 762, 773, 780, 793
willful infringement ⇒⇒⇒⇒⇒ "침해"의 "고의 침해" 참고
written description requirement ⇒⇒⇒⇒⇒ "기재요건"의 "서면기재 요건" 참고

색인 (INDEX)

- 국내외 판례 -

국내외 판례 (해설)

Advanced Fiber Technologies Trust v. J&L Fiber Services, Inc., 674 F.3d 1365 (Fed. Cir. 2012) ···592

Applera Corp. vs. Illumina, Inc., 375 Fed. Appx. 12 (Fed. Cir. 2010) ···861

Atlas Powder Co. v. E.I. du Pont De Nemours & Co., 750 F.2d 1569 (Fed. Cir. 1984) ···786

Automotive Technologies International, Inc. v. BMW of North America, Inc., et al., 501 F.3d 1274 (Fed. Cir. 2007)··· 770

Billups-Rothenberg v. Associated Regional and University Pathologists, 642 F.3d 1031 (Fed. Cir. 2011) ···737

Boston Scientific Corp. and Boston Scientific Scimed, Inc. v. Johnson & Johnson, Cordis Corporation, and Wyeth, 647 F.3d 1353 (Fed. Cir. 2011)···731

Enzo Biochem, Inc. Enzo Life Sciences, Inc., and Yale University v. Applera Corp. and Tropix Inc., 599 F.3d 1325 (Fed. Cir. 2010) ···634, 720

Ethicon v. US Surgical, 135 F.3d 1456 (Fed. Cir. 1998) ···801

HTC Corp. and HTC America, Inc. v. IPCom GmbH & Co., KG, 667 F.3d 1270 (Fed. Cir. 2012) ···517

In re (Arnold G.) Klein, 647 F.3d 1343 (Fed. Cir. 2011) ···675

In re (Frank S.) Barker, 559 F.2d 588 (CCPA 1977) ···287, 741

In re (Anita) Dembiczak, 175 F.3d 994 (Fed. Cir. 1999) ···688

In re (Joseph D.) Fisher, 427 F.2d 833 (CCPA 1970) ···763

In re (Derwood L.) Runion, 989 F.2d 1201 (Fed. Cir. 1993) ···625

In re (Glenn T.) Seaborg, 328 F.2d 996 (CCPA 1964) ···641

Innovention Toys, LLC. v. MGA Entertainment, 637 F.3d 1314 (Fed. Cir. 2011) ···671

IPXI Holdings, LLC v. Amazon.com, 403 F.3d 1377 (Fed. Cir. 2005) ···515

KSR International Co. v. Teleflex Inc., 127 S.Ct. 1727 (S.Ct. 2007) ···692

Marrin v. (Jeffrey and Claudia) Griffin, 599 F.3d 1290 (Fed. Cir. 2010) ······438
Media Technologies Licensing, LLC. v. The Upper Deck Co., 596 F.3d 1334 (Fed. Cir. 2010) ······ 682
National Recovery Technologies v. Magnetic Separation Systems, 166 F.3d 1190 (Fed. Cir. 1999) ······766
Net MoneyIn, Inc. v. VeriSign, Inc., 545 F.3d 1359 (Fed. Cir. 2008) ······629
Novo Nordisk Pharmaceuticals, Inc. and Novo Nordisk A/S v. Bio-Technology General Corp. and Teva Pharmaceuticals USA, Inc., 424 F.3d 1347 (Fed. Cir. 2005) ······789
Orthokinetics, Inc. v. Safety Travel Chairs, Inc., 806 F.2d 1565 (Fed. Cir. 1986) ······716
Retractable Technologies, Inc. v. Becton, Dickinson and Co., 653 F.3d 1296 (Fed. Cir. 2011) ······577
(David H.) Sitrick v. Dreamworks, LLC et al., 516 F.3d 993 (Fed. Cir. 2008) ······777
Star Scientific, Inc. v. R.J. Reynolds Tobacco Co., 655 F.3d 1364 (Fed. Cir. 2011) ······721
Tilghman vs. Proctor, 102 U.S. 707 (S.Ct. 1880) ······639
Trading Technologies International, Inc. v. eSpeed, Inc., Ecco, LLC, Eccoware Ltd., and eSpeed Int'l, Ltd., 595 F.3d 1340 (Fed. Cir. 2010) ······597
Transmatic, Inc. v. Gulton Industries, Inc., 53 F.3d 1270, (Fed. Cir. 1995) ······574
Unique Concepts, Inc. v. Brown, 939 F.2d 1558 (Fed. Cir. 1991) ······ 293
Vanderbilt University vs. ICOS Corp., 601 F.3d 1297 (Fed. Cir. 2010) ······ 831
Vas-Cath Inc. v. Mahurkar, 935 F.2d 1555 (Fed. Cir. 1991) ······745

국내외 판례 (각주)

대법원 2011.07.28. 선고 2009다75178 판결 ··· 827

대법원 2011.09.29. 선고 2010다65818 판결 ··· 160

서울고등법원 2007.05.08. 선고 2006나62159 ··· 827

Ariad Pharmaceuticals, Inc. v. Eli Lilly and Co., 598 F.3d 1336 (Fed. Cir. 2010) ··· 726

Atlantic Thermoplastics Co. vs. Faytex Corp., 970 F.2d 834 (Fed. Cir. 1992) ··· 500

Atlas Powder Co. v. Ireco Inc., 190 F.3d 1342, 1348 (Fed. Cir. 1999) ··· 643

Autogiro Co. of America vs. United States, 384 F.2d 391 (CCPA 1967) ··· 429, 553, 584

Burroughs Welcome Co. v. Barr Labs., Inc., 40 F.3d 1223 (Fed. Cir. 1994), cert. denied, 516 U.S. 1070 (1996) ··· 812

Catalina Marketing International v. Coolsavings.com, Inc., 289 F.3d 801, 810 (Fed. Cir. 2002) ··· 441

Chicago Foundry Co. v. Burnside Foundry Co., 132 F.2d 812 (7th Cir. 1943) ··· 556

Classen Immunotherapies, Inc. v. Biogen IDEC, 659 F.3d 1058 (Fed. Cir. 2011) ··· 525, 528

Cubic Corp. v. Marty, 185 Cal. App. 3d 438 (1986) ··· 867

Custom Accessories, Inc. v. Jeffrey-Allan Ind., Inc., 807 F.2d 955 (Fed. Cir. 1986) ··· 695

Diamond vs. Chakrabarty, 447 U.S. 303 (S.Ct. 1980) ··· 520

Eibel Process Co. v. Minn. & Ont. Paper Co., 261 U.S. 45, 46 (S.Ct. 1923) ··· 643

Elan Pharms., Inc. v. Mayo Found. for Med. Educ. & Research, 304 F.3d 1221 (Fed. Cir. 2002) ··· 644

Environmental Designs, Ltd. v. Union Oil Co., 713 F.2d 693 (Fed. Cir. 1983), cert. denied, 464 U.S. 1043 (1984) 682

Ex parte Markush, 1925 C.D. 126, 340 O.G. 839 (Comm'r Pat. 1924) 512

Graham v. John Deere Co., 383 U.S. 1, 33 (S.Ct. 1966) 553

Halliburton Oil Well Cementing Co. v. Walker, 329 U.S. 1 (S.Ct. 1946) 507

Hormone Research Foundation, Inc. v. Genentech, Inc., 904 F.2d 1558 (Fed. Cir. 1990), cert. denied, 499 U.S. 955 (S.Ct. 1991) 566

In re Beauregard, 53 F.3d 1583 (Fed. Cir. 1995) 527

In re Cruciferous Sprout Litigation, 301 F.3d 1343, 1345 (Fed. Cir. 2002) 644

In re Felton, 484 F.2d 495, 497 (C.C.P.A. 1973) 643

In re Jepson, 1917 Comm. Dec. 62, 243 O.G. 525 (Asst. Comm. Pat. 1917) 509

In re Marshall, 578 F.2d 301, 302-03 (C.C.P.A. 1978) 643

In re Wands, 858 F.2d 731 (Fed. Cir. 1988) 761

Intirtool, Ltd. v. Texar Corp., 369 F.3d 1289, 1296 (Fed. Cir. 2004) 441

Lewmar Marine Inc. v. Barient Inc., 827 F.2d 744 (Fed. Cir. 1987), cert. denied, 484 U.S. 1007 (S.Ct. 1988) 174

Markman v. Westview Instruments, Inc., 52 F.3d 967 (Fed. Cir. 1995) 539

MEHL/Biophile Int'l Corp. v. Milgraum, 192 F.3d 1363, 1364 (Fed. Cir. 1999) 643

Minnesota Mining & Mfg. Co. v. Johnson & Johnson Orthopedics, Inc., 976 F.2d 1559 (Fed. Cir. 1992) 695

Mintz v. Dietz & Watson, Inc., 679 F.3d 1372 (Fed. Cir. 2012) 693

Nautilus, Inc. vs. Biosig Instruments, Inc., 134 S.Ct. 2120 (S.Ct. 2014) 716

Schering Corp. v. Geneva Pharms., 339 F.3d 1373, 1379-80 (Fed. Cir. 2003) 644

Talbot vs. Quaker-State Oil Refining Co., 104 F.2d 967 (3rd Cir. 1939) ······851
Tandon Corp. v. U.S. Int'l Trade Comm'm, 831 F.2d 1017 (Fed. Cir. 1987) ······573
Truswal Sys. Corp. v. Hydro-Air Eng'g., 813 F.2d 1207, 1212 (Fed. Cir. 1987) ······694
United Chromium, Inc. v. Int'l Silver Co., 60 F.2d 913, 917 (2nd Cir. 1932) ······644
Vaupel Textilmaschinen KG v. Meccanica Euro Italia S.P.A., 944 F.2d 870, 880 (Fed. Cir. 1991) ······442
Verdegaal Bros. v. Union Oil Co. of Cal., 814 F.2d 628, 631 (Fed. Cir. 1987) ······643
Vitronics Corp. v. Conceptronics, 90 F.3d 1576 (Fed. Cir. 1996) ······566
Willingham vs. Stat Cutter Co., 555 F.2d 1340 (6th Cir. 1977) ······851

색인 (INDEX)

- 법조항 -

민사소송법, 법원조직법, 특허법 개정안 ········ 900
발명진흥법 제2조 제2항 ········ 854, 855
발명진흥법 제2조 제3 ········ 854
발명진흥법 제10조 제1 ········ 858, 860
발명진흥법 제10조 제3항 ········ 860, 861
발명진흥법 제11조 ········ 870
발명진흥법 제12조 ········ 858, 860, 966, 967, 969
발명진흥법 제13조 제1항 ········ 859, 860, 984
발명진흥법 제13조 제2항 ········ 859, 860
발명진흥법 제13조 제3항 ········ 859, 860, 985
발명진흥법 제15조 ········ 870
발명진흥법 제17조 ········ 870
발명진흥법 제18조 ········ 870
산업교육진흥 및 산학연협력촉진에 관한 법률
········ 969~976, 978, 980~983, 988, 989, 991, 1,090, 1,104~1,106, 1,122
산업교육진흥 및 산학연협력촉진에 관한 법률 제25조 ········ 949, 950
산업교육진흥 및 산학연협력촉진에 관한 법률 제27조 ········ 949, 950, 951, 967
산업교육진흥 및 산학연협력촉진에 관한 법률 제36조의2 ········ 1,105
산업기술의 유출방지 및 보호에 관한 법률 제2조 ········ 1,093
산업기술의 유출방지 및 보호에 관한 법률 제7조 ········ 1,093
산업기술의 유출방지 및 보호에 관한 법률 제11조 ········ 1,093
산업기술의 유출방지 및 보호에 관한 법률 제11조의2 ········ 1,093
산업기술의 유출방지 및 보호에 관한 법률 제14조 ········ 1,093
산업기술의 유출방지 및 보호에 관한 법률 제14조의2 ········ 1,093
특허법 제1조 ········ 40, 42, 357, 358
특허법 제2조 제1항 ········ 86
특허법 제2조 제2항 ········ 86
특허법 제2조 제3항 ········ 186, 393
특허법 제29조 제1항 ········ 86, 161, 484, 618

특허법 제29조 제2항 ········· 166, 484, 656
특허법 제34조 ········· 829
특허법 제35조 ········· 829
특허법 제42조 ········· 109 427, 429
특허법 제42조 제3항 ········· 703, 725, 760, 1,076
특허법 제42조 제4항 ········· 86
특허법 제99조 ········· 847, 849
특허법 제126조 제1항 ········· 86
특허법 제133조 제1항 ········· 816
헌법 제27조 ········· 1,123
헌법 제102조 ········· 1,123

35 U.S.C. § 100(a) ········· 85
35 U.S.C. § 100(f) ········· 85
35 U.S.C. § 101 ········· 85, 484, 502, 515, 642
35 U.S.C. § 102 ········· 619, 811
35 U.S.C. § 103 ········· 166
35 U.S.C. § 103(a) ········· 657
35 U.S.C. § 112 ········· 429, 517, 738
35 U.S.C. § 112(a) ········· 703, 726, 760, 791
35 U.S.C. § 112(b) ········· 703, 714, 726, 791
35 U.S.C. § 112 ¶6 ········· 507
35 U.S.C. § 116 ········· 429, 517, 738, 837
35 U.S.C. § 251 ········· 828
35 U.S.C. § 256 ········· 834
35 U.S.C. § 262 ········· 850, 851
35 U.S.C. § 271(a) ········· 186
35 U.S.C. § 282 ········· 791
CA Labor Code § 2870 ········· 856, 860, 866

M.P.E.P. § 608.01(p) 781
U.S. Constitution Article 8, Section 8, Clause 8 .... 359, 360

유럽 E.P.C. Article 78 429
일본 특허법 제36조 429
일본 특허법 제26조 429

색인 (INDEX)

- 보고서 -

「기술이전·창업 활성화 연구」, 김경환, 심영택 등, 창업진흥원 (2014.11) …… 992
「산학협력활동 조사보고서 (2011년 기준)」, 한국연구재단 (2013) …… 968
「연구 성과 창출확산 시스템 선진화 추진방안에 대한 연구
(제3장 성과이전 활성화를 통한 시스템 선진화)」,
정상조, 심영택 등, 교육과학기술부 (2010.07.13) …… 978
「지재권 소송에서 손해배상 산정의 적절성 확보방안」,
심영택, 김두규, 박성수, 박준석, 백강진, 최승재, 국가지식재산위원회
(2012.08.01) …… 36, 1,127
「지재권의 실효성 확보 방안 연구」, 특허청 (2011) …… 35
「직무발명 보상에 대한 판례 분석」, 이두형, 직무발명 국제 심포지움,
특허청 (2012.11.26) …… 870
「특허침해소송에서의 적정 손해액 산정을 위한 개선방안 검토」, 염호준,
아시아태평양 IP Forum, 서울대학교 기술과법센터 (2014.10.01) …… 1,125
「2012년도 기술무역통계 조사보고서」, 과학기술정책연구원 (2013.12) …… 27
「The Evolving IP Marketplace」, Federal Trade Commission
(2011.03) …… 375, 376, 379